世界技能大赛汽车技术项目指导书系列

汽车底盘检修技术

（原书第7版）

[美] 杰克·厄贾维克（Jack Erjavec） 著
罗布·汤普森（Rob Thompson）

王兆海　张　娜　陈愿荣　胡　杨　任　东
李亚伟　孟凡帅　赵子云　李　苗　王　丹　编译
崔丹丹　寇星源　董　静　苟春梅　杨文浩

王凯明　审校

机械工业出版社

《汽车底盘检修技术（原书第7版）》的英文原版书由美国圣智学习出版公司出版，在整体上贯彻了理论够用为好和实用性强的主旨，在理论知识上没有占用过大篇幅，而是紧扣汽车维修技术人员应具备的专业知识和技能，从实用性的角度讲述各系统的基本结构、常见应用、常见问题、相关诊断和维修流程；着重讲述了检查、测量、有效厘清问题、逻辑性地进行故障诊断和最终找到问题并解决问题的基本思路和流程。

本书由世界技能大赛汽车技术项目中国技术指导专家组组织全国知名汽车维修专家、职业院校骨干教师共同编译。为了使中文版更加适合我国读者学习，编译团队对英文原版完全不适合我国实际情况的内容进行了删除，对与我国实际情况有些出入的内容进行了改写；对原版章节重新进行了组织编排，将英文原版一本拆分为四本，分别是《汽车维修技术基础（原书第7版）》《汽车发动机检修技术（原书第7版）》《汽车底盘检修技术（原书第7版）》《汽车电气系统检修技术（原书第7版）》。

本书可作为汽车职业院校的教学参考书、国家开放大学汽车相关专业的辅助教程、交通运输部评价中心主管的相关等级和技术职称评价的学习参考教程，以及有志于从事汽车维修技术工作的人员和在职汽车维修技术人员的参考学习用书，还可作为世界技能大赛参赛选手的有益读物。

Automotive Chassis Maintenance Technology（7th Edition of Original Book）
Jack Erjavec, Rob Thompson

Copyright © 2020, 2015 by Cengage Learning, Inc. a part of Cengage Learning.
Original edition published by Cengage Learning. All Rights reserved. 本书原版由圣智学习出版公司出版。版权所有，盗印必究。

China Machine Press is authorized by Cengage Learning to publish and distribute exclusively this Adaptation edition. This edition is authorized for sale in the Chinese mainland (excluding Hong Kong SAR, Macao SAR and Taiwan). Unauthorized export of this edition is a violation of the Copyright Act. No part of this publication may be reproduced or distributed by any means, or stored in a database or retrieval system, without the prior written permission of the publisher.

本书改编版由圣智学习出版公司授权机械工业出版社有限公司独家出版发行。此版本仅限在中国大陆地区（不包括香港、澳门特别行政区及台湾地区）销售。未经授权的本书出口将被视为违反版权法的行为。未经出版者预先书面许可，不得以任何方式复制或发行本书的任何部分。

978-7-111-76896-8
Cengage Learning Asia Pte. Ltd.
30A Kallang Place #12–06 Singapore 339213

本书封面贴有Cengage Learning防伪标签，无标签者不得销售。

北京市版权局著作权合同登记　图字：01-2022-5758号。

图书在版编目（CIP）数据

汽车底盘检修技术：原书第7版 /（美）杰克·厄贾维克（Jack Erjavec），（美）罗布·汤普森（Rob Thompson）著；王兆海等编译. -- 北京：机械工业出版社，2024. 10. -- （世界技能大赛汽车技术项目指导书系列）. -- ISBN 978-7-111-76896-8

Ⅰ. U472.41

中国国家版本馆CIP数据核字第20249GK522号

机械工业出版社（北京市百万庄大街22号　邮政编码100037）
策划编辑：母云红　　　　　　　责任编辑：母云红
责任校对：樊钟英　陈　越　　　封面设计：马精明
责任印制：李　昂
北京捷迅佳彩印刷有限公司印刷
2025年1月第1版第1次印刷
210mm×285mm・28.75印张・823千字
标准书号：ISBN 978-7-111-76896-8
定价：199.00元

电话服务	网络服务
客服电话：010-88361066	机　工　官　网：www.cmpbook.com
010-88379833	机　工　官　博：weibo.com/cmp1952
010-68326294	金　　书　　网：www.golden-book.com
封底无防伪标均为盗版	机工教育服务网：www.cmpedu.com

编译委员会

主任委员　　重庆长安汽车股份有限公司长安学习中心　郭七一

　　　　　　　全国汽车职业教育教学指导委员会　徐念峰

副主任委员　重庆长安汽车股份有限公司　谭本红

　　　　　　　重庆工业职业技术学院　郭天平

　　　　　　　重庆五一职业技术学院　孙玉伟

　　　　　　　深圳职业技术大学　董铸荣

　　　　　　　四川交通职业技术学院　陈斌

　　　　　　　上海交通职业技术学院　季强

　　　　　　　新疆交通职业技术学院　何朴

　　　　　　　山东工程技师学院　王风雷

　　　　　　　贵阳交通技师学院　刘文均

　　　　　　　广州市交通技师学院　任惠霞

　　　　　　　北京意中意教育装备有限公司　王怀国

　　　　　　　深圳风向标教育资源股份有限公司　王玉彪

　　　　　　　广东合赢教育科技股份有限公司　冯津

　　　　　　　夸夫曼（上海）智能科技发展有限公司　曾国祥

委　　员　　耿溢　金明　唐芳　王兆海　周旭

　　　　　　　李丕毅　苟春梅　王光林　刘卯　王东光

序

全球汽车制造商在过去几年取得了巨大的进步。现在几乎所有的车辆系统都由电子元器件和计算机精细控制,以提供更好的车辆性能和驾驶体验,包括操控性、舒适性,以及最重要的安全性。这些技术进步给汽车维修技师带来了巨大的责任,他们需要学习和不断升级。本套书涵盖了现代汽车不同系统的基本检测与维修操作,同时也介绍了最新的技术。

作为这套书加拿大版的作者(加拿大版是一整本书),我发现本书的英文第 7 版是图书市场上最全面的版本。

作为一名教师,多年来我一直使用该系列图书。我发现它对学生、汽车维修技师和使用这本书的教师都非常有益。

自 2009 年以来,我一直是加拿大世界技能大赛汽车技术项目的专家。自 2017 年我担任世界技能大赛的首席专家至今。我一直在我们的培训项目中使用这本(套)书,具备汽车各系统扎实的基础知识是高质量汽车故障诊断、熟练维修和服务的基础,这本(套)书正好能够满足这样的需求。

无论是为客户的车辆而工作,还是为与世界上许多顶尖技师的激烈竞争做准备,这本(套)书都将提供所需的宝贵信息和知识,以帮助应对当今和未来与汽车相关的工作。

Martin Restoule
世界技能大赛汽车技术项目首席专家

前　言

2023 年，我国汽车产销量连续 15 年位居全球第一，机动车保有量已达 4.35 亿辆，其中汽车保有量达到 3.36 亿辆，也已位居全球第一。因此，在我国从事汽车售后技术服务工作具有广阔的发展前景。为了培养更多汽车售后技术服务需要的高素质、高技能人才，国家大力发展汽车职业教育，同时也在大力开展在职工作人员的培训与职业技能评价。目前，我国汽车职业教育与职业技能培训及其评价工作正处在前所未有的良好发展环境中。

十几年来，我国已形成了以赛促教、以赛促训，职业教育和职业技能竞赛发展相互促进的良好氛围，特别是在我国加入世界技能大赛组织后，已连续四届参加世界技能大赛汽车技术项目并取得优异成绩。推广世界技能大赛的技术成果，将世界技能大赛的技术标准、训练方法应用到职业教育与职业技能培训中去，也是迫切需要落实的工作任务。

为此，世界技能大赛汽车技术项目中国技术指导专家组（以下简称专家组）协同全国汽车职业教育教学指导委员会，在组织编写职业院校汽车专业教材的同时，系统地研究了国际同类系列教材教程。为了深入对标国际先进水平，在专家组的推荐下，机械工业出版社引进了目前北美地区汽车职业教育学生和在职人员参加美国汽车维修优秀技师学会（ASE）认证考核广泛使用的教程 AUTOMOBILE TECHNOLOGY，即本书的英文原版，并由专家组组织翻译。为了更好地适应我国读者的实际需要，我们对英文原版的内容做了一定的删减、改写和重新组织。AUTOMOBILE TECHNOLOGY 第 7 版全书共计两千多页，为了方便阅读，也为了便于读者有针对性地学习，我们参考世界技能大赛汽车技术项目的模块划分，将英文原版一本拆分成四本，并对章节进行了调整（见《汽车维修技术基础（原书第 7 版）》附录 A）。这四本分别是《汽车维修技术基础（原书第 7 版）》《汽车发动机检修技术（原书第 7 版）》《汽车底盘检修技术（原书第 7 版）》《汽车电气系统检修技术（原书第 7 版）》。为了帮助读者了解英文原版的编写思路、特色和主要内容等，我们将其前言完整地翻译出来，供读者参考学习，请查阅《汽车维修技术基础（原书第 7 版）》的"原版书前言"。

值得一提的是，正是世界技能大赛汽车技术项目首席专家 Martin

Restoule 向专家组推荐了这本教程。*AUTOMOBILE TECHNOLOGY* 第 7 版教程编写的目标是在北美地区乃至全球成为当代汽车服务和维修领域全面的技术指南和职业教育的领先教程。该教程仅是北美地区汽车维修技术职业教育体系的内容之一，其完整的体系还包括数字终端（如光盘）和网上教学资源。该教程的基本特点如下：1）知识涉及范围广，基本涵盖了一辆整车的所有基本系统；2）每一章都按照学习目标、场景描述（客户问题）、主要系统或结构、常见问题（故障）、通用的检查规范（步骤）、流程图解和说明、作业安全、总结及复习题的顺序编写，思路、脉络清晰；3）该教程主要用于北美地区职业教育学生和在职人员参加 ASE 认证考核，因此，在整体上贯彻了理论够用为好和实用性强的主旨，紧紧扣住一名维修技师应具备的知识和技能，从实用化的角度讲述了各系统的基本结构、常见应用、常见问题、相关的诊断和维修流程；4）该教程与具体车型的维修手册不同，不局限在具体车型的某一项技术上，讲解的基本上都是具有共性的知识和技能，这可帮助学习者从整体上掌握所需的基本知识和技能，为后续职业发展奠定了坚实基础。

与我国同类教材教程相比，本书还有以下不同：

1）基础理论方面的内容和深度以够用为准。

2）由于原版教程至今已修订至第 7 版，伴随汽车技术和汽车维修技术的发展而不断丰富，有一定篇幅介绍了较老的一些系统和结构；由于国内外汽车行业发展状况不同，本书在新能源汽车、智能网联汽车等方面的内容相对较少。

本书可作为汽车职业院校的教学参考书、国家开放大学汽车相关专业的辅助教程、交通运输部评价中心主管的相关等级和技术职称评价的学习参考教程，以及有志于从事汽车维修技术工作的人员和在职汽车维修技术人员的参考学习用书。另外，本书与世界技能大赛汽车技术项目的基本比赛内容要求和宗旨非常吻合，因此也可作为世界技能大赛参赛选手的有益读物。

由于编译者水平有限，书中难免有疏漏之处，恳请读者朋友批评指正。

世界技能大赛汽车技术项目中国技术指导专家组组长
郭七一

Preface

目 录

序
前 言

第1章 离合器

1.1 工作原理	002
1.2 离合器维修相关事项	009
1.3 离合器问题诊断	010
1.4 离合器维修方法	013
1.5 维修离合器操纵机构	016
1.6 总结	018
1.7 复习题	019

第2章 手动变速器和变速驱动桥

2.1 变速器与变速驱动桥	022
2.2 齿轮	023
2.3 齿轮基础知识	025
2.4 手动变速器/变速驱动桥的结构	027
2.5 同步器	028
2.6 换档机构	030
2.7 手动变速器动力流	032
2.8 手动变速驱动桥动力流	033
2.9 主减速器和总传动比	035
2.10 双离合器变速器	035
2.11 变速器电气系统	039
2.12 总结	040
2.13 复习题	041

第3章 手动变速器/变速驱动桥维修

3.1 润滑油检查	044
3.2 就车维修	046
3.3 诊断各种问题	047
3.4 变速器/变速驱动桥的拆卸	050
3.5 清洁和检查	052
3.6 差速器总成的拆解和组装	055
3.7 变速器或变速驱动桥的组装和安装	056
3.8 总结	057
3.9 复习题	057

第4章 驱动轴和差速器

4.1 基本诊断和维修	061
4.2 前轮驱动（FWD）轴	061
4.3 等速万向节的类型	062
4.4 前轮驱动的结构	064
4.5 等速万向节的维修	065
4.6 后轮驱动传动轴	069
4.7 U形万向节的工作原理	070
4.8 十字轴万向节的类型	072
4.9 传动系统问题诊断	073
4.10 主减速器和驱动桥	080
4.11 防滑差速器	084
4.12 半轴	086
4.13 主减速器总成的维修	089
4.14 总结	093
4.15 复习题	093

第5章 自动变速器和变速驱动桥

5.1 液力变矩器	098
5.2 液力变矩器的锁定	102
5.3 行星齿轮机构	103
5.4 复合式行星齿轮组	105
5.5 本田非行星齿轮变速器	110
5.6 无级变速器（CVT）	110
5.7 行星齿轮控制装置	113
5.8 变速器离合器	115
5.9 轴承、衬套、止推垫圈和卡环	118
5.10 衬垫和密封件	120
5.11 主减速器和差速器	123
5.12 液压系统	124
5.13 液压装置在变速器中的应用	124
5.14 压力提升	128
5.15 换档品质	129
5.16 换档的结构原理	130
5.17 总结	133
5.18 复习题	133

第 6 章　电控自动变速器

- 6.1 变速器控制模块　138
- 6.2 混合动力变速器　146
- 6.3 EAT 的基本测试　148
- 6.4 TCC 控制的诊断　152
- 6.5 对输入的详细测试　154
- 6.6 对执行器的详细测试　155
- 6.7 总结　157
- 6.8 复习题　158

第 7 章　自动变速器和变速驱动桥维修

- 7.1 识别　161
- 7.2 基本维护　161
- 7.3 基本诊断　165
- 7.4 车辆路试及诊断　168
- 7.5 液力变矩器检查　170
- 7.6 液压和真空控制系统诊断　173
- 7.7 常见问题　175
- 7.8 换档联动装置　177
- 7.9 更换、重新组装和安装变速器　178
- 7.10 总结　183
- 7.11 复习题　183

第 8 章　四轮驱动和全轮驱动

- 8.1 驱动类型　188
- 8.2 4WD 的传动系统　194
- 8.3 桥间（中央）差速器　197
- 8.4 转矩定向控制　201
- 8.5 诊断 4WD 和 AWD 系统　203
- 8.6 维修 4WD 车辆　206
- 8.7 总结　211
- 8.8 复习题　211

第 9 章　轮胎和轮辋

- 9.1 轮辋　215
- 9.2 轮胎　216
- 9.3 轮胎等级和型号　221
- 9.4 胎压监测（TPM）系统　225
- 9.5 轮胎/轮辋跳动　229
- 9.6 轮胎更换　230
- 9.7 轮胎/车轮总成的维修　233
- 9.8 车轮轴承　238
- 9.9 总结　241
- 9.10 复习题　242

第 10 章　悬架系统

- 10.1 车架　245
- 10.2 悬架系统部件　245
- 10.3 独立前悬架　252
- 10.4 前悬架基本诊断　258
- 10.5 前悬架部件维修　260
- 10.6 后悬架系统　267
- 10.7 电控悬架　272
- 10.8 电子悬架部件的维修　276
- 10.9 主动悬架　278
- 10.10 总结　279
- 10.11 复习题　280

第 11 章　转向系统

- 11.1 机械转向系统　283
- 11.2 动力转向系统　288
- 11.3 电控动力转向系统　292
- 11.4 常见抱怨及其原因　296
- 11.5 诊断检查　297
- 11.6 详细检查　300
- 11.7 转向系统的维修　304
- 11.8 动力转向系统的维修　308
- 11.9 四轮转向系统　311
- 11.10 总结　316
- 11.11 复习题　317

第 12 章　车轮定位

- 12.1 车轮定位概述　320
- 12.2 定位几何参数　320
- 12.3 定位前的检查　325
- 12.4 车轮定位设备　326
- 12.5 定位仪　327
- 12.6 执行车轮定位　328
- 12.7 四轮驱动车辆的定位　336
- 12.8 总结　337
- 12.9 复习题　337

第 13 章　制动系统

- 13.1 摩擦　341
- 13.2 液压制动系统的工作原理　344
- 13.3 液压制动系统的组成　345
- 13.4 制动主缸　347
- 13.5 制动主缸的工作原理　349
- 13.6 液压管路和软管　351
- 13.7 液压系统安全开关和液压阀　353
- 13.8 鼓式和盘式制动器总成　356
- 13.9 液压系统的维修　357
- 13.10 助力制动系统　363
- 13.11 液压制动助力器　366
- 13.12 电动驻车制动器　368
- 13.13 总结　368
- 13.14 复习题　369

第 14 章　鼓式制动器

- 14.1 鼓式制动器的工作原理　373
- 14.2 鼓式制动器部件　373
- 14.3 鼓式制动器结构　376
- 14.4 制动器的路试　381
- 14.5 鼓式制动器的检查　381
- 14.6 制动蹄和制动摩擦片　387
- 14.7 轮缸的检查和维修　389
- 14.8 鼓式驻车制动器　390
- 14.9 总结　392
- 14.10 复习题　393

第 15 章　盘式制动器

- 15.1 盘式制动器部件及其功用　396
- 15.2 后轮盘式制动器　402
- 15.3 盘式制动器故障诊断　404
- 15.4 维修指导　406
- 15.5 制动钳常规检查和维修　407
- 15.6 后轮盘式制动钳　413
- 15.7 制动盘检查　414
- 15.8 制动盘维修　417
- 15.9 总结　420
- 15.10 复习题　421

第 16 章　ABS、ESC 系统

- 16.1 ABS 概述　424
- 16.2 ABS 类型　430
- 16.3 ABS 的运行　431
- 16.4 自动牵引力控制　434
- 16.5 自动稳定性控制　436
- 16.6 ABS 的维修　438
- 16.7 诊断和测试　439
- 16.8 测试牵引力和稳定性控制系统　444
- 16.9 新趋势　444
- 16.10 总结　445
- 16.11 复习题　446

附　录

- 附录 A　缩略语表　448
- 附录 B　常用英制单位换算　449

第 1 章
离合器

学习目标

- 能简述离合器各部件及其功用。
- 能说出并解释不同类型离合器压盘总成的优点。
- 能说出离合器分离机构的不同类型。
- 能简述如何进行离合器的基本维护。
- 能说出离合器最常见问题。
- 能简述维修离合器总成的基本内容。

3C：问题（Concern）、原因（Cause）、纠正（Correction）

维修工单					
年份：2010	制造商：丰田	车型：FJ 酷路泽	里程：151889mile㊀		单号：15844
问题	客户陈述踏下离合器踏板时听到离合器区域有噪声，松开踏板时噪声停止。				
根据此客户提出的问题，运用在本章中学到的知识来确定此问题的可能原因、诊断该问题的方法以及解决此问题所需的步骤。					

离合器总成位于变速器和发动机之间，并提供发动机飞轮和变速器输入轴之间的机械耦合。图 1-1 展示了进行此操作所需的部件：飞轮、离合器片、离合器压盘总成、离合器分离轴承和离合器拨叉。

驾驶员通过从驾驶舱延伸到发动机和变速器之间的钟形壳（或称离合器壳）中的联动机构来操作离合器。

片（也称为离合器摩擦片）是从动或输出部件，它与变速器的输入轴相连。只要离合器分离（踏下离合器踏板），驱动部件就会独立于从动部件单独转动，此时发动机与变速器之间的连接会断开。而当离合器接合时（松开离合器踏板），后压盘向飞轮侧移动，并将离合器片压紧在两个旋转的驱动部件之间，迫使它们以相同速度转动。

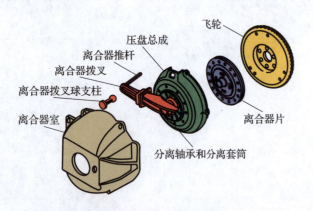

图 1-1 离合器总成主要部件

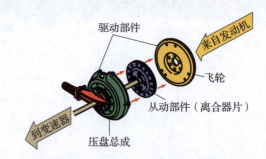

图 1-2 当离合器接合时，从动部件被压紧在两个驱动部件之间，变速器连接到从动部件上

> ⚠ **警告** 在拆卸离合器总成之前和拆卸过程中应使用合适的清洗液和设备。有些离合器摩擦片是用石棉制作的，吸入石棉会导致严重疾病，因此应假设所有离合器片都有石棉并遵循防止石棉蔓延的作业步骤。

所有手动变速器都需要一个离合器来接合或分离变速器。如果车辆没有离合器，发动机将始终与变速器连接，则发动机在每次让车辆停下来时都要停机。离合器可使发动机在车辆停止时以怠速运转，同时还可轻松地在各档位之间进行切换（当然，所有这些也适用于手动变速桥）。

1. 转矩传递

当离合器片被牢牢地夹在飞轮和压盘之间时，发动机转矩传入变速器。离合器总成的设计要防止在其接合时损失任何转矩，但当离合器片开始在压盘和飞轮之间受到挤压时，必须允许它有一定的滑移。这个滑移可防止动力突然传递到车轮所引起的振动。

1.1 工作原理

离合器的基本工作原理如图 1-2 所示。压盘和飞轮是离合器总成的驱动或输入部件。离合器

㊀ 1mile=1.609km。

2. 飞轮

飞轮是发动机的一个重要部件，也是离合器的主要驱动部件（图1-3）。它通常由球墨铸铁或灰铸铁制成，且石墨含量较高，以在离合器接合过程中起到润滑作用。在飞轮的外缘上焊有或压装了一个起动齿圈。大的飞轮直径可使起动机以合适的传动比来驱动齿圈，从而在起动时能向发动机提供足够的起动转矩。飞轮的背面是一个加工平整的摩擦面，以确保离合器平稳地接合。飞轮还对曲轴的扭转振动具有一定的吸收作用，同时提供惯性以转动曲轴通过其四个工作行程。

图1-3 安装在发动机曲轴后端的典型飞轮

飞轮上钻了两组螺栓孔。内侧的一组螺栓孔用来将飞轮紧固在曲轴上，而外侧的一组螺栓孔用来将压盘总成安装在飞轮上。飞轮和曲轴的中心孔内装有导向衬套或轴承，它支承变速器输入轴的前端并保持与发动机曲轴对中。通常使用滚珠或滚针轴承代替导向衬套。一些变速驱动桥有一个自定心的短输入轴，因而不再需要导向衬套或轴承。

双质量飞轮　一些轿车和轻型货车使用双质量飞轮（DMF），如图1-4所示。这种飞轮的使用可能会随着制造商不断地减小发动机的尺寸而得到增加。这类飞轮用来减小发动机传递给变速器的振动，以提供更平稳的换档和降低齿轮噪声。双质量飞轮还起到扭转减振器的作用，从而使曲轴的扭转振动在传递到变速器之前得以降低。

双质量飞轮由通过弹簧和阻尼系统连接的两个旋转盘组成。朝前的飞轮主要部分用螺栓固定在曲轴尾端，从而平滑了曲轴的振动。离合器的压盘用螺栓固定在朝后的飞轮部分。发动机转矩从前飞轮盘通过阻尼器和弹簧总成传递到后飞轮盘，再传进变速器。中心的轴承允许飞轮的两个部分彼此独立旋转。根据车辆的不同，飞轮还可以含有附加的阻尼元件，以使其适应不同发动机的应用。

图1-4 双质量飞轮

有些双质量飞轮还具有转矩限制功能，以防止在峰值转矩负载时损坏变速器。飞轮的两个旋转盘的旋转角度最大可相差360°，这可使前飞轮盘吸收突增的转矩尖峰，而不使它们传递到变速器。

3. 离合器片

离合器片（图1-5）通过花键与变速器输入轴相连，并接收来自飞轮和压盘总成的驱动运动，然后将该运动传递给变速器的输入轴。离合器片的组成部件如图1-6所示。

图1-5 离合器片

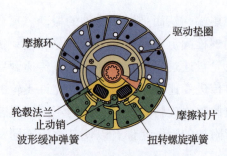

图 1-6 离合器片的主要部件

离合器片毂带有与变速器输入轴外花键相配的内花键。当离合器片接合和分离时,离合器片可在输入轴外花键上来回滑动。设计离合器片的目的是要吸收曲轴振动、离合器的突然接合和传动系统的冲击等。离合器片上设有阻尼器以减少由发动机动力的脉动而引起的扭转振动。阻尼器实际上就是离合器片毂和与其关联的弹簧。这些扭转螺旋弹簧允许离合器片在吸收转矩力的同时可相对于压盘有轻微转动。这些弹簧的数量和刚度取决于发动机转矩和车辆重量。离合器片上的止动销将扭转的运动限制在约 1in⊖ 范围内。

(1) 离合器摩擦片 离合器的摩擦片是覆盖在钢制离合器片上的摩擦材料。摩擦片必须能够承受离合器片和压盘之间摩擦产生的热量。当摩擦片表面变得过热时,离合器的滑移会随之产生更多的热量。离合器片过热将缩短其使用寿命。

离合器摩擦片有两种类型。模压型摩擦片可以承受更大的压盘压紧力而不会损坏。当离合器接合需要额外的缓冲作用时,则使用交织型摩擦片。以往摩擦片材料中的绝大多数成分是石棉,但由于与石棉有关的危害问题,现在都取代为纸基和陶瓷等材料,并添加棉、黄铜、纤维和金属丝等的颗粒来延长离合器片的使用寿命和提高扭转强度。

通过离合器片能传递的转矩大小主要取决于摩擦片被压紧的程度和摩擦片的摩擦系数。通常情况下,摩擦系数基本上反映了两个摩擦表面之间存在的摩擦程度。离合器总成的整体效率取决于其摩擦系数。如果离合器的摩擦系数低于预期值,离合器就会打滑。如果摩擦系数高于预期值,在其接合过程中会产生突然接合的感觉。

摩擦片表面上切有沟槽,从而促进了离合器片从飞轮和压盘上快速分离,同时还有助于更好地冷却。摩擦片铆接在也称为缓冲弹簧的波形弹簧上。当离合器接合时,随着波形弹簧变平,摩擦片的接触压力逐渐提高。这些波形弹簧减小了离合器接合时的颤动,也减小了离合器分离时离合器片黏滞在飞轮和压盘上的可能性。波形弹簧和摩擦片一起固定在钢片上。

(2) 支承片 离合器片的支承片将离合器片毂连接到摩擦片上。当离合器接合时,摩擦片与离合器片毂被压紧在一起,就像离合器片被压紧在飞轮上一样。在摩擦片和离合器片毂之间是波形弹簧,这些弹簧在离合器接合时被压缩,因而在踏下踏板时能帮助离合器分离。波形弹簧的作用是使离合器的接合和分离尽可能平稳。

4. 导向轴套/轴承

导向轴套和轴承(图 1-7)有时用来支承变速器输入轴的外端。这个导向件通常是被压入到发动机曲轴外端的中心孔内的。输入轴接变速器的一端由变速器箱体内的大轴承支承。由于输入轴的伸出部分得不到变速器的支承,因此需要借助导向轴套将其保持在位。导向轴套通过支承输入轴使离合器片被保持在压盘的中心。

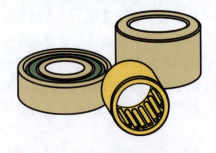

图 1-7 不同类型导向轴套和轴承

导向轴套可用在生产过程中被润滑油浸透的烧结青铜制作。导向轴承通常是滚针轴承,也可以是滚子轴承或密封的轴承总成。许多变速驱动桥由于其输入轴长度很短,或者已由变速器内部一个以上的轴承支承,不再需要导向轴承或轴套。

⊖ 1in=0.0254m。

5. 压盘总成

压盘总成由施压圈（压盘）、后盖、压力弹簧和分离杠杆组成。压盘总成的作用有两个。首先，它必须以足够的压力将离合器片压紧在飞轮上，以有效地传递发动机转矩。其次是当离合器分离时，它必须从离合器片上离开，以使离合器片能停止旋转，即使是在飞轮和压盘仍在旋转时。

压盘是一个较重的平铁圈，为了将离合器片压紧在飞轮上，它对着离合器片的外圈转动。压盘总成的后盖通常是一个冲压的钢制外壳，它充当着压盘、压力弹簧和分离杠杆的安装点。该后盖用螺栓固定在飞轮上。压盘总成基本上分为两种类型：螺旋弹簧式压盘总成和膜片弹簧式压盘总成。

（1）螺旋弹簧式压盘总成　螺旋弹簧式压盘总成（图1-8）使用螺旋弹簧和分离杠杆来使压盘前后移动。弹簧施加压力以使压盘压紧离合器片和飞轮，从而迫使离合器片紧压在飞轮上。分离杠杆用于释放弹簧的保持力。通常有三个分离杠杆，每个分离杠杆都有两个枢轴点。其中一个将分离杠杆连接到铸造在压盘上的底座上，而另一个连接至用螺栓固定在后盖上的分离杠杆叉/键螺栓。分离杠杆绕基座上的枢轴和分离杠杆叉进行摆动，从而通过分离杠杆的接合和分离动作来移动压盘。

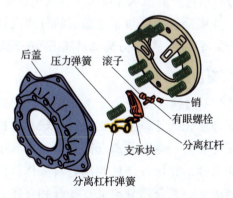

图1-8　螺旋弹簧式压盘总成的组成

为了使离合器分离，分离轴承推动分离杠杆内端朝飞轮方向移动。分离杠杆属于一类杠杆，这意味着支点在作用力和负载之间。杠杆的两端朝相反方向移动。当力向下推动杠杆的一端时，另一端向上移动。在螺旋弹簧式压盘中，分离杠杆叉充当着分离杠杆的支点，当分离杠杆的外端向飞轮方向移动时，将拉动压盘离开离合器片，这将压缩螺旋弹簧，从而释放压盘和飞轮对离合器片的压紧力。

当离合器接合时，分离轴承从压盘上移开，这使得压盘弹簧将压盘和离合器片推向飞轮，以允许动力从发动机传递到变速器。

螺旋弹簧式压盘总成的优缺点包括：1）可通过改变弹簧的数量和刚度来增加或减小压紧力；2）这类压盘与膜片式压盘相比需要更大的踏板力；3）随着离合器片的磨损，螺旋弹簧伸长，其压紧力会减小；4）由于螺旋弹簧式压盘的这些缺点，乘用车和轻型货车目前几乎都只使用膜片弹簧式离合器。

（2）膜片弹簧式压盘总成　膜片弹簧式压盘总成（图1-9）依靠压盘和压盘后盖之间的一个锥形膜片弹簧使压盘前后移动。膜片弹簧（有时称为蝶形弹簧）是一个单一的金属薄片，其工作原理与加油器的底部相同。当给膜片弹簧施加压力时，金属会屈服变形。当移去压力时，金属将恢复到原来的形状。膜片弹簧的中心部分被切割成很多膜片分离指，它们起分离杠杆的作用（图1-10）。

在离合器分离过程中，分离轴承向前移动分离指。膜片弹簧在支点环（也称为枢轴环）上转动，同时其外缘离开飞轮。回收的弹簧拉动压盘离开被驱动的离合器片，从而使离合器分离。

图1-9　膜片弹簧式离合器压盘实物

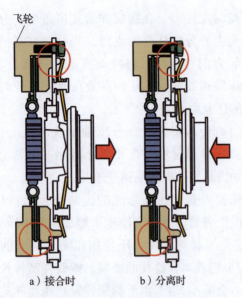

图1-10 膜片弹簧式压盘工作原理
a) 接合时 b) 分离时

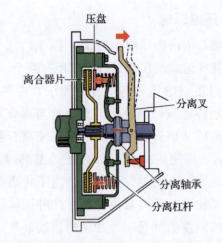

图1-11 在踏下中的压盘上的分离叉和轴承

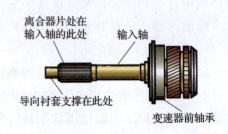

图1-12 离合器（输入）轴

当离合器接合时，分离轴承和膜片弹簧的分离指向变速器侧移动。随着膜片在支点环上转动，其外缘强迫压盘压向离合器片，从而使离合器片与飞轮接合。

膜片弹簧式压盘总成与其他类型的压盘总成相比，具有以下优点：更加紧凑；重量更轻；可能磨损的运动部件更少；需要驾驶员付出的踏板力很小；在压盘周圈上提供均匀的力，从而减少了旋转的不平衡；离合器片很少出现打滑。因为将离合器片压紧在飞轮上的力在其整个使用寿命期间内不会发生改变，所以其可用里程更长。

6. 离合器分离轴承

离合器分离轴承，简称释放轴承，通常是一个预润滑的密封球轴承（图1-11）。它的功用是在离合器接合和分离的过程中平稳、安静地移动压盘分离杠杠或膜片弹簧。

分离轴承安装在分离套筒上。该套筒配装在变速器箱体前部的空心轴上，而空心轴套装在离合器（输入）轴上（图1-12），它也是变速器前轴承支承座的一部分。

当要分离离合器时，离合器分离叉推动分离轴承在其轴上移动。当分离轴承接触压盘总成的分离杠杆或膜片弹簧时，开始随着压盘总成一起旋转。随着分离轴承继续向前移动，离合器片与压盘和飞轮分离。

当要接合离合器时，分离轴承滑动到输入轴的后部。压盘向前移动并将离合器片压紧在飞轮上，从而将发动机的转矩传递给变速器的输入轴。在离合器完全接合后，分离轴承通常处于静止状态。

旋转式分离轴承 用在许多车辆上的自调式离合器操作机构对离合器控制拉索施加恰好足够的拉力，以对分离轴承保持一个轻微的稳定压力，因此，分离轴承始终与压盘总成的分离杠杆或膜片弹簧保持接触。这种分离轴承随压盘一起旋转。

7. 离合器分离叉

离合器分离叉是一个分叉的杠杆，它在位于变速器钟形壳体开口中的支承轴或球头螺栓上摆动。其分叉的一端在分离套筒上滑动，其小头的一端伸出钟形壳体并连接到离合器操作机构和离合器踏板上。离合器分离叉在接合和分离过程中前后移动分离套筒和轴承。

8. 离合器操纵机构

离合器操纵机构由将离合器踏板连接到离合器分离叉的一系列部件组成。正是通过离合器操纵机构，驾驶员才能轻松地控制离合器总成的接合和分离。

在某些车辆上，当离合器接合时，离合器操纵机构拉动分离轴承以使其从压盘上的分离杠杆上离开一点。分离轴承离开压盘的微小移动量决定了离合器踏板的自由间隙。如果车辆装有自调节的机械操纵机构或液压操纵机构，则分离轴承和压盘之间通常始终会有轻微的接触。

（1）轴和杠杆式操纵机构　在老式车辆上看到的轴和杠杆式离合器操纵机构会有许多部件和枢轴点，它们通过轴、杠杆和曲柄将离合器踏板的运动传递给分离轴承。某些车辆在各枢轴点处装有润滑脂嘴（俗称黄油嘴），而其他车辆在其枢轴点上采用了低摩擦的塑料垫圈和衬套。

典型的轴和杠杆式离合器操纵机构包括分离杠杆、推杆、平衡装置，或分叉轴、踏板至平衡装置的推杆、辅助弹簧或过中心的回位弹簧，以及离合器踏板总成。踩下踏板移动平衡装置，而平衡装置又会移动分离杠杆。当松开离合器踏板时，辅助弹簧将操纵机构恢复到其正常位置，并除去分离杠杆上的压力。这个动作使分离轴承从压盘上移开。

（2）拉索式操纵机构　拉索式操纵机构可以执行与轴和杠杆式操纵机构相同的控制动作，但使用的部件更少。拉索式离合器系统不会占用太多空间。它还具有安装灵活的优点，因此可以围绕动力制动和转向单元进行布置。这些优点有助于使其成为最常用的离合器操纵机构。图1-13所示是一种典型的拉索式离合器操纵机构组成。

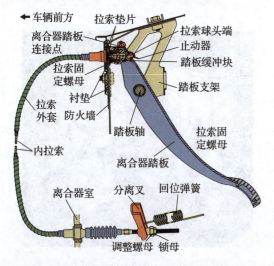

图1-13　典型的拉索式离合器操纵机构组成

离合器拉索由编织的钢丝制成，上端连接至离合器踏板臂的顶部，下端固定在离合器分离叉上。其设有柔性外套，分别固定在防火墙和离合器室上。

当离合器踏板被踏向分离位置时，它以踏板轴为枢轴转动，并拉动内拉索穿过拉索外套。该动作使离合器分离叉移动以分离离合器。当松开离合器踏板时，压盘弹簧和离合器踏板上的弹簧提供使内拉索回位的拉力。

（3）自调式离合器机构　自调式离合器机构监测离合器踏板的间隙，并在必要时进行自动调节。自调式离合器机构通常是一个安装在离合器踏板顶部的棘轮机构（图1-14），它位于仪表板后面。棘轮机构设计有棘爪和扇形棘轮，棘爪拉簧用来保持棘爪与扇形棘轮齿牙的接触。棘爪只允许扇形棘轮相对棘爪朝一个方向移动。

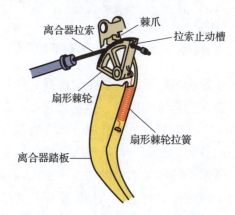

图1-14　典型的离合器拉索自调机构

离合器拉索被引导并固定在棘轮的齿形段上，该扇形棘轮可独立于离合器踏板沿一个方向（向后）自由转动。拉簧向后拉动扇形棘轮。

当离合器拉索因拉伸或离合器摩擦片磨损而松弛时，拉索会在松开离合器时自动得到调整。拉簧将扇形棘轮向后拉，并允许棘爪跳到下一个齿，这实际上相当于缩短了拉索，但拉索本身并没有真正变短，而是通过重新对齿形段的定位使松弛部分被收紧。这种自调行为在离合器的使用寿命期间是自动进行的。

（4）液压式离合器操纵机构　通常情况下，离合器总成由液压系统控制（图1-15）。在液压式离合器操纵机构中，液体压力通过液压管路将运动从一个密封液压缸传递到另一个密封液压缸。与拉索式操纵机构总成一样，液压操纵机构的布置也是紧凑和灵活的。这类操纵机构使工程师可将分离叉布置在任何地方，从而在车身设计上为他们提供了更大的灵活性。此外，由离合器主缸放大的液压力可降低踏动离合器踏板所需的力，并且提供了一种控制离合器工作的精确方法。制动液常用作液压式离合器系统的液压油。有些车辆还会让制动液与离合器主缸共用储液罐。

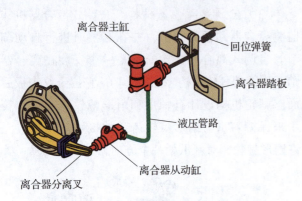

图 1-15 典型的液压离合器操纵机构组成

离合器从动缸可以安装在变速器的外部，也可以安装在离合器的内部。当安装在变速器外部时，该从动缸上有一个推杆或支杆，它与控制盘动作的分离叉接触。当液压离合器主缸推杆随着离合器踏板的移动而推动活塞和主皮碗建立液压力时，该液压力将通过从动缸推杆传递给分离叉，从而使其随离合器踏板的运动而前后移动推杆或支杆。推杆防护套用来防止污染物进入从动缸。从动缸中的挡圈用来将活塞的行程限制在一定范围内。在活塞挡圈一端有副皮碗以阻止液压油滴入驾驶舱。活塞回位弹簧将主皮碗和活塞保持在压力完全释放的位置。液压油储存在离合器主缸壳体顶部的储液罐中。从动缸上有一个放气螺塞，以便从液压系统中排出空气，从而使离合器操纵机构有效工作。从动缸的进油口中加工有用来连接管接头的螺纹。

当踏下离合器踏板时，离合器主缸活塞和主皮碗移动而产生液压力，该液压力借助油管传递到从动缸，并通过从动缸活塞的移动将液压力传递到离合器分离叉，使其分离离合器。

当松开离合器踏板时，主缸活塞回位弹簧迫使主皮碗和活塞推回其初始位置。外部弹簧使从动缸的推杆和活塞移回接合位置。液压油通过管路返回离合器主缸总成。当离合器总成处于接合状态时，系统中将没有残余压力。

（5）同轴式从动缸 在某些轿车和轻型货车上会看到一种同轴（内部）式从动缸。这类装置实际上是从动缸和离合器分离轴承的组合体（图 1-16），从动缸可用塑料、铝或铸铁制成。它们也是液压离合器系统的一部分，同样由加压的矿物油或制动液控制。从动缸直接布置在分离轴承后面，使分离轴承的运动为线性运动，而在其他离合器操纵机构的设计中，分离轴承在接合和分离离合器时是通过分离叉的弧线运动轨迹来移动的。

内置式从动缸是一个安装在变速器前端的环形装置，变速器输入轴从其中心穿过。从动缸既可以用螺栓固定在变速器的前轴承盖上（图 1-17），也可以用压紧销固定。

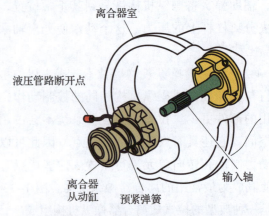

图 1-16 同轴内置式离合器从动缸

图 1-17 用螺栓固定在变速器前轴承盖上的同轴式分离轴承

由于同轴式从动缸使用的零件更少，因而减轻了离合器操纵机构总成的重量，并延长了其使用寿命。但在大多数情况下，为了准确地对其进行诊断，需要拆下变速器。

（6）离合器踏板开关　几乎所有车辆都有离合器踏板开关。该开关用来使动力传动系统控制模块（PCM）知晓离合器踏板已踏下，以允许发动机起动或取消巡航控制操作（图1-18）。该开关是一个常开开关，当离合器踏板完全踏下时闭合。如果这个开关是可调节式的，则在完成离合器操纵机构的调整后要确保正确调整该开关。

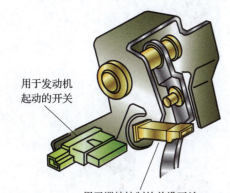

图1-18　用于控制发动机起动和巡航控制操作的离合器踏板开关

1.2 离合器维修相关事项

1. 离合器维修注意事项

在维修离合器时，应遵守以下安全注意措施：

1）当在车辆下方作业时，应始终佩戴护目镜。

2）仅使用经核准的特殊真空收集系统或液体清洁系统清除石棉粉尘。

3）切勿使用压缩空气或刷子清除石棉粉尘。

4）在处置收集的石棉粉尘或含有石棉粉尘的液体时，应遵守联邦、州和地方的所有法律。

5）切勿在未用举升机或没有安全支架或千斤顶支架支承的车辆下方作业。

6）使用千斤顶支架或专用千斤顶来支承发动机和变速器。

7）在拆卸变速器时，应请他人协助。

8）确保工作区域通风良好。当要在室内运转发动机时，应在车辆排气管上连接排风管。

9）在发动机运转期间，不允许有任何人站在车辆的前面或后面。

10）当车辆在静止状态下运转发动机时，应牢固地设置紧急制动器，并将变速杆置于空档位置。

11）避免接触热的发动机和排气系统部件。只要有可能，就应在开始对其作业之前让车辆冷却下来。

2. 检查油液液面高度

液压式离合器系统的油液可通过查看离合器主缸储液罐中的液面高度来检查。大多数储液罐都有一个标记来表示合适的液面高度。如果没有标记，可查看维修信息。期望高度通常是在距顶部1/4~1/2in（6~9mm）范围内。

3. 调整离合器操纵机构

除了带有自调式操纵机构的系统外，当离合器接合（离合器踏板向上）时，分离轴承不应与压盘分离杠杆接触。这些部件之间的间隙用于防止离合器片、压盘和分离轴承过早磨损。该间隙会随着离合器片的磨损和变薄而逐渐减小。

可通过调整该间隙使离合器分离机构保持特定的间隙或自由行程。自由行程是离合器踏板在分离轴承接触离合器分离杠杆或压盘的膜片弹簧之前运动的距离。自由行程不足会使分离轴承承受一定压力，从而使离合器不能完全接合。若间隙过大，也可能使离合器不能完全分离。

可使用卷尺或直尺来检查离合器踏板的自由行程。将卷尺或直尺放在离合器踏板旁边，并将尺子的头端抵在车辆地板上，然后记下尺子上的读数（图1-19）。随后压动离合器踏板并在其自由间隙刚好消除时再次记下尺子上的读数。这两个读数之差就是离合器踏板的自由行程。

要调整离合器踏板间隙，请参考制造商有关正确步骤和调整点的维修信息。通常可以通过转动位于仪表板下离合器踏板上的，或操纵机构与离合器分离叉连接处的螺纹紧固件来增大或减小踏板间隙。

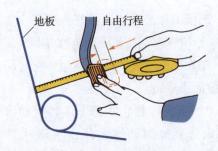

图 1-19 检查离合器踏板的自由行程

必要时，可在检查并更换任何损坏和错失的零件或拉索前，用毛巾和溶剂清洁操纵机构。还应检查液压操纵系统中的离合器主缸、液压软管和从动缸处是否有泄漏。

> **使用维修信息**
>
> 维修信息会含有调整步骤和对离合器进行拆卸、检查、安装以及故障排除的说明。可能还会提供帮助分析分离轴承问题的信息。

4. 润滑外部离合器操纵机构

外部的离合器操纵机构应该定期润滑，可在对底盘润滑时一起进行。应参考针对该车辆的维修信息以确定合适的润滑剂。许多离合器操纵机构使用与悬架部件和万向节相同的底盘润滑脂。润滑离合器操纵机构中的所有滑动表面和枢轴点（图 1-20 箭头所示）。润滑后的操纵机构应能移动自如。

在采用液压式离合器操纵机构的车辆上，应检查离合器主缸储液罐的液面高度，它应在距储液罐顶部约 0.25in（约 6.35mm）的位置。如果必须重新添加，应使用核准的制动液。此外，由于离合器主缸自身并不消耗油液，因此，若储液罐中的油液面降低，应检查离合器主缸、连接软管和从动缸是否有泄漏。在某些车辆上，制动液与液压式离合器共用储液罐。

> **车间提示**
>
> 离合器的状况通常会决定离合器踏板自由行程的大小，但不管怎样，液压式离合器系统中的离合器踏板总是应该有自由行程的。

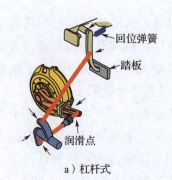

a）杠杆式

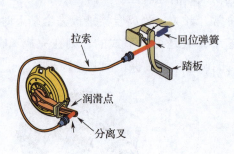

b）拉索式

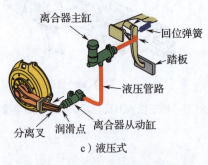

c）液压式

图 1-20 离合器操纵机构的润滑点

1.3 离合器问题诊断

在试图诊断离合器的任何问题之前，应先检查并尝试调整离合器踏板的自由行程。如果离合器摩擦片磨损得过薄（图 1-21），则离合器不可能得到成功调整。下面是对常见离合器问题的描述。

1. 打滑

离合器打滑是一种发动机超速运转而驱动轮的转矩没有增加的状态。当离合器片没有被牢牢地压在飞轮和压盘之间时，就会出现这种状况。此时，离合器片在这些驱动部件之间滑转。车辆在加速初期或随后的换低档期间可能会出现打滑。

图 1-21 严重磨损的离合器摩擦片

通过驾驶车辆可以检查是否存在离合器打滑。在车辆停止后，正常加速或在行驶过程中进行几次换档可检查离合器是否打滑。

打滑也可以在维修店里进行检查。查看有关正确操作步骤的维修信息。以下是检查离合器打滑的常规步骤。务必遵守前述的安全预防措施。

在施用驻车制动后，踏下离合器踏板，将变速器换入三档，并提高发动机转速至 2000r/min，然后慢慢松开离合器踏板，直到离合器接合。此时发动机应瞬时失速。

如果发动机在几秒内没有失速，则离合器在打滑。安全地举升起车辆并检查离合器操纵机构是否有卡滞、损伤或弯曲的零部件。如果未发现操纵机构方面有问题，则必须拆下变速器和离合器总成，以便能进一步检查离合器部件。

离合器打滑可能是由浸油或磨损的离合器片、变形的压盘、疲软或损坏的膜片弹簧导致的，也可能是由分离轴承与分离杠杆接触并向其施加了压力所引起的。后者可通过调整增大离合器踏板自由行程来解决。

车间提示

离合器严重或长时间打滑会使压盘和/或飞轮出现沟槽并造成热损伤。

客户关爱

在维修一辆离合器打滑的车辆时，应委婉地告知客户某些不良的驾驶习惯会导致离合器打滑。这些习惯包括将脚搭在离合器踏板上和将离合器用作制动器来使车辆停在斜坡上。

2. 拖拽和拖滞

如果离合器片在完全踏下离合器踏板时没有完全释放，就会出现离合器拖拽或拖滞。离合器拖拽或拖滞会导致齿轮撞击，尤其是在换入倒档时。由于发动机总是试图转动变速器输入轴，所以离合器拖拽或拖滞还可能导致发动机起动困难和车辆在发动机起动时出现移动。

为了检查离合器有否拖拽或拖滞，起动发动机，完全踏下离合器踏板并将变速器换入一档，此时不要松开离合器，接着将变速器换入空档并等待 5s，然后尝试是否可平稳地换入倒档。

在离合器分离后，离合器片、输入轴和变速器齿轮完全停止所用的时间不应超过 5s。这段时间称为离合器的空转降速时间，这是正常的，不应将其误认为是离合器拖拽或拖滞。

如果在换入倒档时引起齿轮撞击，应安全地举升起车辆并检查离合器操纵机构是否有卡滞、损伤或弯曲的零部件。如果未发现操纵机构方面有问题，则必须拆下变速器和离合器总成，以便能进一步检查离合器部件。

当离合器片或压盘翘曲、离合器摩擦片松动、分离杠杆有缺陷或离合器踏板调整不当而使离合器踏板间隙过大、导向衬套或轴承卡住或咬死时，都可能会导致离合器拖拽或拖滞。此外，造成离合器拖拽或拖滞的原因还有离合器主缸或拉索导向部分周围的防火墙出现开裂或损坏，这是因为离合器拉索或主缸安装在防火墙上，而防火墙会随着施加在离合器操纵机构上的力而产生位移。

当离合器片毂中或变速器输入轴上的花键损坏或分离杠杆有问题时，也会导致离合器拖拽或拖滞。

3. 颤动

当离合器接合时，在车辆上感受到的振动或抖动称为离合器颤动。它通常发生在压盘刚开始接触离合器片时，而在离合器完全接合后会停止。图 1-22 中压盘面上的痕迹是由离合器颤动造成的。

为了检查离合器是否颤动，起动发动机，完全踏下离合器踏板并将变速器换入一档，然后提高发动机转速至1500r/min左右，再慢慢松开离合器踏板，并检查离合器在开始接合时是否颤动。切不可完全松开离合器踏板，否则车辆可能会突然移动而造成严重伤害。一旦离合器部分接合，则应立即踏下离合器踏板并降低发动机转速以防止损坏离合器部件。

图1-22 该压盘面上的痕迹是由离合器颤动造成的

离合器颤动通常是由液体泄漏到离合器上并污染其摩擦表面而引起的。颤动会导致压盘表面出现类似镜面的光泽或使离合器片釉化。机油和离合器液压油的泄漏可能发生在发动机后主轴承密封件、变速器输入轴密封件、离合器从动缸和液压管路处。离合器颤动的其他原因还包括发动机或变速器悬置损坏、离合器壳体紧固螺栓松动和离合器操纵机构损坏。

在拆解过程中，应检查压盘或飞轮是否翘曲、飞轮上是否有热点、离合器片表面是否烧灼或釉化，以及输入轴花键是否磨损。如果颤动是由浸油的离合器片导致的，而且没有其他部件损坏，则仅需要更换离合器片，但还必须找到漏油的原因并修复。

离合器颤动也可能是由于离合器片中的扭转螺旋弹簧断裂或弹簧力过小，以及在安装新的离合器片和/或压盘时未对飞轮工作面进行重整造成的。强烈建议每当安装新离合器片或压盘时应重整飞轮工作面。

4. 离合器踏板脉动

离合器踏板脉动是踏板在离合器分离或接合时的上下快速运动。这种踏板运动的幅度通常很小，但可通过离合器踏板感觉到，它并不伴有任何噪声。当分离轴承与分离杠杆接触时，开始出现脉动。

为了检查离合器踏板是否脉动，可起动发动机，慢慢踏下离合器踏板直到离合器刚刚开始分离，然后短暂停止，接着继续缓慢踏下离合器踏板直到完全踏下。

在许多车辆上，认为轻微的脉动是正常的。如果脉动过大，则必须拆下并拆解离合器进行检查。

离合器踏板的脉动可能是零部件的错位造成的。检查离合器壳体是否错位或飞轮是否变形。检查离合器片和压盘是否翘曲。破损、变形或翘曲的分离杠杆也会造成错位。

图1-23所示压盘上的光亮区域表明分离轴承没有均匀地接触压盘。

图1-23 该压盘上的光亮区域表明分离轴承没有均匀地接触压盘

5. 振动

离合器振动与离合器踏板脉动不同，它可以在整个车辆使用过程中感受到，而且在离合器踏板的任何位置都会出现。这类振动通常出现在发动机正常运转在1500r/min以上时。

离合器振动的几种可能来源应在拆解离合器前进行检查。检查发动机悬置和曲轴扭转减振器带轮。查找任何可以表明发动机部件与车身或车架发生摩擦的迹象。

发动机附件也可能是振动的来源。为检查它们，可每次拆下一根传动带，将变速器置于空档，同时牢靠地设置紧急制动器。然后起动发动机并检查是否振动。在拆下传动带的情况下，切勿让发动机的运转时间超过1min。

如果通过这些检查没有发现振动源，则应检查离合器的部件。一定要检查飞轮螺栓是否松动、飞轮跳动是否过大以及压盘后盖平衡问题。

6. 噪声

离合器的许多噪声来自衬套和轴承。导向衬套的噪声是一种尖叫声、啸叫声或小号声，且在寒冷天气中更为明显。这些衬套噪声通常发生在踏下离合器踏板和变速器处于空档时。分离轴承的噪声是在踏下离合器踏板时产生的飕飕声、摩擦声或研磨声，在完全松开踏板时会停止。轴承的噪声在变速器处于空档时最为明显，但在变速器处在档位中时也能听到。

7. 诊断液压式离合器

液压式离合器系统的诊断应从检查油液开始。检查油液和储液罐中是否有污物和污染。油液中的异物会损坏密封件，并在离合器主缸和从动缸孔中磨出沟槽。

离合器踏板在踏下时出现绵软、行程过大或离合器不能分离，可能是储液罐中的油液不足造成的。要纠正此问题，应重新添加油液至正确的液面高度，然后对系统进行放气。此问题也可能是因为主缸中的主密封件或副密封件失效或损伤导致的。副密封件的泄漏可由外部的泄漏表明，而主密封件泄漏属于内部泄漏。要想解决这些问题中的任何一个，都应更换离合器主缸，然后重新加注油液并对液压系统进行放气。

如果从动缸内部的密封件不良，油液将会泄漏，而使空气进入液压缸内部，从而导致离合器踏板绵软。应更换已泄漏的从动缸，然后重新注油液并对液压系统进行放气。

如果离合器踏板非常硬，应检查踏板机构和分离拨叉是否卡住。如果有卡住的迹象，应进行维修并润滑总成，以确保离合器踏板移动自如。踏板硬也可能是离合器主缸中的补偿孔堵塞所导致的。该补偿孔有可能因推杆调整不当或活塞卡在主缸孔中而堵塞。如果活塞卡住，则应更换或重新修复离合器主缸，并对液压系统进行冲洗、重新加注油液和放气。这个问题也可能是由溶胀的杯形密封件、离合器主缸或从动缸中的污染物导致的。如果这是问题所在，则应更换离合器主缸或从动缸，并对系统进行冲洗、重新加注油液和放气。液压管路堵塞也会导致离合器踏板变硬。

受阻的管路还可能会阻碍离合器完全接合。残余压力将使分离轴承与压盘保持接触。这个问题还将导致压盘分离指和分离轴承磨损。应更换受阻的管路并冲洗系统以清除所有残留物。

如果离合器在松开踏板时没有完全接合，则应检查离合器踏板和分离机构组件是否卡住或调整不当。离合器主缸中溶胀的主皮碗也会导致此问题。主皮碗溶胀是油液污染所引起的。这通常是没用液压离合器系统中最常用的DOT-3制动液，而是用自动变速器油导致的。如果是这种情况，则应更换离合器主缸和从动缸并冲洗整个系统。

1.4 离合器维修方法

在车辆上拆卸和更换离合器的前提是要拆下动力传动系统或传动轴和变速器或变速驱动桥。

1. 拆卸离合器

在举升机上举升起车辆后，先清理离合器和变速器周围的过多污垢、油脂或杂物，然后断开并拆下离合器操纵机构。变速器的换档拉索系统也需要断开。

在后轮驱动的车辆上，因为发动机在某种程度上是由变速器悬置支承的，因此需先拆下动力传动系统和变速器，这可能需要用较高的千斤顶支架来支承发动机。在某些情况下，离合器室要与变速器一起拆下。而在其他情况下，可在拆下变速器后再拆卸离合器室。

在配备变速驱动桥的前轮驱动车辆上，必须先拆下所有妨碍拆卸变速驱动桥的部件。这些部件可能包括驱动半轴、发动机以及制动系统、悬架系统或车身的部件。有关具体说明可查看维修信息。

拆下离合器室后，即可接近离合器总成。使

用经核准的真空收集系统或油液清洁系统清除离合器总成上的石棉粉尘和污物。

图1-24中的系列照片展示了更换离合器片和压盘的典型步骤。在重新安装总成之前，务必要参考制造商关于螺栓力矩规范的建议。此外，还应将新零件与旧零件做比较，以确认它们是正确的更换件。同时，也应检查离合器片与输入轴的花键。

1）离合器总成的拆卸和更换可以在发动机在车上或车下时完成。离合器总成安装在曲轴后面的飞轮上

2）拆解离合器前，确保压盘和飞轮上有定位标记

3）在取下所有螺栓前，先松开连接螺栓并用一只手支承总成，用另一只手取下螺栓。当压盘与飞轮分离时，使离合器片自然落下，确保其与压盘完好无损

4）应检查压盘表面是否有烧伤、沟槽、翘曲、裂纹等。上述现象通常都表明应更换压盘

5）还应仔细检查飞轮工作面。通常可对飞轮工作面进行重新打磨以去除轻微损伤。还要检查飞轮的跳动和导向衬套或轴承

6）将压盘调整到正确位置，将新离合器片放入压盘与飞轮之间。通常离合器片上会有指向飞轮一侧的标记，应确保其朝向正确

7）根据拆卸时做的对准标记安装压盘。然后将对准工具插入离合器片毂和导向轴承，使离合器片与飞轮同心

8）安装连接螺栓，但暂不要拧紧

9）将离合器片对正，按照维修信息规定的步骤拧紧固定螺栓，此时通常需要固定住飞轮。最后检查分离叉/杠杆的高度

图1-24 离合器片的安装和对准

在对离合器总成进行作业时,应遵循以下准则:

1)检查离合器室、飞轮和压盘上是否有漏油的迹象。在安装新零件前应确定已排除导致问题的故障。

2)确保发动机缸体与离合器室的安装表面清洁。即使极微量的污物也会导致它们不同轴,从而导致变速器轴和轴承过早磨损。

3)检查发动机与离合器室的定位销和销孔。更换或修复任何其中损坏的零件。

4)检查离合器室的安装表面是否有损伤或不平整。

5)在拆卸和重新装配过程中使用离合器对正工具(图1-25)。该工具可使离合器片保持在压盘的居中位置。

6)按规定顺序松开和拧紧压盘螺栓。

图1-25 各种离合器的对正工具

安装飞轮时,应确保螺栓按规定的顺序(通常为星形)和力矩拧紧。

在测量黏合在离合器上的摩擦片厚度时,需要测量摩擦片的总厚度。为了测量铆接式摩擦片的磨损程度,应测量铆钉头部以上的摩擦材料厚度。

1)应避免润滑脂接触到离合器片、飞轮和压盘的摩擦表面。

2)通过将直尺横跨放置在压盘表面上,并在直尺和压盘表面之间插入塞尺来检查压盘表面是否翘曲,然后将测量值与维修信息中给出的容许范围进行比对。

3)检查压盘的分离杠杆是否有不均匀的磨损或损伤。

4)用手指转动分离轴承并确认其转动自如。

5)检查导向衬套或轴承是否磨损,必要时更换。

6)轻微润滑变速器输入轴和分离轴承保持架(图1-26)。

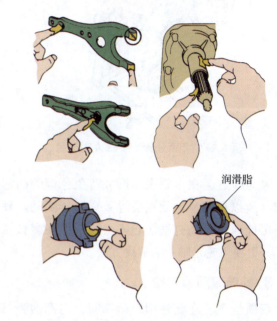

图1-26 离合器分离系统的所有接触点都应稍稍润滑,但应避免涂抹过多的润滑脂

7)润滑离合器分离叉的枢轴点、分离轴承毂内侧和分离机构。

8)重新安装离合器总成后,检查离合器踏板的自由行程。

2. 检查飞轮

飞轮表面应光滑平整。检查飞轮是否釉化、过热或过度磨损。工作表面变色表明其已釉化,或是出现过热状况。如果飞轮表面出现轻微的沟纹或有不均匀磨损的迹象,应重新打磨或更换。如果有裂缝的迹象,则必须更换。如果飞轮的表面看起来良好,则不需要重新打磨或更换。检查飞轮齿圈上的齿牙,如有损坏,应更换齿圈或飞轮。

应仔细检查并确保飞轮没有翘曲或硬点。飞轮过热时会发生翘曲,并可能会导致离合器颤动或振动。可用直尺和塞尺来检查飞轮的平面度。通常,如果沿飞轮直径方向每英寸翘曲量大于

0.002in（约0.05mm），则应重新打磨或更换飞轮。此外还需要检查飞轮的总跳动量（图1-27）。

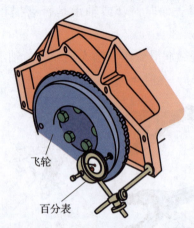

图1-27 用百分表测量飞轮的跳动量

因为硬点会在飞轮表面形成蓝色色调的凸起区域，所以很明显。硬点会导致离合器颤动。硬点有可能通过重新打磨飞轮来去除，但在多数情况下，更换飞轮是唯一的解决方法。

3. 检查双质量飞轮

双质量飞轮在其使用寿命期间，内部的弹簧会逐渐变弱，轴承也会磨损，从而使振动和噪声加剧。常用的两个测量内容是内部弹簧的自由间隙和两个质量块之间的轴承间隙。为了精确地测量，可能需要专门的测量工具。一般情况下是将齿圈固定，用角度计测量内部质量的移动量。将测量值与规定范围进行比较。判断轴承的磨损情况是用百分表测量轴承向前和向后移动的间隙量。

作为惯例，对双质量飞轮的维修不会就地进行，这意味着，如果摩擦表面出现划痕或翘曲，则不会对其进行维修或重新打磨。此外，许多制造商规定双质量飞轮的更换是更换离合器的一部分。

4. 飞轮维修

飞轮表面的重整是通过磨削或切削来完成的。磨削通常依赖于专用磨床，并使用碳化硅石湿式工艺或氮化硼石干式工艺。切削飞轮通常不是首选，因为它会加工掉过多的金属并会遗漏硬点。切削通常在制动盘加工车床上进行。

> **车间提示**
>
> 如果车辆是混合动力汽车，应确保在进行任何作业前先断开高压电系统。此外，若电机布置在发动机和变速器之间（图1-28）应确保遵守所有拆装步骤。电机所用的永磁体非常坚固，因此需要专用工具来拆卸和安装。

图1-28 混合动力汽车带有离合器的电机

1.5 维修离合器操纵机构

离合器问题通常可通过对离合器操纵机构总成和/或其相关部件的维修得到解决。

液压式离合器操纵机构维修

储液罐内油液面的合适高度通常都会标示在储液罐上。储液罐通常安装在离合器主缸的顶部，或者是制动主缸储液罐的一部分。液压系统不会消耗油液，因此当油液面过低时，应检查离合器主缸和从动缸以及相接的液压管路是否有泄漏。确保使用的油液是正确的，并仅将油液加注至储液罐加注标线位置，以保证在离合器片磨损时油液有回升的空间。过量的加注会导致油液从系统内溢出和过早失效。如果储液罐中的油液面高度过低，则空气会通过补偿孔和放气孔进入系统。维修完成后必须对系统进行放气以排出系统中滞留的空气。

离合器主缸的问题通常表现为外部或内部的油液泄漏，这需要更换主缸或对其进行修复。大多数离合器主缸都有可用的修复套件。如果要重新修复铸铁的离合器主缸，应珩磨其缸孔以去除缸孔中的任何瑕疵，并使用新的密封件。绝不可对铝制离合器主缸的缸孔进行珩磨。

内部和外部的泄漏也是从动缸的典型问题。很少对从动缸进行修复，而是直接更换。更换从动缸在大多数车辆上是相当简单的，只需断开其液压管路并拆下固定螺栓即可。如果从动缸的活塞已卡死在其孔中，则应在更换从动缸之前检查离合器分离叉和杠杆的运动情况。泄漏也可能是由损坏或已腐蚀的液压管路造成的。若有损坏，应更换与原装油管相同类型的管。

（1）更换同轴式从动缸　当同轴式从动缸不良时，通常会导致油液泄漏和离合器踏板绵软。因从动缸位于变速器箱体内，所以更换它的步骤与更换安装在外部的从动缸有所不同。

更换同轴式从动缸的步骤

步骤1　仔细清洁液压管路连接点，然后用合适的快速接头断开工具将其断开。
步骤2　拆下变速器。
步骤3　拆下同轴式从动缸的固定螺栓并将其从变速器上取下。
步骤4　清洁变速器的输入轴。
步骤5　检查该输入轴是否损伤或过度磨损。
步骤6　安装新的同轴式从动缸，并确保其安装平面与变速器上的对应平面正确接合。
步骤7　将同轴式从动缸的固定螺栓拧紧至规定力矩。
步骤8　重新安装变速器。
步骤9　对液压系统进行放气。

（2）对系统放气　只要液压系统被开放过，就应对整个系统进行放气。如果系统曾在油液不足情况下运行和有空气滞留在管路或液压缸中，则也需要放气。放气可通过电动放气仪（该设备还用于制动系统的放气）、真空放气仪或在同事的帮助下来完成。在大多数汽车上，一个人不可能同时给系统加压和放气，因此需要借助合适的设备或他人的帮助来完成。对系统进行放气的典型步骤如下。

液压系统放气步骤

步骤1　检查整个液压系统以确保其没有泄漏。
步骤2　检查离合器操纵机构是否磨损，并在继续作业前将其修复。
步骤3　确保离合器主缸和从动缸的所有安装点稳固可靠，且不会在离合器踏板压力下活动。
步骤4　用合适的油液加满离合器主缸储液罐（图1-29）。
步骤5　将软管的一端连接在从动缸的放气螺塞头部，另一端插入油液收集罐中（图1-30），然后将放气螺塞松开约半圈。
步骤6　将离合器踏板完全踩下，然后再以短行程快速踩动离合器踏板三次，并将其保持在踩下位置以使油液和空气从系统中排出，随后迅速拧紧放气螺塞。
步骤7　快速松开离合器踏板。
步骤8　重新检查储液罐中的液面高度。
步骤9　重复步骤3和4，直到从放气螺塞处流出的油液中没有空气为止。
步骤10　在最后一次踩下离合器踏板后立即拧紧放气螺塞（图1-31）。

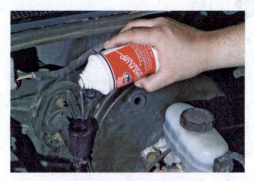

图1-29　加入正确的油液

图1-30　在放气前，在放气螺塞和容器之间连接一根软管

图1-31 确保系统放尽气后,拧紧放气螺塞

（3）重力放气　液压系统通常可以借助重力推动油液流过系统的特点,将滞留的空气从系统中放出。这个过程相当简单,在确认放气螺塞下有收集旧油液的容器的情况下,先松开从动缸上的放气螺塞,同时观察油液的流动。当看到持续流出的油液没有气泡时,拧紧放气螺塞并检查离合器踏板的踏动状态。这个过程可能需要重复几次,并确保储液罐在每个过程中都是加满的。

3C:问题（Concern）、原因（Cause）、纠正（Correction）

维修工单							
年份:2010		制造商:丰田		车型:FJ酷路泽	里程:151889mile		单号:15844
问题		客户陈述踩下离合器踏板时听到离合器区域有噪声,松开踏板时噪声停止。					
		技师在确认客户提出的问题后,怀疑离合器分离轴承有故障,需要增加拆卸工时以确定根本原因。					
原因		离合器分离轴承损坏。					
纠正		由于使用年限和行驶里程长,更换了离合器总成,现在离合器工作正常且无噪声。					

1.6　总结

- 位于变速器和发动机之间的离合器提供了发动机飞轮和变速器输入轴之间的机械耦合。所有手动变速器和变速驱动桥都需要一个离合器。
- 作为发动机一个重要部件的飞轮也是离合器的主要驱动部件。
- 为了确定双质量飞轮的状况,需要专门的测量工具。
- 离合器片接收来自飞轮和压盘总成的驱动运动,并将其传递给变速器的输入轴。
- 压盘总成的两个功用分别是将离合器片压紧在飞轮上和从离合器片上移开。移开是为了允许离合器片停止旋转。压盘总成通常有两种类型,即采用螺旋弹簧的和采用膜片弹簧的两类压盘总成。
- 也称切断轴承的离合器分离轴承在离合器接合和分离过程中平稳、安静地移动压盘分离杠杆或膜片弹簧。
- 离合器分离叉前后移动分离套筒和分离轴承。它由离合器踏板和操纵机构控制。
- 离合器操纵机构可以是机械式的也可以是液压式的。
- 自调式离合器是一种离合器拉索式操纵装置,它监测离合器踏板的间隙并在必要时自动调节。
- 在维修离合器时采取相应的预防措施是很重要的。离合器维护包括对操纵机构的调整和对离合器外部操纵机构的润滑。
- 当离合器片没能被压紧在飞轮和压盘之间时就会打滑。这可能是因摩擦片浸油或磨损、压盘翘曲、膜片弹簧变弱,或分离轴承与分离杠杆接触并向其施加压力而导致的。
- 若离合器片在完全踏下离合器踏板时没能完全释放,就会出现离合器的拖拽或拖滞。这可能是离合器片或压盘翘曲、摩擦片松动、分离杠杆有缺陷或离合器踏板调整不当而导致踏板间隙过大而引起的。
- 颤动是在压盘刚开始接触离合器片时从车内感觉到的一种抖动,并在离合器完全接合时消失。通常当油液污染了摩擦表面后,就会引起颤动。
- 踏板脉动是离合器踏板在离合器分离或接

合时出现的一种上下快速运动,因零件未对准引起。

• 离合器的振动可在整个车辆上感觉到,且在离合器踏板的任何位置都会出现。离合器振动的来源包括飞轮安装螺栓松动、飞轮跳动量过大和压盘后盖的平衡有问题。

1.7 复习题

1. 思考题

1)膜片弹簧的另一个名称是什么?
2)用什么来测量离合器踏板间隙?
3)当离合器踏板（　　）时,压盘离开飞轮。
4)离合器操纵机构有哪三种类型?

2. 判断题

1)如果液压式离合器的储液罐内液面高度过低,应检查整个系统是否有油液泄漏。对还是错?（　　）
2)离合器和制动系统可以共用一个主缸。对还是错?（　　）

3. 单选题

1)离合器片或摩擦片连接至（　　）。
　A. 发动机曲轴
　B. 变速器输入轴
　C. 变速器输出轴
　D. 变速器中间轴

2)离合器片中的扭转螺旋弹簧（　　）。
　A. 在离合器片从后到前的接合中起缓冲作用
　B. 是将压盘保持在离合器片和飞轮上的机械力
　C. 吸收扭转力
　D. 位于摩擦片之间

3)下面哪一项或许不是引起离合器振动的原因?（　　）
　A. 曲轴轴向间隙过大
　B. 压盘总成不平衡
　C. 飞轮跳动量过大
　D. 飞轮安装螺栓松动

4)当松开液压式离合器操纵机构中的离合器踏板时,（　　）。
　A. 离合器主缸的活塞在弹簧张力的作用下返回
　B. 离合器主缸的活塞在液压力的作用下返回
　C. 从动缸的活塞在液压力的作用下返回
　D. 从动缸的活塞不动

5)当离合器分离时,动力流将停止在（　　）。
　A. 变速器输入轴
　B. 离合器片毂
　C. 压盘和飞轮
　D. 扭转螺旋弹簧

6)离合器踏板间隙不足会导致（　　）。
　A. 齿轮在变速器换档时撞击
　B. 变速器前轴承的噪声
　C. 分离轴承过早失效
　D. 导向轴承过早失效

7)在进行离合器调整之前,有必要（　　）。
　A. 测量离合器踏板的自由行程
　B. 润滑离合器操纵机构
　C. 检查液压系统油液面高度
　D. 将变速器换入倒档

8)压盘的表面接触（　　）。
　A. 变速器主轴
　B. 分离轴承
　C. 离合器片
　D. 飞轮

9)下面哪一项不会导致离合器拖滞或拖拽?（　　）
　A. 离合器片翘曲
　B. 离合器踏板调整不当
　C. 浸油的离合器片
　D. 防火墙开裂

4. ASE 类型复习题

1)技师 A 说离合器打滑在较高档位时最为明显。技师 B 说离合器打滑在较低档位时并不明显。谁是正确的?（　　）
　A. 仅技师 A 正确
　B. 仅技师 B 正确
　C. 技师 A 和 B 都正确
　D. 技师 A 和 B 都不正确

2）在讨论确定导向衬套是否有故障的方法时，技师 A 说，只要它安静地运转，就不需要更换；技师 B 说，对变速器输入轴的仔细检查可确定导向衬套的状况。谁是正确的？（　　）

A. 仅技师 A 正确
B. 仅技师 B 正确
C. 技师 A 和 B 都正确
D. 技师 A 和 B 都不正确

3）在讨论不同类型的压盘时，技师 A 说，螺旋弹簧式压盘很常用，是因为它们有很强的弹簧力；技师 B 说，膜片弹簧式压盘不常用，是因为它们需要更大空间的离合器室。谁是正确的？（　　）

A. 仅技师 A 正确
B. 仅技师 B 正确
C. 技师 A 和 B 都正确
D. 技师 A 和 B 都不正确

4）在讨论离合器压盘的功用时，技师 A 说压盘总成将离合器片压紧在飞轮上；技师 B 说压盘从离合器片上移开，以便使离合器片能停止转动。谁是正确的？（　　）

A. 仅技师 A 正确
B. 仅技师 B 正确
C. 技师 A 和 B 都正确
D. 技师 A 和 B 都不正确

5）技师 A 说浸油的离合器片可能会导致离合器颤动。技师 B 说离合器颤动可能是离合器室固定螺栓松动导致的。谁是正确的？（　　）

A. 仅技师 A 正确
B. 仅技师 B 正确
C. 技师 A 和 B 都正确
D. 技师 A 和 B 都不正确

6）在讨论离合器的不同异常噪声时，技师 A 说，导向衬套的噪声在寒冷天气中最为明显，且通常发生在踏下离合器踏板且变速器处于空档时；技师 B 说，分离轴承的噪声在变速器处于空档且踏下离合器踏板时最为明显，并会在完全松开踏板后停止。谁是正确的？（　　）

A. 仅技师 A 正确
B. 仅技师 B 正确
C. 技师 A 和 B 都正确
D. 技师 A 和 B 都不正确

7）技师 A 说离合器调整不当可能会导致离合器片过早磨损；技师 B 说离合器调整不当可能会导致离合器分离轴承过早磨损。谁是正确的？（　　）

A. 仅技师 A 正确
B. 仅技师 B 正确
C. 技师 A 和 B 都正确
D. 技师 A 和 B 都不正确

8）在讨论离合器踏板脉动的原因时，技师 A 说这可能是液压系统储液罐中油液面高度过低造成的；技师 B 说这可能是因飞轮翘曲造成的。谁是正确的？（　　）

A. 仅技师 A 正确
B. 仅技师 B 正确
C. 技师 A 和 B 都正确
D. 技师 A 和 B 都不正确

9）技师 A 说，如果液压式离合器的储液罐加注过满，离合器可能会过早磨损；技师 B 说，如果油液面高度过低，离合器可能无法分离。谁是正确的？（　　）

A. 仅技师 A 正确
B. 仅技师 B 正确
C. 技师 A 和 B 都正确
D. 技师 A 和 B 都不正确

10）技师 A 说所有手动变速器车辆都至少有一个用于输入轴的导向轴承或衬套；技师 B 说离合器压盘在发动机运转时始终是随输入轴转动的。谁是正确的？（　　）

A. 仅技师 A 正确
B. 仅技师 B 正确
C. 技师 A 和 B 都正确
D. 技师 A 和 B 都不正确

第 2 章
手动变速器和变速驱动桥

学习目标

- 能简述用在手动变速器和变速驱动桥中的齿轮设计特点。
- 能简述转矩增加和超速档的基础知识。
- 能简述同步器总成的功用、结构和工作过程。
- 能简述内部和远程换档机构的功用、结构和工作过程。
- 能简述典型的手动变速器和变速驱动桥的工作与动力传递过程。

3C：问题（Concern）、原因（Cause）、纠正（Correction）

维修工单					
年份：1995	制造商：福特	车型：野马	里程：115941 mile		单号：15865
问题	客户陈述变速器不易换入档位，并在换档时产生异响。				
根据此客户提出的问题，应用本章所学内容，确定该车故障的可能原因、诊断方法以及必要的维修过程。					

变速器或变速驱动桥（图2-1）是任何当前车辆动力传动系统中的一个重要部件，其功用是使用各种不同尺寸的齿轮使发动机可为车辆驱动轮提供一定的机械增益。在一般的行驶工况中，来自发动机的动力通过接合的离合器传递给手动变速器或变速驱动桥的输入轴。动力在通过变速器或变速驱动桥进入传动系统的其他部件前，手动变速器或变速驱动桥箱体中的齿轮改变了动力输入的转速和转矩。如果没有这些齿轮机构提供的机械增益，发动机最后只能以较低转速产生有限的转矩。如果没有足够的转矩，车辆将不可能从静止状态开始移动。

图2-1 一种新型手动式变速驱动桥

在任何发动机中，曲轴都总是朝一个方向旋转的。如果直接将发动机的动力传递给驱动桥，也只能驱动车轮朝一个方向转动。但变速器或变速驱动桥为反方向的转动提供了所需的齿轮机构，从而可驱动车辆向后行驶。变速器或变速驱动桥中还有一个用于防止动力传递到驱动轮的空档。

2.1 变速器与变速驱动桥

车辆上使用的传动系统类型决定了是用传统的后驱变速器还是前驱变速驱动桥。由后轮驱动的车辆通常使用纵置后驱的变速器，变速器的齿轮机构布置在铝制或铸铁的变速器箱体总成内。变速器箱体总成连接在发动机后部（图2-2），其通常位于车辆的前部。传动轴将变速器的输出轴与位于车辆后部单独壳体内的主减速器及半轴相连。差速器对动力传动系统的动力进行分配并改变旋转方向后传递给两个后轮半轴，然后通过半轴传递给驱动轮。

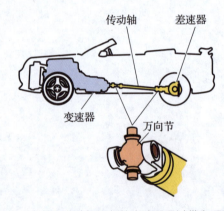

图2-2 安装在发动机后部的变速器通过带有万向节的传动轴连接到后桥

采用中置或后置发动机的车辆通过驱动桥将动力传递给后轮，而采用前置发动机的后轮驱动（RWD）车辆是通过一根传动轴使发动机与后桥上的主减速器总成相连的。

前轮驱动（FWD）的车辆由前轮驱动，因此它们必须使用一种与后轮驱动车辆不同的驱动结构。变速驱动桥就是前轮驱动车辆常用的一种特殊动力传递装置。变速驱动桥将变速器齿轮机构、差速器和驱动半轴组合到位于车辆前部的单一箱体中（图2-3）。这种设计带来很多优点，一个主要优点是由于传动系统部件的重量直接加载在车辆的驱动桥上，因此在湿滑路面上具有良好的驱动力。它还比后轮驱动车辆所用的变速器更加紧凑且重量更轻。横置发动机与变速驱动桥的配置还可降低发动机舱盖的高度，从而改善车辆的空气动力学性能。

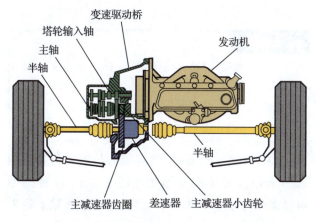

图 2-3 典型的前轮传动总成（变速驱动桥）位置

四轮驱动的车辆通常会使用变速器和分动器。分动器总成安装在变速器的侧面或后面。分动器内的链条或齿轮传动装置接收来自变速器的动力，并将其传递给两根独立的传动轴。其中一根传动轴连接到前桥上的差速器，另一根传动轴连接至后驱动桥上的差速器。

大多数手动变速器与变速驱动桥都是一个常啮合全同步的装置。常啮合的意思就是无论该齿轮是否与输出轴锁定都处在与其对应齿轮啮合的状态。只要离合器接合，变速器内的所有齿轮就都会旋转，只有倒档齿轮除外。全同步意味着这个啮合装置利用同步环和同步接合套可使旋转轴和齿轮在换档发生前达到相同的转速，从而促进了平稳换档。在配备 4 档手动变速器或变速驱动桥的车辆上，4 个前进档的齿轮都是同步的。根据变速器/变速驱动桥的类型不同，倒档齿轮可能是同步的，也可能是非同步的。

变速器的结构

所有汽车的手动变速器或变速驱动桥都配有 3~7 个前进档、1 个空档和 1 个倒档（图 2-4）。变速器通常根据它们所拥有的前进档的数量来分类。

6 档手动变速器和变速驱动桥是当前使用最多的，其最后一个或两个档位通常是超速档。超速档使给定车速下的发动机转速得以降低，从而可提高最高车速、改善燃油经济性并降低发动机噪声。大多数新型的 6 档手动变速器和变速驱动桥都提供两个超速档。两个超速档可使制造商采用较小的主传动齿轮来加速。第 5 和第 6 个前进档减小了总传动比，从而允许车辆在干线公路上能以较低的发动机转速运行。

图 2-4 雪佛兰克尔维特（Corvette）的 7 档变速器

2.2 齿轮

在手动变速器或变速驱动桥中，齿轮的作用是传递旋转运动。齿轮通常安装在轴上，它们将旋转运动从相互平行的一根轴上传递到另一根轴上（图 2-5）。

图 2-5 变速器中的齿轮传递来自发动机的旋转运动

齿轮与轴有三种可相互作用的方式，即可用轴驱动齿轮、用齿轮驱动轴或齿轮绕其轴空转。最后这种情况是将齿轮用作中间齿轮。齿轮副可用来降低转速以增加转矩，或增加转速而降低转矩，或以不变的转速传递转矩。

1. 齿轮参数及类型

（1）齿轮节距　它是齿轮设计和运行中的一个非常重要的参数，齿轮节距指的是给定单位节圆直径上的齿数。一个计算节距的简单方法是用齿数除以齿轮的节圆直径。例如，如果一个齿轮有36个齿，节圆直径为6in（约152.4mm），那么该齿轮的节距就是6（图2-6）。需要记住的一个重要事实是，相互啮合的齿轮必须有相同的节距，即节距为5的齿轮只能与节距为5的齿轮相互啮合，节距为6的齿轮只能与节距为6的齿轮相互啮合，以此类推。

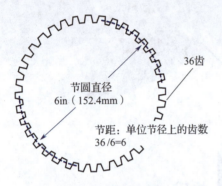

图 2-6　确定齿轮节距

（2）直齿轮　直齿轮是用在手动变速器和变速驱动桥中最简单的齿轮设计。如图2-7所示，直齿轮上横贯的齿廓被加工成与齿轮轴平行。相啮合的一对直齿轮在同一时间只有一对齿牙完全接触。

图 2-7　直齿轮的齿廓与齿轮轴平行

直齿轮直齿的设计是其最大的优势，它最大限度地降低了齿牙退出的概率，这是在加速、减速和倒车中需要考虑的重要因素。因此，直齿轮通常用作倒档齿轮。

直齿轮的主要缺点是当齿与齿啮合时会产生较大的点击噪声。在高速时，这种点击会变成一种连续的嘎嘎声。为了消除这种齿轮的噪声问题，通常会使用较安静的齿轮，例如斜齿轮。

> **车间提示**
>
> 不管齿轮的齿形是何种设计，只要是一个较小的齿轮与一个较大的齿轮啮合，通常都将作为输入的齿轮称为小齿轮或主动齿轮。

（3）斜齿轮　斜齿轮的齿廓与旋转的齿轮轴成一定角度或是螺旋形的（图2-8）。这种构型可使两个或更多轮齿同时啮合，从而分散了轮齿上的载荷，因此产生了一种更强的齿轮。斜齿轮的运转也比直齿轮更安静，因为它们在与其他齿轮的啮合和分离时建立的是滑动接触。斜齿轮的缺点是其斜齿会使齿轮向前或向后移动（轴向推力），移动的方向取决于轮齿的角度。这个轴向推力需要通过止推垫片和其他齿轮、轴或变速器箱体来吸收。

图 2-8　斜齿轮的轮齿被加工成与旋转的齿轮轴成一定角度

斜齿轮可以是右旋的，也可以是左旋的，这取决于面对斜齿轮观察时它呈现的旋向。当将两个斜齿轮安装在平行的轴上时，其中一个必须是右旋，而另一个则是左旋。带有相同旋向的两个斜齿轮在平行安装的布置中无法啮合。

沿直径外边缘加工出轮齿的直齿轮和斜齿轮称为外齿轮。当两个外齿轮相互啮合时，一个齿轮的旋转方向将与另一个齿轮的旋转方向相反（图2-9）。如果一个外齿轮与一个内齿轮（轮齿沿齿轮内径）啮合，则它们将以相同方向旋转。

两个术语的理解上常常会存在许多困惑。尽管数字上的4比2大，但4∶1的传动比实际上比2∶1的传动比要小，这是因为，4∶1的传动比所提供的速度较低，因此称4∶1的传动比为低传动比。

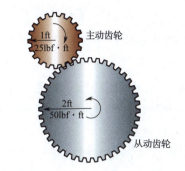

图2-9 外啮合的齿轮以相反方向旋转

注：1lbf·ft=1.35582N·m。

2. 惰轮

惰轮是一个位于主动齿轮与从动齿轮之间的齿轮，其作用是在不改变转动方向的前提下将动力从主动齿轮传递到从动齿轮。它能实现这点是因为所有三个齿轮都是外齿轮（图2-10）。

用在倒档轮系中的惰轮是为了改变输出轴的旋转方向。通常在所有前进档中，输入轴和输出轴的旋转方向是相同的。在倒档中，输出轴的转动方向与输入轴相反。这样可使车辆驱动轮向后转动。

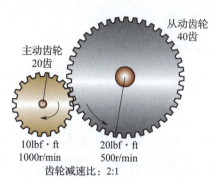

a）低档位用来降低车速，但增加了转矩

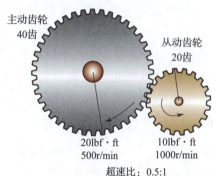

b）高档位可降低发动机转速，但降低了转矩

图2-11 不同传动比（档位）的作用

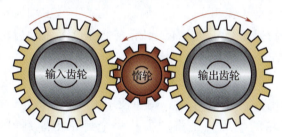

图2-10 惰轮用来传递运动，但不改变旋转方向

2.3 齿轮基础知识

> ▶ 参见
>
> 有关齿轮副如何增大转矩的详细解释参见《汽车维修技术基础（原书第7版）》第3章。

当不同齿数的两个齿轮啮合时，每个旋转的齿轮具有不同的转速和转矩。手动变速器是一个由齿轮与轴组成的总成，它将动力从发动机传递到驱动桥。通过移动变速杆，可以选择不同的传动比。驾驶员可通过选择变速器的不同档位得到所需的速度和转矩。较低的档位用于降低车速并增加转矩（图2-11a）。较高的档位提供较小的转矩，但车速会较高（图2-11b）。在对高传动比和低传动比这

上面只是作为一个示例，但实际上不太可能看到变速器的传动比是类似2∶1的整数传动比。这是因为，偶数比会使主动齿轮上的一组轮齿只是与从动齿轮上特定的一组轮齿接触（图2-12）。如果变速器一档所用的传动比是3.73∶1，那么就意味着主动齿轮上的每个轮齿最终会与从动齿轮上的每个轮齿接触。这是使轮齿均匀磨损的最合适方式。

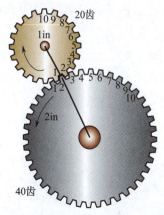

图2-12 整数传动比的齿轮总会使相同的轮齿接触

因为发动机在低速时提供的功率相对较小，所以需要有不同的传动比。发动机必须在相当高的转速下才能提供足够的动力使汽车起步。通过选择合适的传动比，可使施加到驱动轮的转矩成倍增大。

1. 变速器齿轮组

根据已选择的每个档位，动力都经由变速器内部的 4 个齿轮（2 组，每组两个齿轮）来传递，并逐级改变转速和转矩。为了解释这是如何工作的，先指定每个齿轮的齿数（图 2-13）。输入轴上的小齿轮有 20 个齿，与其啮合的齿轮有 40 个齿，因此提供的传动比为 2：1。这组齿轮的输出沿着有 40 个齿的齿轮轴传递并带动同轴的其他齿轮旋转。与一档有关的齿轮有 15 个齿，这个齿轮以与 40 个齿的齿轮相同的转速旋转。而这个 15 齿的齿轮与一个具有 35 个齿的较大齿轮啮合，其传动比为 2.33：1，但整个齿轮组（两个齿轮组）的传动比为 4.67：1。

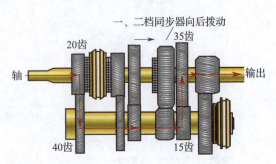

图 2-13 一档的总传动比由两组啮合的齿轮决定

为了计算上述传动比，用第一组的从动（输出）齿轮的齿数除以第一组的主动（输入）齿轮齿数，再用同一方法计算第二组齿轮，最后将上述两个计算结果相乘，就得到整个齿轮组的传动比。数学公式如下：

$$\frac{\text{输出齿数（第一组）}}{\text{输入齿数（第一组）}} \times \frac{\text{输出齿数（第二组）}}{\text{输入齿数（第二组）}}$$

$$= \frac{40}{20} \times \frac{35}{15} = 4.67 : 1$$

如今的大多数手动变速器至少会有一个超速档。超速档的传动比小于 1：1。这是通过使用一个小主动齿轮与一个更小的从动齿轮来实现的。这提高了输出转速，但降低了转矩。超速档的作用是在保持干线公路稳速行驶的同时提高燃油经济性和降低行驶噪声。

传动系统的传动比被驱动桥总成内的齿圈和小齿轮（主减速器）进一步加大。通常驱动桥主减速器的传动比在 2.5：1~4.5：1 之间。最终（总）传动比是变速器传动比与驱动桥主减速器传动比的乘积。如果变速器的一档传动比为 3.63：1，主减速器传动比为 3.52：1，那么总传动比为 12.78：1。如果 4 档的传动比为 1：1，主减速器传动比不变，则在 4 档时的总传动比为 3.52：1。总传动比是将第一个齿轮组的传动比乘以第二个齿轮组的传动比来计算的（3.63×3.52≈12.78）。

2. 倒档传动比

倒档的传动比涉及 2 个主动（输入）齿轮和 2 个从动（输出）齿轮：输入齿轮是 1 号主动齿轮；惰轮是 1 号从动齿轮；该惰轮也是 2 号主动齿轮；输出齿轮是 2 号从动齿轮。

如果输入齿轮有 20 个齿，惰轮有 28 个齿，输出齿轮有 48 个齿，由于使用了同一个惰轮，而惰轮的作用只是将动力从一个齿轮传递到另一个齿轮，因此在计算齿轮的传动比时不使用惰轮的齿数。确定使用一个惰轮时的倒档传动比计算如下：

倒档传动比 =2 号从动齿轮 /1 号主动齿轮 =48/20=2.40

如果齿轮组中使用了分别有 28 个齿和 40 个齿的两个惰轮，则此时的倒档传动比就涉及 3 个主动齿轮和 3 个从动齿轮：输入齿轮是 1 号主动齿轮；1 号惰轮是 1 号从动齿轮；1 号惰轮也是 2 号主动齿轮；2 号惰轮是 2 号从动齿轮；2 号惰轮也是 3 号主动齿轮；输出齿轮是 3 号从动齿轮。

这个齿轮组的传动比计算方法如下：

$$\text{倒档传动比} = \frac{1\text{号从动齿轮齿数} \times 2\text{号从动齿轮齿数} \times 3\text{号从动齿轮齿数}}{1\text{号主动齿轮齿数} \times 2\text{号主动齿轮齿数} \times 3\text{号主动齿轮齿数}} = \frac{28 \times 40 \times 48}{20 \times 28 \times 40} = \frac{53760}{22400} = 2.40$$

由上述计算可以看出，惰轮不影响对传动比的计算。

2.4 手动变速器/变速驱动桥的结构

手动变速器或变速驱动桥的内部由一组平行的金属轴组成。轴上安装了以不同传动比啮合的齿轮组（图2-14）。通过移动变速杆，可以选择不同的传动比来输出不同的转速与转矩。

齿轮以多种方式安装或固定在轴上。它们可以通过内花键或键连接在轴上，也可以加工为轴上的一个整体或整组部件。需要在一定转速范围内绕轴空转的齿轮必须用轴承与衬套安装在轴上。

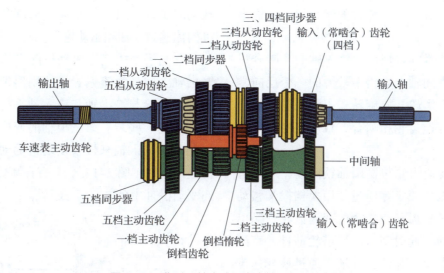

图2-14 典型5档变速器中齿轮和各轴的布置

轴与齿轮安装在变速器或变速驱动桥箱体或壳体内。该壳体的组件包括主壳体、侧面或顶部盖板、延长壳体和轴承盖等（图2-15）。壳体的金属部件用螺栓和衬垫紧固在一起，以在所有接合点提供防漏密封。在壳体内加注变速器油以向高速旋转的轴及齿轮提供持续的润滑及冷却。

全相同。

手动变速器通常有三根基本的轴：主轴、输入轴和中间轴（图2-16）。变速齿轮安装在主轴上，主轴也称输出轴。输入轴与输出轴在同一轴线上，但没有刚性连接。输入轴和它上面的常啮合齿轮随离合器旋转并驱动中间轴总成，中间轴进而带动主轴上的各变速齿轮旋转。中间轴总成通常称为塔轮。

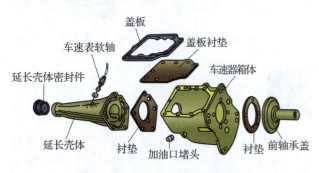

图2-15 典型手动变速器的箱体组件

1. 手动变速器的特点

尽管手动变速器与手动变速驱动桥的工作方式相似，但它们采用的布局、组件和术语并不完

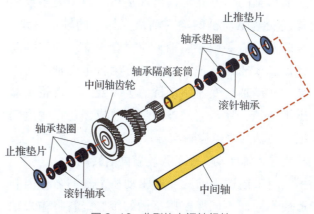

图2-16 典型的中间轴组件

中间轴实际上是在单一钢或铁件上加工出的几个齿轮。因此又将其称为反向齿轮或塔轮。反向齿轮安装在中间轴的滚针轴承上。中间轴固定在其位置上且不转动。止推垫片控制其在变速器箱体中的轴向间隙。

主轴或输出轴上的主齿轮将反向齿轮的旋转传递给输出轴，主齿轮又称变速齿轮，它们用滚针轴承安装在输出轴上，变速齿轮可绕输出轴空转，除非被其换档同步装置的啮合锁定在输出轴上。

动力从变速器输入轴传向输入轴的常啮合齿轮，该齿轮与中间轴上塔轮中较大的一个反向常啮合齿轮啮合，塔轮开始旋转，由于塔轮与输出轴上相应的各变速齿轮相啮合，致使各变速齿轮也随之旋转。

直到某个变速齿轮与输出轴锁定前，不会有动力输出。而这个锁定是通过使用换档拨叉移动相应的同步器，从而将所选择的变速齿轮与输出轴啮合来实现的。此时动力沿着塔轮前进，直到它到达所选择的变速齿轮，并随之通过该变速齿轮回到主轴（输出轴），从变速器输出给传动系统的下一个部件。

2. 手动式变速驱动桥的特点

手动式变速驱动桥使用了手动变速器的许多设计和工作原理。但由于手动式变速驱动桥还含有差速器齿轮机构和半轴连接部分，因此在某些工作原理上存在着重大差异。

手动式变速驱动桥有两根独立的轴，即一根输入轴和一根输出轴。输入轴为主动轴，通常位于输出轴的上方并与输出轴平行。由于大多数横置式变速驱动桥的输入轴由壳体中的轴承支承，因此不再需要用导向轴承或衬套来支承延伸到离合器总成的输入轴。这类轴称为自定心轴。输出轴为从动轴。变速驱动桥的主（变速）齿轮绕输出轴空转，除非它们被同步器总成锁定在输出轴上。主轴的变速齿轮与输入轴主动齿轮为常啮合，只要输入轴转动，驱动齿轮就随着转动。

用来描述手动式变速驱动桥中轴的名称因制造商不同而不同。某些车辆的维修资料将输入轴称为主轴，而将输出轴称为从动小齿轮轴或驱动轴。另一些资料称输入轴及其齿轮为输入齿轮组，称输出轴为主轴。为了清楚起见，本书将输入轴及其驱动齿轮称为输入齿轮组、将输出轴称为小齿轮轴。

手动式变速驱动桥的末端加工有一个小齿轮。该小齿轮与安装在变速驱动桥壳体下部的差速器齿圈常啮合。因为小齿轮是小齿轮轴的一部分，所以只要小齿轮轴转动，它必然转动。当小齿轮转动时，发动机的转矩通过齿圈和差速器的齿轮机构传递到半轴和驱动轮上。

有些手动式变速驱动桥配有第三根轴，以使输出轴上的动力流偏置。使用斜齿轮将动力从输出轴传递给与输出轴和输入轴平行放置的第三根轴。其他一些装有第三根轴的变速驱动桥使用一根偏置的输入轴来接收发动机的动力，并将动力传递给主轴（图2-17）。只有在需要非常紧凑的变速驱动桥时才会增加第三根轴。

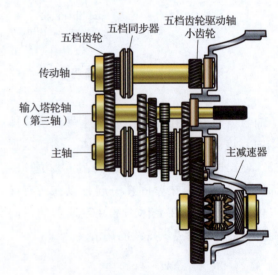

图2-17 配有三根齿轮轴的变速驱动桥

2.5 同步器

同步器执行许多对手动变速器/变速驱动桥至关重要的操作。它的主要工作是使以不同转速旋转的部件达到一个同步的转速。同步器的第二个主要工作是将这些部件锁定在一起。这两个作用的最终结果是无冲击的换档。在某些变速器中，同步器还会有另一项重要的任务。

在当前的4档变速器和变速驱动桥中，所有

前进档的齿轮都使用同步器。其中一个位于小齿轮轴上的一档和二档齿轮之间，另一个在主轴上的三档和四档齿轮之间。如果变速器有 5 档齿轮，它也会配有一个同步器。倒档通常不配装同步器。同步器需要齿轮旋转来完成工作，但倒档是在车辆停止时选择的。

1. 同步器的结构

同步器有五个主要部件与同步换档密切相关。同步器接合套通过由内置弹簧顶住的滑块（也称卡爪、撑杆或嵌入板），定位在花键毂上。带有外切槽的同步环或锁环可在同步器接合套内滑动。同步器锁环上的一侧通常有一个锥面，用作锥形离合器。锥形离合器与变速齿轮相对的另一侧加工有犬牙形离合器齿，以便使接合套与变速齿轮连接。在变速器中，接合套的两侧各有一个变速齿轮。

图 2-18 展示的是最常用的一种锁环式或锥形同步器。同步器的接合套环绕在同步器总成外侧，并与离合器锥体上的外切槽相啮合。花键毂通过内花键连接在变速器小齿轮轴上，并用卡簧保持在位。少数变速器使用锁销式同步器。

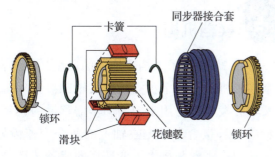

图 2-18　锁环式同步器总成的分解图

同步器接合套有一条小的内凹槽和一个用来放置换档拨叉的大的外凹槽。沿花键毂周圈有 3 个等间距分布的插槽。定位滑块正好与该插槽相配，并可沿插槽来回自由滑动。这些有时称为移位板或键的定位滑块在其外表面上有一个凸脊。定位滑块的弹簧使该凸脊与同步器接合套内凹槽保持接触。

精密加工的同步器接合套可在花键毂上顺畅地滑动。为了确保其花键在装配时能正确分布，接合套和花键毂上有时会设有对准标记，以保持

顺利操作。

黄铜、青铜或铁基粉末冶金制成的同步器锁环分别放置在每个同步器总成的前侧和后侧。一些同步器总成在其锁环上使用附加的摩擦材料来减少滑移。每个锁环上有 3 个等距的切口，它们分别与嵌在花键毂上的三个定位滑块对应。锁环的外侧是一圈带有尖角的离合器齿，称为犬齿，它们用来在换档过程中对准同步器接合套上的离合器齿。锁环的内侧成型为一个锥面，该锥面上排列有许多尖锐的沟槽。

锁环上的锥体只是整个锥形离合器的一半。锥形离合器的另一半或者说要相配的另一半是待同步的变速齿轮的一部分。如图 2-19 所示，为与锁环上的锥面相配，变速齿轮的肩部加工成圆锥形。该肩部还含有一个带斜角离合器齿的齿圈，用来与锁环上的离合器齿相对齐。

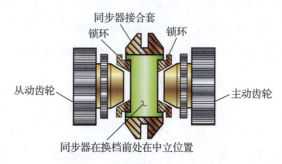

图 2-19　齿轮肩部与锁环的配合面

2. 同步器的工作过程

当变速器处于空档或倒档时，一、二档和三、四档的同步器处于中立位置，因而不随小齿轮轴转动。主轴上的各齿轮分别与中间轴上与其对应的齿轮啮合，并在各转速下绕小齿轮轴空转。

为了将变速器挂上一档，先分离离合器，然后将变速杆推至一档的位置。这迫使同步器接合套上的换档拨叉移向小齿轮轴上的一档变速齿轮。当结合套移动时，定位滑块因其凸脊嵌入接合套的内凹槽中也将随之移动。

定位滑块的移动将迫使锁环的锥形摩擦面压向一档变速齿轮肩部的锥面。当锁环的锥面与齿轮肩部的锥面接触时，锁环锥面上的沟槽将切破一档变速齿轮肩部锥面上的润滑油膜，并形成金属与金属的接触。这种接触产生强烈的摩擦，并

产生大量热量。这就是使用青铜或黄铜类锁环的原因之一。像青铜或黄铜这类有色金属可最大限度地减少淬硬钢制齿轮肩部的磨损。这种摩擦耦合的强度不足以长时间传递载荷，因此当相应部件达到相同转速时，同步器接合套就会滑过锁环外圆周上的离合器齿，接着滑到一档变速齿轮肩部的离合器齿上，从而完成齿轮的啮合（图2-20）。此时的动力流是从一档变速齿轮到同步器接合套，再到同步器花键毂上，最后通过主输出轴传至传动系统。

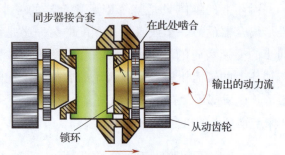

图2-20 齿轮肩部和锁环上的配合表面在齿轮啮合时的状态

为了从小齿轮轴上脱开一档变速齿轮，并换入二档变速齿轮，必须通过移动换档拨叉拉动同步器的接合套，以使其从一档变速齿轮上退出时先分离离合器。当变速器换入二档时，定位滑块再次锁入接合套内的凹槽中。当接合套向前移动时，定位滑块迫使锁环向前移动并与二档变速齿轮肩部的锥形摩擦面接触，此时锁环上的沟槽又会切破二档变速齿轮肩部锥面上的润滑油膜，从而产生一个使二档变速齿轮转速与轴转速同步的摩擦耦合。换档拨叉会继续推动接合套向前，直到滑到锁环和二档变速齿轮肩部的离合器齿上，从而将它们锁定在一起。此时的动力流是从二档变速齿轮到同步器接合套，再到花键毂，最后通过小齿轮轴输出。

更先进的同步器设计 许多制造商在他们的变速器中使用了多锥体式同步器。这种变速器会配备单锥体、双锥体或三锥体的同步器。例如，一档和二档的同步器可能是三锥体的，三档和四档的同步器可能是双锥体的，而五档和六档的同步器可能采用单锥体的。

双锥体式同步器（图2-21）在其同步器锁环的内外锥体上都有摩擦材料。增加的摩擦面可减小锥体和换档力，并提高同步器的耐用性。三锥体的同步器可提供第三个带有摩擦材料的表面。

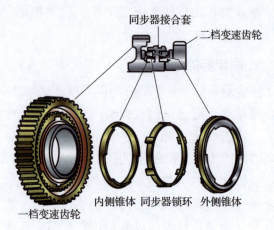

图2-21 双锥体式同步器

采用多锥体式同步器可减小变速器的尺寸。多锥体式同步器以较小的封装体积提供更高的同步器承载能力。为了在换档中获得同样的效果，单锥体的同步器需要更大的直径，这将增加变速器的整体尺寸和质量。

2.6 换档机构

图2-22展示了5档变速器的典型换档机构。这个换档机构有3个独立的拨叉轴和拨叉。每个拨叉轴和拨叉都是用来控制同步器移动的，每个同步器能够接合和锁定主轴上的两个变速齿轮。拨叉轴用来将驾驶员操纵变速杆的运动传递给拨

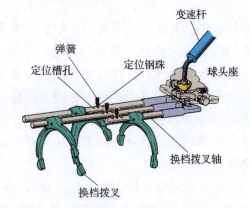

图2-22 在5档变速器中，3个独立的拨叉轴/拨叉/同步器组合分别控制一档和二档、三档和四档、五档和倒档的换档

叉。拨叉（图2-23）是一个半圆形铸件，它用开口销连接在拨叉轴上。拨叉放置在同步器接合套的凹槽中，并环绕接合套圆周的一半左右。

图2-23 骑在拨叉轴上的拨叉刚好放入同步器接合套的凹槽中

变速杆通过其连接装置连接至换档拨叉。尽管各个制造商对连接装置的设计各不相同，但一般可分为直接操纵式和远距离操纵式。

变速杆连接装置有两种基本设计：内部连接装置和外部连接装置。内部连接装置位于变速器的侧面或顶部。变速杆的控制端安装在变速器内部，所有的换档控制装置也安装在变速器内部。变速杆的运动将某个换档拨叉轴和拨叉移向所需要的档位，从而带动同步器接合套将所选变速齿轮锁定到齿轮轴上。这类连接装置通常称为直接连接方式，因为变速杆与内部的齿轮切换机构直接接触。

拨叉轴上加工有互锁和自锁的定位槽孔。互锁槽孔用于防止在换档时换入了多于一个的档位。当变速杆移动某个换档轴时，互锁装置使其他换档轴保持在中立位置（图2-24）。用于自锁的定位槽孔和与其相配的被弹簧顶住的锁销或钢珠，可在换档拨叉已移动到位时给驾驶员一个反馈。

1-2档拨叉轴将右互锁销推入3-4档拨叉轴右侧的凹槽中，同时右互锁销下凸缘将左互锁销推入1-2档拨叉的凹槽中

3-4档拨叉轴将其两侧的互锁销分别向外推入5-R和1-2档拨叉轴的凹槽中

5-R拨叉轴将左互锁销推入3-4档拨叉轴的凹槽中，同时左互锁销的凸缘将右互锁销推入1-2档拨叉的凹槽中

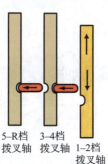
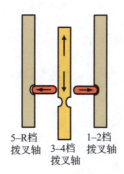
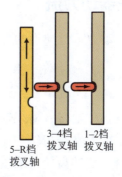

5-R档拨叉轴　3-4档拨叉轴　1-2档拨叉轴　　5-R档拨叉轴　3-4档拨叉轴　1-2档拨叉轴　　5-R档拨叉轴　3-4档拨叉轴　1-2档拨叉轴

图2-24 互锁销用来防止同时挂上两个及两个以上的档位

注：R档即倒档。

当拨叉轴移动时，自锁钢珠将从其自锁槽孔移出，并落入所选档位的槽孔中。与此同时，互锁销将被移出其互锁槽孔，并进入其他拨叉轴的槽孔中。

外部设计的连接装置的功能与上述大致相同，不同的是，外部连接装置是通过连接在变速器外面的各拉杆移动变速器内部的拨叉轴（图2-25）。有些手动式变速驱动桥也是通过拉杆（图2-26）或拉索（图2-27）来换档的。

图2-25 安装在变速器外部的变速杆总成

图 2-26 连接装置、变速杆及稳定杆的远距离换档机构

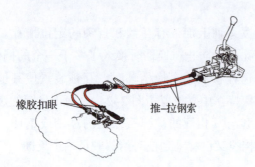

图 2-27 用于变速驱动桥的拉索式外部换档机构

2.7 手动变速器动力流

以下部分描述了动力流过典型的 5 档变速器的路径。

1. 空档

当变速杆处在空档位置时，输入轴以发动机转速旋转。输入轴上的常啮合齿轮与在中间轴上旋转的反转齿轮啮合。反转齿轮与输出轴上的变速齿轮啮合。由于没有变速齿轮与主轴锁定，因此变速齿轮在主轴上空转，没有转矩提供给主轴。

所有档位的改变都要经过空档位置，因此当改变档位时，在所选档位啮合之前，都会有一个变速齿轮先退出再进入空档。记住这一点对诊断难于换档的问题是十分重要的。

2. 一档

一档的动力流如图 2-28 所示。动力或转矩流经输入轴和其常啮合齿轮到中间轴上常啮合的反向齿轮，反向齿轮带动中间轴旋转。塔轮上的一档齿轮驱动主轴上的一档变速齿轮。当驾驶员选择一档时，一档/二档同步器向后移动，以啮合一

档变速齿轮并将其锁定在主轴上。一档变速齿轮驱动主轴（输出轴），并将动力传递给传动系统的其他部件。

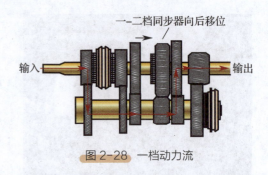

图 2-28 一档动力流

3. 二档

当变速器从一档换至二档时，换档拨叉将一档/二档同步器从一档变速齿轮退出并移动，直到将二档变速齿轮锁定在主轴上。动力流仍是从输入轴及其常啮合齿轮到中间轴上常啮合的反转齿轮。但现在是塔轮上的二档齿轮将动力传递给锁定在主轴上的二档变速齿轮。动力从二档变速齿轮通过同步器流到主轴（输出轴）和传动系统中的其他部件（图 2-29）。

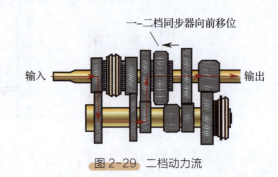

图 2-29 二档动力流

在二档，对车辆速度和加速度的需求仍需要对发动机的最大转矩有较大的倍增。为了满足这些需要，主轴上二档变速齿轮的设计只比一档变速齿轮略小。

4. 三档

当从二档换到三档时，换档拨叉将一档/二档同步器退回至中立位置。第二个换档拨叉将滑动三档/四档同步器，直到它将三档变速齿轮锁定在主轴上。此时的动力流从中间轴的三档齿轮经过三档变速齿轮，并通过同步器传递到主轴和传动系统中的其他部件（图 2-30）。

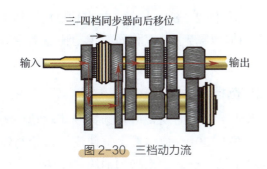

图 2-30 三档动力流

三档许可进一步降低转矩并增加速度。可见，三档变速齿轮小于二档变速齿轮。

5. 四档

在四档，移动三档/四档同步器将输入轴上的常啮合齿轮锁定到主轴上（图 2-31）。这意味着动力以 1∶1 的传动比直接从输入轴流向主轴（输出轴）。该传动比可产生最大速度输出，但转矩不会倍增。在四档时没有转矩倍增，是因为它在稳定车速时使用，以获得最大的燃油经济性。当超越较慢的车辆或爬坡时，为了利用转矩倍增和加速，车辆通常会降至较低档位。

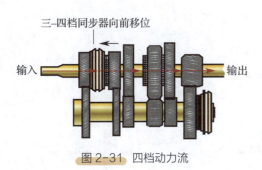

图 2-31 四档动力流

6. 五档

当选择五档时，五档同步器将五档齿轮啮合至主轴（图 2-32）。这将使中间轴上的大齿轮驱动主轴上的较小齿轮，从而产生一种超速传动的状态。超速档可使发动机转速在较高车速下得以降低。

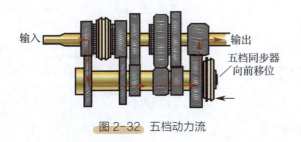

图 2-32 五档动力流

7. 倒档

在倒档中，必须改变主轴（输出轴）的旋转方向。这是通过在动力流路径中引入一个反转的惰轮来实现的。该惰轮位于中间轴倒档齿轮和主轴上的倒档齿轮之间。惰轮总成由一根短轴和一个可能安装在该短轴中点附近的齿轮组成，它单独安装在变速器箱体内且与中间轴平行。倒档变速齿轮实际上是一档/二档同步器的外齿套。

当选择倒档后，两个同步器都被分离并处于中立位置。在图 2-33 所示的变速器中，换档机构移动倒档惰轮并与一－二档同步器接合套啮合。动力流经输入轴及其常啮合齿轮到中间轴，再从中间轴传给倒档惰轮，并在此改变旋转方向后传给一－二档同步器接合套，经再次反向旋转后，从接合套传给主轴和传动系其他部件。

并非所有变速器的倒档都使用倒档变速齿轮和惰轮。例如，大多数福特汽车变速器的倒档齿轮是一个始终与一档齿轮啮合的斜齿轮。

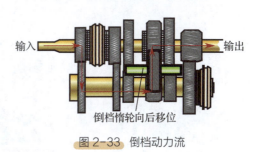

图 2-33 倒档动力流

> **车间提示**
>
> 在图 2-33 中，倒档惰轮画在了中间轴的下面。这并非是其实际位置，该齿轮实际是在一－二档同步器和中间轴之间，但若按实际位置绘制，将会使图片不清晰。

2.8 手动变速驱动桥动力流

在学习本节中的动力流模式时，应记住这些视图是站在右前翼子板侧面并面向发动机舱观看时的状况。这样可得出各齿轮及轴真实旋转方向的准确概念。在这些示例中使用的是一台 5 档三轴的变速驱动桥。

1. 空档

当变速驱动桥处于"空档"位置时，不会有动力提供给差速器。由于同步器接合套在对应的两齿轮的中间，所啮合的驱动齿轮未被锁定在输出轴上，因此，各齿轮在轴上自由旋转，但输出轴不会旋转。

2. 各前进档

当选择一档后（图 2-34），一 – 二档同步器与一档齿轮啮合。由于同步器花键毂通过花键连接在输出轴上，因此输入轴上的一档齿轮驱动输出轴上与其啮合的齿轮（一档齿轮），这使输出轴以一档的传动比旋转，并以相同的传动比驱动主减速器的齿圈。

当选择其他前进档后，将移动相应的换档拨叉，使所选同步器与相应齿轮啮合。因为同步器花键毂通过花键连接在输出轴上，所以输入轴上所想要的齿轮将驱动输出轴上与其啮合的齿轮（图 2-35~ 图 2-38），从而使输出轴以所选档位的相应传动比旋转，并以相同的传动比驱动主减速器齿圈。

3. 倒档

当使用滑动的反转齿轮选择变速驱动桥的倒档时（图 2-39），换档拨叉迫使反转齿轮与输入轴和输出轴啮合。这个增加的第三个齿轮改变了一档齿轮的正常旋转方向，从而使汽车改变行驶方向。

4. 差速器的作用

主减速器齿圈由变速驱动桥的输出轴驱动，齿圈随后将动力传递给差速器壳体。该壳体将齿圈与其啮合的小齿轮保持在位。差速器两侧面的齿轮与驱动半轴连接。

变速驱动桥的差速桥与后轮驱动汽车差速器之间的一个主要区别是动力流的方向。在后轮驱动汽车的差速器中，动力流动方向在驱动小齿轮

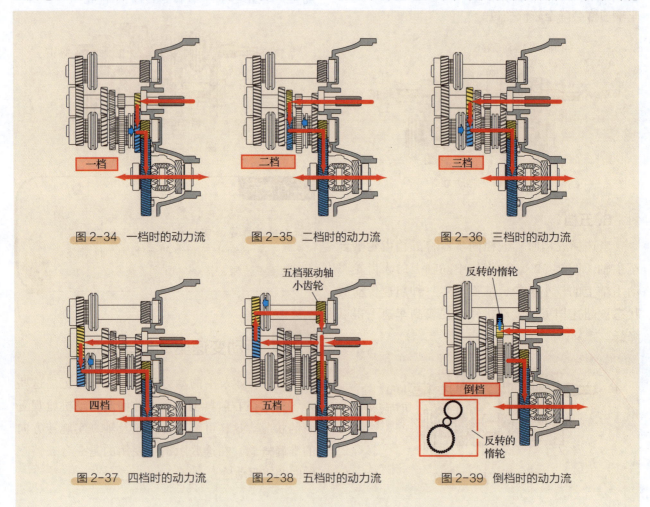

图 2-34 一档时的动力流　　图 2-35 二档时的动力流　　图 2-36 三档时的动力流

图 2-37 四档时的动力流　　图 2-38 五档时的动力流　　图 2-39 倒档时的动力流

和齿圈之间改变了90°。这个改变在大多数前轮驱动汽车上是不需要的。横置发动机的曲轴是横向放置，因此它已经以合适的方向旋转。变速驱动桥主减速器（含差速器）的作用只是增大转矩和分配传递给左右驱动半轴的转矩，以便它们能以不同转速旋转。

某些变速驱动桥的差速器需要将动力流方向改变90°。这类变速驱动桥用在发动机后置的后轮驱动车辆上，以及采用纵置发动机的前轮驱动车辆或某些全时四驱（AWD）车辆上。

2.9 主减速器和总传动比

所有车辆都会在变速器或变速驱动桥上或之后使用一个齿轮组来提供额外的齿轮减速（增大转矩），该齿轮组称为主减速器。

在配备手动变速器的后驱车辆中，差速器齿轮装置位于后桥壳体中。但在变速驱动桥中，最后的减速是由封装在变速驱动桥箱体中的最终传动齿轮产生的。

变速驱动桥的最终传动齿轮提供了一条将变速器的输出传递给变速驱动桥差速器部分的路径。小齿轮和齿圈以及差速器总成通常位于变速驱动桥内。有四种常用的配置用在前轮驱动车辆上：斜齿轮式、行星齿轮式、准双曲面齿轮式和链条驱动式。斜齿轮式、行星齿轮式和链条驱动式最终传动布置常见于采用横置发动机的车辆上。准双曲面齿轮式主减速器总成通常用在采用纵置发动机的车辆上。此类车辆的主减速器总成与后轮驱动车辆上使用的装置基本相同，并直接安装到变速器上。

2.10 双离合器变速器

双离合器变速器（Dual Clutch Transmission，DCT）正被越来越多的车辆使用。这是因为它相比传统的自动和手动变速器有许多优点，这些优点超过了它们增加的成本。它们的基本结构可使它们的换档比熟练的驾驶员或任何其他齿轮式变

速器更快，不仅效率更高，而且更轻、更耐用，还不需要定期维护。它们也不依赖可能会浪费发动机动力的变矩器或行星齿轮组，因此可至少减少10%的燃油消耗量，而且驾驶员还会感觉到加强了对发动机动力输出的控制。

双离合器变速器本质上是一种由计算机控制离合器的全自动式手动变速器。为了提供不同的传动比，双离合器变速器像许多手动变速器一样具有搭配了斜齿轮和直齿轮的齿轮轴，但双离合器变速器可以在全自动模式下操作和驱动，就像一台非常高效的自动变速器一样。当前的双离合器变速器有6或7个前进档，并有多个制造商可提供。每个制造商会用不同的名称来称呼他们的双离合器变速器，而且控制机构也可能稍有不同。

1. 发动机的输入

双离合器变速器使用湿式和/或干式离合器总成。这两类离合器非常相似，它们都有紧凑的多片式结构（图2-40）。某些双离合器变速器会有一个湿式离合器和一个干式离合器。干式离合器通常用在与小功率发动机匹配的双离合器变速器和前轮驱动车辆上（图2-41）。它们比配备湿式离合器的双离合器变速器更小、更轻、更可靠，制造成本也更低，并且还能提供更好的燃油经济性。这是因为其较大的夹紧力可减少在转矩从发动机传递到变速器和变速齿轮过程中的动力损失。双离合器变速器有两个独立的离合器总成。干式离合器的缺点是磨损快。

图2-40 双离合器总成使用两个离合器组，以交替将发动机输出连接到双离合器变速器的两个输入轴中的一个

图 2-41 用于前轮驱动车辆的 6 档干式双离合器变速器

湿式离合器通常与大功率发动机一起使用。在湿式离合器总成中，离合器片封装在离合器鼓中，并完全浸在油液中。油液冷却离合器片，从而使离合器片具有相对长的使用寿命。封装在离合器鼓内的典型湿式离合器总成带有摩擦片、摩擦钢片和压盘，当接合时，液压力强制将零件压紧在一起，从而将发动机转矩传递给适用的输入轴。

2. 工作过程

双离合器变速器实际上是封装在同一个箱体中且并行工作的两个独立的手动变速器。每个变速器都有各自的离合器总成。基本变速器总成中的一个包含偶数档的齿轮，另一个包含奇数档的齿轮。例如在一台 6 档双离合器变速器中，一个离合器和变速器总成用于 1、3 和 5 档，另一个离合器和变速器总成用于 2、4 和 6 档。为此使用了两根输入轴，每根输入轴分别与偶数或奇数档的齿轮一起工作。其中，外侧的输入轴是一根空心轴，并有一根内侧输入轴穿过它（图 2-42）。倒档齿轮布置在奇数轴上。

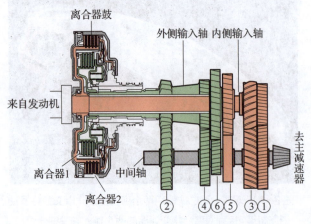

图 2-42 6 档双离合器变速器的基本布局

双离合器变速器没有离合器踏板，其离合器由电液执行器负责接合和分离，齿轮的实际切换由计算机控制的电磁阀和液压装置完成。双离合器变速器既可以手动换档，也可以自动换档。在自动模式下，计算机根据具体情况选择合适的档位。要进行手动换档，驾驶员可用按钮、拨片或变速杆进行换档。大多数双离合器变速器具有 P（驻车）-R（倒车）-N（空档）-D（行车）的传统换档模式（图 2-43），可以在标准模式（D）或运动模式（S）下自动换档。在标准模式下，为了获得最小的发动机噪声和最高的燃油经济性，允许双离合器变速器较早地换入更高的档位。当选择运动模式后，变速器会更长时间地保持在较低档位以提高性能。驾驶员还可以通过将变速杆滑到一侧或拨动转向盘上两个拨片中的一个来手动操作变速器（图 2-44）。

图 2-43 双离合器变速器的变速杆位置，为了手动控制换档，将变速杆移向右侧

图 2-44 双离合器变速器的换档拨片

瞬时完成换档是通过复杂的电子控制来完成的。当指令换档时，电子控制装置会将动力流从一个离合器和变速器总成切换到另一个离合

器和变速器总成（图2-45）。电子控制装置还具有预测功能，可以按换档顺序预先选择下一个档位。

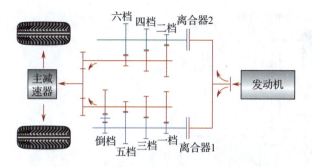

图2-45 通过双离合器变速器的动力流

为了理解上述概念，先考虑一下通过双离合器变速器的动力流。当驾驶员从车辆静止开始加速时，变速器1处在一档，而变速器2处在二档。由于离合器1接合，所以车辆以一档行驶。当升档时，在离合器2接合的同时，离合器1分离。由于二档齿轮已预先啮合，此时车辆以二档行驶。一旦离合器1接合，变速器1就立即换入三档。当再次升档时，将继续此顺序。即，离合器1接合，车辆以三档行驶，与此同时，离合器2分离，变速器2换入四档。在所有情况下，已预选档位的齿轮不会影响运行齿轮的性能，因为没有输入转矩到达其上。

上述动作的结果使转矩无间断地传递。预先选择档位使得换档过程完成得更加快速。大多数系统完成一个升档过程只需8ms。

双离合器变速器还可跳跃换档，并可在需要时执行双离合降档，但降档过程不会像升档那样快。完成降档大约需要600ms。这是因为节气门控制要使变速器转速与发动机转速相配需要时间。如果驾驶员跳过一些档位，降档还会占用更长时间。例如车辆在以六档行驶，而驾驶员想要跳跃降至二档，则更会使降档时间延长。因为二档齿轮和六档齿轮同处在一根轴上，而且用同一个离合器操作。为了实现这种变化，变速器必须先降至五档，因为五档齿轮在另一根轴上，然后才可以接合二档和相应的离合器。通常这个序列过程需要900ms。虽然这不是一个很长的时间，但它毕竟比升档时间长。

3. 大众/奥迪直接换档变速器（DSG）

双离合器变速器最早由博格华纳（Borg Warner）公司投入生产。该变速器曾被称为"Dual Tronic（双电子）"单元。大众汽车获得了这项技术的许可，并将博格华纳的离合器和控制模块用于他们的双离合器变速器，双离合器变速器最初是以直接换档变速器（DSG）的命名出现在奥迪汽车上，有时也称为双轴变速器，此后又应用在其他一些奥迪和大众车型中。该变速器在布加迪威龙（Bugatti Veyron）EB 16.4 上的使用表明它能够承受较大的发动机功率。布加迪威龙 W-16 发动机额定峰值功率为987hp（736kW）。

目前，大众汽车集团比其他制造商拥有更多搭配双离合器变速器的车型。最常见的是采用干式离合器的六档变速驱动桥。在大众集团的汽车上还有采用湿式离合器的七档变速器。DSG 的电子控制单元（ECU）档安装在变速驱动桥上。该ECU 具有自适应学习功能，可让 DSG 学习驾驶员通常对车辆的驾驶方式，并力图将换档点与驾驶员的驾驶习惯相匹配。ECU 控制液压机械单元。控制模块是 DSG 中最复杂的部件（图2-46）。该变速器可完全由 ECU 控制，或由驾驶员借用变速杆或安装在转向盘上的拨片进行手动换档。ECU 控制离合器、输入和输出轴、变速驱动桥的冷却、档位选择和正时及液压。除了 DSG 的各种专用传感器外，ECU 还依赖总线数据来确定当前的运行状况。

4. 福特 PowerShift 双离合器变速器

福特的 PowerShift（动力性能换档）双离合器变速器是一种采用干式离合器的六档变速器（图2-47）。福特公司设计了一种干式离合器系统，可以满足具有宽转矩范围的发动机需求。此外，干式离合器系统比湿式离合器系统更小、更轻、更易于维护、更可靠且更便宜。干式离合器通过典型的离合器摩擦片传递动力和转矩。由于离合器是干式的，因此不再需要专用的油泵和油管，从而降低了变速器的重量和复杂程度。

该变速器具有与其他双离合器变速器相同的基本结构，即用两个输入离合器和输入轴将动力

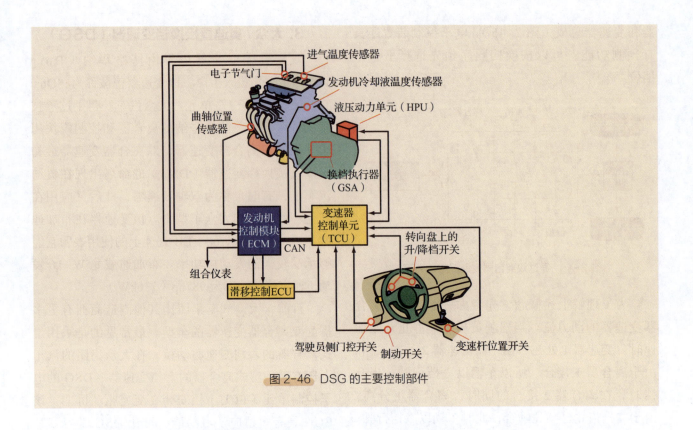

图 2-46 DSG 的主要控制部件

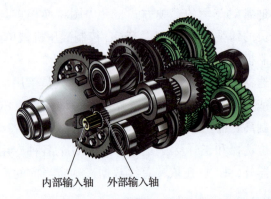

图 2-47 PowerShift 变速驱动桥的齿轮传动机构

分别传递给奇数或偶数前进档的齿轮。电子控制模块依据来自多个不同系统和状况的输入控制离合器和换档机构。为使向驱动轮供给的转矩传递无缝衔接，以减小对加速的负面影响，这两个离合器的交替接合和分离是同时进行的。虽然目前福特双离合器变速器的操作方式与其他双离合器变速器相同，但当前尚未为其旗下的车辆配备换档拨片。但福特汽车的 PowerShift 变速器还是提供了其他一些有趣的特性，例如：

1）空档滑行减速：在怠速和滑行期间，发动机与变速器分离，从而改善了滑行减速，并在汽车静止时通过不使用发动机动力而提高整体效率。

2）精确的离合器控制：可使离合器保持恰好适当的滑移率，从而降低发动机低速时的 NVH（噪声、振动和粗糙度）水平。

3）具有制动压力协调的蠕动模式：当车辆停止且变速器处于前进档或倒档时，控制车辆向前或向后的滚动趋势。

4）坡道模式或起步辅助：防止汽车停在陡坡上时出现溜车。该系统的计算机控制制动压力和发动机以使汽车保持在原地。

5）选择性换档：允许驾驶员通过按下变速杆上的按钮来选择升档或降档。

6）超速控制：防止驾驶员采用过激的降档，这会导致发动机因转速过高而损坏。

5. 保时捷双离合器变速器（PDK）

保时捷是双离合器变速器的早期开发者之一。他们在许多不同的车型中使用了双离合器变速器（官方名称为 Porsche-Doppelkupplung，缩写为 PDK）。这是一台像其他双离合器变速器一样的七档双离合器变速器，其驱动单元由两个变速器、两个湿式离合器和一个液压控制系统组成（图 2-48），并可通过转向盘上的两个换档拨片或一个换档装置来完成换档。

PDK 是一台位于后轮并用于高输出发动机的变速驱动桥。它提供三种自动换档模式：标准、运动和运动+（用于带有运动计时选项的车辆）。标准模式控制换档以在使用最少燃油的同时提供良好的驾驶性能。运动模式延迟换档点从而可使发动机在换档前达到更高转速。运动+模式实际上是进一步延迟换档点，并提供极快的换档进程。在此模式下，不会用到第七档。控制单元依赖 CAN 总线上的可用输入，加上四个位移传感器、两个压力传感器、一个温度传感器和两个发动机转速传感器（集成在一个壳体中）来选择合适的档位和换档正时。

图 2-48　通过 PDK 两个输入轴的动力流

保时捷的 PDK 还可以在全手动模式下操作。当设置为手动模式时，该变速器不自动换档，除非发动机转速超过特定速度限值。而且直到发动机转速降到过低前，它也不会自动降档。该系统包括一个强制降档开关，可通过使节气门全开实现强制降档。当需要时，该开关可令汽车提供瞬时的最大加速度。例如当在 7 档以中等车速巡航但需要快速加速，开关被启用时，变速器将降档至四档、三档或二档。在强制降档期间，只要节气门处在全开位置，变速器不但会降档，而且会保持在该档位，直到发动机转速达到转速表上的红线，才升高一个档位。

配备运动计时加（Sports Chrono Plus）选装套件的汽车有一个弹射起步控制程序。该程序在踩下制动踏板并完全打开节气门后松开制动踏板的同时，将会从发动机转速达到 6500r/min 起自动接合离合器，从而使汽车在没有车轮打滑或驱动力中断的情况下以最大功率加速。

2.11　变速器电气系统

尽管大多数手动变速器不是电动操作或控制的，但汽车的有些附件是受变速器控制或与变速器有联系的。变速器也可能配备一些传感器，它们向控制汽车其他系统的计算机提供重要信息。少数手动变速器的换档是受电子装置控制或限制的。

1. 倒车灯开关

1971 年以后在北美销售的所有车辆都被要求配备倒车灯。倒车灯照亮车辆后面的区域，并警示其他驾驶员和行人该车辆正在倒车。大多数手动变速器配备了一个单独的倒车灯开关（图 2-49），但也可以安装在远离变速器的换档机构上。如果倒车灯开关安装在变速器中，只要变速器换入倒档，换档拨叉就会闭合该开关并完成其电气电路。如果该开关是安装在换档机构上的，则换档机构会直接闭合该开关。

图 2-49　典型的变速器倒车灯开关

2. 车速传感器

大多数新式的变速器和变速驱动桥都配有车速传感器（Vehicle Speed Sensor，VSS）。该传感器向车辆的动力控制模块（PCM）发送电信号，该信号反映变速器输出轴的转速，PCM 随后计算车速。该信息用于许多系统，例如巡航控制、燃油和点火管理以及仪表。与此信号有关的仪表包括车速表、里程表和升档提示灯。

3. 倒档锁闭系统

有些车辆在其行驶中会以电气方式阻止变速器从前进档换入倒档，这类系统通常称为倒档锁闭系统（图 2-50）。通常情况下，当车辆以 12mile/h（约 19km/h）或更高车速行驶时，一个来自 PCM 的信号会给倒档锁闭电磁阀通电，使其向下推动凸轮和锁销。此动作使变速器无法换入倒档。当车辆静止或以很低车速行驶时，电磁阀不通电，回位弹簧使锁销处在脱离互锁总成的位置，致使变速杆能自由移入倒档。

4. 换档封阻

某些六档变档器带有一种称为换档封阻的功能。当发动机冷却液温度低于规定值、车速在 12~22mile/h（19~24km/h）之间、节气门开度小于 35% 时，该封阻功能会阻止驾驶员从一档换入二档或三档，这有助于改善燃油经济性。这类变速器像其他某些变速器一样，也带有倒档锁闭功能，可防止倒档齿轮在车辆向前行驶时啮合。

PCM 控制对换档的封阻，一个"跳跃换档"电磁阀用来阻止从高档位进入一档、二档或三档的换档模式。当驾驶员将变速杆从高档位移到更低档位时，仿佛是换到了二档，但实际是选择了四档。

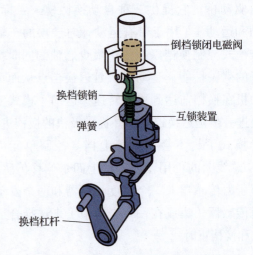

图 2-50 PCM 控制的倒档锁闭组件

2.12 总结

- 变速器或变速驱动桥使用不同尺寸的啮合齿轮，以便在驱动轮上获得发动机的机械增益。
- 变速驱动桥内包含了齿轮传动机构和提供主减速比所需的差速器齿轮装置，变速驱动桥通常用在前轮驱动的车辆上。
- 传统的变速器通常用于后轮驱动的车辆上。
- 变速器 / 变速驱动桥中的齿轮将来自输入轴的动力和运动传递给输出轴。这些轴彼此平行安装。
- 直齿轮的齿牙是直线切削的，而斜齿轮的齿牙是按一定角度切削的。斜齿轮运转时不会产生齿轮啮合的嘎嘎声。

3C：问题（Concern）、原因（Cause）、纠正（Correction）

维修工单					
年份：1995	制造商：福特		车型：野马	里程：115941mile	单号：15865
问题	客户陈述变速器不易换入档位，并在换档时产生异响。				
确认客户提出的问题后，技师检查离合器从动缸、油管和主缸。离合器工作正常，不存在离合器有问题的迹象。随后检查了变速杆，但未发现该问题的原因。根据车辆的使用年限和行驶里程，怀疑问题可能出在变速器的同步器上，因此，为进一步检查，建议拆下并分解变速器。					
原因	怀疑同步器磨损。				
纠正	客户因大修变速器的成本拒绝进行维修，随后安装了一个二手变速器。				

- 当一个小齿轮驱动一个大齿轮时，输出转速降低，但转矩（动力）增加。
- 当一个大齿轮驱动一个小齿轮时，输出转速增加，但转矩（动力）降低。
- 当两个外齿轮啮合并转动时，从动齿轮的旋转方向与主动齿轮相反。
- 同步器使以不同转速旋转的零件达到相同的转速，从而实现平顺的无碰撞换档。同步器还将从动（变速）齿轮与变速器/变速驱动桥输出轴锁定或解锁。
- 惰轮用来使变速器/变速驱动桥输出轴的旋转方向反转，以操作车辆倒车。
- 在典型的五档手动变速器换档机构中，有三个彼此独立的换档拨叉轴和换档拨叉，每个换档拨叉轴和换档拨叉都用于控制同步器的移动。
- 传动比表示作为输出的从动齿轮每转动一圈，作为输入的驱动齿轮所转动的圈数。传动比的计算方法是从动齿轮上的齿数除以主动齿轮上的齿数，也可以使用彼此啮合的齿轮转速来计算传动比。
- 小于1的传动比表示超速状态。这意味着从动齿轮转动得比主动齿轮快，因此转速高，但输出转矩低。
- 所有车辆都使用主减速器中的一个齿轮组来提供在变速器或变速驱动桥之上或之后的额外减速比（转矩增加）。

2.13 复习题

1. 思考题

1）是什么决定了使用传统手动变速器还是手动式变速驱动桥？
2）主减速器的功用是什么？
3）单位节圆直径（如齿数/in）上的齿数（如齿数/in）称为齿轮的（　　　）。
4）换档锁闭系统的功用是什么？其基本工作原理是什么？
5）换档拨叉轴和换档拨叉在变速器或变速驱动桥工作过程中起什么作用？

2. 判断题

1）反转的惰轮将转矩流动的方向改变为与发动机旋转方向相反的方向。对还是错？（　　）
2）一组齿轮可以有三种不同的配置或使用方式。对还是错？（　　）
3）在大多数变速器和变速驱动桥中，每个变速齿轮都有一个同步器总成。对还是错？（　　）
4）同步器锁环上的锥体在改变档位时起到了锥形离合器总成的作用。对还是错？（　　）

3. 单选题

1）下列哪一个传动比表示超速状态？（　　）
A. 2.15∶1　　　　　B. 1∶1
C. 0.85∶1　　　　　D. 以上都不是
2）哪一种类型的齿轮在高转速下会产生嘎嘎声？（　　）
A. 直齿轮　　　　　B. 斜齿轮
C. a和b都会　　　　D. a和b都不会
3）当惰轮置于主动齿轮和从动齿轮之间时，从动齿轮（　　）。
A. 以与驱动齿轮相反的方向旋转
B. 以与驱动齿轮相同的方向旋转
C. 减少从驱动齿轮传递到从动齿轮的转矩
D. 以上都不是
4）用于确保主轴（输出轴）和锁定其上的主变速齿轮以相同转速旋转的部件称为（　　）。
A. 同步器　　　　　B. 换档自锁装置
C. 换档拨叉　　　　D. 分动器
5）在变速驱动器中，与小齿轮轴上的小齿轮啮合的是（　　）。
A. 反转的惰轮　　　B. 齿圈
C. 中间轴驱动齿轮　D. 输入齿轮
6）下列哪一个传动比提供了最高的转矩倍增？（　　）
A. 0.85∶1　　　　　B. 2.67∶1
C. 5.23∶1　　　　　D. 0.50∶1

4. ASE类型复习题

1）技师A说大多数变速驱动桥在主轴和输出轴之间都会有一根中间轴；技师B说中间轴在发动机运转时始终处于运动中。谁是正确的？（　　）

A. 仅技师 A 正确
B. 仅技师 B 正确
C. 技师 A 和技师 B 都正确
D. 技师 A 和技师 B 都不正确

2）在讨论当前车辆上的各种变速器时，技师 A 说其中一种类型是滑动齿轮式变速器；技师 B 说其中一种类型是滑动接合套式变速器。谁是正确的？（   ）
A. 仅技师 A 正确
B. 仅技师 B 正确
C. 技师 A 和技师 B 都正确
D. 技师 A 和技师 B 都不正确

3）技师 A 说中间轴上的齿轮或塔轮实际上是在一段铁或钢材上加工出的几个齿轮；技师 B 说中间轴上的齿轮由输入轴的常啮合齿轮驱动，并驱动输出轴上的变速齿轮。谁是正确的？（   ）
A. 仅技师 A 正确
B. 仅技师 B 正确
C. 技师 A 和技师 B 都正确
D. 技师 A 和技师 B 都不正确

4）技师 A 说变速器/变速驱动桥上的倒车灯开关由变速杆控制；技师 B 说倒车灯开关由输入轴上的传感器控制。谁是正确的？（   ）
A. 仅技师 A 正确
B. 仅技师 B 正确
C. 技师 A 和技师 B 都正确
D. 技师 A 和技师 B 都不正确

5）技师 A 说如果使用单个惰轮来实现倒档，则计算传动比时必须用到惰轮的尺寸和齿数；技师 B 说惰轮通常用作反转齿轮，因为它使输出轴以与输入轴相反的方向旋转。谁是正确的？（   ）
A. 仅技师 A 正确
B. 仅技师 B 正确
C. 技师 A 和技师 B 都正确
D. 技师 A 和技师 B 都不正确

6）技师 A 说在传统变速器中，变速齿轮围绕主轴自由转动，除非它们被相应的同步器锁定；技师 B 说变速齿轮是中间轴总成的一个主要部分。谁是正确的？（   ）
A. 仅技师 A 正确
B. 仅技师 B 正确
C. 技师 A 和技师 B 都正确
D. 技师 A 和技师 B 都不正确

7）在讨论五档变档器处于一档时的动力流时，技师 A 说动力进入输入轴，使与一档齿轮啮合的中间轴转动；技师 B 说一档齿轮的同步器与一档齿轮的常啮合齿啮合，并将齿轮锁定在主（输出）轴上，以使动力从输入齿轮流过中间轴，然后到一档齿轮和输出轴。谁是正确的？（   ）
A. 仅技师 A 正确
B. 仅技师 B 正确
C. 技师 A 和技师 B 都正确
D. 技师 A 和技师 B 都不正确

8）技师 A 说双锥体式同步器的锁环在其内外锥体上都有摩擦材料；技师 B 说多锥体式同步器用在大发动机上，因而需要更大的变速器箱体。谁是正确的？（   ）
A. 仅技师 A 正确
B. 仅技师 B 正确
C. 技师 A 和技师 B 都正确
D. 技师 A 和技师 B 都不正确

9）技师 A 说一些同步器总成在其锁环上使用摩擦材料以减少滑移；技师 B 说一些锁环的内侧形状类似于一个圆锥体，并排列有许多锋利的沟槽。谁是正确的？（   ）
A. 仅技师 A 正确
B. 仅技师 B 正确
C. 技师 A 和技师 B 都正确
D. 技师 A 和技师 B 都不正确

10）在讨论换档机构时，技师 A 说互锁槽孔将变速器保持在选定档位上；技师 B 说自锁槽孔防止在操作过程中选择多个档位。谁是正确的？（   ）
A. 仅技师 A 正确
B. 仅技师 B 正确
C. 技师 A 和技师 B 都正确
D. 技师 A 和技师 B 都不正确

第 3 章
手动变速器 / 变速驱动桥维修

学习目标

- 能对手动变速器 / 变速驱动桥进行目视检查，查看是否有损坏和磨损迹象
- 能正确检查变速器油液（ATF）的液面高度，检测油液是否已被污染，并根据需要更换变速器油液。
- 能简述拆卸和安装手动变速器 / 变速驱动桥所采取的各步骤，包括所使用的设备和安全注意措施。
- 能识别常见的变速器问题并找到其可能的原因和解决方法。
- 能简述拆解、清洁、检查和组装手动变速器 / 变速驱动桥的基本步骤和注意事项。

3C：问题（Concern）、原因（Cause）、纠正（Correction）

维修工单					
年份：1999	品牌：福特	车型：F150	里程：226410mile		单号：15877
问题	客户陈述变速器很难挂入档位，并会在行驶时脱档。				
根据此客户提出的问题，运用本章所学内容确定该问题的可能原因、诊断方法以及解决此问题所需的步骤。					

如果正确地操作和维护，手动变速器/变速驱动桥通常可以延续车辆的使用寿命而不会出现严重损坏。其设计的所有内部部件都运转在由各齿轮和齿轮轴的旋转所产生的油浴中。某些变速器/变速驱动桥也会使用液压泵（俗称油泵）将油液循环到需要比自然循环提供更多润滑的重点磨损区域。

维持良好的内部润滑是延长变速器/变速驱动桥寿命的关键。如果油液低于最低液面高度，或变得过脏，则会导致问题出现。

车间提示

只要对变速器或变速驱动桥进行诊断或维修，就应确保在开始作业前先查阅相应的维修信息。

在开始任何诊断、维修或修理作业之前，务必准确地识别待作业的变速器。这将确保可遵循正确的步骤和技术规范，以及安装的零部件是正确的。正确地识别可能很困难，因为只通过外观样子无法准确地识别变速器型号。识别变速器确切设计的唯一正确方法是通过其识别号。

变速器的识别号是压印在变速器/变速驱动桥箱体上的一组数字，它也可能在一个用螺栓帽压住的金属标签上。可使用维修信息来理解该识别号。大多数识别号的内容会包括型号、传动比、制造商和组装日期（图3-1）。只要维修采用金属识别标签的变速器，就应确保维修后将该标签放回到变速器上，以便其他技师能够正确识别该变速器。如果变速器没有识别标签，则必须通过将其与车辆维修信息中的识别信息比较来识别它。

3.1 润滑油检查

变速器/变速驱动桥油液液面高度的检查应按照维修信息中规定的间隔进行。这些间隔范围通常是7500~30000mile（约12000~48000km）。为检查方便，许多变速器现在都设有一个油尺（图3-2），和一个可从发动机舱盖下接触到的加注管。应在发动机关闭且车辆停放在水平地面时检查油液液面高度。如果发动机一直在运转，应在发动机熄火后等待2~3min再检查齿轮油的液面高度。

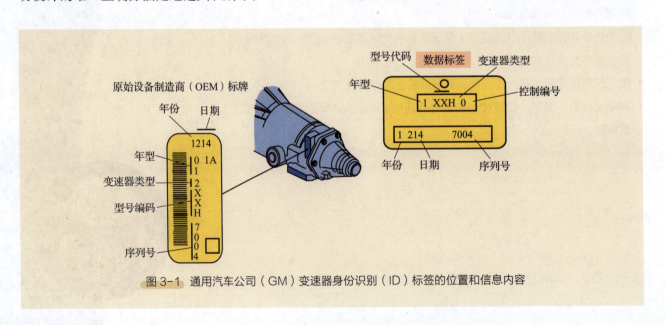

图3-1 通用汽车公司（GM）变速器身份识别（ID）标签的位置和信息内容

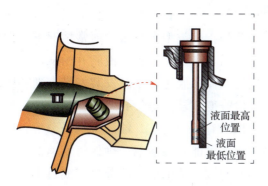

图 3-2 用于某些手动变速器的油尺示例

有些车辆没有油尺,因此必须将车辆放置在举升机上,并通过变速器侧面的加注堵头孔检查液面高度。在松开和拆下加注堵头之前,先清洁其周围的区域。一般来讲,润滑油应与加注孔底边齐平,或低于该孔底边的距离不应超过 0.5in（约 12.7 mm）。始终应查看维修信息以确定正确的液面高度。必要时可使用加注泵添加正确等级的润滑油。

目前使用的手动变速器/变速驱动桥润滑油包括单重和多重黏度的齿轮油、发动机机油、特殊液压油和自动变速器油。务必参考维修信息,以确定用于该车辆和工作环境的正确润滑油（图 3-3）。

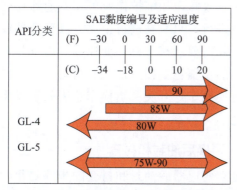

a) 典型的变速器/变速驱动桥齿轮油的分类和黏度范围数据

车辆品牌	推荐的润滑油
通用雪佛兰科迈罗 Aisin AY6（8速）	SAE 75W-90 GL-5
通用雪佛兰科迈罗 Tremec（6速）	手动变速器润滑油（Dex III ATF）
福特野马	Motorcraft 全合成手动变速器润滑油
本田	本田手动变速器油（MTF）或用 SAE 10W-30 或 10W-40 作为临时代用品
马自达	SAE 75W-90 GL4/5
日产	SAE 75W-90 GL4/5
斯巴鲁	SAE 75W-90 GL4/5

b) 当前手动变速器润滑油需求示例

图 3-3 正确选择手动变速器/变速驱动桥润滑油

DCT 变速器维护 大多数 DCT 变速器不需要特殊维护。尽管双离合器变速器是免维护的,但在某些情况下也需要更换润滑油。至于多久需要更换,取决于汽车的驾驶方式。但所需的润滑油会因 DCT 变速器的类型不同而不同,所以应查看维修信息,以了解该变速器应使用何种润滑油,以及何时需要更换。

采用干式离合器的 DCT 变速器通常需要使用与手动变速器相同的齿轮油。如果 DCT 变速器采用湿式离合器,则必须使用自动变速器油和齿轮油的专用混合油液。还应知道,某些 DCT 变速器需要两种不同类型的油液。这类 DCT 变速器有两个油池,一个用来润滑变速器的轴承、轴和齿轮,另一个用于为湿式离合器的操作提供液压油。

1. 润滑油泄漏

通常情况下,可以通过目视检查快速确定变速器油液的泄漏位置和原因。以下是油液泄漏的常见位置（图 3-4）和原因。

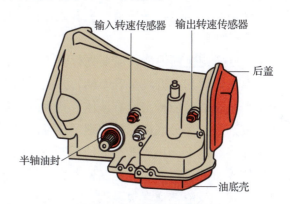

图 3-4 常见的油液泄漏位置

1）变速器或变速驱动桥中的润滑油过多。
2）使用了错误类型的油液,它们会产生大量泡沫,并通过通风口排出。
3）输入轴轴承盖松动或损坏。
4）输入轴轴承 O 形密封圈或油封唇边损坏。
5）箱体螺栓松动或缺失。
6）箱体有裂纹或有缩孔问题。
7）变速杆密封件泄漏。
8）衬垫或密封件损坏或缺失。
9）放油堵头松动。
10）半轴密封件不良。
11）通气孔堵塞导致在箱体内存在压力。

箱体延长处密封件的油液泄漏可在变速器仍安装在车上时纠正。这种泄漏的原因通常是因箱体延长处用来支承滑动拨叉的衬套已磨损。安装传动轴之后，滑动拨叉和衬套之间的间隙应是很小的。如果间隙合适，则用新油封可解决此泄漏问题。如果间隙过大，则维修时需要安装新的密封件和衬套。如果密封件不起作用，应检查变速器通风孔是否堵塞。如果堵塞，当变速器处于热态时，油液将处于高压下，此压力会导致密封件泄漏。

车速表线缆处的油液泄漏可通过更换O形密封圈加以纠正。源自延长箱体和变速器接合面处的油液泄漏可能是因螺栓松动导致的，要纠正此问题，可将螺栓拧紧至规定力矩。

2. 更换油液

大多数变速器制造商没有对手动变速器油液的更换里程间隔给出建议。旧式的变速器通常有20000mile（约36000km）的油液更换间隔。当车辆在恶劣条件下运行时，例如在高热或多尘环境下，可能需要定期更换其油液。查看维修信息以了解制造商的建议。

为了更换变速器油液，需要先行驶车辆以使油液升温。然后用举升机举升车辆，并确保汽车处于水平状态以便能排出所有液体。找到变速器箱体上或其延长部分底部的放油螺塞。擦净其周围区域并将其拆下，用放置在放油螺塞下方的接油盘接住放出的所有液体。让变速器完全排空箱体内的油液。该液体通常很黏稠，因而为排空油液需要一段时间。

检查排出的液体中是否有金黄色金属或其他材料的颗粒。金黄色颗粒来自同步器的黄铜锁环。金属碎屑通常来自齿轮的磨损。排净油液后，将一块小磁铁插入放油孔内，并环绕放油孔内部扫动以清除所有金属颗粒。因为黄铜没有磁性，所以磁铁不能吸附黄铜颗粒。要去除黄铜屑，可插入一把小刷子或抹布的一头，小心地将黄铜碎屑带出，切不可将其推入。如有大量金属颗粒，则表明存在严重问题。

在重新加注变速器油液前，先安装好带有新垫圈的放油螺塞。一些制造商建议在放油螺塞上使用密封剂。拆下加注油液的螺塞。它通常位于放油螺塞的上方。查看维修信息以确定该变速器所用油液的正确类型和数量。通常情况下，向变速器箱体内加注油液直到油液刚开始从加注孔流出或接近加注孔底边。重新安装好带有新垫圈的螺塞。检查变速器的通气孔，确保其未被污垢堵塞。如果没有适当通气，油液很容易分解，而且压力的积聚可能导致泄漏。确保给变速器加注了正确类型和数量的油液，油液过多或过少都会损坏变速器。

>
> **客户关爱**
> 由于技师在维修过程中会使自己沾上一点脏污，但这不意味着车辆也应如此，因此，应小心和关爱每一辆进入维修店的车辆。皮带扣或工具造成的划痕，以及转向盘、内饰和地毯上有油迹都是不可原谅的，这也是丢失生意的一个原因。当作业需要时，切记使用翼子板、座椅和地板的防护垫，在移动车辆或操作车窗和仪表板之前，先检查手是否干净。

3.2 就车维修

大多数修理和维护作业可在变速器还安装在车上时进行。只有在进行全面大修变速器或离合器时，才需要从车上拆下变速器。以下是常见维修内容的步骤：更换后油封和衬套、调整操纵机构、更换倒车灯开关、更换车速表软轴支座和驱动齿轮。

1. 更换后油封和衬套

更换变速器后油封和衬套的步骤随每种车型不同而不同。通常情况下，为更换后油封和衬套，应遵循以下步骤。

后油封和衬套更换步骤
步骤1　拆下传动轴。
步骤2　从变速器延伸壳上拆下旧油封。
步骤3　从延伸壳中拉出衬套（图3-5）。
步骤4　将新衬套压入延伸壳。
步骤5　润滑新油封的油唇，然后将其装入延伸壳（图3-6）。
步骤6　安装传动轴。

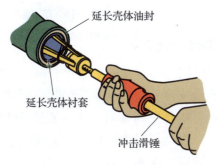

图 3-5 拆下延伸壳的油封和衬套

图 3-6 用锤子将新密封件安装到位

2. 调整操纵机构

采用内部连接机构的变速器不提供对内部连接装置的调整,但外部的连接装置是可调整的。连接机构的调整是在工厂完成的,但当零件磨损后,可能需要维修店进行调整。此外,变速器在重新组装后可能也需要进行调整。为了进行调整,升起车辆并将用千斤顶支架支承好,然后按照维修信息给出的步骤操作。

3. 更换倒车灯开关

为更换倒车灯开关,先断开至该开关的电气引线。将变速器换入倒档,拆下倒车灯开关。在安装好新开关之前,不要切换变速器档位。为防止油液泄漏,在安装前,先用特氟隆(Teflon)胶带以顺时针方向缠绕新倒车灯开关上的螺纹,然后将开关拧紧至正确力矩,并将电气引线重新连接至开关。

4. 更换车速表软轴支座和驱动齿轮

开始拆卸车速表软轴支座和驱动齿轮前,先清洁其顶部区域(图 3-7)。然后拆卸将支座固定在其孔中的螺钉。小心地向上拉住车速表软轴,然后连同其支座和传动齿轮组件从孔中拉出,再从支座上旋出车速表软轴。

重新安装支座时,应在支座的 O 形密封圈上涂上少量润滑脂,当支座上的槽口与离合器室壳体侧面的螺纹孔对齐时,轻轻地将支座和车速表驱动齿轮总成敲入其安装孔内。安装压紧螺钉并紧固到位。

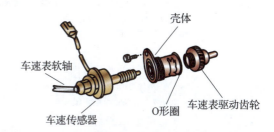

图 3-7 油液在车速传感器处的泄漏可能是因螺栓松动或密封件不良导致的

3.3 诊断各种问题

正确的诊断包括确定问题的确切根源。许多看似与变速器/变速驱动桥相关的问题实际上可能是由离合器传动或差速器问题引起的。应先检查这些与变速器/变速驱动桥相关的区域,特别是在考虑为进行维修是否要拆下变速器/变速驱动桥时。表 3-1 是变速器/变速驱动桥常见故障排查表。

表 3-1 变速器/变速驱动桥常见故障排查表

故障现象	可能的原因
换档时齿轮撞击	离合器调整不正确 离合器变速杆或拉索卡滞 润滑油液面低或型号不正确 换档组件或同步器锁环磨损或损坏
无法换入某个档位	换档内部连接件或换档轴磨损、损坏或装配错误 换档轴互锁销磨损、弹簧断裂或锁销松动 变速杆磨损或损坏 同步器接合套或花键毂损坏或磨损
锁死在某个档位(不能退出该档位)	换档轴磨损或断裂,换档拨叉变形,定位螺钉松脱,中间锁销缺失或磨损 中间齿轮轴上的输入齿轮或倒档惰轮上的齿轮断齿 变速杆断裂或磨损,换档机构装配错误或断裂、磨损,或齿轮副损坏

(续)

故障现象	可能的原因
脱档	离合器室偏斜 换档机构、换档拨叉、换档轴、卡位装置、弹簧及选档导向板磨损或损坏 离合器轴或滚子轴承磨损或损坏 轮齿磨损或变尖，同步器组件磨损或损坏，轴向间隙过大 导向衬套磨损
换档困难	离合器调整不当 离合器操作机构卡滞 由换档拨叉、选档导向板或同步器组件引起的变速器内部卡滞 离合器室偏斜 润滑油不正确
在某个档位有哒哒声	轮齿损坏
在所有档位都可听到变速器内刺耳的隆隆声	变速器轴承磨损或损坏
在除直接档外的所有档位都可听到刺耳的隆隆声	输出轴轴承磨损或损坏
当发动机与变速器连接运转时可听到刺耳的隆隆声	输入轴、中间轴或倒档齿轮轴承磨损或损坏

记住，所有诊断都应从与客户的面谈开始。然后核实客户的抱怨或担忧，还应在完成维修后确保验证了维修效果。

1. 目视检查

定期对变速器/变速驱动桥进行以下目视检查：

1）检查所有衬垫和密封处是否有润滑油泄漏。

2）检查箱体是否有显露出泄漏或渗漏的缩孔迹象。

3）上下推动变速器/变速驱动桥的同时观察其悬置的橡胶是否有与金属板分离的情况。如果箱体可向上移动但不能向下移动，则需要更换该悬置。

4）多方向移动离合器和换档连接机构，检查是否有松动或部件丢失。拉索式连接装置应无扭结或过小的折弯，其所有的运动应平顺。

5）检查变速驱动桥半轴的防尘套是否开裂、劣化或损坏。

6）全面检查变速驱动桥半轴的等速万向节。

2. 变速器噪声

噪声问题是很常见的。再次强调，一定要确定噪声不是来自动力传动系统的其他部件。不正常的噪声可能是发动机或变速器悬置系统出现故障的先兆。发动机对中不好、安装螺栓的力矩不正确、橡胶减振座损坏或缺失、支架断裂，甚至是发动机舱内石头等发出的咯咯声，都可能产生看似变速器/变速驱动桥的噪声。

> **车间提示**
>
> 在路试过程中，若怀疑听到的噪声是从变速器/变速驱动桥内发出的，可停车并分离离合器。若噪声在发动机怠速和离合器分离时消失，则噪声很可能来自变速器/变速驱动桥内部。

⚠ **注意** 当变速器/变速驱动桥换入驱动档位且发动机运转时，驱动轮和相关部件会转动，因此应避免接触这些旋转的部件，否则接触到旋转的传动轴和车轮将导致严重的人身伤害。

一旦排除了所有其他可能的噪声源，就应将注意力集中在变速器总成上。变速器内部的噪声可能表明轴承、齿轮轮齿或同步器已磨损。噪声在不同档位的变化或消失可表明变速器中有问题的具体区域。

检测到的噪声类型将有助于识别故障。

（1）粗暴的隆隆噪声 这可能是变速器/变速驱动桥中不同问题的同类故障现象，具体问题取决于发生的时刻。如果该噪声出现在变速器/变速驱动桥处于空档且发动机运转时，则问题可能发生在输入轴滚子轴承。输入轴的两端由圆锥滚子轴承支承，当变速器/变速驱动桥处在空档时，只有这些轴承在旋转。在出现问题的早期阶段，它不会造成操作困难，但如果不加以纠正，问题会逐渐变得更糟，直到轴承座圈或滚动零件破碎。解决这个问题需要拆解变速器和更换轴承。

当车辆行驶时，变速器的输入轴和主轴（输出轴）在旋转。如果噪声仅出现在前进档和倒档，而在空档时没有出现，则有问题的零部件可能是输出轴、中间轴、中间轴齿轮或主轴轴承。

如果在除直接档外的所有档位都出现隆隆声，则变速器输入轴后部的轴承可能有故障。该轴承支承着变速器输出轴前部的导向轴颈。在除直接档外的所有前进档中，输入轴和输出轴以不同的两个转速旋转。在倒档时，两根轴以相反方向转动，而在直接档时，这两根轴被锁定在一起，此时该轴承不转动。这个问题的解决需要拆解、检查和更换损坏的部件。

如果在发动机运转、离合器接合且变速器处在空档时出现粗暴的隆隆声，则输入轴前轴承很可能出现了问题。

（2）咔嗒声或敲击声　通常情况下，由于斜齿轮始终有轮齿处在啮合状态，所以斜齿轮工作起来是比较安静的。当倒档采用直齿轮时，有咔嗒声或一定程度的齿轮吱吱声是正常的，特别是在快速倒车时会更明显。

在前进档时发出咔嗒声或呜呜声可能表明斜齿轮轮齿有磨损。这个问题虽然可能不需要立即关注，但轮齿剥落或断裂是有危险的，因为脱落的部分可能会导致变速器/变速驱动桥其他部分的严重损坏。有节奏的敲击声通常都表明有零件已破损，即便在低速时也是如此。彻底拆解、检查并更换损坏的零件是针对此问题的解决方案。

3. 齿轮碰撞

换档过程中出现嘎嘎的摩擦噪声表明有齿轮碰撞。该噪声是在一个齿轮副保持部分啮合的同时，有另一个齿轮副试图转动输出轴的结果。齿轮碰撞可能是由离合器调整不当、离合器或换档连接机构粘接引起的。同步器锁环有损伤、磨损或缺陷也会导致齿轮碰撞，使用的齿轮油不正确也会出现这种情况。

4. 换档困难

如果变速杆难于从一个档位移动到另一个档位，应检查离合器操纵机构的调整。换档困难也可能是由变速器/变速驱动桥内部有损伤或润滑油过稠而引起的。换档困难的常见原因包括轴承严重磨损和离合器传动装置、控制杆、换档轴、换档拨叉以及同步器损坏。

5. 脱档

如果汽车自己跳出档位进入空档（汽车脱档），特别是在减速或下坡时，首先应检查变速杆和内部换档操纵机构。齿轮与输入轴之间的间隙过大或轴承磨损严重都会导致脱档。还应检查变速器/变速驱动桥内部的零件有离合器导向轴承、齿轮轮齿、换档拨叉、换档轴，以及弹簧和卡位装置。

6. 锁档

如果变速器/变速驱动桥锁死在一个档位且无法换档（汽车锁档），应检查变速杆的连接机构是否调整不当或损坏。润滑油液面过低也会导致滚针轴承、齿轮和同步器咬死而锁定变速器。

如果这些检查没能确定问题，则必须从车辆上拆下变速器或变速驱动桥并拆解。拆解后，检查中间齿轮、离合器轴、倒档惰轮、换档轴、换档拨叉、弹簧和卡位装置是否损坏。另外，还要检查支承轴承是否磨损。

如果怀疑问题出在离合器总成上，则首先确保变速器已脱出档位，设置驻车制动，并起动发动机。然后将发动机转速提高到 1500~2000r/min 并逐渐接合离合器，直到发动机的转矩在传动系统的悬置上引起扭力，与此同时观察发动机的反应。如果发动机对该扭力的反应过大，则传动系统的悬置损坏或磨损可能是问题的原因，而不是离合器。

FWD 汽车上的发动机悬置对离合器和变速驱动桥的运行非常重要（图 3-8）。发动机的任何移动都可能改变换档和离合器操作拉索的有效长度，因而可能会影响离合器和/或齿轮的接合。当发动机以其悬置为枢轴转动时，离合器可能会因离合器连接装置的变化而打滑。为了检查变速驱动桥悬置的状况，可在上下推拉变速器箱体的同时观察其悬置。如果悬置的橡胶与金属板分离，或者箱体向上移动但不会向下移动，应更换该悬置。如果金属板与它在框架上的连接点之间有移动，则应将连接螺栓拧紧到适当的力矩。

如果需要更换变速驱动桥的悬置，应确保遵循可保持传动系统对正的步骤。一些制造商建议使用夹紧装置或特殊螺栓来将变速驱动桥保留在其正确位置。

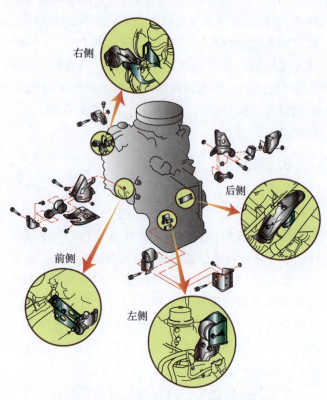

图 3-8 典型的发动机和变速驱动桥悬置

离合器拉索损坏可能是由悬置磨损和拉索走向不当而引起的。检查离合器和变速驱动桥的所有连接装置和拉索是否有扭结或伸长。通常可通过更换或维修离合器或换档拉索和连接装置来纠正变速驱动桥的这类问题。

7. 换档连接机构

检查换档连接机构的移动是否平稳和满行程。如果连接机构的移动不能足以使齿轮完全啮合，则变速器会在有负荷情况下脱档。一些 FWD 汽车曾出现过因档位引导位置之间间隙不当而从二档或四档脱档的问题。这是因为，换档拨叉移动的行程不够而妨碍了同步器的接合套完整地啮合到它们所配合的齿轮上。如果不是这个原因，应检查发动机和变速器的悬置。许多表面上的连接机构问题实际上可能是变速器/变速驱动桥内部的问题。

尽管在较新型的车辆中并不常见，但较老车型的换档连接机构可能需要定期润滑。干涩的连接杆座会引起卡滞，使变速器换档困难。有关特定的润滑点和推荐的润滑剂类型可查阅维修信息。

> **使用维修信息**
>
> 当拆解任何类型的变速器/变速驱动桥时，参考维修信息都是绝对必要的。这些信息不仅清楚地说明了所有部件及其拆解步骤，还会列出许多重要的技术规格，例如轴和车轮的轴向（侧向）间隙、同步器的锁环与锥面的间隙和螺栓力矩值。还对诸如变速器维修支架、油封压具、轴承更换工具、轴的拆卸工具、拉拔器和安装工具等专用工具进行了说明和解释。

3.4 变速器/变速驱动桥的拆卸

从 RWD 车辆上拆下变速器通常要比从 FWD 车型上拆卸变速器/变速驱动桥更简单，因为一般只会有一根横梁和一根传动轴需要先拆下，而且易于接触到拉索、连接线路及离合器室的螺栓。而从 FWD 汽车上拆下变速器/变速驱动桥有可能很难，因为作业空间有限，为此可能需要拆解或拆卸一些大的部件，例如发动机架、悬架部件、制动部件、防溅板或其他一般不会影响 RWD 车辆变速器拆卸的部件；此外，在拆卸变速器时可能还需要用固定装置来支承发动机。

> ▶ **参见**
>
> 有关如何从车辆上拆下发动机和/或变速器的详细讨论参见《汽车发动机检修技术（原书第 7 版）》第 2 章。

1. RWD 车辆

拆卸变速器的正确程序因车辆的年份、品牌和型号而异，为获得正确的步骤，应始终查阅维修信息。作业步骤一般都是从将车辆放在举升机上开始的。

车辆就位后，断开蓄电池负极电缆并将其放在离开蓄电池的地方。仔细检查发动机舱盖下是否有任何可能妨碍拆卸变速器的东西。然后举起车辆并断开可能妨碍拆卸的排气系统部件。断开变速器上的所有电气连接和车速表软轴，并确保将它们放置在远离变速器的地方，以免在拆卸或安装变速器的过程中损坏它们。

在变速器下方放置一个放油盘，放出变速器

油。然后将放油盘移到变速器的后部。在拆下传动轴之前，先用粉笔标记出后万向节和减速器小齿轮法兰的对正位置（图 3-9），然后拆下传动轴。

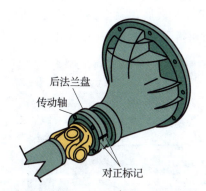

图 3-9 为确保传动轴的平衡和相位，在后法兰对上做好对正标记

断开并拆下变速器换档操作的连接件，但断开处尽可能越少越好。

在变速器下放置一个变速器千斤顶，并将变速器固定在其上面，然后松开并拆下离合器室与发动机缸体间的螺栓以及变速器上的横梁。当松开变速器的悬置后，稍微降低变速器，以便能容易地接触到变速器与发动机结合处的上部螺栓。松开并拆下变速器与发动机之间剩余的连接螺栓。随后小心地慢慢将变速器从发动机总成上移开，直到输入轴离开离合器总成。然后慢慢地降低变速器。一旦变速器离开车辆，就小心地将它移到作业区，并将其安装在支架或工作台上。

在某些车辆上，必须将发动机和变速器作为一个整体来拆卸。该总成可用发动机吊架吊出或降落到汽车下面。

2. FWD 车辆

在某些车辆上，推荐的步骤可能包含将变速驱动桥与发动机一起拆卸。在拆卸变速驱动桥之前，务必参阅维修信息，以了解制造商推荐的任何需要的专用工具和注意事项。如果不先查看维修信息，将会浪费很多时间和精力。

拆卸前先将车辆放在举升机上。先进行发动机舱盖下的作业。在松开任何其他部件之前先断开蓄电池，然后断开所有电气连接件和变速驱动桥上的车速表软轴。

现在断开换档操作连接杆或拉索以及离合器拉索。确认无法从车辆下方拆卸的变速驱动桥与发动机之间的连接螺栓并将其拆下。安装发动机支承固定装置，以使发动机在拆卸变速驱动桥时能保持在位。断开并拆下所有会妨碍变速器拆卸的零部件和线缆。

松开固定外侧万向节的大螺母，万向节通过花键与轮毂连接。建议在车辆处于地面上并踏住制动踏板的情况下松开此螺母。这样能更容易地松开该螺母，并降低了损坏万向节和车轮轴承的可能。

然后举升车辆并拆下前轮。用软面的锤子轻轻敲打带有花键的万向节轴，看是否松动。大多数花键轴在受到几次敲打后会有所松动。有些车辆采用与轮毂过盈配合的连接花键，对于这类万向节，需要专用的拉拔器。该工具在拆卸时将花键轴推出，并在安装时将其拉回到轮毂中。

现在必须将下面的球头节与转向节分离。该球头节用螺栓固定在下控制臂上或用系紧螺栓保持在转向节上。一旦松动了球头节，便可向下拉动控制臂和向外推动转向节，以使万向节花键轴滑出轮毂，然后撬出或滑出内侧的球型万向节。某些变速驱动桥带有保持卡圈，要拆卸内侧的万向节，必须先拆下该卡环，然后将半轴从变速驱动桥中拉出（图 3-10）。

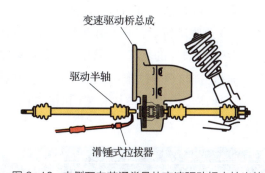

图 3-10 内侧万向节通常是从变速驱动桥中拉出的

在拆卸半轴的过程中，应确保制动管路和制动软管没有受力。用金属线将它们悬挂起来，以减轻软管上的重量并使其不妨碍作业。

在某些车辆上，内侧万向节采用法兰式安装，因此为拆卸半轴必须先拆下螺栓。在某些情况下，采用法兰式连接的半轴只需拆下变速器法兰处的螺栓，而将半轴留在车轮和轮毂总成上。半轴的自由一端应加以支承并放置在不妨碍作业的地方。

现在应断开剩下的换档操作的连接杆、电气连接件和车速表软轴。也可能需要降低或部分拆除发动机的排气系统。然后拆下起动机。起动机的线路可以保持连接状态，但要将起动机从车上取下并移动到不妨碍作业的位置。

用变速器千斤顶支承住变速器／变速驱动桥，拆下其悬置。如果车辆带有需要分离的发动机副车架，则拆下可使变速驱动桥拆下的那部分副车架。然后拆下变速驱动桥与发动机连接的所有剩余螺栓。将变速驱动桥与发动机滑离，并在降下变速驱动桥之前，确保其输入轴已脱开离合器总成。

3.5 清洁和检查

不同变速器设计之间的拆解和大修步骤会有很大差异，所以应始终遵循维修信息中给出的确切步骤进行作业。

> **车间提示**
>
> 在拆解变速器前，应检查在所有前进档和倒档转动输入轴所需的力。若在某一个或所有档位所需的转动力过大，则表明其轴向间隙或预紧力可能有问题。

使用蒸汽清洗机、除油机剂或清洗溶液清洁变速器／变速驱动桥。在开始分解整个总成时，应密切注意其零部件的状况。可用百分表测量并记录输入轴和主轴的轴向间隙（图3-11）。在重新组装总成选择适当厚度的垫片和垫圈时，将会需要该信息。

图3-11 在分解总成之前用百分表测量轴的轴向间隙

从变速器箱体上拆下离合器室、延伸壳（图3-12）以及侧盖或顶盖。在清洁前，应从延伸壳（尾轴）上拆下密封件和衬套。在拆下离合器室、延伸壳和各盖板后，就会露出齿轮、同步器和各轴。此时可拆下换档拨叉（图3-13）。

图3-12 将延伸壳滑离输出轴

图3-13 拆卸顶盖和换档操作机构

在某些情况下，中间轴必须在拆输入轴和主轴之前先拆下（图3-14）。在其他情况下，需要将主轴与延伸壳一起拆下，也可能是通过换档盖的

图3-14 从箱体中提起输出轴，然后从箱体中拆下中间轴的后轴承盖

开口来拆卸的。为了避免拆解困难，应遵循推荐的拆解顺序。为了从变速器/变速驱动桥的小齿轮轴上拆下齿轮和同步器组件，通常需要使用齿轮拉拔器或液压装置。

每一种变速器设计都有其特定的维修步骤。在大修变速器/变速驱动桥之前，应务必参考相应的维修信息。

> **车间提示**
> 将拆下的零部件按顺序摆放在干净的抹布上是一个好习惯，而且在重新组装它们时会很有用。

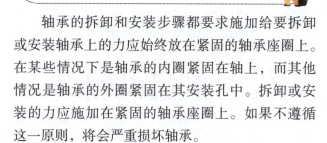

轴承的拆卸和安装步骤都要求施加给要拆卸或安装轴承上的力应始终放在紧固的轴承座圈上。在某些情况下是轴承的内圈紧固在轴上，而其他情况是轴承的外圈紧固在其安装孔中。拆卸或安装的力应施加在紧固的轴承座圈上。如果不遵循这一原则，将会严重损坏轴承。

如果需要敲击，应使用软面的锤子、黄铜的冲棒或圆头锤子。切不可使用过度的力量或过度锤击。

在装配变速器的过程中，切勿试图通过拧紧前轴承或延伸壳的固定螺栓来迫使零部件就位。在紧固任何螺栓之前，所有零部件必须已完全就位。检查旋转件的旋转和换档是否自如。始终应使用新的衬垫和密封件。

1. 零部件清洁和检查

以下是一些用来确保维修店服务质量的常规清洁和检查指南：

1）用溶剂清洗除了密封球轴承和密封件以外的所有部件。刷去或刮掉零件上的所有污垢。清除所有旧衬垫的残留痕迹。在溶剂中清洗滚子轴承，然后用干净抹布擦干。切勿用压缩空气旋转轴承。

2）检查变速器箱体前部是否有会影响其与飞轮壳对齐的刻痕或毛刺。若有，可用细磨石（用于铸铁壳体）或细锉（用于铝壳体）去除所有的刻痕和毛刺。

3）更换任何弯曲或变形的盖板。如果壳体上有通气孔，确保它们是可打开的。

4）检查延长壳体中的密封件和衬套。测量衬套的内径，并与标准规范对比。若有磨损或损坏，应更换。

5）用固定住轴承外圈并旋转内圈几次的方法检查球轴承。从轴承两侧检查内圈滚道上是否有凹坑和剥落。少量的颗粒压痕是一种可接受的磨损，但所有其他类型的磨损都应该更换轴承总成。然后固定住轴承内圈，旋转外圈。检查外圈滚道是否磨损，并根据需要更换。

6）检查所有轴承的外表面。如果外圈或内圈的前后端面有径向裂纹、外径或外圈有裂纹，或滚子保持架有变形或裂纹，则更换轴承。

7）在清洗过的轴承滚道上涂抹一层薄薄的润滑油，然后让轴承内圈保持竖直位置，并用手旋转外圈几次。如果感觉振动或不顺滑，或外圈硬生生地停止旋转，则应更换轴承。

8）更换任何已损伤、磨损或不顺滑的滚子轴承。检查轴承各自的滚道，如有必要，则更换。

9）如果车速表齿轮的轮齿有缺口、断裂或过度磨损，则应更换（图3-15）。如果中间轴有弯曲、刮伤或磨损，应更换。还应检查中间轴的轴承孔，如果轴承孔过度磨损或损伤，滚针轴承将无法保证轴的正确定位。

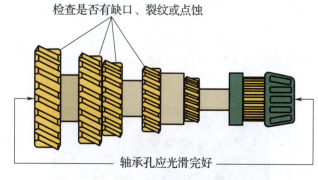

图3-15　仔细检查中间轴总成

10）如果倒档惰轮或滑动齿轮的轮齿有缺口、磨损或断裂，应更换。如果惰轮轴有弯曲、磨损或刮伤，也应更换。

11）如果输入轴的花键有损伤或齿轮轮齿有缺口、磨损或损伤（图3-16），应更换。如果齿轮孔内的滚子轴承表面已磨损、不平滑或锥面已损伤，则更换齿轮及其滚子轴承。

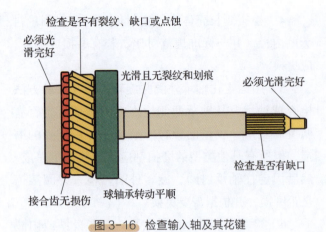

图 3-16 检查输入轴及其花键

12）更换所有已有缺口、裂纹或磨损的主齿轮和各变速齿轮（图 3-17）。

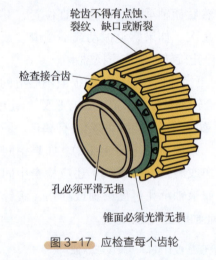

图 3-17 应检查每个齿轮

13）检查同步器的接合套在其接合齿毂上能否自由移动（图 3-18）。对齐标记（若有）应该指向正确。

图 3-18 应检查每个同步器单元的运动

14）检查同步器锁环的导槽是否过宽、接合齿是否变圆以及内表面是否变得光滑。记住，锁环内表面必须有用来切破润滑油膜的加工沟槽（图 3-19）。若锁环上的沟槽已磨平，则必须更换。

此外，还应对照维修规范检查锁环与变速齿轮上接合齿之间的间隙（图 3-20）。

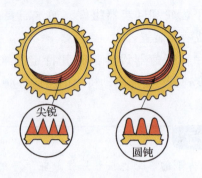

图 3-19 同步器锁环内表面上的沟槽必须尖锐

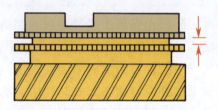

图 3-20 同步器锁环与齿轮接合齿间的间隙须满足规定值

15）如果车速表驱动齿轮的轮齿已有剥落或损伤，则应将其更换。应安装正确尺寸的替换齿轮。

16）如果输出轴有任何磨损、跳动迹象，或有花键损坏，则应更换输出轴。

2. 维修铝箱体

一般情况下，如果箱体有裂缝或损坏，则应更换，但有些制造商建议针对变速器某些部位的某些类型的泄漏可使用环氧基密封剂（图 3-21）。在尝试修复裂缝或纠正缩孔类的泄漏之前，应参阅制造商的建议。

如果铝箱体上的螺纹区域有损坏，可使用螺纹套式的维修套件在孔中嵌入新的螺纹，但某些螺纹是从不进行修复的。查阅维修信息以确定哪些螺纹是可进行修复的。

检查完所有的零部件并更换了有缺陷的零部件后，即可开始重新组装变速器/变速驱动桥。在组装时，用齿轮油涂抹所有零部件。

许多新型的变速器/变速驱动桥都有轴向间隙、齿隙和预紧力的技术规范，应确保满足这些规范要求。应遵循针对维修中的特定变速器/变速驱动桥的维修信息中所给出的步骤进行操作。对于大多数变速器来讲，技术规范中都有输入轴、中间轴和差速器轴向间隙和预紧力的规定值，例如检查中间轴轴向间隙的典型放置如图 3-22 所示。这些通常是通过调整轴承盖下的垫片厚度来设置的。若有可能，可重复使用原有的垫片。

图 3-21 加油口周围的裂缝和用环氧树脂修补的裂缝

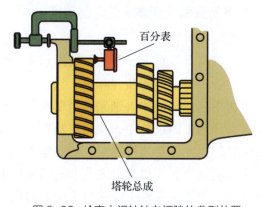

图 3-22 检查中间轴轴向间隙的典型放置

具体的修理和组装说明会因变速器/变速驱动桥的不同而不同。因此，在开始重新组装之前，应根据正被维修的变速器/变速驱动桥来收集它们的特定信息。

> **车间提示**
> 如果变速器/变速驱动桥配有纸质的定位垫圈，在安装它们之前，应事先将它们浸泡在变速器油液中。

3.6 差速器总成的拆解和组装

1. 拆解和组装

虽然差速器总成是变速驱动桥的一部分，但在对变速驱动桥的变速器部分进行维修时，差速器一般仍会保留在变速驱动桥中。通常在拆开变速驱动桥的箱体后，即可取出差速器总成（图 3-23）。差速器可能是问题的根源，而且是变速驱动桥中唯一需要维修的部件，所以将差速器的拆解和组装从变速驱动桥的拆装步骤中单独列出（图 3-24）。

图 3-23 拆开变速驱动桥后即可取出差速器

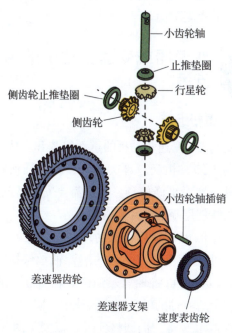

图 3-24 变速驱动桥的差速器总成

先从差速器总成上拆下齿圈，接着拆下小齿轮锁定螺栓并取出小齿轮轴。然后从差速器壳体上拆下超速齿轮和止推垫圈。如果需要更换差速器侧面的轴承，应使用拉拔器拆卸该轴承。使用正确的安装工具重新安装侧面的轴承。

清洗并检查所有零部件。更换任何已损坏或磨损的零部件。然后将齿轮和止推垫圈安装到差速器壳体中，并安装小齿轮轴和锁定螺栓。将螺栓拧紧至规定力矩。将齿圈安装到差速器壳体上，并按规定力矩拧紧。

2. 选择垫片

当拆解差速器或变速驱动桥时，应确保将所有垫片和轴承座圈按照其原安装位置放在一起并可辨别，以便在重新安装时可装回其原位置。仔细检查轴承是否磨损和/或损坏，并确定轴承是否应该更换。可使用配有标准厚度维修垫片的圆锥滚子轴承套件。在正常维修时，可用标准厚度的维修垫片调整输入轴和输出轴的轴承间隙。

当需要更换轴承、轴承座圈或外壳时，应参考制造商对标准垫片厚度的建议。如果只更换差速器或变速驱动桥的其他部分，可重新使用原有垫片。当维修需要使用维修垫片时，应废弃原来的垫片。切勿将原垫片与维修垫片一起使用。垫片只能安装在变速驱动桥壳体中输入和输出轴端部轴承的座圈下面。

3.7 变速器或变速驱动桥的组装和安装

1. 重新组装

变速器/变速驱动桥的重新组装和安装步骤基本上与拆卸时相反。再次强调，对于任何特殊步骤，都应参考维修信息。根据需要安装新的部件，并且始终使用新的垫片和密封件。

可用的齿轮是用特殊的压装设备压在主轴上的。应使用凡士林将单独的滚针轴承保持在其位置上，以保证可将轴插入到位。在重新组装过程中，测量所有轴的轴向间隙。使用不同厚度垫片和隔离件或卡簧将它们调整到规定范围（图3-25）。除检查轴向间隙外，一些制造商建议检查转动组件所需的扭矩。这是用扭矩扳手便可轻易完成的。所有紧固件应拧紧至制造商规定的力矩范围。

图3-25 用垫片控制轴向间隙

软面木槌可用于将轴和其他部件敲入到位。重新组装后，用安全吊链将变速器固定在变速器千斤顶上并将其举升到位。在重新安装变速器之前，根据需要检查和维修离合器。

> **车间提示**
>
> 在将变速器安装到车上前，一定要检查变速器在所有档位是否可转动自如。如果有轴不能转动自如，则应确定其原因并加以纠正。

2. 重新安装变速器/变速驱动桥

在变速器组装完成后，在将其安装到车上之前，先安装离合器总成和新的分离轴承。一般情况下，安装步骤与拆卸步骤相反。当安装变速器时，切勿用变速器的输入轴来悬吊变速器。在将变速器引导到位的过程中，应用变速器千斤顶支住变速器。在安装变速器之前，应在输入轴上轻轻涂抹一层润滑脂，以帮助安装和充当导向轴承的润滑剂。应避免在轴上涂抹过多的润滑脂，因为，如果过多可能会产生飞溅而沾到离合器片上，从而导致离合器打滑和/或烧毁。

大多数变速器是通过定位销与发动机或离合器室进行定位的。在安装过程中，先用定位销定位并支承住变速器，接着均匀地拧紧固定螺栓，并确保箱体之间没有夹杂任何异物。然后在传动轴的滑动花键上涂抹少量润滑脂，并小心地将其插入延伸壳中，以防止损坏变速器的后油封。重新连接并调整换档操纵机构，并给变速器注入正确的油液。

3C：问题（Concern）、原因（Cause）、纠正（Correction）

维修工单							
年份：1999		品牌：福特		车型：F150	里程：226410mile		单号：15877
问题		客户陈述变速器很难挂入档位，并会在行驶时脱档。					
技师确认客户提出的问题后，怀疑换档轴磨损或损坏，但需要拆下并拆解变速器来确认其判断。							
原因		拆下并拆解和检查变速器后，发现换档轴和换档拨叉严重磨损，而且齿轮齿牙也有大量磨损。					
纠正		由于车龄和行驶里程都已很长，所以安装了一个行驶里程较少的二手变速器。					

> **警告** 若变速器 / 变速驱动桥不能与发动机气缸体紧密贴合或不能移动入位，则不要强迫它，而是将变速器拉出并降低，然后检查输入轴花键有否污物或障碍物。若通过拧紧螺栓强迫变速器入位，将有可能损坏其箱体。

3.8 总结

- 适当的润滑对延长变速器 / 变速驱动桥使用寿命至关重要，因此必须按照制造商的建议间隔检查和更换变速器齿轮油。
- 齿轮油中的金属颗粒或碎屑表明内部的磨损过大或已损坏。
- 诊断变速器 / 变速驱动桥问题的第一步是要确认该问题是否在变速器 / 变速驱动桥内部。离合器和传动系统的问题可能常常表现为变速器 / 变速驱动桥的问题。
- 最初的目视检查应包括对衬垫和密封处的润滑油泄漏、变速器悬置、离合器和换档操纵机构，以及传动轴和万向节的检查。
- 变速器 / 变速驱动桥箱体内刺耳的隆隆声是轴承存在问题的表征。
- 咔嗒声可能表明齿轮的轮齿磨损过大。有节奏的敲击声是内部零部件松动或损坏的迹象。
- 换档困难可能是因换档操纵机构问题、润滑油不正确，或诸如轴承、齿轮、换档拨叉或同步器等内部零部件磨损所导致的。
- 脱档可能是因传动系统悬置失准、换档操纵机构磨损或调整不当、齿轮之间的间隙过大或轴承严重磨损而导致的。
- 润滑油液面高度低、换档操纵机构调整不当或内部零部件损坏都会导致变速器锁死。
- 应始终遵循维修信息的建议从车辆上拆下变速器 / 变速驱动桥和进行拆解。
- 使用推荐的轴承拉拔器、齿轮拉拔器和压力设备来拆卸和安装在轴上的齿轮和同步器。
- 仔细清洁和检查所有零部件，并更换磨损或损坏的零部件。在重新组装过程中，切勿强行将组件安装到位。应遵循维修信息中给出的所有间隙规范。
- 重新组装时始终使用新的卡环、衬垫和密封件。

3.9 复习题

1. 思考题

1）技师在放出变速驱动桥的齿轮油后，注意到油中有发亮的金属颗粒。这说明了什么？
2）在对变速器或变速驱动桥总成进行目视检查过程中应做的五项检查是什么？
3）三个与变速器无关但可能像是与变速器有关的噪声产生的原因是什么？
4）从主轴上拆卸齿轮和同步器总成通常需要什么工具？
5）拆卸或安装轴承时，力应施加在什么部位？
6）变速器油液泄漏的五个常见泄漏源是什么？
7）为正确识别待维修的变速器类型，应该做哪些工作？
8）在拆卸变速驱动桥时至少要拆卸的五个项目是什么？

2. 判断题

1）有些制造商建议在变速驱动桥中使用黏度高的油液，另一些制造商可能会建议在变速驱动桥中使用自动变速器油液。对还是错？（　　）

2）轴承的噪声在有负荷情况下增大，通常被描述为一种随车速提高而变大的隆隆声。对还是错？（　　）

3. 单选题

1）在车辆静止处于空档且发动机运转的情况下，当离合器接合时可听到来自变速驱动桥的一种刺耳的隆隆声，这表明问题可能发生在（　　）。

　　A. 变速驱动桥输入轴的轴承
　　B. 变速驱动桥主（中间）轴的轴承
　　C. 一档/二档同步器总成
　　D. 小齿轮和齿圈的相互影响

2）变速器/变速驱动桥工作过程中的咔嗒声可能表示（　　）。

　　A. 主轴（输入轴）轴承已磨损
　　B. 同步器作用失效
　　C. 油封失效
　　D. 齿轮轮齿磨损、断裂或有缺口

3）变速齿轮轮齿磨损会导致（　　）。

　　A. 齿轮撞击
　　B. 换档困难
　　C. 变速器换入一个档位
　　D. 脱档

4）使用比规定黏度更大的润滑油会导致（　　）。

　　A. 脱档
　　B. 换档困难
　　C. 齿轮锁死
　　D. 齿轮打滑

5）换档操纵机构调整不当会导致（　　）问题。

　　A. 齿轮撞击
　　B. 换档困难
　　C. 脱档
　　D. 上述全部

4. ASE 类型复习题

1）技师 A 说传动系统的变速器后密封件最容易泄漏。技师 B 在上下推动变速器壳体时说因为变速器箱体可上下移动，所以需要其悬置。谁是正确的？（　　）

　　A. 仅技师 A 正确
　　B. 仅技师 B 正确
　　C. 技师 A 和 B 都正确
　　D. 技师 A 和 B 都不正确

2）噪声在前进档和倒档都会出现，但在空档时没有出现。技师 A 说可能是输入轴轴承坏了。技师 B 说可能是主轴轴承坏了。谁是正确的？（　　）

　　A. 仅技师 A 正确
　　B. 仅技师 B 正确
　　C. 技师 A 和 B 都正确
　　D. 技师 A 和 B 都不正确

3）当配备手动变速器的车辆在以各档行驶时都会发出刺耳的隆隆声，技师 A 说可能是输入轴后轴承有故障；技师 B 说这种情况表明可能是中间轴轴承有故障。谁是正确的？（　　）

　　A. 仅技师 A 正确
　　B. 仅技师 B 正确
　　C. 技师 A 和 B 都正确
　　D. 技师 A 和 B 都不正确

4）汽车脱档为空档，特别是减速或下坡时更加严重，技师 A 首先检查变速杆和外部换档操纵机构；技师 B 说离合器导向轴承可能是该问题所在。谁是正确的？（　　）

　　A. 仅技师 A 正确
　　B. 仅技师 B 正确
　　C. 技师 A 和 B 都正确
　　D. 技师 A 和 B 都不正确

5）在诊断变速器的噪声时，技师 A 说，如果是在路试过程中最明显，则该噪声是由内部原因引起的；技师 B 说，如果该噪声在离合器分离时消失，则它是由离合器引起的。谁是正确的？（　　）

　　A. 仅技师 A 正确
　　B. 仅技师 B 正确
　　C. 技师 A 和 B 都正确
　　D. 技师 A 和 B 都不正确

6）技师 A 说发动机和变速驱动桥的悬置损坏或磨损会导致变速驱动桥出现换档方面的问题。技师 B 说档位引导装置未对正会导致变速驱动桥脱档。谁是正确的？（   ）
   A. 仅技师 A 正确
   B. 仅技师 B 正确
   C. 技师 A 和 B 都正确
   D. 技师 A 和 B 都不正确

7）技师 A 说垫片可以用来调整轴的轴向间隙。技师 B 说卡环可用来来调整轴的轴向间隙。谁是正确的？（   ）
   A. 仅技师 A 正确
   B. 仅技师 B 正确
   C. 技师 A 和 B 都正确
   D. 技师 A 和 B 都不正确

8）在路试过程中，当驾驶员在车辆停止并发动机怠速运转情况下使离合器分离时，一种似乎与变速器有关的噪声消失了。技师 A 说该噪声可能是由变速器内部问题导致的。技师 B 说该问题可能是某些东西与飞轮或压盘干涉造成的。谁是正确的？（   ）
   A. 仅技师 A 正确
   B. 仅技师 B 正确
   C. 技师 A 和 B 都正确
   D. 技师 A 和 B 都不正确

9）在检查变速驱动桥的同步器时，技师 A 说如果同步器的接合齿变圆，则必须更换同步器总成；技师 B 说应检查同步器接合套在轴上的运动。谁是正确的？（   ）
   A. 仅技师 A 正确
   B. 仅技师 B 正确
   C. 技师 A 和 B 都正确
   D. 技师 A 和 B 都不正确

10）技师 A 说变速器油液合适的液面通常是到加注孔底边。技师 B 说润滑油液面高度太低会导致变速器在换档时发生齿轮撞击。谁是正确的？（   ）
   A. 仅技师 A 正确
   B. 仅技师 B 正确
   C. 技师 A 和 B 都正确
   D. 技师 A 和 B 都不正确

第4章
驱动轴和差速器

学习目标

- 能说出前轮驱动轴各部件的名称及其功用。
- 能简述前轮驱动轴的工作原理。
- 能诊断等速万向节（CV joint）的故障。
- 能简述等速万向节与十字轴万向节的区别。
- 能说出后轮驱动轴各部件的名称及其功用。
- 能简述后轮驱动轴的工作原理。
- 能简述差速器和驱动轴的功能和工作原理。
- 能简述各种差速器的结构，包括一体托架不可拆分式、托架可拆式及防滑式。
- 能描述驱动轴的两种常见类型。
- 能简述主传动齿轮、主动小齿轮和齿圈的功用。
- 能描述不同类型半轴和半轴轴承。

3C：问题（Concern）、原因（Cause）、纠正（Correction）

维修工单					
年份：2004	品牌：道奇	车型：RAM 1500 4WD		里程：141895mile	单号：15890
问题	客户陈述听到来自左前轮区域很大的噪声。				
根据客户提出的问题，运用本章所学内容，确定该问题的可能原因、诊断该问题的方法以及为解决该问题的必要步骤。					

驱动桥总成传递来自发动机和变速器的转矩以驱动车轮。驱动桥用来改变动力流动方向，增大转矩，并允许两个驱动轮有不同的转速。驱动桥用在前轮驱动和后轮驱动的车辆上。

4.1 基本诊断和维修

在对车辆进行诊断或维修前，先弄清楚车辆的基本驱动系统是非常重要的。FWD、RWD 和 4WD 都有其独特的系统，因此诊断和维修每种系统的方法也具有各自的特点。

总的来说，就是在开始详细诊断和维修前，需要先了解客户的抱怨和车辆本身。表 4-1 列举了常见的振动和噪声的问题及其特点，该表有助于判断客户抱怨的原因。

4.2 前轮驱动（FWD）轴

前轮驱动轴，也叫半轴，通常用来将来自变速驱动桥差速器的发动机转矩传递给前轮。FWD 车辆半轴中最重要的部件之一是等速万向节（CV joint）。这类万向节在很大角度范围内工作时能以恒定角速度传递出均匀的转矩。

对于 FWD 或 4WD 车辆，半轴在高达 40°的

表 4-1 常见的振动与噪声问题及特点

问题相关范围	车速								相关性 随车速增加
	0	10	20	30	40	50	60	70	
发动机悬置磨损或损坏	Y	Y	Y	?					对发动机转速敏感
发动机传动带松动		?	Y	Y	?				对发动机转速敏感
附件安装松动	?	Y	Y	?					对发动机转速敏感
轮胎磨损不均匀			Y	Y	Y	Y	Y		对车速敏感
轮胎横向跳动过大					?	Y	Y		对车速敏感
轮胎径向跳动过大			?	Y	Y	Y	Y	Y	对车速敏感
轮胎平衡不正确			?	Y	Y	Y	?		对车速敏感
车轮轴承磨损	Y	Y	Y	Y	Y	Y	Y	Y	对车速敏感
十字轴万向节损坏				?	Y	Y	Y	Y	对车速敏感
等速万向节磨损					?	Y	Y	Y	对车速敏感
传动轴倾斜角不正确	Y	Y	?		Y	Y	?		对车速敏感
十字轴万向节磨损				Y	Y	Y	Y	?	对加速/减速敏感
等速万向节损坏			?	Y	Y	Y	Y		对加速/减速敏感
延伸壳衬套磨损				Y	Y	Y	Y		对加速/减速敏感
后悬架零件磨损	Y	Y		Y					对加速/减速敏感
车桥轴承损坏		?	Y	Y	Y	Y	Y		对加速/减速敏感

注：Y 表示确定，? 表示不确定。

转向角度下旋转是常见的（图4-1）。半轴必须要将来自发动机的动力传递给负责驱动、转向的前轮，同时还要应对由车辆悬架的上下运动而带来工作角度的剧烈变化。为了实现这一需求，这些汽车必须安装一个紧凑的万向节，从而在不同夹角下都能确保从动轴以等角速度旋转。等速万向节还允许半轴总成的长度可随着车轮的上下运动而改变。

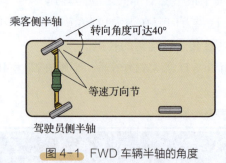

图4-1 FWD车辆半轴的角度

4.3 等速万向节的类型

等速万向节有多种类型，不同类型的等速万向节可按其位置（内侧或外侧）、起作用的方式（固定型或伸缩型）或结构（球型或三球销型）来命名。

1. 内侧和外侧等速万向节

在FWD车辆上，每个半轴使用两个等速万向节（图4-2）。靠近变速驱动桥的一个是内万向节或内侧万向节，靠近车轮的另一个是外万向节或外侧万向节。在采用独立悬架的RWD车辆上，靠近差速器的万向节也可称为内侧万向节，临近车轮的万向节称为外侧万向节。

2. 固定型和伸缩型等速万向节

等速万向节要么是固定型的（意味着它不会内外伸缩以补偿长度变化），要么是伸缩型的（一头可内外移动）。

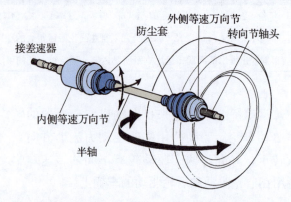

图4-2 等速万向节在转向过程中提供枢轴点

在FWD车辆的应用中，内侧万向节是伸缩型万向节。该万向节可通过在其与变速驱动桥半轴齿轮装置连接处的内外移动来改变半轴的有效长度。外侧万向节是固定型万向节。外侧万向节还必须能够承受转向角高达40°时所需的更大工作角度。

在采用后独立悬架的RWD车辆应用中，每根半轴的一个万向节可以是固定型的，另一个万向节是伸缩型的，也可以内外两个万向节都是伸缩型的。因为后轮不用于转向，工作角度没那么大，所以伸缩型万向节可用在半轴的一端或两端。

3. 球型等速万向节

等速万向节有两种基本变型：球型和三球销型。这两种类型都可用作内侧或外侧万向节，而且它们都有固定式或伸缩式可供选择。

（1）固定式球型等速万向节 球型万向节或叫固定式球型万向节由内滚道、六个钢球、定位钢球的笼子（保持架）和外壳体组成（图4-3）。内滚道和外壳体上加工出的滚道允许万向节弯曲。内滚道和外壳体形成球与球窝的排列。六个钢球既用作各滚道之间的轴承，又用作将转矩从一侧传递到另一侧的介质。

如果从侧面看，无论工作角度多大，万向节内的钢球始终是平分由万向节两侧的轴所形成的角度。这将使万向节的实际工作角度减少一半，从而几乎消除了所有振动问题。由于万向节的输入转速始终等于输出转速，因此称为"等速"。保持架通过将六个钢球紧密地保持在其窗口中来帮助维持这种布局。如果保持架的窗口随着时间的推移出现磨损或变形，将导致钢球和窗孔之间的间隙通常会在转向时发出咔嗒的噪声。重要的是要注意，球型等速万向节中相反的钢球总是成对一起工作的，因此一个钢球的滚道出现严重磨损几乎总是会导致对面钢球的轨道出现同样的磨损。

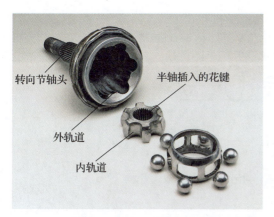

图 4-3 固定式球型等速万向节

（2）伸缩式球型万向节　伸缩式球型万向节有两种基本类型：双补偿型和交叉槽型。这类采用扁平的环状外壳且其轨槽带有角度的万向节结构更加紧凑。

双补偿型等速万向节（图 4-4）使用带有直滚槽的圆柱形外壳，通常用于需要有更大工作角度（高达 25°）和更大伸缩长度（长达 2.4in[约 60mm]）的应用中。这种类型的万向节可在一些 FWD 车辆半轴的内侧位置以及某些 FWD 车辆的传动轴上看到。

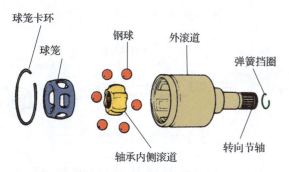

图 4-4 双补偿型等速万向节

交叉槽型万向节（图 4-5）具有比其他伸缩式万向节更扁平的设计。它用作 FWD 车辆半轴内侧的万向节或用作 RWD 车辆独立后悬架半轴的任一端万向节。

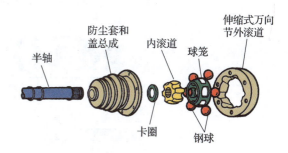

图 4-5 交叉槽型万向节

这种万向节的独特之处在于它能够在相对较短的距离内提供相当大的伸缩能力（可达 1.8in[46mm]），内滚道和外滚道平均分担伸缩运动，因此对于给定的伸缩量只需要较小的总深度。交叉槽型万向节可承受的工作角度最大可达 22°。

4. 三球销型等速万向节

同球型等速万向节一样，三球销型等速万向节也有伸缩式和固定式两种。

（1）伸缩式三球销型等速万向节　这类万向节由一个称为三销架（也称为三脚架）的中心驱动部件（图 4-6）、装配在三销架三个耳轴上的滚针轴承和球面滚轮以及一个外壳（因为其三叶形的花状外廓，有时也称为郁金香壳，）组成。某些三球销型等速万向节的外壳是闭合的，这意味着其滚轮的滚道是完全封闭在壳体内部，而在其他三球销型等速万向节上，郁金香形的外壳是开放的，即加工出的滚轮滚道一直延伸到壳体边缘。三球销型等速万向节通常用作 FWD 车辆的内侧伸缩式万向节。

（2）固定式三球销型等速万向节　固定式三球销型等速万向节有时用作 FWD 车辆的外侧万向节。在这种设计中，耳轴安装在外壳体中，三个滚子轴承各自沿着输入轴上的三瓣式滚道转动。一个钢制的锁定式三销架与万向节固定在一起。

固定式三球销型等速万向节允许有更大的转角，从维修角度看，它与其他万向节的唯一主要区别是由于固定式三球销型等速万向节的制造方式使其不能从半轴上拆下或拆解，因此当其出问题时，必须更换整个万向节和半轴总成。

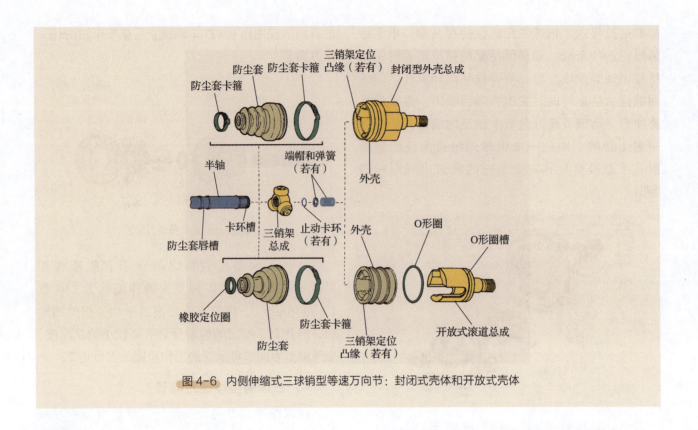

图 4-6 内侧伸缩式三球销型等速万向节：封闭式壳体和开放式壳体

4.4 前轮驱动的结构

FWD车辆的半轴可以是等长（图4-7）或非等长的（图4-8）实心式或管式，可带有或不带有减振配重。在某些车辆中使用等长轴来帮助减少转矩转向（指在发动机动力施加时有向一侧转向的趋势）。这类应用中，中间轴用作变速驱动桥与半轴之间的连接轴。该中间轴可以使用普通的十字轴式万向节（本章后面将介绍）连接到变速驱动桥的对应部件上。外端是支撑架和轴承总成。支撑架或轴承松动会产生振动。对传动系统部件的所有检查内容应包含这些项目。半轴上有时会装有小的减振配重，它称为扭转减振器，其作用是抑制传动系统中的共振和使半轴转动得平稳，而不是去平衡半轴（图4-9）。

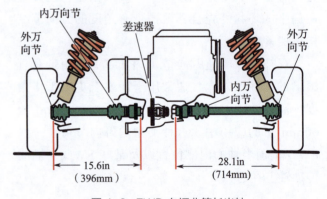

图 4-8 FWD车辆非等长半轴

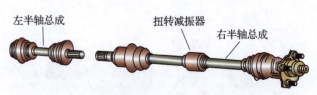

图 4-9 某些长的半轴带有扭转减振器

无论应用在何种情况，由于外侧万向节所承受的工作角度增加范围要比内侧万向节大，因此它通常会比内侧万向节磨损更快。在悬架经历跳弹和回弹时，内侧万向节角度可能仅改变

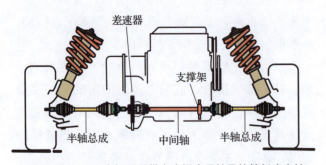

图 4-7 FWD车辆采用带有中间支承轴承的等长度半轴

10°～20°，而当车轮转向时，外侧万向节除了受悬架的跳弹和回弹影响外，还需要承受高达40°的角度变化。再加上外侧万向节防尘罩产生的弯曲更大，这就是外侧万向节故障率更高的原因。平均每更换9次外侧万向节才会更换一次内侧万向节。但这并不意味着可以忽视内侧万向节，因为它们也会磨损。悬架每次经过跳弹和回弹时，内侧万向节都必须通过内外的伸缩来适应半轴与悬架之间的不同弧线运动轨迹。三球销式内侧万向节往往会在每个滚轮和其对应的滚道上形成特有的磨损模式，从而会导致噪声和振动问题。

等速万向节也应用在许多4WD车辆的前桥和采用后独立悬架系统的车辆上（图4-10）。它们在这些设计中的使用也可提供与用在FWD车辆上的同样好处。

没有它的保护，万向节就无法"生存"。实际上，等速万向节已是终身润滑的。只要装满润滑脂并且安装好，就无需后续的维护。防尘罩的卡箍松动或缺失以及防尘罩本身出现裂口、撕裂或小孔，将会导致润滑脂泄漏和水或灰尘的进入，最终导致万向节损坏。

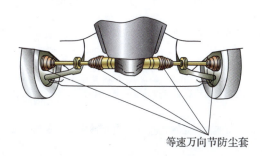

图4-11 等速万向节防尘套位置

尽管外侧万向节往往比内侧万向节磨损快，但当拆下半轴后，是否需要更换内外两个万向节要视具体情况而定。如果车辆行驶里程数小，且万向节出现故障是由防尘套损坏引起的，则没有理由同时更换两个万向节。但在行驶里程数大的车辆上，尽管实际上只是一个万向节本身有磨损，但为节省费用和避免下次更换另一个等速万向节时需再次拆卸半轴的麻烦，同时更换内外万向节可能是明智的。

1. 诊断和检修

发动机、半轴、转向或悬架中的任何噪声，都是需要对车辆进行彻底检修的理由。在平坦路面进行路试是一个好的开始。路试应包括干线公路的车速、某些急转弯、加速和滑行。为了帮助判断客户抱怨的原因，可参考表4-2。

从检查防尘套的状况开始检查等速万向节（图4-12）。由摩擦引起的开裂、裂纹、撕裂、刺破或有薄点，都应立即更换防尘套。如防尘套出现腐烂，则表明润滑脂不合适或过热，应当更换防尘套。挤压所有防尘套，如有任何空气泄漏，应更换该防尘套。

如果内侧万向节的防尘套出现塌陷或变形，可通过使其通气（让空气进入）来解决这个问题。在防尘套和半轴之间插入一个圆头的杆，让内外侧的空气压力平衡，从而使防尘套恢复其原有形状。

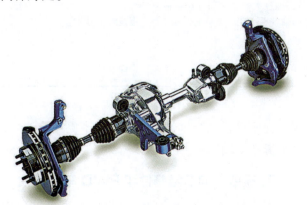

图4-10 后独立悬架车辆配备等速万向节的后桥总成

4.5 等速万向节的维修

尽管万向节不得不在恶劣环境下完成极其艰难的工作，但通过合适的维修可使其具有较长的使用寿命。它们必须承受极热和极冷，并经受住高速撞击坑洞的冲击。幸运的是，在低速转弯和高速行驶数千英里中的高转矩载荷通常不会影响等速万向节，除非等速万向节的防尘套损坏而又没有及时维修，否则其故障率是相对低的。

所有等速万向节都包裹在氯丁橡胶、天然橡胶或硅橡胶等或热塑塑料的折皱形保护性防尘套内（图4-11）。防尘套的作用是保留润滑脂、防止灰尘和水进入。防尘罩的重要性毋庸置疑，因为

表 4-2 FWD 车辆传动系统问题的诊断和维修

问题	可能原因	纠正方法
高速行驶时，转向盘振动	前轮不平衡	必须将前轮调整至平衡
整车振动	内侧等速万向节磨损	更换万向节
低速行驶时整车振动	半轴弯曲	更换半轴
加速过程中振动	外侧或内侧等速万向节磨损或损坏 前弹簧疲软	更换万向节 调整或更换前弹簧
润滑脂滴落到地面或飞溅到底盘部件上	等速万向节防尘罩撕裂或破损	更换万向节和/或防尘罩
转弯时听到咔嗒声或砰砰声	外侧等速万向节磨损或损坏 半轴弯曲	更换万向节 更换半轴
在加速、减速或在自动变速驱动桥换档时发出咚咚声	内侧万向节松旷	更换万向节
自动变速器换档或停车起步时发出咚咚声	内侧或外侧万向节松旷	更换不良的万向节
嗡嗡声或隆隆声	内侧或外侧等速万向节润滑不足，更常见的原因是车轮轴承磨损或损坏、等长半轴变速驱动桥上的中间轴轴承损坏或变速器内的轴承磨损	根据需要润滑或维修
加速时抖动或振动	内侧或外侧万向节间隙过大，或采用等长半轴的变速驱动桥上的中间轴轴承不良，或变速器内的轴承磨损	更换损坏的万向节
在车速为 45~60mile/h（72~100km/h）时出现周期性振动	三球销型等速万向节损坏	更换万向节

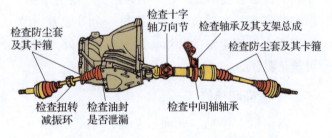

图 4-12 FWD 车辆上等速万向节的检查点

确保所有防尘套的卡箍都已卡紧到位，若有卡箍缺失或松动，应安装新的卡箍。如果防尘套出现松动，应将其向后滑回，并检查内部润滑脂是否已受到污染。乳白色或出现泡沫表明已受到水的污染。当用手指沾点润滑脂并摩擦时有沙砾感，说明有尘土。在大部分情况下，受到水或尘土污染的万向节都应更换。

应检查半轴是否有与底盘部件接触或摩擦的迹象。摩擦可能是弹簧或发动机悬置变软或损坏，以及底盘失准而引起的。在采用等长半轴的 FWD 变速驱动桥上，通过前后摇动车轮并查看是否有任何移动来检查中间轴的十字轴万向节、轴承及其支架是否松动。内侧等速万向节周圈的油迹表明变速驱动桥的半轴油封失效。为了更换该油封，必须拆卸半轴。

2. 获取万向节维修件和 FWD 车辆半轴

当半轴有问题时，通常应更换整根半轴。售后零件市场为 FWD 车辆提供完整的原装半轴系列。这些半轴是已完全组装好的，因此可直接用于安装，从而消除了拆卸和重新组装旧半轴的需要。

如果只需要维修等速万向节，可使用等速万向节的维修件。这类套件通常包括一个等速万向节、防尘套、防尘套卡箍、密封件、用于润滑的专用润滑脂（各种万向节需要不同用量的润滑脂，每个套件中都装有正确数量的润滑脂）、卡圈和所有其他附带的零件。

制造商还为每种应用生产一系列完整的防尘套套件，其中含有新防尘套卡箍及适用于该万向节的合适类型和数量的润滑脂。等速万向节需要特殊的高温、高压润滑脂。用其他类型的润滑脂作为替代可能导致万向节过早损坏。确保使用了万向节或防尘套套件中所提供的全部润滑脂和防尘套卡箍。只应使用防尘套套件内提供的防尘套卡箍，并按照说明安装到位和紧固。

更换等速万向节时，切勿重复使用旧的防尘套。大多数情况下，旧万向节的损坏是由旧防尘套的某些劣化引起的，因此在新万向节上重复使用旧的防尘套通常会导致万向节快速损坏。

图4-13中的系列照片展示了在变速驱动桥上

1）拆卸半轴从拆卸车轮盖和轮毂盖开始，在举升车辆前先松开轮毂螺母，然后举升车辆后拆下车轮

2）从半轴上拆下轮毂螺母

3）必须从悬架上松开制动管固定夹

4）必须从转向节上分离球头节，为此先拆下球头节固定螺母，然后向下撬动控制臂直到球头节脱出

5）此时可从变速驱动桥上拉出内侧万向节

6）通常需要专用工具从轮毂上将半轴分离才能将半轴从车上取下。切不可用锤子敲击半轴头部

7）为进行万向节的作业，应将半轴固定在带有软钳口的台虎钳上。在半轴两侧各放置一块木头以防损伤半轴

8）先切断并废弃防尘套卡箍，然后拆下防尘套

9）环绕半轴做好防尘套的位置标记，然后从万向节上拆下防尘套

10）拆下卡簧，从半轴上取下万向节

11）从半轴上取下旧的防尘套

12）清洁并检查万向节，擦净半轴并将新的防尘套安装在半轴上

13）将防尘套安装到半轴上的正确位置并安装新的卡箍

14）用新卡簧将万向节安装在半轴上。需将随新防尘套提供的整袋润滑脂挤入防尘套和万向节

15）防尘套套过万向节到其正确位置。用小螺丝刀向上撬起防尘套边缘以使防尘套内外空气压力平衡

16）始终遵循正确的安装步骤安装防尘套新的大卡箍并将半轴安装到车上。随后安装车轮后将车落在地面并拧紧轮毂螺母

图4-13 拆卸和更换等速万向节防尘套的步骤

拆卸和更换等速万向节防尘套的典型步骤。应始终参照维修信息，以了解确切的维修步骤。

为了说明安装正确半轴和相关零件的重要性，图 4-14 中展示了所检查的半轴。这个半轴是最近才更换的。客户抱怨他的货车左前部有噪声。在拆下车上的半轴并与要更换的半轴比较后，明显可看出上次安装的半轴与应有的长度不符（图 4-15）。安装正确的半轴后解决了客户抱怨的噪声问题。

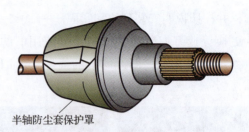

半轴防尘套保护罩

图 4-16 典型的半轴防尘套保护罩

4）仅用肥皂和水的溶液清洁半轴防尘套，并避免与汽油、机油或脱脂剂化合物接触。

5）当从车辆上拆卸内侧采用三球销型万向节的半轴时，切勿猛推或猛拉半轴，否则会拉开万向节使滚针轴承跌落。托住半轴的外侧一端，拉动内侧万向节的壳体直到半轴完全脱出。

图 4-14 更换了不正确的半轴，使其从前差速器中脱出

6）始终安装新的轮毂螺母并将其拧紧至规定力矩。这对确保轮毂轴承的正确预紧力是绝对必要的。不要推测轮毂螺母的拧紧力矩或使用冲击扳手紧固。规定力矩为 75~235lbf·ft（约 101~319N·m）或更大。有些半轴轮毂螺母在拧紧后需用冲头锁定（图 4-17），有些则使用开口销来锁紧槽形螺母。

7）切勿使用冲击扳手松动或拧紧半轴轮毂螺母，否则会损坏车轮轴承以及等速万向节。

8）在配备防抱死制动系统（ABS）的车辆上拆卸和安装半轴时，应小心保护外侧等速万向节壳体上的轮速传感器和信号轮。如果在更换万向节时错位或损坏，可能会引起轮速传感器出问题。

9）在更换等速万向节后，务必重新检查车轮定位。仅靠标记外倾螺栓是不够的，因为外倾螺栓外径与其安装孔径之间的差异，可能会使外倾角偏离 0.75。

图 4-15 错误半轴（左）和正确半轴（右）的对比

3. 等速万向节维修指南

维修等速万向节时，应遵循以下指南：

1）在对前轮进行"就车式"平衡时要一直支承住控制臂，以避免半轴以大的夹角高速转动。将车轮拆下进行平衡的方式可能是更明智的选择。

2）不要把半轴用作举升汽车的支承点。

3）在进行车轮、制动器、悬架或转向等其他系统维护时，应使用塑料或金属遮蔽住防尘套以防止工具对防尘套的意外损坏（图 4-16）。

图 4-17 大多数半轴的轮毂螺母在拧紧后需用冲头锁边以将其固定在位

4.6 后轮驱动传动轴

传动轴必须能在旋转、改变长度和上下移动的同时平稳地传递转矩。传动轴设计不同,但其目标都是力图保证无振动地将发动机的动力从变速器传递给含有差速器的主减速器。由于发动机和变速器都用螺栓牢固地固定在车架上,而主减速器安装在弹性部件上,因此这个目标的实现变得非常复杂。当后轮经过颠簸道路或路面状况变化时,弹簧元件压缩或伸张,从而改变了传动轴在变速器和主减速器之间的夹角,以及变速器和主减速器之间的距离。为了允许这些变化,在霍契凯斯(Hotchkiss)型传动轴上装有一个或一个以上的十字轴万向节以允许传动角度的变化,同时还带有一个滑动型万向节,以允许传动轴有效长度的改变。

从 RWD 车辆传动轴前端或变速器端开始,有一个滑动叉、一个十字轴万向节、一个传动轴叉和一个传动轴(图 4-18);在后端或主减速器端,有另一个传动轴叉和一个与主减速器小齿轮法兰连接的第二个十字轴万向节。

除了这些基本零件,一些传动系统还有一个传动轴支承轴承。采用长传动轴的大型车辆经常使用一种称为双万向节或等速十字轴万向节的双联万向节布置,以帮助最大限度减小传动系统的振动。这些车辆可能还有一个中间轴承(图 4-19),该中间轴承将传动轴的长度分为两半。当采用中间轴承时,传动轴进入轴承的一端也是滑动式连接。

图 4-19 中间轴承总成

1. 滑动叉

滑移或滑动叉内侧加工有花键(图 4-20),其外径经过精密加工以装入后密封件内。内花键在输出轴的外花键上滑动。滑动叉的旋转速度与输出轴相同并可在花键上滑动(因此称为滑动叉)。滑动叉允许传动轴的有效长度可随后悬架和驱动桥总成的运动而改变。

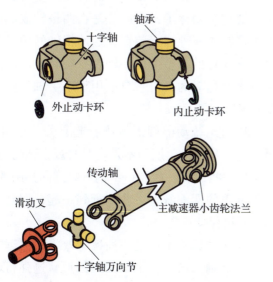

图 4-18 分解的万向节和传动轴总成

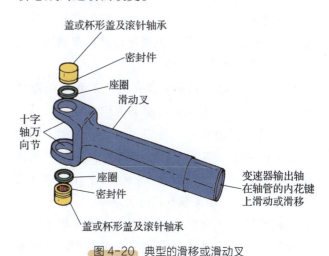

图 4-20 典型的滑移或滑动叉

2. 传动轴和传动轴叉

传动轴只不过是变速器输出轴的延伸。传动轴通常由无缝钢管制成。它将发动机的转矩从变速器传递到后驱动桥。传动轴上焊接或压装的传

车间提示

当车辆的行驶高度增高或降低时,传动轴的长度也会随滑动叉在输出轴上的正常移动而改变。

动轴叉提供了将两段或多段轴连接在一起的一种方式。当前有少数车辆配备了含有玻璃纤维、石墨和铝的纤维复合材料传动轴。使用这些材料的优点是可减轻重量、提高抗扭强度和抗疲劳性，而且可更容易地获得更好的平衡，还可减少来自冲击载荷和扭转问题的干扰。有些传动轴还装有扭转减振器以减少扭转振动。

像任何其他刚性管件一样，传动轴也有其固有的振动频率。如果牢固地夹住一端，当将其偏转和释放时，传动轴就会以自己的频率振动，并在某个临界速度点达到其固有频率。旋转轴的临界转速就是其达到固有频率的转速，轴的振动在此转速时将急剧增加，即发生共振。传动轴的临界转速取决于钢管的直径及长度。轴径应尽可能大、轴长应尽可能短，以使临界转速点的振动频率高于传动轴实际转速范围的频率。必须记住，由于传动轴的转速一般会比车轮快三到四倍，因此传动轴需要正确平衡才能实现无振动地旋转。

4.7 U形万向节的工作原理

U形万向节（也称为十字轴万向节）允许两个旋转轴在彼此之间存有微小角度的情况下旋转。一个名叫卡丹（Cardan）的法国数学家在十六世纪发明了最初的万向节。1902年，克拉伦斯·斯派塞（Spicer）出于将发动机转矩传递到车辆后轮的目的而改进了卡丹的发明。

万向节实际上是一个含有两个Y形叉的双活节，其中一个Y形叉位于驱动或输入轴上，另一个在从动或输出轴上，再加上一个称为十字轴的零件（图4-21）。万向节用来将两个Y形叉连接在一起。十字轴上的四个耳轴借助滚针轴承配装在两个轴的Y形叉端部。主动轴的Y形叉带动十字轴旋转，十字轴上的另两个耳轴再驱动从动轴旋转。当两个轴相互之间有一定夹角时，轴承允许两个Y形叉在每转一圈时围绕各自的耳轴摆动，从而允许彼此间具有小夹角的两根轴在一起旋转。

十字轴万向节允许传动轴通过不同的角度将动力传递到后桥。该角度受后悬架的行程控制。因为动力是以一定角度传递的，所以十字轴万向节不是以等速旋转的，因此也就会有振动。

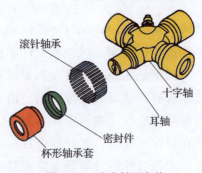

图4-21 十字轴万向节

1. 速度变化（波动）

尽管十字轴万向节在外观上很简单，但它要比看起来复杂得多，因为当它以一定角度转动时，其自然动作是在每转一圈中会加速和减速两次。速度的变化量随着万向节倾斜程度的变化而变化。

万向节的工作角度由变速器安装角度与传动轴安装角度之间的角度差决定。当万向节以一个角度旋转时，从动的Y形叉在传动轴每转一圈时会加速两次、减速两次。

这四次转速的变化在传动轴转动期间通常是看不到的。但在测试万向节的转动动作后就很容易理解这个变化了。万向节是在两根轴彼此不正直对接时的一种连接装置，这两根轴的相对位置通常是变化的。整个传动轴仅有旋转运动的假设在逻辑上是对的，但它只适用于十字轴万向节的主动叉。

从动叉转动的圆形轨迹看起来像一个椭圆，因为这是从一个角度而不是直对时观察到的情况。如果用手指旋转一枚硬币，也可看到同样的效果，即便硬币的两面看上去要接近到一起，但硬币的高度始终保持不变。

这种错觉似乎只是一种视觉效果，但远非如此。十字轴万向节将主动叉的圆形轨迹强行转换成从动叉的椭圆状，其结果类似于从侧面观察的圆形钟表盘面变成椭圆的情景。

就像钟表表针一样，主动叉在其真实的圆形轨迹上等速旋转，而以某一角度与另一根传动轴叉相连的从动叉也要在相同的时间内完成自己的运动轨迹，但它与主动叉相比，速度是变化的，或者说不是等速的。

当将主动叉和从动叉旋转一周的360°分为四个90°象限来观察它们的行进时,会更容易直接看到速度的波动(图4-22)。当主动叉以稳速或等速转过一整圈的360°时,从动叉与主动叉在四个象限上的比较显示出其行进的距离在长短之间交替变化。当从动叉上的某一点用同样的时间转过较短距离时,它必须以较慢的速率运动。相反,当用相同时间转过较长距离时(只是在90°位置时),它必须移动得更快。

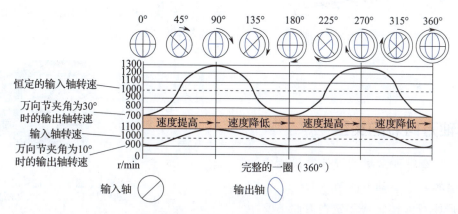

图4-22 典型的传动轴叉速度波动图

因为输出叉通过四个90°象限(360°)的平均速度与主动叉在同一圈内的稳定速度相同,所以两个相连的万向节叉有可能是以不同速度移动的。从动叉始终落后并不断追赶主动叉,由此引起的加速和减速产生了万向节的扭矩波动和扭转振动特性。万向节的主动叉和从动叉之间的夹角越大,速度波动越大;反之亦然,夹角越小,速度变化也越小。

2. 十字轴万向节相位

由速度波动引起的扭转振动沿着传动轴传递到下一个万向节,在这个万向节上会出现类似的速度波动。由于这些速度变化发生在与第一个万向节相等且相反的角度,因此它们会相互抵消。为了提供这种抵消效果,传动轴至少要有两个彼此同相的万向节(图4-23)。当传动轴叉正确排列时,称万向节为"同相"。

对两段式传动轴来讲,如果不小心就可能引起问题。中间的主动叉是通过花键连接在前传动轴上的。如果万向节叉在传动轴上的位置没有以某种方式标示,则万向节叉有可能被安装在非同相的位置上。制造商会用不同的方式来标记万向节叉在传动轴上的安装位置。有些制造商使用对

准箭头,有些会在整个花键副中加一条比其余键稍宽的引导键。除非该引导键对准,否则无法将万向节叉和传动轴组装在一起。若没有装配标记,应在拆解万向节前,先在万向节叉和传动轴上做好对准标记,这可节省重新组装的时间并减少麻烦。

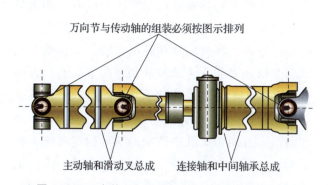

图4-23 万向节叉必须正确对准以与传动轴保持同相

3. 抵消角

振动可通过使用抵消角来减小(图4-24)。仔细查看图4-24,注意传动轴前部的工作角被传动轴后部的工作角所抵消。传动轴相对于变速器和主减速器的角度构成了传动轴的工作角。前后的工作角应彼此相等且相反,且总的角度应小于3°。当前万向节加速引起振动时,后万向节减速也引

起振动。两个万向节产生的振动相抵，从而抑制了从一个万向节到另一个万向节的振动。利用抵消角可使传动轴的旋转更平稳。

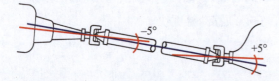

图 4-24 当传动轴上的万向节同相并具有抵消角时减小了固有振动

4.8 十字轴万向节的类型

十字轴万向节有三种常见的设计：采用内侧或外侧卡环固定的单十字轴万向节、双卡丹万向节，以及用 U 形螺栓或锁定板固定在万向节叉中的十字轴万向节。

1. 单十字轴万向节

单卡丹/斯派塞万向节也称为十字轴或四点式万向节。这两个名称恰当的描述了单卡丹万向节，因为万向节本身呈十字形，并带有四个围绕十字轴中心等间距加工出的耳轴或轴头。安装在杯形轴承套里的滚针用来减小摩擦和提供更顺滑的工作。十字轴上的耳轴装在轴承套总成内，轴承套筒组件紧密地安装在主动和从动万向节叉中。万向节在轴颈、滚针轴承和轴承套筒之间移动。轴承套紧密地安装在主动和从动万向节叉上。万向节在耳轴、滚针轴承和轴承套之间移动。轴承套与其在传动轴叉上的安装孔不应有移动。轴承通常由落入万向节叉孔中凹槽的卡环固定在位。轴承套允许耳轴在万向节叉之间自由移动。滚针轴承的轴承套可以是压入万向节叉的，也可以用螺栓固定在万向节叉上，或用 U 形螺栓或金属带固定在位。

还有其他类型的单十字轴万向节。这些设计的主要差别是其用来固定轴承套的方法。斯派塞型万向节使用卡环（图 4-25），该卡环安装在万向节叉外端内侧上加工出的环槽内。用于此类型万向节的轴承套通过加工以适合卡环安装。

力学型或底特律（Detroit）/萨吉诺（Saginaw）型万向节（图 4-26）使用外部卡环。该卡环安装在轴承套靠近润滑脂密封件一端上加工出的凹槽中。安装时，该卡环紧贴在万向节叉内侧的加工面上。在某些万向节上，用注入在加工凹槽内的尼龙来固定万向节。当更换这些万向节时，新万向节中已含有新的卡环，因此不需要重新注入塑料。在安装新的万向节之前，确保已去除所有残留的塑料。

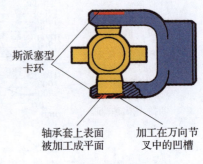

图 4-25 斯派塞型万向节

图 4-26 力学型或底特律/萨吉诺型万向节

克利夫兰（Cleveland）型万向节力图将不同类型的万向节进行组合，以使一个万向节能实现更多的应用。该十字轴万向节的轴承套已加工成能适应斯派塞或力学型卡环。如需更换采用这两类卡环的万向节，应使用适合具体应用的卡环。

2. 双卡丹万向节

双卡丹万向节与分体式传动轴一起使用。它由两个通过轴心球座和充当球及球座的中间叉而紧密连接在一起的卡丹万向节组成。球和球座可使两根传动轴在两个万向节处形成的夹角分开（图 4-27）。居中的球座叉，可使总的工作角度等分在两个万向节之间。由于两个万向节以相同的角度工作，所以可抵消单个十字轴万向节工作时通常会产生的波动。一个万向节的加速和减速被另一个万向节相等且相反的行为所抵消，因此双卡丹万向节属于等速万向节。

图 4-27 双卡丹万向节

4.9 传动系统问题诊断

传动轴、十字轴万向节、半轴和主减速器装置的诊断通常集中在找到噪声或振动产生的原因。定位问题的关键在于清楚地辨别问题或客户的抱怨。这是通过与客户交谈、进行全面的路试和完成仔细的检修来实现的。

主减速器总成是后驱动桥总成的一个组成部分（图 4-28）。传动系统中的某种噪声和振动可能是由差速器内的问题引起的。在开始维修传动系统中的任何问题之前，特别是差速器，应参阅相应的维修信息以了解正确的步骤。

1. 与客户交谈

诊断应先从客户处收集尽可能多的信息开始。恳请客户仔细描述问题。如果客户的抱怨与异常的噪声或振动有关，应弄清是在什么时间和在何处听到或感觉到的。这不仅有助于查明问题的原因，而且还有助于确定是传动系统的问题，还是由其他系统引起的。许多噪声和振动问题是由损坏或磨损的悬架、制动器和排气部件引起的。

2. 路试

路试可以验证客户的抱怨并帮助确定其原因。如有可能，应同客户一起路试。尽量按照问题出现的状况来操作车辆以便再现客户抱怨的问题，同时小心尝试在其他工作状况下操作车辆。注意在问题最明显时的发动机转速和车速。

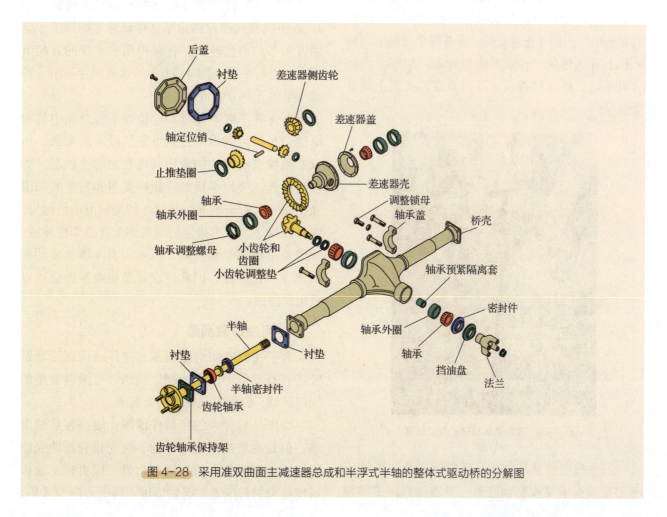

图 4-28 采用准双曲面主减速器总成和半浮式半轴的整体式驱动桥的分解图

在路试时，进行几次加速和减速，还应以不同的稳定车速行驶，并注意记录所有噪声和振动发生的时刻。

传动系统的噪声通常会在上述的一种或多种情况下更加明显。当车辆被有力地加速到所需的发动机转矩时，这种状态称为驱动。当用稳定的节气门开度以保持等速行驶的状态称为巡航。出现在节气门关闭时的减速过程属于滑行。浮动是通过频繁地减小节气门开度来控制减速以避免制动和加速的一种状态。在诊断传动系统的噪声时，重要的是要注意噪声在上述每种情况下的任何变化。

3. 目视检查

将变速器换至 N 档并松开制动器。用举升机或千斤顶支架升起并支承住车辆，以使车轮可自由转动。传动轴应保持在等于或接近整备重量位置时的角度。

检查传动轴整个长度上是否有过多的涂底漆、压痕、平衡配重块缺失或其他可能导致不平衡和引起振动的损伤（图4-29）。查看每个万向节，如果其上有红色灰尘，这可能意味着万向节干涩和润滑不足。还应检查各个万向节在其叉架上的就位情况。

图4-29 应检查传动轴的整个长度

用手慢慢转动传动轴，感觉万向节和滑动花键上是否有卡涩或松动迹象。可通过握住主动和从动叉和尝试以相反方向来回扭动它们来进一步检查每个万向节，然后再使一个万向节保持不动，并尝试垂直和左右移动另一个。此外，还应握住变速器后端的滑动万向节叉，并尝试垂直和左右移动。若有过大的移动，应更换滑动万向节叉。

检查位于轴承盖底部的万向节润滑脂密封件是否生锈、泄漏或润滑脂受到污染的迹象。通过握住万向节叉和传动轴可快速查看万向节是否磨损和损坏。当以相反方向转动它们时仔细观察这两个部件，它们不应有明显的移动。然后尝试使传动轴在万向节叉中上下移动，如果出现任何移动可能，则表明万向节已磨损。移动量基本上代表了磨损量。

最后，如果传动轴有中间轴承，也应对其仔细检查，查看其是否有松动、橡胶悬置破损以及因过热导致的损坏现象。然后用手转动传动轴。如果中间轴承出现转动不平滑或出现噪声，应安装新的传动轴总成。

当万向节损坏或过度磨损时，必须更换。图4-30中的系列照片展示了从传动轴上拆卸单十字轴万向节的典型步骤。在获得用来更换的万向节后，应进行安装。图4-31中的系列照片展示了普通十字轴万向节的组装步骤。

在查看车辆下方时，应检查车桥总成中的润滑油。车桥内润滑不足也可能是噪声的来源，所以必须检查润滑油的液面高度和润滑油状况。如果液面低，应给车桥加注正确类型和数量的润滑油，并再次对车辆进行路试。如果润滑油已污染，应将其排空，并用指定的润滑油重新给车桥加注。润滑油不足或受到污染，通常表明车桥总成的某个地方存在泄漏，因此，应仔细检查车桥总成以确定泄漏源。

4. 可能的泄漏源

为了找到确切的泄漏源，应仔细检查传动系统是否有潮湿的斑点。彻底清洁带有泄漏痕迹的周围区域，以便发现确切的泄漏源。

如果是延伸壳的密封件泄漏，能很容易地更换。但是在更换该密封件前，应先检查延伸壳的衬套，如有磨损，应随同密封件一同更换。这极可能是密封件变差的起始原因。拆下万向节叉后，

1）用台虎钳夹住万向节滑动叉，并支承住传动轴外端

2）拆下轴承套顶部的锁环，在滑动叉上做好定位标记以便按正确的相位进行组装

3）选择一个内径足可装入轴承套的套筒，通常为32mm的套筒

4）选择可滑入传动轴轴承孔的第二个套筒，一般为14mm

5）将大套筒放置在台虎钳一侧钳口处并顶住传动轴叉和能套住轴承套

6）将小套筒定位在与大套筒相对的轴承套中心

7）小心夹紧台虎钳以将轴承套压出传动轴叉而移入大套筒

8）翻转台虎钳上的传动轴，然后用铜冲头和锤子将十字轴和剩余的轴承套向下敲出传动轴叉

9）用铜冲头和锤子将万向节从传动轴其余叉中敲出

图 4-30 拆解单十字轴万向节

1）清除传动轴叉和卡环槽中的所有污垢

2）小心取下新万向节上的轴承套

3）将新十字轴放入滑动叉中并推向一侧

4）先将一个轴承套装入一个叉孔中并套在十字轴的耳轴上

5）小心将滑动叉组件放在台虎钳中或万向节压力机上并将轴承套部分压入叉孔中

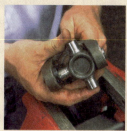   

6）从台虎钳上取下滑动叉，将十字轴推向滑动叉的另一侧

7）将另一个轴承套放入对侧的叉孔并套在耳轴上

8）将滑动叉放在台虎钳中并拧紧钳口，将轴承套压入叉孔并套在耳轴上。然后安装卡环并确保落座

9）将万向节的十字轴放入传动轴叉中并安装其余两个轴承套

图 4-31 组装单十字轴万向节

采用内胀式轴承/衬套拉拔器可缩短更换轴承/衬套的时间。在安装好新密封件和推回滑动叉前，确保孔内的加工表面没有可能损坏密封件的刮痕、裂纹和沟槽。为了增加安全裕度，在密封唇上涂抹少量变速器润滑油或凡士林，将有助于零件轻松滑入。

驱动小齿轮密封件安装不当或损坏会导致润滑油从密封件外边缘泄漏（图 4-32）。密封件安装孔中的任何损伤，如压痕、凹陷边和沟槽都会造成密封件外壳变形并导致泄漏；此外，还可能将用来使密封唇与配对法兰保持接触的弹簧碰出，从而导致润滑油通过密封唇泄漏。

图 4-32 该主减速器壳体因小齿轮密封件泄漏而出现湿痕

如果有大量润滑油从主减速器小齿轮轴密封处溢出，则传动系统的噪声可能是因小齿轮轴承不良引起的。为了确认这个问题，起动发动机并将变速器换入档位，在差速器壳处倾听。如果轴承有噪声，则需要努力对其做出判断。如果轴承的声音听起来正常但小齿轮密封处仍有泄漏，建议就车更换密封件。

在有些车辆上，更换主减速器的密封件是个简单的步骤，包括拆卸小齿轮法兰和更换密封件。有些车辆会稍微复杂一些，因为其小齿轮轴用一个螺母来固定，因此要更换密封件，需先将该螺母拆下才能拆卸密封件。为了拆卸和安装主减速器法兰这类的零件，需要专用工具来松开和拧紧小齿轮螺母（图 4-33）。应始终参阅维修信息，以了解正确的操作步骤。许多主减速器在其小齿轮螺母后面还有一个可折皱的隔离套。只要松开过螺母，在拧紧螺母前先安装新的隔离套。

如果需要更换密封件，需先检查法兰的跳动量。跳动量过大会导致密封件损坏。为此可安装一个百分表，将其底座固定在主减速器壳体上，将测量杆抵在法兰上（图 4-34），然后转动车轮，同时观察百分表针的移动。任何摆动的读数都表明有跳动。将读数与规定范围进行比较。还应检查法兰与密封件的接触面。在重新组装时，应确认在将法兰推入密封件前，已润滑过法兰的外表面。

图 4-33 拧紧法兰螺母所需的工具

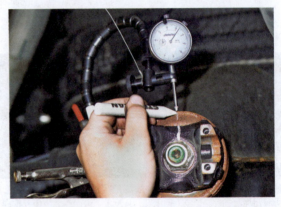

图 4-34 检查小齿轮法兰跳动的设置

润滑油也有可能是通过驱动小齿轮螺母或小齿轮固定螺栓的螺纹泄漏的。通过拆卸该螺母或螺栓，在螺纹上涂抹密封剂，然后按规定力矩拧紧螺母或螺栓可防止这类泄漏。

主减速器壳体或盖的固定螺母处也有可能泄漏。纠正该问题的一个方法是在各螺母下安装铜垫圈。无论原先是否安装了铜垫圈，只要拆下了主减速器壳体，就应装上铜垫圈。如果该总成原始配备的是钢垫圈，则应将其更换为铜垫圈。应确保车桥 ID 标签下始终有一个铜垫圈。

大多数桥壳衬垫处的泄漏是由于安装不当、

紧固螺栓松动、接合面损伤造成的。多数新型车辆的车桥壳盖不使用衬垫，而是使用硅胶密封剂。在接合面上涂抹新密封剂之前，应清除旧的密封剂。如果是车桥壳盖泄漏，应检查结合面是否有瑕疵，例如裂缝或刻痕，锉平接合面并安装新的衬垫。如果无法修复接合面，应在安装新衬垫之前，在接合面上涂抹一些衬垫密封剂。拧紧车桥壳盖时，应始终遵循正确的拧紧顺序和力矩规范。

润滑油有时会通过壳体上的气孔渗漏。除了更换壳体外，有两种推荐的方法来维修这类泄漏。如果气孔区域较小，可将一些金属填压入该区域，待填充物固化后，用环氧类密封剂密封该区域。如气孔区域较大，可将其钻成一个孔，然后将适当大小的定位螺栓轻轻敲入孔中，再用环氧类密封剂覆盖该区域。细小的焊缝泄漏也可用环氧类密封剂进行密封。但如果焊缝已经开裂，则应更换车桥壳（图4-35）。

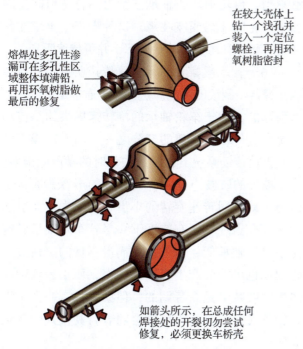

图4-35 车桥壳体泄漏修复的基本指南

如果车桥壳体上安装了错误的通气孔，或桥壳内有过多的润滑油或油液湍流，润滑油可能会通过桥壳上的通气软管泄漏。只有仔细检修才能发现此类泄漏的原因。检查通气软管是否褶皱或破损，若有损坏，应更换。如果泄漏的原因是车桥总成内润滑油加注过量，应排空桥壳并重新加入规定数量和类型的润滑油。

有些差速器上装有ABS传感器。润滑油可能从损坏的O形密封圈周围泄漏。要纠正此问题，应拆下传感器并更换O形密封圈。

5. 诊断噪声和振动

十字轴万向节失效或传动轴损坏可能表现为多种故障现象。最常见的是感到异常振动或听到异常噪声。为了将传动系统的潜在问题与其他常见噪声或振动源区别开，非常重要的是要注意问题发生时的车速和行驶状况。

作为一般规律，十字轴万向节存在磨损在加速或减速过程中会很明显，并且其对车速的敏感性要低于轮胎不平衡（出现在30~60mile/h[约50~100km/h]之间范围内）或车轮轴承损坏（在较高的速度时更明显）。

在做出噪声或振动源来自传动系统的判断之前，要先确认轮胎或排气不是引起噪声或振动的原因。为确保噪声不是由轮胎胎面花纹和/或磨损引起的，应在各类路面（沥青、混凝土和堆满泥土）上进行路试。如果噪声随着路面变化而变化，这意味着轮胎是该噪声的原因。

> **车间提示**
>
> 当诊断传动系统的噪声时，若听到随车速增加的唧唧声，有可能是十字轴万向节干涩。这种噪声的频率通常比轮速高2~4倍。

另一种区分轮胎噪声的方法是以低于30mile/h（约48km/h）的车速滑行。如果仍能听到该噪声，则轮胎很可能是其原因。因为在这种速度时，传动轴和差速器的噪声不会太明显。然后加速并与滑行时听到的噪声进行对比。传动轴和差速器的噪声会发生变化，但轮胎的噪声基本保持不变。

与车架接触的排气部件可传递相当多的振动，并且很容易被忽忽视。排气的噪声有时听起来像是齿轮的鸣鸣声或车轮轴承的隆隆声。轮胎，特别是雪地轮胎，会发出高音调的胎面啸叫或轰鸣声，这种噪声类似于齿轮噪声。

有时很难分辨出噪声是来自车桥轴承还是差

速器。差速器的噪声通常会随着驾驶模式的变化而变化，而车桥轴承分噪声一般是基本不变的。轴承噪声的速度和响度通常会随着车速的增加而增加。

噪声和振动常常似乎是来自于车桥，但实际上却是由其他问题引起的，因此在路试后，应在举升机上仔细检查底盘。排气系统部件位置过于靠近车架或车身底部可能是噪声产生的原因。车轮松动或变形、轮胎花纹不好、十字轴万向节磨损和发动机悬置损坏都会产生似乎是发自车桥的噪声和/或振动。

通过对噪声和振动的描述，通常可确定某个问题的最可能区域。

（1）撞击声　撞击声对客户来讲可能是最明显的一种噪声。通常在车辆从完全停止状态加速或换档时会注意到这种噪声。这种声音可能是由金属与金属之间的剧烈接触引起的，并当传动系统上的负荷保持稳定时消失。该问题最可能的原因是十字轴万向节磨损或损坏，或是传动系统某处的侧向间隙过大。但滑动叉万向节和延伸壳衬套之间的间隙过大、配对法兰松动及上或下控制臂衬套螺栓松动也会导致这种撞击声。

（2）咯咯声　咯咯声听起来像是一根棍状物在摩擦自行车轮辐条。通常在滑行状态期间会听到，而且一般会在车辆停止前一直听到。其频率会随车速变化而变化。咯咯声通常是由主减速器的小齿轮/齿圈的齿牙磨损或损伤引起的。这种噪声通常只需使用小砂轮或锉刀清理齿轮就会消失。如果损伤的区域大于0.125in（0.3cm），或损坏部位在齿轮的齿面上，则通常需更换该齿轮副。

（3）敲击声　敲击声听起来非常像咯咯声，但它的声响一般会更大，并且可以出现在所有行驶阶段。齿牙损坏是产生敲击声的常见原因。但敲击声也会因齿圈螺栓敲击差速器壳内侧而引起。这个问题可能仅仅是由于一个或几个螺栓松动，因此适当拧紧这些螺栓就可解决问题。铸造缺陷会减少齿轮与差速器壳体之间的间隙，使齿轮偶尔碰到其壳体。拆下差速器壳，打磨掉干涉点，即可解决这个问题。

（4）颤振声　颤振声是振动的结果，并可感觉到和听到。颤振声通常只在车辆转弯时比较明显。该噪声是由整个驱动桥的振动引发的。当这种情况发生在配备防滑车桥的车辆上时，最可能的原因是使用了错误的润滑油。对于其他类型驱动桥，预紧力过大也会导致部分半轴锁死，从而产生颤振声。

为了确定颤振声的原因是否是预紧力过大，可将车辆放在支承车架的举升机上。拆下后轮、制动鼓和传动轴，用扭力扳手转动小齿轮螺母并测量转动小齿轮所需的转矩。将所得读数与规定范围比较。如果所需转矩不在规定范围内，必须重新调整车桥总成的预紧力和齿隙。

配备防滑车桥的车辆如果加入了错误类型的润滑油，在排空桥壳中的润滑油后，重新加入正确类型的润滑油，然后绕着停车场驾驶汽车，并多次向各方向转向，以使新的润滑油浸入离合器片。如果更换润滑油不能解决颤振声现象，则可能是轴承的预紧力不正确。

（5）齿轮噪声　齿轮噪声通常是由于齿轮调整不当、齿轮损坏或轴承预紧力不合适引起齿圈和小齿轮的啸鸣或吱吱声。这种噪声会出现在各种车速和所有驾驶行驶状况下，并可持续听到。

（6）轴承噪声　轴承的隆隆声听起来就像弹珠在容器中翻滚的声响。这种噪声通常是由车轮轴承引起的。由于车轮轴承的旋转速度大约是传动系统中其他轴承转速的三分之一，因此该噪声的音调会比传动系统其他轴承失效时的噪声低很多。

轴承的吱吱声是一种高音调的声音，通常是因与传动轴同转速旋转的小齿轮轴承失效而引起的，并会出现在所有速度下。尽管车轮轴承转速比小齿轮轴承低，但干涩或润滑不良的滚柱式车轮轴承也可能会产生相同的噪声，而小齿轮轴承产生的吱吱声是高音调的，但如果只有一个小齿轮轴承失效，其噪声可能会随着行驶模式的变化而变化。

6. 传动轴跳动

在所有行驶工况下都会出现的振动，特别是在35~45mile/h（约56~72km/h）的速度时，最可能是因万向节失效、主动小齿轮轴变形或小齿轮的法兰损坏而引起的。所有这些问题都会造成传动轴的跳动量过大。

传动轴的跳动量可在变速器处在空档并解除驻车制动器时进行检查。将车辆举升并稳固支承在举升机和千斤顶支架上，以便能自由转动车轮。清除传动轴中心和距离两端3in（约7.6cm）处的任何污垢或锈迹。

将百分表安装到车辆底部并定位百分表的测量头，使其直接指向传动轴的中心（图4-36）。然后转动传动轴直到百分表显示出最小读数，并调整百分表表盘至零，接着转动传动轴直到最大读数值。记录该读数和最高点，然后在距离传动轴两端3in（约7.6cm）处分别重复此步骤。如果跳动超过0.040in（1mm），应安装新的传动轴。

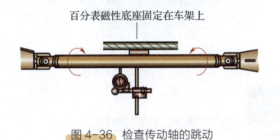

图4-36 检查传动轴的跳动

7. 传动轴角度

如果跳动量正常，检查万向节的相位及其角度。角度问题可能是因后弹簧磨损和下沉，或车辆载荷过大，或车辆改装（如安装升高或降低悬架的套件）造成的。如果车辆高度因加载而降低，悬架将会下沉，从而改变后十字轴万向节的工作角度。这个问题也可能是因变速器和/或发动机悬置磨损或有缺陷，车轮轴承磨损或松动，或轮胎/车轮总成不平衡造成的。

变速器安装在车架上的角度在车辆运行过程中是不变的，但当悬架对路面做出反应时，后驱动桥小齿轮在车架上的安装角度会不断变化。

一般来讲，如果汽车处于正确的行驶高度并且后桥壳和变速器在其悬置上没有移动，则传动轴的工作角度将是正确的。通常允许传动轴与汽车水平位置的夹角最大约为3°。一般情况下，如果该角度不正确，则后桥已在其悬置中产生了移动。

该检查对于那些装有用来提高离地间隙提升套件的车辆来讲极为重要。这是用在越野车辆上的常见改装，但做这种改装时通常会忽视要消除这种角度的变化。

（1）测量传动轴工作角度 要检查传动轴的工作角度，需使用倾角仪。当将该仪器连接到传动轴上时，能显示传动轴任意点的倾斜角度。

在检查十字轴万向节工作角度前，应确保车辆是空载，且燃油箱满或接近满箱。升起车辆并转动传动轴，使后桥小齿轮法兰上的和变速器滑动叉上的轴承盖上下垂直。然后清洁每个万向节的轴承盖，随后将带有磁力座的倾角仪安装在朝下的轴承盖上。使用工具上的调节旋钮，将重锤的线绳置于其刻度中间（图4-37）。随后拆下倾角仪，但切勿碰动调节旋钮。然后将传动轴旋转90°并将倾角仪贴在当前朝下的轴承盖上，记录其读数。重复此步骤直到传动轴转完一整圈。接着再检查后万向节的角度。比较前后万向节的角度读数。所得读数的差值就是传动轴的工作角度。最后将在此测试中得到的结果与规定值比对。

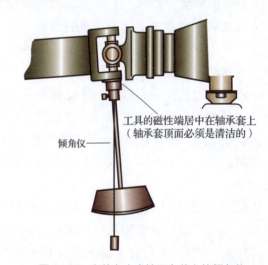

图4-37 安装在十字轴万向节上的倾角仪

（2）调节角度 如果两个万向节的工作角度不相等，通常是调节后万向节的角度以使其与前万向节的角相等。在采用钢板弹簧的车辆上，后万向节的角度可通过转动安装在弹簧垫上的后桥总成或在弹簧和弹簧衬垫之间安装锥形垫片来改变。

如果车辆装有后螺旋弹簧，可以通过在后桥总成和后控制臂之间插入楔形垫片、调整控制臂的偏心垫圈或更换一个不同长度的控制臂来改变后万向节的角度。

如果需要改变前面的十字轴万向节角度,可在变速器延伸壳与变速器悬置之间安装垫片。

8. 平衡传动轴

传动轴通常是在装配到车辆上之前进行平衡的。其他时候是送到专门的维修店进行平衡的。当传动轴安装在车辆上时有两种平衡方式,即用传动系统平衡和 NVH 分析仪或用软管夹。

(1)使用分析仪　使用分析仪是平衡传动轴的最快方法。它通常依赖于安装在传动轴的变速器端或差速器端附近的加速度计、反光胶带和光感转速计传感器。

按照分析仪的操作步骤,将测试配重块附在传动轴上的位置处。当传动轴平衡后,将推荐的配重块用金属带和环氧树脂固定在传动轴上。最后将测试配重块按分析仪指向位置固定在传动轴上。

(2)使用软管夹　将传动轴的后部划分为四个大致相等的扇区,并标为 1~4 号。将一个软管夹的头部安装在传动轴上标为 1 号的位置,另一个装在 2 号位置,然后在之前有明显振动的车速下检查振动状况。接着再将该软管夹安装在其他每个位置进行上述检查,以找到感觉振动最小的位置。如果两个相邻的位置改善程度相同,则将软管夹放在这两个位置之间。如果振动依然存在,可在相同位置再添加另一个软管夹,并重新检查振动状况。

如果经上述测试没有改善,可从先前已确定的最佳位置将软管夹等距离地向相反方向移动(图 4-38),并将两个软管夹的头部分开约 0.2in(约 13mm)的距离,随后再在之前有明显振动的车速下重新检查振动状况。

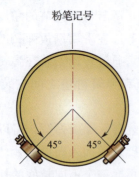

图 4-38　用软管夹进行传动轴的平衡时,以相等重量重新定位软管夹位置

9. 维护

传动轴除了偶尔需要清除其上沉积的所有污垢外,其本身不需要维护。传动轴上的污垢和任何其他堆积物会影响传动轴的平衡。汽车制造厂安装的十字轴万向节通常是密封的,因此无须定期润滑。但大多数用于更换的十字轴万向节都带有黄油嘴(图 4-39),且需要定期润滑。

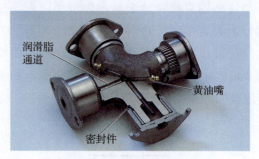

图 4-39　用于润滑万向节的黄油嘴

4.10　主减速器和驱动桥

主减速器是一个位于车辆驱动半轴之间的齿轮机构。差速器是主减速器的重要部件,在车辆转弯时以不同的转速转动半轴(图 4-40)。当车辆直线行驶时,差速器还允许两根半轴以相同的速度转动。驱动桥总成将来自传动系统的转矩传递给车辆的驱动轮。驱动桥的齿圈和小齿轮之间的传动比用于增大转矩。差速器用来在驱动轮之间建立力的平衡状态,并允许驱动轮在车辆改变行驶方向时以不同转速转动。

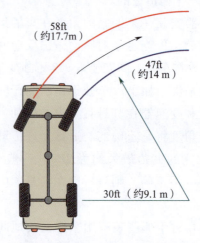

图 4-40　车轮在车辆转弯时的行驶轨迹

注:1ft=0.3048m。

在 FWD 车辆上，主减速器通常是变速驱动桥总成的一个组成部分。变速驱动桥的设计和工作方式取决于发动机是横向还是纵向安装。对于横向安装的发动机，曲轴中心线和半轴在同一平面。对于纵向安装的动力装置，差速器必须将动力流动方向转 90°。

在 RWD 车辆上，主减速器位于后桥壳或托架中。传动轴将变速器与后桥齿轮装置相连。四轮驱动车辆的前桥和后桥都有主减速器装置。

主减速器装置将来自传动轴的发动机转矩转向并传给后驱动桥的半轴。传动轴的旋转方向与驱动轮旋转方向垂直，而主减速器使转矩转向，从而使驱动桥半轴的旋转方向平行于驱动轮旋转的方向。

通过改变驱动桥总成中主减速器齿轮的大小可提供减速和增加转矩的齿轮传动比。具有低（数字大）传动比的车桥可使车辆具有快的加速度和良好的牵引力，而具有高（数字低）传动比的车桥允许发动机在任何给定车速下能以更低的转速运转，从而取得更好的燃油经济性。

1. 主减速器和差速器部件

常用于主减速器装置的部件如图 4-41 所示。尽管还有其他几种基本的设计布局，但最常用的一种设计是采用小齿轮/齿圈和一个小齿轮轴。在 RWD 车辆中，用于减速的齿轮副由准双曲面齿轮组成，而 FWD 车辆的主减速器采用行星齿轮组或螺旋斜齿轮。为了在脑海中建立起对主减速器总成主要部件及其所需维修的清晰概念，下面的讨论聚焦于 RWD 车辆的主减速器装置。

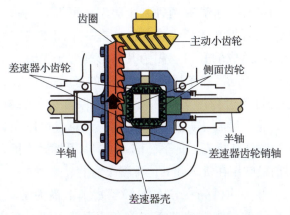

图 4-41 典型的主减速器部件

小齿轮轴安装在主减速器壳的前部，并由两或三个轴承支承。悬臂式小齿轮由两个间隔足够远的圆锥滚子轴承支承，以提供转动齿圈和半轴所需的支承力（图 4-42）。跨装式小齿轮支承在三个轴承上：前面的两个锥形轴承支承输入轴，一个滚子轴承安装在从主动小齿轮后端延伸出来的短轴上。

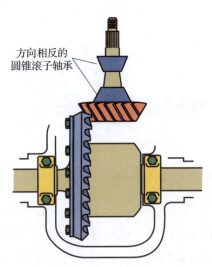

图 4-42 主动小齿轮由两轴承支承

小齿轮与齿圈啮合。齿圈用硬化钢制成，并用螺栓固定在差速器壳上。当传动轴带动小齿轮旋转时，齿圈旋转并转动差速器壳和半轴。大多数差速器都有两个安装在后桥壳直销轴上的小齿轮。在重型货车上，后桥包含四个小齿轮，这些小齿轮安装在差速器壳内的十字架上。这些小齿轮的轴安装在壳体的孔中（或两半壳体的配对槽中），并用锁定螺栓或弹簧卡环固定。

主减速器总成还含两个侧面或半轴齿轮。这些齿轮的内孔加工有花键并与半轴端部的花键相匹配。差速器的小齿轮与半轴齿轮始终啮合。这些小齿轮安装在小齿轮销轴上，该销轴安装在差速器壳上。当差速器壳与齿圈一起转动时，小齿轮轴上面的小齿轮也随之转动，从而向半轴齿轮传递转矩。

准双曲面齿轮 这种齿轮可同时有多个齿牙接触，而且还使接触带有滑动运动。这种滑动的行为提供了平稳和安静的运转。采用准双曲面齿轮副时，主动小齿轮放置在差速器中较低的位置。与螺旋锥齿轮副相比，准双曲面齿轮副的主动小齿轮在齿圈中心线下方的某一点与齿圈啮合（图4-43）。

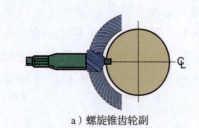

a）螺旋锥齿轮副

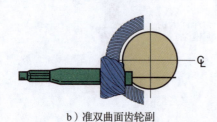

b）准双曲面齿轮副

图4-43 在准双曲面齿轮组中，驱动小齿轮在齿圈中心线下方的某一点与齿圈啮合

两个准双曲面齿轮啮合的滑动效应往往会从齿轮表面抹去润滑油，导致最终的损坏。这就是此种差速器需要使用极压型润滑油的原因。这种润滑油中的添加剂可使其能够承受齿牙之间的擦拭作用而不使润滑油与齿轮工作面分离。

2. 主减速器齿轮副的类型

齿圈和小齿轮副通常分为周期性啮合、非周期性啮合或部分非周期性啮合的齿轮副。这些分类是基于小齿轮和齿圈上的齿数分类的。知道齿轮副的类型对诊断和维修主减速器组件是非常重要的。

（1）周期性啮合的齿轮副 当齿轮副的主动小齿轮的一个齿牙在转动几圈后与齿圈的每个齿牙都有过接触时，它称为周期性啮合的齿轮副。典型的这种齿轮副可能有一个具有9个齿牙的主动小齿轮和一个具有37个齿牙的齿圈。这个组合的后桥主传动比是4.11∶1。

（2）非周期性啮合的齿轮副 当齿轮副的主动小齿轮的一个齿牙只会与齿圈的某些齿牙接触时，它称为非周期性啮合的齿轮副。典型的这种齿轮副可能有一个具有10个齿牙的主动小齿轮和一个具有30个齿牙的圈齿。这种组合的后桥主传动比为3.00∶1。相对于齿圈的每一圈，小齿轮上的每个齿牙仅会与齿圈上3个相同齿牙接触。由于主动小齿轮不与齿圈上的所有齿牙接触，因此非周期性啮合的齿轮副都带有必须对准的安装标记（图4-44）。这些标记可确保齿轮副的轮齿放置在制造过程中被搭配的相同位置。为了使齿轮副安静和可靠地运转，必须将齿轮装回该位置。

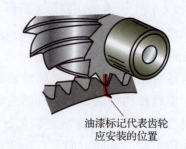

油漆标记代表齿轮应安装的位置

图4-44 齿轮副齿圈和小齿轮的安装标记

（3）部分非周期性啮合的齿轮副 在这类齿轮副中，主动小齿轮的齿牙仅与齿圈上特定数量的齿牙接触。主动小齿轮的一个齿牙接触齿圈上的6个齿牙而不是3个。在齿圈转动的第一圈中，主动小齿轮的齿牙接触齿圈上的3个齿牙。在齿圈转动第二圈中，主动小齿轮的齿牙接触齿圈上其他3个齿牙。在齿圈每隔一圈的转动中，主动小齿轮的齿牙与齿圈上的相同齿牙接触。典型的部分非周期性啮合的齿轮副的主动小齿轮可能有10个齿牙，而齿圈有35个齿牙。这种组合的后轴传动比应是3.50∶1。这类齿轮副也带有在维修期间必须对准的安装标记。

3. 后桥壳和主减速器壳

后轮驱动车辆的差速器和主减速器齿轮封装在后桥壳或主减速器壳体中。后桥壳内还含两个驱动半轴。桥壳有两种基本类型：可拆卸式和整体式。可拆卸式桥壳在其前侧有一个用于安装主减速器总成的开口。因为其外形类似于琵琶，所以常称为琵琶式车桥壳。该桥壳的背面是封闭的，以密封灰尘和污染物并使润滑油保留在车桥中。各齿轮安装在主减速器总成中，该总成可以作为一个整体从桥壳上拆下（图4-45）。可拆卸式桥壳目前最常用在货车和其他重型车辆上。

整体式桥壳在轿车和轻型货车上最为常见。一个铸铁的主减速器壳布置在桥壳的中间。在主减速器壳两侧压入钢制桥管从而形成一个桥壳。车桥的主减速器壳上有一个可拆卸的后盖，从此处可以接触到主减速器总成（图4-46）。由于主减速器壳是不可拆卸的，因此只能将各齿轮组件拆下进行单独维修。对于许多维修操作来讲，要取出这些部件必须使用扩张器。桥壳除了为差速器提供安装空间外，还包含不同支架用来安装悬架部件，例如控制臂、钢板弹簧和螺旋弹簧。

图4-45 可拆下主减速器总成的典型桥壳

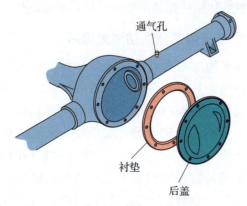

图4-46 整体式后桥壳

一些车辆在主减速器壳上还安装了一个ABS速度传感器，它用于防止后轮在制动过程中抱死。

4. 差速器的工作原理

将通过差速器传递给每个驱动轮的动力数量表示为百分比。当车辆直线向前行驶时，每个驱动轮都以100%的差速器壳转速旋转。当车辆转弯时，内侧车轮的转速可能是差速器壳转速的80%，而外侧车轮的转速此时可能是差速器壳转速的120%。

流过车桥的转矩起始于后万向节叉或配对法兰（图4-47）。与小齿轮连接的配对法兰接受来自后万向节的转矩，并经主动小齿轮将转矩传递给齿圈。只要齿圈转动，就会带着差速器壳和差速器小齿轮销轴转动。差速器小齿轮将转矩传递到半轴齿轮以转动驱动桥的半轴。差速器小齿轮根据半轴或驱动车轮在转动时遇到的阻力来决定传递给每根半轴的转矩大小。该小齿轮既可与差速器壳一起转动，也可绕其销轴旋转。

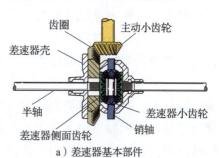

a）差速器基本部件

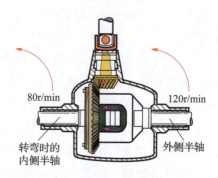

b）车辆左转时差速器的动作

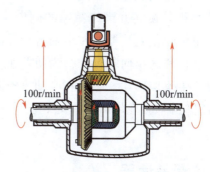

c）车辆直行时差速器的动作

图4-47 差速器和差速器的不同工作状态

当传动轴传递的转矩作用在主减速器输入轴和主动小齿轮上时，主减速器输入轴沿垂直于车辆驱动半轴的方向旋转。当这种旋转运动传递到齿圈时，转矩的流动改变方向而变为平行于半轴和车轮的旋转方向。由于齿圈用螺栓固定在差速器壳上，所以差速器壳必定会与齿圈一起旋转。安装在差速器壳中的差速器小齿轮销轴也必定随差速器壳和齿圈一起旋转。差速器小齿轮随差速器壳上下翻滚。当两个驱动车轮以相同转速旋转时，差速器小齿轮不在其销轴上旋转。当该小齿轮随差速器壳上下翻滚和旋转时，小齿轮与两个侧面的差速器齿轮啮合，从而使半轴齿轮旋转并转动半轴。只要车辆直线向前行驶，齿圈、差速器和半轴就会以相同的转速一起旋转。

当车辆驶入弯道或通过拐弯处时，处在弯道外侧的车轮必须比处在弯道内侧的车轮行驶更长的距离，为此外侧的车轮必须要比内侧车轮旋转得更快。如果两根半轴都刚性地锁定在齿圈上肯定无法满足这一点。而差速器则允许在外侧车轮及其半轴转速增加的同时，也允许内侧车轮及其半轴的转速减慢，从而避免可能会发生的侧滑和轮胎的快速磨损。差速器的作用还使车辆在转弯时更容易控制。

例如，当汽车向右急转弯时，左侧的车轮、半轴和差速器半轴齿轮必须比右侧的车轮、半轴和差速器半轴齿轮旋转得更快，这使得车桥的左侧必须提高速度，而右侧必须降低速度。这之所以可能，是因为与差速器半轴齿轮啮合的小齿轮可以绕其销轴自由旋转。左侧车轮增加转速将导致差速器半轴齿轮比差速器壳旋转得更快。这造成差速器小齿轮旋转并围绕减速的侧齿轮爬行。当该小齿轮旋转使差速器的左半轴齿轮提高转速的同时，这种称为反向爬行的行为使差速器的右半轴齿轮产生反向转动，它使右半轴齿轮降低的转速量与使左半轴齿轮增加的量成反比。

4.11 防滑差速器

传动系统的转矩通过差速器被平均分配给后驱动桥的两根半轴。只要轮胎能抓住地面，提供转动车轮的阻力，传动系统就会迫使车辆向前。当一只轮胎遇到路面湿滑的地方时，牵引力就会减小甚至失去，此时转动阻力下降，车轮开始打滑。由于一侧的转动阻力已下降，供给两个驱动轮的转矩就会改变。牵引力好的车轮不再被驱动。如果车辆在这种情况下是静止的，则只有处在打滑地方上的车轮旋转。在这种情况下，差速器壳就会驱使两个差速器小齿轮绕处在静止状态的半轴齿轮转动。

这种情况会使压力施加在差速齿轮上。当车轮因牵引力损失而打滑时，有些差速器齿轮的速度大大增加，而有些则保持不变。此时产生的热量迅速增加，导致润滑油的油膜破裂，使金属与金属接触而导致零件损坏。如果打滑空转的时间持续足够长，半轴可能会断裂。一个车轮长时间地空转还可能损坏主减速器或差速器齿轮。特别是当空转的车轮突然有牵引力时更会如此。牵引力突然出现的冲击会对驱动桥总成造成严重损坏。

为了克服这类问题，差速器制造商开发出防滑差速器（Limited-Slip Differential，LSD）。LSD 被冠有诸如"可靠抓地""无空转""强制牵引"或"等速锁定"等功能。一些车辆在其防滑驱动桥中使用黏性离合器。这类装置主要用于四轮驱动车辆，将在第 8 章中讨论。此外，许多新型车辆不使用齿轮和离合器，而是采用电子控制的防滑装置将转矩传递给驱动状态最好的驱动轮。

1. 基于离合器的防滑差速器

许多防滑差速器使用摩擦材料将施加给打滑车轮的转矩转移给具有牵引力的车轮。那些使用离合器组的防滑差速器（图 4-48）在其每个半轴齿轮上各有一组离合器片和摩擦片来阻止常规的差速作用。摩擦片是两侧带有摩擦材料层的钢片。这些摩擦片套在半轴齿轮轮毂的外花键上。离合器片也是由钢材制成的，但它们没有黏合摩擦材料。离合器片放置在各摩擦片之间并安装在差速器壳的内部花键中。S 形弹簧或螺旋弹簧使离合器组上保持有压力。

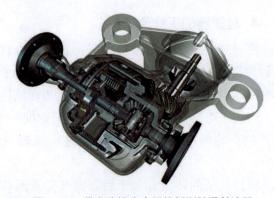

图 4-48 带有摩擦离合器的新型防滑差速器

只要摩擦片保持它们在钢板上的抓紧力，差速器的半轴齿轮就会锁定在差速器壳上（图4-49），使差速器壳和半轴以相同转速旋转，从而防止一个车轮转动得比另一个车轮快。

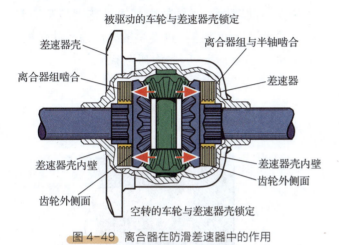

图4-49 离合器在防滑差速器中的作用

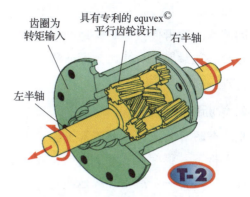

图4-50 托森转矩感应式防滑差速器

常见的防滑差速器使用两个锥形部件将半轴齿轮锁定在差速器壳上。该锥形部件位于半轴齿轮和差速器壳体之间，并通过花键连接在半轴齿轮的轮毂上。锥形部件的外表面涂有用来抓住差速器壳内壁的摩擦材料。在半轴齿轮之间的止推板上装有4~6个螺旋弹簧以在锥形部件上保持一定的预紧力。当锥形部件被压紧在差速器壳体上时，半轴与差速器壳一起旋转。

离合器片和锥形部件被设计成可在达到预定转矩时滑移，从而允许车辆在拐弯时仍具有差速作用。

2. 基于齿轮的防滑差速器

除典型的离合器型防滑差速器外，制造商正在使用各种不同的防滑差速器设计。这些设计是出自提高车辆稳定性和轮胎牵引力的需要。其中许多是基于齿轮的，并通常称为转矩趋向或转矩感应式差速器（托森差速器）。这些装置的基础是平行轴螺旋斜齿轮组（图4-50）。托森差速器将来自开始空转或丧失牵引力的车轮可用转矩倍增，然后将其转移给转动较慢但具有更好牵引力的车轮。这个功用由啮合中的齿轮组之间的阻力引发。

螺旋斜齿轮式防滑差速器对牵引力的变化反应非常迅速。它们也不会轮流被锁定，而且不像基于离合器的差速器那样会因磨损而失去效能。

3. 电子转矩矢量控制式防滑差速器

为进一步提高防滑装置的能力，包括福特、宝马和保时捷在内的多家制造商提供电子控制式差速器。这些装置将防滑控制和转矩矢量控制结合起来以提高汽车的操控能力。转矩矢量控制意味着给每个驱动轮的转矩数量可以根据驾驶状态进行控制。目前有两种类型的转矩矢量控制式差速器在使用，即基于制动和基于机电的系统。基于制动的转矩矢量控制将在第16章讨论。

福特的转矩矢量控制式后驱装置（Rear-Drive Unit，RDU）系统使用一组计算机控制的离合器，离合器控制传递给每个后半轴的转矩（图4-51）。根据来自不同的速度传感器输入，计算机可以根据驾驶状态以高达100次/s的速度改变离合器接合程度。在转弯期间，将转矩分配给外侧的后轮以改善转向和减少转向不足。

图4-51 福特福克斯转矩矢量控制式差速器

其他系统在后差速器上为每个车轮加入了行星齿轮组和离合器。来自差速器的动力流经每个离合器组进入行星齿轮组。锁定离合器可使行星齿轮组超速驱动车轮,从而增加其相对于另一个车轮的转速。这可使汽车更快地驶出弯道,因为这类防滑差速器能使后端比标准的防滑装置更有效地推动汽车通过弯道。

4. 诊断防滑差速器

要检查防滑差速器是否正常工作,无须将其从桥壳上拆下。将变速器置于空档,让一个后轮处在地面,将另一个后轮升离地面。该车辆的维修信息中提供了有关分离转矩的规定值。分离转矩是离地车轮开始转动时所需的转矩数值。分离转矩是用扭矩扳手测量的(图 4-52)。

最初的分离转矩读数可能比连续转动时所需的转矩大,但这是正常的。半轴应自始至终以均匀的压力转动,且没有打滑或阻滞。如果该转矩的读数小于规定值,则需检查差速器。

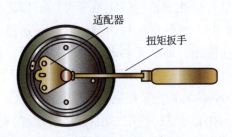

图 4-52 检测防滑差速器的分离转矩

4.12 半轴

半轴的功用是将驱动转矩从差速器总成传递给车辆的驱动轮。半轴有两种类型:死轴(非驱动轴)和活轴(驱动轴)。死轴不驱动车辆,它仅支承车辆载荷和提供车轮的安装位置。FWD 车辆的后轴是死轴,拖车上使用的半轴也是死轴。

活轴是驱动车辆的轴,它将转矩从差速器传递给每个驱动轮。后桥根据其设计,还可帮助承载车辆的重量,或甚至可用作悬架的一部分。常用的半轴有三种类型:半浮式、3/4 浮式和全浮式。目前,3/4 浮式桥已很少用于轿车或轻型货车。

所有这三类半轴都是通过花键与差速器半轴齿轮连接的。半轴与车轮端的连接可以采用多种方式中的任何一种,其连接方式定义了半轴的类型及其被轴承支承的方式。

1. 半浮式半轴

半浮式半轴可帮助支承车辆的重量。大多数 RWD 车辆采用半浮式半轴。半轴由位于桥壳中的轴承支承(图 4-53)。半轴轴承用于支承车辆重量和减少转动摩擦。半轴的内端通过花键与车桥差速器的半轴齿轮相连。这类半轴只传递驱动转矩,不受其他力的作用,因此称其为半浮式。

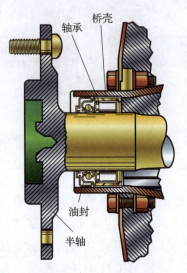

图 4-53 半浮式后半轴

驱动轮用螺栓固定在半轴的外端。半轴的外侧轴承位于半轴和桥壳之间。这类车桥桥壳的端部有一个压入的轴承,用来支承半轴。半轴通过用螺栓固定在车桥端部法兰上的轴承挡圈,或装入半轴花键端上加工出的凹槽中的 C 形垫圈被保持在位。半轴车轮端的法兰用于连接车轮。

如果用半浮式半轴来驱动车辆,半轴在旋转时会压向轴承,从而给桥壳、弹簧和车辆底盘施加了驱动力,使车辆向前移动。半轴将面临与转弯和弯道行驶、侧滑、车轮变形或摆动及车辆重量相关的弯曲应力。在采用 C 形垫圈保持装置的半浮式半轴布局中,如果半轴断裂,驱动轮将会脱离桥壳而飞出。

2. 全浮式半轴

大多数中型和重型车辆使用全浮式半轴。这种设计采用两个轴承来支承车轮轮毂(图 4-54)。这些轴承装配在桥壳的外侧,并承载因转矩加载和转弯引起的所有应力。车轮轮毂用螺栓固定在每个半轴外端的法兰上。

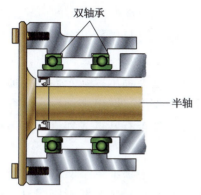

图 4-54 全浮式后半轴

这类半轴在其工作中只传递驱动转矩。来自半轴的驱动转矩转动车桥法兰、车轮轮毂和后驱动轮。车轮轮毂迫使其轴承在桥壳上旋转以移动车辆。由转弯、侧滑、车轮形变或摆动引起的所有应力通过车轮轴承由桥壳承受。如果全浮式半轴断裂,可将其从桥壳上拆下。由于后轮围绕后桥壳旋转,所以出现这种问题的车辆仍可拖到维修店更换半轴。

3. 独立悬架式车桥

在独立悬架式车桥系统中,半轴通常为外露式,而不是封装在桥壳中。最常见的两种悬浮式后半轴是德迪昂(De-Dion)式车桥系统和摆动式车桥系统。

德迪昂(De-Dion)式车桥系统类似于普通的传动系统,其半轴看起来就像两端采用十字轴万向节的传动轴。伸缩端与最里面的十字轴万向节连接。外侧的十字轴万向节连接在车轮轮毂上,从而允许半轴在转动时可上下移动。

在使用摆动车桥的车辆上,半轴可以是外露的,也可以是封闭的。半轴通过球-球窝式系统连接在差速器上。球-球窝式系统允许半轴上下转动,驱动轮将随着半轴的转动而上下摆动。该系统的名称十分形象地描述了 FWD 车辆的半轴行为。

4. 半轴轴承

半轴轴承用于支承车辆的重量和减少转动摩擦。在车轴支架中,半轴轴承在车辆移动时始终承受径向和轴向载荷。轴承的径向载荷以 90°的方向作用在车桥半轴的中心上。无论车辆是否移动,径向载荷始终存在。

轴向载荷作用在与车桥中心平行的半轴轴承上。当车辆转弯或曲线行驶时,轴向载荷存在于驱动轮、半轴和半轴轴承上。

半浮式半轴使用的半轴轴承有三种设计:滚珠轴承、圆柱滚子轴承和圆锥滚子轴承。

重点关注的轴承载荷是半轴端部的轴向载荷。当车辆绕着一个弯道移动时,离心力作用在车身上,从而导致车身向弯道外侧倾斜,而车辆的底盘因轮胎与路面的接触而不会倾斜。当车身向外侧倾斜时,半轴和半轴轴承将承受轴向载荷。每种类型的半轴轴承以不同方式应付轴端的轴向载荷。

通常情况下,在拆下后轮和后轮制动器总成后,可清楚地看到半轴在桥壳中的安装方式。如果半轴是用定位板和三或四个螺栓固定在位的,则在拆卸半轴时无须拆下差速器盖。大多数用球轴承和圆锥滚子轴承支承的半轴都是以这种方式固定的(图 4-55)。为了拆卸半轴,先拆下将轴承挡板固定在背板上的螺栓,然后将半轴拉出。一般情况下,滑出半轴时不需要借助拉拔器,但有时也会用到拉拔器。

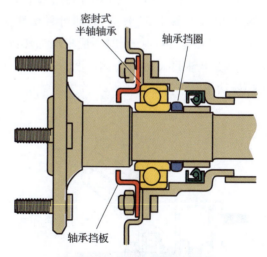

图 4-55 半轴轴承定位板位置

由圆柱滚子轴承支承的半轴不用定位板来固定,而是用一个 C 形垫片来固定半轴(图 4-56)。这个 C 形垫片位于差速器内侧,因此只有拆下差速器盖后才能接触到它。为拆卸此类半轴,先拆下车轮、制动鼓和差速器盖,随后拆下差速器小齿轮轴固定螺栓和差速器小齿轮销轴，向内推动半轴并取下 C 形垫片，此时即可从桥壳中拉出半轴。

图 4-56 为将半轴从整体式桥壳中的差速器中拆出，通常必须先拆下 C 形锁片

滚珠轴承由在工厂就已封装在轴承中的润滑脂润滑。一个刚好位于轴承挡圈前面且骑在半轴上的内侧密封件用来防止齿轮油进入轴承。这类轴承还有一个外侧密封件以防止润滑脂飞溅到后制动器上。滚珠轴承在半轴上的安装和拆卸采用的是压入和压出方式。轴承挡圈用软金属制成，并紧贴着轴承压入在半轴上。切勿用焊枪来拆卸该挡圈，而是先在挡圈上的几个位置钻孔或用冷錾子凿个切口（图 4-57），然后即可轻松地从半轴上取下该挡圈。拆卸挡圈时不应采用加热方法，因为这会使半轴回火而降低其强度。同样，切勿使用焊枪从半轴上拆卸轴承。

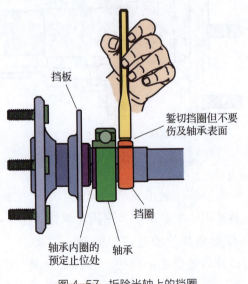

图 4-57 拆除半轴上的挡圈

滚柱式半轴轴承由桥壳中的齿轮油润滑，因此采用这些轴承时只需要一个密封件来保护制动器。这些轴承通常是压入在桥壳中，而不是在半轴上。要拆卸这类轴承，须先拆下半轴，然后将轴承从桥壳中拉出。取出半轴后，检查其与轴承接触的区域上是否有麻点或划痕，如果有，则应更换半轴。

圆锥滚子型半轴轴承不使用齿轮油润滑。它们是密封的并用车轮轴承润滑脂润滑。这类轴承使用两个密封件，而且必须用压力机将其压入在半轴上和从半轴上压出。在将轴承压到半轴上后，必须先用车轮轴承润滑脂填满，然后再将半轴安装到桥壳中。必须用百分表检查半轴的轴向间隙，并将间隙调整到规定值。如果间隙不在规定范围内，可改变轴承垫片的尺寸。

建议只要拆下半轴就应安装新的半轴密封件。一些半轴密封件规定只能用于右侧或左侧，因此在安装新密封件时，要确保在每一侧安装了正确的密封件。检查密封件是否有右或左侧的标记或颜色编码。

> **使用维修信息**
>
> 传动系统可能会产生一些很难诊断的问题，因为传动系统很容易接收来自车辆其他部件的振动和噪声。路试是开始诊断的最佳选择。大多数维修信息都会包含一个帮助判断噪声和振动原因的检查列表。

5. 车轮螺柱

只要拆下车轮，就应检查车轮螺柱是否损坏。如有明显损坏，应更换螺柱。当车轮螺母的拧紧力矩不足或过大，或在安装螺母时与螺柱螺纹错扣，通常都会损坏螺母。

要更换螺柱，需先将旧的螺柱从轮毂中压出。新的螺柱是需要压入轮毂的。当半轴已经从桥壳上拆下时，可以很容易地用液压机完成，但也可以在半轴仍装在车上的情况下完成。其方法是，在螺柱插入其安装孔后，将硬的垫圈套在螺柱上，然后将车轮螺母平面朝下安装在螺柱上并拧紧，从而将螺柱拉入到位。应确保螺柱的根部完全落座在法兰或轮毂中。

4.13 主减速器总成的维修

在为维修而拆卸主减速器总成前,应确认它确实需要维修。通常情况下,差速器和驱动桥的问题首先会被注意到的是漏油或噪声。随着问题的恶化,在某些工况下可能会感到振动或听到哐当声。针对这类问题的诊断应从路试开始,并应在路试中对车辆采取不同的驾驶模式。

1. 拆解

尽管FWD车辆车桥的主减速器总成通常都是变速驱动桥的一个组成部分,但维修RWD车辆主减速器的大多数维修步骤也可用于FWD车辆的主减速器。为了维修可拆卸式驱动桥壳中的主减速器总成,必须将主减速器从桥壳中拆下。整体式桥壳中的主减速器只能在其壳体中进行维修。

在拆卸任何主减速器总成的过程中,一个极为重要的步骤是仔细检查每个拆下的部件。应查看和感觉轴承以确定是否有任何缺陷或损伤的迹象。

检查完齿圈和小齿轮和将它们从总成上拆下来之前,先检查主减速器的侧向间隙。使用螺丝刀尝试横向移动差速器壳总成。任何移动都证明存在侧向间隙。通常情况下,如果存在侧向间隙,则表明差速器壳轮毂上的锥轴承内圈已松,因此必须更换差速器壳。

在拆解主减速器总成之前,先测量齿圈的跳动。跳动过大可能是由齿轮变形、差速器侧面轴承磨损、差速器壳变形或齿轮与差速器壳之间夹带的颗粒所引起的。用安装在差速器壳上的百分表测量跳动量。百分表上的测量杆应设置为与齿圈轴线垂直。将百分表安装到位并将其表盘中的表针调零,然后旋转齿圈并记录最大和最小读数。这两个读数之差反映该齿圈的总跳动量。通常允许的最大跳动量为0.003~0.004in(约0.0762~0.1016mm)。

为了确定该跳动是否是因差速器壳损伤而引起的,从差速器壳上拆下齿圈并测量差速器壳上的齿圈安装面的跳动。跳动量不应超过0.004in(约0.1016mm)。如果跳动量大于此值,则应更换差速器壳。如果跳动量在规定范围内,则齿圈可能变形并应更换。注意,齿圈只能和与其配套的主动小齿轮成对更换,切勿单独更换齿圈。

有些齿圈总成上有一个用于防抱死制动系统的信号轮,它通常是压装在齿圈轮毂上,在拆下齿圈后可将其拆下。如果齿圈总成上装有信号轮,应仔细检查,如有损坏应更换。

拆卸主减速器总成前,需要先拆下传动轴,但应在将充电器从主动小齿轮配对法兰上拆开之前,先确定传动轴与主动小齿轮的对准标记。如果标记不明显,应制作新的标记(图4-58)。这样可避免用错误标记进行装配,否则可能会导致传动系统振动。

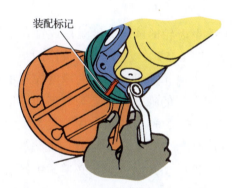

图4-58 拆卸传动轴前,确保为后万向节叉和配对法兰做好装配标记

在拆解过程中,应始终将左右侧的垫片、外圈和盖分开放置。如果重复使用这些部件中的任何一个,它们必须安装在它们原来所在位置的同一侧。

2. 组装

在将齿圈安装到差速器壳上时,先确保与螺栓孔对齐,然后用力均匀地按压齿轮并使其到位。同样,在拧紧螺栓时,应始终分步将它们拧紧至规定力矩。这种分步拧紧可减少导致齿轮变形的机会。

检查齿轮以确定齿轮副上的任何配装标记,这些标记代表由制造商给定的安装齿轮时应对齐的位置。通常主动小齿轮上的某个齿牙上带有沟槽和涂漆,而齿圈在某两个涂漆的标记之间有一个沟槽。如果涂漆的标记不明显,应用沟槽确定。通过将主动小齿轮上带有沟槽的齿牙放置在齿圈上带有标记的两个齿牙之间来设置正确的配装位置。有些齿轮副没有配装标记，这些齿轮是周期性啮合齿轮，因此不需要配装标记。非周期性和部分非周期性啮合的齿轮在安装时必须按配装标记放置。

每当更换齿圈和小齿轮副或小齿轮或差速器壳轴承时，必须检查和调整主动小齿轮啮合深度、主动小齿轮轴承预紧力，以及齿圈齿牙与主动小齿轮齿牙的啮合印痕样式和齿隙。该检查适用于所有类型的差速器，但除了大多数FWD车辆使用斜齿轮的主减速器，因为这些主减速器不需要啮合印痕样式的检查。几乎所有其他的主减速器总成都使用准双曲面齿轮副，必须对其进行正确调整以确保安静运转。

主动小齿轮的啮合深度是用放置在小齿轮轴承后面（图4-59）或主减速器壳中的垫片来调整的。主动小齿轮后轴承垫片的厚度控制主动小齿轮与齿圈之间的啮合深度。为确定和设定主动小齿轮啮合深度，通常使用专用工具为主动小齿轮选择合适厚度的垫片（图4-60）。在设置工具和确定合适厚度的垫片时，应务必遵循维修信息中的步骤。

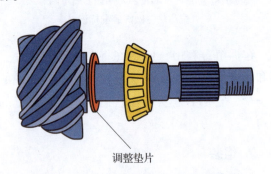

图4-59 小齿轮啮合深度调整垫片的典型位置。

主动小齿轮轴承预紧力的设置是通过拧紧主动小齿轮螺母直到转动小齿轮轴的转矩（阻力矩）达到规定值。拧紧螺母将挤压可折皱的主动小齿轮的隔离管套，从而保持所需的预紧力。因此，切勿过度拧紧后再松开主动小齿轮螺母以达到所需的力矩读数。拧紧后再松开主动小齿轮螺母会使可折皱的隔离管套失效，因此松开后必须将其更换。有关设定轴承预紧力的确切步骤和规定值，应参阅维修信息。轴承预紧力不正确将导致主减

速器产生噪声。某些情况下是使用调整垫片来设置主动小齿轮轴承预紧力的。

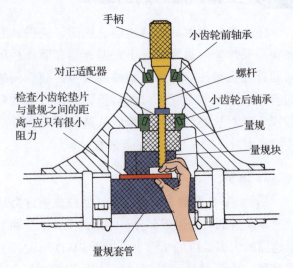

图4-60 用于测量小齿轮啮合深度的专用工具

建议只要从主减速器上拆下主动小齿轮轴，就应安装新的主动小齿轮密封件。安装新密封件时，需将其彻底润滑并用适合该密封件的压具将密封件安装到位。

在调整差速器侧面轴承预紧力的同时调整齿轮副的齿隙。侧面轴承预紧力限制差速器能在桥壳中的横向移动量。调整齿隙设定齿圈和主动小齿轮之间的啮合深度。这两者都通过调整垫片厚度或侧面轴承调整螺母来进行。图4-61介绍了使用垫片测量和调整齿轮副的齿隙和侧面锥轴承预紧力的典型步骤。图4-62涵盖了采用调整螺母进行调整的相同步骤。

测量和调整齿隙和预紧力的典型步骤包括前后拨动齿圈并用百分表测量其移动量。将测量的齿隙与规定范围对比，并进行必要的调整。然后在齿圈上等距的四个点重新检查齿隙。该齿隙通常应小于0.004in（约0.1016mm）。

齿轮齿牙的啮合印痕样式决定了两个啮合的齿轮运转时的安静程度。啮合印痕样式还描述了两个齿轮啮合齿面上的啮合位置。在为诊断齿轮噪声而拆卸、调整齿隙和侧面轴承预紧力后，或更换主动小齿轮并设定主动小齿轮轴承预紧力后，都应检查齿牙的啮合印痕样式。图4-63展示了通常用来描述齿圈齿牙上可能出现的啮合印痕样式和所需调整的用语。

1）测量半轴轴承原预紧垫片厚度　　2）将差速器壳安装到桥壳中　　3）在每个轴承座圈和桥壳之间安装与原预紧垫片相同的维修垫片　　4）装上轴承盖并用手拧紧螺栓　　5）将百分表固定到桥壳上，使其测量头与齿圈表面接触。用撬棒在垫片和桥壳之间撬动。撬动到一侧并将百分表设定为零，然后撬动到另一侧并记录读数

6）选择两个垫片，其总厚度等于原垫片的厚度加上百分表读数的厚度，然后安装它们　　7）使用合适的工具，将垫片装入位置，直到它们落座　　8）装上轴承盖并将其螺栓按规定力矩拧紧　　9）检查齿轮副的齿隙和预紧力。通过固定住小齿轮并摇动齿圈来检查齿隙。调整垫片组厚度以获得规定的齿隙。在齿圈上等距的四个点再次检查齿隙

图 4-61　测量和用垫片组调整总减速器齿轮的齿隙和侧面锥轴承预紧力

1）润滑差速器轴承、轴承外圈和调节部件　　2）将差速器放入差速器壳中　　3）将轴承外圈和调整螺母安装在差速器壳上　　4）适当拧紧轴承上盖的螺栓

5）转动每个调节螺母，直到轴承自由间隙消除，且齿圈与小齿轮之间只有很小或没有齿隙　　6）每次转动调整螺母后，转动几次小齿轮以使轴承就座　　7）安装百分表并将测量头靠在齿圈齿轮驱动一侧上。将百分表校零，用两把螺丝刀在差速器壳和桥壳之间撬动并记录百分表读数　　8）确定需要调整多大的预紧力并通过转动右侧调整螺母设定预紧力

9）摇动齿圈并记录百分表表针的移动量　　10）通过以相反方向等量转动两个调整螺母来调整齿隙以确保调整好的预紧力不变　　11）在调整螺母上安装锁定装置　　12）将轴承盖螺栓拧紧至规定力矩

图 4-62　测量和用调整螺母调整总减速器的齿隙和侧面锥轴承预紧力

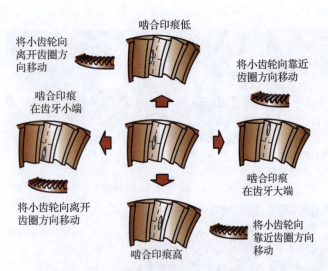

图4-63 描述齿圈上可能的啮合印痕样式和调整建议的常用术语

图4-64 为了检查齿牙啮合印痕样式,将涂色剂涂抹在齿圈的几个齿牙上,转动小齿轮和齿圈。显示在齿牙的啮合印痕样式决定了齿轮副应如何调整

为了检查齿轮齿牙的啮合印痕样式,用非干性普鲁士蓝、铁红或红或白色铅涂色剂涂抹齿圈上的几个齿牙(图4-64)。许多技师更喜欢白色的涂色剂,因为它往往比其他涂色剂看起来更明显。借用小齿轮万向节叉或配对法兰旋转动已装好量规块的小齿轮。这将在其转动时向齿圈预加载和模拟车辆负载。转动齿圈以使涂有染色剂的齿牙与主动小齿轮接触。向两个方向移动足够的距离以获得清晰的齿牙啮合印痕样式,然后检查齿圈上的啮合印痕样式并进行必要的调整。

目前购买的大多数新齿轮副的齿牙上都带有预先做好的啮合印痕样式。这种啮合印痕样式可使该齿轮副的运转最安静。在组装过程中切勿擦掉该深度的样式或用染色剂覆盖它。在检查新齿轮副的啮合印痕样式时,仅用染色剂涂抹齿圈的一半齿牙,并将啮合印痕样式与预先做好的样式进行比较。

3. 维护

维护包括检查齿轮润滑油的液面高度和更换齿轮润滑油以及润滑十字轴万向节(若配备有黄油嘴)。现今大多数十字轴万向节都采用长寿命设计,这意味着它们是密封的,而且不需要定期润滑。但应通过检查万向节是否有隐蔽的黄油嘴或接头来做出最终确定。

合适的润滑油对驱动桥的耐用性是非常必要的。不同的应用需要不同的齿轮润滑油。美国石油协会(API)已为各种可供选择的齿轮润滑油建立了评级系统。一般来讲,后桥使用SAE 80或90黏度的齿轮油进行润滑,它也符合APIGL-4或GL-5的规范标准。对于配有防滑装置的车桥,使用合适的齿轮润滑油更为重要。大多数情况下,应向润滑油中添加特殊摩擦改进液。如果使用了错误的润滑油,将导致离合器组件损坏,以及在转弯时发生强制锁定或颤振。如果存在这种情况,应在维修前先尝试排净旧的润滑油并重新加注合适的齿轮润滑油。

3C:问题(Concern)、原因(Cause)、纠正(Correction)

维修工单							
年份:2004		制造商:道奇		车型:RAM 1500 4WD	里程:141895mile		单号:15890
问题		客户陈述听到来自左前轮区域有很大噪声。					
维修史		客户近期更换了左前半轴。					
确认客户提出的问题后,技师检查传动系统、车轮轴承和前半轴。							
原因		发现左半轴从差速器中脱出。					
纠正		用正确的再制造件更换了左前半轴后不再有噪声。					

4.14 总结

- FWD 车辆的半轴通常都是将发动机的转矩从变速驱动桥传递给前车轮。
- 等速（CV）万向节可在以大范围角度转动的同时，提供所需的稳定转矩并等速传递。
- 在 FWD 车辆的传动系统中，每根半轴使用两个等速万向节。不同类型的万向节可以按其位置（内侧或外侧）、功用（固定式或伸缩式）或结构（球式或三球销式）来命名。
- FWD 车辆的半轴可以是实心的或管状的，长度相等或不等，带有或不带有阻尼配重的。
- FWD 车辆传动系统的大多数问题都是通过噪声和振动才被注意到的。
- 润滑油对延长等速万向节的使用寿命来讲是极其重要的。
- 十字轴万向节是一种安装在传动轴每一端的弹性联轴器，传动轴位于变速器和驱动桥总成上的小齿轮法兰之间。
- 十字轴万向节允许两根旋转轴彼此以较小的角度旋转，这对 RWD 车辆来讲是很重要的。
- 十字轴万向节失效或传动轴损坏会表现为多种故障现象。其中最明显的是在变速器换档时听到的沉闷的撞击声，还可能会感到异常噪声、换档粗暴或振动。
- 差速器是位于车辆驱动半轴之间的齿轮机构。它的作用是引导动力流向半轴。差速器被用在所有类型传动系统体中。
- 差速器执行不同的功能。它允许驱动轮在道路上转弯或曲线行进时以不同转速旋转。差速驱动齿轮改变发动机转矩的传递方向并将其从传动轴传递给后半轴。
- RWD 车辆的主减速器和差速器都安装在桥壳或主减速器壳中。
- 半轴的作用是将来自主减速器和主减速器总成的驱动转矩传递给车辆的驱动轮。
- 轿车有两种常用的半轴类型：半浮式和全浮式。
- 半轴轴承可以支承车辆的重量，但其作用主要是减少转动的摩擦力。
- 首先被注意到的差速器和半轴问题通常是泄漏或噪声。随着问题的发展，会在不同的工作模式下感觉到振动或撞击声。

4.15 复习题

1. 思考题

1）等速万向节有哪三种分类方式？
2）什么类型的桥壳外形类似于琵琶？
3）什么类型的车桥只用于支承车辆载荷和为车轮提供安装位置？
4）什么类型的浮动式半轴在桥壳外侧每个车轮端有一个车轮轴承？
5）通常是如何先注意到差速器和半轴问题的？

2. 单选题

1）在前轮传动系统中，靠近变速驱动桥的等速万向节是（　　）。
   A. 内侧万向节
   B. 内部万向节
   C. 外部万向节
   D. A 和 B

2）能够进出运动的等速万向节是（　　）。
   A. 伸缩型万向节
   B. 固定型万向节
   C. 内部万向节
   D. A 和 C

3）通常采用双补偿式等速万向节的应用是因为其需要有（　　）。
   A. 较大的工作角度和较长的插入深度
   B. 较小的工作角度和较短的插入深度
   C. 较大的工作角度和较短的插入深度
   D. 较小的工作角度和较长的插入深度

4）下列哪一类万向节具有比其他类万向节更扁平的设计？（　　）
   A. 双补偿式
   B. 盘式
   C. 交叉滚道式
   D. 固定型三球销式

5）以下哪个方法是确定等速万向节失效的最佳方法？（　　）

　　A. 挤压测试法

　　B. 跳动测试法

　　C. 目视检查法

　　D. 路试法

6）单卡丹（Cardan）/斯派塞（Spicer）万向节也称为（　　）。

　　A. 十字轴万向节

　　B. 四点式万向节

　　C. A 和 B 都是

　　D. A 和 B 都不是

7）提供将两个或多段轴连接在一起的传动轴部件是（　　）。

　　A. 小齿轮法兰

　　B. 十字轴万向节

　　C. 万向节叉

　　D. 木楔

8）采用长传动轴的大型汽车通常采用双十字轴万向节布置，它称为（　　）。

　　A. 斯派塞（Spicer）型万向节

　　B. 等速万向节

　　C. 克利夫兰（Cleveland）型万向节

　　D. 以上都不是

9）以下哪一种半轴支承了车辆的重量？（　　）

　　A. 半浮式半轴

　　B. 3/4 浮式半轴

　　C. 全浮式半轴

　　D. 以上都不是

10）以下哪一个是对双卡丹型万向节的描述？（　　）

　　A. 它常常安装在发动机前置的后轮驱动豪华汽车上

　　B. 它属于等速十字轴万向节

　　C. 中心球座是两个十字轴万向节之间的内部联接叉

　　D. 以上都是

3. ASE 类型复习题

1）技师 A 说齿轮齿牙啮合印痕样式可表明齿圈的跳动过大。技师 B 说，如果齿圈跳动过大，则齿轮齿牙的啮合印痕样式是不正确的。谁是正确的？（　　）

　　A. 仅技师 A 正确

　　B. 仅技师 B 正确

　　C. 技师 A 和技师 B 都正确

　　D. 技师 A 和技师 B 都不正确

2）技师 A 说防滑差速器离合器组的设计可在车辆转弯时打滑。技师 B 说在准双曲面齿轮润滑油中加入了特殊添加剂，以使离合器组在车辆拐弯时打滑。谁是正确的？（　　）

　　A. 仅技师 A 正确

　　B. 仅技师 B 正确

　　C. 技师 A 和技师 B 都正确

　　D. 技师 A 和技师 B 都不正确

3）技师 A 说差速器中的半轴轴承预紧力限制了差速器壳能在桥壳中横向移动的量。技师 B 说调整齿隙设定了齿圈与主动小齿轮之间的齿牙啮合深度。谁是正确的？（　　）

　　A. 仅技师 A 正确

　　B. 仅技师 B 正确

　　C. 技师 A 和技师 B 都正确

　　D. 技师 A 和技师 B 都不正确

4）技师 A 说周期性啮合的齿轮副是主动小齿轮的一个齿牙只会与齿圈上特定齿牙接触的齿轮副。技师 B 说部分非周期性啮合的齿轮副是其中小齿轮的一个齿牙只会与齿圈上六个齿牙接触的齿轮副。谁是正确的？（　　）

　　A. 仅技师 A 正确

　　B. 仅技师 B 正确

　　C. 技师 A 和技师 B 都正确

　　D. 技师 A 和技师 B 都不正确

5）在讨论加速过程中发出撞击声的可能原因时，技师 A 说外侧的等速万向节可能是其原因；技师 B 说半轴跳动可能是该问题的原因。谁是正确的？（　　）

　　A. 仅技师 A 正确

　　B. 仅技师 B 正确

　　C. 技师 A 和技师 B 都正确

　　D. 技师 A 和技师 B 都不正确

6）当诊断只有在汽车转弯时才听到咔咔声的原因时，技师 A 说最可能的原因是车轮轴承磨损；技师 B 说最可能的原因是外侧的等速万向节磨损。谁是正确的？（　　）

A. 仅技师 A 正确

B. 仅技师 B 正确

C. 技师 A 和技师 B 都正确

D. 技师 A 和技师 B 都不正确

7）技师 A 说有些半轴通过定位板和螺栓保持在桥壳中。技师 B 说一些半轴用 C 形卡圈或夹子保持在桥壳中。谁是正确的？（　　）

A. 仅技师 A 正确

B. 仅技师 B 正确

C. 技师 A 和技师 B 都正确

D. 技师 A 和技师 B 都不正确

8）技师 A 说当汽车正直前行时，差速器的所有齿轮都作为一个整体旋转。技师 B 说当汽车转弯时，内侧的差速器半轴齿轮在差速器小齿轮上缓慢旋转，致使外侧的半轴齿轮更快旋转。谁是正确的？（　　）

A. 仅技师 A 正确

B. 仅技师 B 正确

C. 技师 A 和技师 B 都正确

D. 技师 A 和技师 B 都不正确

9）在讨论不同类型的齿圈和小齿轮副时，技师 A 说非周期性啮合的齿轮副，每当主动小齿轮旋转时，小齿轮的每个齿牙都会返回到齿圈上相同的齿槽中；技师 B 说当周期性啮合的齿轮副转动时，主动小齿轮的任何齿牙都有可能接触到齿圈上的所有齿牙。谁是正确的？（　　）

A. 仅技师 A 正确

B. 仅技师 B 正确

C. 技师 A 和技师 B 都正确

D. 技师 A 和技师 B 都不正确

10）在回顾设定齿隙的步骤时，技师 A 说齿隙是在通过松开或拧紧差速器中侧面的轴承调整螺母来调整侧面轴承预紧力的同时被调整的；技师 B 说通常为了减小齿隙，在侧面齿轮的一侧安装薄垫片，而在另一侧安装厚垫片。谁是正确的？（　　）

A. 仅技师 A 正确

B. 仅技师 B 正确

C. 技师 A 和技师 B 都正确

D. 技师 A 和技师 B 都不正确

第 5 章
自动变速器和变速驱动桥

学习目标

- 能说明普通液力变矩器和具有锁定功能的液力变矩器的基本结构和工作原理。
- 能简述单行星齿轮组的结构和工作原理。
- 能说出行星齿轮控制装置的主要类型并说明其基本工作原理。
- 能简述常见的基于辛普森齿轮系式自动变速器和变速驱动桥的构造和工作原理。
- 能简述常见的基于拉威娜齿轮系式自动变速器的构造和工作原理。
- 能简述采用连在一起的多个行星齿轮组式变速驱动桥的构造和工作原理。
- 能简述采用莱普莱捷系统式自动变速器的构造和工作原理。
- 能简述采用常啮合螺旋斜齿轮式自动变速器的构造和工作原理。
- 能简述无级变速器（CVT）的构造和工作原理。
- 能确定自动变速器中的各个油压，并说明它们的功用及它们是如何影响自动变速器运行的。

3C：问题（Concern）、原因（Cause）、纠正（Correction）

维修工单					
年份：2014	品牌：丰田	车型：塞纳（Sienna）	里程：94633mile	单号：17045
问题	客户陈述感觉自动变速器的换档好像不正确。
维修史	两个月前维修过车辆，当时未发现任何问题，上个月还曾用于全家出行度假。
根据此客户提出的问题，运用在本章中学到的知识来确定此问题的可能原因、诊断问题的方法以及解决问题所需的步骤。

许多后轮驱动（RWD）和四轮驱动（4WD）的车辆都配置自动变速器（图5-1），将自动变速器和主减速器组合在一起的自动驱动桥用在前轮驱动（FWD）、全轮驱动（AWD）和某些后轮驱动（RWD）的车型上（图5-2）。

图5-1　8档自动变速器

图5-2　安装在发动机后面的变速驱动桥

自动变速器或变速驱动桥是根据发动机转速、动力系统的负荷和其他运行因素自动选择速比的。由于其升档和降档都是自动实现的，因此驾驶员几乎不需要付出什么力，而且在车辆换档时也无须操作离合器，即便在不换入空档的情况下，仍允许车辆停车，这是一个极大的便利，特别是在走走停停的路况中。驾驶员还可人工选择较低档位的前进档、倒档、空档或驻车档。根据所选择的不同前进档位，变速器还可在减速过程中提供相应的发动机制动。

当前车辆上可用的前进档数各不相同。有些没有固定的速比而使用连续可变速比的设计。这类变速器的速比根据具体条件进行变化。有些自动变速器还搭配分动器，它将转矩传递到另一根传动轴以实现四轮或全轮驱动（图5-3）。

图5-3　用于全轮驱动的配有分动器的自动变速器

长期以来，所有自动变速器是由主要对发动机工作状态做出响应的液压装置来控制的。而当前的系统是以计算机控制液力变矩器和变速器的工作为特征的。计算机根据由各种电子传感器和开关提供的输入数据设定液力变矩器的运行模式和控制变速器的液压系统。

目前使用最广泛的自动变速器和变速驱动桥是6~10速的变速器。许多旧款车辆的变速器有3~5个前进档，现在常见的是6速自动变速器，但正逐步被更新的设计所淘汰。当前的变速器至少会有一个超速档，以使车辆在巡航车速时减少燃油消耗、降低排放和噪声。自动变速器有一个可锁定的液力变矩器，从而减小了动力在通过液力变矩器时的损失。

5.1 液力变矩器

自动变速器使用一种称为液力变矩器的油液离合器将发动机动力从发动机传递到变速器。此外，液力变矩器还起到缓冲器和飞轮的作用，帮助平滑发动机输出动力的波动。

液力变矩器通过自动变速器油液产生的液力来工作。液力变矩器将来自发动机曲轴的扭转运动改变或倍增后将其引导至变速器。

液力变矩器根据发动机转速自动地使发动机的动力与变速器接合或分离。当发动机以正确的怠速转速运转时，通过液力变矩器的油液流量不足以传递较多的动力。随着发动机转速的提高，更多的油液流过液力变矩器总成，从而产生了足以能将发动机动力传递给变速器的液力。

1. 简介

几乎所有液力变矩器（T/C）都是一个焊接成一体的总成，因此只能在专修店维修。液力变矩器安装在发动机和变速器之间，是一个封闭的环状单元（图5-4），其内部始终充满自动变速器油液。液力变矩器的所有重要部件都封装在其壳体内（图5-5）。

图5-4 液力变矩器

挠性板或驱动板用来将液力变矩器安装在曲轴上，并将曲轴的旋转运动传递给液力变矩器外壳。挠性板被设计成具有一定挠性以响应液力变矩器因其内部压力的建立而引起的尺寸变化。挠性板用螺栓固定在曲轴后端的法兰上，并通过螺栓与液力变矩器壳体前侧的安装块连接。由于液力变矩器和挠性板重量的作用可像飞轮一样平滑间断式发动机做功行程产生的波动，因此可省去沉重的飞轮。环绕在挠性板或液力变矩器上的齿圈用于起动发动机。

图5-5 当前带有锁定离合器的液力变矩器剖面图

2. 组成部件

一个普通的液力变矩器由三个主要元件组成（图5-6）：通常称为泵轮的泵总成、称为导轮的定子总成和涡轮。

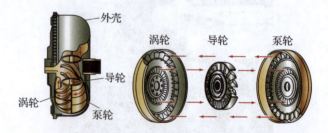

图5-6 液力变矩器的主要内部元件有泵轮、导轮和涡轮

泵轮总成是输入（驱动）部件，它连接在液力变矩器壳体内部。它接受来自发动机的动力并在发动机开始转动时驱动油液。涡轮是输出（从动）部件，它通过花键与变速器的输入轴连接，且不与泵轮和壳体直接连接。导轮是反作用元件或者说是转矩放大元件，并可根据变速器的运转状态来引导油液的流向。导轮支承在一个作为超越离合器的单向离合器上，该离合器允许导轮在一个方向上自由旋转，而在相反方向进行锁定。

液力变矩器壳体的外形就像两个大碗竖立着

彼此面对面地对接到一起。为了支承液力变矩器，凸出在液力变矩器壳体前部的粗短轴配装在曲轴后端的安装孔内。许多液力变矩器的后部都有一个带有切槽或平面的空心轴毂，这些切槽或平面的间隔为180°。该轴毂也称为泵轮的驱动轮毂，其上面的切槽或平面用来驱动变速器油泵总成。变速器前部油泵室内的衬套除了支承油泵的驱动轮毂外，还为液力变矩器总成提供了后部支承。一些变速驱动桥采用一根单独的轴来驱动油泵。

叶轮是液力变矩器壳体的一个组成部分，它带有许多曲面叶片并与变矩器壳体作为一个整体以发动机转速进行旋转。其作用就像一个油泵迫使变速器油液在变矩器壳体内循环。

当叶轮以其背面定位在变矩器壳体上时，涡轮则以其背面朝向发动机放置。涡轮上的曲面叶片面向叶轮总成。

涡轮叶片的弯曲程度比叶轮叶片更大，这有助于消除在涡轮与叶轮之间产生的会导致降低叶轮转速和变矩器效率的湍流。

定子位于叶轮和泵轮支间，它改变来自涡轮油液的流动方向，使其以叶轮旋转的方向和最小的速度或力的损失流回到叶轮上。定子叶片向内弯曲的一侧是凹面，向外弯曲的一侧是凸面。

3. 基本工作原理

在液力变矩器中用来传递能量的介质是变速器油。图5-7a展示的是泵轮和油泵在静止时的状态。图5-7b展示的是它们被驱动的状态。由于泵轮室的曲面形状，泵轮转动时的离心力使油液向外和向上甩出。泵轮转动得越快，离心力就越大。图5-7b中，油液只是简单地飞出泵轮室，因而未产生任何作用。为了控制和利用其中一部分能量，在泵轮的顶部安装了涡轮总成（图5-7c）。现在从泵轮向外和向上甩出的油液撞击在涡轮的曲面叶片上，从而导致涡轮旋转（泵轮和涡轮之间没有机械性连接）。通过两个彼此面对的风扇可更直观地看到液力变矩器的工作过程（图5-8a）。

左边的风扇正吹动空气穿过右边风扇的扇叶，从而使右边的风扇扇叶转动，尽管其转速比左边的风扇低。在液力变矩器内部，被泵轮驱动的油液流过涡轮的叶片，导致涡轮以相同的方向转动

（图5-8b）。如同风扇一样，涡轮的转速低于泵轮的转速。这个大约为5%~10%的效率损失是液力变矩器的固有特性。为了减小这种损失，增添了锁定离合器，这将在后面内容中讨论。

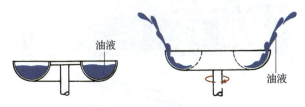

a）泵轮和油泵静止时　　b）油液被旋转的泵轮向上向外甩出

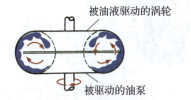

c）涡轮控制油液流动并将油液引入泵轮

图5-7 油液在液力变矩器内的流动状态

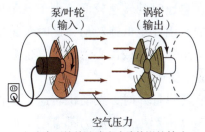

a）来自泵轮的油液流动致使涡轮转动

b）涡轮的旋转方向与泵轮相同

图5-8 液力变矩器的工作过程

由发动机通过液力变矩器壳体驱动的油泵迫使自动变速器油液在压力下连续地通过旋转在变矩器总成中心线上的空心轴输入到液力变矩器中，一个油封用来防止油液从该系统中泄漏。

涡轮轴（图5-9）位于空心轴内，如前所述，它通过花键与变速器连接，并将动力从液力变矩器传递给变速器的主驱动（输入）轴。离开涡轮

的油液直接从液力变矩器输出到外部的油冷器，经冷却后再返流到变速器的油底壳或油盘中。

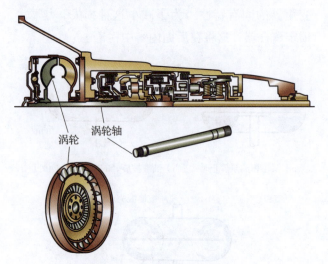

图 5-9 涡轮驱动变速器输入轴

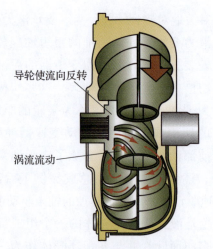

图 5-10 导轮改变油液流向以提高效率

当变速器处在 P/N 以外的档位，且发动机怠速运转时，车辆可使用制动器来保持静止状态。发动机在怠速时的转速较低，由于泵轮是由发动机驱动的，因此也低速转动，此时泵轮仅对涡轮叶片产生小的流量或离心力，所以也只有较小的动力传递给变速器。

当节气门打开时，发动机转速、泵轮转速和液力变矩器内产生的离心力都急剧增加。但当车辆停止时，涡轮不会转动。一旦车辆开始移动，为增加动力流，导轮的超越离合器锁定，使导轮保持在其位置上。当油液离开涡轮时，其流向与流出泵轮的方向相反。这种油液的碰撞将对泵轮产生不利影响，从而造成效率和动力的降低。为了避免这种情况，导轮叶片改变油液的流向，使其从涡轮流回到泵轮（图 5-10）。这种改变油液流向的情况出现在泵轮和涡轮转速之间存在明显差异时，并称为转矩倍增。转矩倍增只发生在涡轮转速比泵轮转速慢很多的情况下，油液流量的增加可将来自发动机的转矩增加 2~3 倍。

4. 油液流动类型

液力变矩器内部的油液产生两类流动：环流和涡流（图 5-11）。环流是因液力变矩器绕其轴旋转而使油液环绕液力变矩器圆周流动的一种流动状态。涡流是油液从泵轮到涡轮再返回到泵轮所产生的一种流动状态，涡流与发动机的旋转方向成 90°。

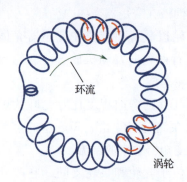

图 5-11 环流和涡流的区别

注：涡流在其环绕变矩器的流动路径上为螺旋状。

图 5-12a 也展示了油液在涡轮转速临近泵轮转速点时的流动状态，该点称为耦合阶段或耦合点（图 5-12b）。涡轮与泵轮在此点以基本相同的转速旋转，但由于二者之间存在滑转，因此不会以完全相同的转速旋转。唯一能使它们以完全相同转速旋转的方法是用锁定离合器将二者机械性地连接在一起。

导轮通过其中心的花键毂安装在与之相配的导轮轴上。当泵轮和涡轮到达耦合阶段时，导轮自由转动。

当泵轮转速高于涡轮转速时，导轮将离开涡轮的油液重新引向泵轮，这有助于泵轮更有效地旋转（图 5-13），也只有在这种情况下，液力变矩器才会出现对转矩的倍增。图 5-13a 展示了没有导轮，离开涡轮的油液作用方向与泵轮转动方向相反。图 5-13b 展示了在导轮锁定（非耦合）模式下，将引导油液按照泵轮旋转方向帮助推动泵轮。

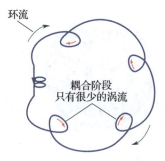

a）在耦合阶段环流是主要的

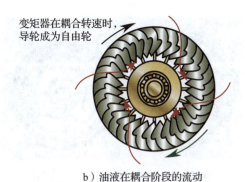

b）油液在耦合阶段的流动

图 5-12　油液在耦合阶段的流动状态

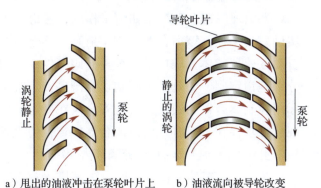

a）甩出的油液冲击在泵轮叶片上　　b）油液流向被导轮改变

图 5-13　导轮的作用

导轮可以是转动型的，也可以是固定型的。转动型导轮在较高转速时具有更高效率，因为当泵轮和涡轮转速达到耦合阶段时，只有很小的滑转。

5. 单向离合器

单向离合器在被驱动部件以一个方向转动时使导轮总成保持不动，而在被驱动部件以相反方向旋转时允许导轮超越（空转）。转动型导轮通常采用滚柱式单向离合器，该离合器在涡轮和泵轮的转速达到耦合点时允许导轮自由转动。

滚柱式单向离合器（图 5-14）由带有内花键的轴承内圈、滚柱、折叠式弹簧和能转动的轴承外圈等组成。沿着外圈内径带有数个楔形槽，滚柱和折叠式弹簧定位在这些楔形槽中。

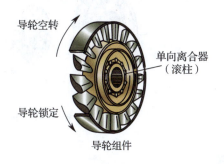

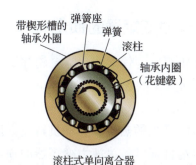

滚柱式单向离合器

图 5-14　导轮组件内的滚柱超越离合器

当车辆开始移动时，油液流向导轮叶片的作用力和泵轮与涡轮之间的转速差，使导轮处于静止或锁定状态，同时折叠式弹簧强制滚柱沿着楔形槽的斜面向楔角移动，进而与轴承内圈和外圈形成楔入式接触。在导轮锁定情况下，来自涡轮的油液流向被导轮叶片改变方向而以与泵轮转向的相同方向流回泵轮，该部分流量增大了对泵轮的作用力，从而增大了由发动机提供的动力。

随着车速的提高，涡轮转速也随之提高，直到接近泵轮的转速。离开涡轮叶片的油液冲击到导轮背面，导致导轮以与涡轮和泵轮转动方向的相同方向旋转（图 5-15）。在此高转速下，导轮单向离合器轴承外圈和花键毂之间将出现间隙，使导轮每个楔形槽中的滚柱沿着花键毂外圈退出楔角。此时，导轮将靠惯性转动或作为一个单元旋转。

如果车辆减速，发动机也会连同涡轮一起降低转速。涡轮转速的降低使油液流向改变，而冲击到导轮叶片的前面，迫使旋转着的导轮停止并试图使其朝相反方向转动。当这种情况发生时，滚柱将卡在导轮单向离合器轴承外圈内侧的楔形槽和花键毂之间，将导轮锁定，此时导轮又重新改变离开涡轮的油液流向，再次使转矩倍增。

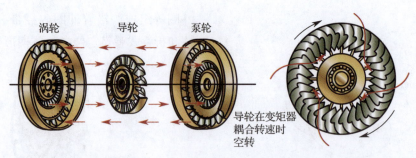

图 5-15 油液在耦合速度时流经液力变矩器的流向

5.2 液力变矩器的锁定

液力变矩器的锁定能消除泵轮和涡轮之间在耦合阶段所发生的 5%~10% 的滑转。泵轮和涡轮之间离合器的接合可极大地改善燃油经济性，并降低运转时产生的热量和发动机转速。液力变矩器的锁定组件通常称为液力变矩器的锁定离合器（TCC）。

多年以来，曾有过许多不同类型的 TCC 系统，其中最常见的设计是电控的活塞式锁定离合器。离合器的锁定系统也可以是纯机械的、离心控制的或依赖于黏性耦合器的。

活塞式锁定离合器在变矩器内前侧和涡轮前侧之间有一个活塞型的离合器（图 5-16）。该离合器的主要部件有活塞压盘、减振器总成和离合器摩擦片（图 5-17）。减振器总成由一些螺旋弹簧组成，用于转递驱动转矩和吸收冲击。

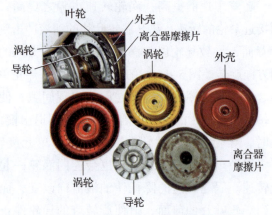

图 5-16 当油压施加在变矩器摩擦片上时，摩擦片压紧在壳体内摩擦面上从而锁定变矩器

该离合器由 PCM 控制的液压阀控制（图 5-18），PCM 监测运行状况并根据这些状况控

图 5-17 液力变矩器离合器的摩擦片

制变矩器离合器的锁定。

为了理解这个系统是如何工作的，考虑一个实例。为了控制该离合器，克莱斯勒在其普通的自动变速器阀体上增加了三个控制阀组件，它们分别是锁定阀、失效安全阀和切换阀。锁定阀实际用控制离合器的锁定，失效安全阀在变速器出现故障且仅在三档时才允许离合器锁定，切换阀用于引导油液通过涡轮轴来充满液力变矩器。

在液力变矩器未被锁定时，油液进入液力变矩器并流到活塞的前侧，使活塞压盘与壳体或端盖保持分离。油液不断流经活塞周围到达活塞后侧，并在液力变矩器颈部和支承导轮的齿轮组之间流出（图 5-19）。

当液力变矩器处在锁定模式时，切换阀移动，从而使油液反向流动而进入到活塞压盘的后侧，推动活塞向前以使离合器片压紧在那就去壳体内侧完成锁定。处在活塞前侧的油液通过涡轮轴流出并经切换阀排出。

在加速过程中，系统油压将增加，如果此时变矩器处于锁定模式，则较高的油压将推动失效安全阀来阻止油压流向锁定控制阀，切换阀受其弹簧的张力而移动，从而将油压引导到活塞的前侧，液力变矩器随之恢复到非锁定模式。

5.3 行星齿轮机构

几乎所有的自动变速器都依靠行星齿轮组（图 5-20）来传递动力和倍增传递给驱动轴的发动机转矩。复合式行星齿轮组是两个单行星齿轮组的组合，使载荷可以分布在更多的轮齿上，这样不仅减小了每个齿上的负荷强度，还可在紧凑的空间内获得可能的最大传动比。

一个简单的行星齿轮组由三个部件组成：一个太阳轮、一个装有行星小齿轮的行星架和内侧加工有轮齿的齿圈或圆形零件。太阳轮位于行星齿轮组的中心（图 5-21），其设计可以是直齿轮，也可以是斜齿轮，它与行星小齿轮的轮齿啮合。行星小齿轮是安装在称为行星架上的小齿轮，行星架可由铸铁、铝或钢板制成并为每个小齿轮设计有各自的枢轴。行星小齿轮在定位于行星架轴和行星轮之间的滚针轴承上旋转。行星架和小齿轮被当成是一个具有中等尺寸的齿轮单元。

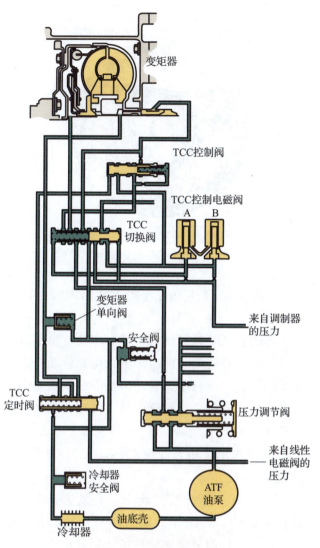

图 5-20 单行星齿轮组

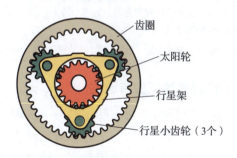

图 5-21 行星齿轮组的结构类似于太阳系，行星小齿轮环绕太阳轮，齿圈环绕整个齿轮组

行星小齿轮围绕太阳轮的中心轴线旋转并且由齿圈包围，齿圈是行星齿轮组中最大的元件，它就像一条带子使整个齿轮组保持在一起，并为整个齿轮组提供足够的强度。

TCC控制状态	TCC控制电磁阀		线性电磁阀输出压力
	A	B	
安全分离	Off	Off	高
半接合	On	占空比控制Off↔On	低
完全接合	On	On	高
应用于减速中	On	占空比控制Off↔On	低

图 5-18 典型的 TCC 控制油路

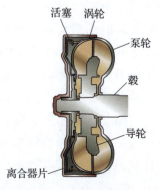

图 5-19 锁定离合器

1. 行星齿轮组的工作原理

行星齿轮组的每个齿轮元件都可以转动或保持静止。只有当其中一个元件保持静止或两个元件被锁定在一起时，动力才可能通过行星齿轮组传递。

太阳轮、行星架和齿圈这三个元件中的任意一个都可以用作驱动或输入元件，此时若保持另一个元件不转动而使其成为反作用、固定或静止元件，则第三个元件就成为从动或输出元件。根据哪个元件是驱动件、哪个固定不动和哪个被驱动，行星齿轮组可实现转矩增加（减速传动）或速度增加（超速传动），还可通过不同组合反转输出方向。

表5-1总结了单行星齿轮组工作的基本规律。它显示了各种可用组合产生的转速、转矩和方向。还应记住当两个齿轮的外侧齿牙相互啮合时，将改变输出端的旋转方向。当一个齿轮的外侧齿牙与另一个齿轮的内侧齿牙啮合时，它们的旋转方向相同。

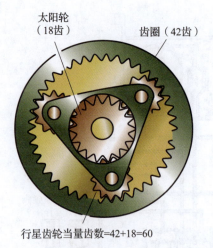

行星齿轮当量齿数=42+18=60

图5-22 单行星齿轮组

表5-1 单行星齿轮组工作的基本规律

太阳轮	行星架	齿圈	转速	转矩	方向
1.输入	输出	固定	最大减速	增加	与输入同向
2.固定	输出	输入	最小减速	增加	与输入同向
3.输出	输入	固定	最大增速	减小	与输入同向
4.固定	输入	输出	最小减速	增加	与输入同向
5.输入	固定	输出	减速	增加	与输入反向
6.输出	固定	输入	增速	减小	与输入反向
7.当任意两个元件被同时固定时，速度与方向与输入相同，并产生1∶1的直接传动					
8.无元件被固定或锁定时，无法产生输出，其结果为空转状态					

下面是单个行星齿轮组的几种工作状态：

（1）**最大正向减速状态** 当齿圈固定，太阳轮作为输入顺时针旋转，同时驱动行星小齿轮绕其轴逆时针转动，此时小的太阳轮转动几圈才驱动作为输出的行星架转动一整圈，从而得到在单个行星齿轮组上可达到的最大减速比和最大转矩倍增。在此状态下，输入转速高，输出转速低。此时该单行星齿轮组的传动比为60齿/18齿=3.33∶1。

（2）**最小正向减速状态** 在该组合中，固定住太阳轮，齿圈作为输入顺时针转动并驱动行星小齿轮顺时针绕固定住的太阳轮爬行，行星小齿轮则带动作为输出的行星架以相同旋向随齿圈正向转动。在此种组合中，作为输入的齿圈转动一圈多，作为输出的行星架才转动一整圈，其结果是转矩增加。由于此时该齿轮组的工作状态是用大的齿圈驱动较小的行星架正向减速，因此产生最小的正向减速，其传动比为60齿/42齿=1.43∶1。

2. 行星齿轮组的传动比

行星齿轮组的可用传动比取决于从动齿轮和主动齿轮上的齿数，但由于行星齿轮组有三个而不是两个元件，所以必须用稍有不同的方法来计算其传动比。例如，一个行星齿轮组的太阳轮有18个齿，齿圈有42个齿（图5-22）。行星小齿轮的当量齿数是太阳轮和齿圈上的齿数之和，即等于60。如果固定住齿圈，太阳轮作为输入元件，则行星架就是输出部件。通过将18和42相加再除以18而得到了3.33∶1的传动比。

（3）**最大超速状态** 当齿圈固定，行星架作为输入顺时针旋转时为最大超速状态。此时行星架上的三个行星小齿轮轴推向行星小齿轮的内径，迫使行星小齿轮沿齿圈内侧爬行，从而驱动作为输出的太阳轮顺时针旋转。在该组合中，作为中等尺寸齿轮的行星架旋转不到一圈，但可驱动较小的太阳轮以高于输入转速的转速旋转，其结果是此时的超速状态具有最大的转速增加。这时的传动比为18齿/60齿=0.3∶1。

（4）较低超速状态　在这种组合中，固定太阳轮，行星架作为输入顺时针旋转，当行星架旋转时，行星小齿轮轴推动小齿轮的内径迫使其绕着固定的太阳轮爬行，从而使作为输出的齿圈较快旋转，转速提高。行星架转动不到一圈，小齿轮可驱动齿圈以与行星架相同转动方向旋转一整圈，从而出现较低的超速状态，即产生了一个更适用的 42 齿 /60 齿 =0.8：1 的超速比。

（5）低速反转状态　在此种组合中，太阳轮作为输入通过此时保持静止的行星架驱动作为输出的齿圈。当太阳轮顺时针旋转时，被其驱动的行星小齿轮绕其中心轴逆时针旋转，同时作为惰轮带动齿圈做逆时针旋转，这意味着输入轴和输出轴的旋转方向相反，因此提供了反向的动力传递。由于主动的太阳轮较小、从动的齿圈较大，其结果是传动比为 42 齿 /18 齿 =2.33：1 的低速反转状态。

（6）快速反转状态　反向快速旋转的实现是固定行星架，太阳轮和齿圈之间为反向转动，此时作为齿圈是输入的主动元件，而太阳轮是作为输出的从动元件。当齿圈逆时针旋转时，行星小齿轮也逆时针旋转，致使太阳轮顺时针转动。在此组合中，作为输入的齿圈借用行星小齿轮来驱动作为输出的太阳轮。太阳轮以与齿圈相反的方向旋转，提供传动比为 18 齿 /42 齿 =0.43：1 的较快反向旋转。

（7）直接传动状态　在直接传动的组合中，齿圈和太阳轮都是输入元件，它们以相同的转速顺时针转动。在此状态下，顺时针转动的齿圈内侧齿牙试图驱动行星小齿轮顺时针转动，而顺时针旋转的太阳轮却试图驱动行星小齿轮逆时针旋转。这种相反的作用力锁定了行星小齿轮而使其无法转动，致使整个行星轮组作为一个整体旋转，从而提供了直接传动。只要行星齿轮组中的两个元件被同时锁定就会导致直接传动。若仅适用一个简单的行星齿轮组，直接传动的传动比为 1：1，即曲轴每转一圈，变速器的输出轴也转动一圈。

（8）空转运行状态　当没有元件被固定或锁定时，行星齿轮组就会出现空转状态。

> **车间提示**
>
> 应记住下面关于单行星齿轮组工作的简要提示：
> - 当行星架是驱动（输入）元件时，该齿轮组可提供超速和增速减矩的结果。
> - 当行星架是从动（输出）部件时，该齿轮组提供正向减速和减速增矩的结果。
> - 当行星架静止（固定）时，该齿轮组提供倒档。

5.4 复合式行星齿轮组

从单个行星齿轮组只能获得有限的可用传动比，为了增加可用传动比的数量可将行星齿轮组组合起来。典型的自动变速器的每个行星齿轮组都只有两个可用的前进档传动比，这意味着一个 4 速的自动变速器至少有两个连接在一起的行星齿轮组来为有效驱动车辆提供所需的不同传动比。复合式行星齿轮组有两种常见的设计：一种是两个行星齿轮组共用一个太阳轮的辛普森（Simpson）行星齿轮机构（图 5-23）；另一种是拉威娜（Ravigneaux）行星齿轮机构，它有两个太阳轮、两组行星轮和一个共用的齿圈。

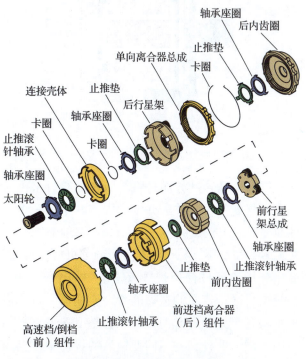

图 5-23　辛普森行星齿轮机构

许多自动变速器还以串联方式配有额外的单个行星齿轮组以提供更多的前进档传动比。比如通用汽车公司的 8L90 自动变速器和一些新型的 10 速变速器就组合了几个单行星齿轮组。8 速和 10 速的自动变速器都使用了 4 个单行星齿轮组。这 4 个行星齿轮组连同 4 个旋转的和 4 个用于制动的离合器构成了 10 速单元。增加了档位数量可使总的传动比范围加大，以使发动机的运转保持在其最高效率区间。

1. 辛普森行星齿轮机构

辛普森行星齿轮机构是对共用一个太阳轮的两个相互分离的单个行星齿轮组、两个齿圈和两个行星架的一种布置。辛普森行星齿轮机构是应用最广泛的复合式行星齿轮机构，它可提供 3 个前进档。（图 5-24）。该复合式装置的一半或者说是一个行星齿轮组可认为是前行星齿轮组，另一个是后行星齿轮组。这两个行星齿轮组的尺寸和齿数不需要相同，从该复合式行星齿轮机构所能获得的实际传动比由齿轮齿牙的尺寸和数量决定。

档、减速的二档、直接档和倒档。当辛普森行星齿轮机构处于空档时，通过它的功率流将发动机转矩经液力变矩器的涡轮传递给变速器的输入轴，此时由于行星齿轮机构中没有元件被固定，因此进入变速器的发动机转矩没有被输出。

当变速器换入一档时，发动机转矩又通过输入轴传递到变速器中，如图 5-25 所示。输入轴此时与前行星齿圈锁定，因而该齿圈随输入轴顺时针旋转，并驱动前行星小齿轮顺时针转动。而前行星小齿轮驱动太阳轮逆时针旋转。由于后行星架被固定，因此太阳轮驱动后行星小齿轮顺时针旋转。这些行星小齿轮驱动与输出轴锁定的后齿圈顺时针转动。这种功率流的结果是减速的前进档。

当变速器以二档运行时，发动机转矩也通过输入轴传递到变速器，如图 5-26 所示。输入轴与前行星齿圈锁定，从而使前行星齿圈随输入轴顺时针转动并驱动前行星小齿轮也顺时针旋转。因为太阳轮被固定，所以此时前行星小齿轮绕太阳轮爬行。前行星小齿轮的爬行迫使行星架顺时针转动。由于行星架与输出轴锁定，因此将带动输出轴以一定的减速比顺时针转动。

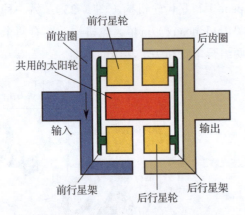

图 5-24 辛普森式行星齿轮机构的部件

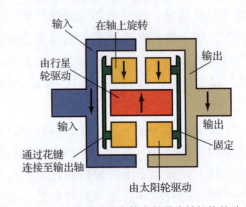

图 5-25 在一档时通过辛普森行星齿轮机构的动力流

传动比和转动方向是将转矩施加给行星齿轮组中的任意一个元件，并至少固定其中另一个元件而使行星齿轮组的第三个元件作为输出的结果。在大多数情况下，每个汽车生产商都可能对输入、输出和固定元件使用行星齿轮组中的不同元件，即使来自同一汽车制造商的自动变速器，行星齿轮机构各个元件所起的作用也会随变速器型号不同而不同。此外，在不同变速器的设计中还会用到许多不同的应用装置。

辛普森行星齿轮机构可提供空档、减速的一

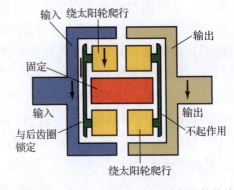

图 5-26 在二档时通过辛普森行星齿轮机构的动力流

当变速器以三档运行时，像在其他前进档位一样，由前行星齿圈接收，不同的是太阳轮也接收输入（图5-27）。太阳轮和齿圈以相同的转速和方向转动，迫使锁定在太阳轮和前齿圈之间的前行星架与它们一起转动。由于前行星架与输出轴锁定，因此产生前行的直接档。

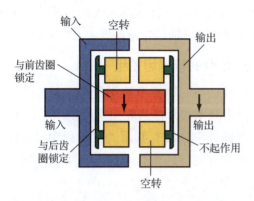

图5-27 直接档工作时通过辛普森行星齿轮机构的动力流

为了从辛普森齿轮机构得到适用的倒档，必须有齿轮减速，而且还要与输入转矩的旋转方向相反（图5-28）。如同在三档一样，太阳轮接收输入并顺时针转动。随后驱动后行星小齿轮以逆时针方向转动，后行星架被固定，使后行星小齿轮驱动后行星齿圈逆时针转动。因为行星齿圈与输出轴锁定，故输出轴以与后行星齿圈相同的速度和方向转动，其结果是倒档。

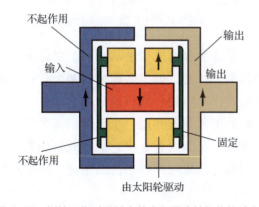

图5-28 倒档工作时通过辛普森行星齿轮机构的动力流

通常情况下，当变速器处于空档或驻车档时，由于没有接合其他应用装置，因此只有输入轴和变速器的油泵随发动机转动。在驻车档位时，棘爪与通过花键与输出轴连接的驻车齿轮啮合，将驱动轮与变速器箱体锁定在一起。

2. 拉威娜行星齿轮机构

拉威娜行星齿轮机构像辛普森行星齿轮机构一样可提供减速的前进档、直接档、超速档和倒档的运行档位。与辛普森式行星齿轮机构相比，拉威娜行星齿轮机构具备某些独特的优势：它非常紧凑；由于有更多的齿牙接触，因此可承载更大的转矩。拉威娜行星齿轮机构还可以有三个不同的输出元件，但其复杂的结构是其劣势，而且它的工作过程也更难理解。

拉威娜行星齿轮机构的设计使用了两个太阳轮：一个大的和一个小的太阳轮（图5-29）。它们还有两组行星小齿轮：三个长的行星小齿轮和三个短的行星小齿轮。行星小齿轮组在其自己的轴上转动，行星小齿轮的轴紧固在共用的行星架上，一个行星齿圈环绕整个总成。

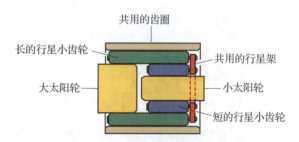

图5-29 拉威娜行星齿轮机构的部件

小太阳轮与短的行星小齿轮啮合，这些短的行星小齿轮作为惰轮来驱动长的行星小齿轮。长的行星小齿轮与大太阳轮和行星齿圈啮合。

通常在变速杆处在空档位置时，来自液力变矩器涡轮轴的发动机转矩正向驱动小太阳轮。由于此时小太阳轮没有与其他齿轮锁定，因此它仅在短的行星小齿轮上自由转动，此时没有动力通过齿轮机构传递，所以没有动力输出。

当自动变速器在一档运行时，发动机转矩驱动小太阳轮顺时针转动（图5-30）。为防止行星架逆时针转动，由小太阳轮驱动短的行星小齿轮做逆时针转动。当短的行星小齿轮驱动长的行星小齿轮逆时针转动时，长的行星小齿轮则驱动行星齿圈和输出轴顺时针转动，但其转速比输入的转速低。

当自动变速器以二档运行时，小太阳轮顺时针转动，并使短的行星小齿轮逆时针转动（图

5-31）。当短的行星小齿轮驱动长的行星小齿轮时，长的行星小齿轮反向转动并绕静止的倒档大太阳轮爬行。这种爬行的行为驱使齿圈和输出轴以顺时针方向和转矩降低的方式转动。

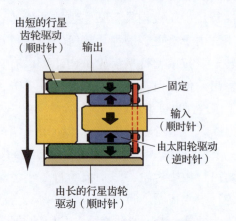

图 5-30 一档运行时通过拉威娜行星齿轮机构的动力流

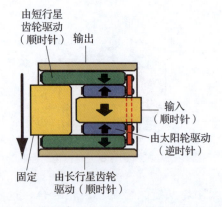

图 5-31 二档运行时通过拉威娜行星齿轮机构的动力流

在三档运行期间，行星齿轮机构有两种输入（图 5-32）。与在其他前进档一样，液力变矩器的涡轮轴驱动小太阳轮顺时针转动，同时行星架也接收输入。行星齿轮机构的两个元件同时被驱动，使行星架和小太阳轮作为一个整体转动，使长的行星小齿轮以顺时针方向将转矩通过齿轮组传递给行星齿圈和输出轴，从而产生直接驱动。

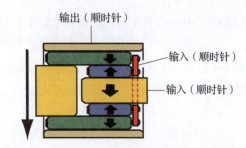

图 5-32 直接驱动时通过拉威娜行星齿轮机构的动力流

要在超速档或四档运行，输入只由顺时针转动的行星架接收。此时长的行星小齿轮绕静止的倒档太阳轮顺时针转动，并驱动行星齿圈和输出轴，其结果是超速运行状态。

在倒档运行时，输入由倒档大太阳轮接收，行星架被固定。倒档太阳轮的顺时针转动驱动长的行星小齿轮逆时针转动。长的行星小齿轮驱动行星齿圈和输出轴以转速降低的方式逆时针转动。

3. 串联式行星齿轮组

有些自动变速器不使用复合式的齿轮组，而是将两个简单的行星齿轮组串联使用（图 5-33）。在这类设计中，没有共用的行星齿轮组元件，而是用一定方式将两个行星齿轮组中的不同元件锁定在一起。

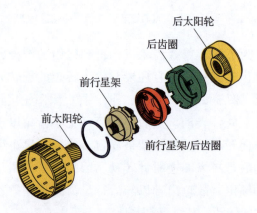

图 5-33 两个行星齿轮单元用一个齿轮组的齿圈连接到另一个齿轮组的行星架上

尽管这种齿轮机构是基于两个单行星齿轮组串联起来运行的，但串联起来的两个行星齿轮单元所起的作用与复合式行星齿轮组是一样的。两个串联的单元并不共用一个元件，而是将特定元件锁定在一起，或者是将它们彼此集成为一个整体，即前行星架与后行星齿圈锁定，或是前行星齿圈与后行星架锁定。

变速驱动桥还可能有另外的行星齿轮组，包括用于主减速器的行星齿轮组。

4. 莱普莱捷系统

一些新型的 6 速、7 速、8 速和 9 速自动变速器使用莱普莱捷（Lepelletier）系统。莱普莱捷系统将一个简单的行星齿轮组连接到拉威娜行星齿轮机构上。这种设计已存在多年，但较难控制，不过当前的电子技术已使这种设计成为现实。采用这种设计，变速器可在不增加尺寸和重量的前提下实现更多的前进档位。事实上，使用这种设计的大多数6速变速器几乎比所有4速或5速自动变速器更紧凑且重量更轻。

在这种设计中，单行星齿轮组的齿圈作为该齿轮组的输入，该输入可同时与拉威娜行星齿轮机构上的行星架连接（图5-34）。当发动机转矩通过不同的输入齿轮时，它驱动单行星齿轮组与拉威娜行星齿轮机构中齿轮的不同组合。这些组合产生多种前进档速比，拉威娜行星齿轮机构中的齿圈是变速器的输出元件。

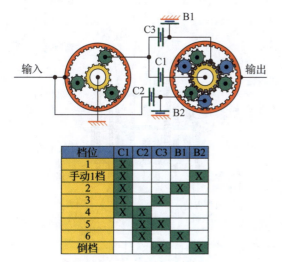

图5-34 基于单行星齿轮和拉威娜齿轮机构的6速莱普莱捷自动变速器

在某些变速器型号中，输入轴始终与单行星齿轮组的齿圈连接，此外，还可连接到拉威娜行星齿轮机构中的行星架和大太阳轮，这种设计允许有更额外的齿轮组合。拉威娜行星齿轮机构中的齿圈仍用作输出。

流过莱普莱捷行星齿轮系统的动力流将输入按两个比例分为两部分：一部分分给单个单行星齿轮组，另一部分分给拉威娜行星齿轮机构，整体的比例是这两者的结合。下面是一台典型的6速自动变速器的动力流示例。

1）前进档1：在一档时，后行星架被固定，从而将转矩经后行星齿轮总成中的大太阳轮传递该齿圈（图5-35）。

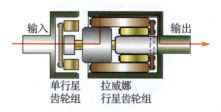

图5-35 典型的莱普莱捷齿轮机构在一档时的动力流

2）前进档2：当换入二档时，后面的复合齿轮组的大太阳轮被固定，此时太阳轮通过短的行星小齿轮和长的行星小齿轮将转矩传递到齿圈，齿圈为输出元件。

3）前进档3：三档是通过将输入轴与后面的复合齿轮组两个太阳轮锁定在一起来实现的。这迫使两个后行星齿轮组件锁定，并驱动作为输出的齿圈。

4）前进档4：在四档时，输入转矩由单行星齿轮组的行星架传递给复合齿轮组的大太阳轮和行星架（图5-36），然后以轻微减速状态驱动齿圈。

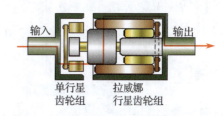

图5-36 典型的莱普莱捷齿轮机构在四档时的动力流

5）前进档5：在五档时，输入从单行星齿轮组的行星架传递到后面的复合齿轮组小太阳轮和行星架，然后以超速状态驱动齿圈。

6）前进档6：六档是通过固定住复合齿轮组的前太阳轮来产生的。输入轴与复合齿轮组的行星架锁定，然后由行星架驱动齿圈以提供超速状态的输出（图5-37）。

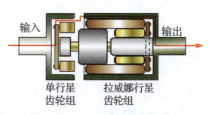

图5-37 典型的莱普莱捷齿轮机构在六档时的动力流

7）倒档：倒档时，由于单行星齿轮组的太阳轮被固定，单行星齿轮组的齿圈和行星齿轮一起转动，并带动行星架转动，进而驱动后面复合齿轮组的大太阳轮。由于后行星架也被固定，因此复合齿轮组长的行星小齿轮随大太阳轮转动。这导致复合齿轮组的齿圈反向转动并驱动输出轴。

5.5 本田非行星齿轮变速器

许多本田和讴歌（Acura）轿车都使用本田的非行星齿轮变速驱动桥。土星（Saturn）汽车的自动变速驱动桥也基于这种设计。这类变速器的独特之处是其采用了类似手动变速器的常啮合螺旋斜齿轮和直齿轮的方式。

这类变速驱动桥有一个主轴和一个副轴，轴上骑有齿轮。为了提供四个前进档和一个倒档，通过液压控制的离合器将不同的齿轮副与轴锁定（图5-38）。倒档是通过换档拨叉将倒档齿轮滑入相应位置来获得的。通过这类变速驱动桥的动力流也类似于手动变速器的动力流。其中离合器的

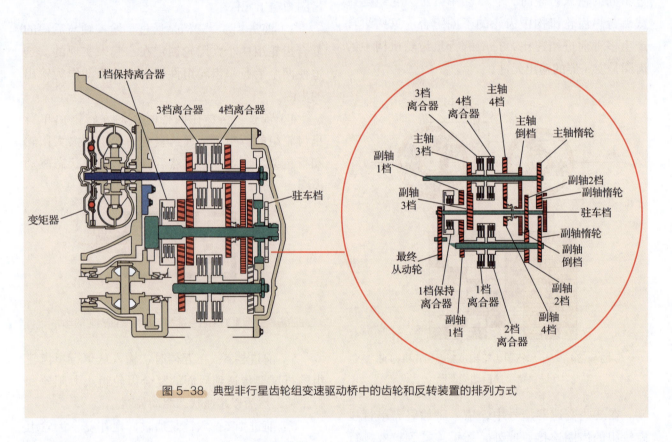

图5-38 典型非行星齿轮组变速驱动桥中的齿轮和反转装置的排列方式

作用类似于手动变速驱动桥中的同步器组件。本田使用四个多片式离合器、一个滑动的倒档齿轮和一个单向离合器来控制换档。

5.6 无级变速器（CVT）

无级变速器（CVT）是另一种非传统的没有固定前进档数的变速器，其传动比控制随发动机转速和温度而变化。但这类变速器只配有一个速度的倒档。有些无级变速驱动桥不配备液力变矩器，而是使用一个带有起动离合器的手动变

速器式飞轮。起动离合器的设计滑移量刚好足以使汽车移动，但又不会使发动机熄火或损坏。起动离合器可以是电动控制的，也可以是液压控制的。

无级变速器使用钢带和带轮，而不是依靠行星轮或螺旋斜齿轮组来提供传动比（图5-39）。一个带轮是从动部件，另一个带轮是主动部件。每个带轮都有一个可动面和一个固定面。当可动面移动时，带轮的有效直径发生变化。有效直径的变化改变了有效带轮变速比。钢带连接着从动带轮和主动带轮（图5-40）。

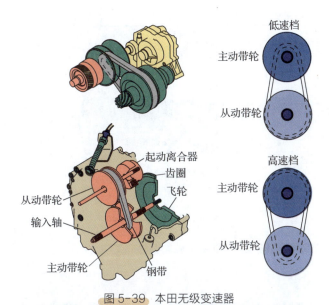

图 5-39 本田无级变速器

图 5-40 CVT 使用可改变尺寸的并由钢带连接的带轮

无级变速器可在其运行范围内自动选取所需的传动比。它可根据车辆的运行条件自动且连续地选取最佳的总传动比。在传动比变化过程中，感觉不到换档。此类变速器的控制装置总是试图使发动机保持在其最高效的转速范围，以降低燃油消耗和尾气排放。在最大加速时，将调节传动比以使发动机维持在其峰值功率点。在匀速行驶时，调节传动比以在保持良好驾驶性的同时获得最大燃油经济性。

为了获得低的带轮有效直径比，高压油液作用在从动带轮可动面上，增大从动带轮的有效直径；与此同时，作为对该高压油液的反应，将减小主动带轮上的油液压力。由于传动带连接着两个带轮，因此使其保持适当的张力就成为关键，为此将使主动带轮有效直径减小到刚好足以保持传动带合适张力的程度。从动带轮油压的增加与主动带轮油压的减少成比例。对于高的带轮有效直径比来讲，情况正好相反，低的油液压力使从动带轮有效直径减小，而高的油液压力使主动带轮有效直径增大。

由于主动带轮和从动带轮有效直径的大小能有很大变化，所以在车辆行驶的任何时间都可得到不同的传动比，从而可在不改变发动机转速的情况下允许车辆的荷载和车速有所改变。使用这类变速器是为使发动机的运转保持在其最高效的转速范围，从而提高燃油经济性和减少排放。

许多新型无级变速器会配备模拟自动变速器手动换档的功能。这类变速器在其整个工作范围内会有 5 或 6 个预设区域，在此区域带轮的变化会有所停顿，从而给驾驶员明显的换档感觉和效果。

1. 无级变速器的控制

典型的无级变速器控制系统包括变速器控制模块（TCM）、各种传感器、线性电磁阀和倒档抑制器电磁阀。来自各传感器的输入信号决定了要指令什么样的传动比（图 5-41）。控制指令将驱动换档控制电磁阀去改变换档控制阀的控制油压，使换档控制阀移动以改变施加给从动带轮和主动带轮的油压，从而改变带轮的有效直径比。

2. 基于行星齿轮的无级变速器

丰田、福特混合动力汽车的无级变速器依赖一个行星齿轮组。其变速驱动桥包含两个电机、一个含差速器的主减速器和一个单行星齿轮组。发动机和电机直接连接到行星齿轮组上（图 5-42）。该行星齿轮组之所以称为动力分流装置是因为，它可在发动机、电机、驱动轮和它们的几乎任何组合之间传递动力。动力分流装置将来自发动机的动力分流到不同的路径：驱动两个电机中的某一个，或驱动车轮，或同时驱动两者。另一个电机可在驱动模式下辅助发动机驱动车轮，或者由车轮驱动。其传动比将随着施加给行星齿轮组各种元件上的不同转矩而变化。在这种设计中，基本上有两个转矩来源：发动机和牵引电机。这二者以相同的方向旋转，但转速不同。因此，

图 5-41 本田无级变速器所用电子控制系统的输入、处理和控制指令

一个可以辅助另一个旋转，也可减慢另一个的旋转，或共同起作用。

图 5-42 在该混合动力汽车的 CVT 中，行星齿轮组位于两个电机（MG）之间

3. 曲面式无级变速器

曲面式无级变速器是另一种版本的 CVT，它用圆盘和动力滚轮取代了带轮和传动带。日产将他们的这种 CVT 称为"滚轮曲面式 CVT（Extroid Toroidal CVT）"（图 5-43）。它可提供与其他 CVT 相同的增益和结果，但换档更平顺，而且可靠性更好。该装置由两个独立的圆盘组成，一个连接到发动机（作为输入或主动盘），另一个连接到驱动轴（作为输出或从动盘）。每个圆盘都有一个从外缘到内缘的曲面，两个圆盘彼此相对放置，形成一个如同计时沙漏的形状（图 5-44）。

液压控制的动力滚轮或轮子位于两圆盘的曲面部分，这些滚轮将动力从一个圆盘传递到另一个圆盘。滚轮骑在输入和输出圆盘之间的角度决定了有效传动比。当滚轮与主动圆盘上靠近中心的部位接触时，还同时与从动盘曲面外边缘附近的部位接触。当滚轮与主动圆盘内边缘部位接触时将导致转速降低而转矩增加。当它们与从动盘靠近中心的部位接触时，将导致转矩减小而转速增加。由于滚轮的倾斜度变化将递进地改变该机构的有效传动比，所以其传动比的变化实际看上去是无级的。

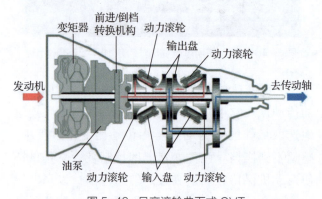

图 5-43 日产滚轮曲面式 CVT

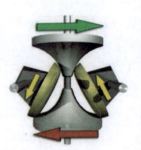

图 5-44 相互对置的两圆盘形成计时沙漏形状

4. 双模式混合动力系统

通用、宝马和克莱斯勒共同开发了一种双模式全混合动力系统。该双模式混合动力系统是另一种基于行星齿轮的无级变速器。该系统安装在常规的自动变速器箱体中，总的来说就是两个行星齿轮组分别与两个电机耦合，耦合过程受电子控制。这种组合产生了一个与电机混合运行的CVT。该系统有两种不同的工作模式，在低速低负荷工况下以第一种模式工作，而以干线公路车速稳定行驶时则用第二种模式运行。

该双模式混合动力系统不仅能单独以电力或发动机动力运行，还能用这二种动力共同运行。电子控制装置用来控制电机和发动机的输出。

两个紧凑型电机与自动变速器的齿轮组连接，齿轮组的作用是增大电机的转矩输出。通常情况下，当一个或两个电机不提供推进动力时，它们可作为由发动机或车轮驱动的发电机来实现再生制动。

5.7 行星齿轮控制装置

要为车辆的运行提供所需的转矩倍增和行进方向，必须固定住行星齿轮传动机构中的特定元件，同时还要驱动其他元件。应用或控制装置用来设定通过行星齿轮组的动力流向。通常可由液力或者齿轮转动方向来使控制装置动作。控制装置通常有两种基本类型：驱动式和反作用式。驱动式控制装置是将发动机转矩传递到齿轮组的相关元件上，而反作用式控制装置是阻止齿轮组元件转动或限制其转动程度。控制装置包括自动变速器的液压式或机械式制动带、制动器和离合器。

1. 自动变速器制动带

制动带是环绕在静止或旋转的制动鼓或行星架上的制动器总成。制动带通过自身抱住制动鼓以使其停止转动。制动带是通过液压伺服总成来控制的。与制动鼓连接的是行星齿轮组中的一个元件。制动带的功用是通过固定制动鼓来固定与制动鼓相连的那个行星齿轮组元件。制动带可提供出色的固定特性，而且只占用变速器箱体内的很小空间。

当制动带靠近一个旋转着的制动鼓时，就会发生楔入作用而使制动鼓停止转动。这种楔入动作也称为自增力作用。通常制动带的直径要比它所环绕的制动鼓直径稍大些。这种设计在伺服施加力减小到低于伺服释放的弹簧张力时，可促使制动带与制动鼓自脱离。制动带的内表面都粘有摩擦材料。

通常情况下，如果制动带要固定的是低转速的制动鼓，那么制动带摩擦材料是半金属的化合物。如果制动带的设计是要固定高转速的制动鼓，那么其摩擦材料会是纸质的。

作为制动带总成一部分的支耳可焊接或铸造在制动带总成上。支耳的功用是将制动带通过操作（施加）杆与伺服系统或制动带另一头的支柱（反作用力）连接起来。制动带的钢带上设有凹槽或孔以释放困留在制动鼓和所用制动带之间的油液。

自动变速器中使用的制动带有硬性、挠性、单圈或双圈等类型。钢制单圈制动带（图5-45a）用于固定由高输出发动机驱动的齿轮组元件。由于这种制动带设计的刚硬性决定了其自增力作用较低。较薄的钢制制动带虽无法直接提供更大的抱紧力，但由于其设计的柔韧性，自增力作用更强，反而能提供更大的施加力。

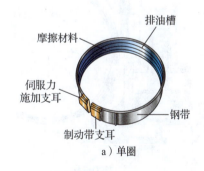

a）单圈

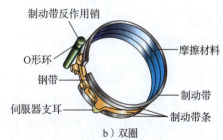

b）双圈

图5-45 典型单圈和双圈制动带的结构

双圈式制动带是一个从外部收缩的圆形制动带，其设计通常有两个或三个制动带条（图5-45b）。当制动带收紧时，制动带条彼此对正环绕在制动鼓上并提供缓冲。双圈式制动带的钢制带底可以是薄的或厚的钢带材料。为了提高效率，当前的自动变速器使用薄的单圈或双圈式制动带。高输出功率的发动机需要采用由较厚钢带制成的双圈式制动带。

> **车间提示**
>
> 固定住行星轮的控制部件也称为制动器或反作用装置，因为它对行星齿轮组某个部件的旋转做出反应，以使其停止转动并保持静止。

2. 自动变速器伺服机构

伺服机构总成将液压力转换为施加在制动带上的机械力以固定住制动鼓。在当前的自动变速器中使用简单和复合式伺服机构来使制动带收紧。

（1）简单式伺服机构　在简单式伺服机构中（图5-46），伺服活塞安装在伺服气缸中，并被螺旋弹簧保持在释放位置。活塞用橡胶圈密封，它使液压封闭在伺服活塞的施压侧。

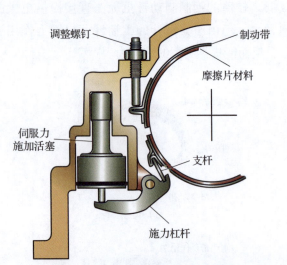

图5-46　典型的制动带和伺服机构组件

为了应用制动带，液压被引导至伺服活塞的施压侧。伺服活塞在液压力下克服回位弹簧压力移动并产生伺服作用力。这个作用力借助施力杠杆和支杆施加到制动带支耳上。制动带的相反一端是支承支柱（或端销）和调节螺钉。当制动带环绕转动的制动鼓收紧时，这些组件固定住制动带静止的端部，从而使旋转着的制动鼓停止转动并被制动带保持在静止状态。

当伺服作用力释放时，回位弹簧强制伺服活塞在气缸中移回原位。随着伺服作用力的解除，制动带自然弹开，并允许制动鼓重新转动。记住，在大多数自动变速器中，制动带的收紧是用液压力，而释放是靠回位弹簧的张力来实现的。

（2）复合式伺服机构　复合式伺服机构（图5-47）有一个铸造成变速器箱体一部分的液压缸。如果伺服机构位于变速器的前部附近，其所用密封环必须能承受由液力变矩器和发动机所产生的热量。

当复合式伺服机构启用时，液压通过中空的活塞推杆到达伺服活塞的施力侧。活塞进而压缩伺服机构的螺旋弹簧，迫使推杆将制动带的一端移向调节螺钉和支杆的一端，从而收紧在转动的制动鼓周圈以使其停止转动。复合式伺服机构的活塞作用很像简单式伺服机构，但也仅在此点相似而已。

当要释放制动带时，液压被施加在伺服活塞的释放侧，由于此时在活塞的两侧提供了相等的液压，因而允许伺服弹簧凭自身张力将活塞推回原位，这个动作使制动带得以释放。

在有些自动变速器中，伺服活塞释放侧的面积更大些，这可使制动带更快地释放。这种设计的目的是要确保制动带在某个反作用元件被应用之前得到释放。

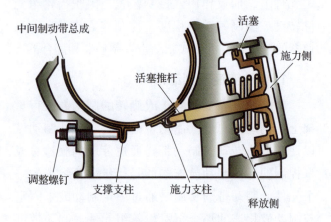

图5-47　典型的复合式伺服机构组成

5.8 变速器离合器

制动带只能固定行星齿轮组的元件,与其相比,离合器则既可固定又能驱动行星齿轮组的元件。

1. 单向离合器

在自动变速器中,楔块式和滚柱式单向(或超越)离合器都用来固定行星齿轮组的驱动元件。这些离合器是以机械方式工作的,并可对应其转动方向快速地锁定和释放,从而使换档更平顺。

在滚柱式单向离合器中(图5-48),滚柱被弹簧固定在适当位置,以使离合器总成的内外座圈彼此分开。其中一个座圈通常被变速器箱体固定而不会转动。该轴承的外座圈内侧沿其周圈有若干个楔形槽,滚柱和弹簧位于这些楔形槽中。如果某一个座圈向一个方向旋转使两个座圈之间的滚柱锁定,就会阻止该座圈转动。当该座圈朝相反方向旋转时,滚柱轴承将移入楔形槽的大端而不再被锁定,该座圈在此状况下可自由转动。

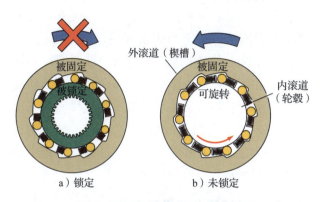

图5-48 滚柱式单向离合器的动作

楔块式单向离合器(图5-49)由轮毂和鼓组成,它们由称为8字形的金属楔块分开。该楔块的形状可使其仅在座圈沿一个方向转动时锁定在座圈之间。该楔块的对角线长度大于两个座圈之

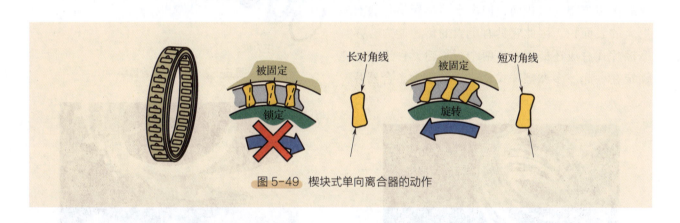

图5-49 楔块式单向离合器的动作

间的间距。弹簧将楔块保持在正确的角度,并与两个座圈保持接触,从而可瞬间完成啮合。当座圈朝一个方向旋转时,楔块抬起并允许座圈独立转动。当座圈以相反方向转动时,楔块直立并将两个座圈锁定在一起。

楔块式和滚柱式单向离合器都是通过将其内座圈与被变速器箱体固定的外座圈锁定而用来固定齿轮组的一个元件的(图5-50)。只要发动机为变速器提供动力,这两类单向离合器都是有效的。当变速器以低速档滑行时,驱动轮将以比输入轴现有的更大动力转动变速器的输出轴。这将使楔块或滚柱解除锁定而使座圈开始自由转动。

这意味着它们的转动不会影响齿轮组的输入或输出。当单向离合器自由转动时,它们处于分离或无效状态。自由转动通常发生在离合器逆时针转动时。

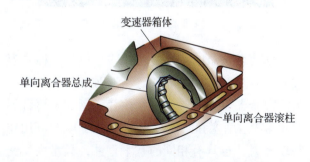

图5-50 固定在变速器箱体中的单向离合器

2. 旋向可选式单向离合器

通用和福特联合开发的新型 10 速自动变速器上可看到一种旋向可选式单向离合器（SOWC）。除了作为标准单向离合器工作之外，SOWC 可根据需求在两个方向上都能实现锁定或自由转动。锁定或解锁离合器的方式有切向和轴向两种。在切向方式中，滑动的选择器板移动到侧面以使支柱弹开并锁定第二个板。当选择器板移回到支柱上方时支柱向下缩回并解锁第二个板。轴向的设计使用驱动板向上推动支柱并穿过第二个板中的开口。拉回驱动板即可使支柱收回。

3. 多片式离合器和制动器

多片式离合器总成（图 5-51）可用来驱动或固定行星齿轮组的一个元件。这类总成可作为制动器通过将行星齿轮组元件与变速器箱体锁定以阻止其转动。它们还能用来锁定单向离合器的一个座圈。当作为制动器时，该多片式离合器总成的作用与制动带相同，但由于多个摩擦片会有更大的表面积，因此它具有更大的传递能力。多摩擦片式总成还能用来将两个行星轮元件连接并锁定在一起。多摩擦片式总成通常称为离合器片总成。

离合器片总成内有一些衬有摩擦材料的摩擦片和钢制的隔离片，它们交替放置在离合器鼓内。钢片的表面是无摩擦材料的光整平面，而摩擦片的表面衬有较粗糙的摩擦材料（图 5-53）。摩擦片是在薄钢片的两侧黏合摩擦材料制成的。由于纸质纤维可保持良好的动力传递且没有金属材料那样的高摩擦磨损，因此成为摩擦片最常用的摩擦材料。摩擦片上通常会切有沟槽以帮助散热，从而提高其有效性和耐用性。摩擦片始终安装在两个钢片之间。

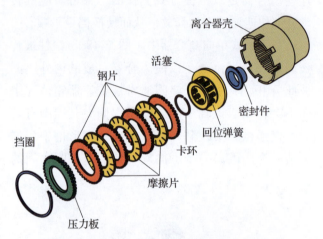

图 5-52 多片式离合器组件

图 5-51 在多片式离合器总成中摩擦片位于钢片之间

自动变速器中使用的多片式总成是一种"湿式离合器"。当它用作将两个元件连接并固定在一起的离合器时，通常会有摩擦片、钢片、离合器鼓和轮毂、活塞和回位弹簧（图 5-52）。当其用作制动器时，也具有相同的基本零件，只是用变速器箱体取代了离合器鼓。

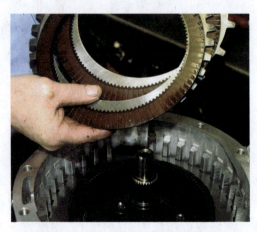

图 5-53 摩擦片两侧都黏合有摩擦材料

钢片为摩擦片的接合提供光整的表面。钢片可彼此相连安装以使离合器片总成具有规定的间隙。如果一组摩擦片或钢片在其内缘加工有花键，则其他组的钢片或摩擦片在外缘上加工有花键。每组摩擦片或钢片的花键都装在轴、鼓、行星齿轮组元件或变速器箱体上的配对花键上。

这些摩擦片和钢片安装在离合器鼓内或变速

器箱体中。离合器鼓或箱体中还含有活塞、密封件和回位弹簧。液压推动活塞克服回复弹簧压力而移动并将离合器片和钢片夹紧在压力板上。离合器片和钢片中间的摩擦力将它们锁紧在一起并使它们作为一个整体转动。

压力板是一块厚的金属板，它为摩擦片和钢片提供夹紧面，并安装在离合器片总成的一侧或两侧。密封件在离合器应用时用来保持液压。在典型的离合器片总成中，活塞由卡簧固定的回位弹簧和弹簧座保持在位。

活塞由一个大的螺旋弹簧或许多小弹簧（图5-54）或单个碟形弹簧回位。离合器中使用的回位弹簧类型和数量由足可使活塞快速回位以防止拖拽的压力所决定。但弹簧的张力也受限制以尽量减小移动活塞的阻力。

图 5-54 活塞由多个小弹簧回位

碟形弹簧除了用来提高离合器总成的夹紧力外，还用作活塞的回位弹簧。该弹簧用卡环锁定在离合器鼓内的凹槽中。当为应用离合器片总成而移动活塞时，将会推动碟形弹簧指状部分的内侧端，从而使碟形弹簧与压力板接触并压紧离合器片总成。碟形弹簧的指状部分充当压紧压力板的杠杆，从而提高了离合器总成的压紧力。当作用在活塞上的液压力解除时，弹簧放松并恢复其原有形状，并强制活塞回位，从而使离合器总成得到释放。

一些离合器鼓或活塞上配有止回球和排气口。该止回球和排气口用来在释放离合器总成的压力时泄放所有残余压力。当全部液压作用在离合器总成上时，将强制止回球压紧在其球座上，从而保持住离合器鼓内的压力。当该压力解除时，止回球上只剩残余压力。此时离心力迫使止回球离开其球座，从而允许油液通过打开的排气口从离合器鼓中排出。当多片式总成用作制动器时，则不需要该止回球。因为整个单元不旋转，所以离心力不会对活塞后面的油液产生影响。

较新型的自动变速器离合器没有排气口或止回球，而是有一种离心式液压消除系统。该系统有相反的液压腔，它们向活塞两端施加相等的离心力。当离合器鼓转动时，消除压力腔内的油液压力与在离合器鼓的压力腔内建立起的压力相反，从而消除了会使活塞移动的离心力影响并使换档更平顺。

多片式总成作为固定装置还是驱动装置，这取决于它们通过花键与哪个元件连接。当该总成将行星齿轮组的两个元件锁定在一起时，它是驱动装置（图5-55）。为了应用该离合器，液压被传送到活塞与回位弹簧相反的一侧。当液压力大于回位弹簧的张力时，活塞压缩弹簧，从而将摩擦片和钢片紧紧挤压在一起，使它们作为一个整体转动。

图 5-55 安装到离合器鼓中的摩擦片和钢片

多片式总成也用来固定住行星齿轮组中的一个元件。摩擦片在其内缘上带有花键，并装入离合器鼓外侧的配对花键中。钢片在其外缘上带有花键，并装入变速器箱体加工出的配对花键中（图5-56）。当该多片式总成被启用时，与其相连的行星齿轮组元件因与变速器箱体锁定而不能旋转。

图 5-56 安装到箱体和离合器鼓中的摩擦片和钢片

影响离合器总成实效性的几个因素：摩擦片上使用的摩擦材料类型；钢片的成分及其表面光洁度；足够的油液流量以冷却离合器总成；变速器油液的状况和类型；在摩擦片的摩擦材料上适当开槽，以促进冷却进程；适当的离合器片间隙；施加在所用离合器上的压力。

5.9 轴承、衬套、止推垫圈和卡环

当一个部件滑过或围绕另一个部件旋转时，这两个部件相互接触的表面称为承载面。在固定轴上旋转的齿轮因在径向上被其安装轴所支承和固定，因此会有多个承载面。同样，当齿轮转动并进而被某些其他部件固定在某一位置时会有沿其安装轴做轴向移动的倾向，此时齿轮侧面和其他部件之间的接触面也是承载面。

轴承是一个安装在两个承载面之间用以减少摩擦和磨损的装置。大多数轴承都有相对滑动或滚动的表面。在自动变速器中，滑动轴承通常用于低转速或轴承表面远大于承载面，以及使用率低的情况；而滚动轴承用于高转速、高负荷且承载面较小和使用率高的情况。

变速器使用由相对软的青铜合金制成的滑动轴承，其中许多是用上面黏合或融合有轴承面的钢带制成的。那些承受径向载荷的轴承称为衬套，而那些承受轴向载荷的轴承称为止推垫圈（图 5-57）。轴承的表面通常与诸如钢类的较硬表面进行相对运动，以产生最小的摩擦力和热磨损特性。

衬套是圆筒形，并且通常都是通过过盈配合来固定在位的。由于衬套通常由软金属制成，因此它们的作用像轴承一样，用来支承变速器中的旋转部件（图 5-58）。它们还用来精准引导自动变速器阀体中各控制阀的运动。衬套还可以用来控制油液流向，有些是限制油液从一个零件流向另一个零件，而有些则是用来引导油液流向自动变速器中特定点或特定零件。

通常用作轴承和垫片的止推垫圈加工成不同厚度，在止推垫圈的内圆周或外圆周上可能有一个或多个凸舌或槽口，它们与轴孔紧密配合以防止止推垫圈转动。有些止推垫圈由尼龙或铁氟龙（Teflon）制成，它们用在负荷较低的情况；而有些则与滚子轴承配用，以减少摩擦和磨损。

止推垫圈通常用来控制轴向自由移动的间隙或端隙。由于受热膨胀的原因，所有变速器都需要有一定的轴向间隙，这个间隙通常是通过选择合适的止推垫圈来实现的。这些止推垫圈插入在变速器各种零部件之间。无论何时，轴向间隙都必须设置在制造商的规定范围内。止推垫圈的作用是填充两个物体之间的空隙，并且因为它们的制作材质比其所保护的零件更软而成为主要磨损件。止推垫圈通常用带有铜巴氏合金层的软钢、青铜、尼龙或塑料制成。

托林顿轴承（Torrington bearing）配有滚柱轴承的止推垫圈（图 5-59），因此也称为推力轴承。它们主要用于限制轴向间隙，但同时也会减少两个旋转部件之间的摩擦。托林顿轴承在大多数情况下都会与扁平的止推垫圈结合使用，以控制轴或齿轮和其鼓之间的轴向间隙。

通过使用滚柱轴承大大缩小了轴承表面。最简单的滚柱轴承设计可在两个滑动或转动零件承载面之间保留足够的间隙来容纳一些滚柱。由于每个滚柱在承载面之间的两个接触点非常小，因而大大减小了摩擦。承载面变得更像是一条直线而不是一个区域。

如果滚柱的长径比约为 5∶1 或更大，则称为滚针，因而称这样的轴承为滚针轴承。有时滚针是散开的，但有时是用钢制保持架或通过两端的保持环将滚针固定在其位置上。

许多滚针轴承设计成组件。该组件由内座圈、

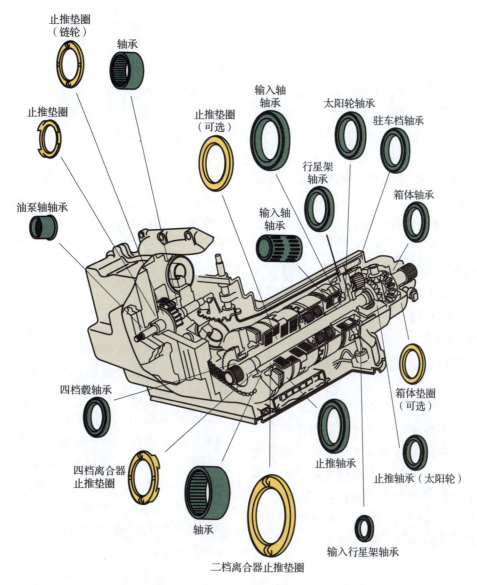

图 5-57 典型变速驱动桥中各种轴承和止推垫圈

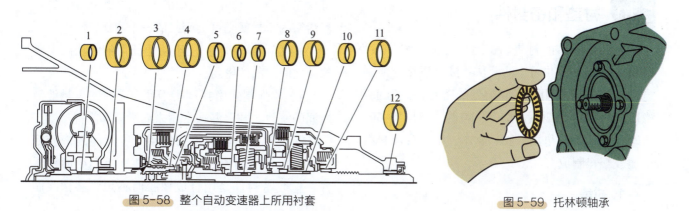

图 5-58 整个自动变速器上所用衬套

1—导轮轴前衬套　2—油泵壳衬套
3—倒档输入离合器前衬套　4—倒档输入离合器后衬套
5—导轮轴后衬套　6—输入太阳轮前衬套
7—输入太阳轮后衬套　8—反作用行星架轴前衬套
9—反作用齿轮衬套　10—反作用行星架轴后衬套
11—变速器箱体衬套　12—延伸箱体衬套

图 5-59 托林顿轴承

外座圈、滚针和一个保持架组成。有些滚针轴承设计是用于承受径向负荷的，而有些则是用于承受轴向负荷的。

圆锥滚柱轴承的设计目的是要能同时承受径向负荷和轴向负荷。其滚柱的转动轴线与轴承总成的中心轴线成一个角度，而不是与其平行。滚柱还略带锥形以适应内、外座圈的角度。轴承总成由内座圈、滚柱、保持架和外座圈组成。圆锥滚柱轴承一般成对使用，而且很少用于自动变速器。它们通常用于主减速器单元中。

自动变速器中最大的径向负荷由滚柱或球轴承承受。球轴承除了其座圈为容纳钢球而带有圆弧槽以外，在结构上与滚柱轴承类似。由于圆弧的半径稍大于钢球半径，这使其相比滚柱轴承减少了较多的承载面积。球轴承也可承受较小的轴向负荷。有些球轴承会内置有唇形密封件以保留润滑脂。

目前在变速器中会用到各种不同尺寸和类型的卡环。内、外卡环在整个变速器中用作固定装置。内卡环用于将伺服总成与离合器总成固定在一起。在实际应用中，卡环也有可供选择的不同厚度，因而可用来调整多片式离合器的间隙。离合器总成的某些卡环制成波浪形以平滑离合器的应用。外卡环用于将齿轮和离合器组件固定在它们的轴上。

5.10 衬垫和密封件

自动变速器的衬垫和密封件有助于将油液保留在变速器中，并防止油液从各液压回路中泄漏。自动变速器中会用到不同类型的密封件，它们用橡胶、金属或聚四氟乙烯等材料制成（图5-60）。自动变速器的衬垫用橡胶、软木、纸、合成材料、金属或塑料制成。

1. 衬垫

衬垫用于将两个零件密封到一起，或为油液提供一个从变速器某个零部件流到另一个零部件的通道。衬垫很容易根据它们的具体应用而分成硬衬垫和软衬垫这两个单独的类别。只要零件上要被密封的表面是平整的，就会用硬衬垫。这类衬垫通常是由纸质材料制成的。硬衬垫的一个常见应用是用于阀体和油泵与变速器箱体之间的密封。硬衬垫还经常用来引导油液的流向，或密封阀体和隔板之间的某些通道。

当密封面不规则或密封面在部件拧紧到位时可能会发生形变的地方使用的衬垫称为软衬垫。软衬垫应用的典型地方是油底壳，它将油底壳密封在变速器箱体上。油底壳的衬垫通常是由橡胶和软木制成的混合型衬垫。但有些较新型的变速器用硅胶（RTV）密封件取替衬垫来密封油底壳。

2. 密封件

当各种阀和变速器轴在变速器内运动时，必须将油液和压力保持在其孔中。任何泄漏都会降低压力，并导致变速器运行不良。密封件用来防止油液从阀、轴和其他运动零部件周围泄漏。橡胶、金属或聚四氟乙烯材料的密封件用在整个变速器中以提供静密封和动密封。静密封和动密封又可以分为强制式密封和非强制式密封。下面是对每一种密封的不同基本分类定义。

1）静密封：一种用在相互没有运动关系的两个零部件之间的密封，例如油底壳和箱体以及油泵和箱体的衬垫。

2）动密封：一种用在相互存在运动关系的两个零部件之间的密封。其运动可以是旋转的，也可以是往复（上下）运动的。自动变速器中离合器活塞的密封就是这类密封的一个实例。

3）强制式密封：用于防止任何油液从两个零部件之间泄漏的密封。

4）非强制式密封：用于允许受控的少量油液泄漏的密封。其泄漏通常用来润滑运动零件。

在自动变速器中主要使用三种类型的橡胶密封件：O形密封圈、唇形密封件和矩形截面密封件。橡胶密封件是用合成橡胶而不是天然橡胶制成的。

（1）O形密封圈 O形密封圈是具有圆形横截面的圆形密封件。O形密封圈通常安装在被密封零件内径的一个环槽中。当另一个零件插入

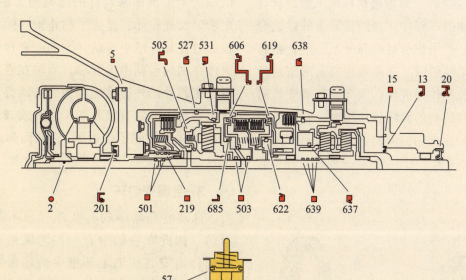
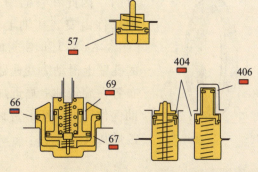

图 5-60 典型变速器中各种密封件的位置

2—涡轮轴前油封圈　201—液力变矩器油密封件总成　606—前进离合器活塞　5—油泵密封件
219—超速档离合器壳油封圈　619—直接档离合器活塞　13—输出轴密封件　404—三档离合器蓄能器活塞外侧密封件
622—直接档离合器中间密封件　15—延伸箱体密封件　406—三档离合器蓄能器活塞内侧密封件
637—中间离合器活塞内侧密封件　20—传动轴前滑动叉油密封件总成　501—涡轮轴后油封圈
638—中间离合器活塞外侧密封件　57—手动2/1档制动带伺服活塞密封件　503—涡轮轴中间油封圈
639—直接档离合器壳油封圈　66—低/倒档伺服活塞密封件　505—超速档离合器活塞总成
685—前进档离合器活塞中间密封件总成　67—低/倒档蓄能器活塞外侧油封圈　527—四档离合器活塞内侧密封件
69—低/倒档蓄能器活塞内侧油封圈　531—四档离合器活塞外侧密封件

其配装孔并穿过O形密封圈时，处在插入零件和环槽之间的O形密封圈受到压缩。这种压力使O形密封圈变形，并在两个零件之间形成紧密的密封。

O形密封圈可用作动密封件，但最常用作静密封件。当零件的轴向运动量相对较少时，O形密封圈可用作动密封件（图5-61）。如果有较大的轴向运动，O形密封圈会因其在环槽中滚动而快速损坏。O形密封圈从不用来密封有旋转运动的轴或零部件。

图 5-61 安装在离合器活塞上的典型O形密封圈

（2）唇形密封件　唇形密封件用来密封具有轴向或旋转运动的零部件。它们是圆形的以适合安装轴的周圈，但用作密封的部分不是整个密封件，而是一个柔性唇缘。这种柔性的唇形密封件通常用合成橡胶制作并成型，因此当其被安装时会产生弯曲而向锋利的唇缘施加压力。唇形密封件安装在输入和输出轴的周圈，以保留箱体内的油液并防止灰尘进入（图5-62）。这类密封件中有些是双唇式的。

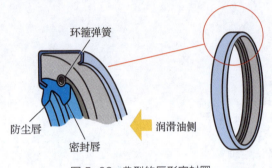

图5-62　典型的唇形密封圈

当密封唇缘处在密封件外径的周圈上时，它可用作活塞的密封件。活塞密封件的设计目的是要密封高压，因此密封件的安装方向应确保密封唇缘朝向加压油液的来源方向。当油液推向密封唇缘时，压力油液会将唇缘有力地压向缸筒壁面，从而形成紧密密封。当施加在唇形密封圈上的压力降低或解除时，唇缘也随之放松密封。

唇形密封件也常用作轴类零件的密封。当用来密封旋转的轴类零件时，密封唇缘是在密封件内径的周圈上，而密封件的外径黏合在金属骨架的内侧。金属骨架的外侧压入安装孔中。为了帮助在旋转轴上保持良好的密封压力，在密封唇缘后面装有一个环箍弹簧。这个环箍弹簧推动唇缘以提供与轴的均匀接触。轴类密封件的设计目的不是为了保留加压的油液，而是为了防止油液越过轴泄漏而流出到箱体外。弹簧和唇缘的张力设计允许有约0.0001in（约0.00254mm）的油膜，该油膜充当唇缘的润滑剂。如果此允许值增加，油液就会越过轴而泄漏；但若过小，将导致轴和密封件过度磨损。

（3）矩形截面密封件　矩形截面密封件与O形密封圈类似，但它能比O形圈承受更多的轴向运动。矩形截面密封件的横截面为矩形或方形。之所以如此设计，是为了防止密封件在轴向运动较大时在其环槽中滚动。增加的密封性源自于密封件在轴向运动中的变形。当轴在密封件中移动时，密封件的外边缘比内边缘移动得更多，从而导致密封边缘的直径改变（增大或减小取决于安装在零件的外侧还是内侧），从而形成更紧密的密封。

3. 金属密封环

自动变速器中的有些部分是不要求强制密封的，因此在它们中有一些泄漏是允许的。这类部件由安装在轴上环槽中的环形密封件密封（图5-63）。环形密封件的外径将紧贴在轴所插入的孔壁上滑动。变速器中的大多数环形密封件都布置在旋转轴上靠近加压油液出口的地方，以帮助保住压力。环形密封件由铸铁、尼龙或聚四氟乙烯制成。

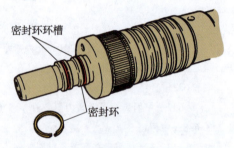

图5-63　金属密封环配装在轴上的切槽中

自动变速器中使用了三种类型的金属密封件：端口为对接式、开口式和搭钩式三种密封环。对接式密封环与开口式密封环在外观上大致相同，但开口式密封环安装后会在其两端口之间仍留有一个缝隙。搭钩式密封环（图5-64）在其两端口上各有一个搭钩，它们在安装过程中被扣在一起以提供比开口式或对接式密封环更好的密封效果。

4. 聚四氟乙烯密封环

有些自动变速器用聚四氟乙烯密封环取代金属密封环。聚四氟乙烯密封环能够提供更柔软的密封面，从而减少配合表面的磨损，因此可有更持久的密封。除了搭接的类型不同外，聚四氟乙烯密封环在外观上与金属密封环相似。端口锁定式聚四氟乙烯密封环的端部是以一定角度切断的，所以这类密封环通常又称为斜切口式密封环（图5-65）。

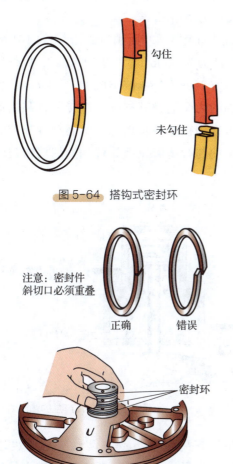

图5-64 搭钩式密封环

图5-65 斜切口式密封环

许多较新型的自动变速器采用了完全整体式的聚四氟乙烯密封环。尽管这种整体式密封环的安装需要一些特殊工具，但它们提供了近乎强制性的密封，因此它们形成的密封性能比其他金属密封环更好。

通用汽车公司在一些新型变速器上使用了不同类型的合成密封件，这类密封件所用的材料是聚酰亚胺（Vespel），它是一种类似塑料的柔韧且高耐用材料。

5.11 主减速器和差速器

传动系统中的最后一组齿轮是主减速器。在大多数RWD汽车中，主减速器位于后桥壳中。在大多数FWD汽车中，主减速器位于变速驱动桥内。一些采用纵置发动机的FWD汽车将主减速器和差速器放置在用螺栓固定在变速器上的单独箱体内。AWD和4WD车辆在前后驱动桥上都有一个主减速器单元。

FWD车辆的主减速器有四种常见配置：螺旋斜齿轮、行星齿轮、准双曲面齿轮和链传动。螺旋式、行星式和链式主减速器装置与横向安装的发动机一起使用。准双曲面主减速器齿轮组件通常用于发动机纵向放置的车辆中。准双曲面齿轮组件基本上与用于RWD车辆上使用的相同，并直接安装在变速器上。

有些变速驱动桥通过两个螺旋斜齿轮将动力发送给一根过渡轴。与过渡轴的另一端相接的螺旋小齿轮驱动差速器齿圈和差速器架，再由差速器总成驱动半轴和车轮。

有些变速驱动桥使用单行星齿轮组作为其主减速器，而不是在主减速器总成中使用螺旋斜齿轮或直齿轮。该行星齿轮组的太阳轮由主减速器的太阳轮轴驱动，该轴通过花键连接在变速器齿轮组的前行星架和后齿圈上。主减速器太阳轮与主减速器行星小齿轮啮合，主减速器的行星小齿轮在其行星架中的轴上转动。小齿轮还与齿圈啮合，齿圈由花键连接到变速驱动桥壳上。行星架是差速器壳体的一部分，上面装有典型的差动齿轮装置、两个小齿轮和两个半轴齿轮。

行星主减速器总成的齿圈在其外圆周上带有凸舌，这些凸舌装入变速驱动桥箱体内加工出的凹槽中。这些凸舌和凹槽使齿圈保持静止。变速器的输出连接到行星齿轮组的太阳轮上。在运行中，变速器的输出驱动太阳轮，太阳轮随之驱动行星小齿轮转动，使小齿轮绕固定的齿圈内侧爬行。旋转的行星小齿轮驱动行星架和差速器壳。这种组合提供了可从单行星齿轮组获得的最大转矩倍增。

链传动主减速器总成使用多节式链条来连接与变速器输出轴相连的主动链轮和与差速器小齿轮轴相连的从动链轮。这种设计可允许将差速器布置在驱动桥壳内的较远位置。主减速比由从动链轮与主动链轮尺寸之比来确定。

5.12 液压系统

液压系统使用油液进行工作，在自动变速器中，这种油液是自动变速器油。自动变速器油是石油工业为汽车生产的最复杂的油液之一。

自动变速器的油泵是所有油液在液压系统中流动的动力源。油泵提供持续的压力油液来操作、润滑和冷却变速器。压力调节阀通过改变油液压力来控制变速器的换档品质，对配有调速器的变速器来讲，还控制换档点。流向控制阀将加压油液引导到相应的应用装置以改变传动比。液压系统还使液力变矩器（T/C）始终充满油液。

变速器油的储存装置是变速器的油底壳，油液从油底壳中吸出并再回流到油底壳。油液流动的压力源是油泵。阀体中含有各种控制阀，它们用来调节或限制油液在变速器中的压力和流向。液压系统的输出装置是被液压操作的伺服机构或离合器。

自动变速器使用自动变速器油的液体压力来控制行星齿轮组的动作。通过使用各种压力调节装置和控制阀来调节油液压力并引导它们去完成自动换档。

由于液体是理想的压力传递物质，因此它能在提高作用力方面起到很好的作用。而且液体是不能被压缩的，所以当液压缸中的活塞在移动并排出液体时，在其液压回路中的液体是均匀分布的。

> **参见**
>
> 有关液压的基本知识和使用液压获得机械增益的内容参见《汽车维修技术基础（原书第7版）》第3章。

5.13 液压装置在变速器中的应用

自动变速器中常见的液压系统是控制制动带应用的伺服器总成。当制动带被使用时，它必须紧紧地抱住它所包住的鼓或行星架。制动带的抱紧能力由其结构和施加给它的压力决定。该压力或保持力是伺服器作用的结果。伺服器通过液压作用使压力倍增。

如果伺服器活塞面积为2.5in²（约1613mm²）、施加的压力为100psi⊖（约689kPa），则伺服器的作用力为250psi（约1.7MPa）（图5-66）。由伺服器施加的力又通过其杠杆式连接装置和制动带的自增力作用被进一步增加。由制动带施加的总的作用力使与行星齿轮组元件相连的旋转鼓停住并保持不动。

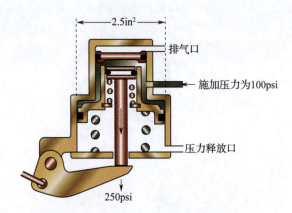

图5-66 计算由伺服器总成产生的输出力

多片式离合器（或制动器）总成也用于停止和锁定行星齿轮组的元件。该总成也是利用液压装置来增加其夹紧力的。假设施加在离合器总成上的油液压力为70psi（约483kPa），离合器活塞的直径为6in（约152mm），即活塞面积为28.27in²（约181.46cm²），则施加到离合器组上的力为1979lbf⊖（约8.8kN）。如果离合器总成使用碟形弹簧或活塞弹簧，会增加1.25倍的机械增益，则可得到接合离合器的总作用力将为1979lbf乘以1.25，即2474lbf（约11kN）。

1. 自动变速器油的功用

自动变速器油循环流过变速器和变矩器以及变速器的零部件从而使变速器得到冷却。受热的油液通常都是流到变速器的液冷却器，并在此处散去热量。当油液润滑和冷却变速器时，还同时

⊖ psi 是 pounds per square inch 的缩写，即磅每平方英寸。1psi=6.894757kPa。
⊖ 1lbf=4.44822N。

清洗了零部件：杂质由油液带到滤清器，并通过滤清器去除这些杂质。

自动变速器油的另一项关键任务是其在换档方面的作用。自动变速器油在压力的作用下流过整个变速器，并引起不同控制阀移动。自动变速器油的压力随发动机转速和负荷的变化而变化。

自动变速器油还用于操作变速器中的各种应用装置（如离合器和制动带等）。在适当的时间打开切换阀，并将加压的油液输送给接合或分离行星齿轮组的应用装置。阀体中包含了各种控制阀和液压回路。

2. 储油装置

油液存储装置存储油液并为液压系统提供油液的稳定来源。自动变速器的储油装置通常位于变速器箱体底部的油底壳。借用大气压力将自动变速器油从油底壳吸出并进入油泵，然后经循环通过规定的回路返回油底壳。通常用放置在变速器加注油管中的油尺来检查油液的液面高度，并通过加注油管将自动变速器油添加到变速器中。有些自动变速器在其油底壳或变速器的侧面配有一个用于检查变速器油液面高度的螺塞。

3. 通气

所有自动变速器都必须有空气通风孔。当油泵在其进油口处产生低压时，通气孔允许大气压力进入并协助油液进入油泵。许多自动变速器的油底壳是通过油尺的手柄来通气的，而其他自动变速器则依靠其箱体上的通气孔。变速器还必须通过通风以便释放出由变速器内的热量和零部件运动所积累起的空气压力。这些零部件的运动会迫使空气进入自动变速器油，这会使自动变速器油无法提高压力和对变速器进行适当冷却或润滑。

4. 变速器冷却器

散去自动变速器油的热量对变速器的耐用性来讲极其重要。自动变速器油过热会导致油液分解，一旦分解将不能很好地润滑，而且其抗氧化性将变差。氧化的自动变速器油可能会损坏变速器的密封件。当变速器在自动变速器油过热情况运行一段时间后，变速器的内部会形成漆膜，堆积在控制阀上的漆膜会导致控制阀粘住或移动缓慢，其结果是换档品质不良以及摩擦表面产生釉层或烧损，继续使用将导致需要对变速器进行大修。

需要注意的是，自动变速器油的设计工作温度为175℉（80℃），自动变速器油在此温度下可在10万mile（约16万km）内保持其有效性。但当工作温度提高时，油液的使用寿命会快速降低，工作温度增加20℉（约7℃）将使自动变速器油的使用寿命减少一半。

变速器箱体上配有自动变速器油冷却器的管路，它们将热的油液从液力变矩器引导到变速器的冷却器，该冷却器通常布置在车辆的散热器中（图5-67a）。油液的热量通过冷却器得到消散，而冷却后的油液再返回变速器。在某些变速器中，冷却后的油液直接流向变速器的衬套、轴承和齿轮，然后再循环通过变速器的其余部分。冷却后的油液在有些变速器中是先返回油底壳，再从那里吸入油泵，然后循环通过整个变速器。

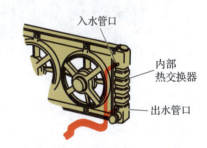

a）位于散热器中的变速器冷却器（热交换器）

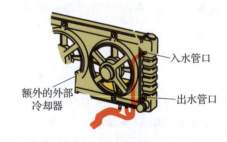

b）在普通冷却器回路中增加的辅助冷却器

图5-67 冷却器的结构

有些车辆，例如重型车辆，除了散热器中布置了一个冷却器外，还配备了一个额外的油液冷却器（图5-67b）。该冷却器在油液被送回到变速器之前，可从油液中去除更多的热量。

5. 阀体

为了使自动变速器有效工作，必须在适当的时间释放和应用制动带、多片式离合器和制动器。阀体总成（图5-68）负责对整个变速器中加压油液的控制和分配。该总成由两个或三个主要部件组成：阀体、隔板和传输板。这些部件作为一个整体用螺栓固定在变速器箱体上。阀体由铝或铸铁加工而成，其上具有许多精密加工的孔和油道。各种控制阀安装在相应的阀孔中，油道将油液引导到各种控制阀和变速器的其他部件。隔板和传输板用来密封其中一些通道而使油液流向设定的通道。

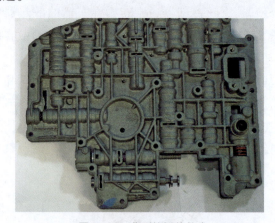

图5-68 典型的阀体总成

阀体的作用是对发动机和车辆载荷做出感知和响应以很好地满足驾驶员的需求。阀体通常配有三种不同类型的控制阀：单向球阀、提升阀和滑阀。这些控制阀的作用是通过启动、停止或使用可移动的零部件来调节和引导油液在整个变速器中的流动。

（1）单向球阀 单向球阀是一个落座在阀体中球座上的球。单向球阀借助油液压力工作，未工作时落座在阀座上以阻止油液流动（图5-69）。相反侧的油压使单向球阀离座。单向球阀可以是常开的，此时允许压力油液自由流过；也可以是常闭的，它阻止压力油液流过。

单向球阀有时会有两个阀座，分别利用来自两个方向的油压来落座或离座以阻止和引导这两个方向的油液流动。

（2）提升阀 提升阀（菌形单向阀，如图5-70所示）可以是球形的，也可以是平板形的。不论什么形状，菌形单向阀都是用来阻止油液流动的。菌形单向阀通常用一个阀杆来引导阀的动作。阀杆通常安装在一个孔中，该孔用来引导阀门的开启和关闭。菌形单向阀往往可瞬间打开并需要机械操作的联动装置迫使阀门关闭。菌形单向阀通常被弹簧保持在关闭位置。

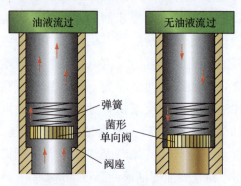

图5-70 典型提升阀的工作状态

（3）滑阀 阀体中最常用的控制阀是滑阀。滑阀（图5-71）看起来像缝纫机绕线梭子。滑阀上大的圆柱部分称为阀肩。每个控制阀至少有两个阀肩，滑阀中的杆状连接部分连接着每个阀肩。阀肩和杆状连接部分之间的空间称为凹部区域，它形成了滑阀和阀体孔间的液压腔室。滑阀能够按照其本身和阀体的设计将油液引导到不同通道。

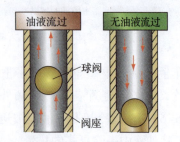

图5-69 单向球阀的工作状态

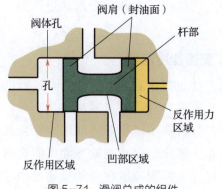

图5-71 滑阀总成的组件

每个滑阀的整个外圆周都经过精密加工，阀肩是滑阀的一部分，它浮在阀体孔内的油液薄膜上。必须非常小心地对待每个阀肩，因为任何损伤，即使是非常小的划痕，都会影响滑阀的平稳滑动。随着滑阀的移动，阀肩将遮挡住（关闭）或露出（打开）阀体内的不同通道口。

反作用力区域也称为反作用力面，它是形成在滑阀端部阀肩外侧的一个空间。反作用力区域的反作用力导致滑阀移动，这些力包括弹簧张力、油液压力或机械联动装置等。

6. 油泵

油液流过变速器的动力源是油泵。自动变速器中常用的油泵有三种：齿轮式（图 5-72、图 5-73a）、叶片式（图 5-73b）和转子式。油泵由液力变矩器的泵驱动毂或油泵轴和/或变速驱动桥上的液力变矩器外壳驱动，因此，只要变矩器壳体旋转就会驱动油泵。油泵驱动流过整个变速器的油液。有些变速器使用离轴的油泵，这意味着油泵布置在离开输入轴的位置，用一根链条来驱动油泵。

图 5-72 齿轮式油泵

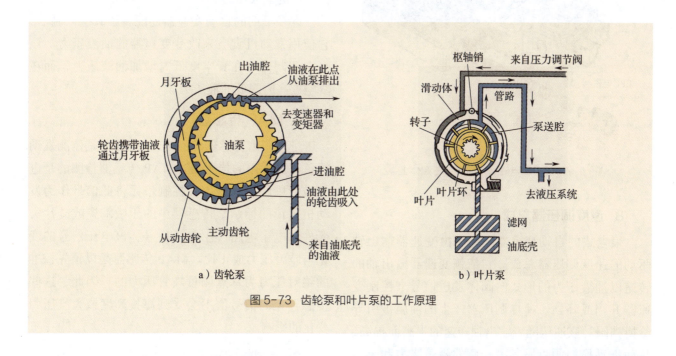

图 5-73 齿轮泵和叶片泵的工作原理

许多变速器使用可变排量式叶片泵，这类油泵在高速运转时减少了不必要的泵送油量，从而提高了传输效率。在当前的自动变速器上，压力控制电磁阀通常用来通过改变油泵壳内的容积来改变油泵的输出（图 5-74）。

如果车辆配备自动启/停功能，则该自动变速器将有一个电动的辅助油泵或一个蓄能器以便在发动机停机时提供油压。

图 5-74 可变排量泵

7. 压力调节阀

自动变速器油泵有能力产生可能导致变速器损坏的过大油压，所以自动变速器都配有压力调节阀，该调节阀通常是一个位于阀体中的滑阀，它在其配装孔中来回切换以打开和关闭卸油通道。通过打开泄油通道，调节阀降低了油液压力。一旦压力降低到预定值，该滑阀将移动以关闭卸油口，使压力重新开始建立。该滑阀的这种行为调节了油液压力。

许多新型的自动变速器采用电子压力控制（EPC或PC）电磁阀来调节系统压力（图5-75）。

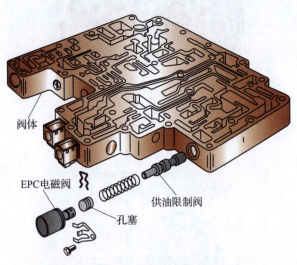

图5-75 EPC电磁阀通常安装在阀体上

8. 速度调压器总成

很老式的自动变速器配备了由变速器输出轴驱动的速度调压器总成。它依赖变速器输出轴的转速以油液压力的形式向阀体发送信号来控制变速器升档或降档。速度调压器产生的油压被引导给换档阀。该油压随着输出轴转速的提高而提高，从而推动换档阀克服其另一侧的弹簧张力和节气门阀的油液压力而产生移动，并导致升档；反过来，转速的降低会导致调速油压降低并降档。

5.14 压力提升

当发动机在大负荷工况下运转时，必须提高油液的压力以增加液压元件的承载能力。增大的油液压力使制动带和离合器所控制的元件保持在一起，以减少在大负荷下打滑的机会。这是通过向压力调节滑阀的一侧输送加压的油液来实现的。该压力作用在滑阀正常运动的相反侧以使卸油口推迟打开，从而允许压力建立到比正常值更高的压力点。

发动机的负荷可通过各类电子传感器（主要是TP和MAP传感器）以电子方式监测到。这些传感器将信号发送到电子控制单元，电子控制单元进而控制阀体上的压力。发动机负荷还可以通过节气门阀的压力来监测。在老式车辆上，加速踏板的运动通过节气门拉索来使阀体中的节气门阀移动。当节气门打开时，阀体中的节气门阀开启并向压力调节器施加压力，从而推迟压力调节阀打开卸油口，使油液压力增加。当驾驶员松开加速踏板后，压力调节阀恢复正常移动，从而保持标准的油液压力。

许多早期的自动变速器还配备了真空调制器，它使用发动机真空来改变变速器的油液压力。该真空调制器可在真空度低时增加油液压力，而在真空度高时降低油液压力。

1. MAP传感器

进气压力传感器（MAP传感器）是监测发动机负荷最常用的传感器。MAP传感器检测的是进气歧管中的空气压力，控制单元将此信号作为发动机负荷的标示。传感器中的压敏陶瓷或硅片类元件和电子电路产生电压信号，该电压信号的变化与歧管压力成正比。MAP传感器是以预先校准的绝对压力为基点测量歧管压力的。因此，这些传感器上的信号值不会受到海拔高度或大气压力变化的影响。

2. 强制降档阀

老式的系统可能有一个强制降档的液压回路，它在驾驶员需要额外动力时提供降档。当加速踏板被踏到底使节气门快速打开至全开时，节气门阀压力迅速增加，同时将高的油压引导给强制降档阀，并使其移动，从而打开一个允许管路油压流向换档阀的油道口。弹簧力、强制降档油压和节气门阀油压的共同作用在换档阀的一侧，将其推动到降档位置，完成强制快速降档。

5.15 换档品质

所有变速器的设计不仅要能按照发动机的转速和负荷、车速以及驾驶员的意图在正确的时间进行换档,还要提供不使驾驶员和乘客感到强烈冲击的更有益的速比变化。如果制动带或离合器被施加得过快,将会产生换档冲击。换档感觉由向每个液压元件施加或释放的压力、加压或泄压的速率以及应用和释放的相对时间所控制。

为了改善档位改变过程中的换档感觉,通常会在多片式组件正被接合时才释放制动带,这两个动作发生的时间必须恰到好处;否则,如果某个部件的应用(或释放)与另一个部件的释放(或应用)出现在同一时间,将导致发动机转速瞬间急剧升高或离合器和制动带打滑。还有一些其他方法用来平顺档位改变和改善换档感觉。

多片式组件中有时会含有一个弹簧钢制成的波形隔离板,该波形板有助于平顺离合器的施用过程。也可以通过在制动带或离合器应用的液压回路中使用节流孔或使用蓄能器活塞来平顺换档感觉。通往施力活塞油道中的节流孔或单向球阀限制在给定时间内能流过的油液量,从而减缓了施力活塞上压力的增加速率。

制造商还使用了电子装置以获得所期望的换档感觉。其中最常用的技术之一是换档电磁阀的脉动(不断地打开和关闭)控制,它是通过允许一定量的滑转来防止齿轮瞬间啮合的。

> ▶ 参见
> 有关电子控制自动变速器的讨论参见第6章。

1. 蓄能器

对于采用制动器或离合器的自动变速器来讲,其换档品质取决于油压使其接合得有多快及其作用在活塞上的压力有多大。有些施加液压的回路使用一个蓄能器来减缓施压的速率,而不是减小施加给装置的保持力。

蓄能器(图5-76)的作用类似于减振器,即缓冲对伺服机构和多片式组件的施压过程。蓄能器通过暂时将一些施压的油液转移到并联的液压回路或腔室中来缓冲液压力的突然增加以使压力逐渐增加,从而提供了自动变速器中制动器和离合器的平稳接合。

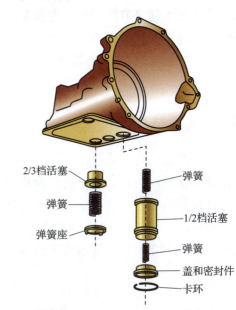

图5-76 用于控制换档感觉的蓄能器组件

一般来说,蓄能器就是一个安装在孔中的大直径活塞,并由一个经校准的大弹簧保持在适当位置,该弹簧反作用于液压力。蓄能器布置在换档阀和保持装置之间的液压回路中。

有些变速器的设计不采用蓄能器来保证换档品质,而是在伺服机构或多片式组件活塞的液压回路中设置了一个节流孔,从而减小了最初施加的压力,但最终会使全部液压力作用在伺服机构或多片式组件的活塞上。

有些自动变速器还将伺服单元用作蓄能器。这类伺服单元通常和中间制动带一同使用,而且是用于从二档或三档的升档。在离合器组件刚刚开始接合时,该伺服/蓄能器单元实际上仍将制动带保持在被使用状态。随着离合器的接合变得更多,制动带被释放,从而防止多片式离合器在升档过程中的猛然接合。

还有一些自动变速器的设计是在伺服机构中内置了多个蓄能器,以使蓄能器能直接对伺服机构的动作做出响应。

2. 换档时间点

对于非电控系统,换档时间点由施加在换档

阀相反两端的节气门阀压力和速度调压器压力决定。当车辆从静止开始加速时，节气门阀的压力高而速度调压器的压力低，随着车速增加，节气门阀的压力降低，而速度调压器的压力增加。当速度调压器的压力超过节气门阀压力和换档阀的弹簧力的总和时，换档阀移动，从而将油液压力切换给相应的应用装置，使变速器升档。

5.16 换档的结构原理

自动变速器能够自动或根据驾驶员的指令来改变速比和输出轴的旋转方向。自动换档可根据发动机的转速和负荷自动改变前进档的速比。在采用电子控制的自动变速器中，是响应于 PCM 对车辆行驶状况的判定。自动变速器不会自动换入驻车档、倒档或空档，这些档位由驾驶员做出选择。驾驶员也可以选择某些前进档，可供手动选择的前进档位随每种变速器型号的不同而不同。

有关自动变速器是如何进行换档的讨论是对自动变速器各部件工作过程的总结。记住，一台自动变速器的具体运行方式取决于它的结构和各部件。本书这部分的讨论内容是基于一台常见的 4 速自动变速器，该变速器的设计采用了一个辛普森行星齿轮组和一个添加的超速行星齿轮组（图 5-77）。在本讨论中未涉及电子控制，这是因为，在能理解电子装置如何改善自动变速器性能之前，重要的是要先理解变速器中行星齿轮组是如何来响应自动变速器中各种液压部件的。这种典型的自动变速器所用的离合器、制动器和制动带见表 5-2，在阅读以下内容时，应参考这两张表⊖。

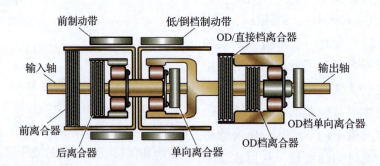

图 5-77 使用辛普森行星齿轮组和添加的超速行星单元的典型 4 速自动变速器

表 5-2 自动变速器的离合器、制动器和制动带的应用

变速杆位置	变速器各离合器和制动器应用					超速档各离合器		
	前离合器	后离合器	单向离合器	前制动带	低/倒档制动带	O/D 档离合器	直接档离合器	单向离合器
P 位位置								
R 位位置	×				×		×	
N 位位置								
D 位位置								
1 档位置		×	×				×	×
2 档位置		×		×			×	×
3 档位置	×	×					×	×
4 档位置	×	×				×		
2 档位置时 -2 档		×		×			×	×
1 档位置时 -1 档		×	×		×		×	×

⊖ 原表中在倒档时对后离合器的应用有误，根据后面论述已改为前离合器。——编译者

1. 驻车/空档

当选择了驻车（P）位时，变速杆将驻车棘爪或杆移入输出轴或最终驱动轴上的驻车齿轮中（图5-78）。变速杆的联动装置同时还移动了手动换档阀，以阻挡住通向离合器和制动带的油液通道。此时，行星齿轮组中没有任何元件接收到输入转矩，也没有任何元件被锁定，因此没有动力输出。油液只是流入液力变矩器并对变速器进行润滑和冷却。在空档（N）位时，除了驻车棘爪不与驻车齿轮啮合外，其他都与变速器处在驻车模式时的状态相同。

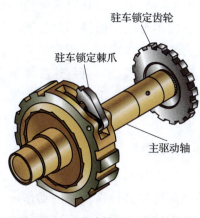

图5-78 驻车齿轮和主驱动轴总成

2. 倒档

当选择倒档后，将移动手动换档阀，这时油液被送至前离合器和低/倒档制动带。由于此时施加到压力调节阀回路中的油液压力是增大后的油压，因此它大于主管路中的油压。这个增大的压力提供了更好的夹紧力，从而防止了离合器和制动带的打滑。

前离合器锁定在其驱动鼓中，使太阳轮成为输入，由于低/倒档制动带固定了后行星轮架，因此太阳轮沿顺时针方向旋转并使后行星小齿轮以逆时针方向转动，小齿轮驱动后齿圈逆时针旋转，由于后齿圈与输出轴以花键连接，因此输出轴的旋转方向与输入轴相反。

当变速器处于倒档时，单独的超速档的行星齿轮组处在直接驱动状态，这是通过把该行星齿轮组的太阳轮和齿圈锁定在一起的超速档的直接离合器的接合来实现的。该离合器还在倒档和前进的低速档时发挥发动机的制动作用。

3. 前进档位

当变速杆移动到D（前进）位时，手动换档阀的位置将允许油液流向后离合器以使其接合，同时油液压力好被引导至换档阀。当车辆停止并处在一档时，其他各档的换档阀在其弹簧张力作用下处在关闭状态。

转矩输入通过后离合器以顺时针方向传递给行星齿轮组的前齿圈，前行星架通过花键连接到输出轴。前齿圈以相同方向驱动前行星齿轮组的小齿轮，进而以相反或逆时针方向驱动共用的太阳轮。当后排行星小齿轮试图转动后齿圈时，后行星架由单向离合器固定住，则只能以逆时针方向转动后行星架。后齿圈通过花键连接到输出轴，因此输出以与输入相同的方向转动，但转矩更大。这是一档。

当变速器处于前进档时，单独的超速档的行星齿轮组处在直接驱动状态。直接驱动模式使变速器这部分的输出与输入直接连接。该单元还使用一个单向离合器，它将连接两个行星齿轮单元的轴与输出轴锁定。

只要单向离合器被锁定或直到1-2换档阀强制升档，这种运行模式将会持续。该单向离合器只有在发动机转矩已从行星齿轮单元上释放，或当车辆以惯性滑行而由输出轴驱动该行星齿轮单元时才会脱开，否则将保持锁定状态。当后行星架随输出轴顺时针旋转时，将使单向离合器释放，由于不再有反作用的元件，因此变速器此时实际上处在空档状态。

当车辆以一档加速时，换档阀自动切换，控制渐进式换档来通过其他各前进档。随着车辆向前行驶，节气门阀的压力增加，从而协助换档阀的弹簧将换档阀停留在一档位置。随着输出轴转速和车速增加，速度调压器产生的压力也增加。一旦该压力大到足以克服换档阀弹簧与节气门阀压力的合力，将推动1-2换档阀开启相应油道。从而引导油液到前制动带，使其固定住驱动鼓和太阳轮。

后离合器此时仍处在接合状态并以顺时针方向驱动前齿圈和前行星小齿轮，前行星齿轮以稍微减速的状态驱动前行星架和输出轴。这是二档。由于后行星架在单向离合器上自由转动，所以后行星齿轮单元不起作用。

随着输出轴转速增加,速度调压器压力继续增大。为移动 2-3 换档阀所需的速度调压器压力要比移动 1-2 换档阀所需的压力大许多。这是因为,它是由更硬弹簧的张力和节气门阀压力来保持的。一旦速度调压器的压力大到足以克服保持 2-3 换档阀的压力,换档阀移动并打开去离合器的油液回路。此时流向前制动带的油液被停止,并释放太阳轮。后离合器仍保持接合,输入转矩通过后离合器施加到前齿圈,并通过前离合器施加到太阳轮。前行星架被锁定在这两个输入元件之间,并以与输入轴相同的转速驱动输出轴。这是三档。

要使 3-4 换档阀移动,所需的速度调压器压力要比移动 1-2 和 2-3 换档阀的压力更大,这仍然是由于该换档阀的弹簧张力更大。一旦车速和输出轴的转速高到足以使速度调压器产生的压力能移动 3-4 换档阀,油液就会被输送到超速档离合器。当出现这种情况时,由于 2-3 换档阀仍停留在其打开的状态,因此直接驱动轴可用来驱动超速档的行星轮。

当压力首次施加到超速档离合器时,超速档离合器中的活塞会压缩直接档离合器的弹簧,从而释放直接档离合器,随后该压力是超速档离合器接合并将太阳轮与变速器箱体锁定。

4. 自动降档

自动变速器升档的出现是因为速度调压器所建立的压力已足以克服换档阀弹簧张力和节气门阀压力。因此,当速度调压器的压力减小到不能再克服这些压力时,就会出现降档;当节气门阀的压力增加到大于速度调压器的压力时,也会出现降档。

在滑行状态下,速度调压器和节气门阀的压力都随着车速降低而减小,自动变速器将通过对这些压力的降低做出响应而开始顺序降档。由于 3-4 换档阀的弹簧张力最大,因此它将是第一个随着速度调压器压力的降低而移动的换档阀。最后一个移动的换档阀是 1-2 换档阀,因为它上面的弹簧张力是所有换档阀中最小的。

当节气门在加速过程中快速打开而使节气门阀的压力增大时,就会出现强制降档。如果速度调压器的压力不足以克服换档阀弹簧和节气门阀压力的合力,换档阀将关闭相应的油道,从而使变速器降到较低的档位,直到速度调压器的压力建立到足以超过换档阀上的弹簧和节气门阀压力的合力为止。

5. 手动低速档

当驾驶员选择 D 位以外的其他前进档位时,由手动换档阀控制其他换档阀的动作。驾驶员通过选择一个档位来告诉自动变速器是停留在该档或是以该档起步。后者通常用于车辆在冰雪或其他湿滑路面上时的起步。

一般来说,变速杆移动到手动换档模式将会抑制换档阀。如果驾驶员在变速器处于三档时选择了二档,则无论车速和发动机转速如何,自动变速器都会降档。这是因为,手动换档阀切断了 2-3 换档阀的管路油压,而使变速器降到二档。

3C:问题(Concern)、原因(Cause)、纠正(Correction)

维修工单					
年份:2014	品牌:丰田	车型:塞纳(Sienna)		里程:94633mile	单号:17045
问题	客户陈述感觉自动变速器的换档好像不正确。				
维修史	两个月前维修过车辆,当时未发现任何问题,上个月还曾用于全家出行度假。				
在确认变速器打滑后,技师检查变速器油并注意到液面高度低,油色很深,且有烧焦味。在得知车辆近期曾维修过,并未发现任何问题后,检查变速器是否漏油,并确认空调冷凝器和散热器前面无任何阻塞物。虽未发现问题,但注意到以前熔丝盒中引出了一根加装电线。检查车辆后部时发现安装了售后市场的拖车钩。与车主的谈话证实,安装拖车钩是为了在度假时拖挂小型露营车。车主没有意识到,在没有附加的变速器油冷却器或其他配套改装前,该车是不适合拖挂其他车辆的。					
原因	因该车的配备不适用拖车,却用来拖带拖车,额外的负荷导致变速器损坏。				
纠正	更换了再制造的变速器,并建议安装辅助的变速器油冷却器。				

5.17 总结

- 液力变矩器是一种液力耦合器，用来将来自发动机的转矩传递给变速器。它根据发动机转速自动接合和断开从发动机到变速器的动力传输。它主要由三个元件组成：泵轮（输入）、涡轮（输出）和导轮（转矩倍增装置）。
- 油液在液力变矩器内部发生的两种流动类型是环流和涡流。
- 单向离合器使导轮总成在一个方向保持不旋转，但允许其在相反方向上自由转动。
- 带锁定离合器的变矩器消除了泵轮和涡轮之间在耦合阶段所发生的滑移。
- 行星齿轮组传递动力并改变发动机的转矩。复合式行星齿轮组组合了两个单行星齿轮组，使载荷可分布在更多的齿数上，从而提高了强度并可在紧凑的空间内获得尽可能多的速比数量。单行星齿轮组包含一个太阳轮、一个装有行星小齿轮的行星架和一个带有内齿的齿圈。
- 行星齿轮组的控制装置包括制动带、伺服机构和离合器。制动带是围绕在鼓外周圈上的制动装置。制动带有单圈和双圈两种类型。简单和复合式伺服机构用于使制动带接合。自动变速器的离合器，无论是单向式的还是多片式的，都具有保持和驱动行星齿轮组元件的能力。
- 复合式行星齿轮组有两种常见的设计：两个行星齿轮组共用一个太阳轮的辛普森式行星齿轮组，以及采用两个太阳轮、两组行星轮和一个共用齿圈的拉威娜式行星齿轮组。
- 有些自动变速器采用以串联方式连接的两个单行星齿轮组。
- 莱普莱捷行星齿轮组依赖于辛普森式和拉威娜式行星齿轮机构的组合。
- 本田的许多变速驱动桥不使用行星齿轮组，而是使用类似于手动变速器的常啮合斜齿轮和直齿轮。
- 大多数无级变速器（CVT）的运行都是以连接在两个可变有效直径带轮之间的钢带为基础的。
- 许多混合动力汽车使用依赖于一个行星齿轮组和两个电机而不是带轮和钢带的CVT。
- 自动变速器使用自动变速器油（ATF）压力控制行星齿轮组的工作。
- 通过使用各种压力调节器和控制阀对自动变速器内的油液压力进行调节和引导以实现自动换档。自动变速器的油泵由液力变矩器外壳以与发动机相同的转速驱动。油泵的作用是在系统中产生油液流动和压力。过高的泵压将受到压力调节阀的限制。安装在自动变速器中的油泵有三种常见类型：齿轮式、叶片式和转子式。
- 阀体是自动变速器的控制中心，它由两个或三个主要部分组成。阀体内部有许多称为阀体油道的通道。
- 控制阀的作用是启用、停止或引导以及调节油液的流动。用于自动变速器的大多数阀体中使用三种类型的阀：单向球阀、提升阀（菌形单向阀）和最常用的滑阀。
- 为防止失速，自动变速器通常都有一个位于阀体中的压力调节阀，它保持基本的油液压力。该压力调节阀向泄压位置的移动由经校准的弹簧张力控制。
- 承受径向载荷的轴承称为衬套，而承受轴向载荷的轴承称为止推垫片。
- 自动变速器的衬垫和密封件协助保留变速器中的油液，并防止油液从各种液压回路中泄漏。自动变速器中使用不同类型的密封件，它们由橡胶、金属或者聚四氟乙烯材料制成。
- 在自动变速器中使用的三种主要类型的橡胶密封件是O形密封圈、唇形密封件和矩形截面密封件。
- 在自动变速器中使用的三类密封环是端口对接式密封环、端口开放式密封环和端口搭扣式密封环。

5.18 复习题

1. 思考题

1）液力变矩器中油液环流式流动和涡流式流动之间的区别是什么？

2）什么部件使导轮总成在一个方向被驱动时不旋转，而在相反方向被转动时可旋转？

3）当变速器被描述为具有串联的两个行星齿轮组时，其意思是什么？

4）用作 FWD 车辆上主减速器的四种常见配置是（　　）齿轮、（　　）齿轮、（　　）齿轮和（　　）。

5）在自动变速器中使用的三种金属密封件是（　　）、（　　）和（　　）密封件。

6）换档感觉是如何来控制的？

7）是什么决定了自动变速器的换档时间点？

8）当发动机负荷增加时，为什么必须增加液压管路压力？

9）在自动变速器中使用的三种主要类型的橡胶密封件是（　　）、（　　）和（　　）密封件。

2. 判断题

1）变速器箱体上通气口的设计目的是要在系统中存在过大压力时允许油液溢出。对还是错？（　　）

2）拉威娜式行星齿轮机构有一个太阳轮、两组行星轮和两个齿圈。对还是错？（　　）

3. 单选题

1）为了在单行星齿轮组中实现较慢的超速档，（　　）。
　A. 太阳轮必须是输入元件
　B. 齿圈必须是输入元件
　C. 行星架必须是输入元件
　D. 必须固定住齿圈

2）在单行星齿轮组中，当行星架被固定时，该行星齿轮组会产生（　　）。
　A. 反向旋转
　B. 直接传动
　C. 快的超速传动
　D. 正向减速

3）单向离合器能够（　　）。
　A. 使行星齿轮组元件静止不动
　B. 驱动行星齿轮组元件
　C. A 和 B 都能
　D. A 和 B 都不能

4）在传统液力变矩器工作在耦合阶段期间，（　　）。
　A. 泵轮和涡轮以基本相同的转速转动
　B. 导轮和涡轮都处在静止状态
　C. 导轮和泵轮都处在静止状态
　D. 导轮与涡轮和泵轮一起转动

4. ASE 类型复习题

1）技师 A 说承受径向负荷的轴承称为碟形垫圈。技师 B 说承受轴向负荷的轴承称为止推垫圈。谁是正确的？（　　）
　A. 仅技师 A 正确
　B. 仅技师 B 正确
　C. 技师 A 和 B 都正确
　D. 技师 A 和 B 都不正确

2）技师 A 说环流是油液因液力变矩器绕其轴线旋转而引起的绕液力变矩器圆周的流动。技师 B 说涡流是由液力变矩器绕其轴旋转引起的。谁是正确的？（　　）
　A. 仅技师 A 正确
　B. 仅技师 B 正确
　C. 技师 A 和 B 都正确
　D. 技师 A 和 B 都不正确

3）技师 A 说导轮有助于将流体从泵轮引导到涡轮。技师 B 说导轮配有一个单向离合器，以使导轮在必要时保持静止。谁是正确的？（　　）
　A. 仅技师 A 正确
　B. 仅技师 B 正确
　C. 技师 A 和 B 都正确
　D. 技师 A 和 B 都不正确

4）技师 A 说辛普森式行星齿轮机构是共用一个太阳轮的两个行星齿轮组。技师 B 说拉威娜式行星齿轮机构有两个太阳轮、两组行星轮和一个共用的齿圈。谁是正确的？（　　）
　A. 仅技师 A 正确
　B. 仅技师 B 正确
　C. 技师 A 和 B 都正确
　D. 技师 A 和 B 都不正确

5）技师 A 说压力调节阀的主要用途之一是给液力变矩器注满油液。技师 B 说压力调压阀直接控

制了节气门阀的压力。谁是正确的?(　　)

A. 仅技师 A 正确

B. 仅技师 B 正确

C. 技师 A 和 B 都正确

D. 技师 A 和 B 都不正确

6) 技师 A 说阀体的作用是增加油液压力以响应发动机转速的增加。技师 B 说阀体通常配有三种不同类型的控制阀,它们可以启用、停止或使用可移动部件来调节和引导油液在整个变速器中的流动。谁是正确的?(　　)

A. 仅技师 A 正确

B. 仅技师 B 正确

C. 技师 A 和 B 都正确

D. 技师 A 和 B 都不正确

7) 技师 A 说发动机负荷的变化会导致自动变速器内部油液压力的变化。技师 B 说发动机负荷是通过加速踏板的移动或发动机的真空来监测的。谁是正确的?(　　)

A. 仅技师 A 正确

B. 仅技师 B 正确

C. 技师 A 和 B 都正确

D. 技师 A 和 B 都不正确

8) 技师 A 说液力变矩器后面的壳体用螺栓固定在挠性板上。技师 B 说挠性板的设计具有足够的挠性以允许变矩器的前部在变矩器因受热或压力而膨胀或收缩时可前后移动。谁是正确的?(　　)

A. 仅技师 A 正确

B. 仅技师 B 正确

C. 技师 A 和 B 都正确

D. 技师 A 和 B 都不正确

9) 在讨论莱普莱捷式行星齿轮系统时,技师 A 说它是由两个单行星齿轮组以串联方式连接起来的;技师 B 说这类系统是依靠行星轮的各种组合来获得更多前进档数量的。谁是正确的?(　　)

A. 仅技师 A 正确

B. 仅技师 B 正确

C. 技师 A 和 B 都正确

D. 技师 A 和 B 都不正确

10) 在讨论丰田混合动力汽车中使用的 CVT 变速驱动桥时,技师 A 说该驱动桥包含两个电机、一个差速器和一个单行星齿轮组;技师 B 说该行星齿轮组调整带轮的直径以提供各种速比。谁是正确的?(　　)

A. 仅技师 A 正确

B. 仅技师 B 正确

C. 技师 A 和 B 都正确

D. 技师 A 和 B 都不正确

第 6 章
电控自动变速器

学习目标

- 能简述哪些因素决定了变速杆在每个档位时的换档特性。
- 能识别典型电子控制系统中的输入和输出装置,并简述每种装置的功用。
- 能诊断电子控制系统并确定所需的维修作业。
- 能对电控自动变速器(EAT)系统进行初步检查并确定所需的维修作业。
- 能执行变矩器锁定离合器系统的测试并确定所需的维修作业。
- 能检查、测试和更换电气/电子传感器。
- 能检查、测试和更换执行器。

第 6 章 电控自动变速器

3C：问题（Concern）、原因（Cause）、纠正（Correction）

维修工单			
年份：2007	品牌：起亚	车型：Optima	里程：164366mile	单号：17087
问题	客户陈述变速器不能换档，好像卡在某个档位上。			
根据此客户提出的问题，运用本章所学内容，确定该车问题的可能原因、故障诊断方法以及解决该问题的必要故障维修步骤。			

变速器的电子控制系统可在遇到确定的行驶状况时提供自动换档。电子技术的应用可使变速器具有更佳的换档时刻和换档品质。因此，电控自动变速器（EAT）有助于提高燃油经济性、降低尾气排放水平和改善乘坐舒适性。尽管这类变速器的功用与早期的液压式自动变速器一样，但它是由计算机决定其换档时刻点和换档品质的。计算机使用来自不同传感器的输入信号，并将这些信息匹配于预先确定的程序。

如今的电控自动变速器还具有自诊断能力，并能准确控制换档期间的主油路压力、应用压力、TCC 动作和发动机转矩。电控变速器通常没有速度调压器和节气门阀压力装置。控制单元监测和控制换档电磁阀的行为（图 6-1）。电磁阀不直接控制变速器的离合器和制动带。离合器和制动带的接合和分离方式与液压控制变速器相同。电磁阀仅仅是控制油液的压力，并不直接执行机械性的功能。

电控自动变速器系统中有一个中央处理单元、一些输入信号和输出信号（图 6-2）。中央处理单元通常是一个用于控制变速器的独立计算机。计算机接收来自各种输入并通过控制电磁阀来控制油液流向应用装置和变矩器锁定离合器的油压和流向。该计算机可能是变速器控制模块（TCM）、车身控制模块（BCM），或动力传动系统控制模块（PCM）。一些制造商将 TCM 布置在变速器内部的阀体上。这样做可减少所需的电气插接器和连接线数量。TCM 与 CAN 总线串行，并与 PCM 共享信息。

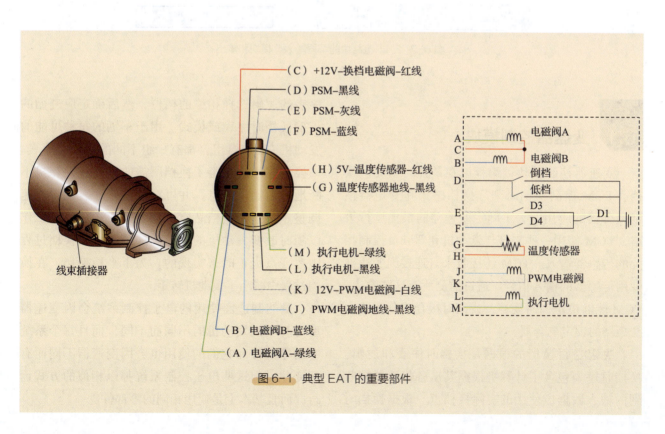

图 6-1 典型 EAT 的重要部件

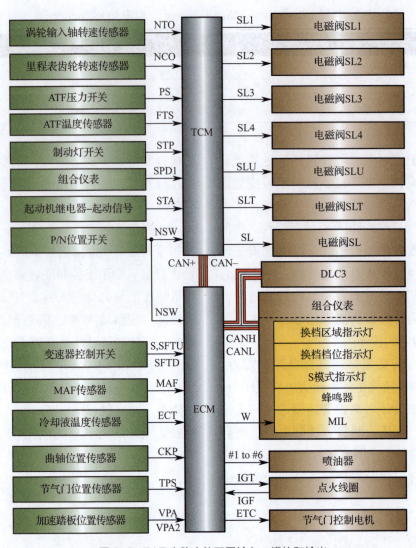

图6-2 EAT电路中的不同输入、模块和输出

6.1 变速器控制模块

变速器控制模块被编程以在最佳时刻提供换档。TCM控制换档时刻、换档感觉和变矩器锁定离合器的应用。为了确定变速器的最佳运行策略，TCM使用一些来自与发动机和驾驶员控制相关的传感器输入。TCM还接收来自连接到变速器专用传感器的输入信号。通过监测所有这些输入，TCM能够决定何时换档，或何时接合或分离液力变矩器的锁定离合器。

决定是否换档的根据是换档时序表和逻辑。换档时序表包含了计算机根据其从各传感器接收到的输入数据应使用的实际换档点。根据换档时序表的逻辑选择相称的档位，然后确定应遵循的正确换档时序表或模式。用于车辆的每种可能的发动机/变速器组合都有一组不同的换档时序表。该换档时序表设定了换档所需的条件。计算机不断地检验输入信息，并可对换档时序表进行迅速调整。为控制换档品质，TCM与PCM协调工作以随时改变发动机的输出。这是通过在换档过程中改变点火正时来实现的。为了平稳换档，在换档过程中减小了发动机转矩。

虽然制造商使用的电子控制系统会因变速器型号和所配发动机的不同而不同，而且每个系统中的零部件和它们的使用也会因变速器不同而有所变化，但这些电子控制系统都以相似的方式运行，而且基本上是使用相同的零部件。

1. 输入

计算机所接收的信息可能来自两个不同的来源：直接来自传感器的或通过连接车辆上所有计算机系统的 CAN 通信总线获得的（图 6-3）。TCM 使用通常与发动机相关的输入来决定最佳换档点，其中许多输入是从公共数据总线上获取的。其他的一些信息，例如对发动机和车身的识别、TCM 的目标怠速和速度控制操作都不是传感器监测的结果，而是由 TCM 计算或确定并提供在总线上的。

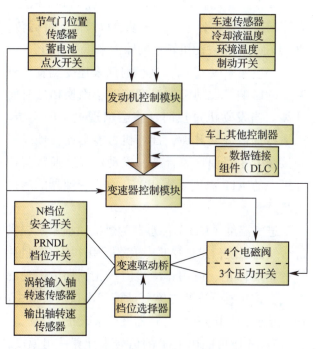

图 6-3 典型电控变速器的电路示意图

注：CCD 数据总线是该多路传输电路上其他输入的数据源。

TCM 所用的典型数据输入包括：加速踏板位置（APP）和节气门位置（TP）、发动机负荷、发动机转速、档位或手动换档的选择、车速、歧管绝对压力（MAP）、质量空气流量（MAF）、进气温度（IAT）、大气压力（BARO）、发动机冷却液温度（ECT）、自动变速器油液温度（TFT）、曲轴位置（CKP）、管路压力、变速器输入轴转速、变速器中间轴转速、变速器输出轴转速、制动开关状态、空调开关状态、巡航控制开关状态。

这些输入为 TCM 提供了有关发动机和变速器工作状态的信息。通过这些信息，TCM 才能根据发动机的温度、转速和负荷来控制换档和液力变矩器离合器的应用。

直接连线至 TCM 的输入通常在总线电路上是无法使用的，因为其中许多传感器产生的是模拟信号，它们必须先转换为数字信号才能被 TCM 应用。这类转换由模/数（A/D）转换器、PCM 或数字传送适配控制器（DRAC）来处理。这类器件通常将模拟的交流信号转换为 5V 的方波数字信号。

TCM 通过各速度传感器和档位传感器来持续监测变速器内部所发生的情况。这些传感器告诉 TCM 是否在正确换档以及出现在什么速度。一旦 TCM 发出换档指令，电磁阀会通电并以液压方式控制相应离合器或制动带的接合。

（1）ON/OFF（通/断）开关　在 EAT 的控制中使用了几个简单的开关。开关的数量和用途取决于系统。当施用制动时，制动踏板位置（BPP）开关告知 TCM 此时需要分离变矩器的锁定离合器。BPP 开关在踏下制动踏板时闭合，而在释放制动踏板时断开。该开关的输入除了在一些系统中用来发送发动机制动的请求外，它对变速器的升档或降档都影响很小。

变速器控制（TC）开关是位于变速器变速杆上的瞬时接触开关，它可使驾驶员取消超速档的运行。当按下 TC 开关时将会向 PCM 发送一个信号以解除超速档运行，同时 PCM 将点亮变速器控制指示灯（TCIL）以提示驾驶员已取消超速档。

空调（A/C）请求开关告知 TCM 空调已接通，TCM 随后将改变管路压力和换档时刻以适应由 A/C 系统产生的发动机附加负荷。当空调压缩机的离合器接合时，TCM 调节电子压力控制（EPC）的压力以补偿发动机附加负荷带来的影响。

EAT 还有巡航控制的输入以便在启用巡航控制时通知 TCM。在此模式下，将改变换档模式以减少过多和过猛的换档。可能还有一个四轮驱动低速档（4WDL）的档位开关，以使 TCM 知道四轮驱动分动器何时处于其低速档位。

（2）数字式档位传感器　TCM 查看的第一个输入是变速杆的位置。所有换档时序表是以驾驶员选择的档位为基础的。这些时序表通过变速杆所处位置和当前档位进行编码，并使用节气门开启角度和车速作为主要决定因素。数字式档位（TR）传感器告知TCM驾驶员所选择的档位。该传感器可能还包含一个空档安全开关和倒车灯开关。TR传感器一般为多极式ON/OFF开关（图6-4）。数字TR传感器可能位于变速器外的手柄上，也可能位于TCM内部或是TCM的一部分。

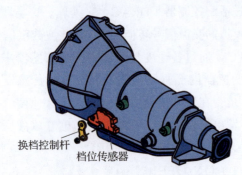

图6-4 档位（TR）传感器

（3）加速踏板位置（APP）和节气门位置（TP）传感器 根据车辆是否采用线控方式，APP或者TP传感器将响应节气门开度的电压信号发送给TCM。该信号不仅用来告知TCM驾驶员的意图，还用来取代液压系统中节气门阀压力的连接装置。APP/TP传感器对EAT的运行非常重要，并用于换档时序表、EPC和TCC的控制。

如果APP/TP的信号错误，将会影响变速器在加速过程中的强制降档以及正常行驶时的升档和降档。当TCM不能获得良好的信号时，它可能用基于数据总线上其他输入"计算"出的TP值作为替换。不管怎样，TCM始终会根据其编程和输入来计算TP。该计算是换档模式逻辑中最重要的输入之一。非常小的APP/TP角度将导致过早的升档，非常大的角度将导致过早的降档。

（4）质量空气流量（MAF）传感器 MAF传感器测量流入发动机的空气质量，其信号主要用于计算喷油器的喷油脉宽。它还用于计算发动机的负荷和调节电子压力控制（EPC）、换档和TCC的时序表。根据所使用的燃油喷射系统类型（速度密度型或质量流量型），可用TP传感器、MAP传感器和/或滑板式空气流量传感器（VAF）或MAF传感器来确定发动机的负荷。

大气压力传感器（BARO）的信号用于根据海拔高度变化来调整液压系统的管路压力。也可能不使用该传感器的输入，这取决于车辆配备的进气空气监测系统的类型。在那些使用BARO传感器作为输入来源的车辆上，该传感器可能集成在PCM上，也可能安装在PCM外部。

（5）发动机转速 为了确保变速器在正确的时间换档，TCM必须接收到发动机转速的输入。这是通过点火模块，或PCM通过串行数据总线，或通过来自CKP传感器和TCM之间直接连接的专用电路来完成的。采用直接连接方式可消除总线电路上的时间延迟，使TCM始终知道当前的发动机转速。该输入用来确定换档时刻，节气门全开（WOT）时的换档控制、TCC控制和EPC压力控制。此外，为了防止发动机以过高速度运转，TCM将会根据发动机转速的输入来指令升档。

（6）温度传感器 换档时序表还受到发动机温度的影响。发动机的温度有时会因换档延时而升高。当发动机过热时，将会出现更早的换档。如果冷却液温度升高，计算机可能会在二档或三档接合变矩器锁定离合器。发动机温度通常与计算机中的ATF温度紧密相关，它对变速器的运行极其重要。

进气温度（IAT）传感器为燃油喷射系统提供混合气的温度信息。IAT传感器既用作空气流量计算的密度修正，还用作冷机时按比例加浓燃油混合气。该传感器安装在空气滤清器出口的管道中。IAT传感器还用于确定变速器液压系统的管路压力。

TCM还可能用IAT的信号来计算一组温度，之后用该温度来估算变速器油液的温度。

（7）变速器油温（TFT）传感器 该传感器通常位于阀体上，TCM通过其传感器的信号得知ATF的温度是多少。该传感器是一个热敏电阻，其输出信号随ATF温度而变化。TCM使用此信号来控制换档时刻、换档感觉和TCC的接合。当信号反映正常工作温度时，变速器正常换档，但当变速器油温过冷或过热时，将会改变换档控制。

当变速器油温过高时，TCM将以可使变速器得到冷却的方式运行变速器。换档会比正常情况时更早发生。当变速器油温过低时，会使换档延迟以帮助提高油温。变速器油温与其他输入一起用来控制TCC离合器的接合。当油温低时，TCM将阻止TCC接合，直到变速器油液达到一个特定温度。

有些变速器根据变速器油温而应用不同的换档时序表。表 6-1 显示了克莱斯勒 45RFE 变速器在不同 ATF 温度时的运行特点。

表 6-1　克莱斯勒 45RFE 变速器在不同 ATF 温度时的运行特点

温度范围	档位工作	TCC 工作
低于 -16℉（-27℃）	仅运行在 P、R、1 和 3 档	不工作
-12~10℉（-24~-12℃）	2—3 档和 3—4 档延迟升档，从 4—3 档和 3—2 档提前降档	不工作
10~36℉（-12~-2℃）	所有换档都延迟	不工作
40~80℉（4~27℃）	正常换档	不工作
80~240℉（27~116℃）	正常换档	正常运行
高于 240℉（116℃）或发动机过热	2—3 档和 3—4 档换档延迟	运行，且时间较长
超过 260℉（127℃）	2—3 档和 3—4 档换档更多延迟	有，几乎全时段

如果 TFT 传感器失效或 TCM 确定温度信号不正确，TCM 将通过发动机温度来估算 ATF 的温度。

（8）变速器压力开关　变速器的各种压力开关（图 6-5）可用来使 TCM 了解哪些液压回路被加压、哪些离合器和制动器被应用的信息。这些输入信号既可用作对其他输入的验证，也可作为自监测或反馈的信号。变速器最常用的压力开关是油液压力（TFP）开关，该开关监测油液压力以确定离合器或制动带何时被应用或释放。

（9）产生电压型传感器　当前的 EAT 使用了各种速度传感器，其中最常见的是霍尔或 PM（永磁）发电机式（即磁感应式）传感器。这些传感器用作监测速度信号，并监测变速器的运行状态。有些 TCM 接收来自车速传感器（VSS）的信号，并使用该信号来确定正确的换档时刻。有些 EAT 有中间轴转速和输出轴转速（OSS）传感器。这些传感器可与 VSS 一起使用，或为 TCM 提供车速参照信号。当车辆有这两种速度传感器时，OSS 信号用作对 VSS 的验证信号，反之亦然。OSS 通常用于控制液力变矩器离合器工作、换档时刻和油压。

许多变速器装有输入转速传感器（ISS）或涡轮转速传感器（TSS）。该传感器与 OSS 相同，其信号用于计算变矩器涡轮的转速（图 6-6）。它还与发动机转速的输入一起使用，通过为 TCM 提供的发动机转速与变速器输入轴转速之间的差值来确定 TIC 的滑移率。该滑移率用来确定施加给 TCC 的油液压力值。通过比较输入轴、中间轴和输出轴的转速还可使 TCM 确定换档是否正在正确进行，或换档进程是否过快或耗时过长（图 6-7）。

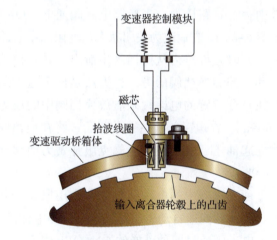

图 6-6　产生电压型速度传感器

图 6-5　压力开关的组成

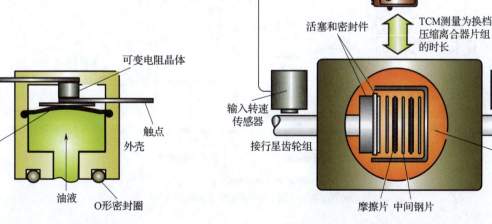

图 6-7　用于监测离合器组性能的转速传感器

四轮驱动的车辆在分动器中可能还有一个额外转速传感器。

2. 输出

EAT 使用的常见输出装置是指示灯和电磁阀。指示灯能够在仪表板上显示所选的档位。它们还可能是一个特定于变速器的故障指示灯（MIL），或该警告灯也可能被组合到用于发动机 MIL 电路中。当前所有的 EAT 都使用换档、压力控制和 TCC 电磁阀。所有这些电磁阀都由 TCM 控制。电磁阀通常位于变速器内并安装在阀体上。

（1）换档电磁阀　换档电磁阀通过控制流向手动换档阀或离合器组的油液供给来调节换档时刻和换档感觉，换档电磁阀（图 6-8a）可用于调节换档时机和换档品质。这些电磁阀是 ON/OFF（通/断）型电磁阀，它们通常在 OFF（断电）时处在打开位置。当在打开位置时，在手动阀或换档阀中存在管路压力。当换档电磁阀通电（ON）时（图 6-8b），它们改为关闭状态从而阻断了管路压力，同时允许压力从换档阀中泄出，导致换档阀移动。控制换档阀的另一种方法是使用这种通常处在打开位置的电磁阀来泄放换档阀中的压力（图 6-9a）。在电磁阀被指令关闭后，将在换档阀中建立起油压，从而使换档阀克服弹簧力而移动（图 6-9b）。

每种变速器中的电磁阀数量和作用取决于其型号。典型的四速自动变速器有两个换档电磁阀。这两个电磁阀通过四种可能的 ON-OFF 组合来控制流向各种换档阀的油液，从而提供了彼此衔接的四个前进档（表 6-2）。具有额外前进档的变速器依靠更多的换档电磁阀。例如，通用汽车的八速 8L90 变速器有五个换档电磁阀和一个升压电磁阀。这些电磁阀的 ON-OFF 组合提供了更多的档位。需要注意的是，如果 TCM 监测到换档电磁阀或其电路中出现故障，它将停止流向该换档电磁阀的电流。

a）变速器电磁阀及其线束

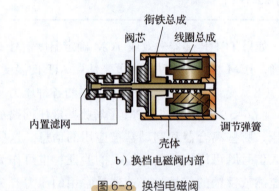

b）换档电磁阀内部

图 6-8　换档电磁阀

（2）压力控制电磁阀　压力控制电磁阀取代了传统的节气门拉索装置以根据发动机运转状况和负荷来提供相应变化的管路压力。电磁阀的动

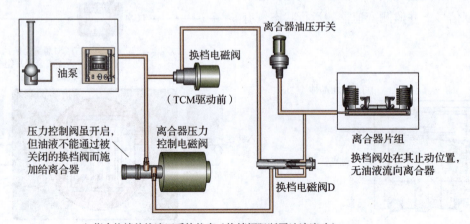

a）指令换档前的液压系统状态（换档阀阻断了油液流动）

图 6-9　换档电磁阀的工作原理

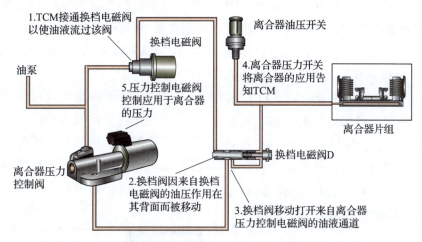

b）由电磁阀和换档阀控制换档的液压应用（压力推动换档阀，从而启用了该离合器片组）

图6-9 换档电磁阀的工作原理（续）

作控制施加给离合器和制动器的油液压力，以提供平稳和精确的换档。压力控制电磁阀安装在阀体上。

表6-2 典型四速变速器中电磁阀的工作

变速杆的位置	指令的换档	换档电磁阀A	换档电磁阀B	TCC电磁阀
P/R/N	1	ON	OFF	禁用液压
D	1	ON	OFF	禁用液压
D	2	OFF	OFF	电子控制
D	3	OFF	ON	电子控制
D	4	ON	ON	电子控制
O/D 开关关闭				
1	1	ON	OFF	禁用液压
2	2	OFF	OFF	电子控制
3	3	OFF	ON	电子控制
手动2档	2	OFF	OFF	电子控制
手动1档	1	ON	OFF	禁用液压
手动1档	2	OFF	OFF	电子控制

压力控制电磁阀通常称为电子压力控制（EPC）电磁阀，并由TCM以占空比的方式进行控制。大多数此类电磁阀是可变力式电磁阀（Variable Force Solenoid，VFS），或脉宽调制式（Pulse Width Modulated，PWM）电磁阀，该电磁阀中含有一个滑阀或柱塞和一个弹簧。为控制油液的压力，PCM向电磁阀发送变化的信号，从而改变线圈周围的磁场强度而导致滑阀移动。当电磁阀未通电时，弹簧张力使滑阀停留在维持最大压力的位置。当电磁阀通电后，将移动滑阀，露出滑阀周围的卸油口，从而导致油液压力减小（图6-10）。

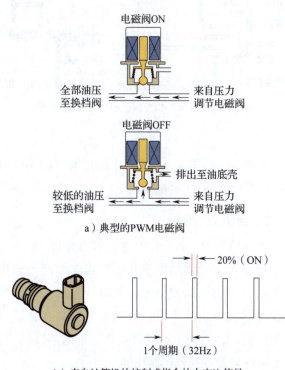

a）典型的PWM电磁阀

b）来自计算机的控制或指令的占空比信号

图6-10 PWM电磁阀

（3）TCC电磁阀 TCC电磁阀用于控制变矩器锁定离合器（TCC）的接合、调制和分离。TCC

的操作也完全由 TCM 控制。只有一种情况是例外，即无论计算机的指令如何，该离合器都通过液压方式被禁用以阻止其接合。该锁定离合器通过 TCM 控制的 PWM 电磁阀实现液压的应用和电气控制（图 6-11）。当电磁阀未通电时，TCC 的信号油压被泄放，该离合器保持分离状态。一旦电磁阀通电，TCC 的信号油压压向 TCC 调节阀和离合器，使该离合器接合。通过调整供给该离合器的油压可以使离合器平稳接合和分离，同时还允许该离合器工作在部分接合状态。

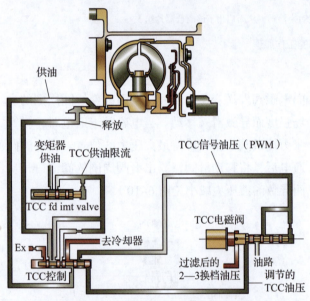

图 6-11 变矩器锁定离合器的 PWM 控制允许精确控制离合器应用

只要 TCM 监测到变速器中的任何电磁阀出现问题，它将禁用 TCC 电磁阀。

3. 自适应控制

大多数新型电控自动变速器都有允许 TCM 基于变速器和发动机的当前状况、当前的使用条件和驾驶员习惯来调整变速器运行行为的系统。当系统能够做到这一点时，就表明它们具有自适应学习能力。自适应学习既可提供稳定的换档品质，还可提高自动变速器的耐用性。

这类变速器具有能够弥补变速器正常磨损的管路压力控制系统。随着零部件的磨损或状态变化，接合离合器或制动器所需的时间也随之变化。TCM 在指令换档期间监测变速器的输入和输出轴转速以确定换档是否发生得过快（剧烈）或过慢（无力），并调整管路压力以保持期望的换档感觉。当 TCM 读取输入和输出转速的次数超过 140 次/s 时将进行自适应学习。

该系统还可以监测发动机的状况，并对发动机性能的任何变化做出补偿。它还监测和记忆驾驶员的典型驾驶风格和车辆的工作状况。根据这些信息，计算机调整变速器换档和变矩器锁定离合器接合的时刻，以提供发生在恰当时刻的良好换档。

> **车间提示**
>
> 带有自适应功能的 EAT 在刚开始使用时可能会换档粗暴和/或不平顺，这是正常的。因为 TCM 尚未收集到足够信息来学习车辆的状况和驾驶员的习惯。在车辆长时间断电后也会发生此情况。此外，有些变速器具有用于编程和适配的特定零件编号（PUN）和变速器编号（TUN）。在通用汽车 8L90 变速器中，每个换档电磁阀都有一个用于识别其特性的 PUN。该信息被存储在 TCM 中，并用来精确控制每个电磁阀。若需要更换变速器、阀体、电磁阀或 TCM，则需先下载 TCM 中存储的数据并将其编程到新的 TCM 以使变速器工作。

4. 跛行模式

当 TCM 检测到变速器有严重问题或其电路有问题（或某些情况下的发动机控制或数据总线问题）时，它会切换到默认（跛行或失效安全）模式。如果 TCM 失去其蓄电池的供电，也会启动跛行模式。该模式允许受限的驾驶能力，并设计成在防止变速器进一步损坏的同时，还允许驾驶员以降低的动力和效率驾驶车辆至维修店维修。

变速器在跛行模式下的能力取决于故障程度、制造商和变速器型号。当 TCM 进入跛行模式时，会设置诊断故障码（DTC），而且变速器将仅运行在该模式下，直到问题得到纠正。在跛行模式下可能具有的运行特征示例如下：

1）当变速杆处在前进档的位置时，变速器将锁定在三档，或变速杆在低档位置时，变速器将锁定在二档。

2）变速器将保持在之前所处档位，但只要车辆减速就会立即切换至三档或二档，并保持在该档位。

3）变速器在前进档位置时仅使用一档和三档。

4）变速器仅在驻车档、空档、倒档和二档时工作，不会再升档和降档。

5. 工作模式

采用电子控制装置，自动变速器可以按照编程以不同模式运行，所期望的模式由驾驶员选择。模式选择开关可以位于中控台上，也可以在仪表板上。大多数具有此功能的变速器有两种可选的模式：通常称为"标准（Normal）"和"运动（Sport）"。在标准模式下，变速器按照标准或常规运行的换档时序表和逻辑来运行。在运动模式下，TCM使用不同的逻辑和换档时序表，以在大负荷下提供更好的加速度和性能。这通常意味着延迟升档。

如果有三种模式可供选择，则这第三种模式称为"自动（Auto）"模式。自动模式是标准模式和运动（动力）模式之间的一种混合模式。在该模式下，TCM将以标准模式控制换档，但节气门急速打开时，换档模式将会切换为运动（动力）模式。

一些新型的车辆有一个"拖带/拖拉（Tow/Haul）"开关。当车辆以大负荷行驶时，该运行模式将延迟升档并增加液压系统的工作压力。该模式还会在减速时提供更早的降档，这可使发动机发挥更大的制动效果。而且在加速过程中，变矩器锁定离合器的应用也比标准模式来得更早，并被应用在更多档位。这有助于使变矩器中的油液温度更快地降低。同样在减速期间，锁定离合器保持接合的时间周期会更长，以提高发动机的制动效果。在该模式下，克服车辆的负荷后，变速器能够换档至超速档。

6. 手动换档

电控变速器的一个特征是可使用手动方式控制换档。许多新型的EAT使用电子选档装置取代了机械联动装置（图6-12），这使驾驶员不仅能够轻松地手动换档，而且还具有自动变速器的便捷性。然而它与手动变速器不同的是不需要驾驶员踏下离合器踏板，而且飞轮上也没有离合器总成。驾驶员只需移动换档装置，或使用换档拨片，或按下按钮，即可使变速器换档。如果驾驶员没有换档且发动机转速很高，则变速器会自动换档。如果驾驶员选择让变速器自动换档，则有个开关将解除手动控制，并使变速器进行自动操作。

图6-12 一种电子选档装置

7. 无级变速器控制

典型无级变速器（CVT）的电子控制系统由TCM、各种传感器、线性电磁阀和一个抑制电磁阀组成。带轮传动比始终由控制系统来控制。TCM根据来自各种传感器的输入来决定将要启用哪个线性电磁阀。启用的换档控制电磁阀改变了换档控制阀的压力，导致换档阀移动，从而改变施加在从动带轮和主动带轮上的压力，进而改变带轮的有效直径比。启用起动离合器控制电磁阀，使起动离合器阀移动。离合器阀控制是否向起动离合器总成施加压力。当压力施加到离合器上时，动力将从带轮传递到主减速器齿轮组上（图6-13）。

起动离合器可使起步平稳。由于该驱动桥不配备变矩器，因此起动离合器设计成既可产生足能使汽车移动的滑移，又不会使发动机熄火或损坏。滑移量由施加到起动离合器上的液压控制。为了对发动机的负荷进行补偿，TCM监测发动机真空度，并将测量到的发动机真空与驱动桥在驻车或空档时的测量值进行比较。

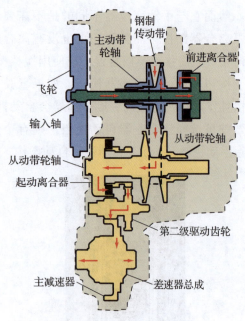

图 6-13 CVT 总成的各个部件

TCM 通过控制带轮的有效直径比来减小发动机转速，并在加速时保持理想的发动机温度。如果持续以节气门全开的加速状态驱动车辆，TCM 将提高带轮的有效直径比，从而降低发动机转速并使发动机保持正常温度，同时又不会对加速产生不利影响。在汽车以较低速度行驶或在一段时间内未加速后，TCM 将使带轮有效直径比减小。当档位选择装置切换至倒档时，TCM 向 PCM 发送信号，PCM 随后可能会关闭汽车空调，以使发动机转速略有增加。

奥迪称为 MultitronicCVT 的无级变速器也是以链式传动为基础的。只是其采用的钢带由经过热处理的钒硬化钢制成和采用不同的结构设计以及工作时浸在变速器油液中，因此该 CVT 比普通带式传动的 CVT 更耐用。它有手动换档模式和六个模拟速比可供选择。在自动模式下，TCM 根据发动机负荷、驾驶员偏好和驾驶条件借助动态调节程序计算出最佳速比。

6.2 混合动力变速器

也许最复杂的 EAT 是那些用在许多混合动力汽车上的变速器。这类变速器配有电机，它们不仅辅助驱动车辆，还提供连续变化的传动比。这类 CVT 并不依赖传动带和带轮，而是通过电机改变传动比。需要注意的是，有些混合动力汽车是依赖传统 CVT 和手动或自动变速器的。本节仅介绍混合动力汽车上常见的非传统变速器。

> 参见
>
> 有关常见的混合动力汽车系统介绍可参见《汽车维修技术基础（原书第 7 版）》第 10 章。

1. 本田 IMA 混合动力变速器

本田 IMA 混合动力汽车使用经改动的自动、手动或 CVT 变速驱动桥。该驱动桥的结构更紧凑，因此可安装在发动机后的电机后面（图 6-14），而且占用的空间与非混合动力汽车变速驱动桥相同。该变速驱动桥的运行方式与本田其他变速驱动桥相同。自动变速驱动桥配有集成的电动油泵，并可为更好的加速性、燃油经济性和再生制动提供不同速比。

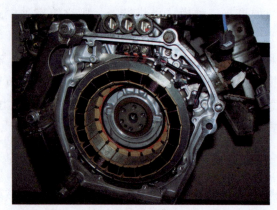

图 6-14 本田混合动力汽车中的 IMA 电机安装在发动机和变速驱动桥之间

2. 丰田和雷克萨斯混合动力变速器

用于丰田和雷克萨斯混合动力车型的功率分流装置（图 6-15）作为无级变速驱动桥运行，尽管它不使用通常与 CVT 关联的传动带和带轮。该变速驱动桥速比的可变性取决于称为 MG1 电机的工作以及另一个称为 MG2 电机和/或为发动机提供的转矩。

该变速驱动桥中没有液力变矩器或离合器，而是使用一个减振器来缓冲发动机的振动和由于动力与变速驱动桥的突然接合而产生的动力突然波动。

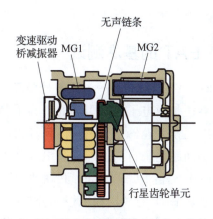

图 6-15 丰田混合动力汽车典型的功率分流式变速驱动桥

发动机和两个电机连接到行星齿轮组。该齿轮组在发动机、MG1、MG2 和/或驱动轮之间传递动力。该系统将发动机的动力分流到不同的路径：驱动 MG1 或驱动车轮，或驱动这两者。MG2 能够驱动车轮，也能由车轮驱动。

在行星齿轮组中，太阳轮连接到 MG1，齿圈连接到 MG2，同时通过传动链与变速驱动桥内的主减速器单元相连，行星架连接到发动机的输出轴上（图 6-16）。理解该系统如何对功率进行分流的关键是要明白当有两个输入动力来源时，它们以相同的方向但不等的转速旋转。因此，一个动力源可以辅助另一个动力源旋转，或降低另一个动力源的旋转，或一起起作用。同样还要记住，MG2 的转动速度很大程度上取决于 MG1 产生的动力。因此，MG1 基本控制了该变速驱动桥的无级变速功能。

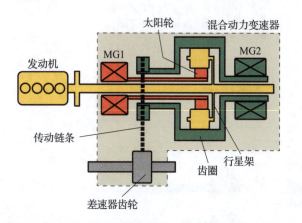

图 6-16 功率分流式变速驱动桥中电机和行星齿轮的布置

3. 福特混合动力变速器

福特混合动力汽车配备的是电子控制无极变速器（eCVT）。它像丰田一样，也是基于一个单行星齿轮组，但福特的变速驱动桥采用不同的结构，其牵引电机不与行星齿轮组的齿圈直接相连，而是连接到传动齿轮总成上。

有效传动比由电机、发动机和牵引电机的转速决定。这意味着它们决定了传递到变速驱动桥中主减速器单元的转矩。这些动力装置由车身稳定控制系统（VSC）通过 TCM 控制。根据来自 VSC 的指令和来自各种输入的信息，TCM 计算当前运行状况所需的转矩。然后由电机控制单元向逆变器发送指令，再由逆变器将相控的交流电（AC）发送给电机定子。相控交流电的时序控制对电机的运行非常重要，因为它是施加到每个定子绕组的电压量。

4. 双模式变速器

双模式全混合动力变速器依靠先进的混合动力、变速器和电子技术来提高燃油经济性和整车性能。据称，配备这种混合动力系统的全尺寸货车或 SUV 的油耗至少可降低 25%。

该系统安装在标准变速器箱体中，从根本上将是一种三个行星齿轮组与两台电控电机的耦合，电机由一个 300V 的电池包提供电力。该组合产生四个前进档，并在低速和电机参与混合动力运行时提供连续可变的速比（图 6-17）。

图 6-17 行星齿轮组位于两个电机的前面

两台电机中的一台用于发动机在车辆等红绿灯时或在停车标志处自动停机后的重新起动，它还在低速加速期间辅助发动机工作；另一台电机在选择倒档时提供所有动力，并在低速重载和高速行驶时辅助发动机工作。当车辆以轻载行驶至 30mile/h（约 48km/h）的车速期间时，电机可在没有发动机辅助的情况下驱动车辆。当车辆减速和制动时,两台电机都用作发电机来给电池包充电。

该变速器采用离合器对离合器(Clutch-to-Clutch)换档技术(也称为单一转换换档技术,即在换档中只有一个离合器需要释放、一个离合器需要接合),并通过电机动力和发动机动力的混合来获得可变速比。当电机不提供动力时,变速器的运行方式和传统四速自动变速器一样。

混合动力系统有两种不同的运行模式。在低速和低负荷状况下以第一种模式运行,而在高速稳定行驶时使用第二种模式。该系统可只靠电力或发动机动力运行,也可通过两者的组合来运行。通常情况下,当一个或两个电机都不提供推动力时,它们由发动机驱动作为发电机工作,或由驱动轮驱动用于再生制动。

6.3 EAT 的基本测试

诊断 EAT 期间的第一个任务是要确定问题是由变速器还是由电子装置引起的。为了确定这一点,必须观察变速器是否响应由计算机给出的指令。辨别问题是来自变速器还是电气装置将决定需要遵循什么样的步骤来诊断问题的原因。

即便是 EAT 的液压和机械部分都是完好的,也只有在接收到来自计算机的指令后才能正常工作。所有诊断都应从使用诊断仪检查系统计算机中是否有故障码开始。在确认接收到的故障码后,即可开始对系统和变速器进行更详细的诊断。接下来的一步可能是人工驱动换档电磁阀,这可通过在电磁阀上连接跨接线,或使用允许人工驱动电磁阀的变速器测试仪来完成。在执行此操作前,先研究电磁阀的电路图(图 6-18),以确定计算机

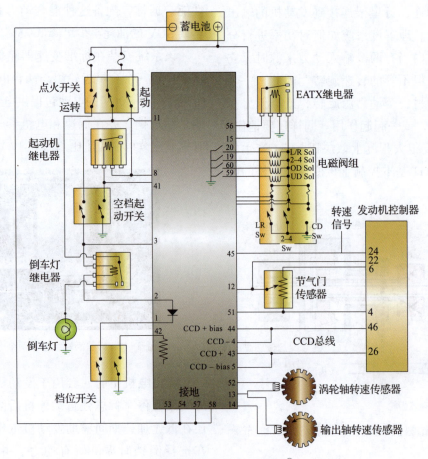

图 6-18 典型 EAT 电路图[一]

[一] 为方便世界技能大赛汽车技术项目参赛选手学习英文原版,本书的电路图采用原版图书中的原图,请读者自行对照我国相关标准学习使用。

是通过向电磁阀提供电压还是通过完成接地电路来驱动电磁阀的。此外还需要知道准备驱动哪个档位的特定电磁阀。

诊断电控变速器的最佳方法是以合乎逻辑的方式解决问题。

由于 EAT 的许多问题是由一些基本原因引起的，因此明智的做法是除了进行非电控变速器所需的所有初步检查外，还需全面检查电子系统，这应包括对故障指示灯（MIL）的检查和检索故障码（DTC）。这样做还可同时提取到与发动机相关的故障码和变速器的故障码。只要诊断变速器，就应记住发动机的问题可能会导致变速器工作异常。

> **诊断 EAT 问题的步骤**
>
> 步骤 1　核实客户的问题，并注意问题出现时的状况。
>
> 步骤 2　检查任何相关的症状，例如发动机过热、MIL 点亮和其他驾驶性问题。
>
> 步骤 3　进行初步检查和检测。
>
> 步骤 4　检查所有适用于该抱怨的维修信息，包括技术服务公告、故障现象表和召回通知。
>
> 步骤 5　确认对当前所有故障码的说明和对应措施。
>
> 步骤 6　按照制造商给出的诊断路径界定和剥离出问题的原因。
>
> 步骤 7　修复问题并验证修复结果。

1. 用诊断仪检查

> ▶ **参见**
>
> 有关连接诊断仪和检索故障码的细节可参见《汽车发动机检修技术（原书第 7 版）》第 10 章。

使用诊断仪是诊断 EAT 的首要步骤之一。在检索 DTC 之前，先注意 MIL。从根本上讲，该 MIL 是发动机的一个故障指示灯，但如果 TCM 检测到可能影响排放的问题时，它会通过数据总线向 PCM 发送一个请求以点亮 MIL。所以，当 MIL 点亮时，表明发动机或变速器可能存在问题。记住，并非所有故障码在设置后都会点亮 MIL，只有存在可能会影响排放水平的故障时才会点亮 MIL。

当诊断 EAT 时，应确保没有与发动机相关且会影响变速器运行的故障码。如果发动机存在问题，在继续诊断变速器问题前，应解决发动机的问题。

与变速器故障相关的 DTC 可能是由发动机或变速器的输入和/或输出装置引起的。这些 DTC 好像是表明输入或输出电路存在故障，但实际上可能是由变速器内部的问题引起的。记住，DTC 是由超出范围的值来设定的。因此，当 TCM 接收到过低或过高的输入信号时，故障的原因不一定是传感器不良——传感器可能是好的，但是变速器的机械或液力方面的问题引起了信号异常。不仅变速器内部的故障会导致设置 DTC，就连基本的电气问题也同样会设置 DTC，例如连接松动、线路开路、元器件腐蚀、接地不良等问题也都会影响信号。

如果 TCM 不能与 PCM 通信，则存在数据总线问题。这些问题通常会导致变速器工作不良和无法从 TCM 检索 DTC 的问题。PCM 持续监测数据总线，而且当 PCM 无法建立通信时，将设置数据总线的 DTC。

尽管诊断的第一步中包括检索 DTC，但有些问题并不能显现在 DTC 中。这类问题可通过进一步的测试、故障现象表或单纯完全依靠逻辑推理来排查。这种逻辑推理必须建立在对变速器及其控制装置的理解上。使用诊断仪监测串行数据（表 6-3）有可能精准确定变速器问题的确切原因。串行数据流有助于监测系统在运行期间的活动，而且将观察到的数据与制造商的规定值进行比较，给诊断带来极大的帮助。但诊断仪显示的数据有可能不是实际值。大多数计算机系统会忽略远超出范围的输入，而依赖保存在内存中的默认值。这些默认值是很难被区分出来的，而且对诊断的帮助也很小。这就是为什么要使用电气故障排查基本设备的原因。例如在诊断中常使用的有电路图、诊断图表、数字万用表、示波器和专用的变速器诊断仪。

表 6-3　福特汽车上常见的变速器参数识别数据

参数名称	参数说明
EPC	指令的电子调节压力，单位为 psi
GEAR	指令的档位 – 不是实际档位
LINEDSD	指令的管路压力，单位为 psi
OSS	来自输出轴转速传感器的输入，单位为 r/min
RPM	来自发动机转速传感器的输入，单位为 r/min
SSA	指令的 1 号换档电磁阀状态，为 ON 或 OFF
SSB	指令的 2 号换档电磁阀状态，为 ON 或 OFF
SSIF	1 号换档电磁阀电路故障，为 YES 或 NO
SS2F	2 号换档电磁阀电路故障，为 YES 或 NO
TCCACT	变矩器离合器滑移转速，单位为 r/min
TCCCMD	指令的变矩器离合器电磁阀状态，单位为 %
TCCF	变矩器离合器电磁阀电路故障，为 YES 或 NO
TFT	变速器油温，以单位 V 或 °F（°C）表示
TR	节气门位置，以单位 V 表示
TR	变速器档位传感器，由变速杆所处的位置决定
TRANRAT	实际变速器传动比，由档位决定
TSS	涡轮轴速度传感器的输入，单位为 r/min

使用维修信息

制造商有时会用新的可用软件解决客户的普遍问题。这些问题通常没有确切的物理或电子方面的原因。对 TCM 进行软件升级可能解决这些问题。在诊断这些问题时，应始终查询制造商最新的技术服务公告（TSB）。

2. 对 EAT 的初步检查

正确诊断 EAT 和 TCC 控制系统的关键是路试。除了以与非电控变速器相同的方式进行路试外，还应将诊断仪连接在电路以监测发动机和变速器的运行。

在路试期间，应以正常方式驾驶车辆。除密切注意所有前进档的换档外，还应同时监测计算机的各种输入信号并记录其读数以供进一步参考（图 6-19）。有些诊断仪具有打印路试报告的功能。输入的关键信息包括发动机转速、TP 传感器、发动机冷却液和变速器油液的温度（图 6-20）、运行档位和换档时刻。如果诊断仪不能给出路试的简要描述，则应在每次换档和运行状态变化后记录

相同的信息。

通常情况下，准确界定问题并在技术服务公告和其他资料中找到相关信息即可确定问题的原因。当制造商认识到一个常见的问题后，将发布与该问题相关的技术服务公告。此外，制造商还会针对许多 DTC 和故障现象给出确认故障原因的简单诊断图表或路径。应遵循这些一步一步诊断的指南，如果遵循了与故障现象相配的诊断路径，将会引导出一个相应的结论。在移向下一个诊断内容前应检查所有可用的信息。

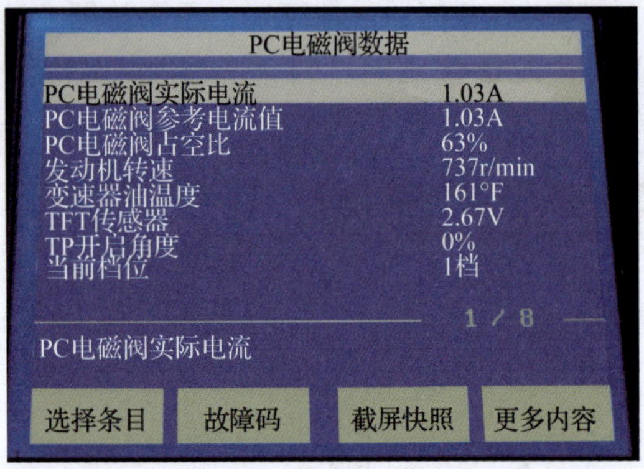

图 6-19　诊断仪上可用的变速器相关数据示例

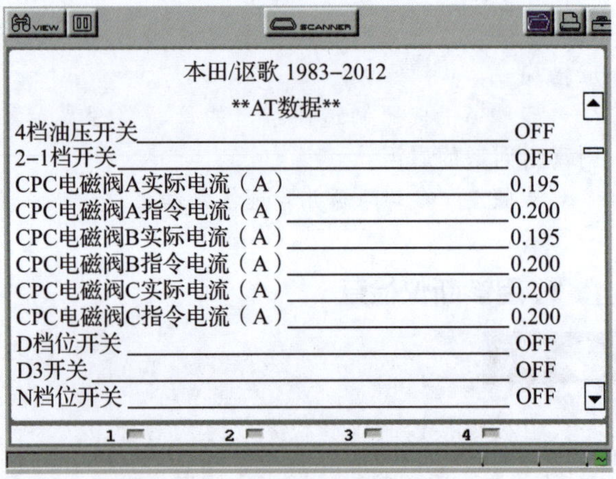

图 6-20　变速器其他特定数据的显示

故障现象有时会与维修信息所描述的任何内容都不一致，这并不意味着到了需要猜测的时候，此时恰是需要清楚地查明哪些是工作正确的时候。通过从可能原因的列表中排除那些正常工作的电路和部件，就可以分辨出是什么可能导致了问题以及应进一步测试的内容。

影响换档时刻和换档品质以及 TCC 接合时刻和接合品质的常见原因有蓄电池电压不正确、熔

丝烧毁、连接不良、TP 传感器或 VSS 有缺陷、电磁阀有缺陷、至电磁阀或传感器的接线交叉错位、电气端子腐蚀或附件安装错误。

计算机控制的变速器有时会以错误的档位起步，通常有几种原因可能会导致这种情况发生，例如变速器内部的问题或外部的控制系统问题。变速器内部的问题可能是电磁阀失效或控制阀卡住。外部的问题可能是至控制电路的电源或接地缺失，也可能是变速器运行在故障安全模式下。一般情况下，默认的档位是所有换档电磁阀都处在 OFF（未通电）时所应用的那个档位。

3. 电子默认值

在诊断一个问题时，应始终参考相应的维修信息以识别变速器是否正在以正常的"默认值"运行。如果没能察觉出变速器正在以默认值运行，可能会因追踪错误的问题而浪费时间。

只要计算机发现了可能会导致变速器增加磨损和/或损坏的潜在问题，系统就会默认进入跛行模式。计算机通过输入轴转速和输出轴转速传感器可感知到变速器中的轻微打滑。这种打滑会引起早期磨损，并可能导致计算机进入其默认的模式。有些系统会通过增加油液压力来对打滑做出补偿。离合器总成完全烧坏将导致进入跛行模式，并伴有一些可能并不明显的内部泄漏。这类泄漏只能通过压力测试才能发现。

4. 电控自动变速器诊断指南

1）在排查自动变速器问题之前，要确保蓄电池的电压至少有 12.6V。

2）检查所有熔丝并确定任何熔丝烧毁的原因。

3）检查所有传感器及其连接线路的物理状况（图 6-21）。

4）将连接至所有可疑零部件的导线与维修信息中给出的导线色标进行比较。

5）在测试电子电路时，应始终使用高阻抗的试灯或数字万用表（DMM）。

6）如果输出设备工作不正常，应先检查其电源电路。

7）如果输入设备未向计算机发送正确信号，应检查其接收的参考电压和发送回计算机的信号电压。

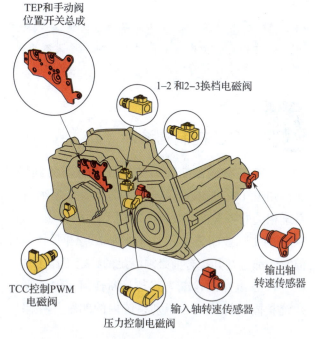

图 6-21 电子部件在变速驱动桥内或上的典型位置

8）将传感器的输入和输出电压与计算机发出的和接收的电压进行比较。

9）在更换计算机前，应按照维修信息中给出的步骤检查电磁线圈的隔离二极管。

10）确保计算机的线束走向不与任何大电流导线或线束平行。由大电流产生的磁场可能会在计算机线束中感应出电压。在进行电子系统方面的作业时应采取必要的预防措施以防止可能的静电放电。

11）在检查单个零部件时，应始终检查接地电路上的电压降。由于汽车越来越多地使用非导电材料，因此该检查变得日益重要。

12）当断开或连接电子部件时，应确保已关闭点火开关。

13）检查所有传感器在冷态和热态时的状况。

14）检查所有接线端子和插接件的插接紧度和清洁度。

15）使用计算机清洁喷剂或类似产品清洁所有插接器和端子。

16）在所有连接处使用非导电性的润滑脂以预防日后被腐蚀。

17）如果为进行电气测量必须破坏导线的绝缘层，则应确保在完成测试后用胶带紧紧包裹好该区域。

> ❗ **警告** 静电会损坏电子部件或使其失效，因此，在处理任何电子部件时，都应尽可能地减少静电在身体上的积存和意外放电的机会。

6.4 TCC 控制的诊断

为了正确地诊断液力变矩器离合器的问题，必须知道 TCC 应接合和分离的时间，并理解与该系统相关的各种控制装置的功用（图 6-22）。尽管 TCC 的实际控制装置因变速器型号的不同而不同，但它们都有在其接合前必须满足的特定工作条件。

TCC 电路的诊断方式与诊断任何其他计算机系统相同。计算机会识别系统内的问题并存储反映电路故障范围的故障码。应进行路试以确认该问题是否与 TCC 有关（表 6-4）。

在早期带有 TCC 电磁阀的电子控制系统中，TCC 的接合通常是发生在油液流过液力变矩器而被反转时。可用压力表观察到这个变化。将压力表连接在变速器到变速器油液冷却器的油路上。压力表应固定在从驾驶员座位容易看到的位置。然后用举升机将车辆举起，使驱动轮离开地面并可自由旋转。操作车辆直到变速器换入高速档。然后将车速保持在 55mile/h（约 88km/h）左右，并观察压力表。

如果压力降低 5~10psi（34~69kPa），则表明 TCC 被接合。此时应能感觉 TCC 的接合以及发动机转速的下降。如果压力改变但 TCC 没有接合，则问题可能是在变矩器内部或输入轴的末端。如果输入轴的端部磨损或端部的 O 形密封圈被切断或磨损，则将造成 TCC 压力上的丢失，从而妨碍

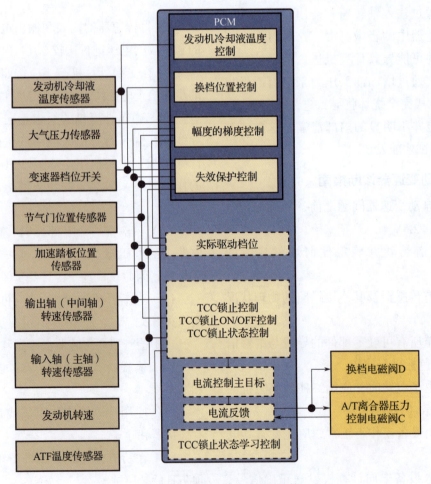

图 6-22 TCC 的电子控制系统

表 6-4 进行路试以检查液力变矩器时使用的评估表

步骤	检查结果	处理步骤
1.TCC 是接合还是分离？	YES	转到第 2 步
	NO	转到故障现象表：诊断系统
2. 对 3-4 或 4-3 换档期间振动的描述	轻微	转到第 3 步
	中等	转到第 3 步
	严重	与 TCC 无关，转到故障现象表
3. 振动或抖动是否与车速有关而与所在档位无关？	YES	与 TCC 无关，转到故障现象表
	NO	转到第 4 步
4. 振动或抖动是否与发动机转速有关而与所在档位无关？	YES	与 TCC 无关，转到故障现象表
	NO	转到第 5 步
5. 滑行、巡航或倒档行驶时是否出现振动或抖动？	YES	与 TCC 无关，转到故障现象表
	NO	转到第 6 步
6. 长时间轻微制动时是否会出现振动或抖动？	YES	与 TCC 无关，转到故障现象表
	NO	转到第 7 步
7. 振动或抖动是否只发生在第 2 步？	YES	TCC 可能有问题：诊断系统
	NO	与 TCC 无关，转到故障现象表

其完全接合。如果压力没有变化，而且 TCC 也未接合，则怀疑 TCC 阀或 TCC 控制电磁阀损坏，或电磁阀控制电路有故障。

如果 TCC 没有接合，则检查电磁阀的供电。如果有可用电压，应确认接地电路良好。如果有可用电压且接地良好，则检查电磁阀上的电压降。电磁阀两端的电压降应接近电源电压。如果测量值小于该值，应分别检查电路电源侧和接地侧的电压降。如果电压降的测试结果正常，则拆下电磁阀并用欧姆表测试。如果用欧姆表检查电磁阀是正常的，则怀疑 TCC 的材料、杂质或其他材料堵塞了电磁阀的通道。如果发现堵塞，尝试用清洁的 ATF 冲洗电磁阀。如果电磁阀有滤网组件，应在清洁电磁阀的通道后更换该滤网。如果无法清除堵塞物，应更换电磁阀。

新型变速器中的 TCC 是由 PCM 或 TCM 控制的。计算机接通 TCC 电磁阀，该电磁阀打开 TCC 控制阀以允许油液压力去接合 TCC。当计算机关闭该电磁阀时，TCC 分离。

TCC 有故障会引起各种驾驶性问题。通常情况下，TCC 的接合感觉应像是平稳地换入另一个档位。除不应感觉到冲击外，也不应有与 TCC 接合有关联的任何噪声。

如果 TCC 在错误时间接合，则电路中的传感器或开关可能是其原因。如果 TCC 的接合发生在错误的速度，应检查所有与速度相关的传感器。温度传感器有故障可能导致 TCC 不会发生接合。如果从温度传感器上没有读到正确的温度值，PCM 可能永远不会意识到此时的实际温度是适合 TCC 接合的温度。可用诊断仪、数字式万用表（DMM）和/或示波器检测相应的温度传感器。

接合品质 如果 TCC 过早地接合或没有施加上全部压力，TCC 的快速接合和打滑都会产生剧烈抖动或振动。这种现象的感觉就像是发动机的失火或振动。TCC 刚开始接合，接着出现打滑，是因为它无法保持住要传递的发动机转矩。TCC 传递转矩的能力取决于其上被施加的油液压力和其摩擦表面的状况。

如果剧烈抖动仅在 TCC 接合期间才明显，则该问题通常在液力变矩器中。如果抖动是在 TCC 接合后才明显，则抖动的原因是发动机、变速器，或传动系统的其他部件。如果抖动是由 TCC 引起的,则要解决该问题只能更换液力变矩器。

TCC 电磁阀或其复位弹簧有故障将会降低施加给 TCC 的油液压力。由该电磁阀控制的 TCC 控制阀在通常情况下由螺旋回位弹簧保持在位。如果弹簧失去弹力,TCC 将过早接合。而由于此时还没有足够压力使 TCC 保持可靠接合,所以当 TCC 开始接合时会出现剧烈抖动,接着打滑。如果电磁阀和/或回位弹簧有故障,则应在更换液力变矩器的同时还应更换它们。如果 TCC 无法分离,将会导致发动机在停机时出现耸动并失速。

如果液力变矩器中的 TCC 接合面凸凹不平将会妨碍 TCC 完全接合。此外,TCC 的摩擦材料受到污染也会造成抖动。通过液力变矩器循环的金属颗粒会污染摩擦材料,并积留在 TCC 的摩擦材料上。TCC 的减振弹簧损坏或磨损也会导致抖动。

6.5 对输入的详细测试

作为 EAT 控制系统一部分的传感器有许多不同设计。如果从传感器或 CAN 总线接收到错误信息,变速器将无法正常工作。变速器可能在错误的速度点换档、换档粗暴或仅工作在跛行模式下。

有些传感器只是完成一个电路的开关,而有些传感器则是在一定条件下对化学反应做出响应并自己产生电压的复杂装置。如果初步测试指向问题可能在输入电路,则应对该电路进行详细测试。为确认检查所有可疑电路是否存在电阻方面的问题,应对这些电路进行电压降测试。制造商通常会为其传感器提供具体的测试步骤,应始终遵循这些测试步骤。

> ▶ 参见
>
> 有关对输入装置的具体测试细节可参见《汽车发动机检修技术(原书第 7 版)》第 10 章。

1. 测试开关

许多不同的开关被 EAT 用作其输入或控制装置。大多数开关都由机械或液压控制。这些开关可很容易地用欧姆表检查。将仪表跨接在该开关的引线上,当开关闭合时,应是导通的或只有很小的电阻;而当开关断开时,其两端的电阻应该为无穷大。也可以使用试灯进行测试,当开关闭合时,开关的两侧应都有电;当开关断开时,只在开关的一侧上有电。

压力类的开关可通过向通常承受油液压力的部位施加空气压力来检查(图 6-23)。对这类开关施加空气压力时,还应检查它们是否有泄漏。尽管有故障的电气开关可能不会导致换档方面的问题,但如果开关泄漏就会导致换档问题。如果开关将液压回路施加给保持装置的压力泄漏,则保持的元件可能无法正常发挥作用。如有可能,应在这类开关安装在车辆上并被控制时对其进行检查。

图 6-23 典型的变速器压力开关总成

2. 测试温度传感器

温度传感器可用欧姆表检查。为进行检查,先断开传感器的连接线。在大多数情况下,可以在室温环境下检查温度传感器(图 6-24)。确定温度传感器此时的温度并测量其两端的电阻。将读数与维修信息给出的正常电阻阻值进行比较。

热敏电阻式温度传感器的活动可用示波器进行监测。将示波器跨接在热敏电阻式温度传感器的输出端。起动发动机并观察输出波形。随着温度的升高,传感器输出端的电压应该平稳下降(对正温度系数的温度传感器则是上升)。查看信号波形图中是否有毛刺,这类毛刺是由电阻变化或间歇性开路引起的。

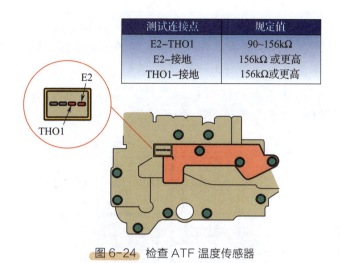

图 6-24 检查 ATF 温度传感器

3. 转速传感器

转速传感器取消了对速度调压器压力信号的需求。当此传感器失效或发送错误读数时,可能会引起类似于由节气门位置传感器不良所引起的抱怨。最常见的抱怨是不能进入超速档、TCC 不接合和不升档。

永磁发电机式转速传感器的工作情况可用设定在测量交流(AC)电压档的数字式万用表来测试。用举升机升起车辆,让车轮悬空以能自由转动。将测试仪表连接到转速传感器上,起动发动机并挂入前进档,缓慢提高发动机转速直到车速达到 20mile/h(约 32km/h)左右,然后测量转速传感器上的电压,接着继续慢慢提高发动机转速并观察电压读数。电压读数应随着速度的提高而平稳且准确地增加。

磁脉冲发生器式转速传感器可使用示波器进行测试。将示波器的引线跨接在传感器的端子上。如果预期的信号模式是交流信号,则当转速恒定时,应该是一个完美的正弦波。当转速变化时,交流信号的幅值和频率也应随之变化。如果读数不稳定且不随转速平稳变化,则怀疑插接器、线束或传感器有故障。

上述两类转速传感器未安装在车辆上时也可以测试。将欧姆表的两只表笔跨接在传感器两端子上。每种传感器的预期电阻读数会随传感器不同而不同,但都期望在两引线之间具有导通性。如果不导通,则表明该传感器开路,应更换。重新放置欧姆表的表笔,将其中一只表笔连接在传感器的外壳上,另一只表笔连接到一个端子上,此时不应有导通。如果此时测量到有任何电阻值,则表明该传感器短路。

对于霍尔式或磁阻(MR)式转速传感器来讲,当用示波器测量时,其输出信号的波形应是一系列方波,该方波的电压幅值应始终等于或非常接近于传感器的参考电压,方波的频率应随转速的增加而增加。

6.6 对执行器的详细测试

▶ 参见

包括电磁阀等输出装置的有关具体测试细节可参见《汽车发动机检修技术(原书第 7 版)》第 10 章。

如果通过前面的检查未能确定变速器问题的原因,则应通过测试电磁阀来继续诊断。这有助于确定换档的问题是电磁阀或其控制电路方面的问题,还是液压或机械方面的问题。

但在测试电磁阀前,必须先要确定电磁阀是外壳接地并由计算机供电,还是电磁阀上始终有电源供给而计算机只是提供接地的。当在维修信息中查看上述信息时,还可以找到各个电磁阀在每个不同档位时的接通(ON)和断开(OFF)的说明。

为进行此测试,应先找到要人工驱动电磁阀所需的工具和/或设备。市场上有连接到电磁阀总成的开关板可供使用,以便通过按动或轻击开关板上的开关来切换档位。

使用合适的测试仪,能以正确的模式给电磁阀通电并观察到电磁阀的动作。为了全面测试变速器,应该分别在节气门小开度、半开和全开情况下进行换档。如果变速器随着开关的切换能正常换档,可认为该变速器本身是完好的。所以,换档方面的任何问题必定是由某些电气方面的原因引起的。如果变速器不能对开关的切换做出响应,则问题可能是在变速器内。

> **车间提示**
>
> 这类测试仪是很容易制作的。找一根被测变速器的线束并连接到该变速器上,然后将该线束的另一端与一些简单的开关连接。接着即可按照电磁阀/换档模式进行相关的操作来进行换档。要进行换档,只需关闭一个开关和接通一个开关即可。

在较老式的电控自动变速器上,有时候电磁阀在节气门开度较小时是工作良好的,但当压力增加时该电磁阀无法送出足够的油液。为验证其是否送出足够的油液,可启用该电磁阀,然后在拉动节气门拉索的同时提高发动机转速。如果该电磁阀不能送出足够的油液,变速器将会降档。如果在大负荷或在节气门全开时换档粗暴,而在节气门小开度下换档良好,则电磁阀阻塞是其常见的一个原因。

1. 用示波器测试执行器

通过在示波器上观察执行器的动作能够查看执行器的电气活动。通常情况下,如果出现机械性的故障,也同样会影响执行器的电气动作。有些执行器是用脉冲宽度调制的信号来控制的(图6-25)。这些装置是通过改变脉冲宽度、信号频率和/或电压电平来控制的。通过查看控制信号,还可以看到电磁阀的开启(ON)和关闭(OFF)变化(图6-26)。应检查所有波形的振幅、时长和形状,还应查看工作状态变化时的脉冲宽度变化。不良波形会带有电气噪声、毛刺或圆角。通过示波器还可看到执行器按照计算机指令瞬间关闭(OFF)和启动(ON)的证据。

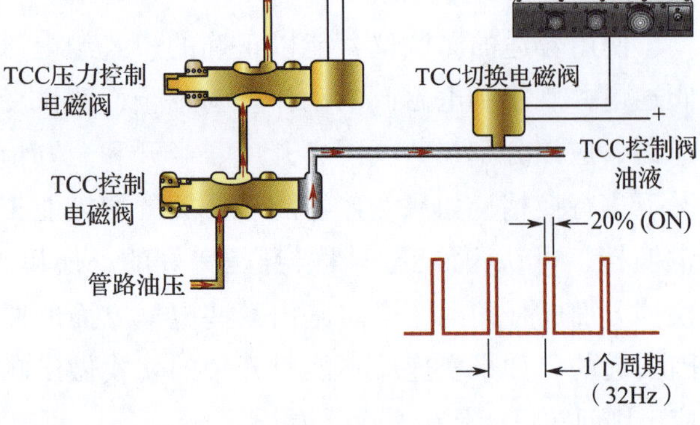

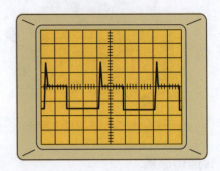

图6-26 电磁阀 ON/OFF 循环时的动作状态

2. 用欧姆表测试执行器

用欧姆表可检查电磁阀的电路电阻和是否对地短路。这些检查通常无须拆下变速器油底壳,只需在变速器箱体上的插接器上测试即可。在识别插接器中的正确端子后,可用欧姆表检查各个电磁阀。记住,阻值低于正常值的电阻值表示短路,而高于正常值的电阻值表示存在高电阻的问题。如果在电磁阀两端上得到的电阻为无穷大,则电磁阀绕组已断路。欧姆表还可用来检查是否与地短路,这只需将欧姆表的一根引线连接在电磁阀绕组的一端,另一根引线接地即可(图6-27)。此时的电阻读数应是无穷大,若测量到任何电阻值,都表明该绕组已对地短路。

图6-25 脉冲宽度调制式电磁阀的典型控制信号

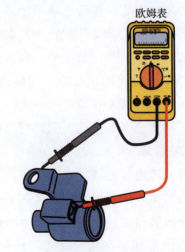

图6-27 用于检查电磁阀是否开路或短路以及电阻值的仪表连接

电磁阀也可以在工作台上进行测试。维修信息中通常都会给出每个电磁阀的电阻值（表6-5）。电磁阀的电气性能可能良好，但仍可能有机械或液压上的失效。电磁阀的止回阀可能无法落座或其出口被堵塞，这不是电气问题，而可能是由于磁场从 ATF 中收集到金属颗粒而堵塞了出口或止回阀所造成的。这些将导致换档不稳定、不能换档、在错误档位起步、无强制降档或仅有有限换档。受到这种方式影响的电磁阀在接通时，会发出延迟且不清脆的敲击声。正常的电磁阀在接通时的敲击声应很清脆。

> ⚠ **注意** 在维修本田 IMA 混合动力汽车的变速器时，应注意夹在发动机与变速器之间的高压电机。在变速器上或在其附近进行作业时，务必先断开高压电。

表6-5 相应的维修信息列出了各种变速器电磁阀和传感器的电阻值和测试点

部件	端子	电阻值（20℃）	电阻（100℃）	对地电阻（外壳）
1-2 换档电磁阀	A、E	19~24Ω	24~31Ω	大于 250MΩ
2-3 换档电磁阀	B、E	19~24Ω	24~31Ω	大于 250MΩ
TCC 电磁阀	T、E	21~24Ω	26~33Ω	大于 250MΩ
TCC PWM 电磁阀	U、E	10~11Ω	13~15Ω	大于 250MΩ
3-2 换档电磁阀	S、E	20~24Ω	29~32Ω	大于 250MΩ
压力控制电磁阀	C、D	3~5Ω	4~7Ω	大于 250MΩ
变速器油温度（TFT）传感器	M、L	3088~3942Ω	159~198Ω	大于 10MΩ
车速传感器	A, B VSS 连接	1420Ω/25℃	2140Ω/150℃	大于 10MΩ

重要提示：此装置的电阻值取决于温度，因此会比任何其他装置的电阻变化大得多。参阅特定变速器油温度（TFT）传感器技术参数。

3C：问题（Concern）、原因（Cause）、纠正（Correction）

维修工单				
年份：2007	品牌：起亚	车型：Optima	里程：164366mile	单号：17087
问题	客户陈述变速器不能换档，就像卡在某个档位上。			
	技师试图进行路试，但变速器处于跛行模式。根据该车的车龄和行驶里程数，怀疑变速器已损坏，于是试图说服客户更换变速器。客户质疑此维修建议，表示汽车前一天开着还很好，完全没有变速器的问题，但第二天就几乎无法行驶了。技师随后决定通过检索故障码做一些基本诊断，并发现了几个故障码，其中一个是 P0885，它表示 TCM 电源缺失。			
原因	发现 ATM 的熔丝烧毁并更换，在随后的路试时该熔丝再次熔断。最后发现是因换档电磁阀短路而导致消耗过大电流所致。			
纠正	更换了 ATM 电磁阀组。路试确认变速器工作正常。			

6.7 总结

- TCM 是为变速器运行而设计的单独计算机，也可以是 PCM 的一部分。PCM 是一个可以控制发动机和变速器所有运行的多功能计算机。
- 换档时序表包含计算机根据从传感器接收到的输入数据所要使用的实际换档点。其逻辑可根据变速器的当前状况选择合适的换档时序表。
- 在大多数电控变速器系统中，液压操作的离合器由变速器驱动桥的控制器控制。
- 典型的输出装置是电磁阀和电机，它们导致某些事情发生机械或液压方面的变化。
- 计算机可能从两种不同的来源接收信息：直接从传感器接收信息，或通过与车辆上所有计算机系统连接的 CAN 总线电路接收信息。

- 流向应用装置的油液由电磁阀直接控制。
- 压力开关向变速器计算机提供输入信号。压力开关通常都位于电磁阀总成板（或阀体）上。
- 换档电磁阀通常是通过点火开关获得电压并通过 PCM 接地。
- TCM 中的编程可根据系统内的变化（例如部件磨损）调整其运行参数。随着部件磨损和换档重叠时间的增加，TCM 调整管路中的油液压力以保持适当的换档时刻标定值，这称为自适应学习。
- 脉宽调制式电磁阀是安装在阀体上的常闭式电磁阀，它控制 TCC 施用阀的位置。
- 如果 TCM 失去电源电压，变速器将进入默认的跛行模式。如果计算机检测到变速器出现故障，也会进入默认模式。在默认模式下，变速器将仅在驻车档、空档、倒档和某个前进档下运行。该模式仍允许车辆运行，只是其效率和性能受到限制。
- 计算机的基本换档逻辑允许要分离的应用装置在另一个应用装置的接合过程中有轻微的滑动。
- EPC 电磁阀根据发动机负荷来改变所提供的压力。
- 丰田、福特和日产的混合动力系统依靠电机来确定其 CVT 的总传动比。
- 双模式混合动力变速器安装在标准自动变速器箱体中，由与两个电机耦合的两组行星齿轮组构成。这种布置方式允许混合动力系统以两种不同的模式驱动车辆。
- 如果计算机的输入信号正确而输出信号不正确，则只能更换计算机。
- 输入装置对 EAT 的运行至关重要，因此应使用诊断仪、数字万用表或示波器进行检查。
- 可以通过测量电磁阀的电阻或通过在对电磁阀施加电流的同时倾听和感觉其运动来检查电磁阀。也可使用示波器或数字万用表进行检查。

6.8 复习题

1. 思考题

1）尽管计算机从各种传感器接收到不同的信息，但对是否换档的决定实际上不仅仅基于这些输入。它们还基于什么？

2）如果 TCM 确认来自变速器油温（TFT）传感器的信号不正确，将会发生什么？

3）如何用空气压力来检查电气开关？

4）大多数变速器通过多路传输方式接收信息，这是如何做的？

5）可能导致换档时刻不正确和换档品质差的五个原因是什么？

6）大多数新型变速器的控制系统都具有自适应学习功能，这意味着什么？

7）哪些输入对计算机决定何时换档来讲是最重要的？

8）在变速器中使用电子控制而不依赖传统液压控制的优点是什么？

9）电压产生式装置通常用来监测（　　）、（　　）。

2. 判断题

1）在大多数新型 EAT 系统上，为了从变速器控制系统和 TCC 系统中检索 DTC，必须遵循不同的步骤。对还是错？（　　）

2）空档安全开关和倒车灯开关通常是变速器数字式档位传感器的一部分。对还是错？（　　）

3. 单选题

1）下述哪一个不是电压产生型传感器？（　　）
   A. 车速传感器　　　　B. OSS
   C. MAP　　　　　　　D. ISS

2）车速传感器的波形中出现毛刺，以下哪一项不是该问题的可能原因？（　　）
   A. 插接器松动
   B. 线路损坏
   C. 传感器安装不当
   D. 传感器中的磁体损坏

3）在丰田混合动力汽车 CVT 中，实际控制变速驱动桥总传动比的是以下哪一个部件？（　　）
   A. MG1　　　　　　　B. MG2
   C. 减速单元　　　　　D. 变速驱动桥减振器

4）以下哪一项不可能是由电磁阀上的滤网堵塞所导致的？（　　）
   A. 换档不稳定　　　　B. 无换档状况
   C. 电磁阀不能通电　　D. 错误档位起步

4. ASE 类型复习题

1）技师 A 说某些系统使用特殊调制的换档控制电磁阀。技师 B 说某些系统使用特殊调制的 TCC 控制电磁阀。谁是正确的？（　　）

   A. 仅技师 A 正确

   B. 仅技师 B 正确

   C. 技师 A 和技师 B 都正确

   D. 技师 A 和技师 B 都不正确

2）技师 A 说换档电磁阀引导油液流入和流出变速器的应用装置。技师 B 说换档电磁阀用于机械应用摩擦式制动器或多片式离合器总成。谁是正确的？（　　）

   A. 仅技师 A 正确

   B. 仅技师 B 正确

   C. 技师 A 和技师 B 都正确

   D. 技师 A 和技师 B 都不正确

3）技师 A 说节气门的位置是大多数电子换档控制系统的一个重要输入。技师 B 说车速是大多数电子换档控制系统的一个重要输入。谁是正确的？（　　）

   A. 仅技师 A 正确

   B. 仅技师 B 正确

   C. 技师 A 和技师 B 都正确

   D. 技师 A 和技师 B 都不正确

4）技师 A 说有故障的 TP 传感器会导致换档延迟。技师 B 说开路的换档电磁阀会导致换档延迟。谁是正确的？（　　）

   A. 仅技师 A 正确

   B. 仅技师 B 正确

   C. 技师 A 和技师 B 都正确

   D. 技师 A 和技师 B 都不正确

5）技师 A 说有些换档电磁阀可通过为其提供接地来启用。技师 B 说有些换档电磁阀可通过对其阀芯施加液压力来启用。谁是正确的？（　　）

   A. 仅技师 A 正确

   B. 仅技师 B 正确

   C. 技师 A 和技师 B 都正确

   D. 技师 A 和技师 B 都不正确

6）电控变速器换档不稳定，技师 A 说 PCM 接地不好会导致该问题；技师 B 说清除 TCM 的内存可能会导致换档不稳定。谁是正确的？（　　）

   A. 仅技师 A 正确

   B. 仅技师 B 正确

   C. 技师 A 和技师 B 都正确

   D. 技师 A 和技师 B 都不正确

7）在讨论变速器自适应学习时，技师 A 说变速器进行自适应学习以便按照发动机和变速器的当前状况做出响应；技师 B 说 TCM 进行自适应学习以便对驾驶员的驾驶习惯做出响应。谁是正确的？（　　）

   A. 仅技师 A 正确

   B. 仅技师 B 正确

   C. 技师 A 和技师 B 都正确

   D. 技师 A 和技师 B 都不正确

8）在讨论新型变速器中的阀体组件时，技师 A 说在某些电控变速器中不再需要阀体；技师 B 说无论车辆的运行状况如何，EPC 电磁阀都使通过阀体的油液保持恒定的油液压力。谁是正确的？（　　）

   A. 仅技师 A 正确

   B. 仅技师 B 正确

   C. 技师 A 和技师 B 都正确

   D. 技师 A 和技师 B 都不正确

9）变速器在所有行驶工况下都延迟升档，技师 A 说在主管路中的油压低会导致这种情况；技师 B 说有故障的 TFT 传感器会导致这种情况。谁是正确的？（　　）

   A. 仅技师 A 正确

   B. 仅技师 B 正确

   C. 技师 A 和技师 B 都正确

   D. 技师 A 和技师 B 都不正确

10）在诊断 TCC 剧烈抖动的原因时，技师 A 检查发送给离合器的油液压力；技师 B 说由于抖动仅发生在离合器接合后，因此问题是在发动机、变速器或传动系统的其他部件上。谁是正确的？（　　）

   A. 仅技师 A 正确

   B. 仅技师 B 正确

   C. 技师 A 和技师 B 都正确

   D. 技师 A 和技师 B 都不正确

第 7 章
自动变速器和变速驱动桥维修

学习目标

- 能诊断油液使用、油液液面高度和油液状况不正常的问题。
- 能更换自动变速器油和滤清器。
- 能诊断噪声和振动问题。
- 能诊断液压控制系统。
- 能进行油压测试并确定所需的维修。
- 能检查和调整外部连接机构。
- 能简述大修自动变速器的基本步骤。

3C：问题（Concern）、原因（Cause）、纠正（Correction）

维修工单								
年份：2006		品牌：道奇		车型：Stratus		里程：155366mile		单号：17117
问题		客户陈述车辆在换到较高档位时可感觉到抖动和振动。						
根据此客户提出的问题，运用在本章中学到的知识来确定此问题的可能原因、诊断问题的方法以及解决问题所需的步骤。								

由于自动变速器和自动变速驱动桥之间有许多相似之处，诊断和维修的大部分步骤都是相似的，因此，除非另有说明，否则所有对自动变速器提及的内容同样适用于自动变速驱动桥。每当诊断或维修自动变速器或变速驱动桥时，应确保在开始作业前已参考了相应的维修信息。

变速器是一个很可靠且通常很少出故障的装置，因此几乎不需要维护。常规的维护通常包括油液的检查、连接机构的定期调整以及变速器油和滤清器的更换。

7.1 识别

务必要准确地知道正在维修的是哪一种变速器，这可确保遵循正确的步骤和规范，以及安装正确的零部件。正确识别变速器的型号可能很困难，因为无法通过观看其外观的方式来准确辨别。唯一的例外是油底壳的形状，有时可用它来识别变速器，但这并非万无一失。

通过变速器的识别编码进行识别是唯一准确的方法。变速器的识别编码可在变速器上的贴签中、箱体上压印的编码中，或用螺栓固定的铭牌中找到（图 7-1）。此外，所有的车辆都有一个认证标签，该标签在标有 TR 的空白处会给出有关变速器的信息。可使用维修信息来理解变速器的识别编码。大多数识别编码都会含有该变速器的型号、生产商和生产日期。大部分新型的变速器都有带条形码的标签，可通过扫描条形码来识别变速器。

7.2 基本维护

> ▶ 参见
>
> 有关检查自动变速器油液面高度的其他细节可参见《汽车维修技术基础（原书第 7 版）》第 9 章。

对于大多数变速器来讲，应定期检查其油液的液面高度及其状况。检查油液也是诊断变速器问题时要做的初步检查项目之一。

当检查液面高度时，应确保车辆处在水平地面上。需要检查油液的液面高度及其状况。如果变速器有油尺（图 7-2），找到并取出油尺，擦去防护帽和油尺手柄上的污物。对于大多数汽车来讲，只有当变速器处于工作温度，且在指定档位和发动机运转时，才能准确地检查到 ATF 的液面高度。确定正确的油液工作温度和状况对得到准确的油液检查结果非常重要。油液温度的要求可能会从低于 100°F（37.7°C）到接近 200°F（93.3°C）。根据制造商的说法，油液的总量缺少约 473mL 或超过约 473mL 都会导致换档方面的问题。取出油尺，用无绒的白抹布或纸巾将其擦干净。重新插入油尺，再次取出，并记下刻度读数。油尺上的标记表示需要添加（ADD）的油面位置，在某些型号的变速器上用 FULL 表示油液在冷、温或热等不同温度时的加满位置。

图 7-1 确保在维修前正确识别变速器的相关信息

图 7-2 变速驱动桥油尺的典型位置

图 7-3 目前变速器中使用的不同油液示例

油液液面过低会引起各种问题。油泵进油回路可能会吸入空气，并与油液混合，从而形成充有空气的油液，导致油压建立缓慢和压力不足，造成换档之间的打滑。当压力调节阀试图调节泵压时，液力调节阀内的空气会产生嗡嗡的噪声。如果液面高度低，问题可能是油液在外部的泄漏。检查变速器器、油底壳和 ATF 冷却器管路是否有泄漏的迹象。

液面高度过高也会导致充入空气。当行星轮在高的油液液面下旋转时，会迫使空气进入油液。充有空气的油液会起泡、过热和氧化。所有这些问题都会干扰正常的控制阀、离合器和伺服系统工作。油液从变速器通气孔泄漏而形成的泡沫会是很明显的。

应仔细检查油液。变速器油的正常颜色为红色。如果油液呈深褐色或黑色和/或有烧焦的气味，则表面油液曾有过过热情况。乳白色表示发动机冷却液已泄漏到散热器中的 ATF 冷却器中。如果对油液的状况有任何怀疑，应放出一点样品进行更仔细的检查。如果需要将油液添加到变速器中，应确保其是生产商推荐的类型（图 7-3）。在添加油液前，应先查询任何有关更新油液规范的技术服务公告。尽管不是很常见，但有时制造商也会变更所应使用的油液类型。

合成 ATF 的红色通常比石油基油液的颜色更深一些。合成油液在正常使用后往往看起来和嗅起来似乎像是烧焦过的，所以这类油液的外表和气味并不是油液状况的良好表征。

检查完 ATF 的液面高度和颜色后，将油尺在吸水性白纸上擦拭，并查看油液留下的污渍。深色的颗粒通常是制动带和/或离合器的材料，而银色的金属颗粒通常是因变速器金属零件的磨损所造成的。如果油尺擦不干净，则其很可能被因油液氧化形成的漆膜所覆盖。漆膜会导致滑阀卡住，引起换档方面的故障。漆膜或其他严重的沉积物表明需要更换变速器的油液和滤清器。

受污染的油液有时用触觉要比用查看的方法更好。将几滴变速器油放在两手指之间摩擦它们，如果感觉到油液中有污垢或沙砾，则说明油液已被烧焦的摩擦材料所污染。

无油尺的变速器 许多新型变速器没有油尺，因此检查液面高度的方法与手动变速器相似。图 7-4 所示介绍了在无油尺的变速器上检查液面高度的典型步骤。为了防止加注的油液过多，这类变速器已取消了油尺和加注管。研究表明，变速器的许多故障是因过度加注和/或使用错误的油液而引起的。没有油尺，就很难检查变速器油的液面高度和油液状况。这类变速器有一个通气/加注盖，它们通常位于变速器的侧面。有些变速器的底部还有一个放油螺塞。此外，这类变速器配有液面高度传感器，用来在油液液面高度低到危险点时通知驾驶员。

1. 更换油液

只要出现氧化和污染迹象，就应更换变速器的油液和滤清器。定期更换油液和滤清器以及用液体冲洗是大多数车辆定期维护项目的一部分。推荐的更换里程间隔取决于变速器的类型。

更换变速器的油液只能在变速器处在正常工作温度时进行。图 7-5 展示了更换变速器油液和

1）检查变速器并确定如何检查液面高度。如果没有油尺，附带的标签通常会指明需要的特殊步骤

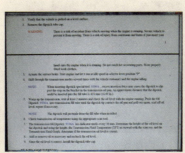
2）使用维修信息，确定检查变速器液面高度的方法

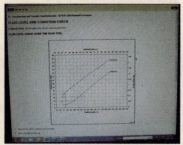
3）许多车辆要求在规定温度范围内检查液面高度。这可确保准确地确定液面高度，因为油液变热时，其液面高度读数会随之变化

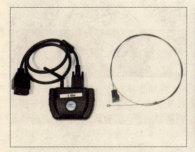
4）对于那些没有油尺的车辆，需要诊断仪和变速器液面检查工具来准确确定液面高度

5）连接诊断仪并找到反映变速器油温的参数，检查变速器油温。一旦油温在正确范围内，即可检查液面高度

6）找到变速器上的油液检查塞，使用合适的工具将其拆下

7）将油液检查工具插入变速器中

8）取出检查工具，并记录工具上显示的液面位置

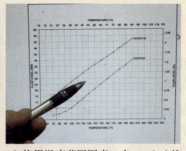
9）使用温度范围图表，在128℉（约52℃）时测量的液面高度表明该变速器的液面高度是可接受的

图 7-4 检查没有油尺的变速器液面高度的典型步骤

1）将车辆升起到适合作业的高度，并安全地定位在举升机上

2）在变速器油底壳下放置一个大直径的放油盘

3）拆下油底壳上的所有螺栓，但留下一端的三个螺栓，如此可放出变速器油

图 7-5 更换变速器油液和滤清器

4）一只手托住油底壳，拆下剩余的螺栓以取下油底壳，将油底壳中剩余的油液倒入放油盘

5）检查油底壳残留物中是否有表明变速器问题的迹象，然后去除旧密封垫并用无绒抹布擦净油底壳

6）从变速器上拆下滤清器

7）将新密封垫和滤清器与旧的进行比较，以确保更换件适用于此变速器

8）安装新滤清器并固定螺栓拧紧至规定力矩，将新密封垫放在油底壳密封面上

9）将油底壳安装到变速器上。安装并按规定力矩拧紧螺栓，然后降低车辆并将新油液加入变速器中。起动并运转发动机以循环变速器油后熄火。然后升起车辆，检查是否有漏油

图 7-5 更换变速器油液和滤清器（续）

滤清器的典型步骤。大多数北美汽车的变速器必须通过拆下油底壳来排出油液。滤清器或滤网通常连接在阀体的底部。滤清器由纸或织物制成，并用螺钉、螺栓和夹子，或通过吸油管密封件上的压紧力保持在位（图 7-6）。滤清器应更换，而不是清洗。

图 7-6 滤清器可通过螺钉、螺栓和夹子或吸油管上的夹子保持在位

有些变速器的油底壳中没有上述滤清器，而是配备了旋压式滤清器（图 7-7）。这种滤清器看起来像是发动机的机油滤清器。它们的更换方法与发动机机油滤清器相同。有些变速器具有两种类型的滤清器，这两个滤清器应同时更换。其他变速器可能在通向 ATF 冷却器的油液管路中装有管路滤清器（图 7-8）。

> **车间提示**
>
> 确保始终在变速器中加入了正确的油液。制造商通常会为特殊应用推荐特定的油液。这对 CVT 来讲更是如此。错误的变速器油不仅会导致换档不平顺，还会对变速器造成损坏。

检查变速器油底壳底部是否有沉积物和金属颗粒。轻微的污染是正常的，例如来自离合器和制动带的黑色沉积物。其他污染物也应引起注意。应清洗油底壳和里面的磁铁（图 7-9），并分析磁铁上聚集的材料种类。

拆下并检查滤清器。使用磁铁来确定金属颗粒是钢的还是铝的。钢质颗粒会吸附到磁铁上，它表明变速器内部有严重的磨损或损伤。如果金属颗粒是铝的，它们可能来自液力变矩器导轮。有些液力变矩器使用酚醛树脂的导轮，因此，如

果在这类变速器中发现铝质颗粒，必定是来自变速器本身。

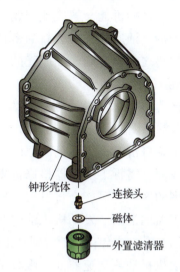

图7-7 发动机机油滤清器式的变速器滤清器

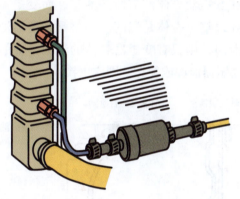

图7-8 油冷却器上的管路滤清器

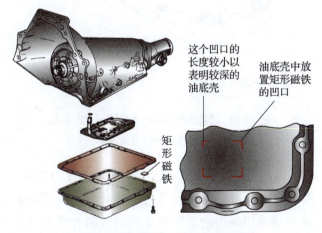

图7-9 应清洗油底壳和里面的磁铁

去除箱体和油底壳上旧油底壳衬垫等任何残留物，然后安装新的滤清器衬垫和滤清器，并将紧固螺栓拧紧至规定力矩。如果滤清器是用O形圈密封的，应确保O形圈安装正确。用制造商推荐的衬垫或密封剂重新安装油底壳，并将螺栓拧紧至规定力矩。所需的力矩通常以 lbf·in（或 N·cm）为单位。如果错用为 lbf·ft（N·m），则过大的力矩会很容易地拧断螺栓或损坏某些部件。

通过加注油管或加注位置向变速器内加入略少于所需量的油液。起动发动机并使其至少以怠速运转 1min。然后在驻车制动器和行车制动器施加的情况下，将变速杆推至各个档位，并在每一个档位短暂停留，最后再返回到驻车档。重新检查液位并加入足量的油液，使液面高度处于 FULL（满）或 MAX（最高）标记下约 0.125in（约 3mm）的位置。

使变速器达到正常工作温度。然后再次检查液面高度，必要时进行调整。确保油尺完全插入油尺管的开口中，以防止灰尘进入变速器。

> **车间提示**
>
> 始终查阅维修信息，确保检查液面高度的正确条件。尽管大多数制造商推荐在变速杆在P（驻车）位时检查液面高度，但有些变速器必须在变速杆处于N（空档）位时进行检查，这是因为这类变速器在处于P位时，变速器的油液不会流向ATF冷却器。

2. 检查驻车棘爪

任何时候，只要拆下油底壳后，就应检查暴露出的零部件，尤其是驻车棘爪总成。该总成通常不是由液压驱动的，而是由换档联动机构将棘爪移入可锁定变速器输出轴的位置。除非客户抱怨驻车装置有问题，否则不进行测试。

检查棘爪总成是否有过大的磨损和其他损伤。此外，还应检查棘爪在变速杆换到驻车档时是否能可靠入位。如果棘爪可轻松地被移出，则应对其进行维修或更换。

7.3 基本诊断

自动变速器的问题通常是由发动机性能不良、液压系统有问题、滥用导致的过热、机械故障、电子故障和/或调整不当引起的。

发动机的性能会影响液力变矩器离合器的工作。如果发动机运转过差而不能保持稳定的速度，则液力变矩器离合器将在较高速度下接合和分离。客户对此的抱怨可能是车辆振动。

如果车辆带有发动机性能方面的问题，则应在对变速器做出任何结论之前，先找出发动机问题的原因并排除。确定发动机是否是导致换档问题原因的一个快速方法是在发动机上连接一块真空表，在发动机运转时读取并记录其读数。真空表应连接到进气歧管真空检测口上。正常的真空表读数应稳定在17inHg（约57.6kPa）左右。发动机运转越粗暴，真空表读数波动就越大。

对变速器问题的诊断应继续进行彻底的目视检查，以及检查各种连接装置的调整、检索所有故障码（DTC）和发动机基本运转状况。还应检查蓄电池的电压，因为该电压不合适也会影响变速器的性能。

1. 油液泄漏

检查传动系统的所有零部件是否松动和泄漏。如果变速器油液面过低或检查不到，应升起车辆并仔细检查变速器是否有泄漏的痕迹。泄漏通常是因衬垫或密封件有缺陷所引起的。常见的泄漏源是油底壳密封件、后端盖和主减速器盖（变速驱动桥的）、延伸箱体、车速表齿轮总成和安装在箱体上的电气开关（图 7-10）。箱体可能存在砂眼问题，致使油液通过金属渗出。砂眼可用环氧树脂密封剂修复。

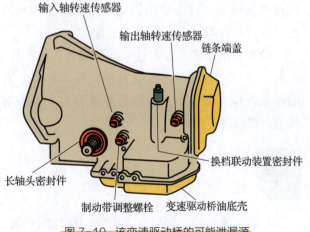

图 7-10 该变速驱动桥的可能泄漏源

（1）油底壳 常见的泄漏源是在油底壳和变速器箱体之间。如果油底壳边沿周围有油液，重新拧紧油底壳螺栓可能会解决此问题。若不能解决，则必须拆下油底壳并安装新的密封垫。在重新安装密封垫之前，应确保油底壳的密封面平整并能提供相应的密封。

（2）液力变矩器 液力变矩器的问题可能是由变矩器泄漏（图 7-11）而导致的。此类问题可能是客户抱怨打滑和动力不足的原因。要检查变矩器是否泄漏，需拆下变矩器检修盖来检查变矩器壳体周围的区域。可能会将发动机机油的泄漏误诊为变矩器的泄漏。发动机机油的颜色与变速器油的颜色不同，这会有助于辨别真正的泄漏源。但如果发动机机油或变速器油都吸收了很多污物后，这两者看起来会一样。发动机机油的泄漏通常会在变矩器壳体前部留下油膜，而变矩器泄漏将会导致整个壳体是湿的。如果是变速器油泵的油封泄漏，则只有变矩器壳体的背面是湿的。如果是变矩器泄漏或损坏，则应更换。

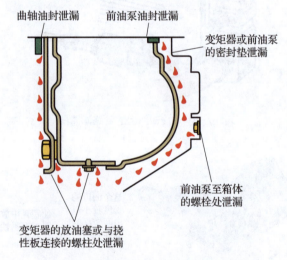

图 7-11 通过确定油液的流向可识别出液力变矩器周围油液的泄漏原因

检查变矩器壳体是否有膨胀和发蓝的迹象。两者都表明变矩器已出现过过热状况。变速器油液冷却器回路中的阻塞和压力调节阀有故障都可能导致变矩器过热。

（3）延伸箱体 在延伸箱体和变速器箱体的配合表面出现的油液泄漏可能是因螺栓松动而引起的。为纠正此问题，将螺栓拧紧至规定力矩。

此外，还应检查延伸箱体后部是否有泄漏的痕迹。延伸箱体密封处泄漏的修复无须从车上拆下变速器。从此密封处泄漏的原因通常是因延伸箱体上支承传动轴滑动叉的衬套磨损所造成的。滑动叉和衬套之间的间隙在安装传动轴时应尽可能小些。如果间隙合格，只需安装新油封即可修复泄漏。但如果间隙过大，则需要安装新的密封件和新的衬套。

（4）速度传感器　车辆的车速表可以是不需要与变速器机械连接的纯电子式的，也可以是通过由变速器输出轴带动的软轴来驱动的。如果变速器配备车速传感器（VSS），则传感器的安装孔和传感器本身可能是泄漏源。该传感器用固定螺母或螺栓固定在其安装孔中。车速表软轴或 VSS 处的泄漏可通过更换 O 形密封圈来修复。务必在安装 O 形密封圈和传感器前先对其进行润滑。

2. 电气连接

检查变速器的所有电气连接。有故障的插接器或线路会导致换档困难、延迟或不进行换档。变速驱动桥上的插接器通常可在发动机舱内进行检查，而纵置式变速器的插接器只能在车辆下面进行检查。为了检查插接器，可释放锁舌后将其从变速器上断开。应仔细检查它们是否有腐蚀、变形、受潮和变速器油液的痕迹（图 7-12）。仔细检查所有插接器上的防护性密封件。如果变速器油侵入插接器或线束，可能会损坏插接器和线束。另外，还应检查变速器上的插接器。使用小镜子和手电筒有助于更好地查看插接器的内部。检查变速器的整个线束是否有撕裂和其他损伤。道路上的杂物会损坏安装在车辆底部的接线和插接器。

图 7-12　小心断开所有插接器并检查它们

由于发动机和变速器的工作是通过控制计算机结合在一起的，因此传感器或插接器有故障可能会影响发动机和变速器的运行。各种传感器和它们的位置可通过参考相应的维修信息得到确认。最有可能引起换档问题的发动机传感器是节气门位置（TP）传感器、进气压力（MAP）传感器和车速传感器（VSS）。

3. 检查变速器和变速驱动桥的悬置

FWD 汽车的发动机和变速器悬置对变速驱动桥的运行很重要。发动机的任何移动都可能改变换档和节气门拉索或线束的有效长度，从而可能会影响齿轮的啮合。当发动机在其悬置上转动时，操纵机构变化可能会导致延迟换档或不进行换档。

目视检查各个悬置是否有松动和裂缝。用撬杆向上撬动并向下推动变速驱动桥箱体，同时观察各个悬置（图 7-13）。如果金属板与其在框架上的连接点之间有移动，应拧紧其连接螺栓。

图 7-13　应仔细检查所有变速器和发动机的悬置是否有裂缝和损坏

随后坐在驾驶座位上，施加行车制动和驻车制动器，然后起动发动机。将变速器变速杆推入前进档，并将发动机转速逐步提高到 1500~2000 r/min 左右，同时观察发动机在其悬置上对转矩的反应。然后换入倒档重复此检查。如果发动机对转矩的反应过大，则传动系统的悬置断裂或老化可能是其原因。

如果需要更换变速驱动桥的悬置，务必遵循制造商关于保持传动系统对齐的建议。否则可能会导致换档异常、振动和/或电缆断裂。有些制造商建议使用固定装置或特殊螺栓以将相关部件保持在正确的位置。

4. 检查 ATF 冷却器及其管路

ATF 冷却器是一个可能的油液泄漏源。该冷却器的效能对变速器的运行和使用寿命也很关键。应遵循以下步骤检查 ATF 冷却器和相关的管路及连接头：

1）检查发动机冷却系统。如果发动机冷却系统有缺陷，则 ATF 冷却器将不会有效发挥作用。因此，在继续检查 ATF 冷却器之前，应先修复发动机冷却系统的所有问题。

2）检查 ATF 冷却器与变速器之间的所有油液管路和连接头。检查是否有松动、损坏、泄漏和磨损迹象。更换任何损伤的管路和连接头。

3）检查发动机冷却液内是否有 ATF 的迹象。如果冷却液中有 ATF 存在，则表明 ATF 冷却器有泄漏。

4）检查 ATF 内是否有发动机冷却液的迹象。水或冷却液会使油液呈乳白色并带有粉红色。这种乳白色的现象也表明 ATF 冷却器有泄漏，因而导致发动机冷却液进入 ATF。

检查 ATF 冷却器是否泄漏，可断开并堵住变速器至散热器中 ATF 冷却器的管路，然后取下散热器盖以释放冷却系统中的全部压力。紧紧堵住散热器上 ATF 管路接头，使用带有压力调节器的压缩空气源，将 50~70psi（约 344~483 kPa）的空气压力通过 ATF 冷却器的另一个管路接头施加到 ATF 冷却器中。同时查看散热器内是否出现气泡，若观察到有气泡出现，则表明 ATF 冷却器有泄漏。

7.4 车辆路试及诊断

1. 路试

路试是正确诊断自动变速器问题的关键。如果车辆采用 EAT，在路试前，应尽可能先连接好具有记录功能的诊断仪。此外，还需找到能反映该变速器各电磁阀动作的相应图表（图 7-14）。了解它们的动作将有助于确定它们中的一个或多个是否是导致换档问题的原因。

应验证变速器的所有问题，以力图复现客户的问题。了解引起问题现象的确切状态有助于准确诊断问题的原因。如果能意识到变速器在问题出现时正发生了什么，将会使诊断变得容易。如果存在换档问题，应考虑正在接合和分离的部件。

另外，在开始路试之前，应从维修信息中找到并复制反映制动带和离合器在不同档位的应用图表。使用这些图表将大大简化对自动变速器问题的诊断。此外，最好用笔记本或纸张来简要记录变速器的运行状况。

开始路试前，应以正常车速驾驶车辆以使发动机和变速器预热。如果问题仅在起动过程和/或发动机和变速器处在低温状态时出现，应将此现象记录在图表或笔记本中。

在路试过程中，应以所有可能的模式运行变速器，并记录其工作状况。在将变速杆移至包括 P 位的每个档位的同时检查对应齿轮的啮合情况。在齿轮啮合时，不应有迟缓或冲击。检查所有前进档位的操作是否正常，尤其是在节气门小开度下的升档和 TCC 的接合。所有换档都应平稳且可靠，而且出现在正确的速度下。在节气门中等和大开度下，应感到这些相同的换档更坚稳。对配备液力变矩器离合器的变速器来讲，应使其达到指定的应用速度并注意 TCC 的接合状况。再强调一下，在纸张或诊断图表上记录下变速器在不同运行模式下的运行情况。此外，应监测计算机的各种输入并记录它们的读数。

迫使变速器进行强制降档并注意该换档的品质。还应在不同速度下进行手动降档，并记录下变速器的反应，包括所有不正常的噪声，以及它们发生时的档位和速度。

路试后，检查变速器是否有泄漏的痕迹。应注意任何新的泄漏及其可能的原因。然后将路试过程中所做的记录与维修信息中给出的信息进行比较，以确定故障的原因。这类信息通常会有一个诊断图表来帮助完成此步骤。

> **车间提示**
>
> 始终参考维修信息，以确定所诊断的变速器的细节。同时检查任何可能与客户抱怨有关的技术服务公告。

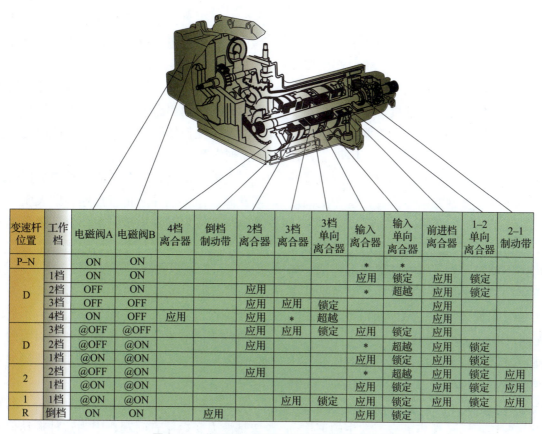

变速杆位置	工作档	电磁阀A	电磁阀B	4档离合器	倒档制动带	2档离合器	3档离合器	3档单向离合器	输入离合器	输入单向离合器	前进档离合器	1-2单向离合器	2-1制动带
P–N		ON	ON										
D	1档	ON	ON						应用	锁定	应用	锁定	
D	2档	OFF	ON			应用			*	超越	应用	锁定	
D	3档	OFF	OFF			应用	应用	锁定			应用		
D	4档	ON	OFF	应用			应用	*	超越		应用		
D	3档	@OFF	@OFF			应用	应用	锁定	应用		应用		
D	2档	@OFF	@ON			应用			*	超越	应用	锁定	
D	1档	@ON	@ON						应用	锁定	应用	锁定	
2	2档	@OFF	@ON			应用			*	超越	应用		应用
2	1档	@ON	@ON						应用	锁定	应用	锁定	应用
1	1档	@ON	@ON						应用	锁定	应用	锁定	应用
R	倒档	ON	ON		应用				应用	锁定			

图7-14 典型EAT电磁阀和离合器动作状态图表

注：*表示应用但不起作用；@表示电磁阀状态随换档模式变化，它取决于车速和节气门开度，而不依赖所选档位；ON表示电磁阀通电；OFF表示电磁阀未通电。

2. 诊断噪声和振动

许多看起来与变速器相关的噪声和振动问题，可能是由发动机、传动轴、十字轴万向节或等速万向节、车轮轴承的故障、车轮/轮胎不平衡或其他情况引起的。这些部位的问题可能会导致客户甚至一些技师误认为是由变速器或液力变矩器引起的。在猜想噪声与变速器有关之前，应先检查整个传动系统。

变速器的常见噪声和振动及可能产生的原因见表7-1。可以看出，它们可能是因轴承失效、齿轮损坏、离合器和制动带磨损或损坏、油泵不良，以及油液污染或液面高度不正确所引起的。

表7-1 基于故障现象的基本诊断表

故障现象	可能的原因
棘轮噪声	驻车棘爪的回位弹簧损坏、疲软或装配错误
对发动机转速敏感的啸叫	液力变矩器故障 油泵故障

（续）

故障现象	可能的原因
爆裂声	油泵气穴现象：ATF中有气泡 油液滤清器或滤清器密封件损坏
嗡嗡声或高频嘎嘎声啸叫或咆哮声	冷却系统有问题 传动链被拉伸 主动和/或从动链轮上有断齿 主动和/或从动链轮轴承表面有刮伤或刻痕 轴承表面有麻点或损伤
主减速器嗡嗡声	主减速器齿轮总成磨损 差速器齿轮磨损或有麻点 差速器齿轮止推垫圈损坏或磨损
在前进档位时有噪声	主减速器齿轮磨损或损伤
在特定档位时有噪声	与该档位有关的部件磨损或损伤
振动	液力变矩器不平衡 液力变矩器有故障 变速器与发动机不同心 输出轴衬套磨损或损坏 输入轴不平衡 输入轴衬套磨损或损坏

大多数振动问题是因液力变矩器总成不平衡、液力变矩器安装松动、挠性板松动或破裂、液力变矩器或输出轴有故障而导致的。确定产生振动原因的关键是要特别注意振动与发动机转速和车速的关系。如果振动随着发动机转速的变化而变化，则问题的原因可能是液力变矩器。如果振动随着车速的变化而变化，则问题的原因可能是在输出轴或与之相连的传动系统。后者可能是延伸箱体中的衬套或十字轴万向节不良，这在更高的速度下会变得更加严重。

为了确定问题是由变速器还是由传动系统引起的，可踏下制动踏板并将变速器挂入档位。如果噪声不再明显，则问题可能出在传动系统或变速器输出部分。如果噪声仍然存在，则问题必定出在变速器或液力变矩器上。

有些示波器具有测量振动、分析数据并在示波器上绘制振动特性的能力，此功能在尝试分析传动系统振动的原因时非常有用。

噪声问题还可通过聚焦于噪声发生的速度和状态来获得最合适的诊断结果。如果噪声与发动机转速有关并存在于包括驻车档和空档的所有档位，则油泵是最可能的噪声来源，因为只要发动机运转，油泵就会转动。但如果噪声与发动机转速相关且仅出现在 P 位和 N 位以外的所有档位，则最可能的噪声来源是那些在所有档位都旋转的部件，例如传动链、输入轴和液力变矩器。

仅在以某个特定档行驶时才出现的噪声必定与负责提供该档的部件有关，例如制动器或离合器。通常只能通过仔细检查已拆解的变速器来确定噪声和振动问题的确切原因。

7.5 液力变矩器检查

变速器的许多问题都与液力变矩器的工作状态有关。变矩器的问题通常会导致异常噪声、在所有档都加速不良、可正常加速但高速性能差或变速器过热。

如果车辆在加速过程中动力不足，则可能是其发动机的排气受阻或液力变矩器中的单向离合器打滑。为确定是这些问题中的哪一个导致动力损失，应先测试排气受阻的情况。产生此问题的其他可能原因包括发动机进气阻塞、燃油滤清器阻塞和燃油泵存在缺陷。

如没有排气受阻的证据，则可怀疑液力变矩器导轮的单向离合器打滑，从而在液力变矩器中不能产生任何转矩倍增。要解决此问题，应更换液力变矩器。

如果发动机转速在车辆行驶中加速时瞬间急剧升高，而车辆并未正常加速，则表明变速器中的离合器或制动带出现打滑。这种现象类似于手动变速器的离合器打滑。该问题经常会被错误地归咎于液力变矩器。

对砰砰声或吱吱声的抱怨常常被认为是由液力变矩器引起的，但实际上它们是由不良的止推垫圈或变速器中损伤的齿轮和轴承引起的。诸如等速万向节和车轮轴承损坏等非变速器的问题也会导致这类噪声。

发动机扭转减振器有故障时所给人的感觉就像是液力变矩器有问题，因为这种振动似乎与液力变矩器有关。液力变矩器不平衡也会引起这类振动。如果是液力变矩器未正确平衡，则振动会在变速器以更高速度运行在某个档位时增加。

1. 检查 TCC

路试期间，查看 TCC 是否接合和分离。接合应平稳且无异常振动和噪声。如果离合器过早接合或没有被施加全部压力，则离合器的快速接合和滑转会导致颤抖或振动。如果仅在离合器接合期间才抖动明显，则问题通常在液力变矩器。若是在离合器接合后才抖动明显，则发动机、变速器或传动系统的某些其他部件可能是其原因。

在 TCC 正被接合或分离时的颤抖，可能是由不圆的液力变矩器或受污染的离合器摩擦材料引起的。不圆的液力变矩器会妨碍离合器完全接合。

如果离合器不接合，应检查 TCC 电磁阀电路是否有电和电压降过大。电磁阀上的电压降应非常接近电源电压。如果电磁阀电气部分正常，则怀疑离合器的材料、杂质或其他材料堵塞了电磁阀通道。如果发现堵塞，尝试用干净的 ATF 冲洗该电磁阀。如果电磁阀有滤网组件（图 7-15），应在冲洗油液通道后更换滤网。如果无法清除堵塞物，则更换电磁阀（图7-16）。

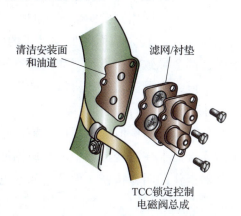

图7-15 有些TCC有一个可更换的滤网

图7-16 TCC电磁阀

TCC也会因变矩器或其密封件的泄漏，或因TCC离合器片严重磨损或摩擦材料从离合器片上脱落而导致无法工作。

如果TCC停留在接合保持状态并在停车时常常导致发动机熄火，则问题可能是活塞板损坏或活塞板卡在与液力变矩器的接合面上。这类问题可能是因液力变矩器过热所引起的，可通过查看变矩器是否有过热的痕迹来确认。此问题也可能是由变矩器内部的轴向间隙不足引起的。无论哪种情况，都应更换变矩器。

如果TCC的问题是电气方面的，则应使用适当的仪表测试所有相关的输入和输出，并使用诊断仪检索所有故障码（表7-2）。还应在路试的同时用诊断仪监测串行数据。

大多数系统都提供用诊断仪来驱动输出的功能。此功能可指令TCC接合和分离，以便去感觉和听它的动作。

2. 失速测试

为了测试液力变矩器，许多技师会进行失速测试。失速测试用来检查变矩器导轮的单向离合器总成以及变速器中离合器和制动带的保持能力。有些厂家不建议进行失速测试，而建议诊断应基于问题的现象。

表7-2 一些与TCC相关的诊断故障码示例

故障码	描述	工况	故障现象
P0741	检测到打滑	PCM监测到在正常工作中出现过大的滑移率	TCC打滑、TCC工作不稳定或不工作。变速器故障指示灯（MIL）闪烁
P0743	车载诊断时检测到TCC电磁阀电路有故障	TCC电磁阀电路未能在电磁阀两端提供规定的电压降。诊断测试中检测到电路断开或短路或PCM驱动器失效	在短路情况下，发动机将在二档低息速制动时熄火。在开路情况下，TCC不会接合。这可能导致故障指示灯闪烁
P0740	TCC电气故障	TCC电磁阀电路未能在电磁阀两端提供规定的电压降。诊断测试中检测到电路断开或短路或PCM驱动器失效	在短路情况下，发动机将在二档低息速制动时熄火。在开路情况下，TCC不会接合。这可能导致故障指示灯闪烁
P1740	TCC故障	检测到电磁阀的机械故障	如果电磁阀卡在ON位置，发动机将在二档低息速制动时熄火。如果电磁阀停留在OFF位置，TCC不会接合。这可能会导致故障指示灯闪烁
P1742	TCC电磁阀卡在ON状态	TCC电磁阀有故障，这是由电气、机械或液压问题引起的	变速器将出现换档冲击
P2758	TCC电磁阀电路故障，电磁阀卡在OFF状态	TCC电磁阀电路未能在电磁阀两端提供规定的电压降。诊断测试中检测到电路断开或短路或PCM驱动器失效	TCC从不接合，也不会进行自适应或自学习程序

> **车间提示**
>
> 失速测试对变速器施加了极大的压力，只应在制造商建议时才进行。

⚠ **注意** 不正确的失速测试可能会损坏液力变矩器和/或变速器。

为进行失速测试，应将转速表连接到发动机上并将其放置在可从驾驶员座位轻松读取的位置。施用驻车制动器，抬起发动机舱盖，并将车轮挡块放置在车辆非驱动轮的前面。如果可能，应尽可能在户外进行，特别是在寒冷天气时。如果要在室内进行，则应在车前放置一个大风扇，以保证发动机的冷却。在发动机运转的情况下，用左脚踏下并保持住制动踏板，将变速杆移至行车位置，并用右脚迅速将加速踏板踏到底。持续保持此状态2s（切勿超过5s），然后记下转速表读数并立即松开加速踏板，接着让发动机怠速运转。将所测的失速转速与技术规范进行比较。

⚠ **警告** 进行失速测试前，确保发动机周围和车辆前面没有人。在测试过程中，会有很大的压力施加在发动机、变速器和制动器上，如果突然失控，将会造成严重的人身伤害。

⚠ **注意** 为防止对变速器造成严重损坏，在失速测试时应遵循下述指南：

1. 如果发动机有问题，切勿进行失速测试。
2. 进行测试前，应检查发动机和变速器的油液液面高度。
3. 确保测试期间发动机处于正常工作温度。
4. 测试过程中，在节气门全开状态下的持续时间切勿超过5s。
5. 在未行驶一段距离以使发动机和变速器温度冷却下来前，测试的档位数量不要超过2个。
6. 测试后，让发动机怠速几分钟以冷却变速器油液，然后关闭点火开关。

如果液力变矩器和变速器工作正常，发动机的转速将达到规定的失速转速。如果转速表指示的转速高于或低于技术规范值，则变速器或液力变矩器中可能存在问题。如果怀疑液力变矩器有问题，应将其拆下并在工作台上检查其单向离合器。

如果失速转速低于技术规范值，则表明发动机排气受阻或导轮的单向离合器打滑。如果单向离合器未能锁定，则离开变矩器涡轮的变速器油液就会阻碍泵轮旋转，从而降低发动机的转速。这两个问题都会导致加速不良。如果失速转速仅略低于正常值，则可能是发动机没能产生足够的动力，应对发动机进行诊断和维修。

如果车辆加速不良但失速测试结果良好，则怀疑单向离合器卡住。变速器中的变速器油过热是该离合器卡住的明显指征。但其他问题也会导致这些相同的症状，所以在诊断过程中要仔细。

如果失速转速高于技术规范值，则变速器中的制动带或离合器可能打滑因而不能正常起作用。

失速测试会产生各种噪声，其中大部分是正常的。但如果在测试过程中听到任何金属的噪声，需诊断产生这些噪声的根源。在举升机上操作车辆使驱动轮以低速自由转动。如果此时噪声仍然存在，则该噪声可能是来自液力变矩器。

3. 与冷却器相关的变矩器问题

配备TCC的车辆在变速器换入倒档时可能会熄火。此问题的原因可能是变速器冷却器管路或冷却器本身堵塞。油液通常是从液力变矩器流向变速器冷却器的。如果冷却器通道堵塞，油液无法从液力变矩器中排出，迫使TCC活塞保持接合状态。当离合器接合时，由于此时在液力变矩器中没有涡流，因此在液力变矩器中只产生很小的转矩倍增。

为了验证变速器冷却器是否已堵塞，可从发动机散热器或冷却器上断开ATF回流管，然后将一小段软管连接到冷却器的出口，将软管的另一端放入一个空的容器内。起动发动机并测量20s后流入该容器的油量。通常应有约0.95L的油液流入容器。如果少于此油量，则表明冷却器有阻塞。

如果冷却器阻塞，可断开变速器和散热器处的ATF冷却器管路。用压缩空气从ATF冷却器一端的接口吹入，接着再反方向吹入，还应用压缩空气吹ATF冷却器的管路（图7-17）。压缩空气将清除掉冷却器中的较大杂质。作业时因始终使用不超过 50 psi（345kPa）的低压空气，更高的压力可能会损坏 ATF 冷却器。如果只有很少的空气从冷却器中流出，则必须拆下散热器或对安装在外部的 ATF 冷却器进行冲洗或更换。

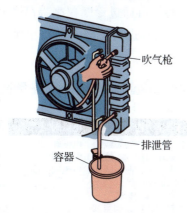

图 7-17　用压缩空气检查变速器冷却器是否堵塞

7.6　液压和真空控制系统诊断

确定问题确切原因的最佳方法是使用路试结果、待修变速器的逻辑图表和油路图。但在做这些工作之前，始终应先查看所有来源中与该故障现象有关的信息。此外，务必进行基本的检查，如计算机中存储的故障码、油液的液面高度和状况、是否有泄漏迹象，以及机械和电气连接。

使用维修信息中适用的油路图，可识别变速杆在每个特定位置时有哪些控制阀和应用装置在起作用。通过排除的过程，可以确定问题的最可能原因。

在大多数情况下，可拆下变速器或变速驱动桥以修理或更换引起该问题的零部件。但一些变速器仅允许对应用装置和控制阀进行有限的维修。

机械和/或真空控制也可能导致换档方面的问题。只要有换档的问题，就应检查各种联动机构和拉索的状况和调整情况。如果所有检查都表明问题出在应用装置或控制阀上，则空气压力测试会有助于确定确切的故障范围。该压力测试还可在拆解过程进行以查找泄漏的密封件，以及在重新组装过程中检查离合器和伺服机构的工作状况。

压力测试　如果无法通过检测或路试确定变速器问题的原因，则应进行压力测试。该测试测量变速器各个液压回路在不同运行档位和变速杆在不同位置时的油液压力，发动机转速约为 1500r/min 时的典型油压见表 7-3。可被测试的液压回路数量随变速器的品牌和型号而有所不同。但大多数变速器都配备了测压接头，以允许压力测试设备可以连接到变速器的液压回路中（图 7-18）。

对电控自动变速器进行压力测试前，先检查并处理好从系统检索到的所有故障码。同时确保变速器油液的液面高度和状况正常、换档操纵机构良好且已调整正确。

表 7-3　发动机转速约为 1500r/min 时的典型油压

变速杆的位置	实际档位	压力测试接头机压力 /psi					
		低速档离合器	超速档离合器	倒档离合器	液力变矩器 TCCOFF	2/4 档离合器	低/倒档离合器
P：0 mile/h	驻车档	0~2	0~5	0~2	60~110	0~2	115~145
R：0 mile/h	倒档	0~2	0~7	165~235	50~100	0~2	165~235
N：0 mile/h	空档	0~2	0~5	0~2	60~110	0~2	115~145
L：20 mile/h	1 档	110~145	0~5	0~2	60~110	0~2	115~145
3：30 mile/h	2 档	110~145	0~5	0~2	60~110	115~145	0~2
3：45 mile/h	前进档	75~95	75~95	0~2	60~90	0~2	0~2
OD：30 mile/h	超速档	0~2	75~95	0~2	60~90	75~95	0~2
OD：50 mile/h	超速档 TCC 工作	0~2	75~95	0~2	0~5	75~95	0~2

注：注意，两个前轮必须以相同的速度转动。

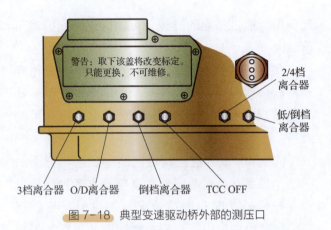

图 7-18 典型变速驱动桥外部的测压口

气门全开）工作模式下观察压力表的读数。根据车辆的不同，对某个油压回路的压力测试也可能通过诊断仪来实施。在连接压力表后，使用诊断仪指令某个电磁阀工作以测试该油路的压力（图 7-19），甚至可通过诊断仪来提高和降低管路压力并与技术规范进行比较。对每个油路的测试应进行几次以确保获得准确的读数。

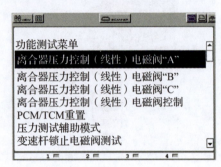

图 7-19 用故障诊断仪驱动电磁阀来进行压力测试

测试时最好使用三个压力表，不过两个也可以。其中两个压力表的量程可达到 400psi（约 2.8MPa），另一个压力表量程可达到 100psi（约 0.7MPa）。两个 400 psi 的压力表通常用于测量主油路和单个油路的压力，例如主油路和直接档或前进档油路的压力。如果在测试两个油路在完全相同的时间的压力时，其中一个油路的压力与主油路压力相比低 15 psi（约 0.1MPa）或更多，则表明存在泄漏。100psi 的压力表可用于测量节气门阀和速度调压阀油路的压力。

将压力表连接到变速器箱体上的测压接头并选择安全路径放置以便使驾驶员可看到压力表。然后进行路试，并在低怠速、高怠速和 WOT（节

在路试过程中，观察开始时的压力及其随负载轻微增加而增加的稳定性。还应注意变速器从某个档切换到另一个档时的压力下降情况。换档之间的压力降不应超过 15psi（约 103kPa）。

任何不符合技术规范的压力读数都表明存在问题（图 7-20）。一般来讲，当油液压力低时，可能是内部泄漏、滤清器堵塞、油泵的输出流量低

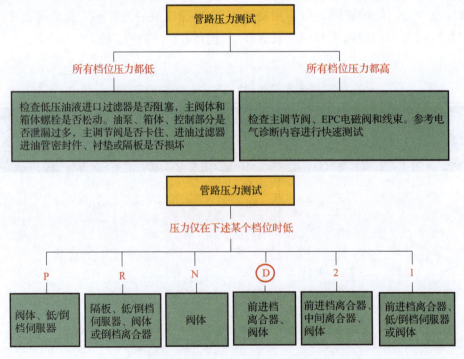

图 7-20 管路压力异常的故障排查表

或压力调节阀有缺陷。如果压力在错误时间增加或压力不足够高，则表明控制阀卡住或密封件泄漏。如果换档之间的压力降大于 15 psi 左右，则表明伺服机构或离合器内的密封件漏油。始终应查阅制造商对最大压力降的技术要求。

在配备电子压力控制（EPC）电磁阀的变速器上，如果管路压力不在技术规范范围内，则需要检查 EPC 压力。为此，将压力表连接到 EPC 油路的测试接头上。起动发动机并检查 EPC 压力，然后将其与技术规范进行比较。如果所测压力不在技术规范范围内（表 7-4），应遵循测试 EPC 的步骤进行测试。如果 EPC 压力没问题，则是主管路压力存在问题。

如果压力测试表明速度调压器或其驱动有问题，则应将其拆下、分解、清洁和检查。但电控变速器不依赖于来自速度调压器的油压信号，而是依赖于来自速度和负荷传感器的电子信号。TCM 接收来自这些传感器的信号来决定需要换档的时刻。

有些变速器需要将变速器拆下才能维修速度调压器。在其他变速器中，可以通过拆下延伸箱体或油底壳来维修速度调压器，或者在分离外部的定位卡环后拆下该装置进行维修。

表 7-4　配备 EPC 电磁阀的变速器压力规范表

档位	EPC 接头	管路压力接头	前进档离合器接头	中间离合器接头	直接档离合器接头
1	276~345kPa （40~50psi）	689~814kPa （100~118psi）	620~745kPa （90~108psi）	641~779kPa （93~113psi）	0~34kPa （0~5psi）
2	310~345kPa （40~50psi）	731~869kPa （106~126psi）	662~800kPa （96~116psi）	689~827kPa （100~120psi）	655~800kPa （95~116psi）
3	341~310kPa （35~45psi）	620~758kPa （90~110psi）	0~34kPa （0~5psi）	586~724kPa （85~105psi）	551~689kPa （80~100psi）

注：本表为 TP 电压为 1.5V 且车速高于 8km/h 时的变速器各测试点的压力。

7.7　常见问题

下面作为示例给出一些问题及其产生的原因。这些问题的具体原因根据变速器类型的不同而不同。在诊断换档方面的问题时，应参阅可用的制动带和离合器应用状态表，从而通过排查步骤来确定换档问题的原因。

一般来讲，如果所有前进档的换档都迟缓，则是在所有前进档中都会用到的那个离合器可能打滑。同样，如果打滑只发生在一个或多个档而不是所有档，则怀疑那些在这些档中都要应用的离合器有问题。

重要的是要记住，换档迟缓或打滑也可能是因液压回路漏油或阀体中的滑阀卡住所导致的。由于制动带和离合器的应用是由液压系统控制的，不合适的压力将导致换档方面的问题。变速器的其他部件也会造成换档问题。例如，在配备真空调制器的变速器上，如果在规定速度下未升档或始终不升档，则可能是调整器有故障，也可能是真空供给管泄漏。

1. 阀体

如果压力的问题与阀体有关，通过彻底拆解，在清洁溶剂中清洗，仔细检查，取出滑阀并抛光可能会修复该问题。断开连接到手动阀的连接杆及止动组件，然后拆下阀体螺钉。在取下阀体和分离阀体总成时，应以阀体在下和输油板或隔板在上的方式握住阀体总成。以这种方式握住阀体总成可以减少阀体内止回球掉落的机会。取下阀体并记录这些止回球在阀体中的位置（图 7-21），然后将它们取出并与各类螺栓放在一边。

从阀体上取出所有滑阀和回位弹簧后（图 7-22），将阀体、隔板和输油板在新的矿物酒精中浸泡几分钟。彻底清洁所有部件，并确保阀体内所有通道清洁且无杂质。然后小心地用干燥的压缩空气吹干每个部件。切勿用抹布或纸巾擦拭阀体部件，它们上的棉绒都会聚集在阀体通道中并导致换档问题。当阀体的所有部件干燥后，将它们放入清洁的容器中。

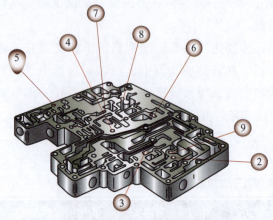

图 7-21 典型阀体中止回球的位置

图 7-22 阀体中的滑阀和回位弹簧示例

检查每个滑阀上是否有裂纹、飞边和划痕。检查每个滑阀是否能合适地安装在各自的阀孔中。如果滑阀无法清洁到足以使其在阀孔中自由移动，通常需要更换该阀体。也可使用市场上可得的单个阀体零件或用扩孔铰刀进行处理。重新加工阀体时必须小心。

在重新组装阀体时，先用新的变速器油润滑所有滑阀。通过将阀体垫放在隔板上并拿在灯光下，以检查阀体垫（若使用）是否正确，所有油孔不应被挡住。然后用螺栓将阀体各部分固定在一起，并将整个阀体固定到变速器箱体上。将螺栓拧紧至规定力矩以防止阀体翘曲可能导致泄漏。

2. 伺服器组件

某些变速器的伺服器组件可在变速器不从车辆上拆下的情况下进行维修。其他的变速器则需要完全拆解变速器（图 7-23）。伺服器或离合器内部密封件的泄漏将导致油压在换档过程中下降过大。

在拆卸伺服器总成时，应检查密封件的内侧和外侧部分是否有液态的 ATF，若有，则意味着有泄漏。在取出密封件后，在清洗前，先检查其表面或密封唇（图 7-24），并查看是否有不正常的磨损、翘曲、切口和划痕，以及嵌入在密封件中的颗粒。

图 7-23 要拆下某些变速器中的伺服器，必须卸下固定卡簧

图 7-24 拆卸伺服器总成时，应仔细检查所有零件

应清洗并干燥伺服活塞、回位弹簧、活塞杆、导向装置。然后检查密封圈，确保它们能在活塞环槽内自由转动。通常不会更换这些密封环，除非它们已损坏，所以要仔细检查密封环。检查伺服活塞是否有裂纹、飞边、划痕和磨损。检查伺服油缸是否有划痕或其他损坏。将活塞杆穿过活

塞杆导向装置并检查是否可移动自如。如果所有这些零件都处于良好状况，则可以重新装配该伺服器总成。

用变速器油润滑密封圈，小心地将其安装在活塞杆上。润滑并安装活塞杆导向装置并用它的卡圈将其固定在伺服活塞中。然后将伺服活塞总成、回位弹簧和活塞导向装置安装到伺服油缸中。有些伺服器总成采用橡胶的唇形密封件，应更换该密封件。润滑并安装新的唇形密封件，并确保唇形密封件上的弹簧沿唇缘周边完全就座，且没有损伤唇缘。

3. 调整制动带

在某些变速器上，换档过程中的打滑可通过调整锁定某些装置的制动带来纠正。为帮助确认制动带调整是否纠正了问题，可查阅路试的书面结果。将该结果与维修信息中离合器和制动带的应用状态表进行比较。如果换档过程发生打滑，可通过收紧制动带来纠正。

在某些车辆上，可以使用扭矩扳手从外部调整制动带。在其他车辆上，必须排空变速器油并拆下油底壳才能调整制动带。找到制动带的调整螺栓及螺母（图 7-25），清除调整螺栓和螺母本身和周围的所有污垢。然后松开制动带调整螺栓的锁母，将螺母旋回大约五圈，接着用校准过的扭矩扳手将调整螺栓拧紧至规定力矩。然后再将其旋回规定的圈数，并在保持调整螺栓不动的同时拧紧其锁母。用新的衬垫重新安装油底壳，并为变速器重新注满油液。如果变速器的问题仍然存在，则必须进行油压测试或拆卸变速器做进一步检查。

图 7-25 制动带外部调节螺钉位置示例

> ⚠ **警告** 不要过度旋回调整螺栓，因为支承块可能会脱离位置，这将不得不拆下和分解变速器才能将其装回原位置。

7.8 换档联动装置

许多变速器的问题是由于换档联动装置调整不当所造成的。旧式的自动变速器有拉索或拉杆式的变速杆联动装置；此外，还会有节气门的联动装置或一个连接到节气门的电气开关，以控制强制降档。

1. 档位开关

变速器档位（TR）开关或传感器将变速杆的位置发送到 TCM 和 PCM。有故障的开关会导致变速器无法升档，不能停留在档中，延缓档位的接合，并允许发动机在驻车和空档以外的档位起动。

为了检查变速器档位传感器，连接诊断仪并准备好读取变速器数据。然后移动变速杆通过各个档位，同时查看诊断仪是否显示了所选的档位。根据传感器的类型，可能需要用数字万用表（DMM）来检查传感器在变速杆通过每个开关位置时的电阻。始终应参考制造商给出的维修步骤以获取适用的测试信息。

如果换档操纵机构损坏或调整不当，则变速器档位传感器将无法正常工作。

2. 变速杆联动装置

许多变速器都有换档拉索。换档拉索将变速杆连接到变速器的换档拉杆上。换档拉杆与手动换档阀相连。手动换档阀依照变速杆的位置引导油液通过阀体。

有些自动变速器没有变速杆的联动机构，而是将变速杆作为 TCM 或 PCM 的输入装置。

档位选择的联动装置磨损或调整不当将影响变速器的工作。变速器的手动换档阀必须完全落在所选档位的位置（图 7-26）。如果只有手动换档阀的一部分落位将不能使合适的油压到达阀体的其余部分。如果联动装置调整不当，会导致变速器档位接合不良、打滑和过度磨损。所以，应调整变速杆的联动装置以使变速器中的手动换档阀棘爪位置与变速杆棘爪板位置和档位指示装置相匹配。

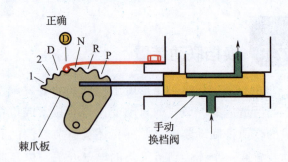

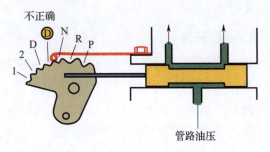

图7-26 联动装置调整不正确可能会导致手动换档阀在其阀孔中的位置不正确，从而导致换档过程中打滑

为了检查联动装置的调整情况，将变速杆从驻车档依次移动到最低驱动档位置。在每个档位都应有被固定住的感觉。如果感觉不到，应调整联动装置。当移动变速杆时，应注意档位指示器。由于指示器指示的位置会随着联动装置的调整而移动，因此，可能需要调整指针以便在联动装置调整后仍能指示准确的档位。

7.9 更换、重新组装和安装变速器

> **警告** 维修始终应从断开蓄电池负极电缆开始。这是与安全相关的预防措施，它有助于在拆卸起动机或线束时避免出现任何电气方面的意外。在蓄电池仍处在连接状况下，有可能产生瞬时高压尖峰而损坏PCM。

显然，为了重新组装或维修变速器，必须将其拆下。此过程与拆卸手动变速器或变速驱动桥很相似。拆卸变速器的具体步骤会因车辆的年份、品牌和型号不同而不同，因此始终应参考维修信息以获得正确的步骤。

> **参见**
> 有关拆卸和安装自动变速器的详细内容可参见第3章。

车辆就位后，断开变速器与发动机相连的所有联动装置，取出变速器油尺，断开并堵住变速器箱体上的ATF冷却器管路接头和管路，然后准备拆卸变速器。

拆卸变速器前，先拆下液力变矩器的检修盖。检查液力变矩器螺栓是否有松动。然后起动发动机，观察液力变矩器的运动情况。如果出现摇摆，可能是因挠性板或液力变矩器损坏引起的。

在液力变矩器和挠性板上做一个安装标记，以确保它们在安装时能正确定位。使用飞轮转动工具，转动飞轮直到露出液力变矩器与挠性板之间的连接螺栓，松开并拆下螺栓，待取下螺栓后，将液力变矩器滑到变速器一侧。

1. 检查变矩器

在拆下变速器后进行如下检测或检查：

1）检查挠性板是否有开裂或其他损坏的痕迹。

2）检查起动机齿圈齿牙的状况，并确保齿圈牢固地连接在挠性板上。

3）检查用来将液力变矩器连接到挠性板上的驱动螺柱或安装连接螺栓的平块。

4）检查平块或螺柱根部周边区域的焊缝是否有开裂或其他损坏。

5）检查液力变矩器连接螺栓或螺母，如有损坏则应更换。

6）检查液力变矩器是否有鼓胀。如果有，则是因压力过大造成的，应更换并解决产生高压的原因。

7）检查液力变矩器的平衡重块，确保它们仍牢固地附着在变矩器上。

8）检查液力变矩器的导向部分是否有磨损和其他损坏。

9）检查变矩器导向部分周边的区域是否有裂纹。

10）检查液力变矩器的驱动毂是否有磨损和其他损坏（图7-27）。

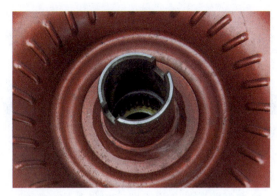

图 7-27 检查液力变矩器油泵和输入轴配合区域

11）用百分表检查挠性板和变矩器驱动毂是否跳动过大。

一般来说，如果液力变矩器的焊缝或焊点有泄漏、驱动螺柱松动、驱动螺柱根部磨损、驱动螺柱螺纹剥落、驱动毂槽口扩大或驱动毂跳动过大，都应更换。为了确定液力变矩器状况，可进行下述的附加检查和测试：检查导轮单向离合器、检查内部是否干涉、检查轴向端隙、变矩器泄漏测试。

2. 变矩器检查小结

若在检查中发现下述情况，建议更换变矩器：导轮离合器有故障、有内部干涉、变速器前油泵严重损坏、变矩器毂严重损坏或划伤、外部有油液泄漏的痕迹、驱动螺柱或安装螺栓的平块有损坏或松动、有过热的痕迹、发现油液中有大量金属碎屑、有任何明显影响变矩器平衡的损伤。

尽管有一些专修店可以大修变矩器，但几乎所有技师在出现上述任何情况时都是更换变矩器，对于带有 TCC 的变矩器来讲更是如此。对于汽车维修技师来说，大修变矩器不是一项常规作业。大修变矩器需要特殊的设备和知识，所以不要试图去维修有故障的变矩器。

3. 大修变速器

大修变速器的具体步骤完全取决于具体的变速器和该变速器可能存在的问题。应始终参阅维修信息以了解特定变速器/变速驱动桥的具体维修步骤。下面的一般性指南会有助于对任何变速器的维修。

将变速器从车辆上拆下后，将其固定在合适的固定装置中。

如果尚未拆下液力变矩器，将其拆下。

在拆下油底壳及其衬垫前，先检查并记录输入轴的轴向间隙（图 7-28）。

图 7-28 拆解变速器前后都应检查输入轴的轴向间隙

拆下油底壳、ATF 滤清器和所有此时可触及的组件。

如果变速驱动桥配有传动链，检查该传动链是否有侧向间隙、伸长和损坏（图 7-29）。

图 7-29 从变速驱动桥上拆下传动链时，确保检查是否有损坏和伸长

如果维修的是变速驱动桥，则从变速驱动桥中拆下差速器总成。

> ▶ 参见
>
> 有关检查和维修变速驱动桥中主减速器的信息参见第 3 章。

在取下和拆解油泵之前，先用机修工专用蓝色墨水或油漆做齿轮装配标记。这可确保正确组装。

测量油泵内的间隙。

有些油泵有耐磨片，应仔细检查其是否损坏和变形。耐磨片上不应有刮伤、缺口或沟槽。应测量磨损区域耐磨片的厚度并与标准值进行比较。

应仔细检查油泵衬套，如有损坏或磨损应更换。确定该衬套是否磨损的最好方法是测量其内径。如测量值超出规定范围，则应更换。

为更换衬套，需从泵体内取出所有齿轮。支承住泵体并使衬套孔露出工作台，然后将拆卸工具安装到衬套孔中并将衬套从孔中压出或挤出。清洁衬套孔后，再将新的衬套压入或挤入衬套孔。

检查所有油泵体、阀体和箱体是否翘曲。在组装之前，应确保装配平面平整并已去除任何凸点或飞边。

在从阀体上拆下单向球阀和弹簧时，应先记下它们的确切位置并在取下后清点数量。

检查每个弹簧是否有变形的迹象。

检查每个滑阀是否有裂纹、飞边和划痕（图7-30）。

图7-30 从阀体上拆下阀门时，检查是否损坏

检查上下阀体的油道是否有清漆类沉积物、划痕或其他可能妨碍滑阀移动的损伤。确保所有油液泄放口清洁且没有清漆或污垢堆积。

制动带式伺服器和蓄能器孔中带有密封件的活塞一般是用弹簧和固定螺栓或卡环固定在位的。有些活塞使用不需更换的铸铁密封环，但橡胶和弹性密封环则需要更换。

要拆解蓄能器，需要压下活塞以拆下其端盖上面的卡环。如果活塞总成由端盖固定，则拆下固定螺栓并取下端盖。根据变速器的不同，可能需要专用工具使弹簧保持在压缩状态以拆下端盖。

拆解伺服装置时要注意活塞的方向，否则可能会将活塞装反。对制造商来讲，将伺服活塞组件与蓄能器装配在一起是很常见的。伺服装置的拆解方式与蓄能器类似。有些伺服装置内会有两个以上的活塞以及四或五个油道和控制油液的节流孔或单向球阀。确保不要将这些零件混在一起。还应标记单向球阀的确切位置。

检查伺服装置/蓄能器密封件外侧的区域。如果是潮湿的，应确定是泄漏出的油液，还是只是其润滑膜。检查密封部分的内侧和外侧是否有液态油液，若有，则意味着有泄漏。在拆取密封件时，应检查其密封面或密封唇。查找是否有异常磨损、翘曲、切口和划痕，以及密封件中是否有嵌入的颗粒。

应清洁并干燥蓄能器或伺服装置的活塞、弹簧、活塞杆和导向装置。检查活塞是否有裂纹、飞边、划痕和磨损。密封件的安装槽上应无划痕或任何可能挤压或束缚密封件的瑕疵。可用小锉刀清理任何瑕疵。活塞环应在其环槽中可自由转动，如果无法转动，应清洁并检查环槽。重新组装时应更换活塞环。

检查伺服装置/蓄能器销的状况，查看是否有磨损和损坏的迹象。还应检查销和活塞在壳体中的配合情况，它们在壳体中的孔内不应有晃动，如有晃动，则表明它们本身或箱体中的孔已磨损。

检查伺服装置或蓄能器弹簧是否有裂纹。还应检查弹簧落座在箱体或活塞上的区域。弹簧可能会磨出沟槽。应确保活塞或箱体的材料没有被磨损得过薄。

检查伺服油缸和其他部件是否有磨损、划痕或其他损坏。将活塞杆穿过活塞杆导向装置并检查是否可移动自如。必要时更换所有其他部件，然后重新组装伺服装置总成。

在拆卸和拆解多片式组件时，使用正确的拉拔器和弹簧压缩器。测量各离合器片组件组装后的间隙。如果间隙不正确，可更换压力板或将离合器片组件固定到位的卡环以得到正确的间隙。

检查行星轮是否有磨损、损坏或受热变色的迹象。确保行星小齿轮在其轴上转动自如且不晃动。用塞尺测量行星轮的轴向间隙并与规定值进行比较。

保持每个部件绝对清洁并干燥所有部件。只能使用无绒抹布擦拭部件，棉绒会在变速器被聚集而导致变速器损坏。

检查所有螺纹孔和相关的螺栓、螺钉的螺纹是否有损伤。

在组装每根轴之前，应检查它们的轴向间隙。

确保在整个变速器中使用了正确尺寸的止推垫圈（图7-31）。

图7-31 在组装变速器之前，确保所有止推垫圈和轴承的厚度是正确的

在组装各类带有摩擦材料的零件前，应将它们在干净的ATF中至少浸泡30min。

如维修信息中有相应要求，在将止推垫圈、轴承和衬套安装到位前，应先涂抹变速器装配用的专用油脂（Transgel）。

通常为了拆卸和安装单向离合器，需要先将其从固定装置取出。为此可顺时针方向转动该离合器，直到它与滚柱的离合器楔形斜面最大处对齐，然后从固定装置内侧取出滚柱离合器。

应检查单向离合器是否有磨损或损坏，检查花键、精加工表面以及轴承座和卡环槽是否有损坏。检查所有光滑表面是否有任何缺陷。

应更换有任何类型损伤或表面不规则的所有滚柱和轴承座。检查折叠式弹簧是否有裂纹、端部断裂或变平。更换所有变形或有其他损伤的弹簧。

在重新组装滚柱式单向离合器时，确保滚柱和弹簧朝向正确的方向。如果装反了，单向离合器将不会在任何方向锁定。

要重新组装滚柱式单向离合器组件，并将它们压入到其壳体中。

一旦单向离合器准备好安装，先验证它们可在正确方向超越转动。大多数单向离合器都有某些标记，以指出离合器应被设定的方向。安装时应使用新的固定卡环。

变速器中常用一些无切口的密封环。这类密封环由聚四氟乙烯基的材料制成，且不能重复使用。要拆卸它们，应将它们从环槽中撬出并小心地切断。安装新密封环需要两个工具：一个安装工具和一个挤压收紧工具。为了安装特氟龙（Teflon）密封环，先将其浸泡在热水中让新密封环受热软化以使安装更容易。安装前先润滑新密封环和安装工具，然后将密封环在安装工具上滑动并落入在轮毂或轴的环槽中。再用挤压收紧工具将密封环收紧到规定直径。检查所有可能被插入行星齿轮组的衬套。这类衬套常用在太阳轮中。测量衬套安装孔的内径并与规定值进行比较。如果直径超过规定的标准值，则应更换齿轮总成。

在拧紧任何与旋转轴有直接或间接关系的紧固件时，应在拧紧过程中和拧紧后都转动该轴以确保其旋转自如。

在整个变速器中始终应使用新的衬垫和密封件。

在将差速器和主减速器单元安装到变速驱动桥上之前，应确保已正确设置。

确保所有连接到电磁阀和传感器的电气线路都已连接，并且所有线束夹子已将线束固定在正确的位置（图7-32）。

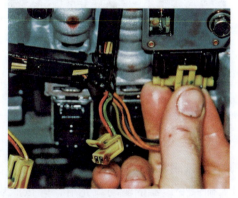

图7-32 确保所有电气插接器已插好且牢固

在安装 ATF 滤清器和油底壳之前，对整个变速器进行气压测试（图 7-33）。

安装新的 ATF 滤清器和油底壳衬垫，并将油底壳螺栓拧紧至规定力矩。

在将再制造的或新的变速器往车上安装之前，务必先冲洗变速器冷却系统。冷却系统是杂质最容易聚积的地方。有些制造商对 ATF 冷却器是要求更换而不是冲洗。

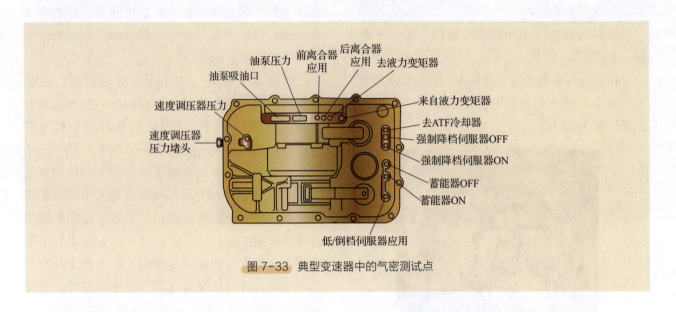

图 7-33 典型变速器中的气密测试点

4. 安装变速器

变速器的安装步骤通常与拆卸过程相反。快速检查以下内容将大大简化安装过程，并可降低在安装过程中损坏某些零件的概率。

1）确保发动机缸体与变速器之间的定位销在正确的孔中且形状良好，同时变速器箱体的定位孔没有损坏。

2）确保曲轴后端的导向孔（图 7-34）光滑且不失圆，以使变矩器可穿过挠性板移进或移出。

图 7-34 挠性板上的导向孔

3）确保变矩器的导向毂光滑，并在其上涂一层薄薄的底盘润滑脂，以防止划伤或生锈。

4）确保变矩器的驱动毂光滑，并按照规定涂上变速器装配专用的油脂（Transgel）或等效的润滑脂。

5）将所有线束固定好，以防止它们被夹在变速器箱体和发动机缸体之间。

6）冲洗变矩器。建议在更换带 TCC 的变矩器时进行，因为无法判断它们中会有多少残渣。

7）在重新安装液力变矩器或安装新开箱的新变矩器之前，务必先检查该变矩器轴向安装间隙和其整体高度。

8）在将变矩器安装到变速器上之前，应将约 0.95L 推荐的油液倒入变矩器中，以确保变矩器中的所有部件在起动前都得到一定的润滑。

> **车间提示**
>
> 如果变速器是 EAT，应在进行初始路试之前先查阅维修信息。大多数 EAT 需要执行包括不同行驶工况的"学习程序"。若需要路试并使变速器进行"学习"，可同时进行这两项工作。维修过的变速器可能需要换档自适应学习和离合器学习以确保换档品质合适。这可能意味着使用手动变速杆或诊断仪指令变速器保持在某些档位，同时要使发动机和变速器保持在规定转速范围内。应始终参照制造商的维修信息以执行正确的学习步骤。

3C：问题（Concern）、原因（Cause）、纠正（Correction）

维修工单					
年份：2006	品牌：道奇	车型：Stratus	里程：155366mile	单号：17117	
问题	客户陈述车辆在换到更高档位时可感觉到晃动和振动。				
	在路试确认振动后，技师判断该振动是出现在试图应用 TCC 时。他随后将压力表连接到变速器上并再次进行路试，发现 TCC 液压回路的压力在规定的标准范围内。				
原因	液力变矩器的抖动出现在 TCC 应用时，其液压回路的压力在规定标准范围内。				
纠正	由于 TCC 有故障，更换了液力变矩器。				

7.10 总结

- 应按照规定的里程和时间间隔检查变速器油液的液面高度。通常应在车辆处在水平状态且发动机运转，以及变速器应处于正常工作温度时进行检查。
- 变速器油液液面过低和过高都会导致油液被充气，进而又会引起变速器的许多故障。
- 未受污染的变速器油液呈红色，且其中没有悬浮的黑色或金属颗粒。
- 变速器油液的更换应在发动机和变速器或变速驱动桥处在正常工作温度时进行。排出旧的油液后，应检查油底壳并更换滤清器。
- 如果变速器油从油泵密封处泄漏，则必须将变速器从车辆上拆下才能更换密封件。其他磨损或有缺陷的衬垫或密封件可在不拆下变速器的情况下进行更换。变速器箱体中的砂眼可用环氧树脂密封剂修复。
- 换档过程中出现的打滑可表明需要对制动带进行调整。
- 换档点不正确可能是由速度调压器或其驱动齿轮系统的故障以及节气门联动装置调整不当引起的。
- 通过路试可以检查变速驱动桥或变速器的运行是否打滑、换档不平顺、升档和降档的速度点不正确。
- 准确的诊断依赖对在特定档位应用了哪些行星轮控制装置的了解。
- 压力测试通过使用连接到变速器上的压力表检查变速器中油液的液压压力。压力读数可反映油泵、速度调压器和节气门阀液压回路中可能存在的故障。
- 对变速杆或手动操作机构的正确调整对于使手动换档阀与其在阀体中的油液入口和出口正确对齐非常重要。如果手动换档阀未能与入口和出口对齐，则管路压力可能会流失到开放油路中。

7.11 复习题

1. 思考题

1）引起变速器油液液面高度低的最可能原因是什么？
2）变速器油呈乳白色表明什么？
3）油尺上的清漆或胶质沉积物表明什么？
4）通常在压力测试期间，换档之间的压力降不应超过（　　）psi（或 kPa）。
5）更换液力变矩器有哪五个原因？
6）为什么变速器的油路图是诊断变速器问题的有力工具？
7）堵塞的 ATF 冷却器在选择倒档时是如何导致车辆熄火的？
8）在失速测试中检查的是什么？
9）如果变速器没有油尺，如何检查油液的液面高度？
10）如果滑阀阀门不能在其阀体中的孔中自由移动，应该做什么？

2. 单选题

1）以下哪一项在液力变矩器锁定的接合过程中最可能导致抖动？（　　）
A. 变矩器不良

B. 等速或十字轴万向节磨损或损坏

C. 前行星齿轮组磨损

D. 挠性板松动

2）大多数车辆对 ATF 液面高度的检查应在何时进行？（　　）

A. 当变速器处于冷态时

B. 当发动机处于正常工作温度且发动机关闭时

C. 当变速器处于正常工作温度且发动机运转时

D. 何时都可

3）压力读数能反映以下哪一项可能存在的问题？（　　）

A. 油泵

B. 速度调压器

C. 应用油路

D. 上述所有

4）以下哪一项是导致变矩器失速，转速低于规定范围的可能原因？（　　）

A. 排气受阻

B. 变速器中有离合器打滑

C. 变速器中有制动带打滑

D. 行星齿轮组磨损

5）在重新组装自动变速器时，下列哪一项是不正确的？（　　）

A. 应检查所有油泵、阀体和箱体是否有翘曲，并应在重新组装前将其平整以去除任何高点或飞边

B. 只能使用无绒抹布擦拭部件

C. 组装前润滑所有止推垫圈、轴承和衬套

D. 组装前将所有含有摩擦材料的零部件浸泡在清洁的发动机机油中

3. ASE 类型复习题

1）技师 A 说进行准确路试分析的前提条件是要知道在特定档位应用了哪些行星齿轮控制装置。技师 B 说所有打滑的问题都可以追溯到液压回路泄漏。谁是正确的？（　　）

A. 仅技师 A 正确

B. 仅技师 B 正确

C. 技师 A 和技师 B 都正确

D. 技师 A 和技师 B 都不正确

2）在讨论制动带的正确调整步骤时，技师 A 说在某些车辆上，可以使用扭矩扳手从外部调整制动带；技师 B 说通常使用经校准的 lbf·ft（或 N·cm）扭矩扳手将制动带的调整螺栓拧紧到规定力矩。谁是正确的？（　　）

A. 仅技师 A 正确

B. 仅技师 B 正确

C. 技师 A 和技师 B 都正确

D. 技师 A 和技师 B 都不正确

3）技师 A 说，如果所有前进档的换档都出现迟缓，通常会表明前进档离合器打滑；技师 B 说当变速器换入任何前进档时都出现打滑，表明前进档离合器不良。谁是正确的？（　　）

A. 仅技师 A 正确

B. 仅技师 B 正确

C. 技师 A 和技师 B 都正确

D. 技师 A 和技师 B 都不正确

4）技师 A 说识别变速器确切结构的唯一正确方法是利用油底壳的形状来识别。技师 B 说变速器的识别号仅标示出变速器的制造商和组装日期。谁是正确的？（　　）

A. 仅技师 A 正确

B. 仅技师 B 正确

C. 技师 A 和技师 B 都正确

D. 技师 A 和技师 B 都不正确

5）技师 A 说换档迟缓可能是由磨损的行星齿轮组元件引起的。技师 B 说换档迟缓或打滑可能是由于液压回路泄漏或阀体中的滑阀卡住造成的。谁是正确的？（　　）

A. 仅技师 A 正确

B. 仅技师 B 正确

C. 技师 A 和技师 B 都正确

D. 技师 A 和技师 B 都不正确

6）在检查汽车的 ATF 状况时，技师 A 说如果油液呈深褐色或黑色和/或有烧焦的气味，则表明油液有过过热情况；技师 B 说如果油液呈乳白色，则表明发动机冷却液已泄漏到变速器的 ATF 冷却器中。谁是正确的？（　　）

A. 仅技师 A 正确

B. 仅技师 B 正确

C. 技师 A 和技师 B 都正确

D. 技师 A 和技师 B 都不正确

7）在讨论油压测试的结果时，技师 A 说当油液压力过高时，表明变速器内部有泄漏、滤清器堵塞、油泵输出油量低或压力调节阀有故障；技师 B 说如果油液压力在错误的时间增加，则表明伺服器或离合器密封处存在内部泄漏。谁是正确的？（　　）

A. 仅技师 A 正确

B. 仅技师 B 正确

C. 技师 A 和技师 B 都正确

D. 技师 A 和技师 B 都不正确

8）在讨论压力测试时，技师 A 说换档过程中的压力降超过 15 psi（约 103kPa）表明可能有泄漏；技师 B 说换档之间的任何压力降都表明变速器有问题。谁是正确的？（　　）

A. 仅技师 A 正确

B. 仅技师 B 正确

C. 技师 A 和技师 B 都正确

D. 技师 A 和技师 B 都不正确

9）在检查 FWD 汽车上的发动机和变速器悬置时，技师 A 说发动机的任何移动都可能改变换档和节气门拉索的有效长度，因而可能会影响齿轮的啮合；技师 B 说迟缓或不进行换档是由液压问题而不是换档联动装置或控制问题引起的。谁是正确的？（　　）

A. 仅技师 A 正确

B. 仅技师 B 正确

C. 技师 A 和技师 B 都正确

D. 技师 A 和技师 B 都不正确

10）在讨论变速器油液中充有空气的原因时，技师 A 说这可能是变速器中的 ATF 过多所导致的；技师 B 说这可能是由于变速器中的 ATF 过少所造成的。谁是正确的？（　　）

A. 仅技师 A 正确

B. 仅技师 B 正确

C. 技师 A 和技师 B 都正确

D. 技师 A 和技师 B 都不正确

第 8 章
四轮驱动和全轮驱动

学习目标

- 能说出传统四轮驱动系统各主要部件的名称。
- 能说出分动器各部件的名称。
- 能简述分动器、开放式和防滑式差速器之间的差异。
- 能简述锁定/解锁式车轮轮毂的主要作用和工作原理。
- 能了解四轮驱动和全轮驱动的区别。
- 能了解全轮驱动中黏性离合器的功用。

3C：问题（Concern）、原因（Cause）、纠正（Correction）

维修工单					
年份：2014	制造商：本田	车型：Pilot	里程：47077mile	单号：17141
问题	客户陈述在行驶时听到来自车辆后部的噪声。

根据此客户提出的问题，运用在本章中学到的知识来确定此问题的可能原因、诊断问题的方法以及解决问题所需的步骤。

随着四轮驱动（4WD）和全轮驱动（AWD）运动型多用途汽车（SUV）、皮卡和跨界车辆（图8-1）的流行，对有能力诊断和维修四轮驱动系统的技师的需求也急剧增加。尽管有全轮驱动乘用车可供选择，但全轮驱动和四轮驱动车辆的大多数潜在购买者都选择了跨界车、SUV和皮卡车。

图8-1 新型跨界车

四轮驱动（4WD）和全轮驱动（AWD）系统可以显著提高车辆在雨天、雪天和越野行驶时的牵引和操控能力。考虑到车辆与道路的唯一接触只是轮胎的一个很小区域，所以当将车辆的驱动负荷均匀分配给四个车轮而不是两个车轮时，将会改善车辆的驾驶性和操控性。但需要注意的是，大多数四轮驱动系统在大多数行驶情况下都不会允许实际上的四轮驱动。只有在地面附着力很低，比如车辆在冰面行驶时，才需要锁定差速器或车轮轮毂以便驱动所有四个车轮。大多数四轮驱动系统都允许将转矩按给定路径分配给前桥和后桥，从而提高了牵引力。

增加牵引力还使车辆有可能通过驱动系统施加更大的能量。采用4WD和AWD的车辆可在车辆起步或转弯时保持对动力传递程度的控制，以防止其可能导致两轮快速旋转。4WD和AWD系统牵引力的改善，可允许该类车辆所用轮胎的宽度窄于2WD车辆所用的轮胎。这些较窄的轮胎往往可切穿积雪与积水，而不是在雪地或水面上滑行。当然，在越野冒险活动中通常会使用更宽和更大的轮胎（图8-2）。

图8-2 该SUV配备了用于越野冒险的轮胎

4WD和AWD系统都增加了车辆的成本和重量。一套典型的AWD系统会使一辆乘用车增加大约170lb⊖（约77kg）的重量，大型4WD货车的增加重量可达1400lb（约630kg）或更多；该系统还增加了车辆的初始成本。4WD和AWD系统还需要特殊的维护和修理，而且还使用更多的燃料，这使4WD和AWD车辆的运营成本都高于2WD车辆。对许多人来讲，这些缺点被这类系统所提供的牵引力和性能改善大大抵消了。

> **客户关爱**
>
> 告知客户4WD系统的磨损远大于2WD变速驱动桥或变速器的磨损，尤其是当驾驶员在干燥路面上继续使用四轮驱动时。有些制造商甚至警告说，对4WD系统的滥用不在质量担保范围内。

⊖ 1lb=0.45359237kg。

8.1 驱动类型

由于制造商给他们的驱动系统起了很多名称，所以往往很难清楚地界定 4WD 和 AWD 之间的差别。它们都有向所有四个车轮传递转矩的能力。但目前的 AWD 系统可决定何时将转矩传递给前桥或后桥，或者传递给二者。而 4WD 系统只能将前后桥锁在一起，因此每个车桥始终以相同的转速转动。为了区分，本节中的四轮驱动或 4WD 这一术语用于描述带有分动器的系统。对于不使用基于分动器系统的汽车将在全轮驱动（AWD）部分讨论。分动器将来自变速器的动力分流给前轴或者后轴（图 8-3）。为明确起见，AWD 和 4WD 之间的主要区别是，4WD 车辆上的分动器在四轮驱动中提供两种速比或档位，它们通常被称为四驱高速（4WD/H）和四驱低速（4WD/L）。这类系统主要用于皮卡和大型 SUV。AWD 不提供此类驱动方式。AWD 车辆一般是较小的 SUV 或乘用车（图 8-4），它们是在前轮驱动车辆基础上开发的（图 8-5）。

四轮驱动汽车并非在所有时间都驱动所有车轮，它们在前后驱动桥之间使用了开放式（无差速锁）的差速器，通常称为桥间（中央）差速器。开放式差速器将发动机输出的转矩分配给前桥和后桥。前后桥的传动比可允许两车桥的驱动轴以不同的转速旋转。但传递到各车桥的转矩量不会

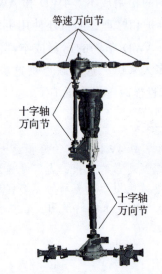

图 8-3 4WD 系统各部件的典型布置

图 8-4 新型的 AWD 乘用车

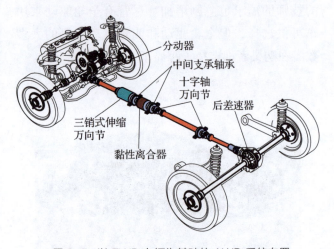

图 8-5 以 FWD 车辆为基础的 AWD 系统布置

改变。由于转矩总是传递给所受阻力最小的车轮或驱动轴，这将意味着车辆有可能在一个车轮旋转但其他车轮仍保持静止不动情况下被卡住。当桥间（中间）差速器和传动轴将转矩传递给只有最小牵引力的车轮时，就会发生这种情况。

1. 分时 4WD

行驶在干燥的铺装路面时，所有时间都驱动所有车轮会在传动系统中产生不必要的阻力和约束。防滑式差速器（LSD）、锁定式差速器、锁定轮毂（图 8-6）以及具有转矩管理能力的离合器都提高了向所有四个车轮传递和改变转矩的能力。

分时 4WD 的设计目的是用于越野。这类系统在分动器切换为 4WD 时提供前后传动轴之间的机械连接。分时 4WD 系统常见于皮卡和大型 SUV 上。这些车辆是配备了可连接/断开前后传动轴联系的双速分动器的 RWD 车辆。这类 4WD 系统在驾驶员人工选择 4WD 之前将以 2WD 模式运行。

图 8-6 用于四轮驱动货车的锁定轮毂

当选择了 4WD 时，可获得更大的牵引力，使车辆能够承载更大的载荷和/或在不利的地形条件下行驶。该系统仅是为这些目的而不是为用于干燥或平整的铺装路面设计的。当以 4WD 模式行驶时，前后传动轴以相同的转矩旋转，且不允许存在轴速差。当以 4WD 模式在干燥路面上转弯时，由于没有轴速差，轮胎将会相对路面产生侧偏运动，致使车辆不好操控。而当车辆在湿滑路面上转弯时，轮胎很容易以滑移或打滑的方式通过路面，从而提供了所需的轴速差。

必须记住的是，在车辆转弯时，各车轮必须要驶过不同的距离（图 8-7），车辆外侧的前轮行驶的距离要多于外侧后轮行驶的距离，由此产生的结果称为传动系统扭转变形（类似拧麻花）。这是新式 AWD 分动器设计使用离合器片组件或黏性离合器的主要原因，这种系统可在干燥路面上全时使用。传动系统的扭转变形会导致操控方面的问题，尤其是在干燥路面上整圈转弯时。

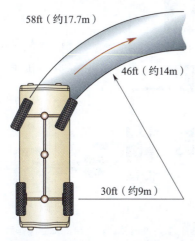

图 8-7 车辆转弯时各车轮行驶的距离

从分动器到前和后驱动桥差速器的连接采用传动轴（图 8-8）。十字轴万向节用来将传动轴连接至差速器和分动器上。半轴直接连接到车轮的轮毂上或通过十字轴万向节连接到轮毂上。十字轴万向节通常还用于重型货车前半轴和轮毂的连接（图 8-9a），而轻型汽车一般在其前驱动桥总成中使用半轴和等速万向节（图 8-9b）。

图 8-8 分动器和传动轴

a）一个在用的前半轴

b）一个四轮驱动货车前轮的半轴

图 8-9 不同半轴的应用

几乎所有的分时 4WD 系统都有一个分动器，它不仅允许 2WD 和 4WD 应用，还提供高速（H）

和低速（L）两种不同速比。此功能允许驾驶员来控制如何将发动机转矩分配到驱动轮上。控制分动的选择开关（图 8-10）或手动变速杆（图 8-11）控制通常有 2WD、4WD 高速和 4WD 低速三个档位。换档控制可以是用物理方式移动分动器中的一个齿轮，也可以是用电器方式驱动一个电磁阀或离合器片组件来将转矩传递到该前桥。几乎所有较新的车辆都使用电子式的 4WD 控制，其中许多还提供不同的工作模式，例如沙地模式和雪地模式（图 8-12）。此外，大多数手动换档装置还提供了一个空档位置，它用作 4WD 低速档可被选择前的一个停留点。其他分动器是单速的，即只允许驾驶员在 2WD 和 4WD 模式之间进行选择。

当选择 2WD 后，只有后驱动桥接合，该设置用于在所有干燥路面上的行驶。大多数车辆使用开放（无轮间锁）式或防滑式后差速器，而有些车辆可在需要时锁定后差速器。4WD 的高速档可将发动机动力传递给两个车桥，但不影响传递到各驱动轮上的转矩大小。该档位的选择可提高车辆在冰或积雪覆盖路面上行驶的牵引力。4WD 低速档为将分动器置于减速配置，此档的齿轮减速比可能是 2∶1、4∶1 或更高些，因而可为驱动车轮提供更大倍增的转矩。这种高倍增的转矩将大大降低车辆的速度。该档位的唯一用途是要为驱动轮提供更大的牵引力，以越过包括岩石、雪地、砾石或陡坡在内的粗糙地形。

（1）驱动模式切换 一些 4WD 车辆使用真空泵或机械连杆移动一个花键套筒来使半轴与前驱动桥连接或分离（图 8-13）。采用该系统后将不再需要车轮的锁定轮毂。当选择 2WD 模式时，一根半轴与前差速器分离。作为结果，传递到前驱动桥的发动机全部转矩将移向差速器已与半轴分离的那一侧，这是正常的差速作用。当车辆切换为 4WD 时，切换接合套将该半轴的两部分连接在一起。其他类的半轴断开装置采用电动操作方式，它们用一个电机来连接或分离半轴（图 8-14），该系统可从两轮驱动平稳转换为四轮驱动。通用汽车公司使用另一种系统，它通过在选择开关上选择 4WD 来使半轴分离装置中的加热元件通电，该加热元件使气体受热膨胀，从而推动柱塞操作切换机构。

图 8-10 4WD 模式选择开关

图 8-11 4WD 手动变速杆

图 8-12 某 4WD 车辆的地形选择按键

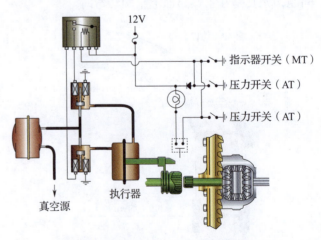

图 8-13 断开驱动桥连接的真空操作系统

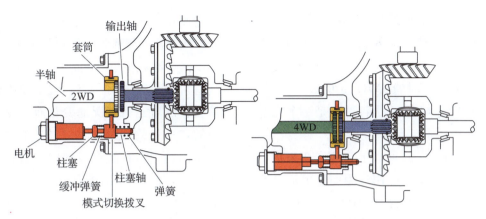

图 8-14 该系统采用电机断开与驱动桥的连接

大多数配有机械或电子式 4WD 控制的新型车辆都允许驾驶员在车辆行驶时进行 2WD 和 4WD 之间的切换。这类系统与车辆的动力控制单元和整体式轮端（IWE）电磁线圈一起工作。驾驶员通常可在最高为 55mile/h（约 88km/h）的速度范围内进行 2WD 和 4WD 模式之间的切换。但从 4WD 高速切换为 4WD 低速时，则要求在车速至少低于 3mile/h（约 5km/h），且踏下制动踏板、变速器处于空档情况下进行。该分动器配有电磁离合器（图 8-15），它用于使车辆的前传动系统与变速器的输出同步。当手动变速杆移动到 4WD 位置时，该电磁离合器通电，并使切换拨叉将分动器的主轴毂与前传动轴的传动链轮接合。电磁离合器在前桥的整体式轮端（IWE）被接合后将分离。在采用电子式切换的分动器中，是由该离合器最终控制切换电机的。

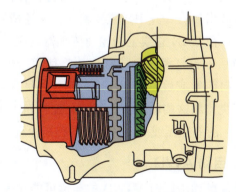

图 8-15 分动器中的离合器总成用于使前传动系统与变速器输出同步

（2）基于 FWD 的系统　一些 FWD 车辆为 4WD 采用了用螺栓连接在变速驱动桥上的集成式分动器。一根传动轴将动力传输到后差速器。驾驶员可以通过按下启用电磁真空阀或电机的开关从 2WD 切换到 4WD。

2. 全轮驱动

全轮驱动（AWD）的轿车和货车与较重型的 4WD 货车和 SUV 在其他几个方面有所不同。首先，它们没有单独的分动器，将动力传递到后传动系统所需的任何传动装置通常包含在变速驱动桥箱体内或是用螺栓固定在延伸壳体上（图 8-16）。虽然四个车轮均为驱动轮的能力在恶劣天气条件下会有所帮助，但有些汽车配备 AWD 的原因主要是为了改善车辆的操控性，有些车辆使用 AWD 是为了根据行驶条件向每个车轮施加转矩以提高操控性能。

图 8-16 用螺栓连接分动器的九速变速驱动桥

AWD 系统可以持续不断地将动力传递给前桥和后桥，也可以只在湿滑路面条件下才向所有四个车轮传递动力。AWD 系统通常会在前后输出轴之间装有一个中央或桥间差速器（图 8-17）。该差速器除了向前后桥传递动力外，还允许在前后桥之间存在一定的速度差，以防止轮胎在转弯过程中与路面产生搓擦。全时的 AWD 还可被称为"任何时候的 4WD"或 AWD，尽管这不是一个完全准确的名称。AWD 系统像分时 4WD 一样为车辆提供了更多的牵引力，而且由于它允许在包括干燥路面的所有路面上全时应用，因而也更适合于日常的使用。这类系统不能选择退出 AWD 模式，在道路条件允许的情况下，将输出转矩均匀地分配给各个驱动轮。

央）差速器（图 8-18）或电磁式的分动器离合器将动力从变速器传递到后传动系统和后桥总成。

根据车辆对转矩分配方式的不同，有些 AWD 系统有可能会优先将所有转矩传递给前轮，但这种情况会随着运行状况的变化而改变。当车辆直线行驶在平坦的道路上时，每个车轮都接收到同样大小的转矩。在转弯过程中，前轮接收到较小的转矩，从而防止车轮打滑。如果一个前轮开始打滑，就会将更多的转矩传给后轮。有些 AWD 系统会将一定比例的转矩传递给前轮，其余部分的转矩则始终传递给后轮。大多数这类较新的 AWD 系统可动态地改变对前/后桥转矩的分配，并使用基于制动的转矩定向来提供类似 4WD 传动系统的性能。

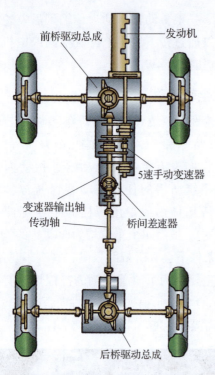

图 8-17 全时 4WD 系统中桥间（中央）差速器的位置

图 8-18 装在变速驱动桥上的桥间（中央）差速器

这类 AWD 系统依靠添加在变速驱动桥中的单速分动器和/或桥间（中央）差速器来对前后桥之间的动力进行分配。该系统对来自各种传感器的输入做出响应，其中，主要输入是车轮滑转率，它由连接在 CAN 总线上的轮速传感器监测。当系统检测到车轮打滑时，控制模块将使离合器完全接合以向前轮或后轮传递更多的转矩（图 8-19）。控制模块监测这些输入，并调整分配桥间（中央）差速器、前差速器或后差速器上的转矩权重。

3. 全时 AWD

全时 AWD 类似于 4WD，可在任何时候为所有四个车轮提供动力，但没有 4WD 低速的设置可用。由于没有这个低速档位，因此采用 AWD 的车辆不是为严苛的越野出游而设计的，但可用于其他所有路面，包括干燥的铺砖路面。

大多数配备 AWD 的乘用车和较小 SUV 都是基于 FWD 设计的。这些更改后的 FWD 系统用于驱动前轮的变速驱动桥和差速器以及将变速器与后传动系统连接的一些机械机构。它们没有单独的分动器，而是使用一个黏性离合器、桥间（中

4. 自动 AWD

配备自动（适时）4WD 的车辆可能在大部分时间都以 2WD 模式运行，只是在短暂的时间内才以 AWD 模式运行。在正常情况下，一个驱动桥可获得 100% 的转矩，只有在工况需要或必要时，向四个车轮提供动力的情况才会出现。

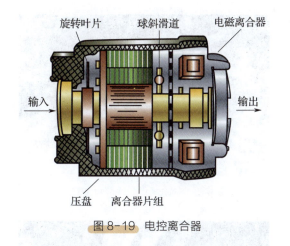

图 8-19 电控离合器

PCM 持续监测每个车轮的转速（图 8-20）。当一个车桥出现打滑时，控制单元会相应地将动力分配给另一个车桥。根据系统的不同，这种动力分配可以通过液压、机械或电气方式来实现。一旦该车桥不再打滑，且所有四个车轮都以相同转速旋转时，所有的转矩就会传递给 2WD 模式所用的车桥。

通常为了在车桥之间分配动力，会使用一个多片式离合器。该离合器充当了桥间差速器的作用，并允许前后驱动桥之间存在转速差。传感器监测前后桥车轮的转速、发动机转速以及发动机和传动系统的负荷（图 8-21）。一个电子牵引力控制单元（TCU）接收来自各传感器的信息，并通过占空比方式控制一个电磁阀，进而控制接合转换离合器的油液流动。占空比电磁阀是脉冲式的，其 ON-OFF 的循环非常迅速，从而形成一种受控的滑移状态。从结果上看，转换离合器的作用类似于桥间差速器，它允许动力的分配从 95% 的 FWD 和 5% 的 RWD 到 50% 的 FWD 和 50% 的 RWD。动力分配进行得非常快，以至于驾驶员都意识不到牵引力的变化。

5. 混合动力的 AWD

在采用 AWD 的丰田和雷克萨斯混合动力 SUV 上，为了包含一个减速装置，前变速驱动桥总成被重新设计。该装置是一个与功率分流行星齿轮组耦合的行星齿轮组。此外，在车辆的后桥上，一个用来驱动后驱动轮而附加的电机（MGR）布置在其后变速驱动桥总成中。与传统的 4WD 汽

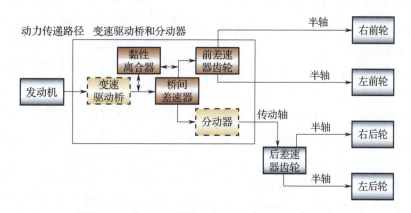

图 8-20 动力流经黏性离合器式桥间（中央）差速器

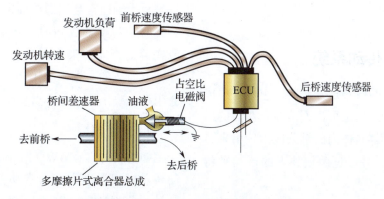

图 8-21 电控 AWD 系统简要构成示意图

车不同，这些混合动力车辆的前桥和后桥之间没有物理连接（图8-22）。后变速驱动桥的铝制壳体中包含了电机（MGR）、逆向主动齿轮、逆向从动齿轮和差速器。该装置有三根轴：MGR和逆向主动齿轮位于主轴上（MGR驱动逆向主动齿轮），逆向从动齿轮和差速器主动小齿轮位于第二根轴上，第三根轴支承着差速器。

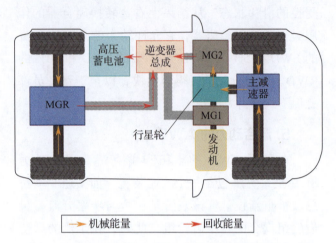

图8-22 混合动力汽车配备额外电机驱动后轮的基本布局

与丰田的4WD不同，福特翼虎（Escape）混合动力汽车没有用来驱动后轮的单独电机，而是以传统方式通过分动器、后传动轴和后桥总成来驱动后轮的。这个AWD系统是全自动的，而且有一个计算机控制的离合器，它会在后轮需要牵引力和动力时接合后桥。该系统根据位于每个车轮和加速踏板上的传感器输入，将计算应传递给后轮多大的转矩，通过监测这些输入，控制单元可以对车辆的打滑做出预测并做出相应反应。它还可以在车辆急转弯时对转矩的分配做出调整，从而消除4WD车辆在转弯时可能出现的传动系统颤抖。

8.2 4WD 的传动系统

传统汽车4WD的核心是分动器，它可以集成在变速器中（图8-23），也可以安装在变速器的后部（图8-24）。分动器箱体内的链条或齿轮由来自变速器的动力驱动，并通过两根独立的传动轴将动力传递给前桥和后桥。

图8-23 分动器和变速器集成在一起

图8-24 用螺栓固定在变速器后部的分动器

传动系统通过传动轴将分动器与前后桥的差速器相连。就像在两轮驱动汽车上一样，这些驱动桥中的差速器可通过调整对侧车轮的转速来对道路和行驶状况进行补偿。例如在转弯时，由于外侧车轮必须要在地面上行驶更长的弧线，所以它要比内侧车轮滚动得更快。为了实现这种需求，差速器在减少传递给内侧车轮动力的同时增加了传递给外侧车轮的动力。

十字轴万向节在所有这类车辆上用于传动系统传动轴与差速器和分动器的连接。在某些车辆上，十字轴万向节还可用于后半轴与后轮的连接，只是后半轴通常是用螺栓固定在车轮轮毂上的。

前轮与半轴之间的连接通常是用十字轴万向节或等速万向节来实现的。一般来讲，半轴或带等速万向节的半轴主要用于AWD乘用车上，但也会用在一些小客车、小型皮卡和货车上。

1. 分动器

如前所述，在4WD汽车中，分动器向前后驱动桥总成提供动力。通常从分动器连接出两根传动轴，每根传动轴都连接至一个驱动桥。分动器的结构很像是一个变速器。有些分动器的工作依赖于链条和链轮（图 8-25），而有些则使用齿轮驱动来转动连接至前桥或后桥的传动轴。分动器使用换档拨叉来选择工作模式。此外，分动器内还有类似在手动变速器和自动变速器中常见的花键、齿轮、垫片、轴承和其他部件。分动器的箱体由铸铁、镁或铝制成。分动器内加有润滑油，以减少所有运动部件的摩擦。

2. 动力分流（取力）装置

在前轮驱动系统基础上改装的 AWD 系统中不需要单独的前差速器和传动系统。前轮由基本型的变速驱动桥差速器驱动。另外，在变速驱动桥上添加了一个动力分流（取力）装置（PTU），用于在四轮驱动中向后轮传递动力。这个分流的齿轮装置封装在变速驱动桥箱体内或用螺栓固定在变速驱动桥箱体上（图 8-26）。它只是一个由变速驱动桥的主减速器驱动的齿轮组，它以 90°的夹角向外传递输出转矩，并以与前轮相同的转速驱动后传动轴。

目前 Jeep 指南者车型的 AWD 系统有一个电子控制装置，它通过监测外界温度、轮速变化、风窗玻璃刮水器的使用和其他输入信号来决定何时接合后桥和 PTU 装置。在温暖和干燥的天气时，PTU、后齿圈和小齿轮以及后传动轴与发动机完全分离。当行驶状态表明车轮有空转的可能性时，后差速器中的离合器和 PTU 中的齿形犬牙式离合器都将接合，从而将转矩传递给后轮。

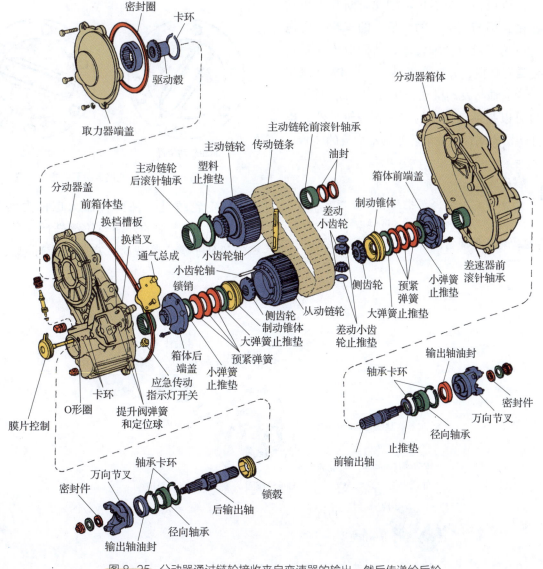

图 8-25 分动器通过链轮接收来自变速器的输出，然后传递给后轮

图 8-26 分流装置（PTU）用螺栓连接在变速驱动桥上

3. 锁定轮毂

分动器只能断开传递给一根传动轴的动力，无论是前桥或后桥。虽然传动轴此时断开了与发动机的连接，但与其连接的车桥上的车轮仍会拖动半轴、齿轮以及传动轴转动，从而对传动系统造成不必要的磨损，并浪费燃料。一些 4WD 汽车配备了可使半轴与发动机动力接合或分离的轮毂。这类轮毂可以是手动操作的齿轮和棘轮组件，也可以是自动切换来锁定或解除半轴动力流的装置。

> **客户关爱**
>
> 非常重要的是，要提醒客户查看车主手册并按照所建议的时间间隔检查分动器中的油液液面高度，还要提醒他们确保使用正确的油液。

在一些 4WD 车辆上，前桥是通过锁定轮毂来接合的。这种轮毂的设计目的是为了在未选择 4WD 时，避免前轮拖动前半轴和前差速器旋转。锁定轮毂可以是手动操作的，也可以是自动的。较新的系统配备自动式锁定轮毂，可在驾驶员切换到 4WD 时使轮毂与半轴接合。较老式的车辆采用手动式锁定轮毂，它需要驾驶员转动前轮上的一个旋钮。当旋钮处于锁定位置时，轮毂完成前轮与前半轴的连接。

手动式锁定轮毂需要手动将一个操纵柄或旋钮转到 2WD（FREE）位置或 4WD（LOCK）位置（图 8-27）。自动式锁定轮毂可通过切换到 4WD 并缓慢向前移动车辆来自动锁定（图 8-28），它们在缓慢倒车时会自动解锁。在某些更新型的 4WD 系统中，前桥锁用来代替独立的锁定轮毂。

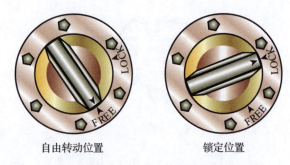

图 8-27 手动式锁定轮毂的旋钮位置

锁定轮毂是一种离合器（也称为轴头离合器），它将前半轴的外端与轮毂进行接合或分离。当轮毂处于锁定位置时，离合器齿环套入前半轴

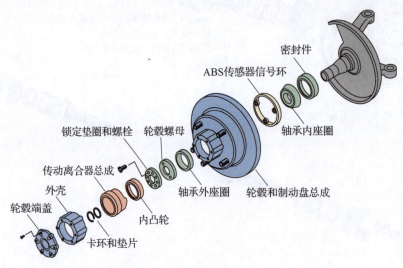

图 8-28 自动式锁定前轮毂的零部件

的花键上。当轮毂处于解锁位置时,弹簧力迫使离合器齿环与半轴分离,从而断开轮毂和半轴的连接。

虽然自动式锁定轮毂对驾驶员来讲更方便,但它们也有缺点。许多自动式锁定轮毂的设计在车辆倒车行驶时会自动解锁,但当车辆被卡住且需要倒车才能从被困地点脱离时,此时只有后轮的驱动可用来移动车辆。其他类型的自动式锁定轮毂可在退出 4WD 时立即解锁而无须倒车。在这类系统中,不管车辆行驶的方向,轮毂都会自动锁定。

采用全时 AWD 的车辆不需要锁定轮毂,车轮和轮毂始终与半轴接合。桥间(中央)差速器或分动器可防止动力传动系统零部件的损坏和非正常磨损。

8.3 桥间(中央)差速器

AWD 系统需要一个允许前后传动轴以不同转速旋转的装置。这类装置的作用是消除动力传动系统扭转变形。最常见的设计是配有一个桥间(中央)差速器(图 8-29)。前后驱动系统通过传动轴与桥间(中央)差速器相连。就像驱动桥中的差速器允许左右半轴有不同转速一样,桥间(中央)差速器也允许前后传动轴有不同转速(图 8-30)。

图 8-29 桥间(中央)差速器

虽然桥间(中央)差速器可解决传动系统在转弯时的扭转变形问题,但同时也降低了在附着力较差的情况下的牵引性能。这是因为,桥间(中央)差速器往往会向具有最小附着力的车轮提供更多的动力,这将导致滑移的增加。这完全与所期望的相反。

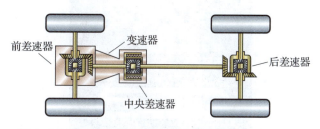

图 8-30 桥间(中央)差速器允许前后传动轴有不同转速

为了解决这个问题,一些桥间(中央)差速器的设计更像是一个防滑差速器。它们使用多片式离合器组件,以在差速器开始起作用之前,可保持预定的转矩传递量(图 8-31)。

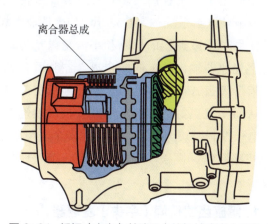

图 8-31 桥间(中央)差速器中的机械式离合器总成

电磁式的系统使用一个电磁线圈来接合多片式离合器,从而将转矩传递给该后桥。如果前轮的转速比后轮快,那么 PCM 将启用该离合器以驱动后轮。有些系统在桥间(中央)差速器中使用一个托森(Torsen)或瀚德(Haldex)单元。托森或转矩感知单元是一种机械式差速器,它能够将动力从一个只有很少或几乎没有牵引力的车轮转移到另一个有牵引力的车轮上。其他的系统则使用一种图 8-25 中所示的制动锥体,而不是离合器片组件,但最终的结果是相同的,即无论附着力如何,都会向两个车桥提供驱动力。

有些系统还为驾驶员提供在特定行驶条件下锁定桥间(中央)差速器的选项(图 8-32)。这可完全消除差速的作用。但该差速器只有在湿滑条件下行驶时才能被锁定,而且也只能在低速时被启用。

图 8-32 桥间（中间）差速器可由这些选择按钮控制

早期的奥迪 Quattro 系统使用托森（Torsen）或黏性离合器式的桥间（中央）差速器，但较新的车型使用了电子控制的多片式离合器来传递发动机转矩。该新系统称为 Quattro Ultra 四驱系统。它可使后桥主减速器的齿圈和小齿轮以及传动轴空转。变速器输出轴上的两个离合器和后差速器中的齿形犬齿式离合器分离以断开拖滞引起的阻力，从而实现更好的燃油经济性。控制差速器工作的电子控制模块（ECM）会考虑多个环境因素，包括外部温度、横摆率、转向角度、节气门位置以及轮速。

1. 螺旋齿式桥间（中央）差速器

螺旋齿式桥间（中央）差速器（图 8-33）通常也称为托森差速器，它使用经调整的带有螺旋状切齿的行星齿轮机构来接合或压动摩擦片以限制车轮的空转并改变转矩分配。它们通过将来自发动机的转矩提高以产生更大摩擦力来增强锁定效果。锁定效果由齿轮的切齿角度决定，越大的角度产生的锁紧力越大。当其用作桥间（中央）差速器时，这种螺旋齿式的差速器设计通常可提供不均等的转矩分配，其效果由驱动前后桥的齿轮比率来决定。

图 8-33 螺旋齿式差速器装置

2. 黏性离合器

有些系统使用分动器内或分动器外的黏性离合器（图 8-34），或将黏性离合器作为一个单独的单元来向前后桥分配动力。黏性离合器用来取代桥间（中央）差速器而以较低的牵引力驱动车桥。多年来黏性离合器的使用都是为了改善车辆在恶劣行驶条件下的机动性。一旦需要提高驱动轮的牵引力，黏性离合器就会在自动起作用的同时持续地将动力传递给车桥总成。这种行为也称为随牵引力来分配传递给车桥的驱动转矩。黏性离合器总成的结构类似于主从动片交替放置的多片式离合器（图 8-35），它起到了一种速度感应式防滑装置的作用。

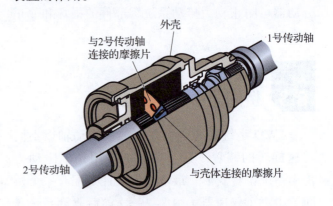

图 8-34 黏性离合器是带有浸在油液中的多片式离合器的封装总成

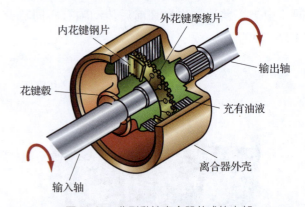

图 8-35 典型黏性离合器总成的内部

黏性离合器片组件被封装在一个完全密封的圆筒中。离合器片组件由交替放置的钢片和摩擦片组成。一组钢片是用其内花键安装在离合器总成上的花键毂上。第二组是离合器摩擦片，它通过其外花键与离合器鼓连接。离合器壳体内充有少量空气和专用的硅油，硅油的作用是将动力从主动片传递到从动片。

当前后桥的差速器处于相同的转速时，离合器片之间的相对旋转较慢，因此通过离合器传递的转矩很少或没有。随着转速差的增加，传递的转矩也随之增加。当被具有牵引力的驱动桥所驱动的输入轴之间存在8%的转速差时，离合器片开始剪切特殊的硅油。这种剪切行为导致热量在黏性离合器壳体内迅速积聚，从而使硅油硬化。硅油的硬化将导致离合器在约0.10s内锁定。锁定的原因是由于变硬的硅油很难被离合器片剪切。这种硬化的硅油将动力从离合器的主动片传递到从动盘，从而使驱动轴借助离合器片和硬化的硅油而与从动轴连接在一起。

在正常行驶过程中，黏性离合器允许离合器片之间有足够的滑移以使前轮和后轮在车辆转弯时能以不同的转速行进。黏性离合器具有自我调节的控制能力。当该离合器总成锁定时，离合器片之间即便有相对运动，也非常小。由于几乎没有相对运动，硅油温度下降，因而降低了离合器壳体内的压力。随着主动和从动部件之间的转速波动，热量增加，导致硅油变硬。主动和从动部件之间的转速差调节了黏性离合器传动系统的滑移量。取代了桥间（中央）差速器的黏性离合器在严苛的行驶条件下一般是将驱动转矩优先分配给未被驱动的车桥。

3. 瀚德离合器

一些AWD车辆配备了瀚德离合器（图8-36），它起桥间（中央）差速器的作用。这种离合器单元可变化地分配两个驱动桥之间的驱动力。

瀚德单元有三个主要部分：通过在半轴或车轮之间的滑转来驱动的液压泵、湿式多片离合器和一个电子控制阀门。该单元很像一个液压泵，其外壳和活塞连接在一根轴上，而活塞驱动器连接在另一个轴上。图8-37是典型的瀚德离合器液压回路。

当前轮打滑时，瀚德单元输入轴的转速比输出轴快，这导致油泵立即产生油液流动。油液的流动和压力接合了多片式离合器，从而将动力传递给后轮。由于电动油泵和蓄能器使整个油路始终

保持在就绪状态，因此该离合器的接合过程发生得非常快。

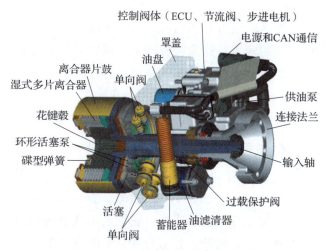

图8-36 瀚德离合器总成

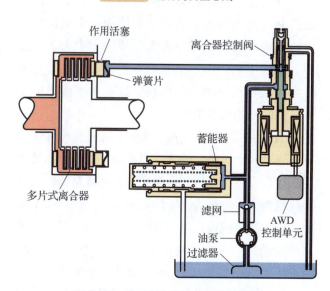

图8-37 典型的瀚德离合器液压回路

来自油泵的油液流至离合器的活塞，以压缩离合器片组件。油液通过一个受控的控制阀返回储油罐。该控制阀用来调节油压和离合器片组件上的作用力，一个电子控制模块来控制该控制阀。

在高滑移情况下，将向离合器片组件提供高压，在急转弯或高速时，则提供很低的压力。当前后桥之间的转速没有差异时，油泵不会向离合器片组件提供压力。

大众汽车的4MOTION AWD系统使用瀚德式离合器作为桥间（中央）差速器。该离合器作为后桥壳体的一部分安装在后桥前部。瀚德式桥间（中央）差速器的输入轴由来自变速驱动桥的传动

轴驱动。瀚德单元中的输入轴与输出轴完全分离，输出轴连接到后主减速器，因此，只有当瀚德离合器接合时，才会有动力传递到后轮。

瀚德单元由 PCM 控制。PCM 接收来自各种传感器的输入。这意味着该系统可以对其他行驶条件做出响应，而不仅仅是对车轮打滑。在没有打滑、转向不足或转向过度时，车辆作为 2WD 车辆行驶，只有在需要时才会将动力分配给后桥。

4. 按需分配式系统

许多新型的 SUV 和跨界车型都配备了"按需（on-demand）"分配的 AWD 系统。这类系统在需求的基础上连接前后车桥。它们还可调节施加给内外侧车轮的转矩。按需分配式系统有许多不同的设计，但大多数都是依赖桥间（中央）差速器来控制转矩流向的。有些车辆使用一个电机来为前轮提供动力，因此不再需要桥间（中央）差速器。其他车辆，如丰田 RAV4 混合动力汽车，有一个为后轮提供动力的电机。以下是当前车辆上可见到的一些基本系统。

（1）按需耦合　按需耦合式系统在通常情况下只驱动一个车桥，除非在需要时，该耦合系统才逐步接合另一个车桥。大多数这类系统是依赖离合器片组件或一种称为犬牙齿轮的齿形离合器来工作的。离合器总成通过增加其摩擦片上的夹紧力来增加传递给另一个车桥的转矩。当不需要 AWD 时，该系统会返回到 2WD。按需耦合式系统之所以可取，是因为可以对系统进行编程，以使其在实际需要之前将转矩传递给通常用于驱动的车桥。当然，这种运行方式依赖于各种传感器的输入。

（2）按需分配式双后半轴离合器　这类系统是以早期左右后半轴各有一个专用离合器的系统为基础的。后驱动桥总成有齿圈和小齿轮，但没有差速齿轮机构。当两个离合器都接合时，该系统的工作方式与典型的 4WD 系统类似。采用这类系统可通过改变一根半轴的速率就能轻松地实现转矩的定向控制。福特福克斯（Focus）RS 采用这种系统，使其后轮具有转矩偏置的能力，因而可从后轮得到相当大的推动动力。一旦后离合器片组件接合，后轮就可获得更大转矩，并力图比前轮旋转得更快。

（3）2017 福特福克斯 RSAWD 系统　这款来自福特的小型热门汽车有一台输出功率为 350hp（约 261kW）的 2.3L 涡轮增压四缸发动机，其输出转矩为 350lbf·ft（约 475N·m）。由于福克斯车型基本上是一款 FWD 汽车，因此这样大的动力可能会损坏它的前轮，所以福特开发了一个独特的 AWD 系统，它最多可将 70% 的发动机转矩传递给后轮。该系统采用"转矩定向后驱动模块"，它由一个差速器（图 8-38）和两个离合器组成，其中离合器用作后桥离合器。该模块可将发动机的全部或部分转矩传递到左后轮或右后轮，也可以实现零转矩的传递。计算机根据各种输入来计算如何防止车轮打滑。它还通过提供差速器的某些功能来帮助汽车行驶和操控。

图 8-38　福特福克斯 RS 的后差速器

（4）主动式双离合器 AWD 系统　配备全地形套件的 GMC Arcadia 采用主动式双离合器 AWD 系统。该系统依赖一对电子控制的离合器来取代后差速器（图 8-39）。该系统可以独立地完全或部分接合每个后轮，以在湿滑路面上最大限度地利用牵引力。它不会过度驱动后轮，但却可以将后桥的所有转矩传递给具有牵引力的车轮。

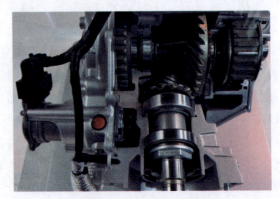

图 8-39　电控式后差速器

（5）电控防滑式桥间（中央）差速器 这类装置使用电动和/或液压执行器接合离合器，以限制前后桥之间的打滑程度。它们还有独立于发动机转矩或车轮摩擦力进行工作的能力。通过使用来自传感器的输入和计算机控制，这类装置可根据需要提供从完全分离到完全锁定的全范围运行。这类系统还可以通过编程来预测将出现更多打滑的时刻，以便在更多打滑出现之前加以来防止。

8.4 转矩定向控制

近年来，AWD 车辆已经配备了电控转矩定向控制系统。这些系统是先进的牵引力和稳定性控制装置。它们不仅能将转矩从前桥传递到后桥，还能将转矩从一侧车轮传递到另一侧车轮（图 8-40）。这类系统的优点包括改善了整体操控性、出色的转弯性能，还提高了车辆的稳定性和安全性。

图 8-40 凯迪拉克的转矩定向控制式后差速器

基本的转矩定向控制系统可以根据行驶状态改变前后轮之间的转矩。该系统还分别监测每个车轮的转速，并依此来增加或减少传递到每个车轮的转矩量。为了改善转弯性能，该系统将自动地向外侧后轮增加转矩，以使车辆更快地转弯。

该系统通过车辆的 CAN 通信系统监测车速、单个车轮的轮速、运行的档位、制动力、转向角度、横摆率和其他输入。

有些 AWD 系统依赖于一个被动系统。在该系统中，差速器只是对各种情况做出机械反应以提供稳定性。目前其他的 AWD 系统在只有很小或没有牵引力的情况下通过制动车轮或减少发动机的动力来控制车轮的打滑和保证车辆的稳定性。这类系统称为主动制动系统。在非常湿滑的路面上，采用两个开放（无差速锁）式差速器的 AWD 系统会因所有转矩都传递给了打滑的轮胎而被困住。通过对打滑车轮施加制动，AWD 系统将"锁定"差速器，以将转矩传递给没有打滑的另一侧车轮。真正的转矩定向控制是采用特殊的差速器实现的，它将动力分配给有牵引力的一个或多个车轮。这类系统称为主动式差速器系统。在一些 FWD 车辆上可以看到简单和真正的转矩定向控制式差速器。

> ▶ 参见
>
> 有关牵引力和稳定性控制系统的更多信息参见第 16 章。

1. 主动式差速器系统

（1）本田 SH-AWD 系统 本田的超级操控全轮驱动（Super Handling All-Wheel Drive，SH-AWD）系统是一个采用主动式后差速器的全时、全自动 AWD 的牵引力和操控控制系统。该系统不仅没有桥间（中央）差速器，而且在前后车桥上也没有防滑差速器。

主动式差速器安装在后桥中。为了产生输入和输出之间的转速差，它依靠一套行星齿轮机构来提高转速，并依靠两个电磁离合器将驱动转矩传递给后桥（图 8-41）。每一个电磁阀离合器都与一个单独的驱动轮绑定，并以电子方式进行控制。该系统监测 CAN 总线上可用的许多输入，以便在转弯时自动向具有最大牵引力的车轮和外侧后轮增加转矩。在启用该电磁阀离合器之前，必须先检测到车轮的打滑。

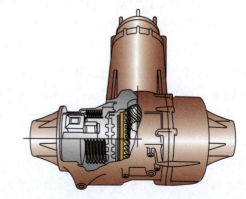

图 8-41 本田 SH-AWD 系统的差速器与后桥总成

该系统一般会将 90% 的转矩分配给前桥，余下的 10% 分配给后桥，但在加速或急转弯时，可通过允许 50%/50% 的转矩分配来应对各种情况。该系统可以将这 50% 的一部分或全部转矩直接传递给后桥的外侧车轮，从而使车辆能更迅速地进入拐角。

（2）采埃孚公司的转矩定向控制系统　新款奥迪 Quattros 和采用 AWD 的宝马车型都配备了采埃孚（ZF）或 Ricardo 公司的转矩定向控制系统。这两种系统很相似，它们都依赖于主动式差速器。这类转矩定向控制系统在前、中间和/或后差速器上都使用了由电动、机电或电动液压系统控制的湿式离合器和行星齿轮组（图 8-42）。

图 8-42　宝马主动转矩定向控制系统的差速器

奥迪系统与宝马系统之间的一个区别就是奥迪在它的桥间（中央）差速器中使用了一个湿式离合器。该离合器由托森或伞形齿轮差速器中的蜗轮进行机械控制。后差速器有与每根半轴连接的行星齿轮组，它由电机操作的离合器控制，以提供驱动轮之间的转速差。通常情况下，前差速器是开放的，以允许常规转向。中央和后差速器离合器的操作由 PCM 控制。该系统与稳定性控制系统、主动转向系统和 ABS 相互联系。它通过向任一个后轮传递转矩来帮助车辆转向。这不仅可以防止车轮打滑，还可消除过度转向和不足转向。当检测到有可能出现不足转向时，将减少传递给前轮的动力。当检测到过度转向时，会将更多的动力传递给前轮。

该系统还可以通过监测 CAN 总线上的许多输入来预测打滑，并能在车辆转弯中提供横摆力矩。横摆力矩迫使外侧后轮向前推，同时将内侧后轮向后拉动一点。这是通过稍微改变两个后轮上的转矩来实现的。其整体效果与某些车辆提供的后轮转向选项的效果相同。

（3）三菱 S-AWC 系统　三菱的超级全轮控制（Super All Wheel Control，S-AWC）系统是 Lancer Evolution 车辆上使用的一个全时 AWD 系统（图 8-43）。该系统与主动式桥间（中央）差速器（Active Center Differential，ACD）、主动横摆控制（Active Yaw Control，AYC）、主动稳定性控制（Active Stability Control，ASC）和运动型 ABS 部件集成在一起，从而可对每个车轮上的转矩和制动力提供调整。对该系统的最好描述是可对所有车轮采用主动制动的主动式桥间（中央）差速器或后差速器。

图 8-43　这辆三菱 Evolution 配备了 S-AWC 转矩定向控制系统

ACD 是一个电子控制的液压式多片离合器，它限制桥间（中央）差速器齿轮机构的行为。ACD 调节前后传动轴之间的转矩分配。AYC 的作用类似于防滑差速器，它通过减少后轮打滑来提高牵引力，通过控制后轮上的转矩来限制车辆的横摆，从而改善车辆的拐弯性能。ASC 调节发动机的动力和每个车轮上的制动力。S-AWC 系统提高了车辆的稳定性，并改善了加速时的牵引力。该系统依靠两个 ECU，一个控制 ACD 和 AYC，另一个控制 ASC 和 ABS。这两个 ECU 通过 CAN 总线相互通信。

2. 被动式 AWD 控制系统

奥迪 AWD 的名称是 Quattro，其基本系统已经过多年的发展。早期的系统依赖桥间（中央）

差速器和后差速器中的托森差速器。这些系统能够改变传递给车辆任何车轮的转矩。随着时间的推移，在基本系统上使用了更多的电子控制装置，目前正在使用的是采埃孚公司的转矩定向控制系统。

奥迪的 Quattro 永久性全轮驱动系统根据需要将转矩从前桥转移到后桥和从一侧车轮转移到另一侧车轮。桥间（中央）差速器对前后桥之间的速度差进行补偿，并在前后轮之间分配发动机动力。该系统可在几毫秒内自动调节动力分配。这种分配是基于发动机转速和转矩、轮速以及纵向和横向加速度来控制的。

3. AWD 控制制动系统

梅赛德斯－奔驰汽车的转矩定向制动系统在转弯时可只对内侧后轮施加制动。如果该系统检测到不足转向，就会给出一个突增的横摆力矩，这可帮助驾驶员获得对转向的更大控制，从而使汽车能以更好的控制通过拐角。

这个主动式制动力矩定向控制系统与梅赛德斯－奔驰汽车的稳定控制系统集成在一起，并始终处于启用状态。只要有一点车轮打滑的迹象，该系统就会开始去制动该车轮或开始减少传递给该车轮的动力。

保时捷 911 因其采用独特的发动机后置后驱布置，因此尽管有许多种 AWD 的设计变型可供选择，但当前的转矩定向控制都不适用于其前轮和后轮，所以采用了一个特殊的总成来将动力从后桥转移到前桥（图 8-44）。该总成称为保时捷转矩定向控制（Porsche Torque Vectoring，PTV）。

图 8-44　保时捷 911 用来将发动机动力从后桥转移到前桥的 PTV 总成

PTV 系统是一种仅用于后轮的主动制动系统，首次用在 2010 年的保时捷 911 Turbo 上。PTV 系统可以在汽车进行转弯时对每个后轮单独应用制动以提高稳定性和牵引力。该系统依赖于 CAN 总线上的各种输入，例如转向角、车速、节气门位置和横摆率等信号。在车辆进入弯道的同时，PTV 系统对车辆内侧的后轮施加制动，以尽可能地减少进入弯道时的转向不足。

福特汽车在其 2012 年款的 FWD Focus 车型上引入了转矩定向控制。从大体上讲，这个转矩定向控制系统的工作原理类似于一个电控防滑差速器。该系统依靠来自各种传感器的输入，对牵引力最小的车轮施加适量的制动力。

8.5　诊断 4WD 和 AWD 系统

4WD 系统的诊断步骤

遵循下述步骤对新型 4WD 系统进行诊断。

步骤 1　核实客户的抱怨。

步骤 2　目视检查机械或电气损伤迹象。检查下述部件的状况（有些系统可能包括下述所有部件）。

- 半轴
- 锁定轮毂
- 传动轴和十字轴万向节
- 变速杆和/或联动机构
- 模式开关
- 换档电机
- 电磁离合器
- 真空和油液管路
- 车桥分离单元
- 匹配的轮胎规格
- 分动器
- 分动器连接装置
- 系统的熔丝
- 线束和插接器

步骤 3　若故障原因从外观上不能确认，将诊断仪连接在车辆的 DLC 上。

步骤 4　注意接收到的故障码（DTC）。

步骤 5　清除 DTC。

步骤 6　进行 4WD 控制模块的自检。

步骤 7　若 DTC 与故障有关，理解 DTC 并进行对其指定的精确测试（表 8-1）。

步骤 8　若 DTC 与故障无关或没有 DTC，参考制造商给出的故障现象表（表 8-2）。

步骤 9　确认并修复故障的起因。

步骤 10　验证修复结果

目前的 4WD 和 AWD 系统都是由 PCM 或一个单独的控制模块来控制的。与其他所有由计算机监测和控制的系统一样,故障必须由故障码(DTC)来确定。

表 8-1 4WD 故障码表

故障码	故障码含义说明
B1317	蓄电池电压过高
B1318	蓄电池电压过低
C1979	IWE 电磁阀电路故障
C1980	IWE 电磁阀电路对地短路
P1812	4WD 模式选择电路故障
P1815	4WD 模式选择电路对地短路
P1820	分动器顺时针换档继电器线圈电路故障
P1822	分动器顺时针换档继电器线圈电路与蓄电池短路
P1824	四轮驱动离合器继电器电路故障
P1828	分动器逆时针换档继电器线圈电路故障
P1849	变速器分动器接触板 A 对地短路
P1853	变速器分动器接触板 B 对地短路
P1857	变速器分动器接触板 C 对地短路
P1861	变速器分动器接触板 D 对地短路
P1867	变速器分动器接触板一般电路故障
P1891	变速器分动器接触板接地回路开路
U1900	CAN 通信总线故障 – 接收错误
U2051	一个或多个标定文件丢失/损坏

表 8-2 典型的故障症状表

故障现象	可能的原因
与 PCM 无通信	诊断仪 数据链路连接器（DLC） 控制模块（PCM） 电路
4WD 指示灯工作不正常或不工作	指示灯泡 电路 控制模块（PCM） 点火开关
车辆不能在各模式间正常切换	模式选择开关 分动器 分动器离合器 控制模块（PCM） 电路 锁定轮毂 点火开关 分动器变速杆 模式指示开关

（续）

故障现象	可能的原因
4WD 不能正确地在速度点接合	分动器离合器线圈 控制模块（PCM） 锁定轮毂 点火开关
前桥不能正确接合或分离，或在 2WD 大负荷下有噪声	模式选择开关 锁定轮毂 真空泄漏 控制模块（PCM） 前半轴 点火开关
分动器脱档	分动器 真空单向阀泄漏 模式选择开关 变速杆
直线行驶时传动系统扭动	轮胎充气压力 轮胎规格 轮胎磨损 前后桥速比
4WD 接合时有刺耳噪声，特别是高速行驶时	前半轴未以相同转速转动
4WD 指示灯闪烁	4WD 控制模块与组合仪表通信丢失 4WD 控制模块与 PCM 之间的高速（HS-CAN）丢失 点火开关
分动器有噪声	轮胎充气压力 轮胎和车轮规格不匹配 轮胎胎冠磨损 分动器内部部件 油液液面高度不正确
如果车辆在转弯时前后桥都接合并阻碍转弯或在直线行驶时跳动或颤抖	轮胎规格不相配 轮胎磨损不一致 轮胎气压不一致 前后桥速比不匹配

1. 系统基本诊断

对计算机控制的 4WD 系统也可像对其他计算机控制系统一样进行诊断。确保诊断仪可与车辆进行通信以完成诊断仪所提供的测试。如果系统对 4WD 系统有单独的自诊断程序，则运行该程序，然后检索并记录所有故障码。在将诊断仪连接到车辆上的控制系统时，应始终遵循制造商所规定的步骤。在理解有关数据时，也要始终使用制造商提供的相应信息。

（1）部件检查 应按照制造商建议的步骤对

特有的输入进行测试。转速传感器通常是霍尔效应或磁脉冲式单元。这些最好用诊断仪或者示波器来检测。一般情况下，制造商建议用欧姆表测试传感器。这些测试包括在多端子插接器和特定端子上读取数据。

档位选择器的开关可通过在开关各端子上连接欧姆表来检查。当开关移动到不同档位时，通过该开关的电路应根据其位置接通或者断开。通过参考电路图，可以很容易地确定在该开关的不同位置应出现什么状态。如果该开关不能正常工作，则必须更换。

如果分动器的换档电机疑似有故障，诊断应从仔细检查开始，然后按照制造商的步骤对其进行测试。一般来讲，这些测试包括检查电机是否开路、短路和存在高的电阻。如果发现电机有故障，必须更换。在安装电机时，确保其安装正确，并将其固定螺栓拧紧至规定力矩范围。

如果该系统使用电磁离合器，则可用欧姆表来检查其电磁线圈的好坏。来自该离合器的噪声可能是因离合器有故障或需要调整而引起的。

（2）即时切换系统 即时切换系统（shift-on-the-fly system）可通过仪表板上的开关以电动方式使车辆在行驶中随时在2WD和AWD模式之间切换。许多这类系统使用电控的真空泵来接合和断开车轮与半轴的连接，或在分动器上使用电机或电磁离合器将动力转移给其他传动轴。当4WD接合时，将点亮4WD指示灯。如果该系统出现问题或者4WD不能接合，则该指示灯将会闪烁以提示驾驶员出现了问题。所以诊断时应先观察指示灯闪烁的频率和模式，并查看维修信息以理解该闪烁所代表的含义。

如果车辆不能进入4WD模式，则可能是分动器的执行器电机或真空电磁阀总成失效。如果原因可能是分动器内的电机（图8-45），应将其拆下并检查其工作状态。如果电机不是问题的原因，则检查分动器并维修或更换任何有问题的部件。若在分动器中未发现问题，则很可能是电子控制单元有问题。

如果怀疑真空执行器有问题，在检查任何其他事情之前，先检查执行器和/或电磁阀上的发动机真空度。如果在发动机运转时，执行器和/或电磁阀上没有真空，则应检查分动器的档位开关。当选择4WD模式时，应有电压信号发送给真空电磁阀线圈。如果没有发送电压信号，则说明该开关或其电路存在故障。但如果电磁阀收到了电压信号，则应怀疑电磁阀总成有故障。

图8-45 前差速器锁定电机

如果没有电气方面的问题，应检查真空回路是否泄漏。可用跨接线从蓄电池连接到电磁阀的端子来检查真空电磁阀。拆下真空器电磁阀，将手动真空泵连接在电磁阀的进口端，将真空表连接在用于车桥接合的控制口端，再将蓄电池的正负极连接至电磁阀的端子上。然后用手动真空泵施加一定的真空，当给电磁阀通电时，在通往车桥的出口端应该有真空。再将真空表移到电磁阀的另一个出口端，这里不应该有真空。接着断开蓄电池与电磁阀的连接，再次检查该出口端是否有真空。如果电磁阀是好的，则在真空提供且电磁阀未与蓄电池连接时，只应在用于车桥分离的端口处才有真空。

（3）按需分配式系统 按需分配式系统的运行由PCM或驾驶员选择的覆盖模式决定。前后桥之间的动力分配由分动器的输出离合器控制。该离合器的动作是通过调节其占空比来控制的。在正常运行期间，占空比较低。此时允许在前后转动轴有轻微的转速差，这通常发生在车辆通过弯道时。当检测到后轮出现打滑时，至离合器的占空比将增加，直到前后传动轴的转速差减小。

为了改变转矩分配，计算机要监测许多事情，尤其是前后传动轴的转速。有些系统依靠轮速传感器来实现，而另一些系统则在分动器的前后输出轴上有额外的转速传感器。4WD电子模块的许多输入是共享的,并与其他系统一起工作,因此它们可在 CAN 线上获取(图 8-46)。诊断这类系统时,最好的起点是从获取维修信息开始。先进入有关系统的章节,并确定涉及各种运行模式的所有部件。

图 8-46 4WD 系统的扫描数据

(4)AWD 系统 大多数 AWD 系统有一个黏性离合器。黏性离合器可以通过转矩偏置测试来检查。这项检查是将一个前轮升离地面,而其他车轮仍在地面上后测量旋转一个前轮所需的转矩。此时的分动器应处于 4WD 状态,且变速器处于空档状态。将测量的转矩与规定值进行比较,读数低则表明该离合器已磨损。

AWD 系统的问题一般是发生在同时提供制动效能和 AWD 倒档的控制装置上。有些系统使用一个真空电磁阀的设置来提供 AWD 的倒档。电磁阀用于旁通单向离合器。如果 AWD 在倒档不能使用,应怀疑该真空电磁阀、其控制装置或犬牙离合器总成有问题。

单向离合器用来防止前轮制动力矩对后轮的任何反流。这使得制动系统能像 2WD 车辆那样控制制动。此功能的控制装置因制造商而异,因此应始终遵循制造商提供的故障排除表。

2. 诊断车桥轮毂

当水或污物进入轮毂并污染润滑脂时,前轮毂可能会发出渐变的噪声。这会阻碍轮毂内的部件自由移动。发自自动式锁定轮毂的渐变噪声可能表明车桥另一侧的轮毂未被分离。

锁定轮毂可通过在轻轻转动制动鼓或制动盘的同时将轮毂锁定选择装置转到锁定位置来快速检查。当轮毂与半轴接合时,应听到咔嗒声,并且半轴此时应随轮毂一起转动。随后在轮毂仍在转动的情况下,将选择器转到自由位置,半轴此时应不再随轮毂转动。如果这两种情况都没有发生,则需要维修或更换轮毂总成。

轮毂还可以通过举起前轮并快速旋转前轮来检查。先接合 4WD 并旋转车轮。如果轮毂此时被锁定,车轮和半轴会一起旋转。接着退出 4WD 并再次转动车轮,并确认轮毂已释放。如果轮毂未被锁定或始终是锁定的,则需要维修或更换轮毂。

3. 车轮轴承

为了检查车轮轴承的调整,举起车辆的前部,然后抓住每个前轮的内侧和外侧并向里和向外推动车轮。如果感到轮毂、制动盘和前车轴之间有任何间隙,应调整该车轮的轴承。

采用可维护式车轮轴承的较旧车辆应对车轮轴承的拆解和维护作为车辆常规维护的一部分(图 8-47),或者在轮毂被水淹没后进行同样的维护。在正常使用期间,轴承会变热,当它们被飞溅的水快速冷却时,它们的润滑脂会分解,从而使轴承受到损伤。如果轴承磨损或损坏,务必将其更换。

图 8-47 手动式锁定轮毂的轴承挡圈

车轮轴承失效的另一个常见原因是在具有较大偏置的车轮上安装过大轮胎。这些轮胎将负荷从大的内侧车轮轴承转移到小的外侧车轮轴承上,而小的外侧车轮轴承除了用来稳定车轮外,并没打算要它承担更大的负荷。

8.6 维修 4WD 车辆

4WD 车辆的部件与 2WD 车辆上相同部件的

维修方式基本相同。另外，重要的是应定期润滑传动系统中的十字轴万向节、滑动连接件或等速万向节。要维修 4WD 车辆上的传动轴和十字轴万向节，应使用在一般说明中给出的十字轴万向节。四轮驱动是使用两根传动轴而不是一根。

1. 维护

确保分动器和差速器中有正确的油液并加注到正确的液面高度也非常重要。为了检查差速器的油液，先找到螺栓堵头。大多数制造商要求使用 0.375in（约 9.5mm）的棘轮旋具或扳手来拆卸该堵头（图 8-48）。小心不要损坏它或其螺纹。液面高度应达到加注塞孔的底部。如果需要添加润滑油，有关正确的润滑油信息可参考用户手册或维修信息。

图 8-48 分动器上的放油塞

有些 AWD 的车辆，如本田 Pilot 和本田 CR-V 车辆需要为黏性离合器使用专用润滑油，并需要按照维护计划更换润滑油。如果不对油液进行维护，则可能导致噪声和离合器损坏。务必使拥有这类车辆的客户熟悉这些特殊维护的要求，以便在出现问题之前进行维护。

大多数分动器和 PTU 装置在其箱体侧面都有一个用来检查油液液面高度的螺栓堵头，油液应该达到该螺纹孔的底部。有些分动器使用 ATF，另一些分动器使用齿轮油，所以务必使用推荐的润滑油。

2. 4WD 和 AWD 的轮胎

由于 4WD 和 AWD 车辆可以将转矩引导到前后和左右轮胎，因此保持轮胎的正确滚动周长成为关键。大多数制造商建议将各轮胎的周长差保持在 0.25~0.5in（约 6.35~12.7mm）。如果轮胎周长差异过大，则转速差可能会导致 4WD 或 AWD 系统一直试图控制转矩和牵引力。这会导致黏性离合器和其他部件快速磨损和损坏。

如果 4WD 或 AWD 汽车的轮胎爆胎，保持轮胎正确周长的唯一方法可能是同时更换所有四个轮胎。如果只更换一个轮胎，而留下已经有磨损的另三个轮胎，可能导致足以影响 4WD 或 AWD 系统的转速变化。而且根据系统的不同，即使更换一个车桥上的两个轮胎，而将另外两个旧的轮胎安装在另一个车桥上，也可能会导致问题。

> ▶ 参见
>
> 有关维修万向节和传动轴的详细内容可参见第 4 章。

3. 维修分动器

⚠ **注意** 在进行分动器的拆卸和维修时，务必将其支撑在变速器千斤顶或安全支架上。由于分动器很重，如果跌落，会造成零部件的损坏和人身伤害。

为了确定特定分动器的维修和大修步骤，务必查看制造商的维修信息，它会对所维修的特定品牌和型号的分动器给出详细说明。

如果要拆下分动器，应举升并支承住车辆。拆除所有妨碍拆下分动器或与分动器相连的护板和支承杆。断开并拆下所有传动轴组件。务必标记零件和它们与其共轭部件的相对位置，以便在重新组装时能使传动系统保持正确的平衡。断开与分动器变速杆相连的联动装置和连接到分动器上的所有电气导线。使用变速器千斤顶支承住分动器，然后拆下将其固定在变速器上的紧固件，随后滑动分动器以使其与变速器后部分离，接着将其从车辆上取下。

当从车辆上拆下分动器并将其安全支承后，检查分动器是否有漏油的痕迹。拆下分动器上盖，然后小心松动并取出固定换档拨叉的定位销。从箱体中拆下前输出轴和链传动装置或齿轮组。记住有些分动器使用链条传动，而另一些分动器使用直齿轮或螺旋斜齿轮组将转矩从变速驱动桥或变速器传递到输出轴。行星齿轮组在某些分动器中用来提供所需的齿轮减速。图8-49展示了华纳13-56（Warner13-56）分动器的拆卸步骤，该分动器是一种常用的分动器。

清洗并仔细检查所是零部件是否损坏和磨损。根据维修手册中给出的步骤检查传动链的松弛度。更换任何有缺陷的零部件。可能需要测量轴类总成的止推间隙。如果过大，可使用新的卡环和垫片来纠正。

分动器的重新组装步骤基本上与拆解步骤相反。重新组装时，应确保在各盖与箱体之间使用新的密封垫。图8-50展示了重新组装华纳13-56分动器的典型步骤。

4. 前半轴和轮毂

在能从车桥壳体上拆下前差速器和主传动总成之前，必须先拆下半轴和锁定轮毂。拆卸这些部件需要特定的步骤，而且每种类型的4WD系统都需要其自己的特定步骤。

> ▶ 参见
>
> 有关维修变速驱动桥主传动单元的细节可参见第4章。

半轴的拆卸从拆卸轮毂开始。一般情况下，更换手动式锁定轮毂的步骤与更换自动式锁定轮毂的步骤有些不同。锁定轮毂是不可维修的，因此这类轮毂的维修只涉及对它们的更换。此外，轮毂的更换步骤随轮毂类型和制造商不同而不同。以下是拆卸和安装手动式锁定和自动式锁定轮毂的一般步骤。始终应遵循所维修轮毂类型的具体步骤。

（1）手动式锁定轮毂　要拆卸手动式锁定轮毂，先将轮毂的控制旋钮设置为"自由（FREE）"或解锁位置。然后拆下端盖螺栓和外侧卡环。如果轮毂配有垫片，同时将其取下。接着从半轴上拆下驱动法兰或齿轮，再拆下轮毂壳体连接到轮毂上的螺栓。现在可将轮毂总成从半轴上拉出。在拆下轮毂总成后，检查半轴上的花键是否缺损和有毛刺。

要安装手动式锁定轮毂，先分离轮毂锁定总成的底座和手柄单元。在半轴花键和锁定轮毂的底座中以及O形密封圈上都少许涂抹一层润滑脂。确保衬垫表面光洁，然后将新的轮毂衬垫放置在轮毂上。将控制手柄设置在解锁位置，并将轮毂总成和卡环安装在半轴上。将固定螺栓拧紧至规定力矩。将带有新衬垫的轮毂端盖安装到轮毂上，并将其余连接螺栓拧紧至规定力矩。检查控制手柄是否易于操作。

（2）自动式锁定轮毂　自动式锁定轮毂基本上有两种设计：内部固定式和外部固定式。自动式锁定轮毂的维修步骤取决于它们的固定方式。从外侧端盖总成上拆下螺栓，并将该端盖从轮毂壳体上拉出。然后拆下半轴螺栓、锁定垫圈和半轴止动件。在轮毂上有一个放置卡环的凹槽，从凹槽中拆下卡环，然后将该轮毂总成滑离车轮轮毂。然后松开半轴锁紧螺母中的定位螺钉，直到该螺钉的顶部与锁紧螺母表面齐平，接着拆下轴头锁紧螺母。

要安装自动式锁定轮毂，先调整车轮轴承并装好半轴锁紧螺母，并将其拧紧至规定力矩，然后用力拧紧螺母的定位螺钉。在轮毂的内花键上涂抹多用途润滑脂，但不要在轮毂内塞满润滑脂。随后将轮毂滑入车轮轮毂中，并用力推动轮毂壳体，直到其在车轮轮毂中落座。然后将卡环安装在轮毂的凹槽中。接着在半轴螺栓上套上锁定垫圈和半轴止动件，安装该螺栓并将其拧紧至规定力矩。在轮毂端盖总成的密封件上涂抹少量润滑油，但不要涂抹润滑脂。将轮毂端盖总成安装到壳体总成上后再安装到车轮的轮毂中。安装固定螺栓，并将其拧紧至规范力矩。用力将控制装置从一个停止位置转动到另一个停止位置以检查该总成。最后将左右前车轮锁定轮毂的控制装置都设置在"自动（AUTO）"或"锁定（LOCK）"的相同位置。

5. 车轮轴承

四轮驱动车辆上的前轮轴承应定期拆解、清洗、检查和润滑。在重新组装时，非常重要的是要正确调整轴承，其步骤与其他车轮轴承的调整类似，但由于该轴承承受载荷，因此调整更为关键。

为了调整车轮轴承，需要拆下轴端的卡环、半轴隔离垫、滚针止推垫圈、轴承隔离垫圈、外侧的车轮轴承锁紧螺母和轴承垫圈。然后松开内

1）如果之前没有排油，则拆下放油塞，让油排出，然后重新装好放油塞。松开法兰盘螺母

2）从箱体上取下两个输出轴叉的螺母、垫圈、橡胶密封件和输出轴的万向节叉

3）从盖板上拆下四轮驱动指示灯开关

4）从电子换档线束插接器中拆出导线。记录每条断开导线的准确位置

5）拆下转速传感器支架的固定螺钉、支架和传感器

6）拆下电动换档电机的固定螺栓，然后取下电机

7）记下箱体中三角形轴和电机上三角形槽的位置

8）松开并取下前后箱体之间的紧固螺栓

9）通过撬动箱体上的凸缘将两半箱体分开

10）拆下电机的换档滑轨

11）将离合器线圈从主轴上拉出

12）从主轴上拉下 2WD/4WD 换档拨叉和锁定总成

13）将链条、从动链轮和主动链轮作为一个整体拆下

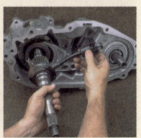
14）拆下主轴和油泵总成

15）将高/低档换档拨叉从换档凸轮的内侧滑轨上滑出

16）从换档拨叉上拆下高/低档啮合套

17）松开并从箱体中取出行星轮安装底板

18）从安装底板中拔出行星齿轮组

图 8-49　拆解华纳 13-56 分动器的典型步骤

 1）将输入轴和前输出轴轴承安装到箱体中

 2）在齿圈外侧周圈上涂抹一层薄薄的密封剂

 3）安装带有行星齿轮组的输入轴，并将固定螺栓拧紧至规定力矩

 4）将高/低档啮合套安装到换档拨叉内

 5）将高/低档总成安装到箱体中

 6）将主轴和油泵总成安装到箱体中

 7）将主动和从动链轮及链条放入箱体中各自的位置

 8）安装换档滑轨

 9）将2WD/4WD换档拨叉和锁定总成安装到主轴上

 10）将离合器线圈安装在主轴上

 11）清洁箱体的配合表面，将推荐的密封胶涂抹在两半箱体接合区域

 12）将轴定好位置，将两半箱合拢并将紧固螺栓拧紧至规定力矩

 13）在电动换档电机的配合表面涂上一层薄薄的密封胶

 14）将三角形轴对准电机的三角形槽

 15）将电机安装在轴上，并晃动电机以确保电机完全在轴上就位

 16）将电机的固定螺栓拧紧至规定力矩

 17）将导线重新安装到插接器中，并连接所有电气传感器

 18）安装配对法兰的密封件、垫圈和螺母，然后将螺母拧紧至规定力矩

图8-50 重新组装华纳13-56分动器的典型步骤

侧轴承的锁紧螺母后再将其完全拧紧以使轴承完全就位。大多数 4WD 车辆的车轮轴承锁紧螺母需要使用四角或六角形扳手。旋转安装在车轴上的制动盘,接着将内侧轴承的锁紧螺母退回约 1/4 圈。然后安装外侧轴承的锁紧螺母,并将其拧紧至规定值,通常为 70~90lbf·ft(约 95~122 N·m)。组装轮毂组件的其余部件,确保卡环完全落座在车轴的凹槽中。

3C:问题(Concern)、原因(Cause)、纠正(Correction)

维修工单									
年份:2014		品牌:本田		车型:Pilot		里程:47077mile		单号:17141	
问题		客户陈述在行驶时听到来自车辆后部的噪声。							
技师在短时的路试中确认了该噪声,并注意到仪表板上的维护指示灯点亮。查阅维修信息后发现,本田的 4WD 车辆需要定期更换后差速器的润滑油。									
原因		来自后桥的噪声是差速器润滑油失效造成的。							
纠正		更换本田 VTM 后差速器润滑油后,该噪声消失。							

8.7 总结

- 4WD 和 AWD 系统出色的牵引力等优势在下雪或大雨中变得更为明显。
- 大多数传统 4WD 系统的核心是分动器。
- 放置在分动器中的桥间差速器的工作方式与驱动桥上的差速器相同。其中唯一的区别是分动器差速器控制的是传动轴转速而不是半轴转速。
- 许多车辆为了像 4WD 车辆那样行驶需要将前轮轮毂设置到锁定状态。其锁定的设置方式可以是手动的,也可以是自动的。
- 在配有即时切换的 4WD 车辆上,在改变运行模式时不需要使车辆完全停止。
- 4WD 车辆的各部件基本上可用 2WD 车辆上相同部件的维修方式进行维修。
- AWD 车辆可以使用黏性离合器取代分动器并以较低的牵引力来驱动车桥。
- 许多 AWD 车辆配有用来取代分动器的第三个差速器,它们称为桥间(中央)差速器。

8.8 复习题

1. 思考题

1)说出添加到 RWD 车辆动力传动系统中以使其成为 4WD 车辆的三个主要部件的名称。
2)描述黏性离合器的功用。
3)桥间(中央)差速器的功用是什么?
4)瀚德(Haldex)离合器是如何工作的?
5)分动器的主要功用是什么?
6)全时和分时 4WD 系统之间的主要区别是什么?
7)当黏性离合器的离合器片以不同的速度旋转时,离合器片( )油液。
8)黏性离合器总成是如何工作的?为什么用在 AWD 系统中?

2. 单选题

1)当 4WD 车辆在 4WD 模式行驶时,前后桥有不同的速比将导致什么结果?( )
 A. 在干燥路面操控不良
 B. 传动装置扭转变形
 C. 对传动装置造成机械性损坏
 D. 以上所有内容

2)全轮驱动的自动变速驱动桥中的转矩转移离合器取代了( )。
 A. 变速器
 B. 减速齿轮
 C. 液力变矩器
 D. 桥间(中央)差速器

3)当黏性离合器中的硅油受热时,它( )。

A. 变成非稀的油液
B. 沸腾为蒸汽
C. 变稠成固态物质
D. 变硬

4）在对分动器进行维修时，以下所有选项都是正确的，除了（ ）。

A. 必须将分动器支承在变速器千斤顶或安全支架上
B. 必须将链传动和行星齿轮组调整到规定技术范围
C. 需要目视检查有无泄漏和损坏
D. 遵循制造商对润滑油的建议

5）下列哪一项最不可能导致4WD车辆的前轮在转弯时犯卡？（ ）

A. 轮胎尺寸不匹配
B. 轮胎磨损不一致
C. 差速器油液液面低
D. 轮胎压力不一致

6）以下哪一项在2WD模式以大的节气门开度行驶时不会引起噪声？（ ）

A. 点火开关有故障
B. 分动器离合器磨损
C. 锁定轮毂不工作
D. 前半轴不良

7）以下哪一项可能导致4WD指示灯工作不正常？（ ）

A. 控制模块（PCM）有故障
B. 锁定轮毂不工作
C. 分动器离合器磨损
D. 分动器变速杆损坏

3. ASE 类型复习题

1）技师A说黏性离合器是由电子控制的。技师B说瀚德（Haldex）离合器是由电子控制的。谁是正确的？（ ）

A. 仅技师A正确
B. 仅技师B正确
C. 技师A和技师B都正确
D. 技师A和技师B都不正确

2）技师A说有些AWD系统有一个桥间（中央）差速器。技师B说有些AWD车辆有一个黏性离合器。谁是正确的？（ ）

A. 仅技师A正确
B. 仅技师B正确
C. 技师A和技师B都正确
D. 技师A和技师B都正确

3）在讨论AWD系统时，技师A说有些系统是由电子控制的，并使用一个电磁离合器来接合和分离传动轴；技师B说有些汽车不使用分动器，但它们配备了第三个差速装置。谁是正确的？（ ）

A. 仅技师A正确
B. 仅技师B正确
C. 技师A和技师B都正确
D. 技师A和技师B都不正确

4）技师A说分时4WD系统的4WD模式被设计为仅在驶离公路或在湿滑路面上使用。技师B说AWD系统仅预留在越野时使用。谁是正确的？（ ）

A. 仅技师A正确
B. 仅技师B正确
C. 技师A和技师B都正确
D. 技师A和技师B都不正确

5）在诊断分动器噪声的原因时，技师A说可能的原因是轮胎尺寸不正确；技师B说最可能的原因是轴承或齿轮有缺陷。谁是正确的？（ ）

A. 仅技师A正确
B. 仅技师B正确
C. 技师A和技师B都正确
D. 技师A和技师B都不正确

6）技师A说换档连杆咬住可能导致分动器仅工作在4WD模式下。技师B说连接装置磨损和松动可能导致分动器仅工作在2WD模式下。谁是正确的？（ ）

A. 仅技师A正确
B. 仅技师B正确
C. 技师A和技师B都正确
D. 技师A和技师B都不正确

7）在诊断分动器脱档的原因时，技师A说最可能的原因是同步器磨损或损坏。技师B说一个可

能的原因是变速杆联动机构调整不当。谁是正确的?（　　）

A. 仅技师 A 正确

B. 仅技师 B 正确

C. 技师 A 和技师 B 都正确

D. 技师 A 和技师 B 都不正确

8）在维修 AWD 车辆时，技师 A 说应查阅维修信息以确定该桥间（中央）差速器应使用的正确润滑油；技师 B 说大多数车辆上的黏性离合器、分动器和差速器都使用相同的润滑油。谁是正确的?（　　）

A. 仅技师 A 正确

B. 仅技师 B 正确

C. 技师 A 和技师 B 都正确

D. 技师 A 和技师 B 都不正确

9）在讨论分动器的不同速度档位时，技师 A 说当分动器处于 L（低速档）时，总传动比的数值是增加的；技师 B 说当分动器处于 H（高速档）时，由于转矩倍增减少，车辆以超速模式行驶。谁是正确的?（　　）

A. 仅技师 A 正确

B. 仅技师 B 正确

C. 技师 A 和技师 B 都正确

D. 技师 A 和技师 B 都不正确

10）在讨论自动 AWD 系统时，技师 A 说该系统几乎所有时间都工作在 2WD 模式下；技师 B 说在许多系统中，当 PCM 接收到来自 CAN 总线的输入时，它会指令将导致车轮打滑的动力传递给另一根传动轴。谁是正确的?（　　）

A. 仅技师 A 正确

B. 仅技师 B 正确

C. 技师 A 和技师 B 都正确

D. 技师 A 和技师 B 都不正确

第 9 章
轮胎和轮辋

学习目标

- 能简述车轮及轮辋的基本结构。
- 能解释当前使用的轮胎等级和型号。
- 能简述影响轮胎性能的特定因素,包括轮胎气压、轮胎换位、胎冠磨损。
- 能简述胎压监测系统的工作原理、诊断和维修方法。
- 能拆卸和安装车轮和轮胎总成。
- 能维修损伤的轮胎。
- 能简述静平衡与动平衡之间的区别。

3C：问题（Concern）、原因（Cause）、纠正（Correction）

维修工单							
年份：2010		品牌：雪佛兰		车型：Equinox	里程：87047mile		单号：17726
问题		客户陈述轮胎气压警告灯和提示信息一直显示，但检查各轮胎气压都正常。					
维修史		两周前曾更换了轮胎和胎压监测传感器，当时的里程数为 86585mile。					
根据此客户提出的问题，运用在本章中学到的知识来确定此问题的可能原因、诊断问题的方法以及解决问题所需的步骤。							

轮胎和轮辋总成提供车辆与道路之间的唯一联系。近年来，轮胎设计取得了显著进步。当前，轮胎需要更多关爱以发挥其长期使用和良好操控性的全部潜能。轮胎不均匀或过早磨损通常是转向和悬架系统出现问题的明显标志。因此，轮胎状况对维修技师来讲不仅是很好的诊断辅助，还是提示客户需要维修的明确证据。

9.1 轮辋

轮辋由铆接或焊接在一起的冲压或压制的钢板制成，也可以是由压铸或锻造的铝或镁合金制成（图 9-1）。镁轮辋尽管是由镁合金制成，但通常都称其为镁制轮辋。铝制轮辋与冲压钢制的轮辋相比，重量更轻。此重量的减轻之所以非常重要是因为，轮辋和轮胎都属于簧下质量。为进一步减重，少数车辆提供碳纤维轮辋选配，尽管非常昂贵，但每个碳纤维轮辋可减轻数磅（1lb=0.45kg）的重量。

图 9-1 新款轿车的合金轮辋

为了配装锥形安装螺母（车轮螺母），轮辋中心附近有一些锥形的安装孔以使车轮居中在轮毂上。轮辋上有一个安装轮胎气门嘴杆的孔，并设计有凹陷的中间区域以便于拆装。车轮偏距是轮辋中心平面与轮毂安装平面之间的垂直距离。如果轮辋中心平面在轮毂安装平面的内侧，则认为偏距为正；如果在安装平面的外侧，则认为偏距为负。车轮偏距的大小和类型之所以十分重要是因为，改变车轮的偏距将会改变前悬架上的载荷以及主销偏距。

> **车间提示**
>
> 簧上质量代表由悬架支承的车辆质量，悬架和车轮是簧下质量。簧下质量越小，车辆的操控性越好，这主要体现在不平整路面行驶时，同时也会有更好的乘坐感。这是因为，轮胎在受到不平路面冲击时，振动会通过轮胎和轮辋传递给悬架。未被悬架吸收的冲击会传递给车辆的其余部分。当簧下质量大时，更大的质量和来自路面的冲击必然是由悬架吸收，这意味着更多的冲击将会传递到车辆的其余部分。

> **参见**
>
> 有关主销偏距和车轮定位的详细内容参见第 12 章。

轮辋是用螺栓固定在轮毂上的，螺栓可以是穿过轮辋并拧紧在轮毂上的，也可以是伸出轮毂的螺柱。如果使用螺柱，则需要特殊的车轮螺母。有些车辆在驾驶员一侧采用左旋螺纹，即逆时针拧紧，而在乘客一侧采用右旋螺纹，即顺时针拧紧，而除此之外的所有其他车辆的两侧均使用右旋螺纹。售后市场的轮辋上可能带有额外的安装孔，以便使轮辋能适应各种螺柱的布置形式。安装售后市场的轮辋可能需要在轮辋中使用中心孔垫圈，这个垫圈用来匹配轮辋中心孔以适合车辆轮毂。

轮辋的尺寸由其宽度和直径决定（图 9-2a）。轮辋宽度是通过测量两侧胎唇座圈之间的距离来确定的。轮辋直径是胎唇座圈上下之间的测量距离。轮辋螺栓的布置形式由螺柱之间的距离确定（图9-2b）。轮辋在靠近胎唇圈座的地方设有安全脊，万一发生爆胎，这些安全脊能防止轮胎移动到轮辋中间的凹陷区域或脱离车轮。

压监测系统（TPMS）方面的相关法律，如果车辆配备胎压监测系统，要确保任何更换的轮辋均能适合安装胎压传感器。

有些主打性能的汽车在其前后轮装有不同尺寸的轮辋，重要的是特定尺寸的轮辋必须安装在特定的车桥上。设计更宽或更大的轮辋是为使用不同尺寸的轮胎。例如保时捷911前轮的8.5×19的轮辋配装235/40ZR19的轮胎，而后轮是配装295/35ZR19轮胎的11.5×19的轮辋。

9.2 轮胎

轮胎的主要作用是提供附着力，同时还帮助悬架吸收道路的冲击，但这是附带的好处。轮胎必须能在各种条件下工作，道路可能是湿滑或干燥的，有可能是用沥青、混凝土或沙砾铺装的，或者可能是根本没有铺装的路。车辆可能在直线道路上缓慢行驶，或是快速驶过弯道或山丘。所有这些条件都要求所有轮胎至少在一定程度上能够满足这些特定需求。

除了提供良好的附着力，轮胎的设计还要能够承载车辆的重量、承受不同速度和状态的侧向推力，以及将制动和驱动转矩传递给路面。所有这些都不得不通过每个轮胎的一个仅为$35in^2$（约$226cm^2$）的接地面来完成。当轮胎在路面上滚动时，轮胎和路面之间产生摩擦，这个摩擦使轮胎具有了附着力。虽然良好的附着力是令人期望的，但必须是受限的。附着力越大意味着存在更大的摩擦力，而摩擦力越大意味着滚动阻力也越大。滚动阻力会浪费发动机的动力和燃油，因此必须使滚动阻力保持在最低水平。这个矛盾是当前轮胎设计中的一个主要问题。

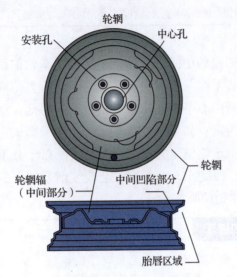

a）更换轮胎时轮辋尺寸很重要

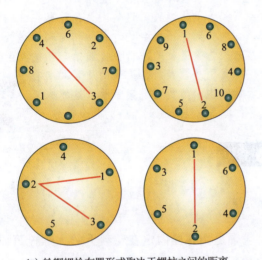

b）轮辋螺栓布置形式取决于螺柱之间的距离

图9-2 轮辋尺寸的重要性

更换的轮辋在承载能力、直径、宽度、偏距和安装位置方面必须与原轮辋相同。不匹配的轮辋会影响轮辋和轴承寿命、车辆离地间隙以及车速表和里程表显示值。尺寸错误的轮辋还会影响防抱死制动系统。使用尺寸不正确的轮胎或轮辋或充气不当的轮胎会影响轮胎的转速，而使防抱死制动系统无法正常运行。此外，售后市场更换的轮辋可能不适应原厂胎压监测传感器。根据胎

1. 轮胎的构造

早期车辆的轮胎是实心橡胶的，后来被装有充气内胎的充气轮胎取代。类似于自行车轮胎的带有内胎的轮胎曾使用过许多年，但在20世纪50年代又被无内胎的轮胎取代。

无内胎轮胎具有柔软的内衬，防止空气从轮胎和轮辋之间泄漏。某些轮胎的内衬可以在钉子

或其他刺穿胎冠的物体周围形成密封，即使取出刺穿的物体，这种自密封的轮胎也能保持气密性。这种气密性的关键在于胎冠区域内侧有一层黏性橡胶化合物，它可密封最大直径为 0.1875in（约 4.76 mm）的刺孔。

轮胎气门芯中有一个用弹簧顶住的阀芯，除非压下气门芯，否则它仅允许空气向内通过。如果气门芯有问题，可以拧下并更换。气门芯头部的密封盖用来提供额外的保护以防止气门芯泄漏。无内胎的轮胎安装在特制的轮辋上，当给轮胎充气时，能够在轮辋和轮胎胎体之间保存住空气。

图 9-3 为典型的无内胎轮胎剖视图。轮胎的帘布体或胎体由数层浸有橡胶的帘线组成，它们称为帘布层。这些帘布层黏合成结实的一个整体。乘用车和轻型货车的轮胎通常由 4 层帘布层制成。斜交轮胎由更多层构成，实际上可多达 10 或 12 层以提高轮胎的强度。新型轮胎不再需要更多的帘布层来增加承载能力。胎圈是轮胎的一部分，它帮助轮胎保持与车轮轮辋的接触，无内胎轮胎的胎圈还起着密封作用。胎圈由包裹在轮胎层状结构内圆周上的大而结实的钢丝圈构成。胎面或胎冠是轮胎与路面接触的那部分，它带有凹槽和提供附着力的筋肋。凹槽用于排水，而筋肋用来抓住路面。胎冠的厚度随轮胎品质不同而不同。有些轮胎在其筋肋上附有模压成型的小切口，它们称为轮胎沟槽。当轮胎在路面上产生变形时这些沟槽会张开，从而提供额外的附着力，特别是在湿滑路面上。胎壁是轮胎胎体的侧面，它用比胎冠更薄的材料构成以提供更大的柔韧性。

轮胎胎体和帘布层可以由人造纤维、尼龙、聚酯纤维、玻璃纤维、钢丝、芳纶纤维、凯夫拉尔合成纤维等材料制成。每种材料各有其优缺点，例如，人造纤维帘布轮胎成本低、乘坐感好，但这种轮胎固有的强度使其不能长时间高速行驶或在不平路面持续滥用。尼龙帘布轮胎给出的乘坐感通常比人造纤维帘线轮胎稍硬，尤其在停车较长时间后开始行驶的几英里内更为明显，但却有更强的韧性，因而更能抵抗道路对轮胎的损坏。聚酯纤维或玻璃纤维轮胎可提供人造纤维或尼龙轮胎的许多优良特性，而且没有两者缺点。这类轮胎行驶时与人造纤维轮胎一样平稳，但更结实，几乎与尼龙轮胎一样结实，还可给出更平稳的乘坐感。钢丝比玻璃纤维或聚酯纤维更结实，但由于钢丝帘线在冲击下不如纤维帘线有韧性，乘坐感会稍硬。芳纶和凯夫拉尔帘线比钢丝帘线更轻，以等重量相比，比钢丝更结实。

轮胎结构有三种基本类型：斜交轮胎、带束斜交轮胎和子午线轮胎（图 9-4）。斜交轮胎和带束斜交轮胎仅用于非道路的重型设备、部分挂车和老式汽车。现在几乎所有路上行驶的车辆安装的都是子午线轮胎。

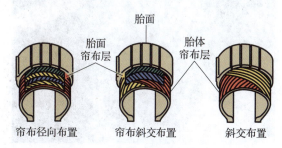

图 9-4 三种基本类型的轮胎结构

斜交轮胎帘布层的纤维帘线交错布置并形成交叉设计，帘布与轮胎中心线的夹角为 30°~38°不等。带束斜交轮胎与斜交轮胎相似，不同点在于轮胎胎面下至少有两层带束层。这种结构增加了胎壁的强度，为胎冠提供了更好的稳定性。

子午线轮胎的胎体帘布从一侧胎圈延伸到另一侧胎圈，它们与轮胎圆周中心线形成约 90°夹角（径向），就像轮胎圆周的子午线，并在胎面下至

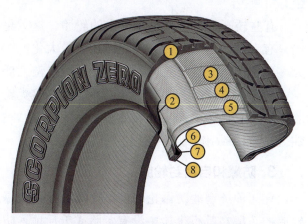

图 9-3 典型的无内胎轮胎剖视图

1—胎面　2—胎面基部　3—双层尼龙帘布层
4—双层钢丝帘布层　5—双层人造纤维胎体帘布层
6—双层尼龙胎圈强化层　7—胎圈填充边　8—胎圈芯

少还有两层相对坚硬的帘布层。各种人造丝、尼龙、玻璃纤维、钢丝的组合结构不仅为胎面区域提供了更高的强度，还使胎壁具有更大的柔韧性。在轮胎与路面的接触过程中，帘布层控制了胎面的运动，从而提高了胎面的寿命和附着能力。子午线轮胎还可提供更高的燃油经济性、更强的防滑性能和更佳的制动性能。

2. 特性轮胎

特性轮胎是为特定道路条件或用途设计的，它们反映了轮胎发展的进步。尽管全天候轮胎的设计是为了适用于所有道路条件，但也并不是在所有路面上都会有极好的表现。为了提高在雪地和泥泞道路上的附着力，这类轮胎至少有25%的胎面区域是空的（图9-5）。这会使雪和泥随着车轮转动附着进入并留在这些开放区域中。这些开放的区域还会在轮胎移动时提供一定的卡紧力，胎面剩余区域设计成能在正常路面上提供良好的附着力。

图9-5 具有转动方向的全天候子午线轮胎

车间提示

雪地轮胎的设计是为了增加在雪地上的附着力，应在所有车轮上同时安装雪地轮胎，且在季节变化后，应更换为普通轮胎。

轮胎可以设计成专用于大雪路面，这类轮胎通常称为雪地轮胎。相比于全天候轮胎，雪地轮胎的胎面区域凹凸深度更大，其胎面上空出的地方比全天候轮胎更大。由于与路面的接触减少，这种轮胎在正常路面条件下无法提供良好的附着力。

镶钉轮胎在冰面上可提供更强的附着力，但已逐渐从轮胎市场上淘汰，这是因为其性能在干燥路面上太差。此外，美国许多州已经禁止镶钉轮胎的使用，因为这类轮胎不仅会破坏路面，还会带来安全隐患。由于镶钉与路面的接触多于轮胎橡胶与地面的接触，所以在拐弯和停车时使轮胎很容易打滑，而且能提供的摩擦力远小于橡胶胎面提供的摩擦力。

轮胎可以设计成在干燥和湿滑路面均表现出色，这种轮胎通常称为全天候轮胎，并能在雪和冰的路面上提供相当好的附着力。尽管如此，也几乎不可能有一种轮胎在所有路面都表现极好。用于干燥和平整路面的轮胎胎面不需要花纹，这种轮胎可以是"光头胎"。平滑的胎面使其在平整干燥的路面上可提供最大的附着力，但"光头胎"遇上湿滑路面没有附着力，它只能在水面上滑动。

为湿滑路面设计的轮胎胎面可以将路面上的水排到轮胎的后面和侧面。将水排开是轮胎"抓住"地面的唯一方法。当过多的水使轮胎离开路面时将会发生水滑现象，这导致轮胎升高并离开路面而在水层上转动，使附着力下降，并会导致不安全的状况。显而易见，当轮胎的胎面上为水留有很多定向的通道时，胎面与路面的接触面也会有所减少。

有些轿车配备了适用于夏季的轮胎。这类轮胎只有在温暖的天气时其操控性才能最大化。在大多数情况下，这类轮胎不应用于雪地或温度低于4.4℃时。若在低于推荐温度情况下使用这类轮胎，因为它们不能产生足够的热量而变得有"黏性"，从而导致附着力下降。

3. 防爆和自密封轮胎

有几种类型的防爆轮胎可供选择，配备防爆轮胎的车辆在其行李舱中没有备胎或千斤顶。防爆轮胎可分为两类：自支承式和辅助支承式，它们采用不同的方式使车辆在轮胎被刺穿后仍能继续行驶。

（1）自支承式防爆轮胎　自支承式防爆轮胎即使失去全部胎压，仍能暂时承载车辆的重量并可继续行驶。这得益于该种轮胎带有加强的胎壁和特殊的胎圈结构（图9-6）。第一款用于常规量产车的防爆轮胎是一种自支承式轮胎，1994年款雪佛兰科尔维特将它作为可提供的一个选项。如今许多轮胎制造商都提供自支承式防爆轮胎，大多数宝马车型将它作为一种标准配置。一般情况下，自支承式轮胎在失去气压后仍能以55mile/h（约89km/h）的速度持续行驶50mile（约80km）。

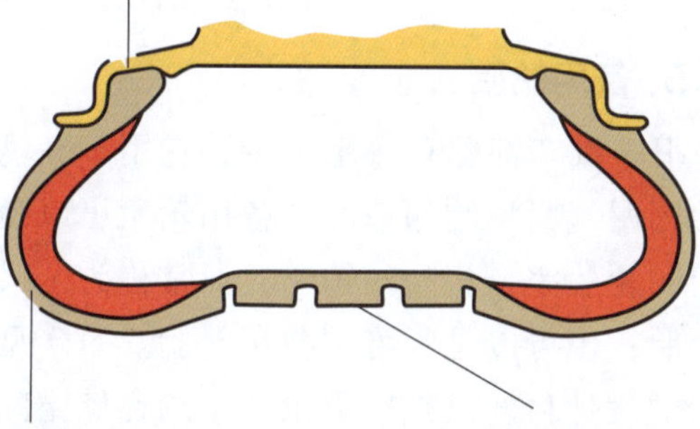

图9-6　自支承式防爆轮胎的特点

图9-7　带支承圈的防爆轮胎剖视图，支承圈在爆胎时起作用

（2）辅助支承式防爆轮胎　辅助支承式防爆轮胎与其他类型的防爆轮胎有很大不同。它们是采用特殊轮胎和轮辋的系统，这类系统的主要部分是一个实心的支承圈，当轮胎失去压力时，扁平的轮胎胎面依托在轮辋上安装的支承圈上（图9-7）。该支承圈允许轮胎像充气时一样起作用。车轮和轮胎的设计可防止轮胎在失去气压时从车轮上松脱。最常见的系统是米其林于1996年推出的PAX系统，该系统允许车辆在必须维修之前仍能以55mile/h（约89km/h）的速度行驶长达125mile（约201km）距离。这类轮胎需要特殊的轮辋，而且不能与标准轮辋和轮胎互换。

（3）自密封式防爆轮胎　自密封式防爆轮胎的设计可以快速和永久性地密封大多数胎面区域的刺孔。这种轮胎的结构与其他轮胎一样，但在轮胎胎面下面有一道额外的衬层，该涂有密封剂的衬层可永久性地密封大多数直径不超过0.1875in（约4.76mm）的刺孔。衬层可密封住刺孔周边的区域，并且在从轮胎中取出异物后可以填满刺孔（图9-8）。厂商维修信息中没有提供重新给轮胎充气的说明，所以可在轮胎维修后再充气。

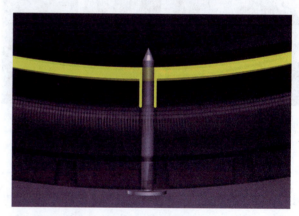

图9-8　自密封式防爆轮胎的工作原理

4. 胎面结构

轮胎真正的作用是在路面上形成附着力。理想的轮胎是磨损小，且能很好地"抓住"路面以提供准确的操控与制动性，并能够缓冲来自路面的冲击。理想的轮胎还应能在干燥、湿滑以及冰雪路面上提供最大的附着力，以及在任何速度下安静地行驶。这是一个艰巨的任务，所以轮胎制造商为了使其他方面性能更突出而不得不在某一两个性能方面做出妥协。轮胎的胎面设计决定了轮胎的特点。

胎面花纹通常有四种基本类型：定向的、非定向的、对称的、非对称的。

定向花纹轮胎安装后会朝特定方向旋转，这类轮胎的胎壁上有一个箭头，表示设计好的行进方向。定向花纹轮胎只有朝所设计的方向旋转时才能提供良好的性能（图9-9a）。定向花纹用在全天候轮胎上，能更有效地从轮胎下面引出积水，提高在湿滑路面上的附着力。许多跑车轮胎也采用定向花纹设计。非定向花纹轮胎在任何一个方向上都有着相同的操控性，这是一种最基本、最普遍的胎面设计。对称花纹轮胎在其两侧具有相同胎面花纹。非对称花纹轮胎的两侧胎面花纹不同（图9-9b），这种轮胎设计成在直线行驶时用内侧的一半胎面提供良好的附着力，而在转弯时用外侧一半的胎面提供良好的附着力。一些非对称花纹轮胎也可以是定向花纹轮胎。

a）定向花纹胎面设计

b）非对称花纹胎面设计

图9-9 不同的胎面设计

胎面上的花纹块、沟槽和细槽的数量与大小不仅决定着有多少橡胶面接触路面、能排出水，还决定着在车辆行驶中能有多安静。胎面越凹凸不平，其产生的噪声越大，若胎面由硬的合成材料制成，则更是如此。偏软的轮胎通常产生的噪声较小，对路面的附着力也更好，但磨损会更快。

轮胎的胎面上制有水槽，以迫使轮胎运动方向上的水排出。水槽越深，能排出的水就越多，但其缺点是减小了与路面的接触面积。

低滚动阻力（LRR）轮胎 有些新型车辆装配低滚动阻力（LRR）轮胎，这类轮胎的设计是为了提高燃油经济性，用在一些混合动力和纯电动汽车上。从根本上来讲，滚动阻力是轮胎与路面接触以及胎壁扭曲时所消耗的功率。据估计，汽车燃油消耗的5%~15%被用来克服轮胎滚动阻力，因此需要降低滚动阻力从而降低燃油消耗。但低滚动阻力轮胎的使用也是有代价的，这类轮胎通常与路面的接触面积较小，因而它不是操控性最好的轮胎。

> **车间提示**
>
> 当客户想要具有更好操控性的轮胎时，应使他们明了附着力更好的轮胎可能会产生更大的胎噪，而且其耐磨性也不如其他轮胎。知道什么样的轮胎设计才能满足客户的需求，这是一门学问。因此在推荐不同轮胎之前，应咨询轮胎方面的专家。

5. 备用轮胎

很多汽车都配有备用轮胎，它用于车辆某个轮胎因漏气而瘪胎的情况。备用轮胎可以是与车辆上的轮胎完全相同的轮胎，通常称为全尺寸备用轮胎；也可以是紧凑型备用轮胎。紧凑型备用轮胎的设计目的是减轻重量和节约存储空间，但它仍能在紧急情况下为驾驶员提供一个临时可用的轮胎。紧凑型备用轮胎通常有三种类型：高压小型、空间节省型和轻量薄壁型。

高压小型备用轮胎是临时性轮胎（图9-10），充气压力通常为60psi（约415kPa）。这种备胎每次使用不应行驶过长的里程或车速超过50mile/h（约80km/h）。空间节省型备用轮胎必须用由点烟器提供电源的压缩机或内置的空气压缩机进行充气。轻量薄壁型备用轮胎是一种胎面花纹深度减小的普通斜交帘布层轮胎。

图9-10 备用轮胎的警示标记

有些轿车没有配备防爆轮胎,也没有备用轮胎,而是会在行李舱中备有高压气泵和一罐轮胎密封剂。密封剂通常允许轮胎在正确维修之前可继续行驶。

> **客户关爱**
>
> 一定要提醒客户,小尺寸的、非全尺寸的或类似的紧凑型轮胎只能用作临时轮胎使用,而绝不能用作标准轮胎。这类轮胎的持续使用将导致故障,造成车辆失控并导致乘员的人身伤害,还会造成差速器齿轮磨损并影响 ABS、驱动力控制系统的正常工作。

9.3 轮胎等级和型号

由于轮胎的结构决定于其用途,因而有许多不同的轮胎。这些轮胎的差异不仅在于尺寸,还有它们要满足预期行驶条件的结构。还有一些标准要求轮胎制造商必须满足,以确保轮胎的安全、不会过快磨损,以及为车内乘员提供良好的道路隔离。每种轮胎的唯一性由每个轮胎在工厂生产时在胎壁上给出的信息来表示。实际上,需要知道的所有轮胎信息都已压印在轮胎上了(图 9-11)。

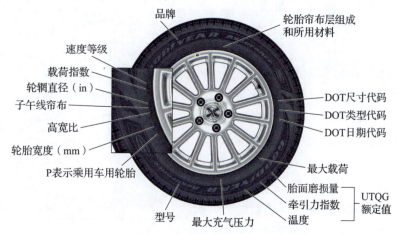

图 9-11 胎壁上有关轮胎的大量信息
注:DOT 指美国交通运输部。

1. 轮胎尺寸

描述和解释轮胎壁上信息的最好方式是通过一个示例,看看 P215/65 R15 89 H 轮胎上的尺寸标识都说明了什么。

P215/65 R15 89 H 中的字母"P"代表轮胎的用途,这里的"P"代表乘用车。如果轮胎带有"LT"的标识,则表示这个轮胎用于轻型货车。

215/65 R15 89 H 中的"215"代表在轮胎两侧胎壁之间测量的宽度,以 mm 为单位。轮胎宽度也称为截面宽度,它随安装轮胎的轮辋宽度而变化,轮辋越宽,截面宽度越大,轮辋越窄,截面宽度越小。轮胎上给出的宽度值是在特定轮辋上测量的。

215/65 R15 89 H 中的"65"表示轮胎的高宽比或外廓系列(图 9-12),它是截面高度(从胎面到胎圈)与截面宽度(从一侧胎壁到另一侧胎壁)的比值。在本示例中,轮胎的截面高度等于其宽度的 65%,即截面高度为 215mm × 65%≈140mm。高宽比决定轮胎的性能特点,高宽比较大的轮胎可提供较软的乘坐感,因为它们在不规则路面和较重载荷下变形较大。高度较小的胎壁要求轮胎侧壁更硬,所以高宽比小的轮胎具有较硬的乘坐感,但它们与路面的接触面会更大,因而有更好的附着力。

对于被评定为 215/65 R15 89 H 的轮胎,"R"代表轮胎的基本层结构。该位字母可以是代表子午线结构的"R",也可以是代表带束斜交结构的"B"或代表斜交结构的"D"("斜交"表示帘布层是按对角线或倾斜布置的)。

"R"后的数字"15"表示本示例轮胎的轮辋

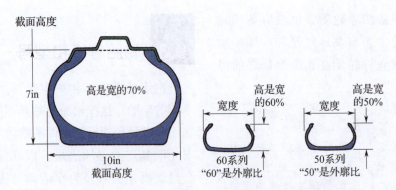

图9-12 轮胎的高宽比是截面高度与截面宽度的比值

直径为15in，轮辋直径是从轮辋一端到另一端的距离。

紧跟着尺寸符号后面的是载荷和速度等级，用数字和字母表示。本示例中给出的89为载荷等级，H为速度等级。

最大载荷等级列出了该轮胎在推荐胎压下可承载的最大重量。对于斜交轮胎，载荷等级与轮胎胎面和侧壁中的帘布层数成正比。通常轮胎的帘布层越多，可承载的重量就越大。对于当前的子午线轮胎，其载荷指数越高，承载能力越强。轿车和轻型货车轮胎的载荷等级范围在70～110之间。以下是载荷等级与其对应的承载重量的一些示例：71=761lb（约345kg）；79=963lb（约437kg）；89=1279lb（约580kg）；99=1709lb（约775kg）；109=2271lb（约1030kg）。所以本例中的轮胎可以承载1279lb（约580kg）。

速度等级表示该轮胎能被使用的最高车速。本示例中的"H"表示经测试的安全车速最高为30mile/h（约210km/h）。轮胎的速度等级实际上只不过是表示该轮胎可承受高速行驶时产生的高温，它不一定意味着高速度等级的轮胎在低速时比低速度等级轮胎的表现更好。速度等级仅适用于那些正确维护且没有过载、损坏或修补过的轮胎。

表9-1列出了用来表明轮胎速度等级的各个字母，以及所设计的该速度等级的最大安全行驶速度。以高于速度等级的车速行驶是危险的，因为高速行驶产生的热量会导致轮胎破裂。此情况如果发生在高速行驶时，驾驶员几乎不能保持对车辆的控制。

表9-1 速度等级

符号	最高车速
Q	99mile/h（约160km/h）
S	112mile/h（约180km/h）
T	118mile/h（约190km/h）
U	124mile/h（约200km/h）
H	130mile/h（约210km/h）
V	149mile/h（约240km/h）
Z	149mile/h以上（约240km/h以上）
W	168mile/h（约270km/h）
Y	186mile/h（约300km/h）
(Y)	186mile/h（约300km/h）

2. 其他信息

轮胎的侧壁上还有美国运输部（Department of Transportation，DOT）的安全代码、轮胎识别号或序列号、UTQG等级和最大充气气压值。DOT代码表明该轮胎符合美国运输部制定的所有可适用的安全标准。DOT代码旁边是由数字和字母组合而成的轮胎识别号码或序列号，用于标识该轮胎的制造商、制造地点、轮胎设计和尺寸，以及该轮胎是哪年的第几周生产的。

UTQG代表统一的轮胎品质分级，它由美国运输部开发的评级系统评定。这个评级由三个因素构成：胎面花纹磨损、牵引力和耐热性。除雪地轮胎外的所有轮胎都有这类评级。

（1）胎面花纹磨损 胎面花纹磨损等级是基于轮胎在政府指定的测试道路和受控条件下测试时的胎面磨损率来评定的。胎面花纹的磨损率用数值表示，数值越大，代表胎面花纹磨损所持续的时间越长。评级为 100 表示正常，低于 100 的评级表示胎面磨损率大，超过 100 的评级表示胎面花纹的磨损率优于正常水平。这些评级用来与同一制造商的预期磨损率进行比较，而不是在不同制造商的轮胎之间进行比较。

（2）牵引力　牵引力的评级是基于该轮胎在湿滑的水泥和沥青路面上停车的能力，它并不能反映一个轮胎的操控性如何。牵引力分为 AA、A、B、C 四个等级。C 等级轮胎提供的牵引力比 A 等级轮胎提供的牵引力小。

（3）耐热性　这是评价轮胎受热时的散热能力以及工作状态的指标。该温度等级仅适用于未超载且胎压正确的轮胎。当胎压不足或过载时会产生热量，胎温还会随着速度的增加而增加。耐温性的等级用 A、B 或 C 表示。C 等级表示该轮胎是可接受的，A 等级表示该轮胎比 B 或 C 等级的轮胎更经得住高温。

（4）附加评级　有些轮胎带有与其预定应用有关的附加标记。"M&S" 或 "M+S" 的标识表示制造商已经将该种轮胎评定为适用于泥泞地和雪地，这是许多全天候轮胎的标识。有些轮胎还会有山地或雪花的符号，这表明这些轮胎适用于极为恶劣的雪地路况，通常称这类轮胎为冬季轮胎。

3. 最大载荷和冷态时的胎压

所有乘用车的轮胎胎壁上都标有该轮胎的最大载荷能力和冷态时的最大胎压。需要牢记的是，最大胎压是轮胎所允许的最大气压值，而非推荐的气压值。轮胎的充气压力值切不可超过其最大胎压值。

4. 轮胎铭牌

轮胎铭牌或满足安全法规的认证标签通常贴在驾驶员侧的车门侧柱上，也可能位于杂物箱内或加油口盖的内侧。其内容包括推荐的车辆最大载荷、轮胎尺寸（包括备用轮胎）以及每个轮胎在冷态时的胎压值（图 9-13），这些信息切不可用于其他车辆。

一般来说，更换的轮胎应与原轮胎的尺寸和设计规格相同，或是更换为汽车及车轮制造商推荐的可选尺寸的轮胎，同时还要遵循制造商对轮胎类型、胎压和轮胎换位方式的建议。

图 9-13　车门侧柱上的轮胎铭牌

> **车间提示**
>
> 更换的轮胎直径比原装轮胎偏大或偏小都会影响防抱死制动系统的工作和车速表的准确度，当轮胎尺寸发生变化时，需要重新标定 ABS 和驱动力控制系统，这需要改变车速表的驱动齿轮。有关详情参见该车的维修信息。

5. 轮胎维护

为了尽可能地发挥轮胎的性能，应检查胎压是否正常和是否有不均匀磨损的迹象，从而决定是否需要进行车轮平衡、换位或定位。应经常查看轮胎是否有裂纹、划伤、磨损，以及胎面是否嵌入了异物。当温度发生急剧或极端变化、驶过有碎石的粗糙路面或不时有碎屑散落时，更需要经常检查轮胎。

要清洗轮胎，只能使用温和的肥皂与水混合的溶液，然后用清水冲洗干净。切勿使用钢丝棉或金属丝刷。避免使用汽油、油漆稀释剂以及类似含有矿物油基的材料清洁，这些材料会导致轮胎橡胶过早干燥、发硬，从而导致轮胎失去某些性能特点。

> **参见**
>
> 有关轮胎维护的详细内容参见《汽车维修技术基础（原书第 7 版）》第 9 章。

轮胎气压　正确充气的轮胎具有最佳的使用寿命，以及乘坐舒适性、操控稳定性和燃油经济性。记住，实际上是轮胎内的气体支承着车辆的重量，气体压力过小会导致轮胎发出尖叫声、转向困难、轮胎过热、异常磨损以及增加高达 10% 的燃油消耗。如果轮胎气压极低，即使短时间行驶也会导致胎壁发生严重和永久性损坏。胎压不足的轮胎在胎面外侧呈现出最大的磨损，而在胎面中间部位只有很少或几乎没有磨损（图9-14）。

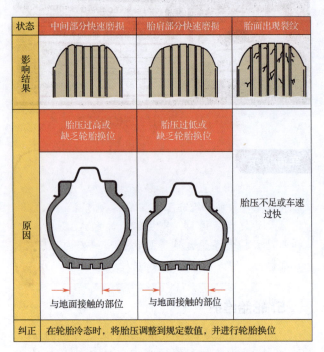

图9-14　胎压对胎冠接触面及磨损的影响

相反，胎压过高的轮胎在胎面的中间部位磨损最大，而外侧只有很少的磨损。胎压过高还会造成乘坐感发硬和轮胎的擦伤。

> **车间提示**
>
> 轮胎的温度会影响其实际的充气状况。轮胎气压随温度的升高而增加，反之亦然。温度每变化10°F（5.5℃）将使轮胎气压变化1psi（约6.9kPa）。应始终遵循胎压标牌上给出的轮胎冷态时的压力值。

> **车间提示**
>
> 自2010年起，加利福尼亚州规定每辆满载质量在1万lb（约4536kg）以下的车辆进入维修厂都必须检查和调整轮胎气压，且维修记录至少保存三年。

对汽车前后轮胎规定有不同的气压是很常见的。很多进口到美国的汽车以"kPa"作为轮胎气压单位，而不是"psi"。表9-2是"kPa"与"psi"的换算表。

表9-2　轮胎气压单位"kPa"与"psi"的换算表

kPa	psi	kPa	psi
140	20	215	31
145	21	220	32
155	22	230	33
160	23	235	34
165	24	240	35
170	25	250	36
180	26	275	40
185	27	310	45
190	28	345	50
200	29	380	55
205	30	415	60

6. 轮胎换位

轮胎换位是预防性维护的一部分。定期换位可使轮胎维持稳定的操控性和附着力，甚至降低轮胎的磨损。多数制造商建议至少每6000mile（约9650km）进行一次轮胎换位。重要的是要记住，轮胎换位不能纠正由于定位不正确、机械部件磨损或胎压不准确而造成的轮胎磨损问题。

业内有七种涵盖了大多数轿车和轻型货车轮胎换位的模式（图9-15）。

对于前驱车辆，采用向前交叉模式（图9-15a）或者类似于X形状的四轮对角模式（图9-15b）。对于后驱或四驱车辆，采用向后交叉模式（图9-15c）或四轮对角模式（图9-15b）。单侧前后换位模式（图9-15d）可用于前后轮辋和轮胎具有相同尺寸与转动方向的车辆。左右换位模式（图9-15e）可用于前后桥配备不同尺寸的非定向轮辋和轮胎的车辆。对于配备全尺寸备胎的前驱车辆，采用图9-15f的前向交叉换位模式。对于配备全尺寸备胎的后驱或四驱车辆，采用图9-15g的后向交叉换位模式。

7. 胎面磨损

如今使用的大多数轮胎都有固定的轮胎磨损标识（磨损条）用来显示何时需要更换轮胎。当轮胎胎面花纹的深度磨到还剩0.0625in（约1.6mm）时，这些标识显现的宽度约为0.5in（约

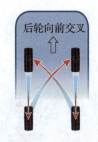
a）前驱车辆主要换位模式

b）前后轮对角换位模式

c）后驱和四驱车辆主要换位模式

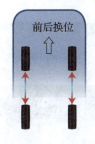
d）尺寸相同的定向轮胎

e）不同尺寸的非定向轮胎

f）配全尺寸备胎的前驱车辆

g）配全尺寸备胎的后驱车辆

图 9-15　轮胎换位模式

12.7mm）（图 9-16a）。当轮胎的周圈上有相邻三处位置的凹槽显露两处或多处磨损标识，或者露出帘线或编织物时，建议更换轮胎。

如果轮胎没有磨损标识，图 9-16b 所示的花纹深度计能以 0.03125in（约 0.8mm）为单位快速显示轮胎花纹深度还剩多少，当只剩下 0.0625in（约 1.6mm）时，就需更换轮胎了。

a）轮胎磨损标识

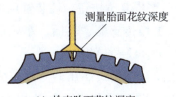
b）检查胎面花纹深度

图 9-16　胎面磨损检查

正确的车轮定位可使轮胎正直滚动，而不会过度磨损胎面。车轮可能因撞到凸起的物体或凹坑而使其定位失准，从而导致轮胎不均匀或不规则的磨损。

> ▶ 参见
> 有关车轮定位的详细内容参见第 12 章。

9.4　胎压监测（TPM）系统

美国交通运输部国家公路交通安全管理局（NHTSA）制定了一项联邦机动车安全标准。该标准要求在 2008 年及之后生产的所有乘用车、货车、多用途乘用车和额定总质量不超过 10000lb（约 4536kg）的大客车（不包括单轴双轮的车辆）安装胎压监测（TPM）系统。如果一个或多个轮胎的胎压比冷态时的推荐胎压下降超过 25%，则胎压监测系统必须点亮警告灯，以提醒驾驶员轮胎充气不足。作为该标准的结果，两种基本的胎压监测系统得到使用。

最常用的胎压监测系统称为直接式系统。在这类系统中，胎压传感器安装在每个轮辋的凹槽附近（图 9-17a），或与特殊的轮胎气门嘴连在一起（图 9-17b）。胎压传感器测量轮胎的充气压力，并通过无线电波将此信息传递给车辆。这些信号通常由安装在车身中的遥控门锁接收器天线接收。中央电子控制单元处理来自四个车轮的信号并向系统报告压力的任何变化。

a）胎压传感器安装在车轮内部

b）胎压传感器与气门嘴总成

图 9-17 胎压传感器的安装位置

a）压入式胎压传感器

b）可换气门嘴的卡入式胎压传感器

图 9-18 不同形式的胎压传感器

胎压监测系统以频繁的间隔周期检查所有轮胎的充气压力。不论车辆处在行驶还是静止状态，胎压监测系统的传感器都保持对轮胎压力的跟踪。若 TPM 检测到任何轮胎的充气压力有足够量的改变，都会触发仪表板上的警告灯点亮。

典型的直接式 TPM 系统包含以下部件：胎压传感器和气门嘴。它可以是一个独立单元（图 9-18a），也可以是气门嘴部分可分开且可更换的（图 9-18b），这些都称为压入式传感器。这类传感器都可调整气门嘴与传感器之间的角度，以适应不同的轮辋设计。传感器监测轮胎的充气压力和轮胎温度，并将传感信号和唯一的 ID 编号传输给胎压监测系统。这两种类型的传感器都带有不可更换的内置电池。

1）胎压警告天线及接收器（图 9-19）。该单元接收并传递来自传感器发射器的信号，并将信号发送给胎压警告控制单元。TPM 接收器通常内置在驾驶员车门内的遥控无钥匙进入（Remote Keyless Entry，RKE）系统的接收器中，但有些车辆使用专用的 TPM 接收器。

2）胎压警告控制单元。该单元接收来自接收器的信号，如果测量的充气压力比规定值低一个预定值，则该控制单元发出信号使胎压警告灯点亮。

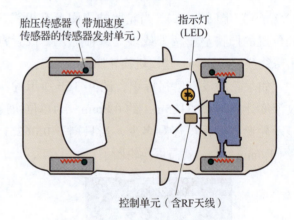

图 9-19 直接式胎压监测系统的基本组成

3）胎压警告灯。它位于仪表板中，告知驾驶员胎压过低或系统出现问题。

4）胎压警告复位按钮。该装置用在重新设置轮胎气压或更换传感器、轮胎、车轮后，用于使控制单元重新学习系统的状态。

为了在没有直接式胎压监测系统成本的情况下满足 TPM 标准，有些制造商使用间接式胎压监测系统，这类系统不使用压力传感器，而依赖于轮速传感器的输入信号。这些信号已用在 ABS 或其他系统上。采用间接式胎压监测系统，需要对动力总成控制模块（PCM）重新编程，以使其在轮胎已损失充气压力时能够识别出来。间接式系统也用于一些采用防爆轮胎的老款汽车上，这是因为，已没有充气压力的防爆轮胎看起来像正常的轮胎一样，因此需要提醒驾驶员注意胎压已经不足。

来自轮速传感器的输入信号可用于对比四个车轮的旋转速度。当其中某一车轮的轮胎压力过高或过低时，该车轮的单位里程转动圈数会与其他三个车轮略有不同。当计算机感知到这个差异后，将点亮警告灯。

然而间接式系统不如直接式系统有效。这类系统无法告知驾驶员哪个轮胎的胎压低，也没有能力在四个轮胎都失去压力时告知驾驶员。这种情况通常是发生在外部气温下降时。

胎压监测系统可以用警告灯泡，也可以用能显示哪个车轮胎压过低的显示装置。许多系统允许驾驶员监测每个轮胎的当前气压，如果PCM检测到TPM系统有问题，仪表板上会有警告灯点亮或显示出警示信息。在轮胎换位或更换后，系统可能需要重新学习轮胎位置。在此期间，信息可能会一直显示或警告灯一直点亮，直到重新学习进程结束。

如果系统工作正常，那么当点火开关打开时，TPM灯和胎压不足警告灯应点亮约2s后熄灭。如果警告灯不灭，则表明系统存在问题。若有轮胎气压不足，警告灯通常在车辆起动后会保持点亮。系统出现故障，例如胎压传感器失效，将导致警告灯闪烁。当系统出现故障或监测到四个轮胎中的任何一个压力不足时，系统通常还会设置故障码。

1. 测试胎压监测系统

大多数车辆的胎压监测系统直接与PCM绑定，因此故障会导致产生故障码。可用诊断仪监测TPM系统的数据并检索故障码（图9-20），要准确地检测传感器是否有故障需要专用工具。TPM传感器的专用工具是一种无线工具，它可与故障诊断仪一起使用，并在更换传感器后运行系统重新学习。有些TPM的工具可以插入数据链路插接器（DLC），并在轮胎维修后使系统重新学习，从而不必使用诊断仪。

在进行轮胎换位、更换轮胎或轮辋、对系统进行维修后，或因车辆蓄电池电量不足或更换蓄电池后，都可能需要TPM传感器测试仪（图9-21）来重置系统。测试仪激活传感器并可以观察到传感器传输的数据。大多数系统需要将测试仪放在传感器附近，然后通过工具激活传感器。随后传感器发送传感器ID、轮胎压力和温度以及传感器电池的信息。如果传感器无法通信，则其内部电池电量可能已耗尽或出现故障。应更换有任何问题的传感器。

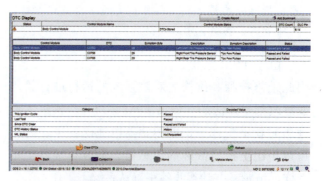

图9-20 诊断仪显示的TPM数据

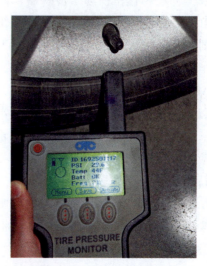

图9-21 TPM传感器测试仪

2. 维修胎压监测系统

胎压监测系统的维修范围可以从简单的检查和设置轮胎压力到更换传感器以及修复接收器、线路和网络中的故障。在对轮胎或TPM系统进行作业之前，可通过观察仪表板上的TPM警告灯来查证系统的工作情况。确认警告灯在点火开关打开时的灯泡检查期间点亮，并在发动机起动后熄灭。如果TPM警告灯持续点亮或闪烁，应在继续作业前测试传感器和系统。这种方法称为先测后修，并已被汽车维修行业作为在轮胎维修和胎压调整之前检查 TPM 系统状况的一种方法。TPM 系统中的任何问题都需要记录在维修工单上，并向客户解释说明。

> **客户关爱**
>
> 客户可能会要求不更换已有故障的 TPM 传感器，或在安装新轮胎时拆除 TPM 传感器。因为 TPM 系统是由厂商安装且授权的安全系统，车间或维修技师都无权决定是否应重新安装该传感器。拆除或绕开车辆上的任何类型安全系统都是不明智的，甚至会带来法律后果。

由于 TPM 系统在北美是强制性的安全设备，因此维修技师和维修店对该系统的运行进行禁用或篡改都是违法的。如果 TPM 系统在车辆进入修理店时就不工作，例如传感器电池已耗尽，客户可以拒绝更换有故障的传感器，但应在维修工单上详尽记录，并让客户签字确认系统不工作。

如果车辆在维修中损坏了传感器，例如在更换轮胎中，则需要更换该传感器以确保系统正常运行，否则因充气问题而引发事故，禁用 TPM 系统并允许车辆重新上路可能会带来严重的法律后果。

TPM 系统在完成包括设置轮胎压力、进行轮胎换位、更换传感器等作业后通常都需要重新学习。在采用直接式 TPM 系统的车辆进行轮胎换位之前，应查阅维修信息中要进行重新学习应遵循的任何特殊步骤。在许多非直接式系统上，按下"TPM Learn（胎压监测学习）"按钮可使车辆进入学习模式。然后行驶数分钟后，系统将学习完轮胎的旋转速度并推断每个轮胎的压力。在直接式系统中启用学习模式的方式会因车辆年份、制造商和型号的不同而不同。表 9-3 展示了常见的 TPM 系统重新学习的步骤。

TPM 系统中的故障将在车载计算机系统中设置故障码，并导致胎压警告灯闪烁或持续点亮。压力传感器失效是最常见的故障原因。胎压传感器不能维修，当传感器有故障或因电池电量过低而无法发送信号时必须更换。大多数制造商建议在更换轮胎时或每 5~7 年更换一次传感器。

3. 更换胎压监测传感器

在已确认需要更换传感器后，将轮胎从轮辋上拆下。有些车辆带箍式传感器，为了更换这类传感器，先拆下将传感器固定在带箍中的夹子，再从带箍中拧出传感器。对于压入式传感器，取下外盖后将传感器从轮辋中的气门嘴孔中拔出。压入式传感器需要拆下将气门嘴固定在传感器上的螺钉。按照传感器制造商的说明使用轮胎润滑剂，并将传感器安装在轮辋上。对于带有气门嘴的两种传感器，重要之处是正确安装并拧紧。压入式传感器需要气门嘴与轮辋之间密封，且需要以 30~80lbf·in（约 3.4~9.0N·m）的力矩拧紧外盖。对于卡入式传感器的气门嘴，是用胎压传感器专用扭矩扳手式的螺丝刀拧紧的，其气门芯的拧紧也需要用专用工具。对于这两类传感器，不要估计是否已拧紧，而应查看规定的力矩范围并使用合适的工具（图 9-22），否则可能会损坏传感器。

用于更换的传感器可以是原厂的，也可以是售后市场采购的，这决定了如何对新传感器与车辆进行编程。有些系统或传感器需要确定和记录旧传感器的 ID 号，并将其用于新的传感器，这称为传感器的拷贝（复制）。其他系统允许在系统中注册新传感器的 ID 号。应使用何种类型的传感器以及如何将新传感器编程到车辆上可参阅维修信息。

新的传感器在运输时是处在关闭状态或运输模式的。为将新传感器编程到车辆上，先启用 TPM 系统学习模式，这可通过驾驶员信息中心（图 9-23）、钥匙卡、TPM 系统工具或诊断仪来完成。根据制造商给出的步骤启用每个传感器，并在完成后验证系统是否正常运行。

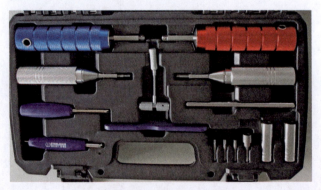

图 9-22 胎压传感器拆卸工具盒

表 9-3 常见的 TPM 系统重新学习步骤

车型或系统	具体步骤
通用和某些亚洲车型：用诊断仪重置	1）打开点火开关 2）安装诊断仪并启动胎压（TP）传感器重置模式，按两声喇叭，LF（左前）转向信号灯点亮 3）从 LF（左前）TP 传感器开始，用 TPM 工具激活该传感器，并等待喇叭发出响声 4）一旦喇叭发出响声，对 RF（右前）、RR（右后）和 LR（左后）车轮重复上述步骤
某些通用车型：用驾驶员信息中心（DIC）重置	1）打开点火开关 2）在 DIC 中激活 TPM 系统重置模式。按两声喇叭，LF 转向灯点亮。从 LF 传感器开始，使用 TPM 系统工具激活并等待喇叭响起 3）喇叭响起后，对 RF、RR、LR 车轮重复上述步骤
某些福特车型	1）关闭点火开关 2）先踏下后松开制动踏板 3）将点火开关从 OFF 位转动至 RUN 位三次 4）先踏下后松开制动踏板 5）关闭点火开关 6）将点火开关从 OFF 位转动至 RUN 位三次，喇叭应响一声 7）用 TMP 系统工具激活 LF 轮，当该传感器重置后，喇叭将发出响声，随后依次激活 RF、RR 和 LR 轮
其他 TPM 系统	1）按住仪表板上的 TPM 系统重置按钮，TPM 灯将闪烁 2）一旦车辆行驶约 20min 后，TPM 系统将进行校准
其他 TPM 系统	1）先踏下制动踏板后松开 2）循环点火开关 ON/OFF、OFF/ON、ON 3）喇叭响起表示重置模式开始，仪表会显示哪个车轮将开始重置（通常从左前轮开始，顺时针进行） 4）用 TPM 系统工具依次触发每个车轮 5）车上喇叭在每个胎压传感器重置时将发出响声，重置成功后，喇叭响两声
某些通用车型	1）循环点火开关（打开但不起动） 2）同时按下遥控钥匙上的"LOCK"和"UNLOCK"键，或使用 DIC 中的菜单 3）车上喇叭响两声表明已进入重置模式。然后按重置顺序点亮灯光（通常从左前轮开始，顺时针进行） 4）用 TPM 系统工具依次触发每个车轮 5）车上喇叭在每个胎压传感器重置时会发出响声 6）当重置完成后，喇叭响两声
其他间接式 TPM 系统	1）将轮胎气压设置在固定范围内 2）向下按住"RESET"按键 3）向下按住"TPM SET"按键直到警告灯闪烁三次 4）行驶车辆（车速和所需时间因品牌、车型和年款而异）

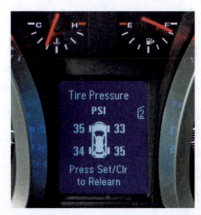

图 9-23 通过驾驶员信息中心进行 TPM 系统的重新学习

9.5 轮胎/轮辋跳动

通常认为轮胎偏离中心或呈椭圆形将会产生跳动，这称为径向跳动或偏心度。轮胎的左右摆动称为横向跳动。如果轮胎自身的某些跳动与轮辋的跳动不匹配，则产生的总跳动会超过轮胎平衡块纠正跳动的能力。因此，应检查轮胎或轮辋是否有过大的跳动，有时可通过调整轮胎与轮辋之间的相对位置来纠正跳动问题。

为了避免轮胎上暂时性平斑引起读数错误，

对跳动的检查只能在车辆行驶后进行。目视检查轮胎是否有异常的凸起或形变,然后用百分表测量跳动量。所有的测量应就车进行,且轮胎已充气至推荐的压力和车轮轴承已调整至技术规范范围内。

在胎面中间和外肋条上测量轮胎的径向跳动,在胎壁的抛平肋条处测量横向跳动(图9-24),标记横向跳动和径向跳动的高点以供下一步参考。子午线轮胎的径向跳动不得超过0.081in(约2.06mm),横向跳动不得超过0.099in(约2.51mm)。

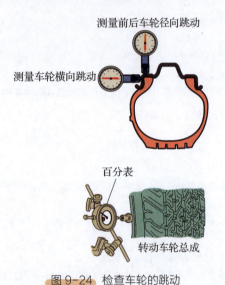

图9-24 检查车轮的跳动

如果轮胎总的径向跳动或横向跳动量超过规定的限值,则需要检查轮辋的跳动以确定是轮辋还是轮胎有问题。轮辋的径向跳动是在刚好位于轮辋上的轮辋盖固定沿的内侧测量的。横向跳动是在刚好位于轮辋上的轮缘弧唇上侧测量的。轮辋的径向跳动不应超过0.035in(约0.89mm),轮辋的横向跳动不应超过0.040in(约1.02mm),标记径向和横向跳动的高点以供下一步参考。

如果轮胎的总跳动量(不论横向还是径向)超过规定的标准范围,但轮辋的跳动量在规定范围内,则有可能将跳动量降至可接受的范围。这可以通过改变轮胎装在轮辋上的位置,使之前标记的轮胎和轮辋跳动的高点彼此相隔180°来实现。许多电控车轮平衡机可以检测轮辋和轮胎的跳动,并由此确定将轮胎重新装回轮辋上的最佳位置,以减少总的跳动量。

半轴的法兰盘跳动所引起的振动问题类似于轮辋和轮胎跳动导致的问题。半轴的法兰盘可能会因与路缘的碰撞而损坏或变形而导致车轮在行驶时摆动。使用百分表测量法兰盘处的跳动(图9-25)并与规范进行比较。

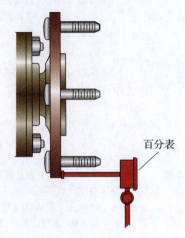

图9-25 测量半轴法兰盘的跳动

轮胎拉偏 常会见到车辆在行驶中被轮胎拉向一侧的现象,即轮胎拉偏,这是由锥形轮胎所引起的。这样的轮胎在旋转时将朝着锥形的窄端方向滚动,从而拉动车辆向左或向右。遗憾的是,该问题出在轮胎的生产过程中,因而没有办法纠正。取决于锥形问题的严重程度,如果这样的轮胎安装在车辆的后轮,则可能不会导致拉偏,除非该轮胎在换位时被换到了前轮。如果发生轮胎拉偏现象,客户可能会返回维修店并抱怨车辆由于轮胎换位而跑偏。为了确定锥形轮胎是否是原因,可将两前轮互换后进行路试。若不再有拉偏或者向反方向拉偏现象,则问题就是由锥形轮胎导致的。

9.6 轮胎更换

当轮胎磨损或严重损坏时应更换。此外,当前轮胎的使用寿命远比20年前的轮胎要长,因此需要考虑轮胎的老化问题。轮胎容易干腐而产生裂纹,特别是常年置于室外的轮胎。这使轮胎会随着时间的推移而劣化,并可能导致轮胎失效。尽管当前在美国没有轮胎更换的年限要求,但许多轮胎和橡胶制造商建议应根据胎龄每6~10年更换一次。维修达到6年的轮胎应仔细检查其是否有磨损、损坏或腐烂的情况。一旦胎龄到了 10 年，就应更换。

使更换的轮胎与车辆原始装配的轮胎相配是最佳选择，除非想改变车辆的外观或操控性。车辆制造商最清楚合适的轮胎有多重要，因此花了大量的时间去开发悬架系统以使其按照他们认为应有的方式工作。这种开发的一部分内容是轮胎设计，但制造商对于轮胎的选择是在轮胎各种特性之间的一种权衡。制造商按照他们认为该车型需要的特点来选择轮胎，如果车主对这款车满意，就应建议更换与该车辆销售时所用轮胎一致的轮胎。如果在更换轮胎时安装了与原车轮胎不一致的轮胎，会带来法律上的麻烦，例如如果更换的轮胎不符合原厂对该车辆轮胎的技术要求，因未满足载荷能力或速度等级要求而失效，将会面临法律后果。

1. 更换一只轮胎

有时可能只需要更换一只轮胎，这只轮胎通常是因事故、危险道路或蓄意破坏而损坏的。只有车上其他轮胎的胎面都符合要求时，才建议更换一只轮胎。应确保所更换轮胎的品牌、类型、尺寸和速度等级与车上其他轮胎相同，如果不同，将可能带来不安全的操控性问题。此外，更换轮胎的胎面花纹也应与车上其他轮胎类似，这有助于减少噪声并避免可能由不同胎面花纹而引起的其他问题。更换的轮胎应安装在后车桥上，并将其余三只轮胎中胎面花纹最深的一只安装在该车桥的另一侧。

2. 更换两只轮胎

如果两只轮胎的胎面完好，又需要更换其余两只轮胎，应将更换的轮胎成对地安装在后车桥上，并尽可能使新换的轮胎与其余两只相配。

3. 四轮驱动和全轮驱动车用轮胎

对于普遍受到欢迎的小型 SUV 和采用全轮驱动形式的车辆，建议同时更换一组 4 只轮胎。因为在前轮与后轮之间出现速度差时，这类全轮驱动的系统使用中央差速器或黏性离合器为整组车轮提供动力。如果只更换一对轮胎，则在某个车桥上会留有已磨损的轮胎，它们的直径会比另一车桥上的新轮胎稍小。即使这种少量的尺寸差别也会导致前后轮胎的转速差异，若长时间使用，将会损坏差速器或黏性离合器。

4. 改变轮胎或轮辋尺寸

车主可能希望在突出操控性或燃油经济性的同时还有不同类型的轮胎或轮辋。由于有许多其他的因素会影响轮胎尺寸的改动，所以客户可能会寻求建议。其中最重要的考虑是轮胎必须能够承载车辆的重量，即轮胎的承载能力必须等同或高于原厂制造商（OEM）所配备的轮胎。改变轮胎高宽比将改变截面宽度，从而影响轮胎的承载能力。

大多数轮胎在宽度上的变化都会影响其总直径，而轮胎外径的变化会引起总传动比的改变，并会影响速度表和里程表的准确性。轮胎直径或高宽比的改变还有可能影响总体操控性，这是因为它会引起车辆或轮速传感器的读数错误。对乘用车和小型货车来讲，轮胎直径变化不超过 3% 是可以接受的，大多数 SUV 和皮卡可接受的变化高达 15%。轮胎的总直径可通过计算得出。

车辆可能允许根据已编入车载计算机系统的轮胎尺寸来改变轮胎尺寸，可改变的轮胎尺寸通常是汽车制造商所提供的尺寸选项之一（图 9-26）。

（1）尺寸增加　一种既可改变轮胎的接地面积，又不会严重影响轮胎总直径的方法是目前正在使用的增大尺寸系统。该系统以不同尺寸轮胎与不同尺寸轮辋相互组合后的总直径为基础。尽

图 9-26　使用扫描工具更改车轮和轮胎尺寸

管该系统还需要进一步研究，但这是获得预期结果的最好方法。例如，客户希望拥有更宽的胎面接地面积（图9-27），原配的是装在14×6in轮辋上的195/75-14轮胎，该车轮总成的总直径为25.5in（约647.7mm）。有三组可用的轮辋/轮胎组合可以与这个直径非常相近。如果205/65-15的轮胎装在15×7in的轮辋上，则比原配轮胎的宽度增加了0.39in（约10mm），但直径不变。如果16×7.5in的轮辋与225/55-16的轮胎一起使用，则宽度增加了1.18in（约30mm），总直径仅增加0.2in（约5.1mm）。还可以再宽些，将235/45-17的轮胎装在17×8in的轮辋上，则轮胎宽度增加1.57in（约40mm），总直径减小0.2in（约5.1mm）。尽管后两种改变与原始轮胎的直径不一致，但肯定在不超过3%的原则内。

（2）其他要点 以下是额外需要考虑的要点：

1）操控性的提升通常来自轮胎与地面的接触面增加，而燃油经济性的提高则与此相反。

2）增加胎面宽度及轮胎接触面会影响转向力，因为轮胎与路面有更多的接触面。

3）尺寸、结构和磨损不同的轮胎可能会影响车辆的操控性、行驶稳定性和燃油经济性。

4）过宽的轮胎可能会摩擦到车身或悬架。

5）在同一车辆上，子午线轮胎切不可与其他类型的轮胎混用。

6）车辆上的所有轮胎应具有相同尺寸、结构、胎面设计和速度等级，除非车辆是由原厂另行配备的。

7）应更换速度等级相同或更高的轮胎，速度等级不应低于原始轮胎的级别。

8）硬的胎面可提供长的磨损时间和低的滚动阻力，但也会使附着力变差。

9）具有攻击性的胎面花纹可防止湿路打滑或在雪地中提供更好的附着力，但在干燥路面上会有更大的胎噪。

10）胎壁较硬的轮胎可增加高速时的稳定性和改善操控性，但会使整体乘坐感更不舒适。

11）更换的轮辋应提供与原配轮胎相同的轮胎总直径。

12）较窄的轮辋使轮胎两侧的胎圈拉得更近，导致胎壁弯曲，这使轮胎侧壁更有弹性，从而导致较软的乘坐感，但也缩短了轮胎使用寿命。

13）较宽的轮辋增加了胎圈之间的距离，使轮胎侧壁变硬而导致较硬的乘坐感和轮胎使用寿命的减少。

14）更换的轮胎至少应与新车安装的轮胎品质相同。不建议更换载荷能力、牵引力指数或温度等级降低的轮胎。

（3）计算轮胎尺寸 更换轮胎的尺寸与原配轮胎尺寸不一致时，需要计算期望更换的轮胎尺寸。就像其他事物一样，这也有相应的计算公式。

为了确定轮胎的截面高度，用截面宽度乘以其高宽比：

截面宽度 × 高宽比 = 截面高度

为了确定轮胎的总直径，将截面高度乘以2（称为截面高度总和，因为轮胎直径包含两个截面高度），然后加上轮辋直径：

截面总高度（截面高度×2）+ 轮辋直径 = 轮胎直径

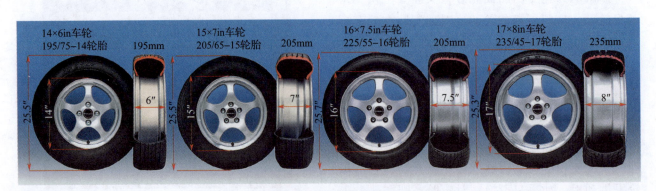

图9-27 尺寸增加的结果

9.7 轮胎/车轮总成的维修

对于大多数轮胎和车轮的维修来讲，必须先从车辆上拆下车轮总成。只要维修或更换轮胎，就必须将轮胎与轮辋分离。车轮总成安装在轮毂法兰盘上，法兰盘可能位于车轴的端部，也可能是制动盘或制动鼓的一部分。车轮通过车轮螺母或螺栓固定在轮毂、制动盘或制动鼓上。大多数轿车、轻型货车使用拧在螺柱上的车轮螺母，但许多欧洲汽车使用车轮螺栓，它们被拧入轮毂法兰盘的螺纹孔中，以保证车轮就位。

轮胎问题除磨损外最常见的是被扎孔。轮胎经过维修后可以重新使用，不必担心再次漏气。胎面区域的穿孔是唯一可修复或尝试修复的。切勿试图维修胎肩或侧壁上的扎孔。此外，不要对有下述损伤的轮胎进行修复：鼓包或气泡、帘布层分离、胎圈有破损或裂缝、织物龟裂或切断、织物磨损或有可见的磨损痕迹、穿孔直径大于 0.25in（约 6mm）。

有些车主试图用轮胎密封剂密封穿孔。密封剂是通过气门嘴注入轮胎内的。密封剂中的化学物质有时能很好地密封穿孔，但有时会失效。绝不要将密封剂用于胎壁穿孔，即使用，也不会起作用。有些密封剂还非常易燃，因此须做警示标记，以提醒下一个维修技师该轮胎已经使用了密封剂。

密封剂有可能会干扰 TPM 系统传感器的工作，如果轮胎已经使用了密封剂，应告知客户可能出现对传感器的损害，并因此可能需要更换轮胎。

> **⚠ 警告** 通过气门嘴注入轮胎密封剂会导致轮辋锈蚀和轮胎失去平衡。

为了确定轮胎中的穿孔位置，可将轮胎充气至轮胎侧面上给出的最大压力，然后将车轮总成浸入水槽中或对其喷洒肥皂水溶液，气泡将反映出漏气的位置。用轮胎笔标出漏气部位，以便在卸下轮胎后更容易找到。还应用笔标出气门嘴位置，以便在轮胎装回轮辋后保持轮胎和轮辋的原有平衡。

图 9-28 展示了拆装轮胎的正确步骤。不要单

1）释放轮胎气压后将轮胎从车轮上拆卸，拆除气门芯，再沿轮辋松动轮胎，这由拆胎机完成，技师只需操纵控制杆

2）一旦轮胎两侧都松动，将轮胎和轮辋放在拆胎机上，然后踩下控制踏板，将车轮夹在拆胎机上

3）将拆胎机的机械手臂降至轮胎和轮辋总成位置

4）在胎上胎圈和轮辋之间的位置插入拆胎棒。踩下操作踏板使车轮开始旋转。对下胎圈的操作与上胎圈一样

5）在轮胎完全从轮辋脱离出来后取下轮胎

6）准备安装轮胎时，用金属丝刷子清除密封面上的所有污垢和铁锈，在轮胎胎圈区域涂上润滑橡胶的化合物

7）把轮胎放至轮辋上并将机械臂降到适当位置。用拆胎机转动车轮，机械手臂会将轮胎套在轮辋上。轮胎完全套在轮辋上后，在轮胎上安装并激活空气环，使轮胎在轮辋上就位

8）重新安装气门芯并将轮胎充气至建议的压力值

图 9-28 在车轮总成上拆卸和安装轮胎的正确步骤

独使用手动工具或撬胎棒来更换轮胎,因为这可能会损坏胎圈或轮辋。当在采用铝制或钢丝辐条的轮辋上拆卸或安装轮胎时,记住与轮胎拆装机制造商联系,以获得有关保护轮辋饰面的附件。

> **警告** 许多轮胎制造商表示即使轮胎的刺孔已被修复,该轮胎也不再具有其原有的速度等级。这是因为刺孔已经损伤了轮胎,最终可能会在高速行驶的压力下失效。因此工单上必须注明,并告知客户,原速度等级已不再适用于该修复的轮胎。

1. 胎压监测传感器

如果轮辋或齿轮总成上装有直接式 TPM 系统,可在泄放轮胎气压后拆卸传感器。传感器的拆卸应在从轮辋上拆下轮胎前完成,松开气门嘴总成并使其落入轮胎内,在维修轮胎或轮辋之前应先取出该传感器。完成轮胎或轮辋的维修后,用新的 O 形橡胶密封圈或密封件及铝制固定螺母安装传感器,该螺母必须按规定力矩拧紧。

> **车间提示**
> 某些 TPM 系统的气门嘴由黄铜制成,其阀杆是铝制的。随着时间的推移,气门芯由于电化学腐蚀可能会卡死在黄铜气门嘴内。如果正巧遇到这类情况,可换用镀镍的气门芯。

2. 修补方法

卸下轮胎,取出穿刺物并标记位置后,即可用维修塞和硫化橡胶补片从内部修理轮胎。虽然应始终按照维修套装里的说明进行维修,但有一些通用指南有助于实现良好的、永久性的修补。下述是用于修补轮胎的常用方法。

(1) 插塞修补方法 圆形橡胶插塞是最常用的,它比穿孔的尺寸稍大,用插入工具从轮胎内侧塞入穿孔。在塞入之前,先将橡胶插塞穿入插入工具的孔眼中,并在穿孔处、插塞和工具上涂上硫化液。切记,从轮胎的外侧用橡胶插塞来密封穿孔不是一种合适的修补方法。

在握住并拉长橡胶插塞的长端的同时,将其插入穿孔中,橡胶插塞必须露出内外侧胎面并处在橡胶密封层内。如果橡胶插塞穿过了孔洞,则将其扔掉并更换新的。当橡胶插塞就位后,取下工具并剪去高于轮胎内表面 0.03125in(约 0.7mm)的部分,注意修剪时不要来回拉扯橡胶插塞。

> **客户关爱**
> 米其林 PAX 系统的维修需要特殊的设备、更换配件和专门的培训。如果在没有必要的设备、配件和培训的情况下修复这类系统的某一部分,将失去该轮胎的质量担保。要确保客户了解这一点。此外,使用橡胶类补丁和/或密封剂来修复轮胎将使质量担保失效。

(2) 胶补片插塞冷修补方法 为正确修补穿孔,可以使用整体式胶补片插塞,或叫杆式胶补片(图 9-29)。这种维修方法需要从轮辋上取下轮胎以检查其内部是否损坏。压瘪后仍行驶过的轮胎在取下后会显示出明显的损伤(图 9-30)。这种轮胎应更换,否则在侧壁损坏情况下重新上路是很危险的。拆下轮胎是检查此类损伤的唯一方法。

图 9-29 整体式胶补片插塞

图 9-30 从内部检查发现轮胎已损坏

取下刺穿轮胎的物体,用硬质合金切割工具和钻头将穿孔扩大,然后拆下轮胎并打磨其内侧损伤的地方，为修补做好准备。清洁后涂抹橡胶黏合剂并晾干。接着小心撕下胶补片背面的保护层，将胶补片底座居中对准穿孔区域，然后拉动插塞穿过刺孔并使胶补片到位，再用压合工具使胶补片与轮胎紧密黏合。

> ❗ **警告** 修理子午线轮胎时，只能使用经核准的针对该种轮胎的修补补片！一些径向修补补片上有箭头，该箭头必须平行于径向帘布层的排列。

（3）胶补片热补维修方法　胶补片热补方法类似于胶补片的冷修补方法，不同的是将胶补片压紧在穿孔上并对其加热来使胶贴片黏附在刺孔部位。

3. 安装防爆轮胎

防爆轮胎的拆装需要耐心和技巧。大多数维修店都有夹紧轮辋式的拆胎机，其中有些采用滚柱来松动胎圈，另一些使用侧铲式的胎圈松动装置。当轮胎在拆胎机上旋转时，滚柱会自动压下胎圈使其松动。使用侧铲式的胎圈松动装置时，必须手动将轮胎放入位置，并在拆胎机上旋转和翻转。滚柱式胎圈松动装置是拆卸防爆轮胎的首选。

胎圈松动装置必须放置在靠近胎圈的侧壁上，如果松动装置放置在离胎圈过远的地方，可能会损坏轮胎中的胎壁嵌件。胎圈松动装置的旋转应从轮胎没有气门嘴的一侧胎圈开始，只需插入足以将胎圈从轮辋卸下的深度即可。当胎圈离开轮辋时，应在轮胎和轮辋上涂抹轮胎润滑剂。然后对轮胎的另一侧重复该操作，直到这一侧的胎圈松动。注意，不要损坏 TPMS 传感器或轮胎内的支承环（若配有）。随后按照拆胎机的说明将轮胎拆下。

4. 轮胎的回收再利用

当轮胎损坏或严重磨损时应更换并妥善处置旧轮胎，旧轮胎绝不应随意丢弃。由于轮胎的结构成分，如果处理不当，会造成许多环境危害。将轮胎当成垃圾并送至填埋场实际上是违法的。废旧轮胎内会滞留甲烷气体，该气体通过垃圾填埋层渗漏而污染填埋层附近的土壤和地下水。轮胎还会成为携带疾病的生物滋生地，特别是蚊子。

处理不当的轮胎还存在火灾危险，轮胎燃烧的温度很高，极难扑灭。而且轮胎在极高的火焰温度中还会熔化成油性物质，这种油性物质会流出，进而污染地面和附近的地表水。

轮胎的正确处置包括将它们送到回收加工工厂。轮胎的橡胶可用来生产沥青、鞋、操场覆盖物、地板垫和其他橡胶产品。废旧轮胎也可用于生产轮胎衍生燃料（TDF），这种燃料产生的热能比石油和煤还高。轮胎中的非橡胶部分也可回收再利用，例如钢制胎圈经处理后用于钢厂生产新的钢材。

5. 检查轮辋

每次将轮胎安装到轮辋上时，应仔细检查轮辋。轮辋出现问题的主要原因是维护不当、过载、老化和事故，包括由路面凹坑所造成的损坏。扁平的轮胎通常由于只能吸收较少的路面冲击而增加了轮辋损伤的风险。当轮辋变形、凹陷或严重生锈、泄漏、裂缝或螺栓孔变成椭圆，以及横向或径向跳动大于技术规范会引起高速振动时，就应更换。由受损的轮辋所引起的摆振或摆动最终会损坏车轮轴承。卡在车轮辋与制动盘或制动鼓之间的石块会使车轮失去平衡。

6. 轮胎充气

在轮胎安装到轮辋上后，将轮胎充气到推荐胎压值。还应检查胎圈或修补部位是否漏气。

> **车间提示**
>
> 安装新的轮胎时始终应安装新的气门嘴。轮胎橡胶的寿命与气门嘴橡胶的寿命相近。大多数气门嘴是压入式的，它们是从车轮内部用拉拔工具安装的。要确保气门嘴正确就位。另一种类型的气门嘴有一个固定螺母，取下旧气门嘴前必须拆下该固定螺母。必须保证完全拧紧新的螺母。配备 TPM 系统传感器的车辆在安装新的轮胎时还应同时更换传感器。

氮气充气　许多轮胎方面的专家建议用氮气替代压缩空气给轮胎充气。还有些专家认为，如果车主能观察自己车辆轮胎的气压，就没有必要充氮气。使用氮气的想法很简单，由于氮气分子大于氧气分子，因此它不太可能泄漏到轮胎外。那些赞成使用氮气的人声称，充氮气的轮胎保持压力的能力大约是充空气轮胎的三倍。氮气还有助于在高速公路上行驶时保持轮胎温度不会过高，这意味着气压更稳定，泄漏的可能性也更小。这些优点的设想结果是轮胎会更安全、更耐用。给轮胎充氮气的想法并不新鲜，赛车、货车和商用客机多年来一直在使用充氮气的轮胎。

用氮气给轮胎充气需要氮气充气机（图9-31）。通常来说，需要一个清除/充气循环来给轮胎充气，即先清除空气，然后再充入氮气直到达到预期的氮气量。在给轮胎充入氮气后，应安装绿色的气门嘴帽，以提醒其他人该轮胎只能使用氮气充气。但如果轮胎严重亏气，车主可以给轮胎补充压缩空气，但随后应尽快用氮气重新给轮胎充气。

轮毂法兰盘适配器，应确保其安装可使车轮正确定心在法兰盘上（图9-32）。

图9-32 售后市场的车轮轮毂适配器

安装固定轮辋盖的支座（若有）和轮胎螺母，并交替拧紧以使车轮均匀地固定在轮毂上。应按照规定的力矩和顺序（图9-33）拧紧所有螺母以避免轮毂变形。最好的方法是先将螺母基本拧紧，再用扭矩扳手最后拧紧。螺母松动可能会引起车轮摆振或振动，还可能使车轮上的螺柱孔变形。最坏的情况是车轮在车辆行驶时脱落。用扭矩扳手将每个螺母重复检查两次，以确保每个车轮上螺母的拧紧力矩都符合规定范围，完成后检查并调整所有轮胎的气压。

图9-31 氮气充气机

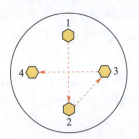 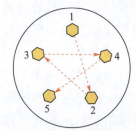

a）四螺母紧固车轮的顺序　　b）五螺母紧固车轮的顺序

图9-33 车轮螺母紧固顺序

7. 在车上安装轮胎和车轮总成

在将轮胎和车轮总成重新安装在车辆上之前，按照本章后面讲述的内容检查车轮轴承。有时轮毂法兰盘会生锈或腐蚀，必要时用金属丝刷子或钢丝棉清洁车轴/制动盘上的法兰盘和轮辋的中心孔，然后在车轴导向法兰上涂抹盘式制动卡钳润滑脂或其他等效物。

将车轮放到轮毂上，并确保在轮毂上安装到位。常见的安装问题是由车轮在轮毂上定位不正确或车轮螺母拧紧不正确导致的。如果车轮使用

⚠ **警告** 过度或不均匀地拧紧车轮螺母是导致制动盘变形的一个常见原因。拧紧力矩过大还会使车辆螺栓（或螺母）螺纹变形并可能导致其过早失效。若拧紧力矩不足，则在行驶中可能导致车轮和轮胎从车辆上脱出。

8. 轮胎/车轮的平衡

车轮不平衡的状况会导致可通过车身感觉到的转向盘摆振或振动，这种振动通常在

50~70mile/h（81~113km/h）的车速时会被感觉到。这种不平衡的问题还可能导致球头节磨损加剧以及减振器和悬架其他部件损坏。

如果检查显示轮胎有不均匀或不规则磨损，必须进行车轮定位和车轮平衡。车轮平衡可使质量沿着轮辋均匀地分布，从而抵消了轮辋和轮胎上质量较大的点，使车轮没有振动地平稳滚动。配重块粘贴或夹在轮毂的边缘处。车轮的平衡有两种类型：静平衡和动平衡。

（1）静平衡　静平衡是指车轮的质量围绕车轮均匀分布。静不平衡的车轮会引起称为车轮颠簸的跳动，这种情况通常会导致不均匀的轮胎磨损。顾名思义，静平衡是在车轮处于静止时的平衡，这是通过添加配重块来实现的。静不平衡的车轮会试图自行转动，直到重的部分在下面。车轮平衡机可以用来对一个轮胎、轮辋和车轮进行静平衡。将车轮放在平衡机上，任何不平衡都会使气泡偏离中心。

许多设备制造商建议在离开轻质量区域的中心等距离处对车轮进行静平衡。带保持夹子的配重块通常是用锤子敲入胎圈和轮辋之间的，但在合金或镁合金的轮辋上不使用锤击方式，而是使用特殊的胶带配重块黏附在轮辋上来实现平衡（图 9-34）。

图 9-34　附着在车轮上的配重块

（2）动平衡　动平衡是指轮胎中心线两侧的质量是均匀分布的。当平衡的轮胎旋转时，该车轮总成的质量不会有从车轮的一侧移向另一侧的趋势。动不平衡的轮胎可能导致车轮振动和磨损（图 9-35）。简单地说，动平衡意味着要平衡一个运动着的车轮。一旦车轮开始转动起来，由于离心力的作用，静态的质量将试图到达车轮真正的旋转平面。当有不平衡存在时，静态的质量为到达真正的旋转平面将迫使轮轴偏向一侧。

当车轮旋转180°时，静态质量会以相反方向冲击轮轴，由此产生的侧推力导致车轮总成摆动或扭动。如前所述，不平衡严重到一定程度将引起车轮振动或摆振。

为了校正动不平衡，应在不平衡点将质量相等的两个配重块放置在彼此相对180°的地方，且一个放在轮辋内侧，另一个放在轮辋外侧，这种方式可纠正力偶作用或车轮总成的摆动。另外，注意在获得动平衡的同时不影响静平衡。

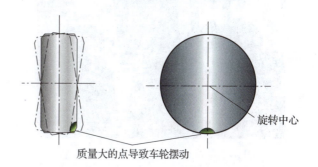

图 9-35　车轮动平衡要求在车轮上附加配重块

最常用的轮胎动平衡机需要将车轮/轮胎总成从车上取下并安装在动平衡机的主轴上。动平衡机旋转整个车轮总成并确定配重块的位置以校正任何静或动不平衡。动平衡机的显示屏上将显示测试结果，并指明应在车轮的什么位置装多大的配重块。较新型的动平衡机可以引导将粘贴式配重块隐藏在车轮轮辐的后面，使车轮外表看起来更整洁。有些电子式动/静平衡机可对仍安装在车上的车轮和轮胎进行平衡。控制台上的开关可设置为静平衡或动平衡或两者兼有。当车轮总成为进行静平衡而安装在平衡机上时，车轮总成会转动直到车轮上重的点处在下部，然后添加配重块以平衡车轮总成。

在动平衡模式下，车轮总成高速旋转，操作人员观察平衡机上的标尺，读出必须添加的配重块和应放置的位置。

许多更新型的平衡机还可检查轮辋和轮胎的跳动量，这些平衡机在快速转动轮胎的同时用摄像头或激光监测轮胎的运动状况并检查平衡程度。

（3）道路力测量　图9-36所示的车轮平衡机还可以消除由轮辋和轮胎总成引起振动的所有原因。这个设备很像流行的其他平衡机，但它可以用一个加载滚筒来模拟道路测试。当轮胎在平衡机上旋转时，滚筒可向轮胎施加较大的力，同时测量轮胎在压力下滚动时的挠度，并随后产生一个消除所有跳动和确保无振动运行的维修建议。

图9-36　计算机化的道路力轮胎平衡机

9.8　车轮轴承

所有轴承的作用都是让一根轴在轴承壳体中平稳旋转，或是使轴承壳体围绕轴旋转，用于汽车的车轮和车轴的轴承也是如此。驱动桥上的车轮通常安装在驱动半轴的轮毂上，半轴在半轴轴承的壳体内旋转。车轮轴承用在非驱动桥上，轮毂在一个称为轮轴的轴上旋转。半轴轴承的维护常常与驱动桥的维护一起进行，但车轮的圆锥滚子轴承需要定期维护，而且常常是与悬架和制动方面的作业一起进行。虽然半轴轴承和车轮轴承有所区别，但前驱和四驱车前轮的轴承通常都称为车轮轴承。无论它们被称为什么，轴承不良都会导致噪声、振动、操控和轮胎磨损问题。

1. 排查圆锥滚子轴承故障

轴承很少会突然失效，而是因污物、润滑不足和调整不当等问题慢慢劣化。轴承磨损和失效通常都会伴有噪声或振动。

当车轮在轮轴上旋转时，正常的轴承声音应该是均匀的，不均匀的隆隆声或嘎嘎的摩擦声代表轴承可能有问题。在转动车轮的同时，力图将车轮在主轴上内外移动并注意可移动的量。磨损或损坏的轴承或需要调整的轴承会有明显的轴向间隙。还可同时抓住轮胎的顶部和底部，尝试前后晃动轮辋和轮胎，在正常情况下，应只有很小或几乎感觉不到的晃动。

轴向间隙可通过放置在轮毂上的百分表进行测量。将指针置于零位，然后在轮轴上向内和向外移动车轮，同时注意指针读数，然后将读数与规定范围进行比较。

检查车轮和制动盘/制动鼓上是否有因密封不良而泄漏的润滑脂。轴承润滑脂会污染制动摩擦片，而且已有润滑脂泄漏的油封会让污物进入轴承。在这种情况下，不仅要更换已有泄漏的油封，还必须清洁、检查和重新组装轴承以确保它们没有损坏。无论是安装用过的轴承还是新的轴承，都要安装新的油封和开口销。

2. 维护前轮圆锥滚子轴承

大多数前轮轴承都是密封的且终生免加润滑脂的，它们只能整体维护或更换。老款汽车和货车上，非驱动的前轮或后轮轮毂轴承总成有两个彼此面对的锥形轴承（图9-37）。每个轴承都在各自的座圈内转动。这类轴承是可维护的并需要定期润滑和调整。在维修这类轴承前应戴上一副丁腈橡胶手套，这将节省很多清洗双手的时间。以下是维护圆锥滚子轴承的一般程序。

1）使用专用的防尘盖拆卸工具（图9-38），将防尘盖从轮毂上的凹槽中拔出。

2）从轮轴端部拆下开口销和锁紧螺母。

3）松开轮轴螺母的同时支承住制动器总成和轮毂。许多车辆需先拆去制动卡钳才能拆卸制动盘和轮毂。

4）从轮轴上拆下轮毂后，取下轮轴上的螺母和螺母后面的垫圈。将轮毂稍微向前拉动，再将其推回，如此可拆下外侧的轴承，然后可拆下轮毂总成。

位于轮毂背面的油封通常可防止内侧的轴承在拆卸轮毂时脱落，因此要拆卸内侧轴承总成必

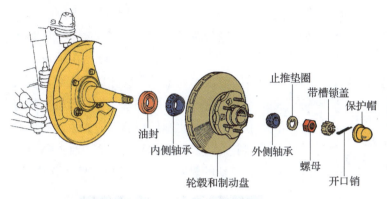

图 9-37 后驱车经典的前轮轴承总成分解图

图 9-38 拆卸防尘盖的专用工具

须先拆下油封。大多数情况下，通常可从轮毂上撬出油封，内侧轴承随后可脱出。如果准备重复使用内外侧轴承，应将它们分开放置。

5）擦去轴承和座圈上的润滑脂，并用零件清洁机进行清洁（图9-39）。同时仔细检查轴承的状况和转动情况，轴承应能平滑地转动。还应目视检查轴承及其座圈，有任何明显的损伤都表明需要更换。再检查轮轴，如果出现损伤或严重磨损，应更换转向节总成。

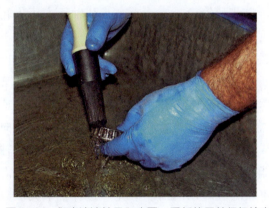

图 9-39 彻底清洁轴承和座圈，重新使用前仔细检查

只要更换轴承，就必须同时更换座圈，座圈是压入或压出轮毂的，通常可用大的冲头和锤子将旧座圈敲出。拆下座圈后，擦去轮毂内侧的所有润滑脂。应使用适合的软面工具安装新的座圈。

6）装配时必须彻底润滑轴承和轮毂总成（图9-40）。必须小心不要使制动盘或直接接触制动盘的任何零件沾上润滑脂。始终使用推荐的润滑脂，并且确保其能承受大的热量和摩擦。如果使用了错误的润滑脂，它可能无法提供适当的保护，或可能因受热而液化，进而从油封中泄漏。

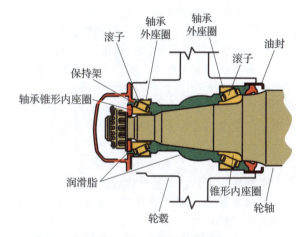

图 9-40 车轮轴承润滑点

7）必须用新润滑脂塞满轴承。重点是必须将润滑脂强制挤入并包住轴承中的所有滚子。仅在轴承外部涂抹润滑脂是不行的，轴承封装器在塞满润滑脂方面做得最好。

8）将涂有润滑脂的内侧轴承放入轮毂中，再装好新的油封。为避免损坏油封，应使用正确尺寸的安装工具将油封压入轮毂。

9）润滑轮轴，然后将轮毂滑到轮轴上。

10）安装外侧轴承、垫圈和锁紧螺母。

> **警告** 在整个作业过程中，手会沾上油脂。小心不要用带油脂的手接触制动器总成。在处理制动系统的零部件之前先将其清洗干净，或使用干净的抹布握住制动器总成。

调整车轮轴承 锁紧螺母应按照制造商给出的技术要求进行精准的调整，通常在调整前先拧紧螺母，然后松开。最初的拧紧是为了使轴承在其座圈中就位。

前轮圆锥滚子轴承正确的调整步骤

为了正确调整前轮圆锥滚子轴承，应遵循下述步骤：

步骤1 应一只手托住制动盘或制动鼓，将外侧轴承和止推垫圈放入轮毂中。

步骤2 用手将轴承调整螺母拧紧在止推垫圈上。

步骤3 然后以下述方法调整轴承预紧度：

①一边转动制动鼓/制动盘，一边用扳手拧紧调整螺母以使轴承就位。在继续转动制动鼓/制动盘的同时，将调整螺母退回1/4~1/2圈或直到其近乎松动，然后用手将螺母拧到适当位置。

②在转动制动鼓/制动盘的同时，用扭矩扳手将调整螺母拧紧到规定力矩，然后退回1/3圈，接着在转动制动鼓/制动盘时，再将螺母拧紧至规定力矩。最终的力矩以1bf·ft（或N·m）为计量单位。

③转动制动鼓/制动盘的同时，用扭矩扳手将调整螺母拧紧至12~25lbf·ft（约16~34N·m），然后退回1/4~1/2或直到其刚有松动。将百分表底座安装在尽可能靠近轮毂中心的位置，将百分表测头定位在轮毂中间的加工平面上，并将百分表指针归零。然后前后移动制动鼓/制动盘，并注意百分表读数。必要时转动调整螺母以达到规定的轴向间隙。该间隙通常为0.001~0.005in（0.025~0.125mm）。

步骤4 调整后，将锁定螺母安装在调整螺母的上面，并将其插槽对准轮轴上的销孔。

步骤5 将开口销穿过轮轴上的销孔和锁定螺母上的插槽并弯折端部以使其固定。重新装上轮毂的防尘盖。

步骤6 若轮轴上的鼓式制动器为拆卸制动鼓已回调了制动蹄，则应重新调整制动器。

步骤7 若轮轴上是盘式制动器，则重新安装制动卡钳。

步骤8 重新安装车轮总成，并将车辆降回地面。

3. 前轮轮毂和轴承总成

用在大多数车辆上的前轮轴承通常是不可维修的。若要更换这类轴承，要么拆开轮毂单元的安装螺栓后取出轴承，要么必须将轴承从轮毂上压出和压入。

为了更换螺栓固定式轮毂，必须拆下将轮毂总成固定到转向节上的螺栓（图9-41）。要接近这些螺栓，可能需要拆下半轴或将半轴从轮毂中向后推出。根据车辆的不同，可能必须将转向节从下球头节或支柱上分离，以获得足够的空间来拆卸轮毂的固定螺栓。先拆下制动卡钳、支座、制动盘，然后拆下轮毂总成。注意，当安装部分已经生锈或腐蚀时，可能会很难拆下轮毂。在轴承取出后，清洁转向节表面和轴承安装孔以便安装。安装新总成并将螺栓按规定力矩拧紧。在拧紧轴头螺母时，不要用冲击工具使螺母到位，应先手动拧紧螺母，然后再拧紧至规定力矩。注意，轴头螺母拧得过紧会损坏新的轴承并导致其快速磨损而失效。

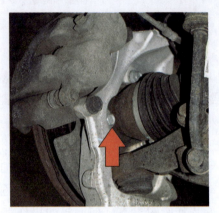

图9-41 将车轮轴承固定到转向节上的螺栓

为了更换压入式轴承，需拆下轮轴或半轴以及转向节和轮毂总成。首先是从轴承中压出轮毂法兰，使用液压机或轴承拆卸工具（图9-42）将轮毂法兰和轴承从转向节中压出或压回转向节。在安装新的轴承时，应注意安装说明，因为某些轴承需定向或从一个方向安装才能使ABS轮速传感器正常工作，这意味着轴承主要以一个方向旋转或者可能有两个不同大小的轴承内座圈。轴承可能是密封的，而不需要额外润滑，或可能需要在重新组装时用润滑脂填充。这种轴承大多数是不用调整的，而是用大力矩的轮轴螺母将轮毂总成定位在轮轴上。这种螺母通常在拆卸后应更换新的，并在拧紧后被敲紧的锁圈固定到位。

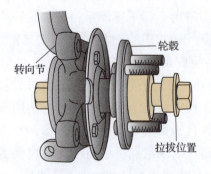

图9-42 将轮毂法兰压回轴承

> **车间提示**
>
> 由于轴头螺母的拧紧力矩很大，因此在升起车辆进行维修之前最好松开该螺母。因为松开螺母时，加在轮胎上的车辆重量会阻止轮毂转动。最终拧紧该螺母时也应如此。在车辆处于举升位置时先尽可能拧紧螺母，然后降下车辆后再将螺母拧紧至规定力矩范围。

4. 后轮轮毂

前驱车辆后轮轴承的维修方法与非驱动的前轮轴承的维修方法相同。大多数后驱车辆的半轴轴承是滚子轴承设计，其中驱动桥的桥管充当轴承座圈。有些后轮半轴的轴承是球轴承或是锥形滚子轴承类型。

5. 车轮轴承润滑脂规范

车轮轴承的润滑脂由肥皂和油制成，质地细腻且无添加物和研磨材料。建议使用锂复合基（或等效）的肥皂或溶剂 – 精炼矿物油。可加入添加剂来抑制腐蚀和氧化。润滑脂对轴承材料应无腐蚀性，在储存或使用过程中不应分离。

使用合适的润滑脂量也是很重要的，没有维持适当的润滑可能导致轴承损坏，车轮咬死。国家润滑脂协会（National Lubricating Grease Institute，NLGI）对润滑脂做了分类以表明其应用。

> **▶ 参见**
>
> 有关 NLGI 润滑脂的详细讨论和图表参见《汽车维修技术基础（原书第7版）》第9章。

3C：问题（Concern）、原因（Cause）、纠正（Correction）

维修工单							
年份：2010		品牌：雪佛兰		车型：Equinox		里程：87047mile	单号：17726
问题		客户陈述轮胎胎压警告灯常亮且提示信息一直显示，但检查各轮胎气压都正常。					
维修史		两周前更换了轮胎和胎压传感器，当时的里程数为 86585mile。					
在确认胎压警告灯常亮之后，技师尝试用 TPM 系统工具获取每个胎压传感器的数据。结果发现只有一个传感器有反馈，检查车辆历史记录后发现传感器已随轮胎更换。							
原因		有三个胎压传感器失效。					
纠正		用其他品牌的胎压传感器替换了原有四个胎压传感器，并重新对轮辋和轮胎进行平衡，所有传感器均正常工作且胎压警告灯熄灭。					

9.9 总结

- 轮辋由冲压或压制成圆形的钢板通过铆接或焊接制成，或用铝或镁合金通过压铸或锻造而成。
- 轮胎的主要作用是提供附着力。其设计还要能够承载车辆的重量，承受不同速度和状态时的侧向推力，将制动和驱动转矩传递到路面并吸收来自不规则路面的大量冲击。
- 充气的轮胎有两种类型：使用内胎的和不使用内胎的。后者称为无内胎轮胎，是当前乘用车所使用的唯一类型。
- 目前在路面上使用的轮胎结构有三种：斜交轮胎、斜交带束轮胎和子午线轮胎。
- 轮胎根据其外形、高宽比、尺寸和载荷范围来分级。
- 理想的轮胎磨损小，具有良好的路面保持力以提供可靠的操控性和制动性，并能缓冲来自道路的冲击，还可在干燥、湿滑以及冰雪路面上提供最大的附着力，并能在任何速度下安静地运转。
- 胎面上的花纹块和沟槽的数量和大小决定了橡胶与路面的接触面积、可排出的水量以及在行驶时的安静程度。
- 为了最大限度地发挥轮胎的性能，应检查是否有充气不当和磨损不均匀的痕迹，以确定车轮是否需要进行平衡、换位或定位。还应经常检查轮胎是否存在割伤、擦伤、磨损、起泡等情况，以及是否有石子或其他可能已嵌在胎面上的异物。

- 在正常行驶条件下，充气正确的轮胎可提供最好的轮胎寿命、乘坐舒适性、操控稳定性和燃油经济性。
- 为了使轮胎磨损均匀，大多数汽车和轮胎制造商建议应进行轮胎换位。必须记住，车辆的前后轮胎执行不同的任务，因而它们的磨损会因驾驶习惯和车辆类型的不同而不同。
- 当前使用的大多数轮胎在胎面上都有磨损程度的指示标识，以显示何时需要更换轮胎。
- 常用的轮胎修补方法有三种：圆形插塞、胶补片冷修补和胶补片热修补。
- 车轮平衡有两种类型：静平衡和动平衡。
- 安装在驱动轮半轴上的轴承称为半轴轴承。车轮轴承用于非驱动桥，半轴轴承的维护常常与驱动桥的维护一起进行。车轮轴承需定期维护，且通常是在维修悬架和制动部件时一起作业。
- 不良的半轴和车轮轴承将会导致操控性和轮胎磨损方面的问题。
- 球轴承或圆锥滚子轴承上的前轮轮毂是用车轮轴承润滑脂润滑的。
- 后轮用螺栓固定在整体式或可分开式轮毂上。

9.10 复习题

1. 思考题

1）可能导致轴承过早失效的五种情况是什么？
2）径向跳动和横向跳动的定义是什么？
3）为什么大多数制造商都建议进行轮胎换位？
4）车轮动平衡和静平衡的定义是什么？
5）修补轮胎刺孔的正确步骤是什么？
6）轮辋偏距量是轮辋中心线和（　　）之间的垂直距离。
7）计算轮胎高宽比时，应以轮胎截面宽度除以（　　）。
8）为什么TPMS即使在轮胎进行基本的维修后仍需要重新学习？

2. 单选题

1）轮胎左右摇摆是指有（　　）。

A. 径向跳动　　　　B. 横向跳动
C. 静不平衡　　　　D. 以上都不是

2）前轮轮胎的胎面两侧边缘都有过度磨损，最可能的原因是（　　）。

A. 胎压过高　　　　B. 胎压过低
C. 静不平衡　　　　D. 动不平衡

3）以下哪一个表述是错误的？（　　）

A. 带束是环绕在轮胎胎面下的增强材料
B. 轮胎的胎体由帘布层、织物层和橡胶制成
C. 大多数胎面花纹的设计都是为了使轮胎在湿滑和干燥的路面上都能很好地工作
D. 胎圈是胎面外缘的装饰性花纹

4）以下哪一个表述是错误的？（　　）

A. 轮胎的充气压力会直接影响附着力
B. 推荐的前后轮胎的充气压力可能是不同的
C. 推荐的轮胎气压通常都低于其可承受的最大压力
D. 推荐的轮胎充气压力模压在轮胎的胎壁上

5）以下哪一项关于胎壁标记的陈述是正确的？（　　）

A. 载荷指数以字母形式给出
B. 牵引力和温度等级是以轮胎的速度等级为基础的
C. 会给出推荐的轮胎气压和载荷
D. DOT代码给出了轮胎的生产时间和生产地点

6）以下哪一个表述是错误的？（　　）

A. 动不平衡可能导致车轮摆动
B. 动不平衡可能导致向任一方向的转向拉动
C. 静不平衡导致车轮跳动
D. 静不平衡会导致悬架部件的快速磨损

7）推荐的轮胎充气压力可在（　　）上找到。

A. 发动机缸体
B. 轮胎铭牌
C. 车辆识别代码（VIN）标签
D. 认证贴签

3. ASE类型复习题

1）技师A说典型前驱车上的前轮轴承是压入或压出转向节总成的；技师B说典型前驱车上的前轮轴承可能是用螺栓固定在转向节上的。谁是正确的？（　　）

A. 仅技师 A 正确

B. 仅技师 B 正确

C. 技师 A 和 B 都正确

D. 技师 A 和 B 都不正确

2）技师 A 说车轮的动不平衡会导致车轮跳动；技师 B 说车轮的静不平衡会导致车轮跳动。谁是正确的？（　　）

A. 仅技师 A 正确

B. 仅技师 B 正确

C. 技师 A 和 B 都正确

D. 技师 A 和 B 都不正确

3）技师 A 说后驱车前轮轴承总成的锁定螺母通常需要大的拧紧力矩以保持轴承的调整；技师 B 说前驱车的车轮轴承总成的轴头螺母通常在拧紧后用敲紧的锁圈固定到位以保持规定的拧紧力矩。谁是正确的？（　　）

A. 仅技师 A 正确

B. 仅技师 B 正确

C. 技师 A 和 B 都正确

D. 技师 A 和 B 都不正确

4）技师 A 说更换的轮辋在承载能力、偏距、宽度、直径和安装配置上应与原配的轮辋相同；技师 B 说如果安装的车轮具有不同的宽度或直径，应确保使用具有与原配轮胎相同总宽度的轮胎，否则车辆的轮速传感器、车速表、防抱死制动系统和许多其他系统都将受到影响。谁是正确的？（　　）

A. 仅技师 A 正确

B. 仅技师 B 正确

C. 技师 A 和 B 都正确

D. 技师 A 和 B 都不正确

5）技师 A 说轮胎充气不足会增加其滚动阻力；技师 B 说轮胎充气不足会导致转向过沉，并降低 10% 的燃油经济性。谁是正确的？（　　）

A. 仅技师 A 正确

B. 仅技师 B 正确

C. 技师 A 和 B 都正确

D. 技师 A 和 B 都不正确

6）在为车辆选择正确的轮胎时，技师 A 说用耐热等级为 A 级的轮胎替换耐热等级为 B 级的轮胎将提高轮胎使用寿命和改善乘坐品质；技师 B 说牵引力等级表明轮胎在雪地中的表现。谁是正确的？（　　）

A. 仅技师 A 正确

B. 仅技师 B 正确

C. 技师 A 和 B 都正确

D. 技师 A 和 B 都不正确

7）技师 A 说在大多数车辆上，轮辋或轮胎总成被认为是簧上质量；技师 B 说低的簧下质量使车辆在不规则的路面上具有更好的操控性。谁是正确的？（　　）

A. 仅技师 A 正确

B. 仅技师 B 正确

C. 技师 A 和 B 都正确

D. 技师 A 和 B 都不正确

8）在讨论防爆轮胎时，技师 A 说有些防爆轮胎是自密封轮胎，其设计可永久性地快速密封胎壁部位上的穿孔；技师 B 说这类轮胎中的大多数都有加强的胎壁，可在轮胎中无空气以及任何速度情况下支承车辆。谁是正确的？（　　）

A. 仅技师 A 正确

B. 仅技师 B 正确

C. 技师 A 和 B 都正确

D. 技师 A 和 B 都不正确

9）技师 A 说轮胎的高宽比代表轮胎的截面高度与其宽度之间的关系；技师 B 说低高宽比提供了较软的乘坐感，因为它们在不规则的路面和重载情况下有更大的弯曲。谁是正确的？（　　）

A. 仅技师 A 正确

B. 仅技师 B 正确

C. 技师 A 和 B 都正确

D. 技师 A 和 B 都不正确

10）在讨论车轮轴承松动的影响时，技师 A 说驾驶时可能会出现振动；技师 B 说轴承可能会产生噪声。谁是正确的？（　　）

A. 仅技师 A 正确

B. 仅技师 B 正确

C. 技师 A 和 B 都正确

D. 技师 A 和 B 都不正确

第 10 章
悬架系统

学习目标

- 能简述与悬架控制装置有关的簧上质量和簧下质量的主要区别。
- 能说明减振器和支柱的作用并简述它们的基本结构。
- 能说明麦弗逊悬架系统的组成部件并简述它们的作用。
- 能说明衬套和稳定杆的作用。
- 能进行前悬架常规检查。
- 能说明后悬架的三种基本类型，并了解其对牵引力和轮胎磨损的影响。
- 能说明不同类型的弹簧、它们的作用以及在后桥上的安装位置。
- 能简述水平控制、自适应悬架和主动悬架这三种基本电控悬架系统的优点和工作原理。
- 能说明电控悬架各部件的作用，包括空气压缩泵、传感器、控制模块、空气减振器、电子减振器和电子支柱。
- 能说明在维修空气弹簧和其他电子悬架部件时进行拖动、举升、顶起和维修所必须遵守的注意事项。

3C：问题（Concern）、原因（Cause）、纠正（Correction）

维修工单					
年份：2010	品牌：GMC	车型：Acadia	里程：140951mile		单号：19261
问题	客户陈述在凹凸不平的路面行驶时有噪声，乘坐感不佳，感觉身体似乎晃来晃去。				

根据此客户提出的问题，运用在本章中学到的知识来确定此问题的可能原因、诊断问题的方法以及解决问题所需的步骤。

悬架系统这些年来像轿车和轻型货车上的其他系统一样变得更加先进，这些进步提供了更好和更安全的操控性以及更佳的乘坐舒适感。当前的前后悬架具有许多部件，而且相当复杂。

当车辆行驶时，悬架和轮胎必须对当前行驶状况做出反应。具体来说，悬架系统需要支承车辆的重量、保持轮胎与路面的接触、控制车辆的行驶方向、保持合适的车辆行驶高度、保持合适的车轮定位参数、在不规则路面上行驶时减少冲击力的影响。

10.1 车架

车架是为了给车身提供稳定的结构基础和给悬架系统提供刚性支承点，所以车架的类型非常重要。当前常用的车架有两种基本类型。

1. 传统车架结构

在传统的有车身的车架结构中，车架是车辆的基础。车身和车辆的所有主要部件都连接在车架上（图 10-1）。车架必须为其上安装的所有总成及零件提供所需的支承和强度。换句话说，车架是一个独立的单独部件，因为它没有与车壳的任何主要部分焊接在一起。

图 10-1 有车身的车架结构实例

2. 整体式车身结构

整体式车身结构没有单独的车架，因此车身被构建成可由车身本体提供为保持汽车结构完整性所需的刚度和强度（图 10-2）。这种整体式车身设计显著减轻了汽车的基本重量，进而提高了燃油经济性。

图 10-2 当前最常见的整体式车身结构

10.2 悬架系统部件

几乎所有的汽车悬架都有相同的基本部件，而且工作原理相似，不同车辆上悬架之间的主要区别在于部件的结构和位置。

1. 弹簧

弹簧是所有悬架系统的核心，它承载着车辆的重量并吸收冲击力，同时还要使车辆保持合适的行驶高度。它们是车架和车身与轮胎之间可压缩的连接件，在其工作期间衰减道路的冲击并提供舒适的乘坐感。如果弹簧用旧或损坏，悬架的其他部件将偏离它们的正确位置，从而增加磨损。

悬架系统中使用了各种类型的弹簧（图 10-3）：螺旋弹簧、扭杆弹簧、钢板弹簧（单片或多片式）

和空气弹簧。弹簧支承在橡胶或尼龙垫（或衬套）上以减小道路的冲击和降低噪声。

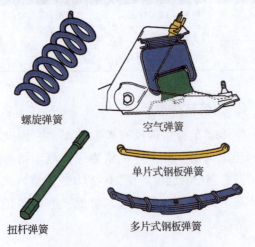

图 10-3 各种类型的汽车弹簧

汽车弹簧一般按其在指定载荷下的压缩量来分类，这称为弹簧刚度。施加在弹簧上的力（重量）使弹簧的压缩量与所施加的力成正比。如果弹簧未过载，当作用力消失后弹簧将回到其原始位置。这就是重型汽车比轻型汽车需要更硬弹簧的原因。

弹簧承担两个基本的垂直动作：振跳和回弹。当车轮撞击到凸起物而向上移动时产生振跳或压缩（图 10-4a）。此时，悬架系统表现为拉住车轮的顶部，使两个车轮之间的距离保持相等，并防止在车轮上下移动时发生侧向摩擦。当车轮落向凹地或坑洞而向下移动时产生回弹（伸张，如图 10-4b 所示）。此时悬架系统表现为等量地移动车轮的顶部和底部，同时使两车轮之间的距离保持相等。

当弹簧受到压缩或拉伸时会储存能量。这个能量将迫使弹簧恢复到其正常形态，在恢复过程中，弹簧将在振跳和回弹之间振荡，直至所有能量都已耗尽。每次振荡会逐渐变小直到振荡停止。每个悬架上都装有减振器，以减弱并使弹簧在受到冲击后的振荡停止。

（1）螺旋弹簧　螺旋弹簧的两种基本设计为线性刚度和可变刚度的弹簧（图 10-5）。

1）**线性刚度弹簧**通常有一个基本的形状和一致的钢丝直径。所有线性刚度的弹簧都是用钢条绕成圆柱形，而且每圈之间的间距是均匀的。随着载荷的增加，弹簧被压缩，各螺旋圈扭曲（偏斜），当移除载荷时，弹簧返回到其正常位置。使弹簧每变形 1in（约 25.4mm）所需的载荷为弹簧刚度。线性刚度的弹簧是指其刚度是不变的，与弹簧的压缩量无关。例如 250lb（约 112kg）的重量可使弹簧压缩 1in（约 25.4mm），750lb（约 340kg）的重量可使弹簧压缩 3in（约 76.2mm）。线性刚度的弹簧通常是在弹簧总变形量 20%~60% 之间计算的。

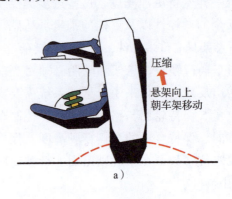

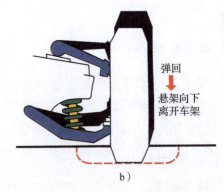

图 10-4 悬架向上和向下运动

图 10-5 螺旋弹簧的不同设计

2）**可变刚度弹簧**的设计以钢丝尺寸和形状的不同组合为特点。最常用的可变刚度弹簧用直径不变的钢丝绕成圆柱形螺旋圈，但各螺旋圈的间距不相等。这种弹簧称为渐变刚度式螺旋弹簧。

这种螺旋圈间距的设计给出了不参与变形的、过渡的和参与变形的三个功能段。不参与变形的螺旋圈通常在螺旋弹簧两端，它将力由此引入弹簧。当过渡的螺旋圈被压缩到其最大承载能力点时将变得不再起作用，而参与变形的螺旋圈在整个弹簧的加载范围内都起作用。理论上讲这种结构设计在固定负载下是由不参与变形的螺旋圈支承着车辆所有重量。随着载荷增加，过渡圈开始起作用，直至达到其最大承载能力，最后由参与变形的螺旋圈来承担剩余的载荷。这种设计可使弹簧在保持车辆高度的同时自动调整载荷的分布。

另一种常见的可变刚度弹簧使用锥形的螺旋圈来实现与渐变刚度弹簧相同的功能。在这种设计中，参与变形的螺旋圈的钢丝直径较粗，而不参与变形的螺旋圈的钢丝具有较小直径。

后来可变刚度弹簧的设计不再采用以往的圆柱形结构，这类弹簧包括单端锥形、双端锥形和腰鼓形。它们的主要优点在于各螺旋圈在不发生接触的情况下可彼此套叠或降至最低点，这可减少在车上布置弹簧的空间。

与线性刚度的弹簧不同，虽然可变刚度的弹簧没有可预测的标准弹簧刚度，但有基于预定弹簧挠度载荷的平均刚度。尽管线性刚度的弹簧与可变刚度弹簧无法对比，但可变刚度的弹簧在某些应用中能够承受的载荷比标准刚度的弹簧高30%。

（2）钢板弹簧　尽管钢板弹簧是最早用于汽车的悬架弹簧，但当前一般只用在轻型货车、小客车和某些乘用车上。钢板弹簧主要有三种基本类型：多片式、单片式和纤维复合式。

1）多片式钢板弹簧由一系列叠在一起的扁平钢板组成，并用弹簧夹或通过放置在钢板弹簧中间稍靠前的螺栓夹住。称为主片的一片钢板贯穿整个弹簧的长度。下一片稍短，并附在主片下。附在第二片下的第三片更短，依此类推。这种设计允许使用几乎任意数量的钢片来支承车辆的重量（图10-6）。这种钢板弹簧也可给出渐进变硬的弹性，遇到较小的颠簸时，该弹簧很容易弯曲一个小的距离。弹簧偏移量越大，就会变得越硬。钢片越多、越厚、越短，弹簧就越硬。必须记住，

随着弹簧弯曲，各钢片的端部彼此之间会滑动。这种滑动可能是噪声来源，而且还会产生摩擦。这些问题可通过在弹簧钢片之间放置锌材和塑料来解决。当多个钢片滑动时，它们之间的摩擦会随着弹簧的变形不仅导致乘坐感变差，还抑制了弹簧的运动。

图10-6　轻型皮卡车使用的多片钢板弹簧实例

多片式钢板弹簧带有弧度，如果将该弧度延长，就形成了一个椭圆形，所以钢板弹簧有时称为半椭圆或四分之一椭圆弹簧。半椭圆或四分之一椭圆实际上指的是弹簧占椭圆的大小。绝大多数钢板弹簧是半椭圆形的。

钢板弹簧通常与车桥成直角安装（图10-7）。但在新型丰田货车上，钢板弹簧的安装角度朝向前外侧，因此两侧弹簧前端间的距离大于后端。它们除了吸收道路的冲击外，还用作驱动桥的安装座。钢板弹簧上的定位销通常用来使驱动桥恰当地就座在弹簧上。如果弹簧断裂或定位失准，可能会使驱动桥以一定角度落座在钢板弹簧上，从而导致操控方面的问题。

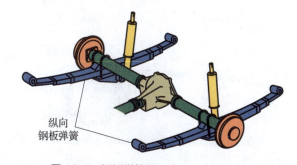

图10-7　钢板弹簧用于支承、定位驱动桥

有些车辆带有横向安装的钢板弹簧。该弹簧的中间部位安装在车辆底盘上，弹簧的外端固定在桥壳两端或轮轴上。

车桥两端主弹簧片的前卷耳用螺栓和衬套连接在车架上的安装架上。主弹簧片的后卷耳通过吊架与车架固定，这将允许钢板弹簧纵向移动以响应加速、减速和制动时产生的物理作用力（图10-8）。

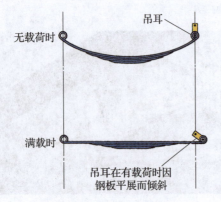

图10-8 钢板弹簧压缩时的变化

2）单片式钢板弹簧通常是锥形板形，其中间部分的截面较厚或较大，从中间往两端逐渐变薄，从而为平顺的乘坐感和良好的承载能力提供了可变的弹簧刚度。另外，单片式钢板弹簧没有多片式钢板弹簧那样的噪声和静摩擦特性。

3）纤维复合式板簧。尽管大多数钢板弹簧仍用钢制成，但纤维复合式板簧逐渐受到人们的欢迎（图10-9）。尽管事实上这些弹簧根本不含塑料，但一些汽车业内人士仍称其为塑料弹簧。纤维复合式板簧主要由玻璃纤维制成，它们是用坚韧的聚酯树脂层压黏合在一起的。通常是将浸透树脂的长玻璃纤维束缠绕（称为纤维缠绕工艺）在一起，或在压力下挤压在一起（模压成型）。

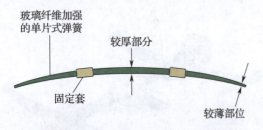

图10-9 玻璃纤维增强型单片板簧的结构

纤维复合式板簧重量极轻，并具有独特的车辆控制特性。传统的单片式钢板弹簧是非常重的，每片弹簧的重量约为25~45lb（约11~20kg）。有些多片式钢板弹簧的重量几乎是它们的两倍。相比之下，纤维复合式板簧的重量很轻，每片仅为8~10lb（约3.6~4.5kg）。众所周知，弹簧属于固定载荷，因此减轻悬架的重量不仅减轻了车辆的总重量，而且还减小了悬架本身的簧载质量，从而降轻了弹簧的工作和为使车轮与路面保持接触所需的冲击控制量，其结果是更平顺的乘坐舒适性、更好的操控性、更快的悬架响应，这恰恰是每一位汽车性能爱好者所想要的那一类性能。

（3）空气弹簧 弹簧的另一种类型是空气弹簧，它采用气动的微处理器控制系统。该系统用空气弹簧取代传统的螺旋弹簧以提供舒适的乘坐感和车辆前后的自动负荷调平。该系统使用四个空气弹簧来承载车辆重量（本章后面将详细介绍该系统）。空气弹簧的布置位置通常与螺旋弹簧的位置相同，每个空气弹簧均由一个用空气加压的加强的橡胶气囊组成。橡胶气囊的底部连接到倒置的活塞式底座上，它用来在颠簸时减小橡胶气囊内部的容积（图10-10）。空气弹簧压缩时增加了内部的空气压力，使弹簧刚度逐渐变硬。配备电控空气悬架系统的车辆可提供在街道上行驶时的乘坐舒适性，它比传统的螺旋弹簧大约软三分之一，同时其可变的弹簧刚度有助于吸收路面的冲击并且防止触底。

图10-10 装有空气弹簧的后悬架

2. 扭杆悬架系统

扭力杆（简称扭杆）的作用与螺旋弹簧相同，事实上，它们通常被描述为是拉直的螺旋弹簧，然而它不像螺旋弹簧那样压缩，而是扭转和直线性地回弹，即当扭杆扭转时会阻止悬架的上下移动。扭杆由合金弹簧钢经热处理后制成，其一端与车架相连，另一端与下控制臂相连（图10-11）。当车轮上下移动时，下控制臂也随之抬高和降低，从而使扭杆受到扭转，以此来吸收道路的冲击。扭杆的内在抵抗力使扭转快速复原到其初始位置，从而使车轮快速返回到路面。

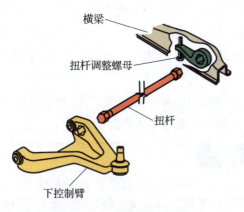

图10-11　扭杆弹簧的结构

为了提高疲劳强度，在制造扭杆时给其预加了应力。由于预加的应力是有方向的，因此扭杆的安装也是有方向的。扭杆上会标有右（right）或左（left）的标记，以区分其应用于哪一侧。

由于扭杆连接到下控制臂，所以下球头节是载荷的承载部件。减振器连接在下控制臂和车架之间，以为扭杆的扭转运动提供阻尼。

许多新型的皮卡和SUV的前悬架都使用扭杆弹簧。扭杆之所以主要用在这类车型上，是因为它们可安装在较低的位置，从而避开传动系统的部件。

3. 减振器

减振器对车辆的振动提供阻尼或进行控制。如果弹簧不受约束，在其受到压缩并迅速松开后会持续伸张和收缩，直至所有能量被吸收。这不仅导致车辆受到连续冲击力后的颠簸和不稳定的乘坐感，甚至会感到车辆无法控制，而且还会对悬架和转向系统造成很大的磨损。减振器可防止这些情况。

当前的常规减振器是一种速度感应式的液压阻尼装置。它运动越快，其对运动的阻力越大（图10-12），这使其可根据路面状况自动调整。减振器是以液体在减振器的压缩（振跳）和伸张（回弹）行程中产生位移的原理来工作的。典型的汽车减振器的伸张行程阻力大于压缩行程。减振器在其伸张行程控制车身簧载质量的运动，在压缩行程控制非簧载质量的相同运动。这种运动的能量被转换成热能，并消散到大气中。

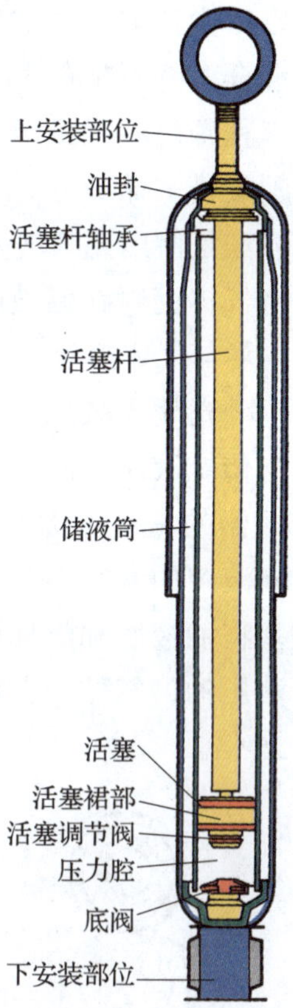

减振器的安装位置可以是垂直的，也可以是呈一定角度的。以一定角度安装的减振器可改善车辆的稳定性并可抑制加速和制动时的扭矩变化。

传统的液压减振器分为两种类型：单筒式和双筒式。目前北美采用的减振器大多是双筒式。尽管双筒式减振器比单筒式要重些且运行时更热，但它制造更容易。双筒式减振器的外筒整体密封住内筒，内外筒之间是储液区。内筒底部的压缩阀门允许油液在内外筒之间流动，活塞在内筒中上下移动。

单筒式减振器筒在靠近底部的地方有一个第二浮动活塞。当油液的体积增大或减小时，浮动活塞上下移动，从而压缩储液区。油液不会在储液区和主腔之间流动。除了主活塞上的这些阀门外，单筒式减振器中没有其他阀门。第二个浮动活塞防止油液过多地飞溅到周围并在油液中产生气泡。减振器油液中的空气是有害的。它与油液不同，空气是可压缩的，很容易滑过活塞。当发生这种情况时，减振器在颠簸路面上行驶时所提供的对车辆的控制将变差。

除了这些传统的液压减振器外，技师可能还会碰到一些其他类型的减振器。

（1）充气式减振器　在粗糙路面上，减振器中的油液从一个腔室到另一个腔室的转移快到可

图10-12　传统减振器的剖视图

以产生气泡。气泡仅仅是油液和任何可用空气的混合。由于充有气泡会导致减振器工作中的蹦跳,工程师已经找到了消除气泡的办法:一种方法是螺旋槽式储液腔,它的形状可破碎气泡;另一种方法是使用充满气体的腔室或气囊(通常是氮气)将气体密封在储液腔外,使减振器油液只能通过气囊与气体接触。

充气式减振器(图 10-13)工作的液压原理与传统液压式减振器相同。它采用类似于传统减振器的一个活塞和一个油液腔,而不采用带有储液腔的双筒结构。充气式减振器用一个隔离活塞将油液腔和气体腔隔开。油液腔内装有特殊的液压油,气体腔充满氮气,其压力约为大气压的 25 倍。

压力就不会高到足以使气体从油柱中逸出。因此,充气式减振器可在无气泡情况下工作。

(2)空气减振器系统 有两种基本的可调式空气减振器系统:手动充气式和自动载荷调平式。手动充气式空气减振器系统几乎可以安装到所有原装未配空气减振系统的车辆上。

有几种不同类型的手动充气式空气减振器系统可供选用。一种常见的手动充气式空气减振器系统使用高速直流(DC)电机转用来自驾驶员座椅的手动选择指令信号。另一种是通过安装在车辆后部的空气阀进行充气。空气管路连接在减振器和阀门之间,一个轮胎充气压力泵用来给减振器充气以使车辆后部达到期望的高度。

> **车间提示**
>
> 有些高压充气式减振器是一种油液和气体在不同腔室的单筒式减振器。充气压力为 360psi(2482kPa)。这种减振器的基本结构无法使减振器的阀调范围能响应各种道路行驶条件下行驶时的需求。高压气体可在非正常行驶条件下提供生硬的乘坐感,因而一般仅用在小型货车上。

4. 动态悬架滑阀式减振器

一种用于某些高性能应用的新型减振器用滑阀式阻尼器取代传统的盘形阀来控制油液的流动。动态悬架滑阀(DSSV)式减振器(图 10-14)使用两个滑阀,一个用于压缩行程,另一个用于伸张行程。相比传统减振器的盘形阀,当滑阀外侧的滑阀套筒移过滑阀时,滑阀中被加工的节流孔可精确地调节油液的流量。

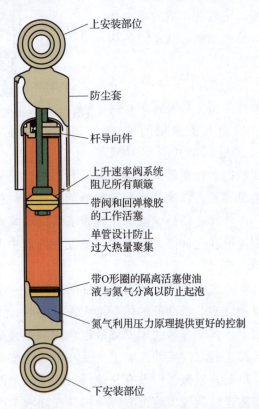

图 10-13 充气式减振器的结构和工作原理

当活塞杆在减振器中向下移动时将挤压油液,就像在双筒式减振器中一样。这个受到挤压的油液使隔离活塞压向气体腔。当气体受到压缩时,气体腔的容积减小。当活塞杆返回时,气体压力推动隔离活塞返回到其起始位置。只要油柱中的静压力保持在大约 100~360psi(约 690~2482kPa;取决于设计值),活塞后部的压力就会降低,因而

图 10-14 滑阀式减振器

阻尼比 大多数减振器都有阀门以提供大致相等的阻力来抑制悬架向上（振跳）和向下（回弹）的运动。减振器抵抗这些运动的能力用数值方式表示，第一个数值代表对振跳运动的阻力，第二个数值代表对伸张运动的阻力。例如，具有常规悬架需求的乘用车使用阻尼比为 50/50（振跳 50%/回弹 50%）的减振器。阻尼比由活塞尺寸、节流孔尺寸和阀门关闭力决定。

重要的是要记住，阻尼比仅描述了压缩行程和伸张行程各占减振器总体控制的百分比，所以阻尼比相同的两个减振器在其控制能力上可以有很大差异，这就是维修技师必须要确保在车上安装正确的减振器更换件的原因之一。

5. 横向稳定杆

几乎所有的悬架系统都有横向稳定杆，也称为防侧倾杆或稳定装置。这类稳定杆通过减小车身的侧倾来提供方向稳定性，其作用如同减振器一样。它是一根连接在相反位置的上或下控制臂之间的金属杆（图 10-15）。当一个车轮悬架响应路面时，横向稳定杆将类似的运动传递给另一个车轮的悬架。例如，如果右侧车轮由于路面向下倾斜而下降时，横向稳定杆也随之向下，从而使左侧车轮产生一个向下的拉力。通过这种方式，产生更接近水平的行驶状态。这还会减少转弯时的摇摆或侧倾。根据防侧倾杆的粗细不同，它可以减小最高达 15% 的车辆侧倾或摇摆。

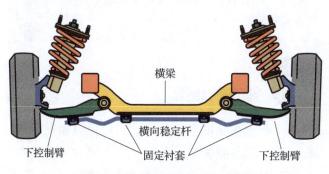

图 10-15 横向稳定杆的典型位置

如果两个车轮同时进入振跳，横向稳定杆将在衬套中转动。当只有一个车轮进入振跳时，横向稳定杆将像扭杆一样提升车架和对面侧的悬架，从而减小车身的侧倾。

横向稳定杆通常是一体式 U 形杆，它们通过橡胶衬套与控制臂相连，也可以通过单独的稳定杆拉杆连接到每个控制臂上（图 10-16）。稳定杆拉杆可由螺栓、螺母、垫圈和橡胶衬套组成。许多新型的稳定杆拉杆都用钢或塑料杆和球窝节将横向稳定杆与控制臂或支柱总成连接，稳定杆用橡胶衬套固定在中间车架上。如果稳定杆过硬，会导致车辆漂移；如果过软，则对稳定性只有很小的影响。

图 10-16 横向稳定杆拉杆连接到下控制臂

有些更新型的轿车和货车采用电子控制或主动式横向稳定杆（图 10-17）。轿车上横向稳定杆的动作由稳定控制系统的一个模块控制。根据行驶条件和所选择的模式，如"舒适""运动"或"运动 +"，可改变横向稳定杆所提供的阻尼量。电机通过抵抗横向稳定杆各段的运动，产生对车身侧倾的阻力。当沿着道路直线行驶时，系统可使横向稳定杆解耦，以实现更平顺的乘坐感。

图 10-17 电子控制或主动式横向稳定杆

6. 撑杆

撑杆用在不使用 A 形下控制臂的车型上。在有些悬架中，撑杆还可形成横向稳定杆。撑杆通过衬套连接在下控制臂和车架上，允许下控制臂有受限的前后移动。撑杆直接受到制动力和道路冲击的影响，因此它们的失效会迅速导致整个悬架系统的失效。

7. 衬套

衬套用在稳定杆（图10-18）、控制臂、半径臂和撑杆上。它们为悬架系统提供良好的支承点，并可最大限度地减少润滑点的数量，而且还允许有轻微的移位。衬套还能够在道路冲击传递到车架或车身之前吸收一部分冲击力。

图10-18 横向稳定杆的中间部分支承在衬套中

a）失效的控制臂衬套

b）完全断裂的衬套

图10-19 损坏的悬架衬套

悬架的衬套一般用可作为弹性体的橡胶材料制成。弹性体在受力时能够压缩，当力消除时能够恢复到它们原来的形状。衬套还允许在它们中的部件有移动或移位。移动量取决于衬套的设计。例如，控制臂与车架的连接采用橡胶弹性衬套，衬套成为控制臂的转动点。在悬架移动过程中，衬套随着控制臂的摆动而扭曲。衬套的行为类似弹簧，总是力图回转，从而推动控制臂返回原始位置。这种行为既可提供对悬架运动的阻力，还会吸收一些道路冲击。

衬套的扭曲和回转会产生热量。粗糙的路面和/或减振器不良会使悬架移动量比正常时更大，这会导致更多的热量积聚在衬套中，使其寿命缩短。过高的热量通常会使橡胶硬化，随着衬套变硬，它们会断裂、破裂或破碎（图10-19）。

磨损的悬架衬套可能使悬架的部件改变其位置，这会导致振动、车轮定位问题、轮胎磨损，以及乘坐感和操控性变差。一般来讲，当行驶在粗糙的路面上时出现当啷的噪声，则表明衬套已经磨损或损坏，应及时更换。

噪声也可能是因衬套干燥引起的，可通过润滑来解决此问题。只应使用橡胶润滑脂或硅基润滑脂润滑悬架衬套，不能使用石油基润滑脂润滑，否则将导致衬套橡胶劣化。

> **性能提示**
>
> 许多技师会用高级聚氨酯材料制成的较硬衬套来代替现有的橡胶衬套。这种衬套的柔韧性不如橡胶衬套，但有利于提高操控性、转向路感、行驶控制，还能减小FWD车辆的扭矩转向。

10.3 独立前悬架

前悬架系统相当复杂，它们承担着相互矛盾的工作，既要确保车轮严格定位，同时还要允许车轮左右转向。另外，因为制动时的重心转移，前悬架系统将吸收大部分制动力矩。总之，在完成上述工作的同时，还必须提供良好的驾乘性和稳定性。

1. 麦弗逊悬架

麦弗逊悬架在外观上与传统的独立前悬架明

显不同（图10-20），但类似的部件以相同的工作方式来满足悬架的需求。由于其紧凑的设计和适用于前驱的应用，麦弗逊悬架是前悬架系统最常用的类型之一。

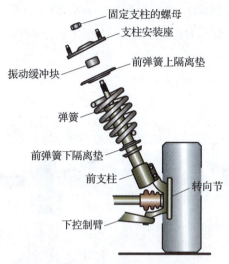

图10-20 完整的麦弗逊支柱前悬架

麦弗逊悬架最显著的特点是将主要零部件组合成一个总成，通常包括支柱、弹簧、悬架上部定位装置和减振器。它直立地安装在转向节上臂和翼子板内侧之间。

支柱有两种形式：一种是螺旋弹簧围绕支柱本身，且与支柱同心（图10-21）；另一种是弹簧位于下控制臂和车架之间（图10-22）。这种结构的弹簧位置在下控制臂上，而不是像传统的麦弗逊支柱系统那样在支柱上，可使小的路面振动由底盘吸收，而不是通过转向系统传递给驾驶员。这种系统称为改进型麦弗逊悬架。

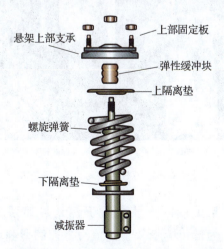

图10-21 可更换减振器筒的麦弗逊支柱

图10-22 改进型麦弗逊悬架的弹簧与支柱分开安装

2. 支柱

麦弗逊悬架的核心部件是支柱，其圆的外形和伸出的活塞杆看起来与传统的减振器十分相似。实际上，支柱除了用于定位弹簧和固定悬架的位置外，还提供了到减振器的阻尼功能。

不同类型的支柱所实现的减振阻尼功能也不一样，它们都不像传统的前悬架那样使用一个独立的减振器。有些类型的设计还可以单独维修阻尼部分。

支柱分为密闭式和可维修式两大类。密闭式支柱总成的顶部是永久密封的，无法接触到支柱壳体内的减振器筒，因此也无法更换，所以必要时只能更换整个支柱单元。可维修式支柱壳体内用来提供减振器功能的减振器筒可用新件更换。可维修式支柱使用带螺纹的壳体螺母取代了密封盖以固定减振器筒。

可维修式支柱中的减振装置通常是湿式的。这意味着减振器中含有接触并润滑支柱壳体内壁的油液。油液用壳体螺母、O形圈和活塞杆油封密封在支柱内部。使用等效的部件维修湿式支柱时，需要彻底清洁支柱壳体内部。重新组装时需要绝对的清洁和非常小心（包括重新加注油液）。

为了简化湿式支柱的维修，开发了减振器筒插装件。这个插装件是工厂密封好的用于支柱减振器的替换件。该更换作业仅用此插装件更换掉原来的减振器筒并用壳体螺母固定即可。

大多数原装的支柱都是通过更换整个单元来

维修的，没有单独的支柱减振器筒可用。密封式的原装支柱也可以用售后市场的配件来维修，它们可使以后的维修通过减振器筒的更换来进行。

支柱的使用节省了悬架对空间和重量的要求。通过将支柱总成底部安装在转向节上，取消了传统悬架上的上控制臂和球头节。取代球头节的麦弗逊悬架上底座用螺栓固定在翼子板上，它是麦弗逊悬架上的承重部件。

3. 支柱底座

麦弗逊支柱在支柱顶部与支撑支柱的底架之间有一个底座，底座的设计目的是抑制振动和将支柱固定在位。底座通常包含一个轴承，但有些会使用衬套。轴承最常用于前悬架上，这是因为前悬架要左右转动。

（1）分类　尽管每种底座有所不同，但大多数应用都会属于图10-23所示的三种类型之一。

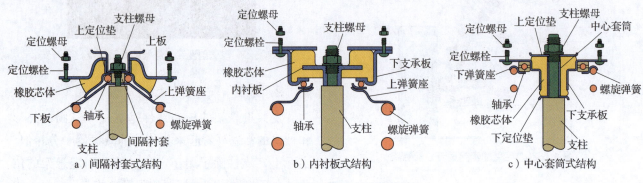

图10-23　不同类型的支柱上底座结构

1）间隔衬套式：这种设计有一个定心在支承座中的轴承和一个单独的内衬套。轴承被压入底座中，轴承、衬套和上板支撑着活塞。若该衬套破裂、撕碎、轴承卡住或咬死，则支柱底座必须更换。

2）内衬板式：内衬板式设计有一个用橡胶包裹的内衬板，它布置在上下支承板之间。即使内衬板失效，支承板也能防止支柱的活塞杆穿出上或下支承板。

3）中心套筒式：中心套筒式设计有一个中心套，它模压在橡胶衬套中，支柱杆穿过该中心套。轴承不是支柱底座的一部分，而是一个独立的部件。为了防止支柱杆穿出底座，使用了上下定位垫圈。如果衬套有破裂、撕裂或其他损坏，应更换底座。

（2）底座的诊断和维修　如果支柱底座磨损或损坏，可能会使支柱和支柱塔彼此独立移动，这可能导致异常噪声、支柱弯曲或损坏、支柱塔损坏和操控性变差。底座不良可能产生嘎吱或砰砰的噪声，这是由于支柱在底座内移动过大导致的。底座通常随支柱一同更换。

4. 悬架下端部件

支柱的下端连接在转向节上，它有时称为轮毂支架。常见的支柱与转向节的连接是使用安装法兰，它属于转向节的上部分。这类法兰与支柱壳体固定在一起，还用于系住制动软管和ABS的电气线路（图10-24a）。支柱也可以通过螺栓固定在转向节上的开孔中。支柱插入孔后，用夹紧螺栓将支柱牢靠地固定在位（图10-24b）。

a）支柱与转向节的连接　　b）支柱被锁紧在转向节上

图10-24　支柱与转向节的连接方式

悬架下端的安装位置仍然是悬架系统的框架，因为像传统悬架一样留有下控制臂和球头节（图10-25），所以在这类悬架上，控制臂起到了悬架下部的定位作用。

麦弗逊式悬架仍然使用防侧倾杆或横向稳定杆。在采用单衬套控制臂的车型中，支撑杆或横向稳定杆可以固定在控制臂上，以提供横向稳定性。

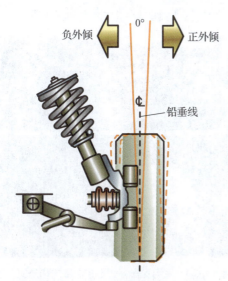

图 10-25 前麦弗逊支柱总成

下球头节本是一个摩擦的或转向的球头节，用于稳定转向和阻止摆振晃动，但改进型的麦弗逊悬架是唯一的例外，其球头节变为载荷支承座，而上底座变为转向部件。某些设计使用两个球头节来改善乘坐性和操控性（图 10-26）。

图 10-26 两个下球头节连接在转向节上

5. 弹簧

所有的支柱悬架都使用螺旋弹簧，焊接在支柱上的安装板充当弹簧的下底座，上底座用螺栓固定在支柱活塞杆上。上底座内的轴承或橡胶衬套允许弹簧和支柱随转向时车轮的运动而转动。

6. 双控制臂悬架

长度不等的或长-短的双控制臂（SLA）悬架系统早已在北美生产的车辆上使用多年（图 10-27）。每个车轮都单独通过转向节、球头节总成、短的上控制臂和长的下控制臂与底盘框架连接。由于上控制臂沿半径较小的弧线转动，所以车轮上部的内外移动较小，可使轮胎与路面的接触面积基本保持不变（图 10-28）。

图 10-27 典型的 SLA 前悬架

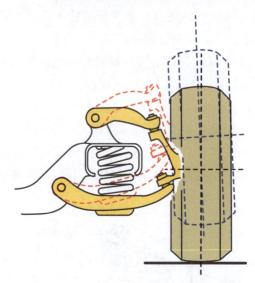

图 10-28 SLA 悬架系统上下运动时车轮的移动

SLA 的一种设计使用一根较窄的下控制臂，其截面形状像字母 I（图 10-29）。一根支撑杆用来将控制臂保持在其位置上。支撑杆的一端连接到控制臂靠近转向节的部位，另一端连接到车轮总成前方的底盘框架上。框架底座上的橡胶衬套允许支撑杆在轮胎受到冲击时移动一点。该衬套可使冲击力减弱并阻止其通过车架传递。

SLA 悬架系统的基本部件包括轮轴或转向节总成、控制臂、球头节、减振器，以及螺旋或扭杆弹簧。

控制臂有两种类型：叉形杆（双枢轴）式控制臂（图 10-31）和单枢轴（单衬套）式控制臂。叉形杆式与单枢轴式相比可提供更好的横向稳定性，而单枢轴式更轻且需要的空间更少，但还需要改进悬架设计以补偿被减小的横向稳定性。这些改进将在本章后面做进一步讨论。

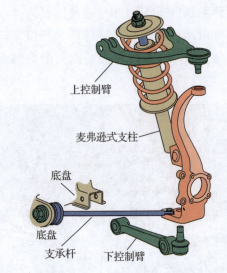

图 10-29 采用单个枢轴点固定的窄型下控制臂的 FWD 前悬架系统

图 10-31 采用叉形杆式上控制臂的前悬架系统

（1）轮轴总成 轮轴总成由轮轴和转向节组成。轮轴通过轴承与车轮相连，而且是轮毂和轴承的连接点。转向节连接到控制臂上。在大多数情况下，转向节和轮轴被锻造成一个整体。

（2）控制臂 上下控制臂在传统的独立前悬架（Independent Front Suspension，IFS）中的功能主要是作为定位装置。它们通过衬套与车架连接，从而固定悬架系统及其部件相对于车架的位置。衬套允许车轮总成在响应不规则路面时独立地上下移动。控制臂的外端通过球头节与车轮总成相连（图 10-30）。

（3）球头节 球头节（图 10-32）连接转向节和控制臂，并可在转向过程中在控制臂上转动。球头节还允许控制臂在悬架对路况的响应中上下移动。球头节立柱从其壳体中伸出并穿过橡胶密封套，该密封套将润滑脂保持在球头节壳体内并防止灰尘进入。某些球头节需要定期润滑，但大多数都是免润滑的。这类免维护球头节在一个预润滑的尼龙轴承中移动。

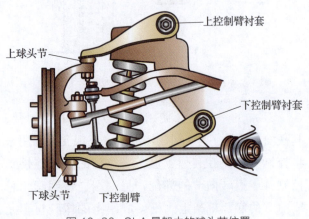

图 10-30 SLA 悬架中的球头节位置

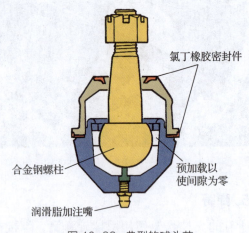

图 10-32 典型的球头节

球头节要么是承载型的，要么是随动型的。承载型的球头节支承车的重量，通常在控制臂上，控制臂支承或固定着弹簧。承载型球头节又可分为承受压缩载荷的球头节或承受拉伸载荷的球头节（图10-33）。正确的名称取决于负载的力是趋向将球头推入（压缩）还是拉出（拉伸）其底座。

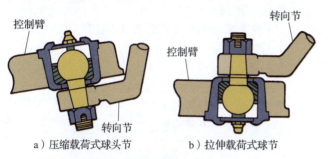

图10-33 两种基本的承载型球头节

随动型球头节通常称为摩擦负荷型球头节，它们安装在不支承弹簧的控制臂上。它们不支承车辆重量，也不会有承载型球头节那样的应力。

根据弹簧在悬架系统中的位置，上或下球头节中的一个必将是承载部件。在麦弗逊悬架中，通常每侧只有一个是随动型球头节。在改进的麦弗逊悬架中，球头节是承载型球头节，因为弹簧布置在车架横梁和下控制臂之间。

有些球头节带有磨损指示装置。随着球头节的磨损，润滑脂嘴会向球头节壳体内退缩，当其肩部与壳体平齐时，就需要更换球头节了（图10-34）。

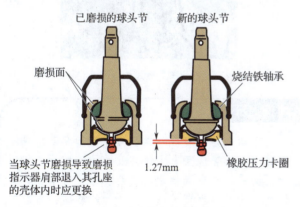

图10-34 球头节上的磨损指示器

球头节只不过是一个球头在球窝中的铰接件。只要球头牢固地在其球窝中并且球头和/或球窝不磨损，球头节就能提供紧密的连接。一旦球头或其球窝磨损，连接将变得松旷。如何将球头保持在球窝内取决于球头节的类型。承载型球头节依靠车辆的重量将球头保持在球窝中（图10-35）。

当重量从球头节上移开时，球头在其球窝中得到放松。随动型球头节通过球头节内的摩擦保持在其位置上。球头节内的弹簧通常使球头紧贴在其球窝中，并允许其有一定的灵活性。这种类型的球头节绝不允许存在任何间隙。

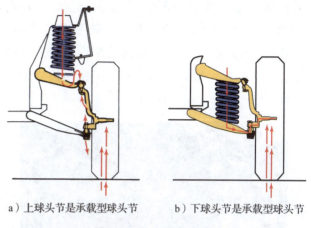

图10-35 承载型球头节

7. 四连杆或多连杆前悬架

四连杆前悬架还称为多连杆悬架，它采用四根杆式的控制臂和横拉杆来固定车轮（图10-36）。悬架支柱通过承重的连接杆支承车辆车身的重量。通过分散车轮的附件和悬架元件，这种悬架优化了乘坐品质和悬架的运动。而且驱动力对转向系统的影响也很小。由于其紧凑的设计和中性的操控性能，这类悬架被普遍应用在RWD和FWD车辆上。

图10-36 四连杆前悬架系统

8. 四轮驱动车辆的前悬架

大多数新型的四轮驱动货车都采用独立式前悬架。前悬架可能采用短 - 长式控制臂（SLA）和扭杆，也可能采用多连杆的布置（图 10-37）。将前桥的差速器牢固地安装到车架上，并使用两根短的半轴使独立悬架的使用成为可能，这种设计相比于较旧的非独立悬架可以改善乘坐品质。旧款的 4WD 货车和一些新款重型车辆使用传动轴，虽然非常坚固，但在前悬架中使用传动轴却降低了乘坐品质和操控性。

图 10-37 四轮驱动独立前悬架

10.4 前悬架基本诊断

悬架问题的诊断应遵守合乎逻辑的顺序，下述流程适用于大部分车辆。但对于特定的车辆，最好还是遵循制造商给出的流程顺序。

诊断步骤

悬架系统诊断步骤如下：

步骤 1　对车辆进行路试并确认客户的问题。

步骤 2　检查轮胎。检查轮胎的状况和气压。还应确认轮胎和轮辋的规格是正确的。

步骤 3　检查底盘和车下状况。去除过多聚集的淤泥、污垢及道路的沉积物，然后进行以下操作：

- 检查所有零部件以查明已做过的任何售后市场的改装。
- 检查车辆的姿态是否有超载或下沉迹象。
- 将车辆升离地面，抓住轮胎的上下胎面，并摇动每个前轮以检查车轮轴承是否磨损。
- 查看前后悬架的零部件是否松动或损坏。
- 检查悬架的螺栓是否松动、损坏或缺失。
- 检查球头节是否松旷或磨损。
- 检查支柱上安装座的状况。
- 检查减振器和支柱是否有油液泄漏和损伤的痕迹（图 10-38）。
- 检查减振器和支柱的所有座架。
- 检查悬架的所有衬套是否松动、开裂、龟裂、失位或产生噪声。
- 检查转向机的安装底座、连接机构和连接点是否松动、卡住或损坏。
- 检查弹簧是否有损伤或下垂。
- 检查驱动半轴是否损伤或松动。

步骤 4　如果查明了客户所述问题的原因，根据需要进行维修并确认问题已解决。

步骤 5　若未发现问题产生的原因，参考维修信息给出的故障现象表并进行所有适用的检查。然后根据需要进行维修并确认问题已解决。

图 10-38 检查减振器是否有油液泄漏的迹象

车间提示

车辆的转向表现通常被描述为过度转向或不足转向。尽管这两个术语涉及的是操控性，但实际上反映的是车辆转弯时的牵引力。当车辆转弯超过驾驶员的预期时出现的是过度转向，当后轮比前轮先丧失牵引力时就会出现过度转向，这通常是因突然急加速，突然松开加速踏板、紧急制动，或过多转向输入而导致重心快速前移造成的。当车辆转弯角度小于转向盘的移动量时就会出现不足转向，转弯路线比预期路径更加宽，当前轮比后轮先失去牵引力时就会发生不足转向。这些特性是汽车设计部分的内容，尽管很难更改，但它们却是可以校正的。

1. 减振器或支柱反弹测试

为了检查减振器和支柱的工作情况，可在车辆停置在地面上时进行一种称为反弹测试的快速检查。当进行反弹测试时，在车辆四个角上用足够的力向下压动保险杠两或三次。每次压下后立即释放保险杠，车辆应在振荡约1.5个周期后安定下来。如果减振器或支柱可提供适当的弹簧控制，则自由向上反弹一次后应能停止底盘的垂直运动。如果车辆的保险杠向上的自由反弹超过1.5次，则减振器或支柱有缺陷。

在维修店的测试中减振器没有过多的反弹，但仍然有可能在路上行驶时未能对路面做出适当的反应，所以应在各种路况下进行路试，以便全面地评估减振器的阻尼能力。

2. 车身过度侧倾

如果车辆在转弯时过度倾斜或翻转，则横向稳定杆的连接杆有可能已断裂。断裂的连接杆在通过颠簸路面和转弯时也会产生噪声。

3. 噪声

悬架系统的异常噪声可能是由多个问题引起的。噪声随路面状况而变化，但遇到不同的路面时，差速器的噪声不会受到影响。胎面不平所引起的噪声可能感觉来自车辆其他地方。这些噪声可能容易与差速器的噪声混淆。差速器的噪声通常会随着加速和减速而变化，但轮胎噪声相对于这些来讲更多的是保持不变。轮胎噪声在平坦的沥青路面上以15~45mile/h（约24~72km/h）行驶时最为明显。

在不规则道路上发出的咔嗒声可能来自已磨损的减振器衬套或垫圈、弹簧隔振垫、控制臂衬套、稳定杆衬套、支柱杆垫圈、钢板弹簧卷耳和衬套，以及磨损的扭杆、安装座和衬套和断裂的螺旋弹簧或弹簧隔振垫。干燥或已磨损的控制臂衬套在不规则路面上可能会发出嘎吱或吱吱的噪声。

转弯时的吱吱声可能是由已磨损的支柱上底座所引起的。急转弯或悬架受到颠簸时的前支柱噪声可能是由螺旋弹簧与支柱塔之间（图10-39）或螺旋弹簧与上底座之间出现干涉引起的。磨损的支柱上底座或轴承还会导致转向卡住和回正不良。

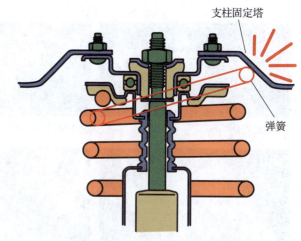

图10-39 螺旋弹簧与支柱塔干涉

敲击的噪声可能是由断裂的横向稳定杆拉杆、磨损或松动的球头节以及磨损的控制臂、支柱杆或半径臂衬套导致的。严重磨损的支柱或减振器也会引起敲击声，特别是在非常颠簸的路面上。

4. 底盘高度规范

> **车间提示**
>
> 在目视检查或测量悬架高度之前，车辆必须位于水平面上。轮胎压力必须为推荐值，燃油箱必须加满，车内应无乘客且行李舱内无载荷。从后保险杠开始，上下压动车辆几次后，转到前保险杠重复上述操作，以充分释放悬架的残留应力。

前后或从一侧到另一侧的快速全面的目视检查可发现任何明显的车身下垂。在车底下，检查控制臂两端的高度是否一致、橡胶缓冲块是否破损或磨损、弹簧圈是否磨得发亮或已磨损。这些都表明螺旋弹簧已疲软。

通过对悬架系统两侧规定位置的更精确检查可暴露不太明显的问题。

> **使用维修信息**
>
> 为了更准确地测量底盘高度，使用维修信息，按照制造商针对特定车型的建议进行检查。图10-40展示了检查车辆行驶高度的典型步骤。注意，即使是由一家公司生产的不同型号车辆之间的测量点也可能会不同。当怀疑螺旋弹簧疲软时，可能需要将车辆加载到制造商建议的载荷量，并在指定点进行测量。

1）检查行李舱是否有多余的重物

2）检查车轮胎气压是否正常

3）将车辆停在车间水平地面或定位台上

4）在维修信息中找出该车辆制造商指定的行驶高度测量位置

5）测量并记录左前下边饰处的行驶高度

6）测量并记录右前下边饰处的行驶高度

7）测量并记录左后边饰处的行驶高度

8）测量并记录右后边饰处的行驶高度

9）将测量结果与维修信息中规定的行驶高度对比

图 10-40　测量车辆底盘行驶高度的步骤

10.5　前悬架部件维修

悬架系统的每个主要部件都需要仔细检查，每个部件都有其自己的检查和维修步骤。悬架系统所需的唯一维护就是对底盘的定期润滑，如果没能这样做，将会导致许多问题。当前只有很少的车辆需经常做定期润滑，因为几乎所有的悬架和转向部件为了延长使用寿命都是密封和含有润滑脂的。但如果车辆更换了零部件，如球头节或转向球头座，这些零部件将很可能需要添加润滑脂。

> **参见**
> 有关如何润滑底盘的细节参见《汽车维修技术基础（原书第7版）》第9章。

1. 螺旋弹簧

螺旋弹簧不需要调整，且基本上是没故障的。但弹簧受到反复压缩和延伸会造成弹性损失而导致弹簧下垂，随之将需要更换螺旋弹簧。疲软的弹簧破坏了车辆的调平高度，从而导致车轮定位不正确、转向异常、前照灯光束对准不良、制动不良、轮胎磨损增加、牵引力降低，以及万向节和减振器使用寿命降低。

螺旋弹簧也会断裂，一般这是因为车辆超载或弹簧生锈。当车辆承载的重量超过其设计载荷时，弹簧可能会因过度压缩而断裂。

更换螺旋弹簧的一个关键步骤是识别正确的更换件。首先，查看原始制造商的零件编号，它一般是在弹簧圈上缠绕的标签上。但这个标签常常在需要更换弹簧时已经脱落。如已安装了一组来自售后市场的弹簧，则零件编号可能会刻印在螺旋弹簧的一端。接下来是确定螺旋弹簧的末端类型。用在汽车上的弹簧的末端有三种类型：齐口切断型、锥形闭合型和辫子型。齐口切断型的弹簧末端是直接切断的，有时会压平，或者打磨成D形或方形。锥形闭合型的末端是被缠绕的以确保弹簧的垂直度，并在末端打磨成锥形。辫子型的末端是将弹簧的端部缠绕成较小的直径。

最后一步是检查所有可用的维修信息。为此，需要知道品牌、年份、车型、车身类型、发动机排量，以及车辆是否装有空调。某些情况下，最好知道变速器类型、座位数量和其他增加车辆额外重量的细节。在大多数的零件目录中，是按车型和车辆识别码（VIN）将弹簧分为前部和后部这两部分列出的。弹簧应始终成对地更换。

拆卸弹簧 为了拆卸螺旋弹簧，应借助车架举升和支承车辆，使控制臂自然下垂，然后再拆下车轮、减振器和稳定杆的连接杆，从对应的控制臂上拆下转向横拉杆外侧端头，拆下制动卡钳并用金属线或行李绳系住，这样它就不会吊在制动软管上。

用可滚动的卧式千斤顶卸去球头节的负荷。千斤顶应从下控制臂背离车辆一侧的下面放入，这样可使千斤顶在控制臂下落时能向后滚动。千斤顶放置的位置应尽可能靠近下球头节，以获得对弹簧的最大杠杆力。

> **警告** 螺旋弹簧对控制臂施加了巨大的力。在将任一控制臂从转向节上断开以进行任何维修作业前，确保使用弹簧压缩器固定住弹簧，以防弹簧飞出而造成伤害。

此时已可安装弹簧压缩器（图10-41）。有多种不同类型的弹簧压缩器。一种类型使用螺纹式压缩杆，该压缩杆穿过两个压板、上下球形螺母、止推垫圈和施力螺母。两个压板分别放置在弹簧上下两端，压缩杆穿过这两个压板并用球形螺母固定住两端。上面的球形螺母固定在压缩杆上，止推垫圈和施力螺母拧在压缩杆的末端。转动施力螺母将拉动两个压板彼此靠近，从而压缩弹簧。

在某些情况下，需要断开上下球头节的锥形连接锥体才能把转向节移动到一边（图10-42）。如果车辆配有支撑杆，则必须从下控制臂上将其断开，向下推动控制臂直到可取出弹簧，然后取下弹簧和压缩器。必要时，可用撬棍将弹簧从下弹簧座中取出。

如果要装回原来的弹簧，可将弹簧压缩器保留在已压缩的位置。如果要使用新的弹簧，则以反向拧松施力螺母以慢慢释放压缩器上的压力。安装新弹簧前将其压缩。

图10-41 在断开悬架某些部件前使用弹簧压缩器

图10-42 为了拆卸弹簧必须将转向节从下和/或球头节上断开

2. 扭杆

扭杆受到影响的各种情况与螺旋弹簧一样。为使车辆保持合适的高度，需要定期调整扭杆。扭杆有时会因为断裂而需要更换。应注意的是，左右两侧的扭杆是不可互换的。

拆卸扭杆前通常需用特殊工具来卸去扭杆的负荷。先通过车架举升并支承车辆，拆下扭杆调节装置的所有护罩或盖板（图10-43）。在松开调节装置螺栓之前先测量并记录或标记该螺栓的原始位置。该测量值用来安装扭杆和设定扭力。然后安装扭杆扭力释放工具，扭动该工具直至扭杆调节装置松开。拆下调节装置，逐渐松开工具直到扭杆不再有扭力存在，然后拆下工具，并从控制臂中取出扭杆。

图 10-43 扭杆调节装置

装上新的扭杆，使用工具施加扭力。扭动工具直到可安装新的调节螺栓并将其设定到原螺栓拆卸之前所测量的深度，然后松开并取下工具。装好扭杆后将车辆降至地面，压动车辆几次以使悬架就位，然后测量车辆的行驶高度。对采用扭杆悬架车辆的高度检查和测量方法通常与使用螺旋弹簧的车辆相同。维修信息中给出了调整扭杆的步骤。如果行驶高度不正确，可调整扭杆直至行驶高度在标准范围内。在行驶高度正确后，可检查车轮定位。

3. 球头节

检查球头节时先从检查是否有磨损指示标志开始。如果有，接着检查黄油嘴的位置。如果指示标志已陷入，说明球头节已磨损，应更换。某些车辆是建议检查黄油嘴是否可以在球头节上摆动，如果可摆动，则应更换球头节。在检查球头节时一定要查看维修信息。

仔细察看球头节的防尘套。防尘套或球头密封件损坏会使润滑脂泄漏，并导致灰尘进入而污染润滑脂。如果防尘套已损坏，应更换球头节。

如果防尘套无明显损坏，可轻轻挤压防尘套。如果防尘套内已充满了润滑脂，会感到有点硬。如果球头节有黄油嘴，而且看上去没有充满润滑脂，则用黄油枪填充，直至新的润滑脂从防尘套的通风孔中挤出。如果过多的润滑脂被强制压入或过快填充，会使防尘套脱落或撕裂。

应检查球头节是否过度磨损。承载的球头节在从其上面卸去车辆重量后可能会出现一点间隙，而随动的球头节则不应有任何间隙。为了检查承载的球头节，必须先去除其载荷。

当螺旋弹簧是布置在下控制臂上时，用千斤顶放置在控制臂下尽可能靠近球头节的位置来举升车辆，这样可对弹簧施加最大的杠杆力。当弹簧的上部已脱出缓冲块，不再与控制臂或车架接触时，表示球头节已经卸载。用撬棒在轮胎和地面之间撬动可快速检查球头节是否松旷。要确定球头节的松动是否超出制造商的规定，需要使用精确的测量装置。下面的检查展示了用百分表测量球头节松动量的步骤。百分表是精密仪器，应小心操作以避免损坏。检查工具的安装步骤可能会根据车辆所用的球头节类型不同而不同。制造商规定的容差可能是轴向（垂直）的、径向（水平）的，也可能两者兼有。按照下述步骤进行检查。

（1）典型的径向检查　径向检查时，将百分表固定在待检球头节的控制臂上。放置并调整百分表使测量杆顶在轮辋上最靠近待检球头节的边缘上，接着转动百分表盘的外圈进行校零，然后内外移动车轮，并注意百分表盘上指示的球头节径向松动量（图 10-44）。图 10-45 是检查麦弗逊前悬架下球头节径向松动的步骤。

图 10-44 径向检查时百分表的典型安装

（2）典型的轴向检查　为了进行轴向检查，先将百分表固定在控制臂上，然后清理球头节螺柱轴上紧靠螺母的平面。将百分表测量杆放置在螺柱轴的平面上，并下压测量杆约 0.350in（约 8.9mm）。然后转动紧固杆以将百分表固定在位，

1）用卧式千斤顶举升前悬架，并在底盘下车辆举升点放置千斤顶安全支架

2）抓住前轮上下两端并内外摇晃，同时让同事目视检查前轮轴承是否移动。如有移动，调整或更换车轮轴承

3）将百分表对准轮缘下部内侧边缘。对百分表预加载并校零

4）抓住轮胎下部并往外推

5）在轮胎保持向外时，读取百分表读数

6）向内拉动轮胎底部并确保百分表读数为零，必要时重新调整百分表归零

7）抓住车轮下部并往外推

8）在车轮保持在此位置时读取百分表读数

9）若百分表读数超出规定范围，应更换下球头节。在更换前，确保车轮轴承和轮毂良好

图 10-45 测量麦弗逊前悬架下球头节径向松动量

用撬杆在地面和轮胎之间撬动并记录百分表读数（图 10-46）。

如果百分表上显示的球头节松动读数超过制造商的规定，应更换球头节。

当承载型球头节在上控制臂（弹簧安装在上控制臂）时，在上控制臂底部和车架之间放置一个钢楔，接下来借助车架举升车辆，以卸去球头节的负荷，并使其保持在正常位置。然后向上撬动来检查承载型球头节内是否存在间隙。为确定非承载（或随动）型球头节的状况，可用力推拉轮胎，同时观察球头节是否有移动的迹象。有关容差可参阅制造商的规定。

图 10-46 轴向检查时百分表的典型安装

4. 转动力矩测试

许多丰田汽车的球头节都有转动力矩（阻力矩）要求。为了进行检查，先用手来回移动螺柱几次，接着将扭矩扳手连接在螺柱上转动螺柱（图10-47）。然后将螺柱转动时的力矩值与规定值做比较。典型的规定值为小于31lbf·in（约3.5N·m）。

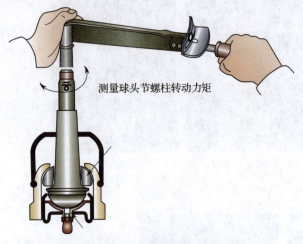

图10-47 测量转动力矩

磨损标识的检查 带有磨损指示标识的球头节在检查磨损状况时必须保持加载状态，车辆应在悬架处于空载高度时进行。最常见的磨损标识是带有一个从下外壳的中心伸出的小直径圆形物。随着内部出现磨损，圆形物会非常缓慢地退回到壳体中。当圆形物与外壳平齐，就需要更换球头节。在拆卸和安装球头节时，应遵循维修信息中给出的步骤。

5. 更换球头节

球头节以下述四种方式之一安装在控制臂上：铆钉、螺栓、压合和螺纹。在更换球头节时，应安全举升和支承车辆。根据车辆与弹簧的位置，可能需要支承控制臂。在大多数情况下，需要拆下制动卡钳并用金属线或绳索将其系在安全位置，然后拆下球头节至转向节的固定螺母，并从球头节上分离转向节。在移开转向节后，即可拆卸球头节了。

许多球头节都是在工厂铆接在位的，更换这类球头节需要对铆钉钻孔或切割。在去除铆钉后，新的球头节需要用螺栓固定在控制臂上。对于用螺栓连接的球头节，可通过简单地拆下将其固定在控制臂上的螺栓和螺母来拆卸。新球头节安装好后，将螺栓和螺母拧紧至规定力矩。

最常用的方法是压合。在需要更换球头节的情况下，一些制造商要求更换整个控制臂总成。在这种情况下，球头节和控制臂是作为一个总成，而不提供单个零件。压合型球头节通常是用专用的球头节压具进行拆卸和装配的（图10-48）。在将球头节压入或压出控制臂时，确保未损伤控制臂。

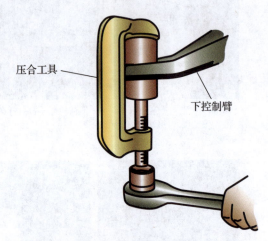

图10-48 压入新球头节

少数车辆使用螺纹式的球头节。在这一类型中，在球头节壳体外侧有成型的外螺纹。球头节通过螺纹拧紧在控制臂上。为了更换这类球头节，先拆下转向节，然后拧出球头节。装上新球头节后，将其拧紧至规定力矩。

安装好新的球头节后，重新安装转向节，并按规定力矩拧紧球头节的螺母。如果使用了开槽的螺母，当球头节螺柱上的孔与螺母上的槽对不上时，可拧紧螺母直到槽与孔对正。最后安装新的开口销，折弯一个或两个销叉，以确保开口销不会从球头节中退出。

> ⚠ **警告** 切勿采用加热方式来拆卸球头节。

6. 控制臂衬套

目视检查每个橡胶衬套是否有变形、移位、偏心以及严重开裂的情况。检查金属衬套是否有噪声和密封件松动。

要拆去控制臂衬套，举升车辆并用安全千斤

顶支架支承车架。拆下车轮总成，在螺旋弹簧上安装弹簧压缩器。

如前所述，从转向节上拆下球头节螺柱。拆下控制臂总成与车架的连接螺栓并取下控制臂。

衬套是用专用工具压进或压出其安装孔的。选择好用于工具的正确适配器后，将专用工具安装到衬套上（图10-49）。扭紧工具，将衬套推出控制臂，然后用相反的步骤将新的衬套压入控制臂。随着专用工具的拧紧，衬套逐渐进入其孔中。安装新的衬套时，确保衬套在压入过程中保持正直。

一旦新的衬套开始进入控制臂，测量并标记各安装孔间的中心点并把控制臂放在中间位置，然后交替压入每侧的衬套，保持参考标记的对齐。这样可确保枢轴不会偏离中心而导致弯曲。直到车辆达到空载高度且悬架经上下跳动并稳定下来之前，不要扭动端盖螺母或螺栓。

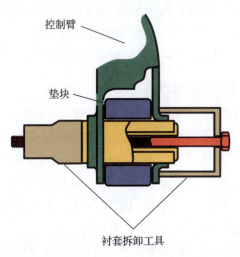

图10-49 拆卸控制臂衬套

重新用螺栓将控制臂安装到车上，并将螺栓拧紧至规定力矩，然后将螺旋弹簧安装到位。将球头节螺柱安装在转向节上，拆掉螺旋弹簧压缩器，安装车轮总成并降下车辆。进行路试后，重新拧紧所有螺栓，然后进行车轮定位。

7. 支柱杆衬套

除了因事故而损坏外，很少更换支柱杆本身，只是因磨损、老化而需要更换衬套。为了更换衬套，先拆下将支柱杆紧固在车架和控制臂上的螺母和螺栓。拆下衬套和垫圈并更换新件，然后按正确顺序安装，并将所有紧固件扭紧至规定力矩。根据悬架布置，拆下并更换支柱杆衬套后需要检查和调整后倾角。

8. 横向稳定杆衬套及连杆

衬套将稳定杆牢固地固定在车架和两侧的控制臂上，衬套的状况影响横向稳定杆的性能。对横向稳定杆安装衬套的目视检查可发现该衬套是否已磨损、永久性变形或可能已缺失。还应检查横向稳定杆的连接杆。它们有任何损坏都应更换。

旧款车辆的横向稳定杆连接杆通常使用长螺栓、垫圈、衬套、垫圈和螺母。连接杆被组合在控制臂和横向稳定杆之间（图10-50）。随着时间的推移，连接杆会生锈和断裂。在安装横向稳定杆连接杆套件时，要确保衬套和垫圈安装在正确位置，并按照规定拧紧螺栓和螺母，以防止过紧而压扁衬套。

图10-50 断裂的稳定杆连接杆

现在大多数车辆采用端部带有球窝接合的塑料或金属的横向稳定杆连接杆。连接杆通过球窝与横向稳定杆和控制臂或支柱相连（图10-51）。此类连接杆通常只有球窝会损坏。这意味着，如果连接杆需要拆下，例如更换支柱时，其连接杆可能也需要更换，因为很难在不损坏球窝的前提下将其分离。

图 10-51 横向稳定杆实例

9. 减振器

功能正常的减振器可确保车辆的稳定性、操控性和乘坐的舒适性。大多数驾驶者都没有注意到他们汽车运行上的逐渐变化都是因减振器磨损的结果。减振器故障的一些常见现象有：转向和操控更困难；制动不平稳；车辆在撞击和制动后振跳过大；轮胎磨损形态异常，尤其是扇形或羽状的磨损；弹簧降低到最低点。

应检查减振器的安装螺栓是否松动、安装衬套是否磨损。如果这些部件松动，则会发出嘎吱声，此时应更换衬套和螺栓。还应仔细检查支柱的上底座。

有些减振器的衬套是永久性地安装在减振器中的，因此，如果衬套磨损，则必须更换整个减振器。当安装衬套磨损后，减振器将无法提供适当的弹性控制。

由磨损的减振器所引起的振动会导致汽车底盘的许多系统过早磨损。振动会导致前后悬架系统的零部件、转向系统的连接部件、万向节以及动力传动系统的发动机和变速器的悬置部件磨损，振动还会导致轮胎出现异常磨损情况。

在更换减振器时，应参照维修信息。有些后减振器的安装会伸入到乘客舱或行李舱中，更换时需要格外小心。对大多数前减振器来讲，应先拆卸下面的固定螺栓，然后拆卸上底座。如减振器底座使用衬套，则在减振器上安装新的衬套以防止金属和金属之间的接触。安装减振器，并将所有紧固件拧紧至规定力矩。

后减振器的更换可能需要使用千斤顶来支承后桥或悬架，但更换步骤与前减振器基本相同。如果旧减振器是气体加压的，在处置减振器之前，参考释放气体的步骤。

> **警告** 有压缩气体的减振器会自行伸张而造成危险情景。在拆卸过程中切勿加热或使用明火，气体受热膨胀会使减振器伸张。在处理使用过的带有压缩空气的减振器和支柱前，应参阅制造商关于释放气体压力的维修信息。通常要在减振器壳体的特定位置钻一个小孔以释放气体的压力。

减振器可在台架上进行测试。首先将减振器按其在车上的安装方向同向放置，并使其完全伸展，然后将其向下倒置并完全压缩，重复此操作几次。若减振器杆在其行程方向的中间行程附近出现移动延迟或跳动，或在其移动中的任何点（不包括两末端）卡住，应更换新的减振器。此外，在行程方向快速转换时出现切换或咔嗒声以外的噪声、存在任何泄漏或动作在充放空气后始终不稳定的情况下，也应更换新的减振器。

10. 麦弗逊悬架

麦弗逊悬架系统是基于一种三角形的设计。支柱的支杆是一个结构件，因而取消了上控制臂衬套和上球头节。由于支柱的支杆也是减振器的支杆，所以它在垂直和水平方向上都承受到巨大的力。因此，应仔细检查该总成是否有泄漏、支杆弯曲和阻尼不良。

要拆卸和更换麦弗逊支柱，应遵循图 10-52 所示步骤。

在支柱的拆解过程中，一定要检查支柱枢轴的轴承是否转动自如（图 10-53）。用手转动轴承，如果轴承转动困难或感觉过紧，则必须更换。更换轴承时，确保正确的一侧朝上。制造商通常会用油漆或其他标识标记出向上的一侧。必须检查所有橡胶隔垫是否有老化或其他损伤，必要时更换。还应在松开偏心螺栓前做好原位置标记，将螺栓重新转动到相同位置有助于在重新组装后保持正确的外倾角。还应更换悬架中的所有开口销。在完成所有安装工作后进行车轮定位。

1）支柱总成的顶部直接安装在汽车的底座上

2）松开支柱底座的螺栓之前，在支柱螺栓和底座上做对齐标记

3）拆下支柱顶部的螺栓或螺母后，将车辆升至正常工作高度。重点是应支承在车架上，而不是悬架部件上

4）拆下车轮总成后，即可从车轮舱内接近支柱

5）拆下并将制动管路或软管固定在支柱上螺栓

6）拆下支柱与转向节连接的两个螺栓

7）用金属线系住转向节，然后从车上拆下支柱总成

8）将支柱总成装入适当类型的弹簧压缩器中。然后压缩弹簧，直到可以安全地松开固定螺栓

9）从弹簧中取出旧的支柱总成并装上新件。压缩弹簧以便重新组装和拧紧固定螺栓

10）将支柱总成重新安装到车上。确保所有螺栓均正确拧紧并且在正确的位置

图 10-52 拆卸和更换麦弗逊支柱的步骤

图 10-53 检查支柱枢轴轴承是否转动自如

10.6 后悬架系统

后悬架有三种基本类型：非独立驱动桥悬架、半独立悬架和独立悬架。每种类型都有不同的设计，但所涉及的部件类型和原理与本章前面描述的前悬架系统是相同的。非独立驱动桥悬架用于后轮驱动轿车、货车、小客车，以及许多四轮驱动货车的前桥。半独立悬架系统用于前轮驱动车

辆,独立悬架可用于前轮驱动、后轮驱动车辆,以及四轮驱动轿车。

1. 驱动桥后悬架系统

这种传统的后悬架系统由弹簧和一个驱动桥(由差速器、半轴、车轮轴承和制动器构成的一个整体)组成。弹簧可以是钢板弹簧,也可以是螺旋弹簧,部分较老款的车辆使用空气弹簧。

(1)采用钢板弹簧的非独立驱动桥系统 车辆上的两个钢板弹簧,无论是多片的还是单片的,都垂直安装在车桥上,并在后桥后面装有减振器。两个弹簧的前部通过插入弹簧卷耳和衬套的螺栓连接到车架的支架上。衬套除了允许弹簧移动外,还起到将车辆其他部分与道路引起的振动噪声进行隔离的作用。

每个钢板弹簧的中间部分用 U 形螺栓连接在后桥壳上。橡胶缓冲块位于后桥壳和车架或整体式车身之间以抑制严重冲击。钢板弹簧后孔眼中的枢轴衬套用吊架固定在车架上,吊架通过螺栓和衬套与钢板弹簧相连(图 10-54)。

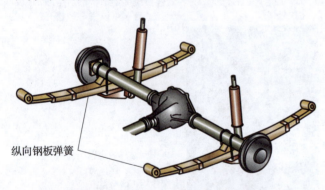

图 10-54 典型的非独立式驱动桥后悬架

非独立式驱动桥悬架系统存在一些不足。首先,这种结构有很重的簧下质量。另一个缺点是因使用刚性车桥而导致的不稳定性。这是由于两个后轮都连接在同一个车桥上,一个车轮的上下运动会影响另一个车轮。因此会由于对两个车轮的推动与道路不在一条直线上而导致牵引力不佳的结果。在急加速时,这类悬架往往会受到车桥跳振的影响,因为后桥会由于钢板弹簧吸收转矩而快速地上下跳动。这种情况会损坏弹簧座和减振器,并导致车轮轴承的过早磨损。车桥跳动可通过在车桥相反(前和后)两侧安装减振器加以

减小。有些重型车辆采用两级弹簧,可在轻载和重载时都能获得良好的乘坐舒适性。

(2)采用螺旋弹簧的非独立驱动桥系统 某些车辆在非独立式后驱动桥上使用两个螺旋弹簧。由于螺旋弹簧只能支承重量,且只有很小的车桥定位能力,所以这类车辆需要有纵向和横向的控制臂或连杆。这类悬架称为连杆式刚性桥。

螺旋弹簧安装在桥壳和车身或车架之间的支架上,并依靠车辆重量和有时借助减振器保持在位(图 10-55)。控制臂通常由槽钢制成,并通过橡胶衬套连接。加速、驱动和制动的力矩根据具体设计可通过三或四个控制臂传递,而且始终会有两个纵向连杆,但在个别车型上还会有一个或两个横向连杆。拖曳控制臂安装在车桥下面,与车桥成 90° 夹角前向布置并与汽车车架的支架相连。橡胶衬套用在安装位置以允许控制臂上下移动,并减少噪声和冲击的影响。

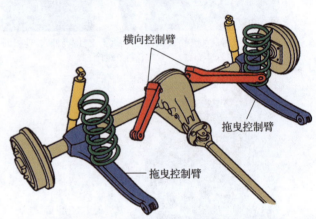

图 10-55 装配螺旋弹簧的典型传动轴悬架

有些后桥总成通过两个下控制臂和一个防横振杆与车身相连。一根单独的扭力臂用来代替上控制臂,刚性地安装在后桥壳上,并穿过橡胶衬套连接到前部的变速器上。少数制造商在后悬架中使用瓦特杆(图 10-56)。瓦特杆用来限制后桥的左右移动。

(3)非独立驱动桥悬架系统的维修 对螺旋弹簧和钢板弹簧系统的常规维修包括更换减振器或弹簧。衬套、吊架或控制臂不需要经常更换。只要维修后悬架,就应始终遵循维修信息中给出的操作步骤。

图 10-56　瓦特杆用于限制后桥运动

2. 半独立悬架系统

半独立悬架系统用在许多前轮驱动的车型上。在某些车型上，悬架的位置是由布置在两个拖曳控制臂之间的轴梁或横向构件来固定的。尽管在悬架的两半之间有轴梁的刚性连接，但该轴梁会随着车轮总成的上下移动而产生扭曲。这个扭曲行为不仅允许半独立悬架运动，而且还起到横向稳定杆的作用。单独的减振器和弹簧拖曳控制臂系统还经常用在整体式或独立的减振器系统中，每个后轮由一个螺旋弹簧独立支承。

螺旋弹簧和减振器支柱总成常与这类悬架一起使用。支柱的底部固定在拖曳控制臂的后端，其顶部安装在加固的内挡泥板上。制动力矩通过拖曳控制臂和支柱传递。拖曳控制臂和支柱还用来保持车轮的前后和横向位置。防横振杆还用在一些拖曳控制臂悬架系统上，它有助于减少车桥的侧向移动。

与大多数后桥系统的维修相同，第一步是拆下减振器，重要的是要记住不要同时拆下两个减振器，除非已支承住车轴。使后桥悬吊其全部长度可能会损坏制动管路和制动软管。半独立悬架系统的维修通常包括拆卸和安装减振器、弹簧、隔振垫和控制臂衬套，都应遵循车辆维修信息给出的步骤。

> ❗ **警告**　拆卸后弹簧时切勿使用双柱举升机。因为当拆卸某些紧固件时，后桥总成有弧线晃动的趋势，因而可能导致车辆从举升机上滑落。必要时应在车辆处于地面上时拆卸这些紧固件。

3. 独立悬架系统

独立悬架大量应用在 FWD、RWD、AWD 以及 4WD 车辆上。引入后独立悬架的目的与引入前独立悬架相同，即为了改善牵引性和乘坐舒适性。如果车轮可以在路面上独立运动，牵引力和乘坐舒适性都会得到改善。

独立式螺旋弹簧后悬架可以有不同的控制臂布置。例如，有时采用 A 形控制臂。当控制臂的宽边朝向汽车的前部并且与车身垂直时，称为拖曳控制臂（图 10-57）。当整个 A 形控制臂与车身以一定角度安装时，则称为半拖曳控制臂或多连杆悬架。螺旋弹簧装在控制臂和车身之间。控制臂的一端以横梁为枢轴转动，另一端与一根轮轴相连。减振器安装在轮轴或控制臂上。

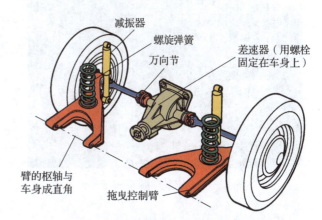

图 10-57　拖曳控制臂常用于独立后悬架

某些车辆的后悬架系统使用一个下控制臂和一个驱动桥。横梁支承着控制臂，而减振器的顶部安装在车身上。弹簧设置在车身底部和横梁上面的弹簧座中。

少数车辆只使用下控制臂，但用一个叉形的副车架取替了上控制臂。两个扭矩臂将后端扭矩传递给副车架。实际上，当前许多轿车的后桥都采用了双叉形后悬架（图 10-58）。扭矩载荷在制动、转弯、加速和减速过程中引起衬套和控制臂的偏转。值得注意的是，这种后悬架系统允许前束稍微变化以改善直线行驶的稳定性。转弯时前束的变化导致更快和更灵敏的转弯响应。这种后悬架系统也可以进行调整，以确保车身在制动时点头最小和加速时下沉最小。

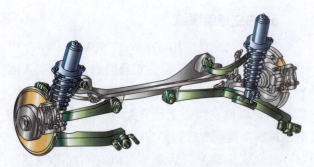

图 10-58 双叉形后悬架

目前，支柱正在取代后独立悬架系统中传统的减振器。图 10-59 是汽车制造商使用的一种最新的支柱式后独立悬架设计。

图 10-59 基于支柱的后悬架系统

在这类系统中，轮轴用来固定支柱、四个控制臂的两个外端、横拉杆的后端和后轮。控制臂的外端有不同尺寸的衬套。衬套较小的一端连接在车身中心线附近，衬套较大的一端连接在轮轴上（在更换控制臂时，强制要求其外端的偏置量和控制臂外边缘必须朝向制造商维修信息中规定的方向）。该系统也称为传统（未改进）麦弗逊支柱系统。

改进的麦弗逊支柱后悬架在采用前轮驱动的车辆中是很常见的。车辆两侧的主要零部件包括改进的麦弗逊减振器支柱、下控制臂、横拉杆和轮轴。螺旋弹簧安装在下控制臂和车身横向构件/纵梁之间。轮轴除了支承后轮，还用作控制臂外端和横拉杆后端的连接位置。控制臂的内端连接在横梁上，横拉杆的前端连接在纵梁上。

另一种后支柱设计采用查普曼（Chapman）支柱，它类似于改进的麦弗逊支柱。两种支柱的区别在于麦弗逊式支柱直接参与车辆的转向系统工作，而查普曼支柱则不参与。此外，查普曼支柱可与传统的弹簧一起使用，通常是钢板弹簧。由于查普曼支柱不再具有承载责任，因而专注于提供精确的车轮定位和减振功能。

钢板弹簧悬架系统用于许多采用传统后轮驱动的车辆上。这类悬架的钢板弹簧通常与本章前面对非独立悬架所述的相同方式纵向布置。但也有少数钢板弹簧采用横向布置，可使用多片和单片钢板弹簧。横向布置的钢板弹簧安装在差速器壳体上，而不是像纵向布置那样安装在车架上。横向安装弹簧的卷耳连接到轮轴总成上。

后减振器或减振器支柱的维修限制与用在车辆前轮上的减振器或减振器支柱相同，也是不能调整、重新充添或维修的。对它们的检查步骤与前面提到的前悬架部件的检查相同，不再重复。

4. 多连杆后悬架系统

多连杆后悬架系统使用多个控制臂来引导车轮（图 10-60）。不同车型采用不同特点的多连杆后悬架，以满足车辆动力学、乘坐舒适性和空间的各种需求。这些类型包括双叉臂后悬架、带纵臂的双叉臂后悬架以及带梯形连杆的后悬架。

图 10-60 多连杆后悬架

在双叉臂悬架中，车轮由两个三角形（叉形）的横向控制臂和一个横拉杆引导。悬架支柱安装在下叉形臂上以提供垂直方向的支承。

带有纵臂的双叉臂悬架中有一个搭载车轮和上下叉形横臂的纵臂。弹簧位于车轮中心前面的纵臂上，减振器在其后面。

采用梯形连杆的后悬架具有优异的操控性和舒适性。后轮由上横向控制臂和梯形的下连杆固定，在其后面有一个横拉杆。为了减轻重量，梯形连杆和上控制臂均为中空的铝铸件。

5. 维修独立悬架系统

除了螺旋弹簧、控制臂和支柱的拆卸和安装外，后独立悬架系统的大部分维修方法与前或后悬架的其他零部件类似，这些内容已涵盖在本章前述中。当然，还应查看有关车辆独立后悬架系统的所有检查和维修的维修信息。

维修后悬架螺旋弹簧　用可与车架接触的举升器升起车辆，或将千斤顶支架支在后桥总成前的车架下，并让减振器完全伸展。将卧式千斤顶放在后桥壳的中间部位下面来支承后桥的重量，但不要使车辆抬离千斤顶支架。拆开减振器的下固定端，然后降低卧式千斤顶直到释放完螺旋弹簧的全部弹簧力。如果车辆装有螺旋弹簧定位器，将其从螺旋弹簧中间拆下。此时通常可从弹簧座上抬起螺旋弹簧并将其取下。如要再使用该弹簧，标记或给每个弹簧贴上标签以便能将弹簧装回原位置。在需要更换弹簧时，一定要成对更换，这样可保证相等的车身高度。

安装弹簧时，先将隔振垫放在螺旋弹簧的顶部，然后将螺旋弹簧放在弹簧座上。螺旋弹簧顶圈的端头必须与弹簧座中的凹处对齐。接着用千斤顶托起后桥壳，使弹簧的下端正确落座，并对齐减振器安装位置后重新连接。

每次只对车辆的一侧进行作业肯定会有某些好处。首先，支承住组装好的车辆一侧有助于拆卸另一侧；其次，这样还可保持零部件的一致，从而消除了将零部件错装到车辆另一侧的可能性。

6. 维修后支柱

更换后支柱的最大区别是上底座的位置。在不同的汽车上，支柱上底座可能位于行李舱内、杂物搁板下面或后排座椅坐垫的后面（图10-61）。在必须拆卸汽车内饰之前，先确定好怎样能接近上底座的位置。然后用千斤顶支承住下控制臂，并拆开支柱的下部连接。在可接触到上支座后，拆下紧固件并从车上取下支柱。在重新安装好支柱后，拧紧所有的紧固件并确保所有内饰件都已清洁。

图10-61　拆卸后排乘客区域以便更换后支柱

维修后控制臂　为了从车上拆卸后悬架的上控制臂，先拆下车架和车桥端部穿过控制臂的螺栓。拆卸上控制臂通常不是必须要拆卸后悬架螺旋弹簧的。一次只先对车辆一侧进行维修可省去组装过程中对零部件的重新排列。对可维修的控制臂，通过用适当的拉拔器拆去有缺陷的衬套来更换控制臂衬套。以对前悬架作业的相同方式，将新的衬套正确定位并压入控制臂。把已修好的控制臂安置在车辆上，松松地拧上螺栓。如有必要，对其他控制臂重复同样的维修。在车辆的全部重量重新落在弹簧上后，正确地拧紧螺栓和螺母。

为维修后下控制臂，必须拆卸螺旋弹簧。再次强调，一次只先维修车辆的一侧。在正确支承车辆和拆除弹簧后，拆卸穿过控制臂的螺栓和螺母。从车上取下控制臂，并以与维修上控制臂的相同方法进行维修。

查看维修信息以确认是否对传动系统的工作角度有调整。若没有规定，在整车重量落在后桥上后再将控制臂螺栓拧紧至规定力矩。这样可使衬套在车辆正常空载高度时的应力设置为中性。

当传动系统有工作角度调整的要求时，应在拧紧控制臂螺栓之前先调整好角度。在维修后悬架后，始终应检查驱动轴万向节的工作角度，这可最大限度地降低传动系统振动的可能性。

某些独立后悬架系统具有球头节，其功能类似于前悬架的球头节，所以可用同样的方式进行检查。

尽管极少有汽车具有后轮转向，但某些独立悬架系统装有一些通常仅在采用四轮转向的车辆上才能见到的部件。例如横拉杆球头节等这类部件的作用似乎与前悬架上的作用相同，但它们是用来调整车轮角度以实现稳定的直线行驶性的。这类悬架和转向的更详细内容涵盖在本书第10章和《汽车电气系统检修技术》的第3章中。

10.7 电控悬架

本书到目前为止，前面所涵盖的所有悬架系统都是被动系统。车辆的高度和阻尼取决于固定的不可调的螺旋弹簧、减振器或麦弗逊支柱。当重量增加时，车辆高度会随着弹簧的压缩而降低。气压可调的减振器虽可在行驶高度和乘坐硬度方面提供一定的灵活性，但在运行过程中无法改变其设定。被动式悬架系统可通过设置来提供软的、硬的或中等程度的乘坐感。车身的运动和轮胎牵引力会因路况以及转弯和制动力的不同而变化，被动系统无法对这些变化进行调整。

电子传感器和计算机控制技术的进步已经催生了新一代悬架系统。最简单的系统是水平控制系统。它使用电子高度传感器来控制一个与气压可调式减振器相连的空气压缩机。

更先进的自适应悬架能够连续改变减振器的阻尼和车辆的行驶高度。传感器向车载计算机提供输入数据，车载计算机调整空气弹簧和减振器的阻尼设置以匹配道路和行驶条件（图10-62）。

最先进的计算机控制的悬架系统是真正的主

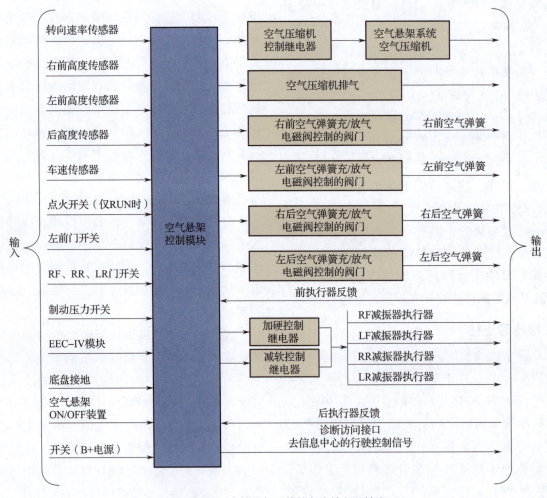

图 10-62 电控悬架系统的各个输入和输出

动悬架。有些使用前向的摄像头来扫描道路的前方，并在撞击路面的凸起和凹陷之前调整悬架。这类系统通常是液压控制而不是空气控制的。它们使用高压的液压执行器来承载车辆的重量，而不是传统的弹簧或空气弹簧。但某些系统，例如梅赛德斯-奔驰的 AIRMATIC 使用电控的空气弹簧来承载重量和控制乘坐品质。

主动悬架的独到之处就是通过编程可对不同运行条件做出近乎完美的响应。例如，一些新型的福特 Fusion 车具有独特的计算机控制的减振器系统，该系统可连续地提供受控的阻尼。实际上，当轮胎落入路面上的坑洞时，该系统能够减缓冲击。该系统检测到坑洞，随后阻止轮胎完全掉进坑洞中，这意味着轮胎不会猛烈地撞击到坑洞的另一边，从而减少车辆乘客的震动感。

该系统使用 12 个传感器和主动式阻尼器，可每 2ms 调整一次减振器。由于来自前轮的信号在后轮到达坑洞之前为后轮提供了警示信号，所以后悬架能够更快地做出响应。该系统还可用于运动车型，以改善操纵性和过弯能力。

使用液压执行器的主动悬架系统目前仅用在有限数量的高性能车辆上。大多数制造商都在推出各种依赖气动空气弹簧和减振器的自适应悬架系统。

有些新型皮卡和 SUV 配备空气悬架系统。这类系统添加到现有的钢板弹簧悬架上。空气弹簧位于货车钢板弹簧中间和车架之间。布置在车桥两端的空气弹簧充当了可调节和附加弹簧的作用。

1. 自适应悬架

自适应悬架使用带有可变阀门的电子减振器。在某些情况下，可变空气弹簧刚度用来调整车辆的行驶特性以适应当前的道路条件或驾驶员的需求。

传感器监测诸如车辆高度、车速、转向角度、制动力、车门位置、减振器阻尼状态、发动机真空度、节气门位置和点火开关位置转换等信号。计算机用来分析这些输入信号，并将悬架切换到匹配当前条件的预设的运行模式。有些系统是全自动的，有些系统则允许驾驶员选择行驶模式。

目前的自适应悬架比液压控制式主动悬架的成本和复杂度都低，但它们确实有一些局限性。尽管自适应悬架可以减少车身的侧倾，但它们不能像真正的主动悬架那样消除侧倾。尽管有些系统可在仅仅 150ms 内改变减振器的阀调，但自适应系统毕竟在响应时间上也略有延迟。

（1）系统部件　为了完成相同的任务，制造商使用了许多不同的设计和部件。有些系统使用可调节的减振器，而另一些系统在车桥两侧使用了空气弹簧。空气弹簧的气囊在结构上类似于轮胎。电磁阀和过滤器总成允许清洁的空气添加给空气弹簧或从空气弹簧中释放，从而改变车辆的行驶高度。

流向空气弹簧的气流由空气压缩机、系统传感器、计算机控制模块和电磁阀的共同作用来控制。系统的所有气动部件都通过尼龙管连接。

（2）空气压缩机　空气压缩机为整个系统的运行提供空气压力。它通常是一个由 12V 直流电机驱动的正排量式单柱塞泵。再生式空气干燥器连接到空气压缩机的输出端，以便在空气输送到空气弹簧之前除去空气中的水分。空气压缩机的工作是通过计算机模块控制的电子继电器来控制的。

（3）传感器　车辆高度传感器可以是旋转式霍尔效应传感器，它使计算机能够更精确地测量行驶高度并根据道路变化做出补偿（图 10-63），从而防止车辆在穿越铁轨或类似不规则道路时车身高度降得过低。

图 10-63　用于行驶高度和稳定性控制系统的高度传感器

先进的系统还使用光电二极管和安装在转向柱内的光栅盘来读取转向角度。这可使系统在车辆转弯过程中使悬架变硬。系统还可在车辆加速时读取发动机的真空或节气门位置信号并使悬架变硬。制动传感器可使系统对紧急制动时的点头做出补偿。有些系统使用特殊的加速度传感器（G传感器）来感知突然的加速或制动，另一些自适应系统使用横摆传感器来检测车身在转弯时的侧倾程度。

（4）电子减振器　许多自适应悬架系统使用具有可变冲击阻尼的电子控制减振器。阻尼的程度由计算机根据车速、转向角和制动传感器的输入进行控制。正如本章前面所阐述的，可变冲击阻尼是通过改变减振器内部的计量孔的大小来实现的，而改变计量孔大小的操作是由一个安装在减振器顶部的小型执行电机旋转控制杆来完成的。

自适应悬架技术的最新发展是实时冲击阻尼的应用。这类系统使用电磁阀操作而不是电机驱动的减振器。电磁阀几乎可以瞬间改变阀调状态，这意味着悬架可以在发生颠簸和车身运动时快速做出反应。实时自适应系统不仅具有全主动悬架的大部分操控优势，而且还不会增加车辆重量和功率消耗。采用实时的自适应系统，在遇到颠簸时就可以在短短10ms内改变减振器的阀调状态。

（5）电子支柱　有些系统采用电子控制的支柱，而不是用空气弹簧和减振器（图10-64）。其结构和工作原理类似于电子减振器。根据多个传感器的输入和来自系统控制模块的指令，通过位于支柱内部的阀门选择器或可变节流孔来控制悬架系统中的液压力。许多自适应悬架系统都采用四根电控支柱。根据来自计算机的输入，阀调选择器切换不同的旁通节流孔以实现舒适、正常或较硬的乘坐模式。

有些可变阻尼的悬架系统使用的是空气或其他气体，而不是液体。在40mile/h（约65km/h）以下的车速时，节流孔被完全打开并且提供最大流量。在40~60mile/h（约65~100km/h）的车速范围内，节流孔处在正常位置，使流量受限。当车速超过60mile/h（约100km/h）或车辆处于加速及制动时，可变节流孔切换到悬架较硬的位置。

在阻尼控制使用可变节流孔与偏转板阀的结合，为回弹和振跳行程提供了最佳的油液流量控制。在舒适模式，选择器被设置为允许油液主要流过较大的选择器节流孔，以达到最小的阻尼力。而在正常模式，该装置被设置来均衡选择器较小节流孔和偏转板阀两者之间的油液流量，以提供中等的阻尼力。在需要更硬的模式时，选择器被转到硬的位置，油液完全流经偏转板阀，阻尼力最大。

阻尼控制还可以升高或降低车辆的高度，这可以改善汽车在高速行驶时的空气动力学特性。随着速度的提高，悬架降低车辆的高度，并使车辆前端向下倾斜一个角度。这有利于降低风阻，从而获得更高的稳定性和更好的燃油经济性。随着车辆减速，悬架将车身提升到正常高度并使车辆前端恢复到水平位置。

（6）计算机控制模块　计算机控制模块（ECU）通过继电器控制空气压缩机电机、压缩机排气电磁阀和四个空气弹簧电磁阀。计算机控制模块还控制电子减振器执行电机和电子支柱阀调选择器的操作。计算机控制模块接收系统所有传感器的输入信号。

计算机控制模块还具有对系统执行诊断测试的能力。该模块装有预先编好的程序用在维修后正确匹配空气弹簧，还控制安装在仪表板中的系统警告灯。

操作基本空气悬架系统的电力由车身主线束分配。在典型的空气悬架系统中，与系统有关的每条线束都有其特定功能。

> ❗ **警告**　空气压缩机继电器、压缩机排气电磁阀和所有空气弹簧电磁阀的内部都有抑制电气噪声的二极管，且对极性很敏感。维修时必须小心以免接反蓄电池的供电和接地电路，否则将导致部件

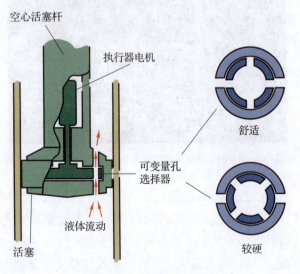

图10-64　计算机控制支柱行程

损坏。为蓄电池充电时,点火开关必须处在关闭位置,如果此时空气悬架的开关处在 ON 状态,则可能会损坏空气压缩机继电器或电机。在诊断测试或空气弹簧充气时可使用蓄电池充电器,但应将充电器的充电率设定在维持档位,以免损坏车辆的蓄电池。

(7)电子调平控制 自适应悬架系统可在运行过程中对悬架系统进行调节。许多大型和中型车辆会使用不太复杂的电子调平控制系统。

这类系统不使用计算机模块。在大多数情况下,高度传感器是唯一使用的传感器。当乘客重量或货物被添加到车上或从车上移去时,这些高度传感器就会感知到(图 10-65)。高度传感器控制两条基本电路,一条是起动空气压缩机的继电器线圈接地电路,另一条是从系统中排出空气的排气电磁阀线圈接地电路。

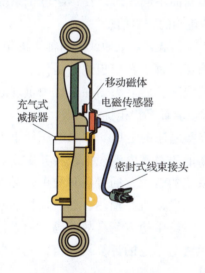

图 10-65 载荷感应式减振器

为了防止在正常行驶过程中错误地启动压缩机继电器或排气电磁阀电路,传感器电路会在这两个电路完成之前提供 8~15s 的延迟。

此外,典型的传感器会以电子方式将空气压缩机的运行时间或排气电磁阀的通电时间限制为最长约 3.5min,这个时间限制功能对防止空气压缩机在电磁阀出现故障的情况下连续运转是非常必要的。关闭并打开点火开关可将电子计时器电路重置为新的 3.5min 最大运行时间。高度传感器安装在车辆后部的车架横梁上。传感器的活动臂借助一个连杆与后悬架的上控制臂相连。进行任何配平调整时,应将该连杆连接到金属臂上。

当空气管路与减振器接头或压缩机干燥器接头连接时,应将固定夹子卡入接头的凹槽中并将空气管路锁定在位。拆卸空气管路时,撑开固定夹子并将其从凹槽中拔出,然后拉出空气管路。

(8)可调式空气悬架 前后轮都采用可调式空气悬架是某些全轮驱动(AWD)车辆的特点。通过改变车辆的离地间隙,车辆不仅能用来越野,而且在高速公路上也能有不错的表现和操控性。可手动或自动方式选择四种行驶高度,其离地间隙的最大值超过 8in(约 203mm)。在干线公路速度时,车辆的离地间隙为 5.6in(约 142mm),在城市行驶时将提高 1in(约 25mm),普通越野和地方公路行驶时的离地间隙为 7.6in(约 193mm)。在 25mile/h(约 40km/h)车速以下的极端越野条件下,最大离地间隙为 8.2in(约 208mm)。车辆将根据车速自动调节至想得到的高度,驾驶员也可通过按下一个按键来临时接管高度设置。

2. 磁流变悬架

磁流变悬架属于半主动悬架系统,其特点是减振器或支柱不带机电控制的阀门或小型移动部件。这种悬架不使用阀控的节流孔,而是通过安装在减振器内的小线圈产生的可变磁场调节油液的流量(图 10-66)。减振器内充满了磁流变(MR)液体,该液体中含有诸如铁的弱磁粒子,它们悬浮在合成烃液体中。

图 10-66 基于磁流变液体的支柱

撞击的行为迫使减振器中的磁流变液体通过一个磁化的节流孔。当减振器在其关闭（OFF）状态时，液体未经磁化并自由流过节流孔。当电流流过线圈时，液体被磁化，其黏度立即发生变化（图10-67）。

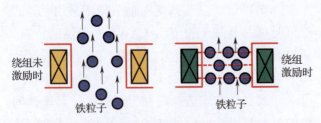

图10-67 磁流变液体中的铁粒子通过磁场时会自行排列整齐而使液体变硬

材料从液态变为半固态的程度与施加在其上的磁场强度成正比。在电流很小或没有电流时，铁粒子是随机分布的，液体可以自由地通过活塞上的节流孔。当大电流施加给线圈时，产生的磁场使铁粒子整齐排列，使液体变硬，并使流量受限。这种状态导致大的阻尼，产生的阻尼力与液体的黏度成正比，而黏度又与磁场强度成正比。

监测车轮位置、横向加速度、车速、转向盘转角和制动踏板角度的传感器信号输入给控制模块，控制模块发送电流给减振器内的线圈。这类系统可提供极快的响应时间，通常约5ms，而且液体每秒能做出30000次的反应。

10.8 电子悬架部件的维修

大多数电子悬架的维修需要对故障部件进行拆卸和更换。制造商的维修信息都对此给出了正确步骤。可维修的项目包括更换空气压缩机、安装支架、高度传感器、空气弹簧、空气管路及接头、气体支柱、支柱安装件、控制臂组件、减振器和稳定杆。

当维修整个悬架系统时，对紧固件的注意十分重要，特别是电子悬架系统。如果不遵守维修信息中给出的有关紧固件的建议，可能会导致空气弹簧或悬架系统突然失效。悬架紧固件能够影响重要部件和系统的性能，并会造成额外的维修费用。所有紧固件的更换都必须用具有相同零件号或同质的零件，切勿使用质量较差或替代设计的更换件。所有紧固件必须紧固到规定力矩。只要原部件已松开或拆卸以及安装新部件，都必须安装新的紧固件。

> **警告** 在空气弹簧内部有压力时切勿实施拆卸。在空气弹簧未放气或未提供支撑时，不要拆卸支撑空气弹簧的任何零部件。当维修空气悬架的任何部件时，必须通过关闭空气悬架开关（在行李舱内）或断开蓄电池以关闭空气悬架系统。大部分空气悬架系统都配有警告灯。如果出现问题或正在进行系统维修，警告灯都会点亮。

1. 诊断

诊断仪或专用的电子测试仪可用于诊断大多数电子悬架系统。这些仪器可能只是读取故障码，也许还能驱动系统中的各种执行器。确切的步骤和来自车载计算机的数据会随制造商和车辆采用的系统不同而不同，所以在诊断电子系统时，务必要参考正确的维修信息。

诊断应以从客户处收集尽可能多的信息开始。确保已确切了解了客户担忧的是什么，以及故障发生时的状况，然后力图在路试中重现故障发生时的状况以验证客户担忧的问题。

检查蓄电池的电压。如果电压低于11V，在继续诊断前先对蓄电池充电或将其更换。随后检查悬架系统的熔丝、插接器和线束，必要时进行维修。起动发动机并预热，然后连接诊断仪或测试仪，从系统中检索所有故障码。如果诊断仪或测试仪无法与车上的计算机通信，先诊断不能通信的原因。

> **参见**
>
> 有关检索故障码和诊断CAN通信故障的步骤参见《汽车维修技术基础（原书第7版）》第5章。

查看故障码表并判断这些故障码与车辆表现出的故障现象是否相符。如相符，则遵循与每个故障码有关的排查表进行排查。如不符，清除故障码并在完成悬架系统的诊断后重新读取故障码。

如果没有与问题相关的故障码，则记录程PID（参数识别）并将它们与参数对照（表10-1）。如果问题原因仍不明显，应参考制造商提供的故障

表 10-1　电子悬架系统典型的 PID（参数识别）

PID（参数）	含义	预期值
4×4_高速	4×4 高速输入	IN，OUT
4×4_低速	4×4 低速输入	IN，OUT
AS_COMP	压缩机继电器状态	ON---，ONO--，ON-B-，ON--G，OFF---，OFFO--，OFF-B-，OFF--G
AS_GATE	前阀门电磁阀状态	ON---，ONO--，ON-B-，ON--G，OFF---，OFFO--，OFF-B-，OFF--G
AS_VENT	放气电磁阀状态	ON---，ONO--，ON-B-，ON--G，OFF---，OFFO--，OFF-B-，OFF--G
BOO_ARC	制动踏板位置输入	ON，OFF
CCNTRAC	ARC 模块连续故障码计数状态	每一位一个计数
DR_OPEN	车门未关好输入	打开，关闭
F_FILL	前充气电磁阀状态	ON---，ONO--，ON-B-，ON--G，OFF---，OFFO--，OFF-B-，OFF--G
FHGTSEN	前高度传感器	#，## VDC
HGTSEN	高度传感器	ON，OFF
IGN RUN	点火开关处在 RUN 位置的检测	RUN，未在 RUN 位置
LFSHK_E	左前减振器编码状态	SOFT，FIRM
LRSHK_E	左后减振器编码状态	SOFT，FIRM
OFFROAD	车辆离开路面的状态	ON，OFF
OPSTRAT	运行模式	ARC
PCM_ACC	来自 PCM 的加速信号	YES，NO
R_FILL	后充气电磁阀状态	ON---，ONO--，ON-B-，ON--G，OFF---，OFFO--，OFF-B-，OFF--G
RASGATE	后阀门电磁阀状态	ON---，ONO--，ON-B-，ON--G，OFF---，OFFO--，OFF-B-，OFF--G
RFSHK_E	右前减振器编码状态	SOFT，FIRM
RHGTSEN	后高度传感器	#，## VDC
RRSHK_E	右后减振器编码状态	SOFT（软），FIRM（硬）
STEER_A	转向盘转动传感器	LOW（低），HIGH（高）

现象表，检查那些被确定为可能导致该问题的范围。如测试仪能够驱动系统的执行器，现在应进行以下操作。在多数情况下，测试仪每次只能驱动一个车轮的悬架动作。可以手动接通每个车轮悬架，车辆会随之倾斜。然后使执行器断电，此时车辆将返回其原始位置。在每个车轮上都应完成此步骤。如果某个悬架不能正确地响应指令，则应彻底检查该悬架。如果车辆每个角的悬架都按指令正确响应，则问题很可能不是由电子系统所引起的，应继续检查悬架的常规部件。

一旦确定故障原因后，应进行更换或修复。为了确认修复结果，应以出现问题时的相同状况进行路试。此外还应再检查一下系统中是否有任何新的故障码。

2. 车辆定位

对配备电子悬架系统车辆进行定位的步骤基本上与《汽车电气系统检修技术（原书第 7 版）》的第 3 章所述步骤是相同的，唯一值得注意的是空载高度。

空载高度之所以是重要尺寸，是因为它会影响其他定位角度。后倾角是受影响最明显的一个角度，但前轮的外倾和前束也同样受影响。当检查独立后悬架的车轮外倾和前束时，空载高度尤其重要。采用电子悬架时，车辆的行驶高度会根据不同状况而变化，因此，保证悬架处在正确空载高度的唯一方法是预先设定它。为了检查和进行车轮定位而对车辆进行适当设定时，通常都需要准确地遵循制造商的维修信息并使用诊断仪将系统设置为维修模式。除非已有正确的信息和设备，否则不要尝试对配备主动悬架的车辆进行检查或设置车轮定位。

> **客户关爱**
>
> 因为维修技师在车辆需要拖动时很少会在现场，所以重要的是要告知客户正确的拖车步骤，以免拖车人员损坏电子悬架系统。技师也必须知道正确吊起和顶起时的限制条件。
>
> 拖动车辆时必须记住，自动水平调整悬架即使在点火开关关闭时仍会处在工作状态。因此，在举升车辆之前应确保点火开关已关闭，然后应关闭行李舱内的悬架开关。从车辆前面拖带车辆时的速度不应超过35mile/h（约60km/h），拖带的距离不得超过50mile（约80km）。从车辆后面拖带时的速度不应超过50mile/h（约80km/h），或在凸凹不平路面上不超过35mile/h（约60km/h）。
>
> 车身举升机通常是唯一推荐的举升器。大多数制造商反对使用悬架举升器。正确的顺序是先将汽车定位在举升机上方，关闭点火开关，并关闭悬架系统。
>
> 如果没有车身举升机，也可使用卧式千斤顶和千斤顶支架。举升位置在前横梁和靠近后轮舱前方的支撑点。使用千斤顶安全支架来支撑汽车。
>
> 在所有情况下，举升的原则是相同的。悬架应在汽车悬空时自由下垂，这可使车轮由前轮的支柱和后轮的减振器支撑，两者都处于完全伸张（弹回）位置。此时每个空气弹簧的气囊在车辆悬空时都可保持其适当的形状。

10.9 主动悬架

尽管有些先进的自适应悬架系统可能称为主动悬架，但在本文中，主动悬架是指由那些由安装在每个车轮上的双向液压缸或电磁阀（通常称为执行器）控制的悬架。每个执行器都与其他执行器保持一种液压平衡，以承载车辆的重量、保持所需的车身姿态。每个执行器同时还作为自身的减振器，从而不再需要有另外一个传统悬架中的减振器。

也就是说，每个液压执行器既充当一个弹簧（具有可变刚度的阻尼特性），又充当一个具有可变硬度的减振器。这在主动悬架系统中是通过改变每个工作缸内的液压力和压力阀增减速率来实现的。通过释放和增加来自每个执行器的液压力，每个车轮可独立地对不断变化的路况做出反应。

组成这类主动悬架系统的部件包括执行器控制阀、各种传感器和底盘计算机（图10-68）。向计算机提供各种信息的是许多专用的传感器。每个执行器有一个线性位移的传感器和一个加速度传感器，使计算机能够随时了解有关执行器的相对位置。这使得计算机能够跟踪每个执行器的伸张和压缩，并知晓每个车轮处在振跳或回弹的时间。此外，每个车轮上还有载荷传感器和轮毂加速度传感器来测量每个车轮上有多大的载荷。

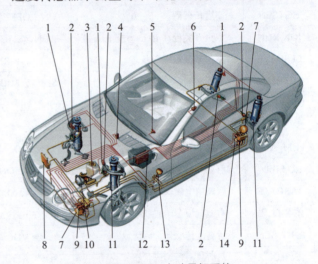

图10-68 主动悬架系统

1—加速度传感器　2—水平传感器　3—燃油箱
4—横向加速度传感器　5—纵向加速度传感器
6—横摆角传感器　7—蓄能器　8—油液冷却器
9—控制阀体　10—ABC泵
11—ABC弹簧支柱　12—控制单元
13—集成的压力传感器、脉动阻尼器和安全阀
14—回流蓄能器

转向角度传感器在车辆转弯时向计算机发出信号。为监测车身的运动，使用了一个侧倾传感器、一个横向加速度传感器和一个重力加速度传感器。计算机还监测该系统内的液压压力和液压泵电机的转速。

一旦计算机获得了所有必要的输入，就会根据任意许多变量和内置的程序来调节每个执行器内的液压流体的流量。这类悬架另一个好的特点是可以通过编程具有一些独特的且目前还不太可能的功能，例如以倾斜和侧滑方式入弯，甚至可不使用单独的千斤顶而通过指令升起漏气的轮胎以将其更换掉。

在主动悬架的车轮撞击到凸起物时，传感器会检测到车轮突然向上的偏转，计算机将这种变化识别为冲撞，并立即打开控制阀以释放液压执行器中的压力。执行器释放压力的速率决定了冲撞时的缓冲度和乘坐的相对硬度或柔软度。该速率可在振跳或回弹过程中的任意点进行改变，以产生可变弹簧刚度的效果。也就是说，悬架的感觉可以通过编程能以近似无限变化的方式对路况做出反应。一旦冲击被执行器吸收，压力就会被强制恢复，以使车轮与路面保持接触并维持悬架的预期行驶高度。

采用传统悬架系统的车辆在紧急制动时会有点头的倾向，车辆重量似乎是在把车辆前部向下推、后部往上推。在紧急制动过程中，主动悬架提高前悬架执行器的空气压力并降低后悬架执行器的空气压力。这种行为可最大限度地减少点头以保持车辆水平，并使驾驶员更容易控制车辆。制动完成后，控制阀工作以平衡前后空气执行器中的气压，重新调平车辆。

在驾驶员快速踏下加速踏板进行急加速时，车辆前端往往会上升，而后端会下沉，这种行为被称为后坐。采用主动悬架系统后，系统通过电磁阀的工作增加后轮执行器中的空气压力并降低前轮执行器中的空气压力，从而使后坐得到控制。当车辆不再快速加速时，控制系统操作阀门以平衡前后轮执行器的空气压力并调平车辆。因此，主动悬架可改变车辆前部、后部或两侧的高度以抵抗俯仰、侧翻和偏斜。该主动姿态控制功能改善了车辆的稳定性并增强了轮胎的牵引力和驾驶员的控制能力。

整个主动悬架系统所需的功率只有 3~5hp（约 2.2~3.7kW，大约相当于一个普通的动力转向泵）。当系统几乎不活动时功耗最低，比如行驶在平坦的道路上。而行驶在起伏不平的路面和剧烈行动时，系统会对动力有更大的需求，因为此时液压泵需要更努力地工作，所以需要的动力也更大。

采用半主动悬架可以降低动力消耗，因为它们使用较小的弹簧和液压执行器。弹簧帮助支承车辆的重量，这样可减轻执行器的负荷，因而可使用需要较小液压力的小型执行器，从而减少了系统的体积和重量。增加弹簧也对系统增加了一定的安全裕度，以防止悬架系统在液压弹簧泄漏时下落。

虽然液压式主动悬架不如电子调平或自适应悬架系统那样广泛使用，但肯定会变得越来越普遍。

3C：问题（Concern）、原因（Cause）、纠正（Correction）

维修工单					
年份：2010	制造商：GMC	车型：Acadia	里程：140951mile		单号：19261
问题	客户陈述在凹凸不平路面行驶时有噪声，乘坐感不佳，感觉身体似乎晃来晃去。				
维修技师进行了路试并注意到几种噪声，包括敲击声和嘎吱声。还注意到车身在右转时倾斜过大，乘坐感比正常情况差。回到车间后，维修技师进行了目视检查和减振器振跳测试。					
原因	发现一根横向稳定杆拉杆损坏、两个前支柱漏油以及一个后减振器下支座损坏。				
纠正	更换了横向稳定杆拉杆、前支柱和后减振器。				

10.10 总结

- 悬架系统中使用四种类型的弹簧：螺旋弹簧、钢板弹簧、扭杆弹簧和空气弹簧。
- 弹簧承担车轮的两种基本动作：振跳和回弹。
- 常见的螺旋弹簧材料包括碳钢、碳硼钢和合金钢，如含有铬和硅的合金钢能提高弹簧抗松弛性。
- 车用螺旋弹簧有两种基本设计：线性刚度的弹簧和可变刚度的弹簧。
- 钢板弹簧由钢或纤维复合材料制成。
- 扭杆悬架中，扭杆可前后布置或横跨底盘两侧布置。

- 空气弹簧通常仅用在计算机控制的悬架系统中。
- 减振器抑制或控制车辆的运动。传统减振器是一种速度敏感性的液压减振装置，其移动速度越快对运动的阻尼力就越大。
- 减振器可以垂直安装，也可呈一定角度安装。以一定角度安装的减振器可提高车辆的稳定性并缓冲加速和制动力矩。
- 有两种基本的可调式空气减振器系统：手动充填式和自动或电子载荷调平式。
- 麦弗逊支柱提供减振器的阻尼功能，此外还用作定位弹簧和固定悬架的位置。
- 北美采用的支柱有两种布置形式：一种是围绕支柱且与支柱同心的螺旋弹簧，另一种是弹簧位于下控制臂和车架之间。
- 独立前悬架（IFS）必须使车轮牢固地保持其位置，同时还要允许车轮左右转向。此外，由于重量在制动过程中的转移，前悬架系统要吸收大部分制动力矩；与此同时，它还必须能提供良好的平顺性和稳定性。
- 非等长的或短 - 长臂（SLA）的双横臂悬架系统在北美汽车上最为常用。
- 驱动桥式悬架系统是传统的后悬架系统，它由弹簧连同一个驱动桥（驱动桥中包含差速器、半轴、车轮轴承和制动器作为一个整体）组成。弹簧是钢板弹簧或螺旋弹簧中的一种。
- 半独立悬架应用在许多前轮驱动的车辆上。
- 前独立悬架系统常用的三种支柱设计：传统的麦弗逊支柱、改进的麦弗逊支柱和查普曼（Chapman）支柱。
- 计算机控制的悬架系统有自适应式和主动式两种基本类型。
- 电子控制式悬架系统可以是简单的载荷调平系统，也可以是自适应系统或全主动式系统。自适应和主动式悬架系统是由计算机控制的。
- 自适应悬架系统可在行驶时改变车辆的行驶高度和减振器的阻尼，这类系统使用空气弹簧和电控的减振器或支柱。
- 主动悬架系统是由液压操纵的执行器来控制上下和左右运动的，它们可通过编程对特定的路况和转向力做出反应。

10.11 复习题

1. 思考题

1）横向稳定杆是如何工作的？
2）簧上质量和簧下质量的区别是什么？
3）使用空气弹簧的两个理由是什么？
4）传统减振器在压缩（振跳）和伸张（回弹）行程时的作用是什么？
5）独立前轮悬架系统的作用是什么？
6）由失效的减振器所引起的常见问题有哪些？
7）所有悬架系统的核心是（　　）。

2. 单选题

1）当车轮撞击凹坑或坑洞并向下移动时会发生什么？（　　）
 A. 振跳　　　　　　B. 自由伸长
 C. 偏转　　　　　　D. 回弹
2）以下哪一项是车辆簧上质量的一部分？（　　）
 A. 转向拉杆　　　　B. 轮胎
 C. 发动机　　　　　D. 以上都是
3）当车轮撞击凹陷或坑洞并向上移动时会发生什么？（　　）
 A. 振跳　　　　　　B. 自由伸长
 C. 偏转　　　　　　D. 回弹
4）改进的麦弗逊后支柱悬架常用于（　　）。
 A. FWD 车辆　　　　B. RWD 车辆
 C. 皮卡车　　　　　D. 旅行车
5）当车辆转弯时，用来控制其运动的是（　　）。
 A. 支柱　　　　　　B. 减振器
 C. 横向稳定杆　　　D. 控制臂
6）车辆的螺旋弹簧用来（　　）。
 A. 支承车辆的重量　B. 提供车桥的定位
 C. 稳定上下的运动　D. 以上都是
7）目前常用的双横臂（SLA）悬架系统用在（　　）中。
 A. 螺旋弹簧悬架　　B. 扭杆悬架
 C. 支柱和控制臂悬架　D. 以上都是
8）多连杆前悬架包含下述（　　）部件。
 A. 支柱　　　　　　B. 控制臂

C. 球头节　　　　　　　　D. 以上都是

3. ASE 类型复习题

1）技师 A 说在悬架中使用更坚固的聚氨酯衬套提高了车辆的抓地力和操控性。技师 B 说更坚固的衬套有助于消除某些前轮驱动车辆的扭矩转向。谁是正确的？（　　）

A. 仅技师 A 正确

B. 仅技师 B 正确

C. 技师 A 和 B 都正确

D. 技师 A 和 B 都不正确

2）技师 A 说在承载的球头节中始终应有一定间隙。技师 B 说随动的球头节绝不应有间隙。谁是正确的？（　　）

A. 仅技师 A 正确

B. 仅技师 B 正确

C. 技师 A 和 B 都正确

D. 技师 A 和 B 都不正确

3）技师 A 说疲软的悬架弹簧会导致加速过程中牵引力损失。技师 B 说疲软的悬架弹簧会导致制动力不足。谁是正确的？（　　）

A. 仅技师 A 正确

B. 仅技师 B 正确

C. 技师 A 和 B 都正确

D. 技师 A 和 B 都不正确

4）技师 A 说钢板弹簧型后悬架会受到车桥跳振的影响。技师 B 说设计横向稳定杆的目的是为了限制车轮跳动。谁是正确的？（　　）

A. 仅技师 A 正确

B. 仅技师 B 正确

C. 技师 A 和 B 都正确

D. 技师 A 和 B 都不正确

5）技师 A 说应该检查减振器的安装螺栓是否松动和安装衬套是否磨损。技师 B 说应该检查减振器和支柱是否漏油。谁是正确的？（　　）

A. 仅技师 A 正确

B. 仅技师 B 正确

C. 技师 A 和 B 都正确

D. 技师 A 和 B 都不正确

6）讨论螺旋弹簧的类型时，技师 A 说线性刚度的螺旋弹簧各圈之间有相等的间距；技师 B 说可变刚度的螺旋弹簧可能是各圈间距不相等的圆柱形。谁是正确的？（　　）

A. 仅技师 A 正确

B. 仅技师 B 正确

C. 技师 A 和 B 都正确

D. 技师 A 和 B 都不正确

7）当配备前支柱的车辆在转动前轮时，左前螺旋弹簧会产生震颤和噪声，技师 A 说该支柱内部有缺陷，需要更换；技师 B 说上面的支柱轴承和底座有缺陷。谁是正确的？（　　）

A. 仅技师 A 正确

B. 仅技师 B 正确

C. 技师 A 和 B 都正确

D. 技师 A 和 B 都不正确

8）技师 A 说装有电子空气悬架的汽车在被举起任一角之前必须关闭其悬架开关。技师 B 说装有电子空气悬架的汽车在被举起任一角时，绝不能打开点火开关。谁是正确的？（　　）

A. 仅技师 A 正确

B. 仅技师 B 正确

C. 技师 A 和 B 都正确

D. 技师 A 和 B 都不正确

9）进行反弹测试时，技师 A 说应在车辆每个角用足够的力向下推动保险杠两三次；技师 B 说如果减振器或支柱可提供适当的弹簧力控制，一次自由向上的反弹应能使底盘停止垂直方向的运动。谁是正确的？（　　）

A. 仅技师 A 正确

B. 仅技师 B 正确

C. 技师 A 和 B 都正确

D. 技师 A 和 B 都不正确

10）技师 A 说在不规则路面上发出的嘎嘎声可能是由磨损的减振器衬套或垫圈引起的。技师 B 说干燥或磨损的控制臂衬套可能会在不规则的路面上会发出吱吱声。谁是正确的？（　　）

A. 仅技师 A 正确

B. 仅技师 B 正确

C. 技师 A 和 B 都正确

D. 技师 A 和 B 都不正确

第 11 章 转向系统

学习目标

- 能识别典型的转向系统部件及其功用。
- 能识别转向连杆机构的基本类型。
- 能识别齿条齿轮转向系统的部件并描述每个部件的功用。
- 能简述转向器和转向柱的功用和工作原理。
- 能简述对各种动力转向系统的维修。
- 能进行动力转向系统的常规检查。
- 能检查和维修转向连杆机构的部件。
- 能检查和维修动力转向泵。

3C：问题（Concern）、原因（Cause）、纠正（Correction）

维修工单				
年份：2007	品牌：Chevy	车型：Cobalt	里程：130753mile	单号：19357
问题	客户陈述汽车在撞击凸起物后会向左或向右急驰。			
根据此客户提出的问题，运用在本章中学到的知识来确定此问题的可能原因、诊断问题的方法以及解决问题所需的步骤。				

转向系统的作用看似简单——就是转动前轮，但随着汽车多年来发生的变化，对转向系统的要求也有所改变。除了转动前轮外，在某些情况下转向系统还转动后轮，目前还与驾驶员辅助技术相结合，例如自动泊车、车道偏离控制和半自动操作。直到不久前还只有少数汽车配备稳定控制系统或电动转向辅助系统，如今所有的新车都带有某种类型的稳定控制，而且大多数汽车都具有电动辅助转向系统（图11-1）。直到汽车都实现纯电动转向之前，机械转向部件仍将是转向系统的基础。

图 11-1 当前的电动辅助转向系统

11.1 机械转向系统

转向系统由三个主要子系统组成：转向传动机构、转向器、转向柱和转向盘。转向器将驾驶员转动转向盘的运动传递给转向传动机构，转向传动机构转动车轮来控制汽车的行驶方向。尽管转向系统有很多变化，但它们都会包含这三个主要子系统。

1. 转向传动机构

转向传动机构这个术语用来表示一个布置在转向器和转向臂之间由枢轴和连接部件构成的系统。转向臂与控制车辆行进方向的前轮或后轮相连。转向传动机构将转向器输出轴的运动传递给转向臂，进而转动车轮以操纵车辆。转向臂是转向节的一部分，它弯向车辆中心并与转向传动机构相连。

前轮悬架的类型（独立悬架与整体车桥相比）对转向几何有着极大影响。大多数乘用车、轻型货车和旅行车都采用独立的前悬架系统，因此必须使用允许车轮有较大转动的转向传动机构。

2. 平行四边形转向传动机构

平行四边形转向传动机构布置曾一度是乘用车最常用的类型，它与双横臂悬架、循环球式转向器配套使用。平行四边形转向传动机构可以布置在前悬架的后面（图11-2a）或前悬架的前面（图11-2b），其主要部件包括转向摇臂、转向随动臂、连接杆和转向横拉杆。

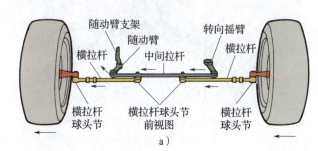

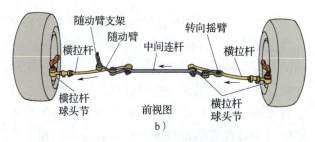

图 11-2 安装在前悬架后和前悬架前的平行四边形转向传动机构

（1）转向摇臂 转向摇臂（图11-3）连接中间拉杆和位于转向柱底部的转向器，并将转向器齿轮的运动传递给转向传动机构，使其向左或向右移动以带动车轮按相应方向转动。转向摇臂还用于维持中间拉杆的高度，这确保了转向横拉杆能平行于控制臂运动，从而避免前束的设置不稳定或颠簸转向。前束一词是一个术语，它是一个决定车轮能否更好地指向车辆行驶方向的关键定位参数。

图 11-5 典型的中间拉杆

图 11-3 典型的连接转向轴和中间拉杆的转向摇臂

车间提示

连接杆可分为磨损部件或非磨损部件。如果部件有球头节座，则认为是磨损部件。如果部件上只有一个用来连接其他零部件球头节螺柱的孔，则认为是非磨损部件。如果中间拉杆为非磨损部件，则转向摇臂通常是磨损部件。反之，如果中间拉杆是磨损部件，则转向摇臂通常是非磨损部件，但随动臂总成始终是磨损部件。

（2）转向随动臂　转向随动臂或随动臂总成（图 11-4）通常都安装在汽车车架上，它连接在中间拉杆与转向摇臂连接点的相反一侧，用来支承中间拉杆以使其处在正确的高度。随动臂或随动臂总成上的球头节枢轴允许连杆机构横向运动。有些轻型货车的转向传动机构使用了两个转向随动臂。

（4）转向横拉杆　横拉杆和横拉杆总成完成转向传动机构与转向节之间的最终连接。在平行四边形转向传动机构中，横拉杆的两端都有球座总成，一端连接到转向臂，另一端连接中间拉杆。横拉杆总成包括与中间拉杆两侧相连的内侧球头节、与转向节相连的外侧球头节和连接横拉杆内外侧端部的调整套管或螺栓。调整套管或螺栓用来调整横拉杆的长度以获得前束的正确设置（图 11-6）。

图 11-4 典型的转向随动臂，它固定在车架上并支承中间拉杆

（3）连接杆　根据设计的具体应用，连接杆可称为中间拉杆、直拉杆或转向拉杆（图 11-5），它们的作用是控制横向连接杆的运动以改变车轮的方向。由于它们通常也是横拉杆的安装位置，所以对保持前束的正确设置来讲是非常重要的。如果没有安装在正确的高度，前束就会不稳定，并产生称为前束改变或颠簸转向的状况。中间拉杆和连接杆可以单独使用，也可以相互结合使用，这取决于特定转向机构的设计。在某些车辆上，转向减振器可能连接在中间拉杆和车架之间，该减振器减少了路面产生的振动对转向盘的影响。

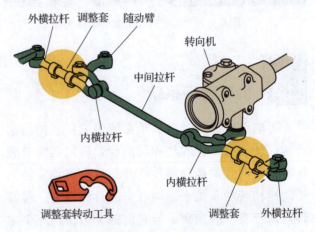

图 11-6 横拉杆总成

3. 横贯式和 Haltenberger 转向传动机构

采用整体式前桥、整体式驱动桥或双工字梁悬架的汽车通常要么使用横贯（cross）式转向传动机构（图 11-7），要么使用哈尔滕贝格

（Haltenberger）式转向传动机构。这类转向传动机构采用较长的横拉杆（有时也称为转向纵向拉杆）和一个转向摇臂来取代平行四边形传动机构。这类机构既允许前悬架运动，又不会引起颠簸转向。

图 11-8 齿轮齿条式转向传动系统

图 11-7 4WD 货车上的横贯式转向传动系统

4. 转向减振器

转向减振器只是为了减少经转向柱传递上来的路面冲击程度。转向减振器常见于 4WD 车辆，特别是那些装配较大轮胎的车辆。转向减振器与悬架减振器功能相同，但它是水平安装在转向传动机构的中间拉杆上，其一端与中间拉杆相连，另一端连接到车架上。

5. 齿轮齿条式转向传动机构

齿轮齿条式转向传动机构的重量比平行四边形转向传动机构更轻，需要的部件数量也更少（图 11-8）。虽然横拉杆以相同方式用在这两种系统中，但也仅是相似之处而已。与转向柱连接的小齿轮接收转向输入，并移动连接在横拉杆上的齿条。

在齿轮齿条式转向机构中没有转向摇臂、随动臂总成或中间拉杆。齿条承负中间拉杆的任务，其运动推动和拉动横拉杆以改变车轮的方向。横拉杆是在齿轮齿条系统中唯一使用的转向连接杆件。

大部分齿轮齿条组件（图 11-9）组装在一根管状体中，齿条可在管内滑动。齿条是一根沿其长度加工有轮齿的杆。两根内侧横拉杆分别连接在齿条的两端或用螺栓连接在齿条中心。当横拉杆用螺纹拧紧在齿条两端时称为端部输出式齿条，当横拉杆用螺栓固定在齿条中心时称为中央输出式齿条。

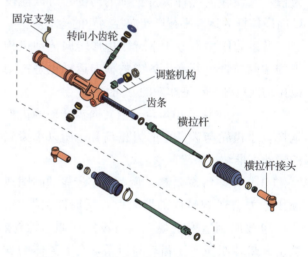

图 11-9 不带助力的齿轮齿条式转向机构分解图

齿条与小齿轮的轮齿啮合，小齿轮位于转向柱的末端。连接至齿条的两个内侧横拉杆的端部套有橡胶波纹管以保护齿条受污染。内侧横拉杆与外侧横拉杆相连，外侧横拉杆与转向臂相连。整个齿轮齿条总成通过两或三个固定点的橡胶衬套紧固在车辆上，齿轮齿条转向机构像平行四边形转向传动机构一样，也可以安装在悬架的前面或后面。

在某些情况下，齿轮齿条式转向器是用螺栓直接固定在整体式车身的车体板上的。这种方式常用在中央输出式齿轮齿条结构上（图 11-10）。为此，车体板必须要能使转向器保持在其正确位置，而且整体式车身还必须与转向和悬架部件彼此保持合适的关系。除了其他优点外，齿轮齿条式转向系统与麦弗逊支柱悬架系统的组合之所以被大多数整体式车身的前轮驱动车辆所采用，是由于它们还具有节省重量和空间的特点。

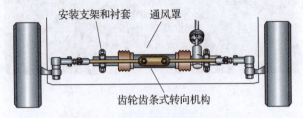

图 11-10　中央输出式齿轮齿条结构

由于齿轮齿条转向器具有较少摩擦点，可使驾驶员获得更好的路感，但更少的摩擦点也会降低系统隔离和抑制振动的总体能力。

（1）齿条　齿条是一根安装在金属壳体中的齿杆。它使转向部件保持正确的高度，所以能使转向横拉杆的运动平行于转向控制臂的运动。

齿条的作用类似于平行四边形转向传动机构中的中间拉杆，其在壳体中的横向运动也是推动或拉动横拉杆来改变车轮的方向。

（2）小齿轮　小齿轮是由转向盘转动的齿形蜗杆。小齿轮与齿条上的齿相啮合，所以小齿轮的转动可推动齿条横向移动。

（3）啮合间隙调整　齿条与小齿轮的间隙或预压紧力会影响转向的平顺性、反馈性和噪声，所以应按照制造商的规范进行设定。调整螺钉、螺塞和垫片组位于小齿轮与齿条啮合处壳体的外侧，它们用来校正或设置啮合间隙（图 11-11）。

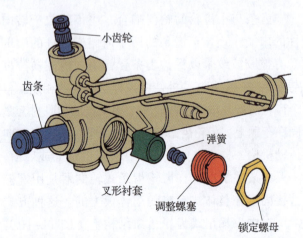

图 11-11　通过螺钉、螺塞、垫片调整齿条的预压紧力（啮合间隙）

（4）横拉杆　齿轮齿条式转向系统中的横拉杆与用在平行四边形转向传动系统中的非常相似，包含内外侧球头节。内侧横拉杆（内横拉杆）的杆端通常是用螺纹装在外侧横拉杆（外横拉杆）中的，因此通过改变横拉杆总成的长度可改变车轮的位置和前束角（图 11-12）。齿轮齿条装置上的内横拉杆端部通常是用弹簧加载的球头座，通过螺纹拧紧在齿条两端（图 11-13）。它们是预先安装好并用橡胶波纹管或防尘套保护以防污染物进入。

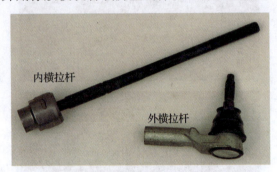

图 11-12　齿轮齿条内外侧横拉杆

图 11-13　齿轮齿条转向器上的内侧横拉杆球头节是弹簧加载的球头座

6. 转向器

转向器的作用是将转向盘的回转运动转换为移动转向拉杆的往复运动。此外，转向器还通过使用不同尺寸的齿轮减小了转动车轮所需的转向力。转向器的传动比等于转向盘转动的总转角除以前轮转动的总转角（图 11-14）。采用高传动比的转向器，例如 20∶1，可提供更轻松的转向，但精确度较低，而低传动比的转向器，例如 15∶1，可向驾驶员提供更好的反馈和路感，但需要增大转向力。一辆当前的全尺寸货车可能有 20∶1 的转向传动比，而像马自达 Miata 这类小型运动汽车的转向传动比大约是 15.5∶1。

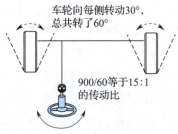

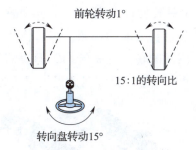

图 11-14 转向器传动比

转向器有三种类型：循环球式、蜗杆滚轮式以及齿轮齿条式。齿轮齿条式转向器总成只是将前面所讲的齿轮齿条传动机构与转向器合并成一个总成。

循环球式转向器如图 11-15 所示，包括一个扇形齿轮轴、丝杠和滚珠螺母。所用的滚珠螺母具有螺旋轨道，该轨道与丝杠上的轨道通过两者之间一排连续的滚珠相啮合。滚珠通过外部两个回路不断循环，这两个回路称为滚珠返回导向管。滚珠螺母在与扇形齿轮轴轮齿啮合一侧加工有齿。当转向盘转动时，丝杠跟着转动，导致滚珠螺母沿着丝杠上下移动，左右转动扇形齿轮轴。由于滚珠螺母上的齿与扇形齿轮轴上的齿啮合，滚珠螺母的移动使扇形齿轮轴转动并摆动转向摇臂。

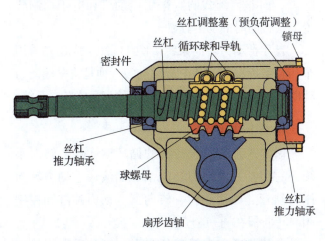

图 11-15 循环球式转向器的顶部剖面图

可变传动比转向器 转向器每输出一圈所对应的输入圈数称为转向器的传动比。转向器的传动比可以是固定的，也可以是可变的。在固定传动比的转向器里，扇形齿轮轮齿大小和形状完全相同，而在可变传动比的转向器里，中间的轮齿较大（图 11-16），从而使转弯时的转向比直行行驶时的转向要快。可变传动比通常只用在动力转向系统中。

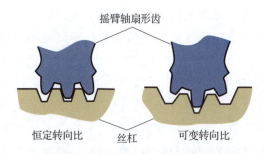

图 11-16 固定和可变传动比的转向器

7. 转向盘和转向柱

转向盘和转向柱的作用是产生转动转向器所需的转向力，转向盘和转向柱的确切类型取决于车辆的生产年份和制造商。转向柱也称为转向轴，它将转向盘的运动传递给转向器。用来提供动力转向辅助的电动机可能是转向柱的一部分。

转向盘和转向柱的主要部件如图 11-17 所示。转向盘用来产生转向力，上面和下面的装饰盖隐藏了转向柱的零部件。万向节转动一定角度以连接转向轴和转向器。支撑架使转向柱被固定在位。使用的各种螺钉、螺母、螺栓销和密封件用来保证转向盘和转向柱的正常工作。自 1968 年以来，所有转向柱都有可折叠的特性，允许转向柱自身在受到撞击时可以折叠，以防止对驾驶员造成伤害。

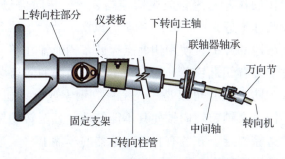

图 11-17 典型转向柱的部件。转向盘通过花键连接到转向轴上，转向轴穿过转向柱向下延伸到转向器

在驾驶员侧配有气囊的车辆上,气囊总成安装在转向盘的中间部位,因此拆卸转向盘之前,必须先禁用气囊总成并将其拆下。

> **⚠ 警告** 在开始拆卸气囊总成之前,应按照制造商的维修步骤禁用气囊。否则可能会导致气囊意外展开(见《汽车电气系统检修技术(原书第7版)》第3章)。维修气囊故障的安全注意事项因车型而异。

转向盘和转向柱设计的不同包括固定式转向柱、伸缩可调式转向柱、倾斜可调式转向柱、手动或自动变速器转向柱换档等。倾斜可调式转向柱(图11-18)可以具有至少五个预设的驾驶位置(两个向上、两个向下和一个中间位置)。许多倾斜可调系统允许将转向柱设定在上下极限位置之间的任意位置。新款轿车和货车的一个特点是采用电动调节倾斜和伸缩的转向柱。两个小型电动机用来将转向柱和转向盘移动到驾驶员想要的位置。这两个电动机分别用于倾斜功能和伸缩功能。电动转向柱常见于带有可编程存储器或可为不同驾驶员提供个性化设置的车辆上。

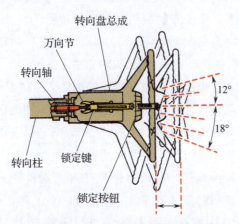

图11-18 倾斜可调式转向柱的操作

大多数转向柱上都包含一个多功能开关,它用作操作紧急警告闪光器控制装置、转向信号、前照灯(近光/远光)、喇叭、风窗玻璃刮水器和洗涤器的开关。使用钥匙点火的车辆通常在转向柱上装有钥匙锁芯和用来锁定转向系统的防盗装置。防盗装置可以是一根销杆、钢索或电动机,它们用来锁定转向轴使其不能转动,直至转动钥匙解除锁定。在装有自动变速器的车辆上,变速器换档的联动机构也会被锁定。

配备稳定控制和/或电动转向辅助的新款车辆还在转向柱上安装了转向传感器。这些传感器用于确定转向角和转向力矩,并用作电动转向控制模块和车辆稳定性控制系统的输入。

用来将转向轴锁定在转向管中特定位置的方法包括采用装在塑料护圈中的可形变的塑料壳体或一系列衬垫或钢球,它们允许转向轴在转向管内向前滚进。还有可在压力下屈服的折皱钢网(图11-19)或褶皱装置。当车辆发生事故后,应检查转向柱是否有溃缩的迹象。尽管汽车可使用溃缩后又被拉回的转向柱来转向,但溃缩的部分必须更换。所有维修信息都对此提供了明确的说明。

图11-19 此图展示了在事故发生前后转向柱的折皱状况

转向盘上通常还装有音响系统、巡航控制系统、通信系统和其他系统的控制装置。转向盘通常用螺栓或螺母固定在转向轴上。

11.2 动力转向系统

动力转向系统的设计是为了减少转动转向盘所需的力,它还可减轻驾驶员长途驾驶时的疲劳和使车辆在低速时更易转向,尤其是在泊车时。

动力转向可以分为两种设计:传统式的和电控非传统式的。传统式的使用液压动力来辅助驾驶员,而非传统式的则采用电动机和电子控制装置提供转向时的动力辅助。

有几种动力转向系统(图11-20)应用在乘用车和轻型货车上,其中最常见的一种是将采用动力辅助活塞和齿条杆做成一体的齿轮齿条式转向系统。

1. 整体式系统

整体式系统用于传统的循环球式动力转向系统,它包括一个动力转向泵、储液罐、动力转向压力软管、回油软管、转向器。动力油缸和控制阀与转向器在同一个壳体中。

在某些轿车和轻型货车上,制动系统不使用

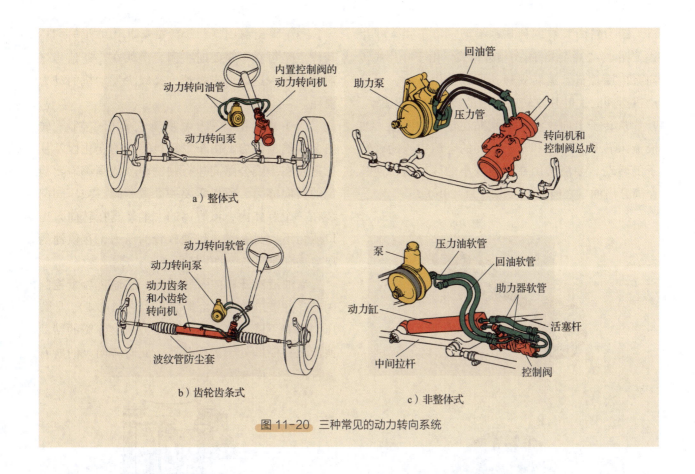

图 11-20 三种常见的动力转向系统

传统的制动真空助力器，而是用来自动力转向泵的液压油来驱动制动助力器，这种制动系统称为液压助力系统（图 11-21）。

于传统动力转向系统的转向传动机构。这里讲的是为向动力转向系统提供驱动系统液压动力而添加的部件，它们是动力转向泵及其传动带、电动转向泵、流量控制阀、减压阀、动力转向器。

（1）动力转向泵　动力转向泵用来产生向操作转向器提供所需力的液压流量。转向泵由发动机曲轴通过传动带驱动，只要发动机运转，即可提供液压流量。它通常安装在发动机前端附近（图 11-22）。转向泵总成包括储液罐和内置的流量控制阀。传动带轮通常是压装在转向泵轴上的。

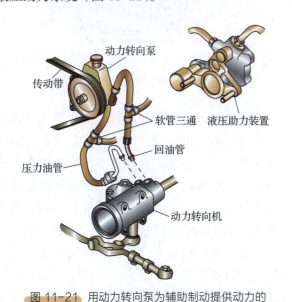

图 11-21 用动力转向泵为辅助制动提供动力的典型液压助力系统

2. 部件

机械转向的部件已在本章前面讲述过，如用

图 11-22 动力转向泵

动力转向泵有四种基本类型：滚子式、叶片式（图11-23a）、滑阀式和齿轮式。由于叶片式转向泵内摩擦低且运转安静，所以使用广泛。当发动机运转时，叶片式转向泵中的转子由带轮驱动。叶片从转子上向外移动而紧贴在定子的内侧。油液流入转子、叶片和定子之间的空隙中。随着转子的转动，油液被困在逐渐变小的区域内，使其在离开出油口之前被加压（图11-23b）。

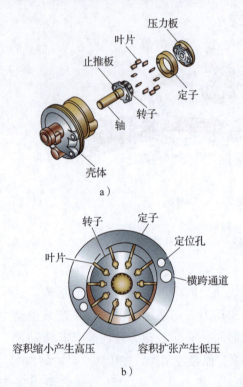

图11-23 叶片式动力转向泵的结构及基本工作原理

从功能上看，所有转向泵都以相同的基本方式工作。动力转向泵所用的液压油储存在储液罐中，油液通过软管和管路流入和流出转向泵，减压阀用来防止过大压力的产生。

（2）动力转向泵传动带　许多动力转向泵都是由连接曲轴带轮和动力转向泵带轮的传动带驱动的。几乎所有新型的汽车都使用蛇形带，它可用来驱动所有用传动带驱动的部件。大多数蛇形带附有弹簧加压的自动张紧器，因此不需要定期调整传动带的张紧力。驱动带的光滑背面还可用于驱动某些部件。老款汽车使用V形传动带来驱动附件，包括动力转向泵。无论哪种传动带，其张紧力都是至关重要的。如果传动带打滑，动力转向泵将永远无法产生其所能产生的全部压力。

（3）电动转向泵　少数车辆使用电动转向泵，其优点是可在不需要时关闭，例如在交通信号灯前停车时，这既节省燃油，又减少发动机的动力消耗。

（4）流量控制阀和减压阀　减压阀控制着转向泵的输出压力，由于发动机转速的变化以及从怠速到在干线公路高速行驶的整个范围都需要稳定的转向能力，所以需要一个减压阀。减压阀门装在一个腔体内，该腔体的一端暴露在转向泵出口压力下，另一端是供油软管的压力，在供油的压力端有弹簧来帮助保持平衡。

当油液离开转向泵转子时，它通过流量控制阀端，并被迫通过一个控制孔（图11-24），导致压力略有下降。这个减小的压力加上弹簧的帮助使流量控制阀处于关闭状态，此时转向泵的所有流量都送往转向器。

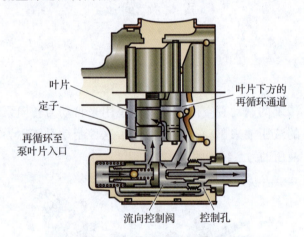

图11-24 流量控制阀限制输出的压力

当发动机转速提高时，转向泵会输送超过系统运行所需的更多流量。由于出油口的孔径限制了离开转向泵的油量，因此控制阀两端的压差变得更大，直到转向泵出口的压力超过供应管路压力和弹簧力的合力，控制阀向下推动弹簧，打开一条通道使多余的油液流回到转向泵的进油侧。

装在流量控制阀内的弹簧和球阀用来释放转向泵出油口的压力，这是为了保护系统不会因转向盘转动到停止位置时的过大压力而损坏。这样做是由于此时系统中的流量已受到严格限制，而转向泵还会继续建立压力，直到输油软管破裂或转向泵自身损坏。

当出油口的压力达到预设水平时，将迫使限

压球阀离开其阀座，从而在流量控制阀的两端建立起更大的压差，使流量控制阀打开得更大和更多的泵压流回到转向泵入口侧，从而使压力保持在安全水平。

有些车辆通过电子方式控制转向泵的输出油量（图11-25），这类可变作用力的系统可通过减少油液流量来增加转向所需的力度，因而可根据车速来改善转向的手感。但车速降低时，增加流量以使转向更轻松。

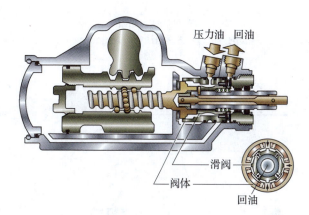

图11-27 车轮摆正朝前时的滑阀位置

3. 动力辅助的齿轮齿条式转向系统

除了液压控制壳体外，动力辅助的齿轮齿条的转向系统的部件基本上与机械式齿轮齿条式转向装置相同。由于动力缸和控制阀都在同一壳体内，从这点上讲，动力辅助的齿轮齿条式转向系统也与整体式转向系统类似。齿条的壳体用作动力缸，动力活塞是齿条的一部分，控制阀安装在小齿轮壳体内（图11-28）。转向盘的转动移动控制阀，从而将压力油液引导到活塞任一侧的背面。该系统从转向泵到控制阀壳体和从回油管到储液罐都使用压力软管。这种类型的转向系统在当前的车辆中是很常见的。

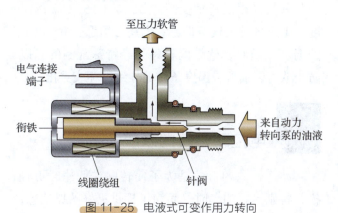

图11-25 电液式可变作用力转向

（5）动力转向器 动力转向器与机械循环球式转向器基本相同，只是增加了一个液压辅助装置。动力转向器充满了液压油并使用一个控制阀。

整体式动力转向系统装有与循环球转向器集成在一起的滑阀和动力活塞。滑阀将液压引导到左侧或右侧动力腔室来使汽车转向。滑阀由操作杆或小的扭杆驱动（图11-26）。

图11-28 小齿轮和滑阀总成

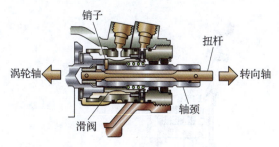

图11-26 扭杆移动滑阀将油液引向动力活塞

平行四边形式转向传动系统中，控制阀通过转向器上的转向摇臂直接与转向传动机构相连。转向盘和转向摇臂的任何移动都会压缩中心弹簧并移动滑阀，这导致打开和关闭一系列端口将油液在压力下从转向泵侧直接引导到动力油缸活塞的一侧或另一侧（图11-27）。

在动力辅助的齿轮齿条式转向器中，动力活塞安装在壳体内的齿条上。齿条活塞两侧的齿条壳体外侧被密封以形成用于左右转向回路的两个独立的液压腔室（图11-29a）。当转动转向盘时旋转阀在齿条动力活塞两侧产生压力差（图11-29b），使齿条移向较低的压力侧，从而减小了转动车轮所需的作用力。

动力转向软管 动力转向软管的主要作用是将动力（压力下的油液）从转向泵传输到转向器，并在最后再将油液返回到转向泵的储液罐。软管根据其材料和结构还起到额外储液罐的作用，同时还充当了声音和振动的阻尼器。

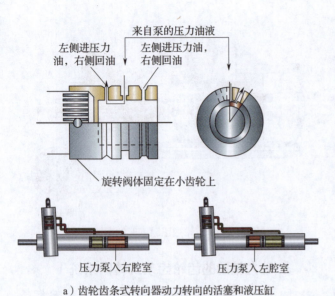

a) 齿轮齿条式转向器动力转向的活塞和液压缸

b) 连接转向盘和齿轮齿条组件的总成

图 11-29 动力辅助的齿轮齿条式转向器工作原理

软管的材料通常是增强合成橡胶（氯丁橡胶），用在与金属管的连接处。压力侧的软管必须能够承受高达 1500psi（约 10342kPa）的压力。为此，凡是金属管和橡胶相连，其连接部分都采用压接方式。压力软管还会受到压力浪涌和转向泵脉动的影响。强化的结构允许软管略微膨胀以吸收压力的变化。

压力侧的软管可能使用了两种内径的软管（图 11-30），较大内径或较大压力的软管用在转向泵端，它充当了一个储液器和吸收振动的蓄能器。较小内径的软管或回油软管减少了转向器本身的反冲效应。通过限制油液的流动还可在转向泵上保持恒定的背压，从而降低转向泵的噪声。如果软管是同一直径，则转向器要在内部执行阻尼的职能。

图 11-30 动力转向软管可能有两种内径

!警告　油液软管必须小心布置并远离发动机的歧管。动力转向油液属于易燃物，如果接触到热的发动机部件，可能引发发动机舱盖内的火灾。

由于工作时的油液温度和临近发动机的温度，这些软管必须能够承受高达 300℉（150℃）的温度。由于各种天气条件，它们还必须忍受 0℃ 以下的温度。因此，软管的材料是经特殊配制的，以防止软管因油液或温度条件而导致损坏或劣化。

11.3 电控动力转向系统

动力转向的目的是为了使转向在低速时更轻松，特别是在泊车时。而为了提供更好的抓地感，则在高速时期望使用更高的转向力。以电子方式控制的动力转向（EPS）系统（图 11-31）提供了这两个好处。随着行驶速度的提高，这类系统的液压助力通过电子控制逐渐减小。因此这类系统在低速行驶时需要 1lbf（约 4.4 N）以下的转向力，而在高速行驶时需要 3lbf（约 13.2N）以上的转向力，以使驾驶员保持对转向盘的良好控制，从而改善高速行驶的操控性。

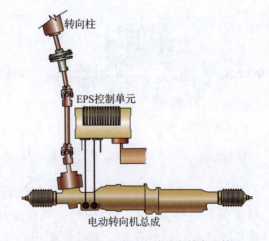

图 11-31 可变助力的动力转向系统

采用旋转阀的电动转向系统由动力转向器、动力转向泵、压力软管和回油软管组成。用于助力转向的液压油流量（压力）由电磁阀控制，该电磁阀被定义为压力控制阀（PCV）。

> **车间提示**
>
> 不要将这里的 PCV（压力控制阀）与排放控制系统的 PCV（强制曲轴箱通风阀）混淆。

电子动力转向系统的 PCV（图 11-32）顶部承受弹簧张力，底部承受柱塞力。柱塞可在电磁体内滑动。通过改变电磁线圈的电流，施加给柱塞向上的力将随着柱塞克服相反方向的弹簧力而改变。流向电磁线圈的电流随着车速变化而变化，从而使提供的转向力与汽车的行驶速度相配。

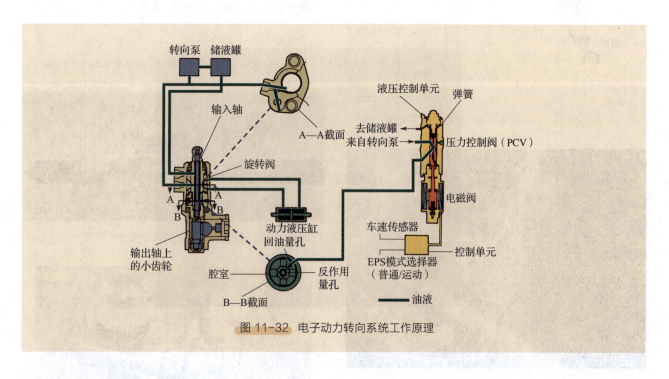

图 11-32 电子动力转向系统工作原理

通用汽车的可变助力转向（VES）系统依靠从车速传感器给 VES 控制器的输入信号来控制动力辅助的大小。控制器接到信号后转而向动力转向泵中的执行器电磁阀提供一个脉宽调制电压。控制器还为电磁阀提供接地连接。

当车辆以低速行驶时，控制器提供可使电磁阀循环更快的信号，以产生高的泵压，从而能在转弯和泊车时提供最大的动力辅助。随着车速的提高，电磁阀的循环次数会减少，转向泵将提供较低的动力助力，这为驾驶员提供了高速行驶时更佳的路感。

1. 磁力可变助力转向系统

在 20 世纪 90 年代中期，通用汽车公司推出了磁力可变助力转向（MagnaSteer）系统。这类系统使用特殊的齿轮齿条转向器，其滑阀中含有一个电磁体。通过改变流过磁体线圈的电流可增加或减小辅助力。当无电流流过其线圈时，保持默认的液压辅助力。

2. 主动转向

主动转向在某些情境下通过使车轮的转动幅度比转向盘的转动要求更大或更小来提高汽车的稳定性。通过输入和计算机已编入的程序，该系统可以调整转向以快速对滑移的危险做出响应（图 11-33）。该系统还可提供依据车速的可变转向传动比。

目前的主动转向系统还不是真正的线控转向系统，因为在转向盘和车轮之间仍然存有机械连接（图 11-34）。这类系统有一个内置在转向柱中的超越驱动装置，它由一个电动机控制，而电动机又由系统的计算机控制。计算机决定是否需要改变转向角以及改变多少。如果系统失效，行星齿轮装置将直接随转向盘转动。

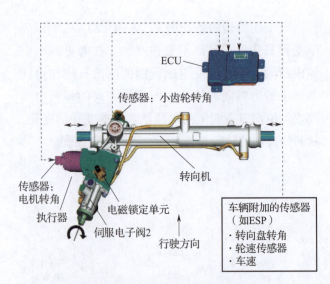

图 11-33 主动转向系统的主要元件及电路

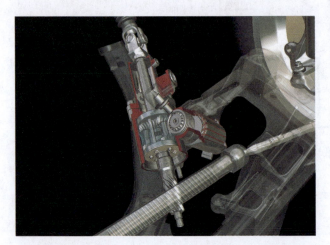

图 11-34 行星轮和电动机在转向盘转动时转动车轮

3. 电动/电子齿轮齿条系统

电动/电子齿轮齿条系统用电子控制装置和电动机取代了传统动力转向系统相关的液压泵、软管和油液。根据电动机的安装位置有三种基本类型。一种是将电动机与齿条同心放置（图 11-35），该设计的特点是直流电动机的电枢用一根随动轴用作齿条穿过电枢的通路。外侧的壳体和齿条的设计可使电枢的旋转运动通过带有推力轴承的滚珠螺母转换为齿条的直线运动，电枢通过内/外花键直接滚珠螺母相连。

另一种驱动齿轮齿条的类型是使用传动带驱动系统（图 11-36）。在此设计中，电动机驱动齿形传动带，齿形传动带通过滚珠螺母方式的连接来驱动齿条左右移动。电动机也可直接驱动小齿轮轴（图 11-37）。

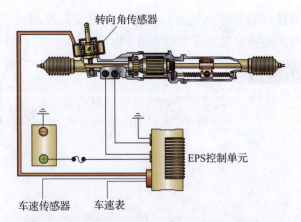

图 11-35 采用滚珠螺母的电动辅助驱动齿轮齿条

图 11-36 外置电动机和传动带的设计

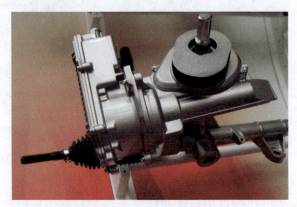

图 11-37 使用电动机驱动小齿轮轴

该系统运行的基础是其在改变电动机旋转方向的同时还能提供必要的电流来满足当时对转矩需求的能力。这个系统可以为电动机提供高达 75A 的电流。电流越大，施加在齿条上的力越大。通过改变至电动机的信号极性控制转弯的方向。

磁场总成内嵌有永磁式陶磁体，同时还保证了齿轮系统的完整性。从本质上讲，电子/电动的齿条设计允许给转向传动机构一个直接电源。系统通过安装在齿轮齿条转向器输入轴上的传感器来监测转向盘的运动。在从该传感器接收到有关方向和加载的信息后，电子控制器启用电动机来提供动力辅助。

这些装置很容易改装到传统配备的车辆上。至于维修方面，目前没有可提供的更换零件，因此，如果齿条有缺陷，只能整体更换。但可使用带有完整安装说明的修复套件。

电动/电子装置与传统的动力转向不同，由于其动力源是电池而不是发动机驱动的转向泵，所以，即使在发动机熄火时它也能提供动力辅助，而且还可通过针对转向感觉的调整来满足高性能汽车和豪华旅行车以及不同驾驶员对特殊驾驶性能的需求。此外，这类系统还取消了液压油，这意味着将不存在泄漏问题。

4. 管柱式动力辅助系统

许多汽车使用安装在管柱上的动力辅助系统。电动机安装在转向柱上并使用蜗轮传动装置直接驱动转向轴（图11-38）。转向的输入由一个或多个扭矩传感器检测。当转向轴转动时，传感器检测转向轴运动变化。扭杆安装在上转向轴上，转动转向盘导致扭杆和上部的扭矩传感器移动。两个扭矩传感器之间的移动量之差，用来确定如何用电动机来驱动下转向轴。动力转向控制模块（PSCM）用来自扭矩传感器的输入和网络上的数据来控制施加到转向轴上的扭矩。如车速的输入用来确定电动机应该提供多大的辅助力。大电流的电动机通常是转向模块总成的一部分，它根据需要驱动转向轴。

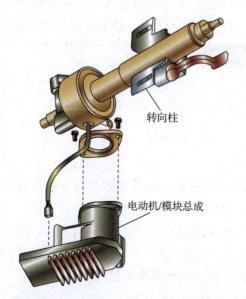

图11-38 安装在转向柱上的动力辅助电动机

电动式动力转向系统（EPS）也可以整合到自动泊车、车道监测和车道保持辅助等其他系统中。如果车辆配备了这些系统，则可使用来自其他系统和网络的输入来控制EPS的工作。某些新型的汽车会当驾驶员无意中偏离车道线标识时使转向盘振动，而另一些车辆在必要时会将车辆带回车道的中心。

5. 线控转向系统

完全消除转向柱的线控转向系统（图11-39）目前还没有用在任何量产的车辆上。但英菲尼迪Q50有一个称为直接自适应转向（Direct Adaptive Steering，DAS）的选项，它是迈向完全线控的一步。出于安全目的，自2014年年型车推出以来，该系统仍保留了转向盘和齿轮齿条之间的机械连接，但实际的转向是由电子操控的。该系统除了根据行驶速度和驾驶模式选择提供可变的动力辅助外，还可以改变转向传动比，从而在较高车速下实现更快的转向响应。

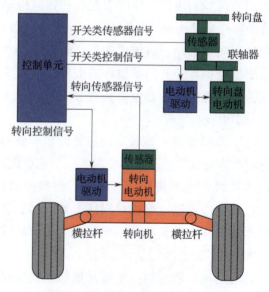

图11-39 线控转向系统的基本布局

一旦得到实际应用，这类转向系统将不再使用转向柱或转向轴来连接转向盘和转向器。系统是完全电子化的。传感器监测转向盘的转动，并向控制器发送输入信号。控制器随后向转向器中的电动机发送指令。控制器的指令还基于来自其他各种输入装置的输入信号，例如车速。

一个小型反馈电动机将用于转向的感觉。该

电动机由转向控制器控制,它提供在当时状态下的转向感觉,驾驶员需要这种感觉以保持对车辆的控制。

线控转向系统允许对转向性能的完全定制,并可提供连续可变的转向传动比。由于没有转向柱,可以空出汽车内部和发动机舱内的空间,因此系统也比传统转向系统更轻。

11.4 常见抱怨及其原因

重要的是要知道许多对转向的抱怨是由转向系统以外的问题引起的。一个好的诊断是找到客户抱怨的确切原因。尽管客户可能会以不同方式描述问题,但下面讨论的是最常见的抱怨及其典型原因。

(1) 转向盘自由行程过大　在转向盘使车轮开始转动之前有过多的转动时,很明显是转向盘自由行程过大。小量的自由行程属于正常情况。这个问题可能是由以下原因引起的:转向传动机构或横拉杆端部松动、磨损或损坏;球头节磨损;转向柱万向节松动、磨损或损坏;转向柱轴承松动、磨损或损坏;转向器损坏或磨损;油液中有空气;转向器螺栓松动或齿条衬套有缺陷;支柱轴承或支承板有缺陷。

(2) 路面反馈　驾驶员通过转向盘形成的路面感觉称为路面反馈。以下原因都会引起此问题:转向传动机构或横拉杆端部松动、磨损或损坏;转向柱万向节松动、磨损或损坏;转向器安装螺栓松动或损坏;转向柱轴承损坏或磨损;悬挂衬套、紧固件或球头节松动。

对电动辅助系统的一个常见抱怨是缺乏路面反馈,这是因为系统抑制了来自车轮和轮胎的感觉和反馈。

(3) 转向沉重　显然,当需要更大的力转动转向盘时,就会产生转向沉重的抱怨。该问题可能只是由于缺乏动力辅助。齿轮齿条式转向系统控制阀密封圈周围的内部泄漏是转向沉重的常见原因,特别是在冷起动时。一旦动力转向油液升温,转向就会改善。以下原因可能会导致此问题:动力转向泵有故障、转向柱轴承损坏或有故障、转向柱万向节卡滞、转向器齿轮副配合过紧或卡滞、流量控制阀卡住、轮胎充气不足、动力转向管路或软管受阻、EPS熔丝熔断、EPS电动机有故障。

(4) 转向盘左右摆动　这种感觉类似于振动。这种摆动是轮胎与路面相互作用的结果。客户的抱怨可能将问题描述为转向盘有轻微的反复振动。此问题可能是由以下原因引起的:转向传动机构或横拉杆端部松动、磨损或损坏;悬挂部件松动、磨损或损坏。

(5) 拉动或跑偏　拉动是在转向盘上有朝某一方向用力拖的感觉。驾驶员必须将转向盘朝与拉动相反方向推才能保持汽车的正直行驶。跑偏是当驾驶员的手从转向盘上拿开时,车辆会慢慢地向道路一侧移动。这些问题可能是由以下原因引起的:车架或后桥定位不正确;制动拖滞;悬架部件磨损或卡住,特别是弹簧;车轮定位不正确或不一致;车辆装载不均或超载;转向传动机构或横拉杆端部松动、磨损或损坏;转向器控制阀失衡;扭矩转向;轮胎气压或尺寸差异;支柱轴承卡滞;转向角传感器未经校准学习。

(6) 车轮摆振　当车轮摆振时,驾驶员会在转向盘上感觉到强烈的持续的反复振动,这类运动是由轮胎的横向运动导致的。此问题可能是由以下原因引起的:转向传动机构或横拉杆端部松动、磨损或损坏;悬架部件松动、磨损或损坏;轮胎不平衡;车轮跳动过大;轮胎帘布层分离或同一车桥上的胎面花纹不同;车轮轴承松动。

> **车间提示**
> 必须记住转向机本身不会导致车辆被拉向一侧,而且也不会导致车轮摆动。

(7) 转向阀卡或回正性不良　回正性差和转向发卡指的是转向盘在转向后返回中心时受到阻碍。此问题可能由以下原因引起:转向柱万向节卡滞;转向传动机构或横拉杆端部松动、磨损或损坏;转向器齿轮副配合过紧或卡滞;悬架部件松动、损坏或磨损;车轮定位不正确;转向柱轴承卡滞;转向角传感器未经校准学习。

(8) 漂游　当汽车漂游时,驾驶员必须不断地左右转动转向盘来保持汽车在平坦道路上沿直线行驶。该问题可能是由以下原因引起的：悬架部件松动或磨损；车轮定位不正确或不一致；装载不均或超载；转向器螺栓松动或损坏；转向柱万向节螺栓松动；转向传动机构或横拉杆端部松动、磨损或卡滞；转向器预紧力调整不当；齿条活塞泄漏。

11.5 诊断检查

对转向系统的诊断就像诊断其他任何问题一样应从力图重现客户的抱怨开始。对转向问题的诊断是在路试中完成的。必须小心和谨慎地驾驶车辆，特别是当车辆有控制方面的问题时。在路试中非常重要的是要按照客户通常驾驶的类似状况去驾驶汽车，力图重现客户所抱怨问题的状态是基本原则。在进行路试之前，要对车辆进行全面的安全检查，包括轮胎。

一旦完成路试并确认存在异常状况后，可借助故障现象来确认存在该故障的可能区域，然后检查该区域的零部件。

1. 噪声检查

客户经常抱怨出自转向系统的异常噪声或振动，应在路试中注意这些噪声和振动。引起这些问题的原因可能有很多，而有些是与转向系统无关的。要找出这些噪声的原因，最好的办法是密切关注噪声来自何处。有些噪声可能是由轮胎或转向盘与转向柱护罩发生干涉而引起的，另一些噪声可能是动力转向泵或系统有故障而导致的。表 11-1 是一个常见噪声及其可能原因的列表。

表 11-1 转向系统噪声的常见原因

故障现象	可能的原因
传动带在转向盘从一侧止动位置转到另一侧止动位置时发出尖叫或吱吱声	传动带松动或磨损
发动机冷起动时有噪声	动力转向液的储液罐堵塞 转向液压系统中有空气
低速进出弯道时，转向系统有咕噜声、隆隆声或颤抖	转向液压系统中有空气 动力转向油管受阻

（续）

故障现象	可能的原因
转向系统有沉闷金属声	转向柱万向节有问题 转向机齿轮有问题 齿条衬套磨损
转向机有嘎吱声	系统中的油液不正确 转向机旋转密封件有问题 转向柱部件有问题 球头节座干燥
动力转向系统有嘶嘶声或口哨声	转向轴卡滞或歪斜 转向器输入轴和控制阀损坏或磨损 动力转向泵释放压力低 动力转向管路受阻
动力转向泵在转向盘转到极限位置时发出呜咽声	油液不足 液压系统有空气 动力转向液储液罐滤网堵塞或损坏 动力转向泵支架松动或歪斜 转向器隔离装置不良
动力转向泵有呜呜声	油液中有空气 液面低 动力转向泵损坏
车辆行驶在凸凹路面时，转向盘发出嘎嘎声、咯咯或撞击声，或有粗糙感	转向轴/连接点损坏或磨损 横拉杆球头节松动、磨损或损坏 转向机隔离装置或安装螺栓松动或损坏 转向轴/连接螺栓松动 转向柱损坏或磨损 悬架衬套、螺栓或球头节松动
转向柱咯咯响	螺栓或固定支架松动 转向柱轴承松动、磨损或润滑不足 转向轴隔离装置损坏或磨损 转向轴/联轴器压缩或伸长
转向柱有吱吱声、破裂声或摩擦声	转向轴衬套润滑不足 转向柱护罩松动或歪斜 转向盘与转向柱护罩摩擦 上或下轴承衬套位置不当

一个辨别噪声确切来源的便携工具称为底盘听诊器（图 11-40），这是一种无线电子设备，它可在路试中用来识别噪声源。该设备依赖于感应式传感器，它们夹在或靠近想要听取声音的部件处。该装置还有一个带可调音量的控制单元和耳机。这类工具的价值在于可方便地确定在驾驶时很难辨别的噪声来源。

图 11-40 底盘听诊器可用于辨别转向和悬架的噪声来源

2. 目视检查

转向系统的目视检查从检查轮胎开始。检查轮胎的压力、结构、尺寸和胎面类型是否正确，是否磨损或损坏，是否有帘布层分离、胎侧鼓包缺陷以及同心度和受力方面的问题。应记住，轮胎的磨损模式是转向和悬架有问题的极好标示（表 11-2）。轮胎磨损也是车轮定位存在问题的一个极好标志，这将在本册第 9 章中讨论。

接着检查重力转向的传动带（若有）。动力转向传动带的状况和张紧度对动力转向泵的良好运转极为重要。传动带松动会导致转向泵压力低而导致转向沉重。松动、干燥或磨损的传动带可能引起吱吱声和唧唧的噪声，尤其是在发动机加速和车辆转弯时。应检查动力转向泵传动带的张紧度以及是否有裂纹、浸油、边缘磨损、磨光、撕裂和开裂迹象。若出现上述任一种情况，都应更换并正确调整。

> **▶ 参见**
>
> 有关检查、更换和调整传动带张力的步骤参见《汽车维修技术基础（原书第 7 版）》第 9 章。

还应检查液面高度和油液状况。可透过储液罐来观察液面高度，或用连接在储液罐盖上的油尺检查转向泵储液罐内的液面高度。在检查油液之前，让发动机怠速运转 2~3min，并转动转向盘从一侧止动位置到另一侧止动位置循环几次。这可使油液升温达到正常工作温度，从而给出更准确的读数。

仔细检查油液状况，检查是否有污染的迹象，例如是否有固体颗粒或水。如果出现上述任何一种情况或油液有烧焦的气味，则应冲洗整个系统。

还应检查油液中是否有被困在系统中的空气。如果油液中似乎有气泡，则很可能系统中有空气。为了验证这一点，可将发动机运转到正常工作温度，然后左右转动转向盘几次，但不要撞击到止

表 11-2 轮胎磨损模式

状态	肩部快速磨损	中间快速磨损	胎面有裂纹	一侧边缘磨损	羽状边缘	FWD 车辆后轮斜向磨损	扇形磨损
结果							
原因	充气不足或缺乏轮胎换位	充气过度或缺乏轮胎换位	充气不足或车速过高	外倾角过大	前束错误	后轮前束错误	轮胎缺乏换位或磨损，或悬架错位
纠正	在轮胎冷态时，将其胎压调整到规定值。进行轮胎换位			将外倾角调整到规定值	将前束调整到规定值	进行后轮定位	进行轮胎换位并检查悬架

动位置。如果系统中有空气，则储液罐中会出现气泡。这需要对系统进行放气以排出空气。

在点火开关关闭的情况下，擦干净动力转向泵、压力软管、回油软管、油液冷却器和转向器的外部（图11-41）。然后起动发动机，将转向盘从一侧止动位置到另一侧止动位置转动几次，并检查是否有泄漏（图11-42）。油液泄漏会引起异常噪声，并可能导致转向力的不均匀和异常。如果最初没有泄漏迹象，应重复该测试几次。在这样做时，应查看软管是否有肿胀迹象。始终使用准确的软管更换动力转向系统的软管。切勿试图修补或密封软管或管接头处的泄漏。

在所有系统上仔细检查转向和悬架系统的所有机械部件。许多悬架问题都会影响转向系统的工作。如果发现任何部件有缺陷，应更换。

图11-41 转向器上的泄漏点

1—调节装置堵头密封件 2—压力管接头
3—摇臂轴密封件 4—侧盖密封件 5—上盖密封件

3. 检查动力转向油液

动力转向液可在冷态或热态时进行检查。油液的液面会随着温度的变化而变化，但更准确的

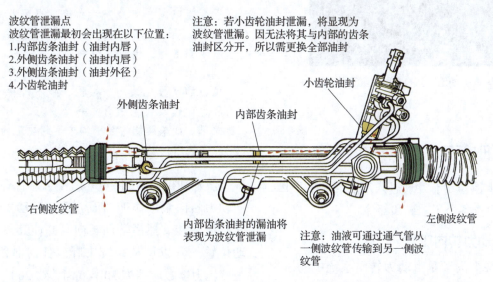

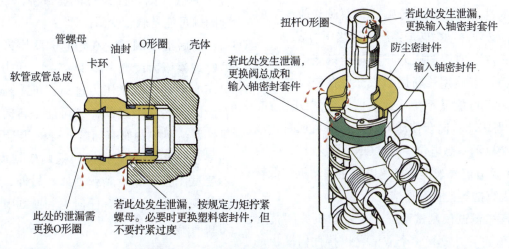

图11-42 动力转向系统中可能的泄漏点

检查应在发动机暖机后进行。储液罐盖上可能有一根油尺（图 11-43），通常在油尺的相对侧会标有"热（HOT）"和"冷（COLD）"。确保从垂直油尺的角度检查液面高度。必要时添加油液到正确的液面高度。有些制造商要求特定的动力转向系统油液，因此在给系统添加油液之前务必查阅维修信息。使用不正确的油液可能会导致系统损坏和动力辅助失效。

图 11-43 使用盖上的油尺检查液面高度

11.6 详细检查

如果初步检修没有发现客户所述问题的原因，则应详细地检查各个子系统和部件。

1. 检查动力转向压力

转向的许多问题是由动力转向系统中的压力不正确所引起的。大多数新型车辆都有可用诊断仪监测的动力转向压力传感器，而对其他汽车的压力检查必须在动力转向系统上连接压力表。

老式汽车使用的压力开关可能只能检测低或高的压力。若使用诊断仪，该开关在较轻的动力转向负荷下可能显示为"低电位"或"OFF（断开）"。当转动转向盘使动力转向负荷增加时，该开关可能显示"高电位"或"ON（闭合）"，这会向 PCM 发出信号来提高怠速以防止发动机在低转速时会因高的转向负荷而熄火。

用压力测试仪测试系统 在发动机关闭情况下，在车辆下方放置一个放油盆以接任何漏出的动力转向油液。断开转向泵上的压力软管，将压力表安装在该转向泵和转向器之间，并排出系统中的空气。

> **检查动力转向系统压力的步骤**
>
> 按照下述步骤使用诊断仪检查动力转向系统的压力。
>
> 步骤 1　将温度计放入动力转向储液罐中。
> 步骤 2　连接诊断仪。
> 步骤 3　将诊断仪设置为监测动力转向压力传感器的 PID。
> 步骤 4　起动发动机。
> 步骤 5　在发动机怠速运转时，通过将转向盘向左和向右转到底几次以将动力转向液的温度提高到规定温度值。
> 步骤 6　使转向盘处于正直位置，记录下发动机怠速时的压力读数。
> 步骤 7　将读数与规定范围进行对比。如果高于规定范围，应检查动力转向的管路和软管是否受阻。
> 步骤 8　将转向盘转到向左和向右的止动位置，记录在每个止动位置时的压力读数。两处止动位置的读数应该几乎相同。如果其中一处位置的压力到达最大泵压而另一处没有，应安装新的转向器。如果两侧的泵压均未达到规定的最大值，则应安装新的转向泵。

使发动机运转约 2min 后停机，若有必要，可向动力转向泵中添加油液。重新起动发动机并使其怠速运转。然后转动转向盘并使其短时停在止动位置处，以便从系统中释放任何滞留的空气。观察压力读数应约为 30~80psi（约 200~550kPa）。若压力低，则转向泵可能有故障。若压力过高，则问题可能是软管受阻。

随后继续测试，在短时关闭压力表截止阀的同时观察压力读数（图 11-44）。压力应在截止阀关闭时增加，如果压力过高，可能是流量控制阀有故障。若压力过低，则可能是转向泵不良。如果怀疑流量控制阀有问题，可将其拆下进行检查。如果在该控制阀上有任何毛刺或划痕，应更换，不要试图去清除毛刺或划痕。另外，还应检查该控制阀的孔，如果有任何毛刺或划痕，应更换动力转向泵。

🛑 **警告** 切不可将转向盘保持在其止动位置的时间超过 5s，否则将会损毁转向泵。

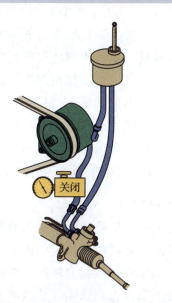

图 11-44 动力转向泵压力测试的最后一步是关闭测试仪器的截止阀并观察系统的压力，截止阀的关闭时间不得超过 5s

在完成测试和验证维修结果后，取下压力表并重新连接管路，重新对系统补充油液，并在排出空气后再次补充油液。

2. 电动转向系统

包括所有混合动力和电动的许多车辆都装有电动转向（EPS）系统。这类系统没有动力转向泵，因此也没有油液方面的检查。这类系统都是电子控制的，可使用诊断仪进行诊断。仪表板上有一个警告灯，当检测到问题时，该警告灯会点亮（图 11-45）。在大多数情况下还会设置故障码。当警告灯点亮时，将会没有电动辅助可用，但此时系统仍允许手动转向。

图 11-45 电动转向的故障警告灯

控制模块会在点火开关从打开到关闭的整个期间持续对系统进行监测。如果检测到问题，EPS 灯在点火开关打开后可能保持点亮，也可能在行驶过程中点亮。为了确定该警告灯点亮的原因，应询问客户在何时和何地点发现该警告灯第一次点亮的，并在路试中尝试重现发生故障的情境。随后检索所有故障码（DTC）。如果故障无法重现，应仔细检查所有相关的连线和插接器。

电动转向（EPS）系统的转向故障可能会是由与传统转向系统相同的原因导致的，但由于动力辅助是由电子装置而不是液压提供的，因此动力转向问题会与电子/电动部件有关。如果驾驶员抱怨转动转向盘感到非常沉重，则问题可能是由动力转向电动机、车速传感器、动力转向控制单元或电气电路问题引起的。对转向力方面的问题，应检查车辆是否因撞到马路沿或类似障碍物而受损。与马路沿的撞击会将很大的力回传到转向传动机构和 EPS 电动机。如果怀疑机械部件有问题，可取下 EPS 熔丝后进行路试。若故障仍然存在，则故障很可能不在 EPS 系统本身。

如果转向力不随车速变化或在向左或向右转向时需要更大的力，则可怀疑是动力转向电动机、车速传感器或动力转向控制单元出现故障。在停车后慢慢转动转向盘时，若出现高音调的声响，则表明动力转向电动机可能有问题。

在大多数车型上，若动力转向电动机过热，控制模块将会减少流向该电动机的电流，这会导致所需的转向力增大。只要电动机的温度下降，就会恢复正常电流，所以暂时失去全部转向辅助也可能是正常现象。

根据汽车的不同，电动齿条可能可以进行维修。一些由传动带驱动的齿条可以拆解，驱动电动机和齿条可以单独更换。但可能需要专用工具来重新组装和正确张紧用于驱动的传动带。其他车辆的转向单元和大多数安装在转向柱上的系统是无法维修的，只能整体更换。

一定要查看技术服务公告（TSB）和召回公告。有些制造商有对 EPS 的技术服务公告和对控制模块、驱动电动机和传感器的召回。如果车辆属于召回范围，则由制造商免费进行维修。

3. 转向摇臂

转向摇臂由于自身的功用成为转向系统中最大的受力点。为了检查转向摇臂，握住并用力摇动它以检测是否有任何松动。检查其轴孔是否损坏或松动，若有上述任何一种情况，都必须通过更换已磨损的部件来修复。拆卸转向摇臂通常需要使用专门的拉拔器（图 11-46）。

图 11-46　转向摇臂拉拔器

4. 随动臂

随动臂的磨损通常比转向摇臂更多，磨损通常出现在摇臂或摇臂总成的转动点。已磨损的随动臂衬套或螺柱总成会使摇臂产生过大的垂直运动。

磨损或损坏的随动臂有可能导致转向不稳定、轮胎磨损不均匀、车辆前部摆振、转向沉重、转向游动间隙过大或回正性变差。由于随动臂是平行四边形转向机构中最薄弱的一环，因此它的磨损比其他部分更快。

检查随动臂是否松动或磨损的步骤很简单。当车辆处在地面或定位举升器上时，其悬架是正常加载的，若用车架接触式举升设备升起车辆，则车辆的转向传动机构会处于悬吊状态，因此不能进行正确的测试。检查随动臂端头上的球头座是否有磨损或衬套是否劣化。用手牢牢抓住随动臂端部的中间拉杆，以大约 25lbf（约 110N）的力上下推拉。随动臂和支架总成在一个方向上的允许移动量约为 0.125in（约 3mm），可接受的上下总移动量约为 0.25in（约 6mm）。可用百分表精确地测量移动总量，用弹簧拉力计精确地测量所施加的力，测量位置尽可能选在靠近与中间拉杆连接的随动臂端部。记住测试时施加的力不应超过 25lbf（约 110N），因为当压力过大时，即使是新的随动臂，也会因钢材挠曲而显示出其被迫的移动。如有必要，也可将刻度尺或直尺靠在车架上用来确定移动量。当不使用刻度尺时，观察者往往会高估实际的移动量。如果随动臂未通过此测试，则必须更换。前后猛推或猛拉右前轮和轮胎总成（造成随动臂上下移动）不是一种可接受的方法，因为其无法控制所施加的力度。

5. 中间拉杆

中间拉杆磨损或弯曲可能会导致车辆前端摆振、被拉向一侧或改变设定的前束而造成轮胎过度磨损。采用螺柱或衬套端部的中间拉杆很有可能因正常的操作力而磨损，所以应定期检查。采用锥形端孔的中间拉杆通常只有在事故中受到损坏，或者在穿过随动臂或转向摇臂的安装位置处存在过大公差时才需要更换。

检查中间拉杆时应仔细查看，以确保其没有弯曲或损坏。紧握住中间拉杆，试着将其向各个方向移动。如果出现任何移动或损坏迹象，都应更换。锥形端孔很少磨损，但应该检查是否因连接松动而扩大，必要时更换该中间拉杆。

6. 横拉杆总成

横拉杆很容易磨损和损坏，特别是当包裹球头式螺柱的橡胶或塑料防尘套损坏或丢失时，会进入诸如尘土和湿气等污染物而导致部件快速损坏。采用特殊结合层的球头式螺柱不使用防护套，它可用于某些轻型的两轮驱动和四轮驱动货车。螺柱球头处的特殊结合层的弹性衬套在小型车辆上可提供强大的振动吸收和转向的回正能力。横拉杆端头磨损会导致前束的设置不正确、轮胎出现扇形和拖拉状磨损、车轮摆振、不足转向、车辆前端的噪声，以及轮胎在转弯时发出尖叫声。

横拉杆球头节的检查方法与中间拉杆类似。牢牢握住横拉杆的端部，垂直推动球头节螺柱，并检查其与转向节的连接是否松动。若有，或观察到有损坏或缺失的部件（如密封件），都足以表明应更换它。

调节套管类似于一段内螺纹管，其上带有部分或全部贯穿的狭槽或分开部分。调节套管的两端各有两个压接或挤压的夹箍，用来锁定对前束的调整。应更换严重生锈、磨损或损坏的调节套管。

对横拉杆的另一项附加检查是通过转动每个横拉杆球头节来感觉其转动的平滑度或紧度，它可表明球座内部是否已生锈。若要将横拉杆球头节与转向节分离，通常需要专用的拉拔器（图 11-47）。

（图 11-48）。若无助手帮忙，可将手伸进车下，抓住转向轴上的柔性联轴器，晃动其连接杆。

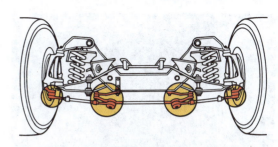
图 11-48　图中圈出的部分是对转向传动机构要进行原地转向检查的部位

9. 转向力

如果车主抱怨转向力过大，应使用弹簧拉力计读取转动转向盘所需的实际力（图 11-49）。将测试结果与维修信息中的规定范围进行对比，如果力度超过最大值，应在进行压力测试之前先仔细检查整个转向系统。

图 11-47　横拉杆球头节分离工具

7. 转向阻尼器

在一些转向传动机构中使用的转向阻尼器通常是不可调节、加注和修理的。在每个检查间隔时，应检查其配件和总成是否损坏（如弯曲）及油液是否泄漏。阻尼器上薄薄的油膜是油液泄漏的证据，但在阻尼器本体上靠近轴封的地方有一层薄薄的油膜是允许的。若有滴漏的状况，则应更换。即使悬架和转向系统的其余部分都是完好的，损坏的转向阻尼器也可能导致车轮摆振。

8. 原地转向检查

原地转向检查是全面检查传统的转向部件是否磨损或松动的一个极好方法。在车轮承受所有重量的情况下，让助手帮助来回转动转向盘，同时从一侧到另一侧进行检查。注意横拉杆、中间拉杆、随动臂或转向摇臂上球头座中的任何松动

图 11-49　使用弹簧拉力计测量转向力

10. 横拉杆球头节运动阻力

如果在路试中发现转向力过大或转向松动，应用弹簧拉力计测试移动横拉杆或其内侧球头座所需的力，如果不在规定范围内，则必须更换横拉杆。

11. 齿轮齿条式转向

齿轮齿条式转向系统没有随动臂或转向摇臂，也没有中间拉杆，而是以齿轮齿条取代。这使齿轮齿条转向系统的磨损点数量减少到只有横拉杆上的四个。应仔细检查动力齿轮齿条总成是否有泄漏。齿条端部密封件的泄漏会使油液积存在波纹管中（图 11-50）。小齿轮密封件和油液传输管

路有缺陷也会导致泄漏。如果泄漏导致转向泵所用油液耗尽,将导致转向泵损坏。

图 11-50 齿条密封件泄漏

齿轮齿条式转向系统的检查步骤

步骤 1 检查系统所有工作部件(图 11-51)。检查柔性转向联轴器或万向节有否磨损或松动。如果发现任何间隙,建议更换。万向节也可能卡住,应仔细检查。

步骤 2 抓住挠性转向联轴器上的小齿轮轴,并试着将其移入和移出转向器。如果有移动,小齿轮轴承的预紧力可能需要调整。若是不可调整的,则必须更换内部部件。

步骤 3 仔细检查齿条壳体。齿轮齿条式转向总成通常安装在橡胶衬套中。随着车辆的老化,安装衬套会因受热、寿命和发动机漏油而劣化。此时,壳体会在安装座内移动,并导致转向松旷、不稳定。还要警惕齿条壳体的过大移动。转向过重的原因可能是齿条总成弯曲、装配轴承调整过紧、动力转向传动带松动、转向泵压力不良、动力转向系统内部泄漏,以及前轮驱动的等速万向节损坏。

步骤 4 检查波纹管中的内侧横拉杆球头座总成。检查这些球头座最简便的方法是松开波纹管内侧的卡箍,将波纹管拉回,即可清楚地看到球头座。在进行原地停车检查时,观察有无任何松动。对内侧球头座的检查还可以挤压波纹管防护套直到可以触及球头座,然后推拉轮胎,如果感觉到横拉杆松动,应更换。某些车辆的防护套是由硬塑料制成的,针对这种类型的防护套,先锁定转向盘,然后再推拉轮胎。注意观察横拉杆有否进出的移动,如果观察到有移动,应更换横拉杆。

要记住,波纹管防护套的状况决定了内侧球头座的寿命,波纹管防护套保护齿条免受污染。若该防护套有任何裂缝、开裂或泄漏,则应更换。还应确保波纹管的卡箍处在正确位置并牢固拧紧。

步骤 5 检查横拉杆外侧的球头节。除了原地停车检查外,还应握住并转动每个球头节以感觉其转动的平滑性,以此可判断其内部是否生锈。一定要检查锻件和螺柱是否弯曲或损坏、密封件是否开裂或劣化,以及锥体部分有否损坏、失圆或松动,如果存在上述任何情况,则应更换该部件。

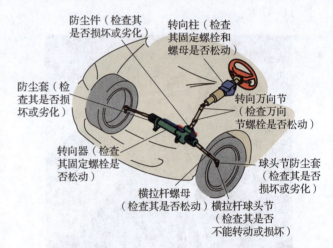

图 11-51 在诊断过程中应仔细检查转向系统的所有部件

为了解决客户的抱怨,需要对整个系统进行非常彻底的检查,包括球头节、轮胎、外侧横拉杆、波纹管防护套、内侧横拉杆、安装齿条的衬套、安装螺栓、转向联轴器和转向器的调整。考虑到系统的敏感性,对齿轮齿条式转向系统的检查必须非常彻底。

11.7 转向系统的维修

当发现转向系统的部件有故障时,应将其更换。大多数部件的更换非常简单,但在开始之前应先参阅维修信息。还应检查是否有任何更新部件或步骤的 TSB。诊断有时会指出需要调整转向器和维修转向柱。

1. 更换转向传动机构部件

转向传动机构的部件最终会因磨损而需要更换。拆卸横拉杆和中间拉杆是最简单的。首先拆下螺柱的固定螺母，这可能需要拆去开口销并将其废弃。接着将螺柱的锥体部分与其连接部件分离，这通常是用横拉杆拉拔器或叉形工具来完成的。但对铝制件不要使用叉形工具或锤子，而是使用球头节分离器，以免损坏铝制件。拆下旧部件后，安装新件并将螺母拧紧至规定力矩。

如果使用带有开槽的螺母和开口销，若螺母没有对准螺柱上的孔，可拧紧螺母直到它们对准为止。随后安装新的开口销，并弯曲其中一个或两个自由端，以防开口销在工作时松动和脱落。

若要更换随动臂，先将其从中间拉杆上拆下，然后将随动臂从车架上拆下。装上新的随动臂，并将其螺栓和螺母拧紧至规定力矩。若要更换转向摇臂，先拆下固定螺母和垫圈，然后在转向摇臂上安装转向摇臂拉拔器，旋紧拉拔器的螺杆使其紧顶住转向摇臂轴上。转向摇臂通常是很紧固的，所以当将其从转向器上松下时需要花点力气时不要惊讶。取下后转向摇臂后，装上新的转向摇臂、垫圈和螺母，并将螺母拧紧至规定力矩。

在组装转向传动机构各部件之前，应彻底检查所有锥形孔是否失圆和磨损，彻底清洁螺柱锥体穿入的所有锥孔。将锥形螺柱牢固地装入新的和重复使用部件上的锥形孔中。螺栓必须稳固落座且无晃动，而且应仅有螺纹部分伸出锥形孔。如果部件不符合这些要求，则说明配对的部件已有磨损或没有使用正确的部件，因此必须更换。在安装底盘部件时，应始终遵循制造商对螺柱和螺栓的力矩规定。

2. 更换齿轮齿条式转向器内侧横拉杆

对于两端输出齿轮齿条式转向器，先从转向节拉出外侧横拉杆球头节，然后拆下内侧横拉杆。测量并标记内侧横拉杆上的拉杆和紧定螺母的位置。这可使前束的设置能更快地接近横拉杆更换前的位置。松开固定内外侧横拉杆的锁紧螺母，然后从内侧横拉杆上拧出外横拉杆。拆下锁紧螺母，再取下将波纹管固定在内侧横拉杆和齿条外壳的卡箍，将波纹管从齿条上拉出并检查其是否有裂缝或其他损伤。

查看与横拉杆拆卸相关的维修信息，有些横拉杆上有锁紧螺钉和折弯的锁片，必须先将它们拆下。此外，一些制造商要求在松开横拉杆时要保持住齿条齿轮不动。图11-52展示了在齿轮齿条式转向系统上更换内侧横拉杆的典型步骤。

拆卸内侧横拉杆通常需要使用图11-52所示的专用工具。将工具紧跨在横拉杆上，将棘轮连接到横拉杆球头座上将横拉杆拆下。按照维修信息的说明将内侧横拉杆拧紧至规定力矩，并重新安装锁紧螺钉或其他锁定装置。然后将外侧横拉杆球头节螺母拧紧至规定力矩，并安装新的开口销。如果外侧横拉杆球头节与转向节的连接采用带尼龙层的锁紧螺母，切勿重复使用已用过的螺母。安装新螺母并将其拧紧至规定力矩。横拉杆安装完毕后，需要检查和调整前束。

3. 调整转向器

在对转向器进行调整或维修之前，应仔细检查车身前部的定位尺寸、减振器、车轮平衡和轮胎压力，以防止存在可能影响转向系统的问题。

调整或维修机械转向器之前，可能需要断开蓄电池接地电缆。在前轮处在正直向前的情况下举升车辆。在标记转向摇臂和转向轴的相对位置后拆下转向摇臂螺母，然后用拉拔器拆下转向摇臂。松开转向器调整螺塞上的锁紧螺母，将调整螺塞回旋转1/4圈（图11-53）。拆下转向盘上的装饰盖，朝一个方向轻轻转动转向盘，直到被转向器停止，然后再向回转1/2圈。通过将扭矩扳手和套筒套在转向盘固定螺母上并旋转90°来测量并记录轴承的阻力矩，查看维修信息以确定正确的阻力矩值。

完成上述步骤后，即可按照该车维修信息中的每项说明对该转向器进行调整和维修了。

4. 维修齿轮齿条式转向器

在拆卸齿轮齿条式转向器时，应明白拆卸的步骤会因车型和制造商的不同而不同，所以应参考制造商所述的步骤。先确保车辆的前轮处在正直位置，并锁定转向盘。典型步骤包括拆卸车轮以及从转向节分离外侧横拉杆。再拆卸齿条上的液压管和回油管，但不要拆卸输油管路，除非它

1)拆下车轮和轮胎以接近横拉杆,将车轮螺母装回到车轮螺柱上

2)松开内外侧横拉杆上的锁紧螺母

3)接着拆卸将外侧横拉杆球头节固定在转向节上的螺母。某些车辆使用开口销来锁定螺母,重新组装时废弃旧开口销并使用新的。如果使用的是带尼龙内层的自锁螺母,则需用新的螺母

4)使用横拉杆球头节拆卸装置,将横拉杆从转向节上分离出来。小心不要损坏外侧的横拉杆球头节,因为不需要更换它

5)从转向节上拆下外侧横拉杆后,从内侧横拉杆上旋出外侧横拉杆和锁紧螺母

6)接下来从波纹管小端处拆下卡箍

7)拆去将波纹管固定到齿轮齿条壳体的卡箍后,将波纹管从内侧横拉杆上拉出

8)拆去波纹管后,可看到内侧横拉杆的螺纹拧紧在齿条上的连接处

9)根据车辆的不同,有几种不同的工具可用于拆装内侧横拉杆

10)使用棘轮和内侧横拉杆拆卸工具拆卸横拉杆。参阅维修信息以确定拆卸时是否需要支承齿条齿轮

11)比较新旧横拉杆,以确保更换件正确

12)找到内侧横拉杆的紧固规范,并按制造商规定的力矩拧紧横拉杆

13)重新安装波纹管并固定在位,必要时使用新的卡箍,重新安装锁紧螺母和外侧横拉杆球头节。将外侧横拉杆拧紧至规定力矩。安装车轮和轮胎。由于要调整前束,故务必检查车轮定位

图 11-52 更换齿条齿轮转向器上的内侧横拉杆

有碍于拆卸其他部件。断开齿轮齿条转向器上所有的电气插接器,找到将转向轴固定在小齿轮轴上的夹紧装置,它通常被防护套覆盖住,防护套固定在车身上,转向柱由此穿过防火墙。拆卸夹紧装置上的紧固螺栓并将夹紧装置从小齿轮轴上滑出。拆下齿轮齿条式转向器的安装螺栓并取出转向器。转向器可能必须从车身中安装车轮的开口处取出。在某些情况下,或许需要降低副车架或必须拆下发动机和变速驱动桥以取出转向器。

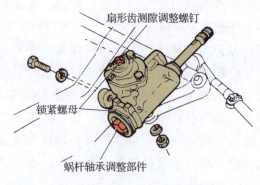
图 11-53 典型的转向器调整点

若齿轮齿条式转向器有故障，通常是更换，而不是进行内部维修。但如果需要拆解和检查转向器总成，应将其固定在台虎钳或制造商推荐的专用工具上。在其固定后，可拆下所有的输油管、横拉杆球头节和防护套。检查防护套是否有裂缝或渗漏迹象，如有损坏，应更换。

> ⚠️ **警告** 拆解转向器时很容易损坏防护套和齿条，所以应小心并遵照制造商的建议进行。

在外侧横拉杆球头节和锁紧螺母与横拉杆上做好索引标记（图 11-54）。拆下齿条导轨的弹簧盖、压紧弹簧和齿条导轨分总成，然后从齿条导轨弹簧盖和防护套上取下 O 形密封圈，拆下控制阀总成和分总成。在某些情况下，分总成是从主总成中压离的。分总成被分离后，从其上面拆下卡环、密封件和垫圈。

图 11-54 拆解转向器之前，在外侧横拉杆球头节和锁紧螺母与横拉杆上做好索引标记

接着拆卸液压缸、齿条中的止动器、转向齿条衬套，操作时要小心不要掉落衬套或损坏转向器壳内壁。拆解后检查下列内容：

（1）内侧横拉杆球头座 如果在检查过程中发现内侧横拉杆球头节松动，或需要更大的力才能移动，应更换。

（2）小齿轮和轴承总成 如果小齿轮轴承在其轴上有松动，则更换小齿轮和轴承。若小齿轮轴出现磨损或小齿轮轮齿有缺口，必须将其更换。检查导向轴承在小齿轮轴上的接触区域，若该区域有磨损、点蚀或划痕，则需要更换新的小齿轮轴。若小齿轮轴承不良，应同时更换小齿轮轴和轴承总成。

（3）齿条衬套 如果齿条衬套有磨损，则需要更换。

（4）支承衬套 如果支承衬套松动，应成对更换。如果衬套状况良好，可继续使用。转向器支承衬套不良可能造成噪声和颠簸转向的问题。

> **车间提示**
>
> 有些制造商实际上推荐使用不同长度的扭矩扳手进行测量、测试、紧固，这就是维修前需要查看制造商推荐内容的原因。例如，丰田建议针对不同的应用使用不同支点长度的扭矩扳手，并建议用带有长度为 9.84in（250mm）或 11.81in（300mm）支点长度的扭矩扳手来测量阻力矩和进行紧固。务必查看维修信息获取正确的步骤。

在将新部件安装到齿条总成或组装整个转向器时，所有的运动部件都应用动力转向油液、二硫化钼锂基润滑脂、多用途（Multi-Purpose，MP）润滑脂或硅类润滑脂进行润滑，还应安装新的波纹管、卡箍、衬套和密封件。某些部件需要遵循制造商的建议进行预加载。重新组装步骤与拆卸步骤相反。按照与拆卸时相反的步骤来安装新的或重新装配的齿轮齿条式转向器。确保前轮处于正直位置，然后按照制造商规定的力矩拧紧所有部件。安装完成后，在路试车辆前检查油液的液面高度。还需要对车辆进行车轮定位。

5. 维修转向柱部件

要对转向柱上端部件进行维修，是不需要从车辆上拆下转向柱的。在转向柱仍固定在车内的情况下，可拆卸转向盘、喇叭及其部件、转向信号开关、点火开关和锁芯。

为了确定吸能的转向柱部件是否能按设计目的起到其作用，还是需要维修，需要仔细检查。应检查所有存在明显损伤或车辆因其前部碰撞而维修过的部位。如果损伤明显，则必须更换受到影响的部件。由于转向柱的类型和各种部件不同，所以应参考维修信息以获得更详细的检查和维修步骤。

> ⚠️ **警告** 拆卸转向柱之前，应先施用驻车制动，并拆下蓄电池负极电缆。在开始拆卸之前和装配过程中都必须遵守相关注意事项，确保转向柱轴与转向器轴连接正确。

车间提示

在有些四轮驱动车辆上，采用某种横贯左右侧车轮的转向传动机构，设定好前轮的前束后，必须拆下转向盘并重新对中。具体方法可参阅制造商对车轮定位步骤的说明。

6. 转向盘

客户有时可能会抱怨转向盘不在居中位置。当转向盘处于中心位置时，两前轮应正直朝前。如果车轮不在正直位置，可通过调整车辆的前束来纠正，但这种调整只应在转向盘的安装标记与转向柱的安装标记对正时才能进行。一般来讲，转向盘轮毂和转向轴上带有标记的齿或配对平面可防止这两个部件的错误装配。验证转向盘定位位置不正确的一个方法，是将其从一侧止动位置转到另一侧止动位置并计算其转动的圈数，然后将总圈数除以2，该结果表示转向盘的中间位置或正直位置。然后转动转向盘到一侧止动位置后，再按照上述计算所得的代表中心位置的圈数回转。此时查看两前轮，如果它们不在正直位置，那么不是转向盘安装位置错误，就是车轮需要进行前束调整。

有时必须拆下转向盘，例如在维修多功能开关、喇叭开关或转向柱护罩时。转向盘本身极少可能会造成转向方面的问题。

> **警告** 转向盘的中央装有驾驶员侧安全气囊。如果不拆除，可能会造成严重的人身伤害。

> **参见** 有关靠近气囊或在其附近进行作业时的特定安全注意事项参见《汽车电气系统检修技术（原书第7版）》第3章。

图 11-55 使用合适的拉拔器拆下转向盘总成

拆卸和安装转向盘的典型步骤

以下是拆卸和重新安装转向盘的典型步骤。

拆卸时：
步骤1 将前轮朝向正前方。
步骤2 禁用 SRS（断开蓄电池负极电缆）。
步骤3 拆下转向盘垫和驾驶员气囊。
步骤4 拆下转向盘总成的紧固螺母。
步骤5 在转向盘和转向轴上做好对正标志。
步骤6 断开螺旋线缆上的插接器。
步骤7 使用合适的拉拔器拆下转向盘总成（图 11-55）。

安装时：
步骤1 将转向盘滑入转向轴。
步骤2 对齐转向盘总成和转向轴上的对正标记（图 11-56）。
步骤3 安装转向盘总成的紧固螺母并拧紧至规定力矩。
步骤4 插接螺旋线缆的插接器。
步骤5 连接蓄电池负极端子。
步骤6 检查 SRS 警告灯。

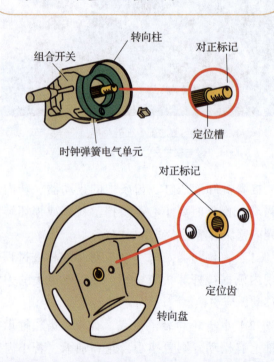

图 11-56 转向盘用花键安装在转向柱上且须对正参考标记

11.8 动力转向系统的维修

1. 冲洗系统

装有动力转向系统的车辆具有与机械转向系

统相同类型的转向传动机构。动力转向系统传动机构的检查和维修如前文所述，唯一不同的内容是液压部件的维修，如软管、转向泵和动力转向器。冲洗液压系统也是制造商建议的预防性维护计划的一部分。

冲洗动力转向系统的原因是显而易见的。由于液压油会因水分和污物而受到污染，而对系统进行冲洗可除去带有污染物的旧油液，并添加新油液。在更换或修复系统中的部件后，对系统进行冲洗也是一种明智的做法。

要冲洗系统，应先禁用发动机点火系统，然后断开动力转向的回油管并塞住储液罐。在回油软管和空的容器之间连接一条加长软管，然后将车辆的前轮升离地面，并用正确类型的油液加满储液罐。

> **警告** 切勿混用不同类型的油液，任何混合物或任何未经核准的油液都可能导致密封件劣化和泄漏。

在起动发动机的同时，将转向盘从一侧止动位置转到另一侧止动位置直到回油管中流出的油液清澈为止。注意发动机每次起动时间不得超过5s，随时向储液罐中添加转向油液，确保储液罐不会空。在回油管流出的油液变清澈后，将储液罐加满并放下车辆。

从动力转向系统的回油软管上断开加长软管，将回油软管重新连接到储液罐上。再次检查储液罐内的液面高度，必要时添加。重新启用点火系统并起动发动机，将转向盘从一侧止动位置转到另一侧止动位置，如果动力转向系统有噪声和油液中出现气泡，则必须清除系统中的空气。

冲洗系统也常在发动机怠速运转时进行。将回油软管放入合适的容器中，然后起动发动机并将转向盘从一侧止动位置转到另一侧止动位置反复几次，并随时添加新的转向油液。当从回油软管中流出的油液是新的和清澈时，立即关闭发动机。重新连接回油软管和给系统添加油液后，起动发动机并从系统中排出任何空气。

2. 对系统放气

用于动力转向系统放气的过程通常称为"净化"该系统，因为这个过程会除去可能困留在油液中的空气。在更换动力转向液压系统的任何部件后或出现表明油液中有空气等问题时，必须对系统进行放气，例如出现鸣鸣的噪声时。

对系统进行放气的方法取决于车辆配备的动力转向类型。放气应按照维修信息中给出的步骤进行。如果系统未被正确地放气而使空气仍残留在系统中，则可能导致动力转向泵过早失效。下面是一个典型的步骤。

> **放气步骤**
>
> 遵循下述步骤进行动力转向液压系统的放气。
> 步骤 1　取下储液罐盖。
> 步骤 2　将真空泵适配器稳固地安装在储液罐口上。
> 步骤 3　起动发动机。
> 步骤 4　起动真空泵。
> 步骤 5　提供 68~85kPa 真空。注意，如果车辆采用液压助力系统，踏下制动踏板两次。
> 步骤 6　转向盘从一侧止动位置转到另一侧止动位置往复十次。
> 步骤 7　关闭发动机。
> 步骤 8　释放真空并从储液罐上拆下适配器。
> 步骤 9　用正确的油液加满储液罐。
> 步骤 10　重新将真空泵适配器稳固地安装在储液罐口上。
> 步骤 11　起动发动机。
> 步骤 12　提供 68~85kPa 真空。注意，如果车辆采用液压助力系统，踏下制动踏板两次。
> 步骤 13　关闭发动机。
> 步骤 14　释放真空并从储液罐上拆下适配器。
> 步骤 15　用正确的油液加满储液罐。
> 步骤 16　检查系统是否有泄漏迹象并根据需要修复。
> 步骤 17　安装储液罐盖。

3. 电控动力转向系统

在配备 EPS 的车辆上进行作业，要记住是电动机提供辅助动力，因此为了向两侧提供一致的辅助力，它必须定位在适当的位置。所以，重要的是，只要拆卸和安装转向传动机构的任何部件，在此之前必须使前轮处在正直朝前的位置。必要时可先在转向器与转向柱轴间做好对正标记，然后将它们断开。重新安装转向轴时，应确保它们的标记已对正。

电动辅助系统使用转向角传感器或扭矩传感器来确定要提供多大的动力辅助。扭杆从转向柱的输入轴连接至转向器中的小齿轮。扭杆随着转向盘的转动而扭曲。扭矩传感器通常有两个用来检测扭杆扭曲度的传感器或旋转变压器。其中一个传感器在轴的输入端，另一个在输出端。输入和输出传感器之间的移动差值用来确定转向力矩。只要拆卸或更换转向器、转向盘、转向柱或转向控制模块，就必须重新校准转向角传感器和扭矩传感器。在前轮进行定位后或者当左右两侧的转向力有差异时，也需要重新校准。应按照制造商对该传感器进行校准的指南进行校准。一般来讲，传感器校准有以下三种方法。

1）自校准：这意味着在将转向盘从一侧止动位置转到另一侧止动位置后，系统将自己重新学习。

2）丰田/雷克萨斯：用一根跨接线将数据传输插接器上的特定端子短接。

3）用诊断仪进行重新学习：有许多车辆使用诊断仪或定位仪中的软件来进行重新学习（图11-57）。

图 11-57 通用汽车电动转向系统的校准

如果传感器出现故障，左右两个方向的转向力可能会增加，或者转向盘可能无法正确回正。

4. 软管和管路

还应仔细检查软管和管路是否泄漏、凹痕、死弯、裂缝和肿胀。应始终使用正确的动力转向软管更换件，切勿试图修补或密封已泄漏的软管和软管接头。管路或软管不得与其他部件摩擦，否则可能会在管路或软管上磨出孔洞。许多高压管路都是用带有高压钢质编织物的软管制成的，其两端都带有压合的钢制接头。

> **动力转向系统软管的更换步骤**
>
> 当需要更换动力转向系统软管时，应遵循以下步骤。
>
> 步骤1　在发动机停机情况，拆下动力转向器上的回油软管，并让油液排入接油盆。
>
> 步骤2　松开并拆下转向泵和转向器上的所的软管接头。
>
> 步骤3　拆下所有软管与底盘之间的固定夹子。
>
> 步骤4　从底盘上取下软管，并封住转向泵和转向器上的接头。
>
> 步骤5　如果软管末端使用了O形密封圈，应更换新O形密封圈。有些软管端装有垫圈，在安装新软管之前必须将旧垫圈从接头中撬出，并用动力转向油液润滑新O形密封圈。
>
> 步骤6　以与拆卸步骤相反的步骤安装新软管，确保所有接头都拧紧至规定力矩，同时要保证软管在底盘上的夹子中固定到位。切勿将软管布置在会与其他部件相摩擦的位置。
>
> 步骤7　用制造商推荐的油液加满转向泵的储液罐。从动力转向系统中排出空气，然后检查储液罐中的液面高度，并根据需要补充。

5. 更换动力转向泵

更换动力转向泵时，应遵循制造商的维修步骤。先从拆卸传动带开始，接着确定为从支架上拆下转向泵是否需要先拆卸带轮，如果需要，则使用适当的拉拔器拆下带轮。然后拆开回油软管，并将动力转向油液排入接油盘中，随后拆下压力软管。接着从支架上松开转向泵的固定螺栓并取下转向泵。将旧的转向泵与更换的新转向泵进行比较，确认新转向泵的接头尺寸和安装点与旧转向泵相同。安装新转向泵并按规定力矩拧紧其紧固件。重新连接软管，重新安装带轮和传动带，然后向系统中加入正确的动力转向油液并从系统中排出空气。起动发动机，检查是否有泄漏，并确认动力转向工作正常。

尽管动力转向泵通常不是由技师来修复的，但会更换某些零件。可更换的具体零件取决于转向泵的结构。下面将讨论可更换的常用零件。

（1）更换动力转向泵带轮　如果带轮在其旋转时摇摆，则无疑已变形，应更换。带轮槽磨损和/或有裂纹也表明该带轮应更换。若带轮泵轴松动，也必须更换。在拆卸和安装带轮时切不可锤击转向泵的驱动轴，因为这会损坏转向泵内部的零件。

如果带轮是压装在转向泵轴上的，则需要使用专用的拉拔器来拆卸（图11-58a），并使用带轮安装工具进行安装（图11-58b）。更换转向泵时，所更换的转向泵通常都没有带轮，因此需要从旧转向泵上拆卸带轮，再将其重新安装在新转向泵上。

a）拆卸

b）安装

图11-58 拆卸和安装压装的带轮

为了拆卸带轮，先将拉拔器安装在带轮的边缘，并转动拉拔器的螺栓以使其顶在转向泵的驱动轴上。然后用扳手卡住拉拔器并拧动其螺栓，从而从转向泵轴上拉出导轮。重新安装时，先将带轮对准在转向泵轴上，再将安装螺栓旋入转向泵驱动轴内，然后用扳手或套筒拧紧该螺栓并使其保持不转动，再用扳手拧紧螺栓上的螺母直到将带轮推入转向泵的驱动轴上。带轮安装就位后，将其快速旋转，以确认其不晃动。应更换已变形的带轮，因为它会导致传动带过早磨损。

如果动力转向泵的带轮是用螺母固定的，则将转向泵夹紧在台虎钳上。始终应将台虎钳的钳口夹紧在转向泵固定螺栓的平面上，且不要用过大的力来拧紧台虎钳。然后用专门的夹持工具防止带轮转动，接着用套筒扳手松开螺母。取下螺母、带轮和半圆键。检查带轮、轴和半圆键是否磨损并更换所有磨损的部件。

（2）拆卸和更换流量控制阀和端盖　为了更换流量控制阀和端盖，用平头螺丝刀和冲子拆去挡圈，然后取下流量控制阀、端盖、弹簧和磁体。检查流量控制阀上是否有毛刺，若有，可用细砂布清除细小的毛刺，并在溶剂中清洁流量控制阀，若流量控制阀有损伤或磨损，则必须更换。检查端盖的密封面是否损伤，还要检查转向泵的驱动轴是否腐蚀和损伤，可用细砂布清除任何腐蚀物。清洁所有部件，并用动力转向油液润滑端盖，然后用车间毛巾擦干净磁体并安装，随后安装限流阀、弹簧、端盖、挡圈等相关部件。

下面是拆卸和更换与流量控制阀装在一起的减压阀的步骤。

> **拆卸和更换减压阀的步骤**
>
> 步骤1　用毛巾裹住流量控制阀封油面端，并用带有软钳口的台虎钳夹住这一端。要非常小心，不要损坏控制阀的封油面。
>
> 步骤2　拆下六角头的球座。在溶剂中清洗，如果泄压球阀、弹簧、导轨或阀座有磨损或损伤，则必须更换。
>
> 步骤3　重新安装新的或清洗过的部件，然后安装球座。

11.9 四轮转向系统

少数制造商已经提供了四轮转向系统，该系统中的后轮还通过电子、液压或机械方法来帮助汽车转弯。尽管它们确实并不常见，但也应该了解它们是如何工作的。

量产汽车一般都倾向于不足转向，但在少数情况下，也有过度转向的。不足转向是指汽车因其前轮的抓地力缺失而使车辆不能随弯转动的一种情况。试图在湿滑道路上过快转弯或漂移通过十字路口就是不足转向的一个例子。当车辆的转弯角度超过所需的角度时就会出现过度转向,这通常是由于后轮失去了抓地力而脱离控制所致。如果车辆能够自动补偿不足转向/过度转向问题,驾驶员将会在不同的操作条件下享受接近中性的转向。四轮转向(4WS)是汽车结构工程师为提供接近中性转向所做出的一项重大努力。4WS 具有以下优点。

1)车辆在高速以及湿滑路面上的拐弯行为变得更加稳定和可控(图 11-59)。

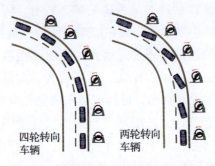

图 11-59 四轮转向和两轮转向车辆在转弯过程中的行为对比

2)车辆在整个车速范围内对转向输入的响应变得更快、更精确。

3)提高了车辆在高速下的直线稳定性。道路的不规则和侧风对车辆稳定性的负面影响被降至最低。

4)提高了高速换道的稳定性,使高速大回转式操作变得更容易。即便在驾驶员必须进行突然和相对较大的方向改变时,车辆也很少会进入高速旋转状态。

5)通过在低速时将后轮转向与前轮相反的方向,车辆的回转半径大大减少,从而使车辆在狭窄道路上和泊车时的机动性更好。

要理解四轮转向的优点一个极好的方法就是,先回顾一下典型的传统前轮转向汽车的转向行为。轮胎在进行非正直朝前行驶时受到抓地力、推力和转向输入力的影响,这些力在转向机动中相互作用。前轮转向车辆的后端总是试图赶上前轮的方向变化,从而引起车辆的摆动。作为操控车辆的一个正常部分,驾驶员学会了能在不加思考的情况下做出对这些力的修正。

在转弯时,驾驶员要持续地面对一系列复杂的力,其中每一种力都必须与其他力进行权衡。轮胎受到路面抓紧力和偏移角的影响,抓地力使汽车的车轮保持在路面上,推力移动汽车正直向前。转向输入造成前轮转动。汽车瞬间抵抗转弯的移动,导致轮胎形成偏移角。一旦车辆开始响应转向输入,就会产生转弯力。当后轮力图跟上前轮已产生的转弯力时,车辆就会摆动。这称为后端延迟,因为在转向输入和车辆反应之间有一个时间延迟。当前轮返回正直向前的位置时,此时车辆必然会再次试图用一个力来调整,该力的方向与由转弯产生的力相反,但大小相等。随着转向盘的转动,当后轮再次力图跟上前轮产生的转弯力时,车身就会发生摆动。

四轮转向背后的想法是,如果车辆的四个车轮都可以转向,车辆将会在任何转向的机动中只需要更小的驾驶输入。与采用两轮转向的车辆一样,轮胎的抓地力使四个车轮都保持在路面上。然而当驾驶员稍微转动转向盘时,所有四个车轮都会对转向输入做出反应,使四个车轮都形成偏移角。整个车辆会朝一个方向移动,而不是车辆的后半部分试图追赶车辆的前半部分。当车轮转回正直向前的位置时,车身也会有更小的摆动。由于消除了后轮的延迟,车辆会更快地响应转向输入。

由于每种 4WS 系统都有其独特的结构和维修需求,所以为了对四轮转向系统进行正确的诊断、维修和车轮定位,必须要遵循车辆的维修信息。

1. 机械式 4WS

在纯机械式四轮转向系统中使用了两个转向器,一个用于前轮,另一个用于后轮。一根钢轴连接这两个转向齿轮箱,轴的末端是装有偏心销的偏心轴。该偏心销插入行星轮,从而带动行星轮上的第二个偏心销(图 11-60)。

行星轮与固定在齿轮箱箱体中相配的内齿圈轮齿啮合。这意味着,行星轮可以转动,但内齿圈不能转动。行星轮上的偏心销插入转向器滑块上的孔中。

转向盘转动 120° 会旋转行星轮使滑块以与前轮转动的相同方向移动。在转向盘转动约 1.5° ~

120°范围内，后轮将按比例转动。当转向盘进一步转动而超过120°后，由于双曲柄作用（两个偏心销）和行星轮的旋转，后轮开始变直。当转向盘转动转到一个更大的角度（约230°）时，后轮会相对于前轮处于中性位置。当转向盘进一步转动到大约450°时，后轮相对于前轮做逆相移动。后轮的逆相转动角度有可能最大达到5.3°左右。

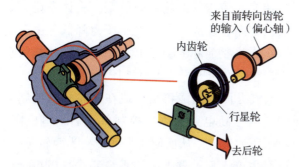

图 11-60 后转向齿轮箱的内部为简易行星齿轮装置

机械式4WS的操作主要取决于转向盘转角，而不是车速。

2. 液压式 4WS

图 11-61 所示的液压操作式4WS无论在部件还是在操作上都是一个简单的设计。后轮仅以与前轮相同方向转动，且转动的角度不会超过1.5°。该系统只在30mile/h（约50km/h）以上的车速下才会启动，而且在车辆倒车时不会作。

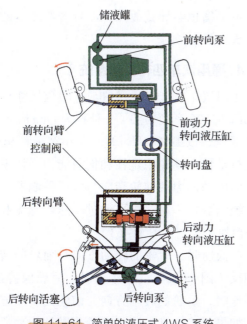

图 11-61 简单的液压式4WS系统

安装在后副车架上的双向液压缸转动后车轮。用于该液压缸的压力油液是由差速器驱动的后转向泵来提供，它只在前轮转动时才工作。发动机舱中的储液箱为后转向泵提供油液。

当转向盘转动时，前转向泵在压力下将油液输送到前齿轮齿条单元中的旋转阀，从而强制油液进入前轮动力液压缸，使前轮朝转向的方向转动。液压随着转向盘的转动而变化，转向盘转得越快和转动的角度越大，液压就越高。

油液在相同的压力下被输送到控制阀，并推动控制阀内的滑阀移动。滑阀的移动可使来自后转向泵的油液通过，并操作后轮动力液压缸。滑阀上的压力越大，滑阀移动的距离就越大，从而允许通过更多的油液来转动后轮。如前所述，这个系统在左右两个方向上都限制后轮转动至1.5°。

3. 电液式 4WS

有些4WS系统将计算机的电子控制与液压系统相结合，使系统能对转向盘转角和车速这两者都做出响应。在这类设计中，速度传感器和转向盘转角传感器向电子控制单元（ECU）反馈信息。计算机处理接收到的信息后指令液压系统去转动后轮。在低速行驶中的转向过程中，认为该系统的后轮不是动态因素。

在中等车速时，后轮被瞬间逆相转向，通过中性位置后将与前轮同相。在高车速时，后轮只与前轮同相转动。ECU不仅需要知道车速，还必须知道转向盘转动的幅度和速度。ECU解析车速、转向盘转动量和转向盘转动速率这三个输入参数，并控制后轮保持连续和预期的转向角度。

另一种电液式4WS系统如图11-62所示。这种设计的基本工作部件包括控制单元、步进电动机、摆臂、锥齿轮组、控制杆和带输出杆的控制阀。两个电子传感器用来告诉ECU当前行进的速。

控制拨叉是这类电液式4WS系统中的一个重要机械部件，其位置随车速变化。例如，当车速低于33mile/h（约53km/h）时，控制拨叉处在其向下的位置，从而导致后轮逆相转向（与前轮相反）。当速度接近和超过22mile/h（约35km/h）时，控制拨叉向上摆过中性（水平）位置到达向上位置。当拨叉处在中性位置时，后轮转向与前轮同相位。

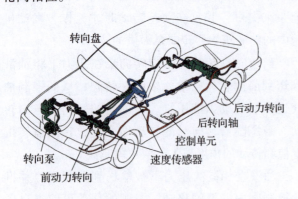

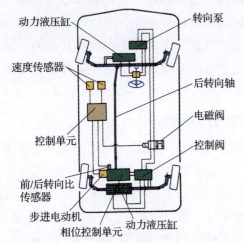

图11-62 用步进电动机和拨叉控制的电子液压式4WS系统

步进电动机移动与摆臂连接的控制拨叉，而拨叉的位置决定了摆臂的弧形运动。摆臂的弧线运动经由一个大的锥齿轮通过控制臂传递。步进电动机的行为最终导致输出轴产生推或拉的运动以使后轮向左或右转动，其最大转角可达5°。

以电子方式控制的4WS系统可根据车速和驾驶员的转向来调节后轮的转向角度和方向。这个速度感知系统优化了车辆在任何速度下的动态特性，从而提高了稳定性和某些参数设置上的灵活性。

实际的4WS系统含有一个由双联转向泵提供液压力的齿轮齿条前转向器。此外，该系统还配有一个由主液压泵提供液压力的后转向机构。后转向轴从前转向总成的齿条杆延伸到后转向相位控制单元。

后轮转向机构由后转向轴的输入端、车速传感器、转向相位控制单元（决定方向和角度）、动力液压缸和输出杆组成。在出现液压方面的故障时，系统中的中间位置锁簧将后转向系统锁定在中性（正直向前）位置。此外还含有一个用来断开液压助力的电磁阀（当出现电气故障时启用中间位置锁簧）。

所有4WS系统都有失效保护措施。例如，系统通过电液上的设置来自动消解导致失效的可能原因，包括电子方面和液压方面的，并将整个转向系统转换为传统的两轮转向类型。具体来说，如果液压方面有故障，会使液压压力降低（由运动故障或传动带断裂导致），此时后轮转向机构将自动锁定在中性位置，并点亮液压压力低的警告灯。

电气方面的故障将由集成在四轮转向控制单元中的自诊断电路检测。控制单元启动电磁阀，使液压压力失效，从而使整个系统变为两轮转向，并点亮主仪表显示器上的该系统警告灯以提示出现了故障。

在任何4WS系统中，转向盘的位置、前轮和后轮的位置必须有近乎完美的依从性。通常建议在车辆以直线行驶约20ft（约6m）后，检查前/后轮相对于转向盘的位置。在转向盘轮毂和转向柱上贴上一条纸胶带作为参考点基础。当转向盘在正中位置时，在胶带上划一条直线，然后驾驶车辆正直朝前行驶一段距离后检查参照线是否保持对齐，若没有，则需要修正，比如重新定位转向盘。

对应速度敏感型4WS系统来讲，即便是后轮严重不平衡也会导致故障，而且会给基本的故障排查造成困扰。

4. 通用汽车四轮转向系统

通用汽车在2002—2005年的全尺寸皮卡和Suburban2500车型提供了一种称为Quadrasteer的4WS系统，以提高全尺寸皮卡、小客车和SUV的低速机动性、高速稳定性和拖载能力。该系统将普通的电动助力的前轮转向与电子控制的后轮转向系统结合在一起，主要通过车速传感器和中央控制模块来控制（图11-63）。

在低速时，后轮的转动方向与前轮的转动方向相反（图11-64）。在中速时，后轮保持正直。在高速时，后轮的转动方向与前轮的转动方向相同。如果系统出现故障，车辆将默认为普通的两轮向。

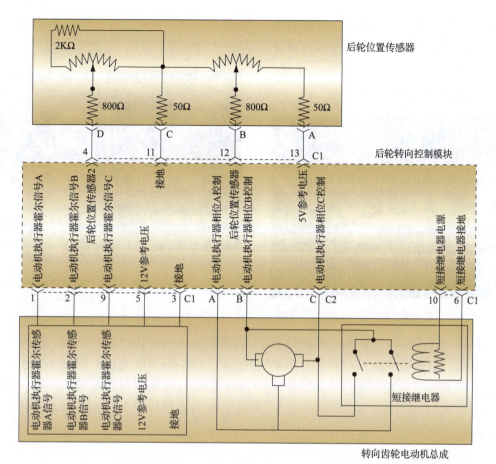

图 11-63 控制四轮转向系统的主要部件

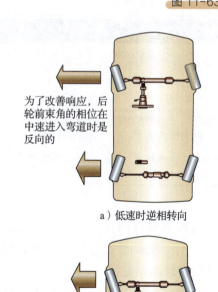

a）低速时逆相转向

b）高速时同相或跟随转向

图 11-64 Quadrasteer 系统的不同运行模式

5. 讴歌全轮精准转向

讴歌于 2015 年推出的精准全轮转向（P-AWS）系统是他们第一款能够对每个后轮独立调整前束角的系统。该系统依靠两个电动执行器，每个后轮一个（图 11-65）。该执行器对后轮角度的改变最大可达 1.8°。在低速运行时，后轮是逆向（反相）的，指向与前轮相反的方向以减小转弯半径。在高速时，后轮与前轮一起转动，以允许快速变道。在高速转弯时，后轮反相以帮助汽车通过弯道。在高速制动时，两个后轮都为正前束以提高制动稳性。

6. 主动后桥转向

也称为采埃孚集团（ZF Group）的采埃孚股份公司（ZF Friedrichshafen AG）所开发的 4WS 系统已被一些欧洲制造商使用，如保时捷、奥迪、宝马、梅赛德斯和兰博基尼。例如，保时捷车型使用了这种后桥转向系统的两种不同变型。从基本结构来讲，该系统依赖于控制模块控制的电动机。控制模块接收来自监测当前的运行状况的各种传感器输入，包括前轮的方向和车速，这就是称为主动系统的原因。这类系统都是纯"线控"系统，转向盘和电动机之间没有机械连接。

微移动。电动机驱动传动带来驱动齿轮，齿轮再移动连接在每个轮轴上的横拉杆。

图 11-65 讴歌的 4WS 系统每个后轮有一个电动执行器

图 11-66 4WS 的后轮前束执行器

这类系统的另一种依靠两个用来改变后轮前束角的小型机电执行器。该系统用在后置发动机的 RWD911 上。采用这种双执行器的系统，每个车轮都可通过独立的执行器单独转动（图 11-66）。执行器总成内的电动机使每个车轮向左或向右稍

另一种用在保时捷 Panamera（帕纳梅拉）上的系统称为中央执行机构系统。该系统有一个安装在后桥中间的电动机，通过连接在每个车轮轮轴上的横拉杆来同时转动两个后轮。该系统的最终目的与双执行器系统和大多数四轮转向系统是相同的。

3C：问题（Concern）、原因（Cause）、纠正（Correction）

维修工单					
年份：2007	品牌：Chevy		车型：Cobalt	里程：130753mile	单号：19357
问题	客户陈述汽车在撞击凸起物后会向左或向右急驰。				
技师进行了路试并注意到不同的噪声，而且汽车确实出现了颠簸转向现象。回到维修店后进行了目视检查和原地转向检查。					
原因	发现横向稳定杆的一根连接杆断裂、一根内侧横拉杆磨损松动，以及有磨损和腐烂的齿条衬套。磨损的横拉杆和齿条衬套导致齿条移动，从而引起颠簸转向。				
纠正	更换齿条衬套、内侧横拉杆和横向稳定杆连接杆，并将车轮定位设置到规定范围。在随后的路试过程中未再发生颠簸转向。				

11.10 总结

- 机械转向系统的部件包括转向传动机构、转向器、转向柱和转向盘。
- 术语"转向传动机构"指的是由在转向器和连接到前轮转向臂之间安装的连接部件和枢轴所组成的系统，它用来控制车辆的行进方向。转向传动机构将转向器输出轴的运动传递给转向臂，转动车轮以实现车辆的机动转向。
- 平行四边形转向传动机构系统的基本部件包括转向摇臂、随动臂、连接杆、横拉杆，以及某些设计中的转向减振器。
- 蜗轮蜗杆转向系统的部件与平行四边形系统中的部件基本相同。
- 在齿轮齿条转向传动机构中，转向输入是由与转向柱相连的小齿轮接收的。小齿轮推动齿条，齿条连接到横拉杆，横拉杆使车轮转向。
- 目前使用的机械转向器有三种类型：循环球式、蜗轮蜗杆式和齿轮齿条式。

- 转向盘和转向柱产生转动转向器所需的力。
- 设计的动力转向装置可减少转动转向盘所需的力度，还可以减少驾驶员长途驾驶的疲劳，并使车辆在低速时的转向更轻松，尤其是在泊车时。
- 用于乘用车和轻型货车的转向系统有几种动力转向系统，最常见的有液压助力的整体式转向传动机构系统和动力辅助的齿轮齿条转向系统。
- 传统动力转向系统的主要部件是转向传动机构、动力转向液压泵、流量控制和减压阀、储液罐、滑阀、动力活塞、液压软管管路，以及转向传动机构上的齿轮箱或助力总成。
- 电动式齿轮齿条系统用电子控制装置和与齿条同心的电动机取代了与传统动力转向系统相关联的液压泵、软管和油液。
- 四轮转向系统的优点表现在转弯能力、转向响应、直线稳定性、变道和低速机动性。

11.11 复习题

1. 思考题

1）齿轮齿条转向系统、平行四边形转向系统以及蜗轮蜗杆转向系统的工作原理是什么？
2）动力转向软管将油液在压力下从（　　）输送到（　　）、（　　）、（　　）。
3）循环球式动力辅助转向器的工作原理是什么？
4）术语"转向传动比"的定义是怎样的？
5）四轮转向系统的优点有哪些？
6）列出平行四边形转向传动机构中的四个主要部件，并说明每个部件的功用。
7）滑阀在动力辅助齿轮齿条式系统中的功用是什么？

2. 单选题

1）在齿轮齿条转向系统中，是哪个部件保护齿条不受污染？（　　）
　A. 内侧横拉杆球头座　B. 外侧横拉杆球头座
　C. 垫圈　　　　　　　D. 波纹管防护套
2）随动臂的主要任务是（　　）。
　A. 支承中间拉杆的左侧
　B. 支承中间拉杆的右侧
　C. 支承转向摇臂
　D. 保持转向系统两端的水平
3）下列哪一项关于电动助力转向系统的表述是正确的？（　　）
　A. 动力辅助电动机可与齿轮齿条集成
　B. 辅助电动机可能放置在转向柱内
　C. 辅助电动机可以驱动齿轮
　D. 以上均正确
4）齿轮齿条转向系统（　　）。
　A. 与平行四边形转向系统相比重量更轻，并具有更少的部件
　B. 提供的路感不如平行四边形转向系统那样好
　C. 不使用与平行四边形转向系统同类型的横拉杆
　D. 以上均正确
5）如果电子控制式动力辅助转向（EPS）系统出现电气故障，则（　　）。
　A. 系统继续正常运行，但会点亮 EPS 警告灯
　B. 系统以稍微降低动力辅助的方式继续运行
　C. 仍保持机械转向，但将不会有任何动力辅助
　D. EPS 控制单元将锁定转向器中的电枢，以防止电枢和螺杆轴损坏
6）以下各项都会导致车辆漂游或直线寻迹不佳，但除了（　　）。
　A. 齿条安装衬套磨损或松动
　B. 齿条活塞密封件泄漏
　C. 转向器不在中间位置
　D. 横拉杆球头节松动或磨损
7）齿轮齿条转向器（　　）。
　A. 有将齿条直接连接到转向臂的横拉杆
　B. 是一个齿轮机构，其中的齿条需要一个随动臂来改变转向臂方向
　C. 有压装在齿条上的内侧横拉杆球头节
　D. 与平行四边形转向传动机构相比有更多的摩擦点
8）以下哪一项最不可能导致转向沉重？（　　）
　A. 齿条滑阀密封件磨损
　B. 传动带张力不足
　C. 动力转向压力管路扭结
　D. 转向柱万向节松动

3. ASE 类型复习题

1）技师 A 说转向器中的间隙可能会造成摆振。技师 B 说摆振的原因可能是转向传动机构松动。谁是正确的?（   ）
A. 仅技师 A 正确
B. 仅技师 B 正确
C. 技师 A 和 B 都正确
D. 技师 A 和 B 都不正确

2）技师 A 说转向器调整过紧会导致转向沉重。技师 B 说转向器调整过紧会导致回正性差。谁是正确的?（   ）
A. 仅技师 A 正确
B. 仅技师 B 正确
C. 技师 A 和 B 都正确
D. 技师 A 和 B 都不正确

3）车主抱怨转向盘自由行程过大。技师 A 检查转向轴万向节，技师 B 对转动传动机构进行原地转向检查。谁是正确的?（   ）
A. 仅技师 A 正确
B. 仅技师 B 正确
C. 技师 A 和 B 都正确
D. 技师 A 和 B 都不正确

4）讨论转向问题时，技师 A 说转向盘"急拉"并发出啃啷的噪声可能表明转向柱万向节磨损；技师 B 说助力不足和充满转向油液的转向泵中有隆隆的噪声可能表明软管或转向泵内部阻塞。谁是正确的?（   ）
A. 仅技师 A 正确
B. 仅技师 B 正确
C. 技师 A 和 B 都正确
D. 技师 A 和 B 都不正确

5）讨论失效保护模式时，技师 A 说在失效保护模式中会点亮 4WS 警告灯；技师 B 说当 4WS 控制单元进入失效保护模式时，后轮仍继续正常转向。谁是正确的?（   ）
A. 仅技师 A 正确
B. 仅技师 B 正确
C. 技师 A 和 B 都正确
D. 技师 A 和 B 都不正确

6）技师 A 说以电子方式控制的动力转向系统即便在发动机熄火时也允许动力辅助。技师 B 说即使发动机熄火，电控的齿轮齿条系统也能提供动力辅助。谁是正确的?（   ）
A. 仅技师 A 正确
B. 仅技师 B 正确
C. 技师 A 和 B 都正确
D. 技师 A 和 B 都不正确

7）使车辆转向所需的力持续过大，但没有噪声，且储液罐中的液面高度也正确。技师 A 说该问题的可能原因是流量控制阀卡住了；技师 B 说该问题的原因是油液从齿轮齿条流量控制阀周围旁通了。谁是正确的?（   ）
A. 仅技师 A 正确
B. 仅技师 B 正确
C. 技师 A 和 B 都正确
D. 技师 A 和 B 都不正确

8）在诊断配备动力转向系统的车辆转向过重的问题时，技师 A 说该问题可能是因系统中有空气造成的；技师 B 说该问题可能是因转向轴万向节磨损造成的。谁是正确的?（   ）
A. 仅技师 A 正确
B. 仅技师 B 正确
C. 技师 A 和 B 都正确
D. 技师 A 和 B 都不正确

9）在诊断横拉杆球头节磨损可能导致的问题时，技师 A 说这可能会导致轮胎扇形磨损；技师 B 说这可能会导致车辆被拉向一侧。谁是正确的?（   ）
A. 仅技师 A 正确
B. 仅技师 B 正确
C. 技师 A 和 B 都正确
D. 技师 A 和 B 都不正确

10）在诊断车轮摆振的原因时，技师 A 说该问题可能是由车轮轴承松动引起的；技师 B 说该问题可能是转向轴万向节卡住造成的。谁是正确的?（   ）
A. 仅技师 A 正确
B. 仅技师 B 正确
C. 技师 A 和 B 都正确
D. 技师 A 和 B 都不正确

第 12 章
车轮定位

学习目标

- 能说明车轮准确定位的好处。
- 能说明校正车轮定位角度的重要性。
- 能简述车辆悬架中车轮外倾和主销后倾的不同功用。
- 能理解转向轴线(主销)内倾的作用。
- 能简述前束为什么是所有定位角度中轮胎磨损最主要的因素。
- 能理解转弯半径或转向前展的作用。
- 能说明循迹和推力角的含义。
- 能执行车轮定位前的检查。
- 能简述如何在车辆上调整车轮的定位角度。
- 能理解后轮定位的重要性。
- 能知道并理解转向传感器的校准要求。

3C：问题（Concern）、原因（Cause）、纠正（Correction）

维修工单					
年份：2010	制造商：本田	车型：Civic	里程：102301mile		单号：19384
问题	客户陈述转向盘不居中，要求做车轮定位。				
根据此客户提出的问题，运用在本章中学到的知识来确定此问题的可能原因、诊断问题的方法以及解决问题所需的步骤。					

12.1 车轮定位概述

车辆的车轮、轮胎、悬架系统和转向系统被设计为协同工作，以提供安全、稳定和可靠的操控。这些系统协同工作的目的是保持合适的车轮定位（图12-1）。在定位中，将测量和调整悬架与车轮的角度。该过程是要使轮胎发挥其最佳性能、驾乘品质以及使用寿命。这些角度通过改变转向和悬架部件的不同位置得到调整。这些期望实现的角度是由车辆制造商设定的。

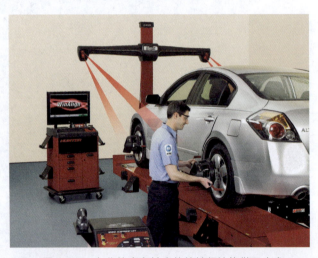

图12-1 专业从事车轮定位的技师始终供不应求

正确的车轮定位可使车轮在不同类型的路面上进行没有拖擦、拖滞或滑动的滚动。前轮和后轮的恰当定位确保了更高的安全性、更轻便的转向、更长的轮胎使用寿命、更低的燃油消耗率，并降低了转向和悬架系统的负担。

只要安装了新的轮胎或转向和悬架部件，就应检查车轮定位。轮胎磨损异常时，也应进行车轮定位。悬架部件的磨损、行驶高度的改变或强行驶向坑洼或路缘都会使车辆的车轮定位失准，所有这些都会影响车轮的定位角度。

车轮定位是将悬架的几何参数恢复到规定范围，以便将车身的重量合适地分配在各个车轮上，并使转向更容易。

1. 车轮定位类型

直到20世纪80年代的很多年，实行的都是两轮定位，这是因为大多数车辆是后轮驱动，而且不适合做四轮定位。由于当前的悬架和转向系统更加复杂，因此实行了四轮定位，即便是在只有前轮的定位是可调整的车辆上，也是如此。

四轮定位测量四个车轮的角度。在某些车辆上只对前轮进行调整。这主要是由于实际上这类车辆的后轮是不能调整的。不管怎样，通过调整前轮使它们以与后轮转动的相同方向转动，车辆将倾向于直线行驶。许多车辆具有后轮调整的规定。在此情况下，应先调整后轮，然后将前轮调整到车辆的中心线上。

2. 路拱

大多数道路的设计不是平的，铺装成带有一定角度的斜面，这可使水流出路面而不会积存。该角度称为路拱，它往往会拉动车辆偏向道路的右侧。为了补偿这一点，车辆两侧的车轮定位可能会设有不同的角度。

12.2 定位几何参数

悬架/转向系统的正确定位主要集中在下述角度的准确性。

1. 后倾角

后倾角是当从车辆侧面观看时，车轮转向轴线偏离垂直线的角度。从垂直线向前或向后的倾斜角度是后倾角（图12-2）。后倾角在车轮定位中通常是首先被调整的角度。轴线向前倾斜为负的后后倾角，向后倾斜是正的后倾角。正后倾角的一个应用实例是在自行车和摩托车上。转向轴线和前叉形成一个正的后倾角，这很容易看出来（图12-3a）。后倾角在悬架系统上有时可以很容易地看到，例如在福特的探险者车型上（图12-3b）。

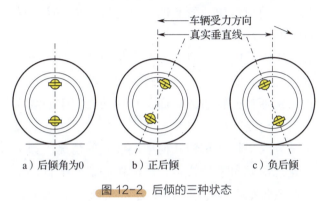

图 12-2 后倾的三种状态

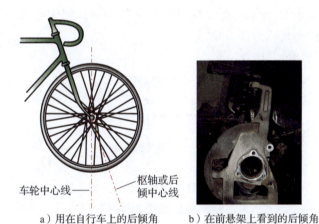

图 12-3 后倾角实例

后倾角的设计目的是为了提供转向稳定性。一根车桥上每个车轮的后倾角应当相等或非常相近。通过将右轮后倾角比左轮在正向上设定得稍大一点，可利用后倾角来补偿路拱的影响。相差过大的后倾角会导致车辆被拉向后倾角小的一侧。负后倾角过大将导致车辆在高速时转向不稳定，因为负后倾角会使车辆飘忽不定。通常认为后倾角不是导致轮胎磨损的角度，但大后倾角在车轮转向时会影响外倾角，如在一些运动型汽车上采用的。后倾角设定过大的车辆会增加轮胎胎肩部分的磨损，特别是主要在城市内行驶时。

后倾角会受到球头节、支柱杆和控制臂衬套磨损和松旷的影响。在一些没有后市场维修套件的支柱悬架系统是不可能调整后倾角的。通常，若这些车辆有后倾角问题，必须要更换或维修那些磨损或变形的部件。如果车辆提供了后倾角的调整点，它们会设在支柱总成的顶部或底部安装处。

2. 外倾角

外倾角是当从车辆的前面观看时，前轮或后轮偏离垂直线向内或向外倾斜的角度（图12-4）。在车辆上设计外倾角的目的是为了对路拱、乘员重量和车辆重量的影响进行补偿。每个车轮的外倾角通常被设定为相等。相等的外倾角意味着每个车轮向内或向外倾斜相同的角度。不相等的外倾角将拉动车辆朝正值更大的一侧偏行。过大的外倾角将导致轮胎过度磨损。

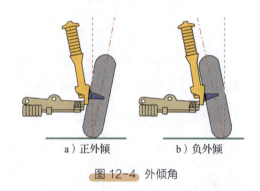

图 12-4 外倾角

因悬架系统移动产生的外倾角变化由悬架的铰接点控制。疲软或断裂的弹簧以及磨损或松旷的球头节、控制臂衬套和车轮轴承都会影响外倾角。改变行驶高度的各种因素也会影响外倾角。

在大多数采用控制臂的车辆上，外倾角是可调整的。有些采用支柱悬架的车辆在轮轴总成上含有一个外倾调整点。在有些支柱悬架系统上还会在支柱顶部的安装处提供一个外倾角的调整点。如果支柱悬架的上底座和下控制臂的位置是正确的，则外倾（或后倾）角只需要很小的调整量。如果已出现严重的外倾角偏差，而悬架安装位置没有受到破坏（这是悬架部件变形的一种表现），则应更换已损坏的部件。

3. 前束

前束是两个轮胎的前边缘距与后边缘距之间的距离差。如果前边缘距更小，则是正前束（Toe-in）。如果前边缘距更大，则是负前束（Toe-out），如图 12-5 所示。事实证明，前束是导致轮胎磨损的一个关键角度。不能沿正直循迹的车轮在向前运动时必然受到拖动。过大的前束值（正或负）将导致轮胎的胎冠接地面在被拖向一侧的边缘上出现锯齿状磨损。过大的正前束将导致轮胎外侧边缘磨损，而过大的负前束将导致轮胎内侧边缘磨损。

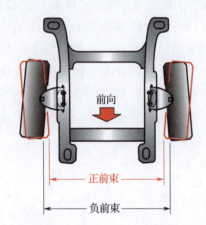

图 12-5 红色代表正前束，黑色代表负前束

前束的调整是在横拉杆上实现的。汽车两侧的前束设定必须相等，否则汽车会因转向盘偏离中间位置而产生拉动的趋势。偏离中心位置的转向盘和转向拉动的问题应在转向盘居中状态下通过调整前束来纠正。

转向连杆部件、弹簧、球头节的磨损或任何会改变外倾的因素都会影响前束。因松动或磨损部件引起的前束改变常常导致颠簸转向。在车辆撞击道路凸起后向左或右侧猛冲时就会发生这种颠簸转向，因为此时悬架和/或转向几何参数的变化改变了前束，从而导致车轮向左或右移动。

前束将会随车速而改变。当车辆移动时，摩擦力迫使轮胎移向正直前行或变成零前束，然而车辆上的空气动力会引起车辆行驶高度改变，这同时也会改变车辆的前束和外倾，所以大多数的前束技术参数都设置成在高速行驶时能提供零前束。

4. 推力线

所有车辆都是围绕一个从后到前贯穿底盘中心的几何中心线构建的。推力线是假设不受前轮影响的后桥将要行驶的方向。这种状况也称为循

迹。正确的循迹是所有悬架部件都处于正确位置和良好状态并且已校准的结果，以至于后轮在车辆直线行驶时能正好跟随在前轮的后面（图 12-6）。为此，两个车桥及其车轮相互之间必须是平行的，且通过车桥和轮轴的轴线必须与车辆的中心线成 90°。简单地说，所有四个车轮应形成一个完美的矩形。

任何定位作业的主要考虑是当转向盘处于正直位置时，确保车辆沿道路直线行驶，且后轮胎正好跟随在前轮胎的后面。车辆的几何中心线应平行于道路方向。这是在直行位置时后轮总前束角平分线平行于车辆几何中心线时的情况。如果后轮总前束角平分线与车辆的中心线不平行，就会产生向左或向右方向的推力（图 12-7）。后轮总前束角平分线称为推力线，它与车辆几何中心线的夹角称为推力角。

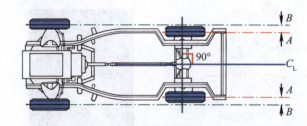

图 12-6 当车辆处于正常循迹时，其后轮与两前轮侧面的距离是相等的

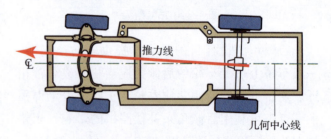

图 12-7 后轮的推力线或行驶方向

只要前桥中心线与后桥中心线不平行就会影响操控性。这是因为，车辆将趋向于按照后桥的角度行驶，这将导致后驱车辆被拉向与推力角相反的方向。如果推力线向右，车辆将会被拉向左侧。而当推力线向左时，车辆将被拉向右侧。这还会引起类似前束设定不正确所造成的轮胎磨损。在一般情况下，只要将前轮总前束角平分线校准到与推力线平行，推力线与几何中心线之间

的微小偏差是不易察觉的，而且也不会造成操控问题。

推力线方面的问题可能会导致轮胎磨损以及在冰、雪或湿滑路面上方向稳定性变差。它还会在制动或急加速时使车辆偏向一侧。此外，如果推力角不为零，则转向盘在车辆行驶中就不会居中。车桥不平行或推力线偏差，通常是由后桥在其弹簧支承上的移动、后轮定位失调或事故损伤造成的。

5. 转向轴线倾角

转向轴线倾角（Steering Axis Inclination，SAI）决定了车辆重心是处在该车辆轮胎中心垂直线的内侧还是外侧。SAI 是当从车辆前方观看时的地面垂直线与转向转动中心之间所画连线之间的夹角。它是为了稳定性而将车辆重力投射到路面上而设计的一个工程角度。SAI 有助于车辆转向系统在转弯后返回正直行的状态。

在双控制臂式悬架上，SAI 是真实垂直线与穿过上下两球头节中心连线之间的角度。在配备支柱悬架的车辆上，SAI 是从支柱上安装中心向下并经过下球头节中心的连线与真实垂直线间的夹角（图 12-8）。

轮轴之间形成一个三角形，并在转弯时形成一段圆弧。当车辆在正直位置时会处在一个高点，而在向每侧转弯时该点会向下移动。这个运动通过控制臂传递给弹簧，并最终转换为车辆的重力。转弯时产生的这个力实际上在试图举升车辆。SAI 的倾斜和加载效果抵消了这个举升力，从而在转弯结束时帮助拉动轮胎返回到直行方向。

配备支柱悬架的前轮驱动车辆比采用长短式双控制臂悬架的后驱车辆（SAI 为 6°~8°）具有更大的 SAI（12°~18°）。这是因为由更大角度产生的额外杠杆比有助于方向的稳定性。

如果两侧的 SAI 不等，即便外倾角在静态时处在规定范围内，也会出现转矩转向、制动拉偏和颠簸转向（即从一侧猛拉向另一侧）。

检查 SAI 会帮助确定影响车轮定位的各种问题。例如，两侧 SAI 不同可能表明支柱上底座偏离位置、下控制臂变形、支柱弯曲、转向节或轮轴变形、横向构件或副车架偏离中心。

6. 主销偏距

主销偏距是轮胎中心面与 SAI 延长线在地面交点之间的距离（图 12-9）。车辆两侧的主销偏距必须相等，否则该车辆将被拉向一侧。主销偏距是不可调整或测量的，但可观察到。主销偏距是悬架设计的一部分。当轮胎接地点在 SAI 延长线与地面交点外侧时，该偏距为正；而当轮胎接地点在 SAI 延长线的内侧时，则为负。大多数前轮驱动的车辆都具有负的主销偏距，这样做是为了减小转矩转向（因前驱车辆左右半轴长度不等造成在驱动时的两侧转矩不同而导致车辆跑偏）。与此相反，大多数长短控制臂悬架具有正

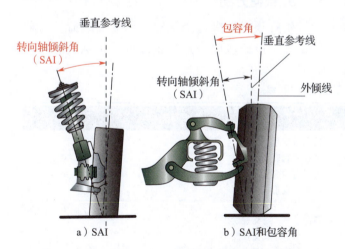

图 12-8 SAI 和包容角可用来诊断车辆几何状态的问题

如果车辆的 SAI 是零，则其上、下控制臂的球头节（或支柱转动点）将恰好是一个在另一个的正上方。这种简单关系带来的问题包括轮胎在转弯中划擦、操控性不佳以及转弯后需增加转向盘回正力。如果 SAI 是倾斜的，则在两球头节和

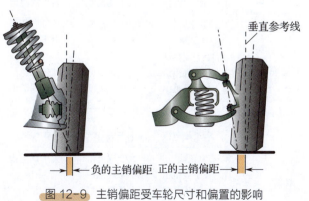

图 12-9 主销偏距受车轮尺寸和偏置的影响

的主销偏距。如果车辆在已正确定位后出现拉偏，则应查找车轮偏置距或会影响 SAI 的问题。

7. 包容角

外倾角与 SAI 这两个角度之和称为包容角（图 12-10）。定位机器不测量该角度，它只是通过将车辆一侧的外倾角与 SAI 相加来获得。即使两侧的外倾角不同，车辆两侧的包容角也必须相等，若不相等，则会拉偏车辆。

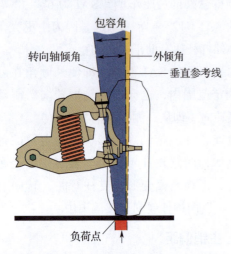

图 12-10 包容角等于外倾角与 SAI 之和

对比 SAI、包容角和外倾角会帮助发现损伤或磨损的部件。例如，如果 SAI 读数是正确的，但外倾角和包容角小于规定范围，则转向节或支柱上底座可能变形。表 12-1 总结了用于排查长短控制臂、麦弗逊支柱和双工字梁悬架系统定位问题的各种角度组合。

8. 转弯半径

转弯半径与转弯时的反前束值有关，如图 12-11 所示，它还称为转向前展或转向角。当汽车围绕一个拐角行驶时，其内侧轮胎驶过的圆弧半径必须小于外侧轮胎。这是通过设计的转向几何结构来使内侧车轮转动的角度大于外侧车轮来实现的。这个结果可以看作是转弯时的转向前展。通过保持轮胎指向其必须行驶的方向，消除了轮胎在路面上的拖移。

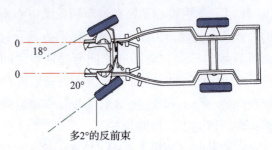

图 12-11 转弯角度受到转弯时反前束的影响

转向角不可调，若该角不正确，则是横拉杆、转向臂或转向节已损伤，需要更换。

9. 载荷分配

载荷分配是指每个车轮上承受的载荷。每种汽车都是设计成以特定整备高度（也称为翼子板

表 12-1 定位角度诊断单

悬架系统	SAI	外倾角	包容角	可能原因
长短控制臂	正确	小于规范值	小于规范值	转向节变形
	小于规范值	大于规范值	正确	下控制臂变形
	大于规范值	大于规范值	正确	上控制臂变形
	小于规范值	大于规范值	大于规范值	转向节变形
麦弗逊支柱悬架	正确	小于规范值	小于规范值	转向节和/或支柱变形
	正确	大于规范值	大于规范值	转向节和/或支柱变形
	小于规范值	大于规范值	正确	控制臂变形或支柱上底座向外偏移
	大于规范值	小于规范值	正确	支柱上底座向内偏移
	大于规范值	大于规范值	大于规范值	支柱上底座和轮轴和/或支柱变形
	小于规范值	大于规范值	大于规范值	控制臂变形或支柱上底座向外偏移且转向节和/或支柱变形
	小于规范值	小于规范值	小于规范值	支柱上底座向外偏移和转向节和/或支柱变形，或控制臂变形
双工字梁悬架	正确	大于规范值	大于规范值	转向节变形
	大于规范值	小于规范值	正确	梁变形
	小于规范值	大于规范值	正确	梁变形
	小于规范值	大于规范值	大于规范值	转向节变形

轮缘高度）行驶的。在此高度时，每个车轮必须承载正确的重量。车辆前部、后部或一侧的载荷过大将改变这个整备高度，进而破坏车辆的平衡和转向几何结构。

即使在正确定位的车辆中，下沉的弹簧和变形的悬架部件也会改变原定位的状态，从而破坏转向几何结构，并在一个或两个车轮上施加过大载荷。

弹簧、减振器、悬架和几何结构等全部要素设计成作为一个平衡体协同工作以提供安全和舒适的乘坐感和操控性。很显然，如果有一个车轮运转在与其他车轮不同的重量载荷和转向几何形状下，则车辆不会有它应能提供的乘坐感和操控性。

12.3 定位前的检查

在开始车辆的定位前，要确认已了解该车辆为什么需要做定位或客户为什么要求做定位。各种故障现象通常会帮助判断车轮需要做定位的原因，所以应在与客户交流后进行路试。路试时，应检查转向盘是否正直，感觉转向盘以及地板或座椅是否有振动。注意任何拉偏或操作异常的问题，例如转向沉重、转弯时轮胎发出尖叫声或机械的砰砰声或沉闷的金属声。这都有助于在进行定位前发现必须要纠正的问题。

车轮定位的一个极为重要的部分是定位前的检查。在这个检查中，如果发现任何有问题的部件，都应在定位前更换。该检查应包括仔细地查看轮胎、车轮、悬架系统和转向系统。这些检查步骤在前三章已有详细说明。图 12-12 展示了一个典型样式的定位前检查单。

在进行任何测量前，取下任何非正常载荷是很重要的。很明显，额外的重量将影响车辆的行驶高度，进而影响定位角度。如果车辆通常都携带着工具箱等重物，可留在车内。在有些情况下，车辆制造商会明确指出在定位期间要添加规定数量的重物。这样做是为了更好地反映车辆要经历的实际行驶状况。

定位前检查单

车主______________　__________　________

地址______________VIN ______________

品牌______车型______年份____牌照号______当前里程______

1.路试结果	是	否	右	左
30mile/h以上				
30mile/h以下				
突然转向				
制动时				
转向盘游动				
从2~3mile/h停车（前进方向）				
车辆转向沉重				
转向盘回正性正常				
转向盘位置				
振动	是	否	前	后

2.轮胎气压	标准　前____　后____
记录检查的压力 右前____　左前____　右后____　左后____	

3.底盘高度	标准　前____　后____
记录检查的高度 右前____　左前____　右后____　左后____	

	是	否
弹簧下沉		
扭杆已调整		

4.橡胶衬套	合格
上控制臂	
下控制臂	
防倾杆/稳定杆	
支柱杆	
后衬套	

5.减振器/支柱	前	后

6.转向连杆机构	前面合格	后面合格
横拉杆两端		
转向惰臂		
转向中间拉杆		
扇形齿轮轴		
转向摇臂		
转向器/齿条调整		
转向器/齿条底座		

7.球头节		合格
载荷支承		
规范值	读数	
右____　左____	右____　左____	
从动件		
支柱上轴承座		
后部		

8.动力转向	合格
传动带张力	
油液面高度	
泄漏/软管件	
转向控制滑阀居中	

9.轮胎/车轮	合格
车轮径向跳动	
轮胎/车轮状况	
合适的胎纹深度	
车轮轴承	
10.制动操作正常	

11.定位	标准		初始读数		调整后读数	
	右	左	右	左	右	左
外倾						
后倾						
前束						

突然转向	前束改变右侧车轮		前束改变左侧车轮	
	数量	方向	数量	方向
底盘下降3in				
底盘升高3in				

	标准值		初始读数		调整后读数	
	右	左	右	左	右	左
转向前展						
SAI–主销内倾						
后轮外倾						
后轮总前束						
后轮单侧前束						
车轮动平衡						
轮胎的径向牵拉						

图 12-12　用于车轮定位前检查和车轮定位前检查单

1. 行驶高度

定位前应检查车辆的行驶高度。每辆汽车都设计成在一个特定的整备高度行驶。维修信息中给出了整备高度的技术规范和特定的测量点。如果行驶高度不正确，那么正确定位是不可能的。这对外倾来讲更是如此，因为车轮的外倾会随着车辆高度的变化而变化。

参见

有关检查行驶高度及其步骤的内容参见第 10 章。

有些定位设备配有用于测量行驶高度的适配件，这可省去用卷尺进行测量。这种设备的传感器安放在翼子板上，而且测量值会立即传送给定位设备（图 12-13）。

图 12-13 用于测量行驶高度和车轮定位的传感器

2. 定位不良的结果

若在检查中未发现任何问题,则一个良好的车轮定位作业可能需要聚焦在客户的抱怨上。车轮定位不正确将导致许多问题。在完成定位后检查作业效果时可使用表 12-2。

表 12-2 定位不正确的结果

问题	结果
外倾设定不正确	轮胎磨损 球头节/车轮轴承磨损拉向最大正前束/最小负前束侧
正后倾过大	转向沉重 道路冲击感过大 车轮摆振
负后倾过大	漂移不定 左右迂回 高速时不稳定
两侧后倾不一致	拉向最大正前束/最小负前束侧
主销内倾不正确	转向不稳定 转向回正不良 拉向倾角较小侧 转向沉重
前束设定不正确	轮胎磨损
转向前展不正确	轮胎磨损 转弯时轮胎产生高频噪声

12.4 车轮定位设备

有多种不同的方法来测量车辆的定位角度。最常用的方法是使用定位设备和举升器。用于检查定位角度的设备已经从吊线和卷尺测量进化到采用计算机的定位设备。当前最常用的是计算机化的定位设备(图 12-14)。典型的计算机化系统通过屏幕上给出的信息指导技师一步一步地完成整个定位过程。

图 12-14 采用计算机的车轮定位仪

1. 定位设备的维护

定位仪是一种精密设备,因此需要小心操作,否则会导致不正确的测量和调整结果。用于定位的举升器和定位仪应定期检查和校准。这可通过制造商的技师来完成,维修店也可购买校准装置以便自己使用。

应检查举升器上的转角盘和滑动板上是否有污物堆积和磨损。这两种情况都会引起运动受阻并造成系统设置不正确。此外,绝不可将设备控制台用作工作台,即使是小的部件也不行。对测量头(传感器或信号板)应格外小心,因为在车轮上连接和分离它们时有可能会跌落。旧式设备的测量头上有精密的电子装置,它们很容易损坏。如果测量头跌落,再次使用前必须重新校准。

新型定位仪的测量头上不再含有电子器件(图 12-15)。它们只作为安装在控制台的摄像头的靶标(图 12-16、图 12-17)。定位仪 LED 发射的光线通过靶标反射回来并被数字摄像头收集。若靶标板受到损伤或脏污,将会丧失反射能力,致使摄像头不能收集到反射信号。

图 12-15　依赖高成像摄像头和目标板采集测量值的车轮定位仪

图 12-16　该目标板与图 12-15 所示类似，其作用是将光线反射给摄像头

图 12-17　这些高成像摄像头安装在定位仪控制台上面的横梁上

2. 转弯半径量器

转弯半径量器测量前轮被转动了多少角度。它们通常用于测量车轮的外倾、后倾和转弯时的转向前展。转弯半径量器（有时也称为转动盘）可以是可移动的，但通常是作为定位举升器的一个部件。为使用转弯半径量器，将车辆的前轮放置在该测量盘的中心，然后取下锁销以使转弯半径量器能随轮胎转动。当轮胎转动时，指针将显示该轮胎已经转动了多少角度。为检查转弯时的转向前展，先将一个轮胎转动到 20°，然后查看另一个轮胎下的测量盘角度。

当今的车轮定位仪可以在检查后倾时自动检查转向前展，或可能有一个单独的测试菜单。当车轮转动时，利用靶标板的移动来检查转向前展。

3. 其他工具

图 12-18 展示了车轮定位和转向及悬架系统其他作业所需的各种专用工具。

图 12-18　用于车轮定位和转向及悬架系统的各种工具

12.5　定位仪

许多各种各样的定位仪已经使用了很多年。有些定位仪是按照测量车辆全部四个车轮的定位角度来配备的，而另一些定位仪只测量两个车轮的定位角度。有些定位仪仅显示角度读数，而当前大多数型号的定位仪会显示更多内容（图 12-19），例如：

1）检查屏幕带有用于特定车型的图片和说明。

2）后倾、外倾、SAI（内倾）、包容角、后移和前束读数。

3）打印用于向客户解释要做什么的分析报告。

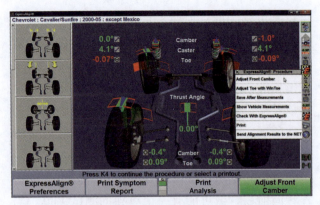

图 12-19 新式定位仪屏幕上的显示内容

4）显示所需的手动工具、专用工具和进行调整的部件。

5）展示如何进行调整的图片和视频。

6）正确定位所需的作业步骤，包括垫片的正确尺寸和放置位置（前面和后面），要将偏心件转动多少、要将控制臂在长槽孔中移动多少、调整横拉杆所需的转动圈数和转动方向。

7）打印作业的概要和结果。

定位举升器通常是定位设备套件的一部分。该举升器的最佳描述是一个配有转弯半径盘的用于特定用途的车辆举升器。有些定位举升器还合并了其他一些功能，例如转动盘的动力锁紧和解锁，以及用于检查和设定轮胎气压的充气站。

> **客户关爱**
>
> 许多定位仪都配有打印机，可让客户看到技师在定位前后都做了什么，以及现在的测量读数都在规定范围内。打印机是一个在服务中赢得客户信任的极好工具，所以在完成定位后应向客户提供一份复印件。

1. 两轮定位仪

两轮定位仪将两前轮校准到与车辆几何中心线一致，并假设该车后轮轴线与几何中心线成直角。如果该假设是真的，则这种定位方式可以产生令人满意的结果，否则转向和循迹可能会有问题。

2. 四轮定位仪

四轮（或全轮）定位仪设定所有四个车轮上的定位角度，使这些车轮在转向盘位于居中位置时

能处于正直前行的方向。车轮之间和车桥之间也必须是相互平行的，且分别垂直于共同的中心线。当前，85%以上的新型汽车都需要四轮定位。

四轮定位是保证车轮定位准确性和完整性的最佳方法，因为它根据后轮的定位来进行前轮的定位，所以定位过程中的第一步是调整车辆后轮的外倾和前束，或将后桥或后轮置于底盘的同一矩形内，然后调整前轮的后倾、外倾和前束值。

12.6 执行车轮定位

车轮的所有定位角度是互相联系的。无论汽车的品牌或悬架的类型如何，都应遵循同样的调整顺序，即后轮外倾、后轮前束、前轮后倾、前轮外倾和前束。虽然有些麦弗逊式悬架不提供后倾或外倾的调整，但有一些售后市场的套件可进行这些调整。此外，各车型之间的调整方法会有所不同，甚至不同年款的同一车型偶尔也会有所不同。

在将车辆正确地放置在举升器和转动盘上后，在定位仪中输入车辆信息并将车轮单元（测量头）装在车轮上。在一些定位仪上，其车轮单元或测量头必须对车轮的跳动进行补偿。补偿完成后，检查后倾和转向前展，并显示定位参数的测量值，同时还显示该车辆的技术规格。除了正常的定位规格外，可能还会显示不对称的公差范围、左右两侧技术规格的差值，以及左右两侧之间允许的差值。定位仪屏幕上的图片和文字可告诉技师在什么地方和如何进行调整（图 12-20）。当在车辆

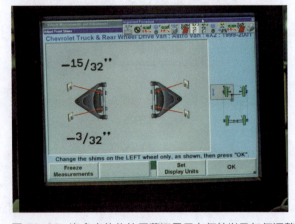

图 12-20 许多定位仪的屏幕还显示在何处以及如何调整

上进行调整时,技师可观察到屏幕上调整条上中心块滑向目标。当中心块与目标对准时,其调整值在规定公差范围之中。图 12-21 展示了用计算机定位仪检测所有四个车轮定位的典型步骤。

1. 技术规格

所有角度和测量值都应设置到符合制造商规定的技术规格。技术规格中通常会列出外倾、后倾和前束的理想值,还会列出最小和最大值,有时会列出正负号(图 12-22)。在进行调整时,应力图实现其理想数值,如果不可能实现,则应确保其测量值在最小和最大值范围内。如果不能使调整值落在该范围内,则肯定有些事情是有问题的,应仔细检查悬架和车架。

1)将车辆停放在举升器上

2)确保两前轮正确放置在转动盘上

3)确保两后轮处在滑动板上

4)在安装测量头前确保车轮处于抬起状态,然后安装测量头

5)在定位仪屏幕上选择品牌和年款

6)准备检测定位前,先进行屏幕上显示的检查项目

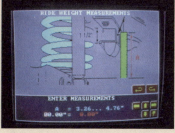
7)显示行驶高度的页面,在轮胎状态页面检查每个轮胎的状况

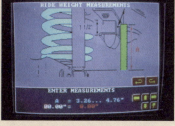
8)测量转向角度

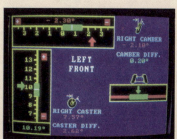
9)显示前轮和后轮定位角度的页面

10)显示调整值的页面

图 12-21 用计算机车轮定位仪进行四轮定位的典型步骤

前束（总前束）：0±0.08in（0±2mm）
车轮转向角-内侧车轮：38.37°±2°
　　　　　外侧车轮：33.55°
外倾：-0.67°±0.75°
右-左轮之差：0.75°或更小
后倾：3.00°±0.75°
右-左轮之差：±0.75°或更小
转向轴倾角：12.25°±0.75°
右-左轮之差：0.75°或更小
后轮前束（总前束）：0.16in±0.08in（4mm±2mm）
后轮外倾：-1.30°±0.75°
右-左轮之差：0.75°或更小

图 12-22　定位参数规定范围示例

在大多数情况下，为进行必要的调整需要松开螺栓或螺母。完成调整后，应确保已将所有这些螺栓和螺母都按所要求的力矩拧紧。

> **性能提示**
>
> 　　如果只想提高车辆在街道上的操控性，可保持在制造商的规定范围内，通过调整车轮来增加轮胎的道路接触面。为此，将车轮设置为允许的最大负外倾值、最大正后倾值和理想的前束值。

⚠ 注意　在举升前轮驱动车辆的后部前，要确保使用了正确的举升点。切不可顶在后控制臂或后轮的前束拉杆上。车辆的重力会导致这些部件变形并引起后轮定位失准。始终在推荐的举升点举升车辆。

2. 后轮外倾的调整

就像前轮外倾一样，后轮外倾也影响轮胎的磨损和车辆的操控性。为获得最佳附着力和操控性，理想的状态是使四个车轮的外倾都具有零行驶外倾以保持胎面与路面的充分接触。

外倾不是一个静态的角度，它随着悬架的上下运动而变化。外倾还会随着车辆载荷和悬架在重力作用下的下沉而改变。

为对载荷进行补偿，在一些配备独立后悬架的车辆上常常要求有少量的正外倾。另一些车辆倾向于使用负外倾，特别是运动跑车，这可增强这种汽车的操控性。轮轴或支柱底座塌陷或失位、上控制臂变形、弹簧下沉或悬架过载都会导致后轮具有负外倾。轮轴或支柱变形，或下控制臂弯曲都会导致过大的正外倾。甚至后轮驱动车辆的刚性后桥也会因转矩过大、严重超载或道路损坏而弯曲。

两侧外倾不一致（例如当一个车轮向内倾斜而另一个没有倾斜）除了造成轮胎胎面横向上的不均匀磨损外，还会产生一个转向拉动，如同当前轮上的外倾角不一致那样。就像自行车向一侧倾斜而自动向倾斜侧偏行那样，车辆总是被拉向正外倾值更大的那一侧。如果这种不一致是在后轮上，则会将后桥拉向正外倾值更大的那侧。如果后桥被向右侧拉动，则汽车的前部将漂向左侧，尽管前轮的定位可能是完美的，但结果是转向偏移。

后悬架调整方法是不同的。在有些半独立悬架上，外倾和前束的调整是通过在后轴和后轮轴壳体之间插入不同尺寸的垫片或全接触式垫片来实现的（图 12-23）。这是通过改变安装在轮轴上部或下部之间的垫片厚度来调整外倾角。当前可用的许多垫片是圆形的，但在其整个直径上具有不同的厚度。大多数定位仪的计算机可精确地显示应如何安装后轮的垫片来同时设置外倾和前束。

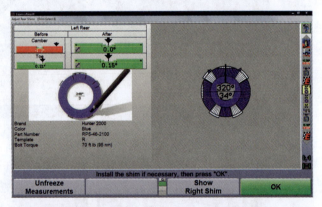

图 12-23　为校正后轮外倾和前束应如何安装调整垫片的页面

在其他车辆上，前悬架外倾的调整可通过在转向节上部和支柱之间安装一个楔形垫片来实现。许多后悬架在控制臂和/或拖臂的安装点配有偏心凸轮和螺栓（图 12-24）。

记住，要先调整后轮外倾。设置后轮外倾后，接着调整后轮前束。当完美校准后轮后，推力线应与车辆的几何中心线平行，此时可检查和调整前轮的定位。

后轮前束　像前轮前束一样，后轮前束也是轮胎磨损的一个关键角度。如果正的前束或负的前束过大，则后轮的磨损也像前轮情况一样。任何一种状况都会促使转向不稳定并降低制动效能。对防抱死制动系统，也要记住这一点。

图 12-24 后独立悬架在其所有控制臂上可能配有偏心凸轮，一个用于外倾调整，另一个用于前束调整

像外倾一样，后轮前束也不是一个静态的定位角度。它会随着悬架经历颠簸和回弹而改变。它还会在响应滚动阻力和发动机转矩的应用中被改变。在前驱车辆上，前轮在驱动力下趋向于正前束，而后轮在响应滚动阻力和悬架弹性中趋向于负前束。但后驱车辆出现的情况则与此相反，独立悬架的后轮在推动车辆向前时趋向于正前束，而前轮则趋向于负前束。

如果后轮的前束不在技术规范内，就像前轮前束一样，则会影响轮胎磨损和转向稳定性。总前束的读数在技术规格范围内，并不一定意味着车轮定位完美，特别是在涉及后轮前束的测量时。如果一侧后轮是正前束，而另一侧后轮是等值负前束，则总前束必定会在技术规格范围之内，但该车辆将因后轮不平行于几何中心线而存在转向拉动。在这种情况下，推力线也会显示为偏离了几何中心线。

记住，理想状态是汽车在道路上行驶时所有四个车轮都具有零前束，这对于防抱死制动系统尤其如此，不正确的前束将会影响制动状态，例如在光滑或湿滑的路面上制动时会影响制动的平衡，导致防抱死制动系统为防止打滑而不停地 ON/OFF 循环。如果没有防抱死制动系统，这种情况可能会破坏行驶状态，足以引起无法控制的滑移。

后轮前束可以通过调整横拉杆（这类似于前轮的转向拉杆）、偏心螺栓或移动有槽的控制臂来实现。

3. 推力线

如果两后轮彼此之间且与车辆的其余部分形成矩形，则推力线将垂直于后桥，并与车辆的几何中心线重合。但如果一个或两个后轮前束过大或过小，或一个车轮相对另一个车轮稍微后移，则推力线将偏离几何中心线。

用车辆几何中心线校准后桥并消除推力角（图 12-25），然后调整前轮前束。如果后轮前束是可调整的，则可在四轮定位过程中正常完成。在大多数情况下，在定位过程中还要对中转向盘。如果忽略了推力角，即使将前轮前束设定到几何中心线，转向盘仍将偏离居中位置。

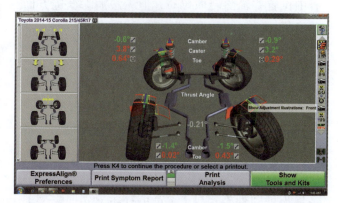

图 12-25 推力角是车辆的几何中心线与推力线之间的夹角
（定位仪屏幕显示）

四轮定位仪检查每个车轮的前束。不正确的推力线可能是两个后轮上的前束值不相等造成的，因此每个后轮都应调整到相同的前束值。在大多数后轮前束可调整的前驱车辆上，通过使用工厂提供的前束调整件，或通过在后轮轴和车桥之间放置前束/外倾调整垫片，或通过使用偏心衬套组件是很容易实现的。

要在采用刚性后桥的后轮驱动车辆上改变后轮的前束就不那么容易了（图 12-26）。有时候地板或车架纵梁与工厂的技术规范会不一致或因碰撞而损伤。除了在车身矫正设备上矫正底盘以恢复正确的控制臂或弹簧安装位置的几何尺寸外，就只有尝试使用某些使螺旋弹簧偏置的纵臂衬套，或重新定位钢板弹簧的吊耳或 U 形螺栓。

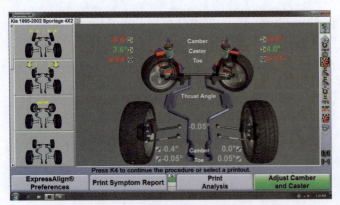

图 12-26 推力角和后轮前束不可调整的车辆
（定位仪屏幕显示）

如果无法方便地改变后轮前束，另一个较好的替代方法是将前轮前束对准后桥的推力线，而不是车辆的几何中心线。这样做将使转向盘回到居中位置并消除转向拉动，但无法消除循迹方面的问题。

4. 后倾/外倾的调整

后倾角影响转向稳定性和转向盘的回正。当从车辆侧面观看时，若上球头节或支柱顶部的轴承与下部的球头节在同一个平面，则存在零后倾角。当上球头节或支柱顶部的轴承相对于下部的球头节向车辆后部倾斜时，则存在正后倾角。当上球头节或支柱顶部的轴承相对于下部的球头节朝向车辆前部倾斜时，存在负后倾角。如果两个车轮的后倾角不一致，则该车辆将趋向后倾更小的一侧偏行。

外倾角是车轮的顶部向内或向外的倾斜角。调整外倾角使车辆的重心在轮胎布局中居中。适当的外倾可使轮胎的磨损最小化。当轮胎处于绝对垂直位置时，外倾角为零。当轮胎的顶部向外倾斜或远离发动机时，外倾角为正。当轮胎的顶部向内倾斜时，外倾角为负。外倾角不正确将导致悬架部件上的应力过大和磨损。过大的负外倾将造成轮胎内侧胎面磨损，而过大的正外倾将造成轮胎外侧胎面磨损。如果两侧轮胎的外倾不一致，则该车辆将被拉向正外倾更大的那一侧。

> **车间提示**
> 有时无法将外倾调整到规范值。当出现这种情况时，可能是轮毂和轴承安装不当，弹簧疲软，车架、转向节或控制臂变形。

针对路拱的调整 为对路拱进行补偿，大多数定位技术规格允许车辆每侧车轮的后倾和外倾稍有不同。这个差异导致车辆被自然地稍微拉向左侧以克服路面自然拉动车辆向右侧偏行。

通常情况下，技术规格要求车辆右侧的外倾角比左侧稍小一点（大约 0.25°），或左侧的后倾角比右侧稍小一点（大约 0.25°）。

> **车间提示**
> 如果车辆已经完成了补偿路拱的定位，则当行驶在平坦道路或者向左侧倾斜的路面上时，车辆将会被拉向左侧。

5. 调整后倾和外倾

调整后倾和外倾的方法有几种，应始终查看维修信息以确定如何能改变定位角度。大多数当前的车轮定位仪都有对功能的说明、图片，或有调整内容和在哪里调整的视频。

尽管可能需要安装特殊的螺栓或对支柱或转向节进行改动，但几乎所有前悬架的外倾都是可调整的。在配备支柱悬架的车辆上，外倾角可通过移动支柱上部的底座或通过调整位于支柱与转向节连接处的偏心螺栓来调整，在某些采用支柱悬架的车辆上，后倾角也是可调整的，这是通过再次移动支柱的顶部来实现的。通常不提供后倾的调整。对于那些没有简单方法调整外倾和后倾的车辆来讲，为了得到正确的角度，则需要安装来自售后市场的特殊套件。这些套件基本都包含一个可调整的支柱底座，它可使支柱的顶部前后或左右移动。

在其他车辆上，用上或下控制臂来调整外倾和后倾。这是通过添加或取下控制臂与车架之间的垫片，或通过转动一个偏心的轴或垫片来实现的。两个螺栓将控制臂连接在车架上。相同数量的垫片被放置在两个螺栓的后面或前面以调整外倾。为获得更大的负外倾，必须将下控制臂向外或将上控制臂向内移动。与此相反则可获得正外倾。

采用上下控制臂的所有车辆的后倾角都是可调整的。这是通过转动控制臂某个支点的偏心衬套，或添加或减去控制臂与车架之间的垫片来实现的。

（1）垫片　许多汽车使用垫片调整后倾和外倾（图 12-27）。这些垫片可以被放置在控制臂支点轴和车架内侧之间。后倾和外倾的调整可以在仅需要松开该垫片螺栓一次的操作中完成。后倾是通过仅在支点轴的一端添加或减去垫片来改变的。而外倾则是通过在前后螺栓处添加或减去相等数量的垫片来改变的。这个过程可以改变外倾而不影响后倾的设置。

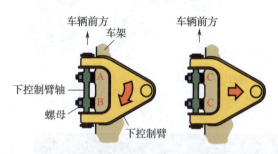

图 12-27　在控制臂与车架之间减少或添加垫片以改变后倾和外倾

有些汽车使用位于控制臂枢轴和车架外侧之间的垫片，其调整的步骤与前述相同。为了确定期望得到的改变方向，在松开螺栓前，一定要先查看当前的垫片布置。

车间提示

有些定位仪的功能使调整外倾和后倾的工作变得更容易和快捷。这些功能有许多名称，最常用的一个是"jack and hold（顶起并保持）"。这使得对后倾和外倾的调整可在车轮离开地面的状态下进行。它的优势仅是增加更多的作业空间和使调整点不再承受车辆的重量。尽管外倾和后倾在抬升车轮后会有改变，但该定位仪将显示车轮被升起前的读数。这样便于在调整的同时还能监测读数，就如同车辆被放置在平地上一样。当然，在车轮被放回地面后还要确认所有的测量值。

（2）偏心机构和垫片　在有些车辆上使用偏心机构和垫片来调整后倾和外倾。在一些设计中，上控制臂的偏心螺栓和凸轮可调整后倾和外倾。为了调整，先松开上控制臂上的螺母，然后每次只转动一个偏心螺栓可设置后倾，同时等量转动两个螺栓可设置外倾。

偏心螺栓和凸轮总成（图 12-28）可位于下或上控制臂内。不像其他设计，这种结构应先调整外倾。有些车型在转向节和上控制臂之间有一个外倾偏心凸轮。转动该凸轮以设置外倾（图 12-29）。用可调整的支柱杆来设置后倾。

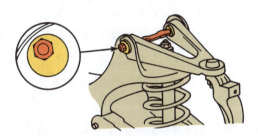

图 12-28　位于上控制臂的偏心螺栓和凸轮

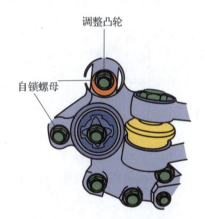

图 12-29　调整外倾的渐变凸轮

（3）带槽孔的车架　带槽孔车架的调整部位在控制臂内的枢轴下面有一个槽孔，该槽孔可使控制臂枢轴重新定位以修正后倾和外倾设置。后倾和外倾调整工具有助于进行调整。移动枢轴的一端可调整后倾，同时移动枢轴的两端可调整外倾。转动轴一端的螺母改变其长度并调整后倾。如前所述，外倾是通过下控制臂内侧一端的偏心装置或通过上支撑臂转向节的外倾偏心装置来设置的。

（4）球头节螺柱衬套　有些悬架系统在转向节顶部有一个偏心衬套。该衬套可用来调整外倾和后倾。球头节上的螺柱穿过该衬套的孔是偏心的。转动该衬套改变了车轮的几何结构。如果通过转动该衬套不能获得正确的定位，可更换合适的衬套，但这需要获得可改变后倾和/或外倾特定角度的衬套。

6. 麦弗逊悬架的调整

只有中央型麦弗逊悬架的后倾/外倾是可调整的。除了有两种通用的 OEM 步骤可以做到这一点外，有些后市场套件的连接件也适用于某些车型，所以，必须查询相关维修信息以获得可调整车型的准确清单。

在一种结构中，用支柱总成底部的凸轮螺栓调整外倾（图 12-30）。在不同的车型上，这个螺栓可能是连接支柱总成和转向节的上下两个螺栓中的任意一个。为了调整外倾，必须松开这两个螺栓，而且其车轮总成必须居中，然后转动该凸轮螺栓来达到正确的定位后，重新将这两个螺栓拧紧至规定力矩。这种结构没有后倾的调整。

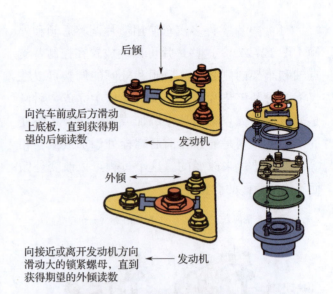

图 12-31 后倾和外倾锁紧螺母的调整

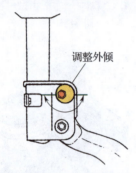

图 12-30 有些麦弗逊悬架为了调整外倾，在与转向节的连接处设计有凸轮螺栓

在有些支柱悬架上，为了改变外倾，需要局部扩大支柱上与转向节连接的装配孔。扩大后的孔可通过支柱相对于转向节的移动来改变外倾。

在其他形式的适配套件中，可用支柱的上底座来调整后倾和外倾。支柱固定盘中的槽孔允许支柱总成移动以达到定位的规定范围。为了调整后倾，松开三个固定支柱的双头螺栓上的锁紧螺母并重新定位该固定盘。松开螺母但不要拆下（图 12-31），然后松开中间的锁紧螺母，并按需要朝向或远离发动机方向滑动来正确调整外倾。

虽然许多麦弗逊支柱前悬架上的后倾是不可调的，但可调整外倾。尽管支柱是用空心铆钉锁定在其位置上，但可拆去外倾板上的铆钉，松开将该板固定在车身侧裙上的三个螺母（图 12-32）后，通过将减振器支柱的顶部移动到期望的外倾设置位置来改变外倾，最后将螺母按规定力矩拧紧（不必再安装新的空心铆钉）。

图 12-32 带外倾调整板的支柱上部座圈（注意铆钉和固定螺栓的位置）

7. 前束调整

前束是需要设置的最后一个定位参数。除了那些采用球头螺柱孔连接的车型外，所有车辆都沿用相同的步骤。正确的前束将保证轮胎具有最小的磨损和滚动摩擦。

为了调整前束，从确认转向盘在前轮指向正前方时处在居中位置（图 12-33）开始。先使用转向盘固定器将转向盘固定在居中位置（许多转向盘固定器是放置在转向盘和前座椅上部之间的），然后松开横拉杆调整套筒上的夹箍，转动该套筒来移动横拉杆的两端（图 12-34）。

有些定位仪的制造商建议不使用转向盘固定器，而是用转向盘角度仪来确认转向盘是否居中。

在许多齿轮齿条式转向系统上，必须松开横拉杆锁紧螺母，然后转动横拉杆来调整每侧车轮的前束（图 12-35）。在转动横拉杆前，必须先松开其外面波纹管的小卡箍以防止防尘套扭曲。

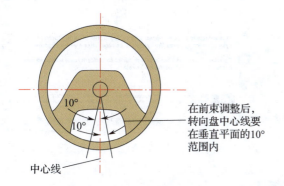

图 12-33 从正常转向盘上测量的通常可接受的转向盘位置

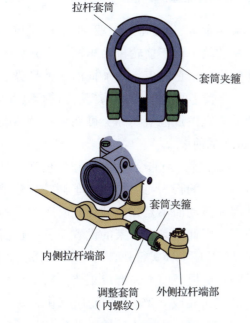

图 12-34 为调整前束，松开横拉杆总成上的夹箍，然后转动调整套筒

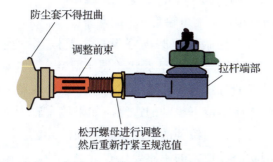

图 12-35 转动齿轮齿条式转向器上的横拉杆来调整前束

另一些齿轮齿条式转向系统的横拉杆端部带有内螺纹和螺纹式调节套筒。该调节套筒的一端是右旋螺纹，另一端是左旋螺纹。随着该调节套筒的转动，横拉杆的总长度改变了，从而改变了前束。

车间提示

如果无法将前束调整到规范值，应检查是否有下摆臂变形、横拉杆套筒磨损或脱扣、横拉杆变形或车架变形的情况。

理想前束的状态是两车轮精准的正直前行，这可使轮胎的磨损最小化。但实际上这是不可能的，因为许多因素影响定位，而且这些众多状况的结果都关乎磨损和操控性，因此，所有悬架的设计都稍带有正或负的前束。

任何转向连接的枢轴点或控制臂枢轴点的定位失准（例如中间拉杆或齿条和齿轮位置不当）都会导致称为前束改变的情况。前束改变包括悬架上下运动而转动车轮并使它们偏离正直前行位置的情况。

这种改变可能仅是一个车轮，也可能是两个车轮朝同方向或两个车轮朝相反方向的情况。不管哪种情况，一个或多个车轮的任何改变都属于前束改变。其结果是轮胎的磨损和车辆难以操控。操控不好的结果都会指向一点，即这样的车辆对驾驶来讲是很危险的。

前束改变不是一个技术参数，它是前束的设置不断变化的一种状况。它必须通过能在悬架所有高度测量单个车轮前束的设备或方法来确定。对任何将发生的前束改变来讲，必然有悬架高度的变化。

前轮驱动轻型车辆会更大地受到前束改变的影响。对于这类车辆来讲，它们的前轮不是在推动车辆，而实际上是在拉动车辆向前，因此，如果它们的车轮未保持正直朝前的位置，就会影响对方向的控制。在例如湿滑或结冰等不利的道路条件下，还会增大前驱车因前束改变而带来的操控难度。

8. 后移

后移指的是同车桥上的一侧车轮处在另一侧车轮之后的一种状态（图 12-36）。这意味着车辆一侧轮胎的轴心线与另一侧轮胎轴心线是不重合的。就像推力角一样，后移将导致转向盘偏离居中位置。大多数定位仪都测量该后移参数。读数大于 0.25in（约 6.35 mm）的后移显然属于后移过大。后移通常是因悬架部件变形、支柱上底座有问题，或下控制臂失调所导致的，也可能是因前副车架失准而造成的（图 12-37）。如果后移很轻微，其差异会在正确的四轮定位中得到弥补。

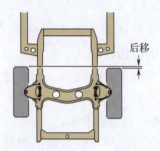

图 12-36 后移是指车桥一侧车轮处在同车桥另一侧车轮后的状态

图 12-37 碰撞损伤或拆卸动力总成有可能导致副车架偏离中心位置

9. 校准转向角传感器

具有电动转向辅助和/或车辆稳定性控制的乘用车和轻型货车，在转向柱或齿条中使用传感器来测量转向轴的转角和扭矩。当进行定位或完成包括转向任何部件的拆卸、更换或重新安装等转向系统的作业后，可能需要校准这些传感器。

传感器重新校准步骤从相对简单的步骤到需要用原厂诊断仪来连接访问相关系统。参照制造商针对要进行定位车辆的维修步骤信息。如果某车辆需要校准，新型定位仪可以提示要做什么（图 12-38），它们还有通过与 DLC（数据链路连接器）的连接来重新校准传感器的能力。有些车辆的传感器校准不需要访问车载计算机系统。如果在定位后未重新校准传感器，会导致转向拉动、转向不回正和两侧转向力不一致等问题。

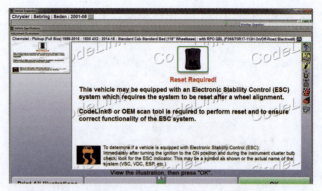

图 12-38 车辆需要校准转向传感器实例（定位仪屏幕显示）

12.7 四轮驱动车辆的定位

在采用前轮驱动和全轮驱动的车辆上，前轮都是驱动轮。由于前轮拉动车辆，当施加转矩时，前轮趋向于正前束。为了抵消这种趋势，前轮通常需要较小的静态前束以产生零的行驶前束。理想的前束定位规范值实际上可能是零至稍微负（-1.5mm）的前束。

特别要注意，当非全时 4WD 系统的前轮自由转动时，前轮的行为与后轮驱动车辆的前轮是一样的，即在滚动而不是在拉动。此时车轮将趋向负的前束，因此其静态前束的设置应具有正前束以便在以两轮驱动模式行驶时实现零的行驶前束。

轮胎的受损与前束失准成正比。对一个仅偏离 1/8in（3mm 或 0.25°）的轮胎来讲，每行驶 1mile（约 1.609km），该轮胎被侧向揉搓了 12ft（约 3.6m）。这听起来好像不严重，但在行驶的每 1mile（约 1.609km），尽管只有 12ft（约 3.6m）的侧向揉搓也会缩短轮胎一半的寿命。

如果轮胎快速磨损好像是主要问题，应查看其磨损模式是否呈羽状（图 12-39）。如果车轮是正的行驶前束，该羽状磨损形态会在胎面的内侧边缘上留下锐利的边缘。如果该车轮是负的行驶前束，则锐利的边缘是在胎面的外侧。通常对羽状磨损模式的手感要比查看更方便。为了感觉磨损模式的类别，可以用手指侧着擦过整个胎面。

在大多数重型四轮驱动车辆上，后倾是不可调整的。售后市场的一些公司会为一些皮卡车提供后倾的调整套件。这些套件可能包含垫片或偏心的凸轮和螺栓。针对一些皮卡车，售后市场还会提供用于外倾调整的凸轮套件。

在其他 4WD 车辆上，外倾可通过在车轮轴和转向节之间安装调整垫片，或在上球头节安装和/或调整偏心衬套进行调整。大多数售后市场的零部件制造商都有适用的各种厚度和直径的外倾调整垫片。调整时切不可堆叠多个调整垫片，可选择合适规格的垫片以确保一侧仅使用一个垫片。

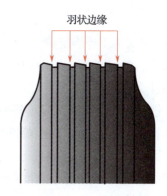

图 12-39 不正常的前束将造成胎面的磨损呈羽状

3C：问题（Concern）、原因（Cause）、纠正（Correction）

维修工单							
年份：2010		品牌：本田		车型：Civic	里程：102301mile		单号：19384
问题		客户因转向盘不居中而要求做车轮定位。					
技师进行了路试并注意到一些问题，包括售后市场的车轮和非标准的轮胎规格；该车看上去比正常高度低并确认转向盘偏离了居中位置。上到定位举升器后，技师注意到该车安装了较低的弹簧且车辆的行驶高度比规定范围低了很多。安装定位仪后，其读数显示前轮和后轮的负外倾过大，而且推力角和前束的读数不正确。							
原因		车辆安装的售后市场悬架部件影响了外倾。前轮外倾为 -1.75°，后轮外倾为 -2.1°。外倾设置未在规范范围内，后轮前束为 -0.45in（-11.4mm），前轮前束为 +0.66（+16.7mm）。						
纠正		将后轮前束调整到规范范围，对中转向盘并将前轮前束设定到规定范围。						

12.8 总结

• 后倾是从车辆侧面观察时车轮的转向轴线偏离铅垂线的角度。车轮向前倾斜时为负后倾，向后倾斜是正后倾。

• 外倾是从车辆前面观察时前轮或后轮从铅垂线向内或向外倾斜形成的角度。

• 前束是两侧轮胎平面的前边缘距与后边缘距的差值。如果前边缘距小于后边缘距，则是正前束，反之为负前束。

• 两后轮中心平面夹角的角平分线与车辆几何中心线之间的夹角称为推力角。车辆趋向于按推力线方向行驶而不是按正直方向行驶。

• SAI（主销内倾）决定了车辆重力是落在轮胎垂直中心线的内侧还是外侧。SAI 是从车辆前面观察时转向枢轴点间连线与真实铅垂线之间的夹角。

• 转弯半径或拐弯角度影响转弯时产生负前束（转向前展）的程度。

• 在正确的循迹中，所有悬架和车轮都处在其正确的位置和状态并被校准，因此，当车辆直线行驶时，后轮会正直地跟随在前轮的后面。

• 特别要记住，当前大约 85% 的车辆不仅需要进行前轮定位，而且需要后轮定位。

• 无论是前轮驱动、后轮驱动、刚性车桥还是独立式后悬架，四轮定位或全轮定位的主要目的都是要对四个车轮进行定位，以使车辆在转向盘居中的同时能正直行驶和循迹。为此，车轮彼此之间必须平行且垂直于一个共同的中心线。

12.9 复习题

1. 思考题

1）外倾的定义是什么？
2）过大的正前束将导致什么样的轮胎磨损模式？
3）过大的负后倾将导致什么结果？
4）正前束与负前束的区别是什么？
5）推力角是什么并解释它为什么对车轮定位非常

重要。

6) 什么会导致不正确的转向前展？

7) 为了增加更大的正外倾，轮胎和车轮总成的底部必须向什么方向移动？

8) 什么是主销偏距，它为什么是重要的？

9) 界定术语"寻迹"在用于车辆操控时的定义。

10) 如何用后倾的调整来对路拱进行补偿？

11) 前悬架两侧 SAI 之间 3° 的角度差可能导致前轮驱动车辆在急加速时增加（　　）。

12) 在四轮定位过程中，调整定位角度的正确顺序是什么？

2. 单选题

1) 下述哪一个选项是对 SAI 的正确定义？（　　）

   A. 转向节顶部向前倾斜

   B. 轮轴的转向臂向后倾斜

   C. 球头节或支柱顶部向内倾斜

   D. 球头节或支柱顶部向外倾斜

2) 前悬架左右侧的 SAI 的角度不一致可能导致（　　）。

   A. 前轮胎胎面磨损

   B. 在紧急停车时制动跑偏

   C. 球头节磨损

   D. 在直行时转向飘忽不定

3) 在直线行驶时，前轮驱动的车辆拉向右侧。最可能的原因是（　　）。

   A. 左前轮比右前轮有更大的正外倾

   B. 前弹簧下沉和前轮前束的设置不当

   C. 右前轮比左前轮有更小的正后倾

   D. 右前轮上的 SAI 比左前轮的 SAI 大 1.5°

3. ASE 类型复习题

1) 技师 A 说负的后倾可提供方向的稳定性。技师 B 说正的后倾是因正外倾过大造成的。谁是正确的？（　　）

   A. 仅技师 A 正确

   B. 仅技师 B 正确

   C. 技师 A 和 B 都正确

   D. 技师 A 和 B 都不正确

2) 技师 A 说转向盘固定器的目的是为了确保转向盘在定位后是居中的。技师 B 说如果转向盘在定位后未居中，应将其从转向柱上拉出后再正确装入。谁是正确的？（　　）

   A. 仅技师 A 正确

   B. 仅技师 B 正确

   C. 技师 A 和 B 都正确

   D. 技师 A 和 B 都不正确

3) 技师 A 说推力角的存在会导致方向稳定性在冰、雪或湿滑路面上变差。技师 B 说由于前轮与后轮争夺对转向的控制，因此它还会增加轮胎的磨损。谁是正确的？（　　）

   A. 仅技师 A 正确

   B. 仅技师 B 正确

   C. 技师 A 和 B 都正确

   D. 技师 A 和 B 都不正确

4) 技师 A 说外倾随着悬架的上下运动而改变。技师 B 说外倾随着车辆载荷的变化和悬架在重力下的下沉而改变。谁是正确的？（　　）

   A. 仅技师 A 正确

   B. 仅技师 B 正确

   C. 技师 A 和 B 都正确

   D. 技师 A 和 B 都不正确

5) 技师 A 说几乎所有前悬架的后倾都能进行调整。技师 B 说只有前悬架的前束是可进行调整的。谁是正确的？（　　）

   A. 仅技师 A 正确

   B. 仅技师 B 正确

   C. 技师 A 和 B 都正确

   D. 技师 A 和 B 都不正确

6) 技师 A 说在前轮驱动车辆向前行驶时，前轮是负的前束，而独立悬架上的后轮将趋向于正前束。技师 B 说在后轮驱动的车辆上，因对滚动阻力和悬架依从性的响应，后轮是负的前束，而前轮则趋向于正前束。谁是正确的？（　　）

   A. 仅技师 A 正确

   B. 仅技师 B 正确

   C. 技师 A 和 B 都正确

   D. 技师 A 和 B 都不正确

7) 技师 A 说如果两侧车轮上的后倾不一致，车辆将趋向朝正后倾角度最大的一侧偏行。技师 B 说如果两侧车轮上的外倾不相同，会将车辆拉向正外倾角度最大的一侧。谁是正确的？
（　　）

A. 仅技师 A 正确

B. 仅技师 B 正确

C. 技师 A 和 B 都正确

D. 技师 A 和 B 都不正确

8）在讨论前轮后倾时，技师 A 说大的正后倾角度增加了所需的转向力，因而会增加轮胎的磨损；技师 B 说过大的负后倾角将导致前轮摆振。谁是正确的？（　　）

A. 仅技师 A 正确

B. 仅技师 B 正确

C. 技师 A 和 B 都正确

D. 技师 A 和 B 都不正确

9）在进行定位前的检查时，技师 A 说前轮轴承调整不当可能会影响车轮定位角度；技师 B 说球头节磨损只会影响外倾角。谁是正确的？
（　　）

A. 仅技师 A 正确

B. 仅技师 B 正确

C. 技师 A 和 B 都正确

D. 技师 A 和 B 都不正确

10）在进行定位前的检查时，技师 A 说定位前的检查应该包括检查车辆内部是否有重的物品；技师 B 说在定位过程中，车辆的工具和其他通常携带的物品应放置在车内。谁是正确的？
（　　）

A. 仅技师 A 正确

B. 仅技师 B 正确

C. 技师 A 和 B 都正确

D. 技师 A 和 B 都不正确

第 13 章
制动系统

学习目标

- 能解释制动的基本原理，包括动摩擦和静摩擦、摩擦材料、作用压力和散热。
- 能简述液压制动系统的组成部件及其工作原理，包括制动管路、制动软管、制动主缸、系统控制阀和安全开关。
- 能对液压制动系统进行手动排气和压力排气。
- 能简述盘式和鼓式制动器的工作原理。
- 能检查和维修液压系统部件。
- 能简述真空助力和液压助力制动装置的组成和工作原理。

3C：问题（Concern）、原因（Cause）、纠正（Correction）

维修工单									
年份：2007		品牌：雪佛兰		车型：Colorado		里程：128787mile		单号：19028	
问题		客户反映在度假期间牵引挂车时，制动踏板有多次踏到底板，但车辆仍没能有效制动。							
根据此客户提出的问题，运用在本章中学到的知识来确定此问题的可能原因、诊断问题的方法以及解决问题所需的步骤。									

人们普遍认为制动系统的目的是使车辆减速或让运动的车辆停止，但实际上是轮胎与路面的摩擦力使车辆减速或停止，制动系统只是使旋转的车轮减速或停止。尽管这并不重要，但它将制动的任务延伸到了轮胎，就如同制动系统所做的一样。

制动系统通过减速和使车轮转动停止将车辆的动能转化为热量。这是通过引起车轮上的摩擦来完成的。摩擦装置的工作由液压系统控制。本章将介绍所有制动系统的基础知识，并详细介绍为使车辆停止所需要的液压系统。

▶ 参见

有关摩擦及其影响的详细讨论参见《汽车维修技术基础（原书第 7 版）》第 3 章。

13.1 摩擦

有两种基本类型的摩擦可用来解释制动系统的工作过程：动摩擦和静摩擦（图 13-1）。摩擦力或运动阻力的大小取决于接触材料的类型、摩擦表面的平滑度，以及使它们保持在一起的压力（通常是重力或重量）。摩擦总是把运动或动能量转换为热量。两个运动表面之间的摩擦力越大，产生的热量就越大。

当行驶中的汽车制动时，纹理粗糙的制动摩擦片或制动蹄被压紧在车辆的旋转部件（制动盘或制动鼓）上，车辆的动能或动量随后通过摩擦表面的动摩擦转换为热量，同时车辆减速。

当车辆停止时，通过静摩擦保持在位。制动器工作面之间的摩擦力以及轮胎与道路之间的摩擦力阻止车辆的任何移动。

1. 影响制动的因素

制动系统的制动力取决于四个基本因素：施加在摩擦材料上的压力或力、摩擦系数和摩擦接触面这三个因素影响制动力的产生，第四个因素是摩擦的结果，即热量，或更准确地说是散热。

质量转移是另一个额外的因素，它影响车辆制动时的制动效果。当汽车向前行驶被实施制动时，车辆重心向前移动。这导致了车辆前部降低，即"点头"，这也意味着前轮制动器需要更大的制动力。如果车辆超载或前悬架薄弱，更多的质量会甩向前方，从而需要前轮制动器承受更大的制动负荷。

（1）压力　两个相互接触并移动的表面之间产生的摩擦力大小，在某种程度上取决于施加在接触面上的压力。例如，如果在一张桌子上移动手掌时缓慢增加手掌向下的压力，将会感觉到摩擦力逐渐增加。

在制动系统中，液压系统提供施加的压力。液压力用来推动制动摩擦片或制动蹄压向安装在车轮上的制动盘或制动鼓。压力的大小取决于作用在制动踏板上的压力和制动系统的设计。

（2）摩擦系数　两个物体表面之间产生摩擦力的大小用摩擦系数（COF）来表示。摩擦系数等于拉动物体在接触面上移动需要的力除以物体

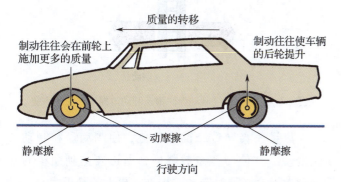

图 13-1　制动器的制动行为产生动摩擦，而轮胎和路面之间的静摩擦使车辆减速。当施加制动时，车辆重量向前轮转移，同时使后轮上的载荷减少

的质量（图 13-2）。例如，如果在水泥地面上拖拉一个 100lb（约 45.4kg）的金属物体需要 100lbf（约 445N）的拉力，则摩擦系数为 100/100=1。如果在相同的地面上拖拉一块 100lb（约 45.4kg）的冰块，可能仅需要 2lbf（约 9N）的拉力，则摩擦系数只有 0.02。

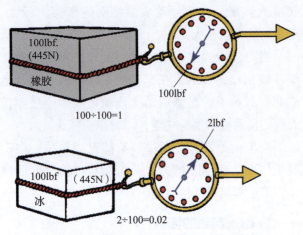

图 13-2　摩擦系数等于拉力除以物体的质量

当摩擦系数应用在汽车制动器上时，它表示制动摩擦片与制动盘或制动蹄与制动鼓之间的摩擦关系。所需的摩擦系数取决于车辆和其他因素，而且为了保证制动的安全和可靠，制造商都经过仔细选择，所以在更换制动摩擦片或制动蹄时，一定要使用具有相近摩擦系数的更换件。如果摩擦系数太大，对平稳停车来讲，制动显得过"黏"，将导致车轮过早抱死或抓轮。如果摩擦系数太小，摩擦材料往往会在制动鼓或制动盘上滑动而不是使车轮减速。大多数汽车制动摩擦材料的摩擦系数为 0.25~0.55。

（3）摩擦接触面　第三个因素是接触表面积的大小。简单地说，在同一辆车上使用较大制动器比使用较小制动器的停车速度更快。在大多数情况下，车辆的质量和可能达到的车速决定了摩擦表面积的大小。此外，车轮制动器摩擦面的表面积越大，其散热速度越快。

（4）热量消散　任何制动系统都必须能够有效处理由摩擦产生的热量。制动时摩擦表面产生的巨大热量必须能够从制动摩擦片和制动盘（或制动蹄和制动鼓）上散发出去，并被空气吸收。在连续强烈制动时，如果不能有效散热，将会导致制动器衰退。制动器衰退是指制动器的制动力大大降低的情况。它通常是由过热引起的。制动器衰退时，制动踏板上的感觉似乎是正常的，但制动能力已减弱。随着热量的积聚，制动器衰退情况可能更加严重，这可能是因为产生了气体。当制动蹄或制动摩擦片急剧变热时，它们会产生一种气体，这种气体会变成摩擦材料和制动盘或者制动鼓之间的空气轴承。摩擦元件将在该气体上滑动（气体积聚）而不是夹住车轮制动器。制动器衰退还会由过热的制动液导致，因为在制动液中产生了气体。

摩擦材料必须有能力散热，而且系统的设计必须能使摩擦材料散去其热。这可以通过使足够的空气流过制动装置来实现。另一个方法是给制动盘通风。通风式制动盘内侧铸有叶片，它们将受热的空气从制动盘上散出（图 13-3）。有些制动盘是交叉钻孔或开槽的。这两种设计都会使制动盘的工作温度更低，并减少气体积聚的机会。

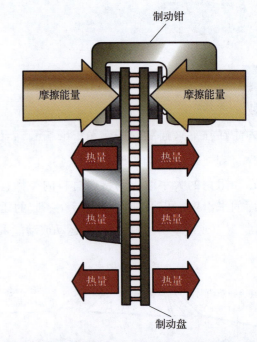

图 13-3　空气流经制动盘时带走制动过程中产生的热量

热量还会导致摩擦片釉化，使制动盘和制动鼓变硬，并使摩擦系数降低，所以要达到期望的制动效果，必须对制动踏板施加更大的踏板力。

2. 制动摩擦片材料

制动摩擦片是由相对较软但坚韧且具有高摩

擦系数的耐热材料制成。制动摩擦片通常用铆钉或高温黏合剂固定在金属底板上。数十年来，石棉曾是常规的制动摩擦片材料。它具有良好的摩擦特性、耐磨和噪声小等特点。但是由于吸入石棉粉尘对健康有威胁，新材料便应运而生。自2003年起，石棉不再用作制动摩擦片，而使用各种不同的材料来制作摩擦片。摩擦片的类型由其组分决定。每种类型具有不同的散热性、抗衰退性、耐磨性、降噪和制动力特性。

（1）非石棉有机摩擦片　很多制造商在车辆上安装非石棉有机（NAO）摩擦片。有机摩擦片是由非金属纤维黏合在一起而形成的复合材料。当前的有机制动摩擦片包含以下几种类型的材料：

1）摩擦材料和摩擦改进剂。一些常见的材料有石墨、金属粉末，甚至果壳活性炭。

2）填充料。填充料是添加的次要材料，用于降低噪声、热量传递和其他目的。

3）黏合剂。黏合剂是用来把不同材料粘在一起的胶类。

4）固化剂。固化剂加速黏合剂和其他材料的化学反应。

有机摩擦片具有高的摩擦系数，且经济、安静、耐磨，对制动盘和制动鼓只有适度磨损，但有机摩擦片的衰退快于其他材质的摩擦片，在高温下工作不佳。尽管高温有机摩擦片可用于高性能车辆，但它们在低温下的工作表现不能令人满意，而且其磨损速度也比普通有机摩擦片快。

（2）金属摩擦片　全金属材料在赛车上使用了很多年。金属摩擦片由粉末状金属通过加热和加压形成块状。这些材料具有优异的抗制动衰退能力，但需要高的制动踏板力。它们对制动盘和制动鼓产生的磨损最严重。金属摩擦片在完全变热之前的制动效果非常差。改进的高温有机摩擦片和用半金属材料制成的金属摩擦片几乎已从新型汽车的使用中淘汰。金属摩擦片噪声非常大，这是当客户选择要在他们车上安装这类制动摩擦片时必须提醒他们要考虑的一点。

（3）半金属摩擦片　半金属材料由有机或合成纤维和某些金属混合压制而成。半金属摩擦片比有机材料摩擦片更硬、更抗衰退，但需要更高的制动踏板力。

大多数半金属摩擦片含有约50%的铁和钢纤维。铜也已用在某些半金属摩擦片中和少量有机摩擦片中，但铜对国家供水系统的污染问题，已经导致其在制动摩擦片中的使用减少。

半金属摩擦片在200℉（93.3℃）以上温度时工作最佳，而且实际上，为了充分发挥它们的效能必须进行预热，所以它们在低温下的制动效率通常比有机摩擦片低。

半金属摩擦片曾用在老式重型车辆或配备四轮鼓式制动器的高性能车辆上。当前，半金属摩擦片仅用在乘用车和轻型货车的前轮盘式制动器上。尤其是后轮制动器负荷较小的FWD车上，可能永远不能将半金属摩擦片预热到对它们要求的工作效率的温度。半金属摩擦片比有机摩擦片的静态摩擦系数小，这使得它们在驻车制动时效率较低。

（4）合成摩擦片　对制动性能的更高要求以及其他摩擦材料的缺点，促进了合成摩擦片材料的开发。把它们归类为合成材料，是因为它们是由非有机、非金属和非石棉材料制成。两类合成材料常用作鼓式制动器的制动摩擦片：玻璃纤维和芳纶纤维。

为了淘汰石棉材料，引入了玻璃纤维作为制动摩擦片材料。像石棉材料一样，玻璃纤维具有良好的耐热性、摩擦系数和出色的结构强度。玻璃纤维的缺点是其较高的成本和在高温下摩擦性能下降。总的来说，玻璃纤维摩擦片的性能类似于有机材料摩擦片，并主要用于后轮鼓式制动器中。

芳纶纤维是合成材料中的一类，它的强度是同等质量钢的五倍，其质量只比与同体积玻璃纤维质量的一半多一点。芳纶纤维摩擦材料的制造方法与有机材料摩擦片、玻璃纤维摩擦片类似。冷态时，芳纶纤维摩擦片的摩擦系数与半金属摩擦片相似，热态时接近有机摩擦片。总的来说，芳纶摩擦片的性能介于有机摩擦片和半金属摩擦片之间，但比有机材料的摩擦片更耐磨、寿命更长。

（5）陶瓷摩擦片　陶瓷摩擦片用在许多FWD

车上，因为它们具有很高的耐热性。大多数陶瓷制动摩擦片由陶瓷材料与铜纤维混合制成。这种制动摩擦片近乎没有噪声且只产生很少的粉尘，因而受到 OEM 和售后市场的欢迎。

（6）碳金属/陶瓷摩擦片 由于碳金属制动摩擦块具有良好的摩擦系数和较高的耐热性，所以常用在高性能汽车上。碳金属摩擦片还能承受非常高的温度，且不会引起制动器热衰退。有些售后市场的公司提供由碳纤维、芳纶纤维和其他各种材料制成的摩擦片。这类摩擦片还有陶瓷隔热板来减少能从摩擦片传递到制动系统其他部分的热量。有些高性能的汽车配备碳陶瓷摩擦片，这类摩擦片用碳化硅强化的碳纤维陶瓷复合材料制成，它们可提供极好的制动性能，且非常轻，并且在很宽的温度范围和气候条件下保持恒定的摩擦系数。

3. 合规的低铜摩擦片

2014 年以来，加利福尼亚州和华盛顿州要求制动摩擦片的制造商分阶段淘汰用铜和其他有害材料制成的摩擦片。这是因为制动粉尘材料会污染水资源和危害水生生物。

低铜的制动摩擦片有三个级别：

1）A 级制动摩擦片要符合对镉、铬、铅、汞和石棉成分的要求。

2）B 级制动摩擦片要符合 A 级要求，并且铜含量在 2021 年前必须减少到制动摩擦片材料的 5% 以下。

3）N 级制动摩擦片的铜含量要在 2025 年前低于 0.5%。

13.2 液压制动系统的工作原理

液压系统（图 13-4）使用制动液将压力从制动踏板传递到制动片或制动蹄。由于液体是不可压缩的，所以这种压力传递是可靠和一致的。换言之，在密闭的制动系统中，施加给制动液的压力由制动液均匀地传输到制动系统的其他组成部件中。通过制动主缸施加 100psi（约 690kPa）的压力（严格说是压强），可在管路中的任何地方和每个工作的车轮制动器上都测量到 100psi（约 690kPa）的压力。

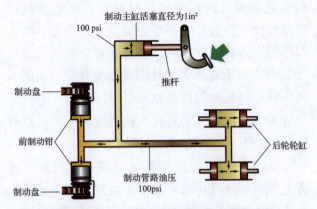

图 13-4 汽车液压制动系统基本结构示意图

▶ 参见

有关帕斯卡（Pascal）定律的讨论参见《汽车维修技术基础（原书第 7 版）》第 3 章。

通过增大轮缸活塞的尺寸，可以增加输出端，即车轮处的力，但活塞的行程会减小。反之，输出力可以通过减小活塞的尺寸来减小，而活塞的行程会增加（图 13-5）。

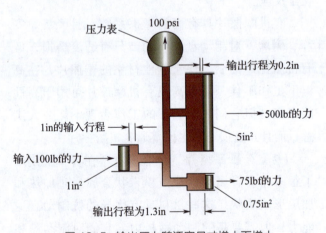

图 13-5 输出压力随活塞尺寸增大而增大

要将制动主缸上的 100lbf（约 445N）的力增加到前轮制动器上的 500lbf（约 2.22kN），只需使用面积为 5in²（约 32cm²）的制动卡钳活塞即可。如果为了减小 100lbf 的力，使用面积为 0.75in²（约 5cm²）的活塞，将产生力为 75lbf（约 337N）的输出。不论制动液的压力是多大，可用大尺寸活塞增大输出的力，而活塞行程会相应成比例地减小。在上面的例子中，制动主缸活塞移动 1in，制动卡钳活塞移动 0.2in。在实际应用中，汽车液压制动系统中的液体移动行程很小。在紧急情况下，当制动踏板踩到底时，排出的制动液体积也只有大约 20cm³。其中大约 15cm³ 的制动液输送到前轮盘式制动器，5cm³ 制动液输送到后轮鼓式制动器。即使在这样状况下，轮缸活塞和制动卡钳活塞也只是稍有移动。

当然，液压系统本身并不能使汽车停止。事实上，液压系统只是向车轮传递驾驶员作用在制动踏板上的行为。在车轮上，摩擦片被压紧在制动盘或制动鼓上，减缓它们的旋转速度，使汽车停下来。驾驶员踏在制动踏板上的机械力转换为液压力，液压力再转换回制动蹄与制动鼓或制动摩擦片和制动盘之间的机械力。

作用在制动摩擦片和制动蹄上力的大小取决于输入压强和输出活塞的尺寸。输入压强是基于公式 $P=F/A$，即压强等于力除以力所作用的面积。输入 100lbf 的力作用在表面积为 1in² 的活塞上，将产生 100psi 的压强。如果活塞的尺寸减小，比如说活塞尺寸减小到 0.8in²，压强将会增加到 125psi。当作用力不变，随着输入活塞尺寸的增大，压强会减小。输出的力等于施加在输出活塞上的压强乘以活塞面积，即 $F=PA$。100psi 的液压压强施加到一个 5in² 表面积的制动卡钳活塞上，活塞将输出 500lbf 力。

双回路制动系统 自 1967 年以来，美国联邦法律要求所有汽车配备两个彼此独立的制动系统，如果其中一条回路失效，另一条回路仍可提供足够的制动力来保障安全停车。

双回路与单回路制动系统的区别在于是否采用双腔制动主缸，本质上是通过在一个缸孔内安装两个独立的活塞和储液罐而形成两个制动主缸。每个活塞分别向两个车轮施加液压力（图 13-6）。

（1）前后桥分布式系统 在早期的双回路系统中，液压回路分为前、后两个部分。两个前轮在一个液压回路上，两个后轮在另一个液压回路上。如果一个回路系统失效，另一个回路系统仍可用来制动车辆。但这种分布使前轮制动器承担了车辆大约 70% 的制动工作。前轮制动系统失效后，车辆只剩下 20%~40% 的制动力。由于对角分布式系统的发展，这个问题有所改善。

（2）对角分布式系统 对角分布式系统的工作原理与前后分布式系统相同，但这个系统的液压管路成前后对角分布（分为左前右后和右前左后）。回路的分布可在制动主缸的内部完成，也可在外部安装的比例阀或压差阀来完成。

万一其中一个系统失效，仍保持正常工作的系统将会用一个前轮和对角的后轮完成全部制动工作，从而使制动力能维持在总制动力的 50%。

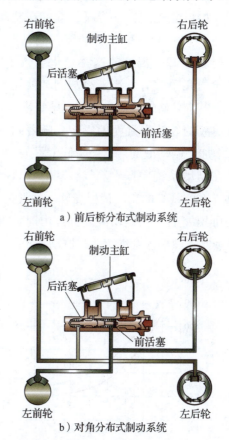

图 13-6 双回路制动系统，制动主缸也是分开的，只允许压力分配到特定的车轮

13.3 液压制动系统的组成

本节介绍液压制动系统的主要组成部分，包括动力辅助系统和防抱死制动系统。

1. 制动液

制动液是液压制动系统的关键部分，它保证制动系统的正常运行。制动液是为实现各种制动功能而专门研制的。制动液需要能在极高温度

[500℉（260℃）]和极低温度[-104℉（-75℃）]下自由流动。制动液还用作许多部件的润滑剂，以确保平稳运行。此外，制动液还必须能抵抗制动管路和制动系统部件中的腐蚀和生锈，它的另一个特性是抗蒸发性。

大多数制动液具有吸湿性，也就是说，它们很容易吸收水分。无论制动液暴露在空气中还是在制动系统中，湿气都会进入，因此制动液应始终保存在密封的容器中，而且暴露在外部空气中的时间应尽可能短。由于冷凝，湿气在制动液中会以液态形式逐渐积聚。制动液在制动时升温，在静止时会冷却，温度的这种变化导致了冷凝。发动机舱内几乎没有气流来冷却制动液和制动系统，所以当前车辆的制动液也更容易变热。

制动液的性能受湿度的影响。随着制动液中水分的增加，制动液的沸点会降低（图13-7）。这会导致在制动系统中产生蒸气，从而导致制动突然失效或不可预知的制动踏板变软。蒸气是气体，因此是可压缩的。当制动液受到压力时，首先压缩的是蒸气，然后才会继续流过制动系统。

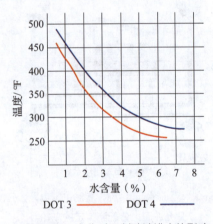

图13-7 水分对于制动液沸点的影响

制动液在低温下的黏度也受到水含量的影响。在低温时制动液黏度增加，意味着制动液在制动系统中更难流动，这将导致寒冷天气下的制动效果不佳。

水分会造成系统内部腐蚀，这也降低了制动系统的效能。测试表明，在普通车辆上使用了1年的制动液的含水量约为2%。对使用大约2年的制动液来讲，其含水量会将制动液的沸点降低到一个危险的水平。

制动液与制动系统所用的材料必须匹配，以避免损坏制动系统。它必须允许制动系统的皮碗和密封件有一个可控的膨胀量，适度的膨胀量可以形成良好的密封。但膨胀量不能过大，否则会出现制动拖滞和制动响应不良的问题。

每个制动液罐上都带有SAE和DOT的标识字母。这些字母和相关的数字表示该特定制动液品牌的性质、混合材质和性能特征。应始终使用制造商推荐的制动液。最常用的制动液是DOT 3和DOT 4。DOT 3的最低干沸点为401℉（205℃），最低湿沸点为284℉（140℃）。DOT 4的干沸点为446℉（230℃），湿沸点为311℉（155℃）。干沸点是指液体未吸收任何水分时的沸点，湿沸点是指液体按体积算已吸收3%水分时的沸点。DOT 3和DOT 4都用作制造厂加注的制动液，新鲜的制动液为透明的琥珀色液体。

DOT 5是一种硅基制动液，颜色为紫色，这类制动液不适用于防抱死制动系统，而且与DOT 3或DOT 4制动液不兼容。有些较新型的车辆明确指定使用DOT 5.1的制动液，其化学成分与DOT 3和DOT 4相似。DOT 5.1的干沸点为500℉（260℃），湿沸点为356℉（180℃）。

▶ 参见

有关各类制动液的细节参见《汽车维修技术基础（原书第7版）》第9章。

▶ 参见

有关ABS系统的更多信息参见第16章。

⚠ 警告 在制动系统中仅可使用允许的制动液。切勿使用任何石油基的其他润滑液。石油基油液会侵蚀制动系统的橡胶部件，并使其膨胀和破裂。

大多数车辆都装有制动液液面高度传感器，当制动主缸储液罐中的液面降到低于正常高度时向驾驶员提供早期警示信息。

当制动主缸储液罐中的制动液液面低于指定高度时，传感器接通提供警示信息的电路，点亮仪表板上的红色制动警告灯或制动液液面过低的指示灯。此时应检查制动液液面高度。

2. 制动踏板

制动踏板是制动液压系统启动的部件。当踏下制动踏板时，踏板力施加给制动主缸。在基本的液压制动系统，即无动力辅助的系统中，施加的踏板力是机械传递的。当制动踏板绕枢轴转动时，施加的踏板力会按放大比机械性地增加。因此，推杆施加给制动主缸活塞的力远大于施加给制动踏板上的力（图 13-8）。

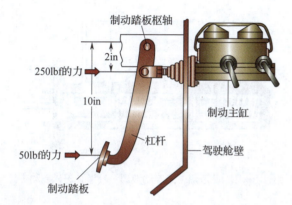

图 13-8 制动踏板通过杠杆作用增加施加给制动主缸的力

13.4 制动主缸

制动主缸（图 13-9）将制动踏板上的压力传递给四个车轮制动器以使车辆停车。它将驾驶员在制动踏板上的机械压力转换为液压力，并在车轮制动装置上将液压力变回机械力。制动主缸是利用液体不可压缩的特性将制动踏板的移动传递给车轮制动装置。

图 13-9 制动主缸

制动主缸根据液压原理来增大驾驶员施加给制动踏板的力。在液压系统中，由制动踏板产生的 100lbf 的力推动 1in² 面积的制动主缸活塞，并在液压系统中建立 100psi 的压力。这 100psi 的压力推动车轮制动器上 4in² 面积的输出活塞，其结果是 4in² 的输出活塞将产生 400lbf 的力，即驾驶员作用给制动主缸的 100lbf 的力被放大为 400lbf。

1. 双活塞制动主缸

图 13-10 是简化的双活塞制动主缸示意图。推杆连接到制动主缸内侧的活塞上，制动液在活塞的前方。当踏下制动踏板时，推动活塞移动。制动液向系统的所有内表面传递活塞的作用力。只有鼓式制动器轮缸和盘式制动器制动钳内的活塞是能够移动的，因此它们向外移动并强迫制动蹄或制动摩擦片压向旋转的制动鼓和/或制动盘。

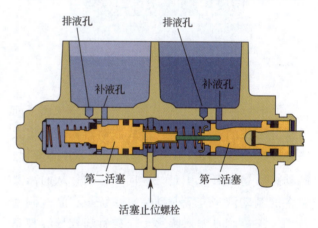

图 13-10 组成双活塞制动主缸的基本零件

（1）制动主缸储液罐 储液罐可能是与主缸缸体铸造成一体的，也可能是单独模压成型的尼龙或塑料容器（图 13-11）。一体式的制动缸体和储液罐通常由铸铁制成，且主要用在老式车辆上。制动主缸处在储液罐的正下方。为给制动系统添加制动液，所有储液罐上都设有一个可拆卸的盖子。一体式储液罐只有一个用弹簧压紧在储液罐上的盖子。尼龙或塑料储液罐通常在其顶部有两个螺旋盖。分立的储液罐可用卡子或螺栓固定在制动主缸的缸体上，或者将储液罐压入制动缸体顶部的孔中并用密封圈或 O 形圈密封。

为防止在制动液液面下降时出现真空锁定，储液罐的盖是通风的。盖子中含有一个可伸缩的橡胶膜片，它将制动液与膜片上面的空气隔开，膜片可随制动液液面变化而上下自由移动。该膜片用于防止湿气和空气进到储液罐内的制动液中。

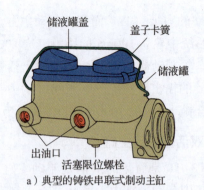

a) 典型的铸铁串联式制动主缸

b) 典型的铝制/复合材料串联式制动主缸

图 13-11 制动主缸的结构形式

如果配备前盘/后鼓式制动器的车辆采用了前后桥分布式的液压系统，盘式制动器的储液室大于鼓式制动器的储液室。随着制动摩擦片的磨损，制动钳活塞在其孔中进一步向外移动，从而需要更多的制动液来充满制动主缸系统。在鼓式制动器中，无论制动蹄磨损多少，轮缸活塞始终都是缩回到轮缸孔内，所以所需的制动液的体积不会随着制动蹄的磨损而增加太多。采用四轮盘式制动器或对角分布式液压系统的车辆，制动主缸通常具有大小相同的储液罐，这是因为，这种液压系统的每个回路都需要相同体积的制动液。

塑料储液罐通常是半透明的，因此无须取下盖子即可查看制动液液面高度。虽然此特点可在不将系统开放在空气中的情况下快速检查制动液液面，但不应依赖这种方式来彻底检查制动液。储液罐内壁上的污渍可能会给出液面高度的错误指示，不拆下储液罐盖子将无法看清制动液的污染状况。

（2）制动主缸中的孔　制动主缸中的各个孔使用过许多不同的名称。本章将制动主缸前面的孔称作"排液孔"，后面的孔称作"补液孔"。这些名称是SAE标准J1153规定的。排液孔曾称作补偿孔或补液孔。就像排液孔一样，补液孔也曾被许多制造商描述为补偿孔、旁通孔或旁通口、填充孔或进油孔（图13-12），从而进一步混淆了这些名称。在制动主缸工作过程中，排液孔和补液孔使制动液能在制动主缸的每个压力腔和其储液罐之间流动，其实只需要明白这些孔的作用和原理，至于它们的名称并不重要。

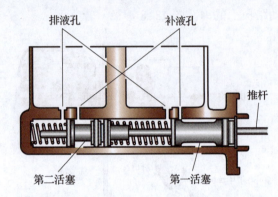

图 13-12 储液罐中的制动液通过补液孔进入制动主缸

2. 主缸结构

一个缸孔含有两个活塞组件（图13-13）。位于后面的活塞组件称为第一活塞，在前面的另一个活塞组件称为第二活塞。每个活塞前面都有一个回位弹簧。每个活塞的前部有一个皮碗密封件，在活塞的后部有一个皮碗或密封圈（注意，密封圈防止制动液从主缸流出）。密封件用来将制动液保留在缸孔中，并防止前后缸孔之间的渗流。

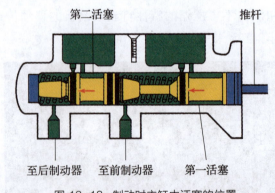

图 13-13 制动时主缸中活塞的位置

缸孔内有两个管轴状的活塞。活塞的一端是活塞头部，另一端有用来安装O形密封圈的凹槽。密封圈贴紧在缸孔壁上，防止制动液经活塞泄漏。活塞上直径较小的中间部分是凹部或凹槽区域，它使制动液保存在活塞头部后面。

制动主缸的每个活塞都是通过安装在其头部前面的橡胶皮碗起作用的。皮碗具有弹性唇边，它紧贴缸孔壁面密封活塞头部前面的制动液压力。这个唇边还可以向前弯曲，以使制动液从皮碗后面绕到皮碗前面。当施加制动时，皮碗前面制动液的压力强迫唇边压向制动主缸的壁面，可保持非常大的压力。皮碗密封件的唇边始终朝向含有压力或远离活塞体方向安装。由于皮碗只能单向密封，如果唇边后面的压力超过前面压力，则较高的压力将迫使唇边脱离制动主缸的壁面，让制动液绕过皮碗。

当释放制动踏板时，活塞前面的小螺旋弹簧可使其回到适当位置。有时弹簧是与活塞连接在一起的，有时是单独的零件。锁圈用于将各部件保持在制动主缸内，缸体和推杆的后部装有橡胶防尘套，以防止灰尘进入主缸内（图13-14）。

13.5 制动主缸的工作原理

储液罐底部排液孔的位置刚好在活塞皮碗前面。储液罐的制动液从此孔流入皮碗前面的压力腔。补液孔的位置在活塞头部后面的凹部区域上方。活塞上的O形密封圈防止制动液泄漏到缸孔后面。当释放制动时，活塞和皮碗前面的回位弹簧使活塞回位。

当驾驶员踩下制动踏板时，推杆推动活塞向前。随着活塞向前移动，活塞将推动皮碗经过排液孔。一旦封住排液孔，制动液将被密闭在皮碗之前的空间中。制动液在压力下通过出油孔的管路到车轮制动装置进行制动。

当驾驶员松开制动踏板时，回位弹簧迫使活塞回到其释放位置。当活塞向后移动时，它抽取制动液的速度要比制动液能从管路中流回到压力腔的速度快，从而在活塞前面产生了低压。

活塞必须快速返回其释放位置，以便为所需的下一次前行做好准备。当活塞向后移动时，必须用制动液填充低压区域。凹部区域给制动液流动提供了路径，此处的制动液穿过活塞头部上的数个小孔和皮碗后的保护垫片，或是穿过活塞头部和主缸缸孔之间留有的足够间隙流过活塞或绕过皮碗的唇边进入活塞前面的腔室中。这个流动迅速缓解了低压状况。

在制动释放后，从凹部区域流向压力腔的制动液必须要返回。当活塞完全返回到释放位置，其前面的空间充满了制动液，而活塞皮碗重新封住了活塞头部，此时制动液已开始从制动系统的其他部分向高压腔回流。如果不释放此压力，制动将不会解除。回流的制动液通过排液孔返回储液罐。除活塞在释放位置外，排液孔一直是被活塞皮碗封住的。

1. 残余压力止回阀

某些鼓式制动系统制动主缸的压力腔中可能有一个称为残余压力止回阀的附加部件。这个阀可以安装在压力腔，或是安装在制动主缸出油口的管路中。残余压力止回阀是制动系统中最古老的压力控制阀（图13-15）。

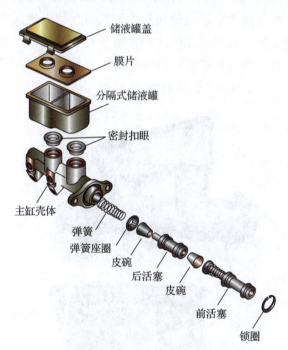

图13-14 串联式制动主缸的基本结构

分体式制动主缸的缸体是铝制的。由于铝件很容易划伤或磕伤，为了防止磨损和损坏，铝制主缸孔的表面都经过阳极化处理。这类制动主缸配备可拆卸的尼龙或塑料的储液罐。因为主缸是由两类材料制成的，所以常常称为复合式制动缸。复合式制动主缸与整体式制动主缸中所用的活塞、皮碗和弹簧基本相同，工作原理也相同。

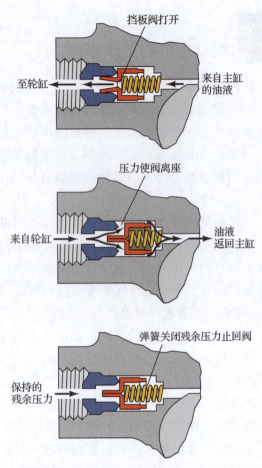

图 13-15 制动主缸残余压力单向阀工作原理

当更换制动主缸时,一定要确认车辆是否需要一个残余压力止回阀。安装了错误的制动主缸将导致制动工作不良甚至可能使制动系统失效。

2. 分布式液压系统

当前大多数车辆都采用对角分布式液压系统。如果制动主缸第二活塞作用的制动液压回路失效,制动主缸中的两个活塞在制动时都会向前移动,但除了第二活塞的弹簧外没有什么可阻碍第二活塞移动,这使得第一活塞在第二活塞到达主缸缸孔的底部前只能建立很小的压力,随后第一活塞才能建立足够的压力利用一半的制动系统来实施制动。

如果制动系统中第一活塞作用的制动回路失效,第一活塞在制动时虽会向前移动,但不会建立液压力,因此只有第一活塞很小的弹簧力传递给第二活塞,直到第一活塞的延伸部分与第二活塞接触后,推杆力才被直接传递到第二活塞上,从而建立起足够的压力来驱动相应的制动器。

3. 快速充液式制动主缸

有些制造商使用快速充液或快速收紧式制动主缸。为了减小摩擦和制动拖滞,以提高燃油经济性,低阻力制动钳的活塞和制动摩擦片与制动盘之间的间隙比传统制动钳大,这类制动主缸可快速向液压系统充液以消除低阻力盘式制动器钳活塞与制动盘之间的间隙。

如果传统的制动主缸与低阻力制动钳一起使用,则制动踏板在其第一个踏下行程时需要更大的行程才能使制动液填充管路和活塞以减小制动摩擦片的较大间隙。而快速充液或快速收紧式制动主缸为了克服这个较大的间隙,可在制动踏板第一个踏动行程中就能提供所需的大量制动液。

通过铸件外侧的鼓起部分或阶梯形状可识别出快速充液或快速收紧式制动主缸(图 13-16)。第一活塞的孔径大于第一活塞前面的主缸孔径。安装在制动主缸内的快速充液阀或快速取油阀取代了第一活塞上方传统的排液孔和补偿孔。在某些采用四轮盘式制动器的车辆上,制动主缸的第二活塞也有一个快速取油阀。

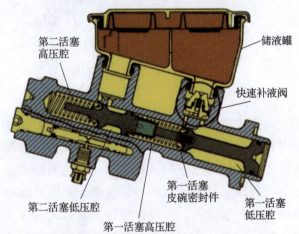

图 13-16 通过铸件的鼓起部分或阶梯形状可识别快速收紧式制动主缸

快速取油阀包含一个被弹簧顶住的止回球，其座圈边缘上切有一个小的旁通槽。该球阀的外圆周通过唇形密封件与制动主缸的缸体密封。缸孔边缘的一些小孔在某些情况下允许制动液通过唇形密封件。有些通常称为"快速充液阀"的阀是压入制动主缸缸体，并用O形密封圈紧紧密封的。快速充液阀下部的橡胶挡片式止回阀完成的功能与快速收紧阀中唇形密封件相同。

（1）未施加制动时　当制动器未工作时，制动主缸的两个活塞缩回，此时所有排液孔和补液孔都处在打开状态，但到第一活塞两个孔的制动液都须流经止回球座上的旁通槽。

（2）施加制动时　当施加制动时，第一活塞在其孔中向前移动。记住，第一活塞腔室的直径大于该腔室前面腔室的直径。随着第一活塞向前移动，腔室体积减小，从而导致低压腔中的液压力立即升高。较高的压力迫使大量制动液绕过第一活塞的皮碗密封件进入直径较小的前低压腔室，从而提供了额外体积的制动液使制动钳活塞快速收紧。

快速充液阀的唇形密封件用来防止制动液从低压腔室流回储液罐。最初时会有少量制动液经旁通槽绕过止回阀，但不足以影响快速收紧制动钳活塞的动作。

随着制动的持续，低压腔室的压力上升到70~100psi，快速充液阀中的球形止回阀随之打开，以使多余的制动液返回储液罐。第一活塞前后两个腔室的压力达到平衡后，第一活塞向前移动并驱动第二活塞。

如果第一活塞用于前轮盘式制动器，第二活塞用于鼓式制动器，则上述所有动作都应用于第一活塞。如果液压系统是对角分布系统，或是汽车四轮都采用低阻力制动盘，则两个活塞都需要获得快速填充的制动液。有些制动主缸为第二活塞配备了第二个快速充液阀，另一些制动主缸则是通过本身的设计来提供所需的制动液。只要第一活塞的快速取油阀处在关闭状态，旁通过一活塞皮碗的制动液将使第二活塞移动得更远，从而为两个活塞提供了等排量的制动液，并在系统中保持相等的压力。在快速充液阀处在打开状态

时，两个活塞一起移动，就像在任何其他制动主缸中一样。

（3）释放制动　当驾驶员释放制动踏板时，回位弹簧迫使第一和第二活塞向后移动。高压腔室中的压力下降，制动液从低压腔室绕过活塞皮碗密封件，在低压腔室中产生低压，从而使大气压力可通过快速充液阀的唇形密封件。来自储液罐的制动液随后流过排液孔和补液孔，使压力腔室和活塞凹部区域的压力相等。

在活塞返回行程中，除非第二活塞也有快速充液阀，否则制动液将通过补液孔流向第二活塞。如果第二活塞也安装了快速充液阀，它的工作方式与第一活塞的快速充液阀相同。

4. 中心阀式制动主缸

有些防抱死制动系统使用活塞顶部带有中心阀的制动主缸。这类阀的设计目的是为防止密封件损坏和制动踏板振动。如果是制动主缸提供ABS工作的液压力，则系统还有一个电动泵。制动主缸的活塞在防抱死制动系统工作期间会来回快速移动，这将导致过大的制动踏板抖动，而且更重要的是，还会导致活塞皮碗与排液孔相接触部位的磨损。

当释放制动器时，从补液孔流向低压腔室的制动液通过开启的中心止回阀进入高压腔室。当应用制动器时，中心阀关闭，将制动液保持在高压腔室内。当再次释放制动器时，止回阀开启，让制动液回流到低压腔室和储液罐。

中心止回阀提供了补充制动液的通道，使制动液在防抱死制动系统工作期间能够在高低压腔室之间来回快速移动。这在原理上与无ABS的制动液流动过程没什么不同，但额外的通道减小了活塞和制动踏板的振动以及皮碗密封件的磨损。

13.6 液压管路和软管

来自驾驶员驱动的制动主缸制动液通过一个或多种控制阀后进入钢制管路和软管（图13-17）。这个制动管路的设计目的是以非常小的阻力提供制动液的快速响应。为了维持制动液的良好传递，

精心安排和安装制动管路,使其不折成急弯曲线形状是非常重要的。

同类的金属成分会形成腐蚀,从而缩短接头的使用寿命。

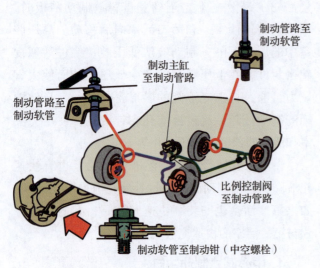

图 13-17 制动系统软管和管路的典型布局

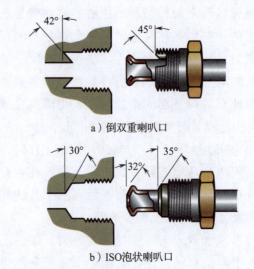

图 13-18 双重喇叭口和 ISO 泡状喇叭口接头是不可互换的

1. 制动管

大多数制动管路的制动管由 3~9mm 直径的熔铜双层钢管制成。一些 OEM 的制动管是用低碳钢带制成的,并用铜做保护层。这些钢带被卷制成双壁的总成,然后在熔炉的极高温度下结合成一体。制动管通常通过镀锡来提高防腐能力。

2. 接头

各种各样的接头用来将钢管连接到连接体或其他管子节段上。在较旧款车辆上的常用接头为双重或双重倒喇叭口形状。双重喇叭口对保持系统的强度和安全是非常重要的。单层喇叭口或套管压紧式接头可能无法承受标准车辆制动系统的严苛工作环境。

接头由钢或黄铜制成,并采用倒喇叭口或标准(ISO)喇叭(图 13-18)。这两种类型的喇叭口接头不能互换,也不能用螺纹密封在一起。尽管 ISO 喇叭口接头现在是最常用的,但较新型的车辆可能会使用 ISO 或公制的泡状喇叭口接头。

切勿更改在车辆上所用接头的类型。ISO 接头只能用 ISO 接头替换。标准接头只能用标准接头替换。

接头的金属成分也必须完全匹配。尽管钢管使用铝合金接头可以提供良好的初始密封,但不

> **车间提示**
>
> 切勿将铜管用作有缺陷的制动管路或软管的替代件。铜管易疲劳、开裂和被腐蚀。如果制动管损坏,则必须安装相同类型、大小、形状和长度的新管子。另外,在安装管路时,按照规定力距拧紧所有软管或接头。这对将制动软管连接到制动钳上的中空螺栓上来讲尤其重要。过度拧紧中空螺栓,即使超过一点点,也会将它们拧断。安装新软管时,布置好软管以避免与车辆上其他部件接触而造成破坏。安装后,对制动系统进行放气。

3. 制动软管

制动管路的软管为车轮提供柔性连接,从而使转向和悬架部件能够在不损害制动系统的情况下工作。制动软管常见的长度为 254~762mm,且通常由合成橡胶浸透的多层织物构成(图 13-19)。制动软管的材料必须具有高耐热性并能承受恶劣的工作条件。

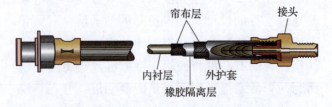

图 13-19 由多层织物制成的柔性制动软管

13.7 液压系统安全开关和液压阀

安全开关和液压阀安装在制动系统的液压管路中，用作警告装置和压力控制装置。虽然四轮盘式制动器和防抱死制动系统的应用已经减少了液压系统中大多数液压阀的使用，但有些车辆仍会使用一个或多个用于控制压力或点亮制动警告灯的液压阀。带有 ABS 和稳定性控制的新型车辆已不再使用外部的液压阀，而是用 ABS 来控制给车轮制动器的压力。

1. 压差阀

压差阀用来在液压泄漏情况下关闭一个液压回路和操作警告灯开关。其主要目的是在两套液压系统中的任何一个出现压力损失时告知驾驶员。由于每套制动液压系统都独立工作，因此驾驶员不会立即注意到压力和制动的丢失。当发生压力丢失时，制动踏板行程增加，制动踏板的感觉通常会变得松软、不稳。这将导致需要比平时更大的力来减速和停车。驾驶员或许没有立即察觉到这个变化，但液压系统安全开关会点亮警告灯（图 13-20）。

如果前或后制动系统中存在泄漏，则两个系统中的液压压力将不再相等。例如，如果供给前制动器的系统中存在泄漏，当踏下制动踏板时，前制动系统的压力较低，后制动系统中的液压压力将活塞推向前制动系统一侧，执行杆随着活塞移动被推出（图 13-21），从而使开关闭合并点亮制动警告灯。

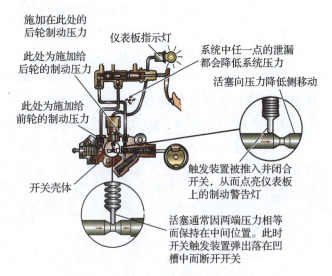

图 13-21 系统中出现泄漏时压差阀的动作

虽然所有制动警告灯开关都有相同的功能，但是在这类开关的设计中有三种常见的变型：带有中心弹簧的开关、不带中心弹簧的开关以及带有中心弹簧的双活塞开关。

2. 计量阀和比例阀

计量阀和比例阀用来平衡盘式制动器和鼓式制动器的制动特性。

当踩下制动踏板时，盘式制动器会立即产生制动响应，它与施加在制动踏板上的力成正比。尽管后轮制动器的液压压力推动轮缸的活塞克服其回位弹簧的力强制动蹄与制动鼓接触的时间使得鼓式制动器的响应有所延迟，但鼓式制动器一旦起作用，通常会产生自增力而使制动踏板的作用力得到倍增，因而降低了为后轮增加制动压力的必要性。

（1）计量阀 前轮制动管路中的计量阀（延迟阀）延迟从制动主缸传递到前轮制动钳的压力。这个延迟可使后轮鼓式制动器先建立起压力。当后轮鼓式制动器开始起作用时，液压系统压力增

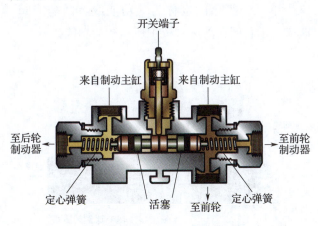

图 13-20 压差阀在液压制动系统中出现压力降时可点亮警告灯

加到能打开计量阀所需的程度。当计量阀开启时，管路压力已高到足以使前轮制动器工作。这个过程为前后轮制动器提供了更好的平衡。它还可以在后轮制动器开始起作用前通过维持供给前轮制动器的压力来防止前轮制动器抱死。计量阀在每次制动操作开始时和在所有轻制动状况下具有最大作用。

（2）比例阀　响应延迟的后轮鼓式制动器的自增力行为可能导致它们在比前轮制动器更低液压力下抱死后轮。比例阀（平衡阀，如图13-22所示）用于控制后轮的制动压力，特别是紧急制动期间。当后轮制动器的压力达到规定压力时，比例阀克服其承载弹簧活塞的力，使制动液向后轮制动器的流动停止，由此调节后轮制动系统压力和调整前后轮制动系统间的压力差，使前后轮的制动力保持平衡。

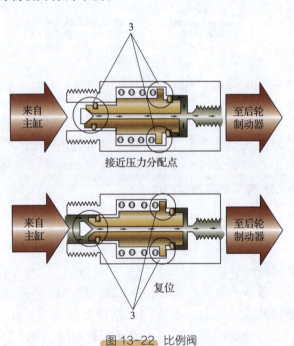

图 13-22　比例阀

（3）感载比例阀　感载比例阀根据车辆的载荷向后轮制动器提供两种不同的制动平衡模式。这是通过比例阀的开启或关闭来实现的。当车辆未装载时，减小到后轮制动器的液压力。当车辆满载时，执行杆向上移动改变比例阀位置，此时可将全部液压力输送至后轮制动器。该比例阀含有一个柱塞、凸轮、扭转离合器弹簧和作动杠杆（图13-23）。

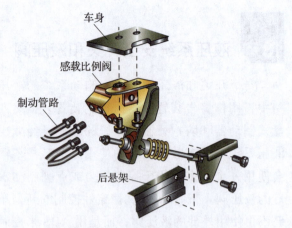

图 13-23　感应车身高度的比例阀

感载比例阀安装在后桥上方的横梁上，同时带有一个通过连接杆与减振器下支架相连的作动杠杆。该比例阀在车桥与车架之间高度因车辆载荷变化而改变时将会打开或关闭。与比例阀轴相连的扭转离合器弹簧用作超控装置。一旦比例阀在制动过程中确定了位置，该弹簧可防止比例阀在车辆驶过颠簸路面或离开道路时改变位置。当感载比例阀有缺陷或不可调整时，应更换。

（4）组合阀　大多数较老款的乘用车和货车在其液压系统中有一个组合阀（图13-24）。组合阀只是将计量阀、比例阀和压差阀组合在一起的单个单元。组合阀也称为三功能或者两功能阀，这取决于它们在液压系统中所执行的功能数量。

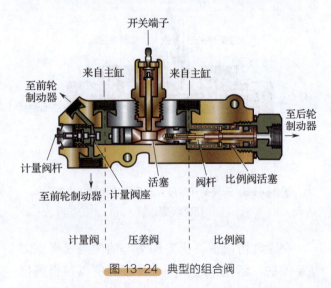

图 13-24　典型的组合阀

1）三功能阀：执行计量阀、制动警告灯开关和比例阀的功能。

2）两功能阀：两功能的组合阀有两种变型。

其中一种实现比例阀和制动警告灯开关的功能，另一种实现计量阀和制动警告灯开关的功能。

因为这类装置是不可维修的，所以如果多个功能中的任何一个失效，都必须更换整个组合阀。

3. 警告灯

制动系统中有各种各样的电气和电子部件，尤其是配备 ABS 的制动系统。这些部件不仅包括控制警告灯的压差阀、点亮驻车制动警告灯的电气开关和液压系统的故障警告灯，还包括指示制动液液面低的传感器（图 13-25）。

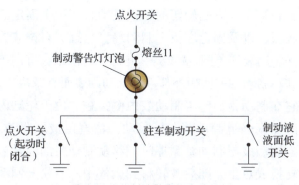

图 13-25 制动警告灯电路示例

（1）故障警告灯开关　压差阀用一个液压操作的开关来控制仪表板上的制动系统故障警告灯。压差阀的两侧各连接一半的液压系统（制动主缸的一个腔室）。制动主缸的每个活塞为独立的液压回路提供压力。若其中一个回路失效，制动踏板的行程将增大，这需要制动踏板施加更大的力才能使车辆停止，尽管驾驶员可能没注意到该问题，但仪表板上的警告灯在液压系统出现故障时会发出警示。

一半液压系统失效会导致压差阀一侧的压力损失，另一侧的压力推动滑阀移动并与开关端子接触，使电路闭合并点亮制动警告灯。所有压差阀都是以这种基本方式工作的，只是在活塞形状和中心弹簧使用的细节上会有所不同。

新型车辆上的压差阀是组合阀的一部分或内置在制动主缸中。有些车辆在其制动液储液罐中的浮子组件中用一个开关来代替压差阀。该浮子开关在制动液液面变化到危险位置时点亮制动警告灯。这与压差阀的作用是一样的。

（2）制动主缸液面开关　因为制动液的液面高度对安全制动很重要。许多车辆有一个液面高度开关，当液面过低时点亮仪表板的红色制动警告灯，在这点上，该警示系统类似于压差阀。由于液压系统故障引起的泄漏会使储液罐中的液面降低，因此，在许多车辆上用制动液液面开关取代了压差阀（图 13-26）。液面高度开关的另一个优点是，当因疏忽和维护不当而导致了危险的低液面时会提醒驾驶员。

图 13-26 内置了液面高度传感器的储液罐盖

液面高度传感器内置于储液罐中或其盖中。一种类型的浮子在浮子杆上带有一对开关触点，浮子杆延伸至浮子上方。如果液面降至过低位置，浮子下降并导致安装在浮子杆上的触点接触一组固定触点，从而闭合警告灯电路。另一种类型的开关使用内置磁体的可移动式浮子。当浮子下降得足够低时，磁体将一组开关触点吸拉到一起，从而闭合警告灯电路。触点通常为制动警告灯提供接地路径。

（3）驻车制动开关　驻车制动只应用来保持车辆的静止状态。如果车辆在行驶中，即使驻车制动器只是部分起作用，也将产生足够的热量，使摩擦材料釉化，增大制动鼓尺寸，并导致制动踏板行程增加。在集成有驻车制动执行器的后轮盘式制动系统上，车辆在驻车制动施加的情况下行驶将会使制动盘变形和缩短制动摩擦片的使用寿命。

常闭式单刀单掷开关用来将组合仪表中红色制动警告灯的电路接地。该开关位于驻车制动手柄或驻车制动踏板总成内，其作用是在驻车制动施加时，点亮制动警告灯。

有些配备日间行车灯（DRL）的车辆利用驻车制动开关来完成一个电路，该电路旨在防止前照灯在驻车制动已启用情况下起动发动机时点亮。驻车制动释放后，DRL 正常工作。

4. 制动灯

制动灯包含在左右尾灯总成中。从 1986 年起所生产的车辆上还有一个中央高位制动灯（CHMSL）。

制动灯开关有液压式和机械式两种。液压式开关用在老式车辆上，并安装在制动主缸的高压腔室处，由系统压力控制。机械式开关安装在制动踏板的支架上，并通过踏板臂的移动来控制（图 13-27）。

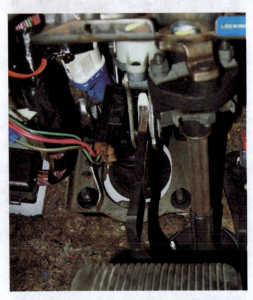

图 13-27 制动踏板位置传感器示例

在某些车辆上还可以看到机械式开关，这是因为它们可以调整以便在制动踏板稍微移动时点亮制动灯。制动灯开关可以是单功能的或是多功能的。单功能的开关只有一组开关触点，它控制车辆后部制动灯的电流。多功能的开关具有一组制动灯的开关触点和至少一组用于 CHMSL、巡航控制或 ABS 的额外触点。有些多功能的开关具有用于所有这些功能的触点。

当前的车辆使用制动踏板位置（BBP）传感器。该传感器的输出供 ABS、牵引力/稳定性控制、照明、变速器、发动机和其他模块使用。该传感器通常用于监测制动踏板位置、施加在踏板上的力和施加的速度，以便 ABS 和稳定性控制系统能够根据工况正确运用车轮制动器。

13.8 鼓式和盘式制动器总成

尽管鼓式制动器和盘式制动器在后面的章节中有非常详细的介绍，但在此处还是有必要对其部件和工作原理做一些简要说明。

1. 鼓式制动器

鼓式制动器总成包括一个用螺栓固定在车轮上并随车轮一起旋转的铸铁制动鼓、一个固定的底板，以及固定底板上制动蹄、轮缸、自调装置和联动装置（图 13-28）。此外，可能还会有用于驻车制动的一些额外部件。制动蹄表面有摩擦片，它在制动施加时与制动鼓内侧接触。位于轮缸内的活塞强迫制动蹄向外移动。活塞由液压驱动。当制动鼓与制动蹄摩擦时，移动制动鼓的能量被转换成热量，随后被转移到大气中。当松开制动踏板时，液压压力下降，活塞被回位弹簧拉回到其未实施时的位置。

2. 盘式制动器

盘式制动器类似于自行车上的制动器：摩擦元件是制动块的形式，制动摩擦片被挤在或夹紧在旋转车轮边缘附近。汽车盘式制动器中的轮子是一个单独装置，称为制动盘，位于车轮的内侧（图 13-29）。制动盘通常由铸铁制成，由于制动摩擦片夹在制动盘的两侧，因此两侧都加工有平整的工作面。为了更好地冷却，这两个工作面通常用带有肋片的部分隔开（此类制动盘称为通风式制动盘）。摩擦片黏合在金属背板上，并保持在制动钳体内的适当位置上。与鼓式制动器一样，制动摩擦片由活塞和液压驱动，活塞包含在制动钳总成内。制动钳的壳体跨在制动盘两侧边缘附近。制动钳用螺栓固定在汽车悬架上以防止制动钳转动。

制动钳是一个壳体，其中包含活塞和相关的密封件、弹簧、防尘套以及活塞缸孔和油道，这些都是迫使摩擦片压紧制动盘所必需的。制动钳固定在转向节上，其跨在制动盘两侧边缘附近的方式类似于一只手。有些车辆使用弹簧压力使摩

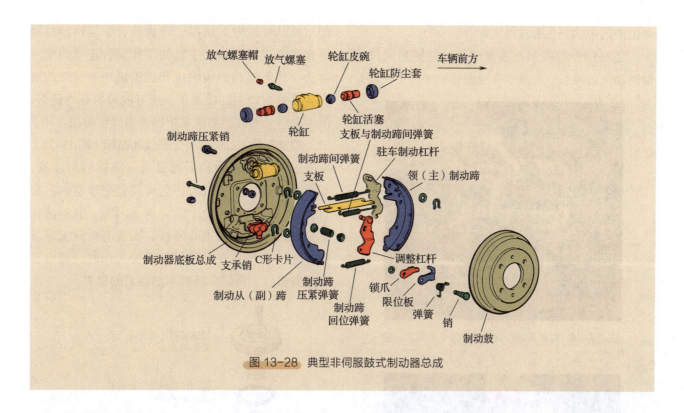

图 13-28 典型非伺服鼓式制动器总成

擦片保持在靠近制动盘的位置。在另一些制动钳设计中，这是通过矩形截面的密封件实现的。该密封件在制动时产生扭曲，在制动器松开时返回其原始形状，从而帮助活塞缩回其缸孔，并移动制动摩擦片离开制动盘。

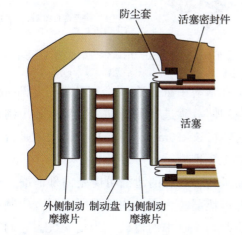

图 13-29 盘式制动卡钳、制动摩擦片和制动盘如何布置的示意图

与鼓式制动器中的制动蹄不同，制动摩擦片的作用方向与制动盘的旋转方向垂直。这种效果与制动鼓中产生的效果不同，制动鼓中的摩擦阻力实际上是将制动蹄拉向制动鼓。盘式制动器被认为是非自增力的，为达到相同的制动效果需要更大的力，所以它们通常与制动助力装置一起使用。

13.9 液压系统的维修

液压系统维修相对简单，但对车辆的安全运行至关重要。

> **警告** 检查制动液液面高度时，应通过储液罐来观察制动液的液面，除非必要，不要拆下储液罐盖。这有助于防止水分进入制动液。若必须拆下制动主缸的盖，应在拆卸前先清洁盖子以避免灰尘落入储液罐中。

1. 检查制动液

有很多检查制动液是否已被污染的方法。制动液的颜色并不总是能反映其状况的可信指标。大多数制动液的颜色应为清澈的琥珀色，但会随着时间的推移而变暗。如果制动液浑浊或黏稠，则表明其受到污染。也可将少量制动液放在一个透明的玻璃罐中检查。如果制动液是脏的或分层的，则表明其已受到污染。

也可用测试条进行检查。将一条经过处理的测试纸浸入储液罐（图 13-30）。测试条将根据制动液的状况而改变颜色，然后再将测得的颜色与测试条附带的颜色表进行比对。

还可用专用的制动液测试仪。这些测试仪测量制动液的沸点，它是水含量的指示（图 13-31）。

图 13-30 可用测试条检查制动液中的铜污染物

图 13-31 使用水分测试仪检查制动液状况

受污染的制动液会损坏橡胶件，从而导致泄漏。要清除系统中受污染的制动液，应冲洗系统并重新加注新的制动液。

如果制动液的液面低，但没有外部泄漏的迹象，则可能是制动摩擦片已接近其磨损极限。随着盘式制动器摩擦片和制动盘的磨损，制动钳的活塞会进一步从制动钳的缸孔中伸出，这增加了钳缸孔内的制动液体积，而使制动主缸储液罐中的液面降低。如果液面过低，且制动警告灯点亮，但如果不存在泄漏，应向客户建议对整个制动系统进行检查，包括查看制动摩擦片是否磨损。

2. 检查制动主缸

制动主缸的问题相当普遍，但并不总是很明显。有时常会发生怀疑制动主缸有问题，但问题却出在其他地方的情况。准确且合乎逻辑的故障排查是真正确定制动主缸的工作是否正常的唯一方法。尽管制动踏板响应和储液罐中制动液的液面高度是制动主缸或液压系统有故障的有力证据，但可进行一些其他测试来帮助查明问题所在。

检查制动主缸壳体有无裂纹和损坏（图 13-32）。检查制动主缸周边和后面是否有滴落的制动液。如果储液罐的腔室破裂，它可能是完全空的，并且周边的区域可能是干的。这是因为，制动液在储液罐破裂后流失得非常快，因而有时间来蒸发或冲走。但当只有一路制动系统工作时，应点亮制动警告灯，路试应能揭示制动力的损失。

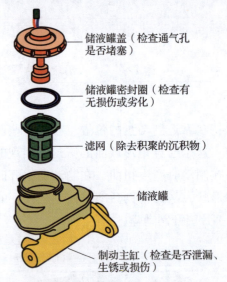

图 13-32 检查主缸时确保仔细检查这些项目

如果制动主缸上有两个彼此独立的储液罐，则对空的储液罐进行重新加注，然后施用制动器数次后等待 5~10min，重新检查储液罐是否泄漏或液面是否下降。

液压制动系统的泄漏可能是内部泄漏，也可能是外部泄漏。大多数内部泄漏实际上是制动液绕过了制动主缸中的皮碗。当皮碗失去它们密封活塞的能力时，制动液就会绕过皮碗产生泄漏，使活塞不能产生系统压力（图 13-33）。

内部和外部的橡胶件随着使用会发生磨损，或随使用时间或制动液污染而劣化。液压系统中的水分或污物会导致活塞孔中形成腐蚀或沉积物，从而导致缸孔或其零件磨损。尽管内部泄漏不会造成制动液流失，但会导致制动性能的降低。内部泄漏会导致制动踏板下沉的抱怨，并且很难精准确定故障点。

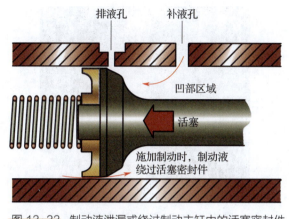

图 13-33 制动液泄漏或绕过制动主缸中的活塞密封件导致踏板下沉和制动不良

如果是第一活塞的皮碗密封件泄漏，则制动液将绕过密封件，在第一活塞储液罐的排液孔和补液孔之间流动，或者在某些情况下在第一活塞和储液罐之间流动。

如果没有外部泄漏的迹象，但制动警告灯点亮，则可能制动主缸的内部有泄漏。要检查制动主缸是否存在内部泄漏，可取下制动主缸的盖子，并确保储液罐中至少有一半的制动液。在助手缓慢踏下并快速松开制动踏板的同时观察储液罐中的液面变化情况。如果液面在稳定压力下略微升高，则活塞皮碗可能正在泄漏。当踏下并松开制动踏板时，若一个储液罐中的液面升高，而另一个储液罐中的液面下降，也可表明制动液绕过了活塞皮碗。如果有泄漏证据，应更换或修复制动主缸。

另一个对内部泄漏的快速测试是保持制动踏板上的压力持续约 1min。如果制动踏板下沉，又没有外部泄漏的迹象，则制动液可能绕过了活塞皮碗。

快速充液阀用来在制动踏板的第一个踏下行程中提供大量的制动液。这个行为将消除低阻力制动钳活塞与制动盘的间隙。没有针对快速充液阀的直接测试方法，但制动踏板在第一个踏下行程时的行程过大可能表明制动液已绕过该阀。如果存在此症状，应检查快速充液阀是否损坏或未落座。如果制动踏板在释放制动器时返回缓慢，则快速充液阀有可能已堵塞，从而使制动液从主缸流向储液罐时受到延迟。

3. 测试滞留空气

制动踏板感觉或动作不佳可能是由滞留在制动系统中的空气导致的。滞留的空气可能是制动主缸或制动系统中其他部件磨损或损坏的结果。如果有制动液泄漏，空气就会进入系统。如果没有发现泄漏迹象，则应检查制动系统中是否有滞留的空气。

为了检查系统中是否有滞留的空气，取下制动主缸的盖子，并确保储液罐中的制动液已加注到正确的液面高度。随后将盖子和垫圈紧压在储液罐顶部，但不要用夹具或螺钉固定。然后让助手快速踏制动踏板 10~20 次，并在最后一次踏下踏板后保持住压力。此时取下盖子，并让助手快速释放制动踏板压力，与此同时观察是否有制动液从储液罐中喷涌。如果系统中有被压缩的空气，它将迫使制动液以比正常情况更快的速度通过补液孔回流，并导致储液罐中制动液的喷涌。如果制动液的喷涌仅出现在储液罐的一侧，而另一侧没有，则表明分开式液压系统中出现喷涌的这一侧含有滞留的空气。如果系统中有滞留空气，应对液压系统进行排气并重新检查。

> ⚠️ **警告**　该测试可能导致制动液冒泡或从制动主缸储液罐中喷出，所以要佩戴防护眼镜。用清洁的塑料套或其他适当覆盖物包住储液罐以避免制动液接触车辆的漆面。

4. 冲洗制动系统

目前有十多家制造商为其在过去 12 年间制造的部分或全部车型指定定期更换制动液。更换间隔从每 12 个月或 15000mile 甚至到每 60000mile 不等。所有制动系统在经过一段时间后都会积累沉积物。冲洗制动系统可以去除沉积物和所有水分，但一旦搅动了沉积物，就要确保将其全部排出系统。如果不能将沉积物全部排出系统，那么制动主缸储液罐中被搅动的沉积物可能会进入 ABS 的控制阀和液压泵。

盘式制动器的制动软管通常是从制动钳顶部附近接入的。放气阀也位于制动钳缸孔的顶部。如果沉积物积聚在缸孔中，则会聚集在缸孔的底部。对制动钳进行简单的快速放气不会冲出沉积物和所有旧制动液。要彻底冲洗制动钳，需要泵出几盎司（1US floz=29.58cm³）的制动液。某些车辆在更换制动摩擦片时，可能需要将制动钳从底座上拆下并缩回活塞，以挤出所有旧制动液，然后重新安装制动钳并用新制动液进行彻底冲洗。

在每个放气螺钉处进行冲洗的方式与放气方法相同。将放气螺钉拧松约一圈半，强迫制动液通过系统流出，直到流出的制动液呈现清澈和无污染为止。在系统中的每个放气螺钉处执行此操作。冲洗完所有管路后，使用一种常规的排气步骤对系统进行放气。在进行放气前，应先从制动主缸储液罐中抽出所有受污染的制动液。完成上述作业后，确保以正确的方式处置旧制动液。

5. 检查制动管路

检查从发动机舱盖下到车轮的所有管路、软管和接头是否泄漏和损坏（图13-34）。制动管路生锈很常见。仔细查看用夹具和支架将管路固定在位的地方。水分和道路上的盐分会聚集在这些地方，并侵蚀制动管。检查软管是否有老化、鼓包和有裂纹迹象，以及因与其他部件摩擦而造成的损坏。还应检查软管在压力下可能膨胀的薄弱区域。许多软管沿其长度有一条白线（图13-35）。该线有助于显示出软管是否扭曲和扭结，这种情况可能源于盘式制动器维修不当。检查驻车制动器的联动机构、拉索和连接是否损坏和磨损，必要时更换这些零件。

图13-34 已泄漏的钢制制动管

6. 检查制动踏板

踏下并松开制动踏板数次（发动机运转以获得制动助力）。检查是否有摩擦和噪声。制动踏板应运动平顺，且没有夹着制动踏板或制动器发出的吱吱声。当制动踏板被释放时，应能迅速回位。

图13-35 白线表示软管的正确位置

当运转发动机时，应确认变速杆已处在空档或驻车档，且作业区域通风良好，以便排出尾气。

在制动踏板上施加大的压力（发动机运转以获得制动助力）。检查制动踏板是否绵软和是否有足够的有效余量。绵软的制动踏板会感觉到有弹性，制动踏板在正常情况下的感觉应是坚实的。制动踏板的有效余量是指完全踏下的制动踏板与地板之间的距离，该距离不应小于1in（约25mm）。

在发动机关闭的情况下，用轻的压力持续踏住制动踏板约15s。在此期间，制动踏板不应下行，若下行，则表明有泄漏。对制动踏板施加大的压力（发动机运转以获得制动助力）重复上述步骤。

如果制动踏板在上述检查中下行，但液面不低，则制动主缸的内部有泄漏，必须修复或更换；如果液面低，则可能是制动系统的某个地方有外部泄漏。必须修复泄漏的地方。

踏下制动踏板并检查制动灯是否正常工作。

为了检查制动助力的工作情况，可在发动机停止时踏下并松开制动踏板数次，以去除系统中的真空。然后用中等的踏板力踏住制动踏板，起动发动机，如果助力装置工作正常，则制动踏板在发动机起动时应向下稍有移动。

7. 更换制动主缸

要拆卸制动主缸，先断开制动主缸上的制动管，并在断开的制动管和主缸上安装堵头以防止灰尘进入。拆下制动主缸与制动助力装置之间的固定螺母，然后取下制动主缸。

按照制造商的操作指南重新组装、安装制动主缸并进行放气。

图 13-36 中的系列照片是在工作台上对制动主缸进行放气的典型步骤。

1）将制动主缸牢固地安装在台钳中，小心不要对铸件施加过大压力。定位制动主缸以使缸孔水平

2）将一段软管连接在出油口并确保其连接紧密

3）弯曲软管，使其端部插入制动主缸储液罐的每个腔室中

4）用新制动液加注储液罐，直到液面高于软管端部

5）使用木杆、冲棒或冲子的钝端缓慢推动制动主缸活塞，直到两个活塞在其缸孔中完全到底

6）观察浸入制动液的管端是否出现气泡。缓慢释放制动主缸活塞，使其返回原始位置。对快速充液式主缸，需等待15s再推动活塞。对其他类主缸，只要活塞返回原始位置，即可重复该操作。某些制动主缸的活塞回位缓慢属正常现象

7）往复泵动主缸活塞，直到制动液中不再出现气泡

8）从出油口上拆下软管，用临时堵头或手指堵住开口。在将制动主缸安装到车上之前，应保持出油口的密封

9）将制动主缸安装到车上，连接管路，但不要拧紧管接头

10）缓慢踏下制动踏板几次，迫使每次踏下踏板时可能困在连接中的所有空气。每次踏下制动踏板前，先稍微拧紧制动管螺母并在每次踏下制动踏板前再松开螺母。随时用抹布吸干流出的制动液以免损坏汽车漆面

11）当制动液中没有气泡时，按照制造商的技术要求拧紧连接件，并确认制动主缸储液罐中加注了足够的制动液

12）在制动主缸安装后，对车辆整个制动系统进行放气

图 13-36 在工作台上对制动主缸进行放气的典型步骤

⚠ **警告** 制动液会损坏甚至去除油漆。始终使用翼子板护罩以保护车辆的漆面,此外,要特别注意不要将制动液洒落在发动机舱盖下的线束或其他部件上。

车间提示

制动主缸很少进行维修,都是将其作为一个单元进行更换。在许多情况下,用于新型车辆的维修套件是不提供的,需要更换整个部件。

8. 液压系统放气

液体不能被压缩,而气体是可压缩的。制动液压系统中的任何空气都会随着压力的增加被压缩。这种行为减小了液体能够传递的力,所以从液压系统中排出所有空气至关重要,因此必须放出空气。这一步骤称为制动系统放气。

放气是迫使制动液经制动管路和放气阀或放气螺塞将空气排出的过程(图 13-37)。这一过程从制动液中消除了可能存在于制动系统中的任何空气。放气螺塞和放气阀安装在轮缸或制动钳上。在试图打开它们之前,应先清洁放气螺塞,然后在放气口与玻璃罐中间连接一根排油软管(图 13-38)。

图 13-37 车轮制动液压装置配有放气螺塞

对制动器进行放气有两种方法:手动放气(包括真空放气)和压力放气。在某些防抱死制动系统上,需要用诊断仪对制动器进行放气。在对制动器放气时,务必遵循制造商的建议。放气的顺序可能至关重要。为除去真空助力装置中的真空,必须在关闭发动机后,连续踏下制动踏板数次。

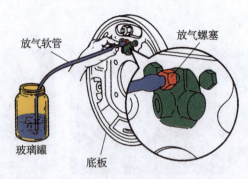

图 13-38 对制动系统放气时,将制动液排到玻璃罐中有助于确认系统何时没有空气

⚠ **警告** 在对系统进行排气时,务必使用新制动液。不要使用已经打开盖的制动液和已排出的制动液。排出的制动液可能已受到污染,从而会损坏制动系统。

(1)排气顺序 所有制造商都推荐了在给车辆制动器进行放气时应遵循的特定顺序。这些建议可在维修信息中找到,应予以遵守。如果没有制造商的建议,则以下顺序可适用于大多数车辆。此顺序是从离制动主缸最远的一个车轮开始,直到最接近离制动主缸的车轮:制动主缸、组合阀或比例阀(若此处装有放气螺塞)、右后轮、左后轮、右前轮、左前轮、感载比例阀(若此处装有放气螺塞)。

记住,在给每个车轮放完气后,先给制动主缸储液罐添加制动液,否则可能会导致制动液耗尽而将空气吸入制动系统。

此顺序基于一个原则:从系统中的最高点开始,逐次向下进行,然后是从离制动主缸最远的车轮开始,直到最接近制动主缸的车轮。还有一些更一般的规则也值得记住。

如果制动系统是前后轮分布的,通常首先对后轮(离制动主缸最远)进行放气。如果制动系统是对角分布的,最常见的顺序是:右后(RR)轮-左前(LF)轮-左后(LR)轮-右前(RF)轮(图 13-39)。此顺序也适用于带有快速充液式制动主缸的大多数制动系统。如果以任何其他顺序对快速充液系统进行放气,可能会将空气驱赶到整个系统。

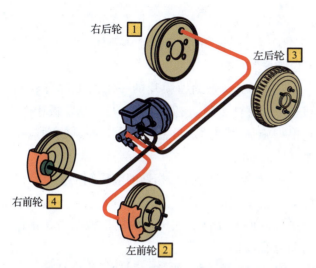

图 13-39 对角分体式制动系统的建议排气顺序

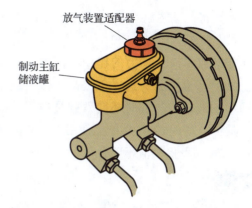

图 13-40 安装在储液罐添加口上的适配器对制动系统进行压力放气

但也有超出一般规则的情况。例如,克莱斯勒公司建议,无论液压系统如何分布,在对前制动器放气之前,都先对两个后制动器进行放气。

(2) 人工放气 人工放气步骤需要两个人,一人操作放气阀,另一人操作制动踏板。每次只给一个车轮的制动器放气。

> **!** 警告 确保放气软管始终在玻璃罐内制动液液面下。任何时候都不要让制动主缸中的制动液耗尽。如果不遵守这些预防措施,空气可能会进入系统,那么不得不重新放气。制动主缸盖必须保持在位。

将放气软管和玻璃罐放置到位。让助手踏下制动踏板数次后用中等压力踏住制动踏板,然后慢慢打开放气阀,在制动液/空气停止流动后,关闭放气阀。让助手慢慢松开制动踏板,并重复上述步骤,直到从放气口流出的制动液清澈且无气泡。

弃置所有用过的制动液。完成每个车轮制动器的放气后,加注制动主缸的储液罐,然后检查制动器的工作是否正常。

> **!** 警告 添加制动液前,先清洁制动主缸和盖。这对于防止灰尘进入储液罐是非常重要的。

(3) 压力排气 压力放气步骤可由一人完成。压力放气设备采用流过安装在制动主缸上的专用适配器的加压制动液进行放气(图 13-40)。

压力放气设备的使用方法随汽车和设备制造商的不同而不同。在使用压力放气设备时,务必遵循汽车制造商的建议。

在装有计量阀的汽车上,计量阀在压力放气过程中必须保持打开状态。专用工具用于使组合阀中计量部分保持打开状态。

每次打开一个放气阀,直到流出清澈且无空气的制动液。放气顺序是从离制动主缸最远的轮缸到最接近制动主缸的轮缸。

给制动器放气时,不要使用超过建议的压力。放气完成后务必先释放空气压力。完成压力放气后,清洁并给制动主缸储液罐添加制动液。检查制动器的工作是否正常并确认已拆下用于保持计量阀开启的专用工具。

> **使用维修信息**
> 查阅维修信息,以确保遵循正确的放气顺序。如果需要特殊放气顺序的车辆却使用普通方式放气,可能会使空气遍布整个液压系统。

13.10 助力制动系统

助力制动系统只不过是一个在制动踏板和制动主缸中间装有助力装置的标准液压制动系统,助力装置用来帮助制动。

有三种基本类型的助力装置。第一种是真空助力,这类系统使用发动机产生的真空,或有时用外部真空泵产生的真空压力来帮助制动。第二种是液压助力,它通常用在大型车辆上。该系统使用动力转向泵或其他外部液压泵产生的液压力来帮助制动。第三种类型是集成 ABS 单元的功能,该单元将制动主缸、动力辅助和 ABS 组合在一个总成中。

真空助力和液压助力的作用是倍增驾驶员施加在主缸活塞上的力,这不仅提高了传递给轮缸或制动钳的液压力,同时还使驾驶员作用的踏板力得以减小。整体式 ABS 单元使用电动泵为制动助力和 ABS 功能提供液压压力。

> ▶ 参见
>
> 有关 ABS 系统工作过程的更多内容参见第 16 章。

真空助力器 所有真空助力装置在设计上都类似。它们通过发动机真空与大气压力差来产生作用力。活塞和主缸、柔性膜片或波纹管利用此能量提供制动助力。

所有近代的真空助力装置都属于真空悬浮式系统。这意味着在踏下制动踏板之前,装置内的膜片利用发动机产生的真空处于平衡状态。当施加制动时,大气压力打破了膜片两侧的压力平衡,使膜片移动,从而产生作用压力。

大气压力通常在 14~15psi(约 96.5~103kPa)之间。如果膜片的直径为 12in(约 305mm),膜片的面积约为 113in^2(约 72907mm^2)。由于到助力器真空通常是 17inHg 或 7psi(约 48kPa)左右,当膜片的平衡被打破时,其两侧的压差为 7.7psi(约 53kPa)。因此,膜片所产生的作用力为 870lbf(7.7psi × 113in^2),约等于 3870N。

真空助力器可以是单膜片或双膜片的。它由三个基本元件组成一个助力单元(图 13-41)。

单膜片真空助力器的三个基本元件如下:

1)真空助力部分包括前后壳体、助力膜片、回位弹簧和推杆。

2)控制阀是助力膜片的一个组成部分,它通过一个阀杆(制动踏板推杆)与制动踏板相连。它根据施加在制动踏板上的压力,控制制动应用或释放的程度。

3)与真空助力部分相连的液压制动主缸,除推动制动主缸的推杆以外,该部分包含了传统制动主缸的所有元件。它提供的制动液压力是由制动助力器施加的。

(1)工作原理 当施加制动时,阀杆和柱塞在助力膜片中向左移动。此动作将关闭控制阀的真空通道,并打开大气通道,使空气通过膜片后腔室上的阀门进入膜片后腔室(图 13-42)。随着后腔室中真空的降低,产生一个力推动助力膜片、液压推杆和制动主缸内的液压活塞移动而关闭排油孔,并迫使处在压力下的制动液通过残余压力单向阀和管路进入前后轮的制动器总成。

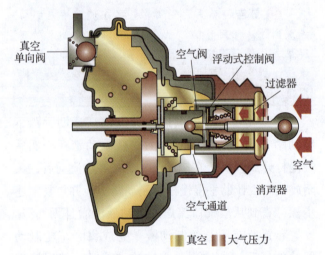

图 13-42 制动时,大气压力使膜片和活塞向前移动,从而增加施加在推杆上的力

随着制动主缸中压力的增加,其反作用力通过液压推杆和反作用盘作用于真空助力膜片和柱塞上。该力可引起大气通道的关闭和真空通道的重新打开。由于该力与驾驶员施加在制动踏板上的力相反,因此驾驶员可以感觉到制动被施加的力度。

(2)维修真空助力装置 车辆制动器在真空

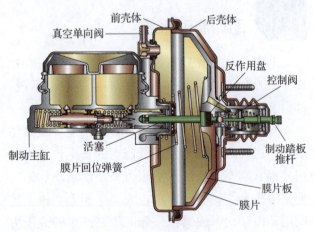

图 13-41 典型的真空制动助力器

助力装置失效时仍可工作的事实表明液压制动系统和真空助力系统是两个独立的系统。这意味着应首先检查液压系统是否存在故障。如果检查结果令人满意，则开始检查真空助力回路。

快速检查真空助力装置时，可用力踏住制动踏板，然后起动发动机。制动踏板此时应略微下行，而且只需较小的踏板力就可以将制动踏板保持在任何位置，这同时还检查了真空助力器单向阀的工作情况。制动踏板应能很轻松地踏下至少一两次，之后应变得非常坚硬。如果单向阀没起作用，则在发动机关闭后第一次踏下制动踏板时就会感到非常硬。

有些车辆配备了制动助力器膜片位置传感器，如果出现故障，会设置底盘系统故障码和制动踏板感觉方面的问题。当为制动踏板感硬或软的问题而测试真空助力器时，应先检查是否存在故障码以及传感器工作是否正常。

1）压力检查：另一种简单的检查可以通过在制动液压系统中安装合适的压力表来进行。在发动机关闭且助力装置不工作的情况下踏下制动踏板并读取压力读数，然后保持相同的踏板高度，起动发动机并读取此时的压力表读数。如果真空助力器工作正常，应该有很大的压力增加。

2）踏板行程：在具有真空助力的车辆上，制动踏板的行程和总行程是极其重要的。制动踏板的行程应严格遵照车辆维修信息中给出的技术规范。

3）真空读数：如果助力装置没有提供足够的助力，则读取进气歧管真空的读数。如果进气歧管真空度低于技术规范，则应调整发动机并重新测试真空助力装置。真空管路松动或损坏以及进气滤清器堵塞都会降低制动助力。大多数真空助力装置都有一个单向阀，当发动机关闭时，该单向阀可使系统内保持一定的真空。用真空表对该单向阀的检查可以表明其是否堵塞或停留在打开位置。

4）释放问题：制动器无法释放通常是由于助力装置和制动联动装置之间的连接过紧或未对正引起的。活塞、膜片、波纹管或回位弹簧损坏也会导致此问题。

为帮助精准确定问题，可松开制动主缸与制动助力器之间的连接。如果此时制动器可释放，则故障是由真空单元中的内部黏结引起的。如果制动器未释放，应检查液压系统中是否存在折皱或阻塞的制动管路和类似问题。

5）制动踏板感过硬：在带有制动助力的制动系统上，若制动踏板感过硬，则可能是真空管或泄漏导致真空助力器的真空不足造成的。膜片或波纹管被刺破以及活塞密封件泄漏都会导致助力装置的助力作用减弱而使制动踏板过硬。踏下制动踏板时若出现稳定的嘶嘶声，则表示是真空泄漏导致作用减弱。

6）制动发黏：首先查找制动黏滞的常见原因，如摩擦片上有油脂、制动盘或制动鼓有划伤。如果怀疑故障是在助力装置中，应检查反作用控制装置是否损坏。反作用控制装置由膜片、弹簧和控制阀组成，它们力图反抗制动踏板的行为，之所以被放入系统中，是要给驾驶员更多的制动踏板感觉。

7）内部黏滞的检查：制动释放、制动踏板感过硬和制动拖滞（释放缓慢）等问题都可能是由真空单元内部黏滞引起的。要测试真空单元内部是否存在黏滞，可将变速器／变速驱动桥置于空档并起动发动机。将发动机转速提高到 1500 r/min，松开加速踏板，完全踏下制动踏板，然后慢慢释放制动踏板并关闭发动机。接着从真空助力单元上拆下真空单向阀和连接软管，并观察制动踏板是否向下移动。如果制动踏板向下移动，则表明存在内部黏滞，应更换该真空单元。

（3）推杆调整　为确保制动助力系统正常工作，必须正确调整制动主缸的推杆。推杆过长会导致制动主缸活塞关闭排油孔，从而阻碍液压压力的释放而导致制动拖滞。推杆太短会导致制动踏板行程过大，并导致助力器在施加制动时发出哼哼的噪声。对于仍保持了在生产组装过程中已与助力器正确匹配调整的推杆，则不需要进行维修调整。但如果更换了真空助力器、制动主缸或推杆，则需要调整推杆。

有两种方法可用来检查推杆的长度和安装是否正确：量规法和空气法。

1）量规法：在大多数真空助力装置中，制动主缸推杆的长度是固定的，通常只有在对助力装置进行大修或更换后才检查其长度。图 13-43 展示了典型的使用量规进行调整的方法。

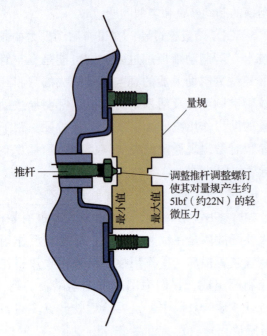

图 13-43　测量推杆长度的量规

2）空气法：空气测试法是将压缩空气施加在制动主缸的液压油出口。将空气压力调整到大约 5psi（约 35kPa），以防止制动液从制动主缸中喷出。

如果空气通过补液孔，即制动主缸储液罐底部两个孔中较小的一个，则表明调整是合适的。如果空气没有流过补液口，则需要借助调整螺钉（若有）或在制动主缸和助力装置壳体之间添加垫片来调整推杆，直到空气从补液孔自由流出。

13.11　液压制动助力器

随着发动机尺寸的减小，加上继续使用发动机真空来操作发动机的其他系统，如排放控制装置，导致了液压制动助力器的发展。这类系统使用液体压力而不是真空压力来帮助制动。它们大多主要用在柴油发动机和其他低真空的发动机上。

来自动力转向泵的液压为制动器提供助力。制动助力器布置在前围板和制动主缸之间。软管将动力转向泵连接至助力器总成。

只要发动机运转，动力转向泵就会给制动助力器提供连续流动的液体。三根柔韧的软管按规定路径将动力转向液输送给助力器。一根软管共用来自转向泵的压力油液。另一根软管将加压的油液从助力器输送给动力转向机总成。第三根软管将来自助力器的油液返回到动力转向泵。

液压助力器中的液压不应与制动管路中的液压相混淆。记住，它们是两个独立的系统，而且需要两种不同类型的油液。动力转向泵是用动力转向液，而制动系统是用制动液。切勿将动力转向液放入制动液的储液罐中。如果制动液被动力转向液污染，将损坏制动系统的橡胶件。这可能需要更换包含橡胶件的所有零件，并且还需要冲洗制动系统的钢制管路。

有些系统在液压助力器上装有充氮气的气动蓄能器，以提供备用的助力压力。如果因传动带故障或类似问题导致无法获得动力转向泵的可用压力，则用蓄能器的压力来提供制动助力。

液压制动助力器总成（图 13-44）由滑阀、套筒总成、输入杆总成、动力活塞、输出推杆等组成。液压助力器总成安装在车辆上的方式与真空助力器的安装方式大致相同。制动踏板推杆与助力器的输入杆端部相连。

液压助力装置中动力转向液的流量由中空的滑阀控制。滑阀上带有经加工的阀塞、环形槽和油道，它们与滑阀套筒中的环槽和接触面相配。动力转向液的流动模式取决于滑阀在其滑阀套中的对正位置。

1. 工作原理

当踏下制动踏板时，踏板推杆通过助力器输入杆将动力活塞向前推动，同时带动一个小的附加杠杆移动来迫使套筒总成向前插入滑阀中心的通孔并将其关闭，同时推动滑阀移动而将一些加压的油液切换到助力器动力活塞后面的腔室中，建立起液压力，进而推动动力活塞和输出推杆向前移动。输出推杆推动制动主缸的第一和第二活塞向制动系统施加压力。当松开制动踏板时，滑阀和套筒总成返回其正常位置。助力器动力活塞

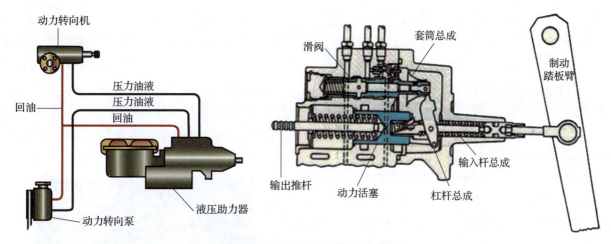

图 13-44 液压制动助力器的组成

后面的多余油液通过回油管返回动力转向泵储液罐。当制动器完全释放后，来自动力转向泵的加压油液通过滑阀中心的开口流入助力器，然后再回到动力转向泵。

液压制动助力器系统有许多变型和名称。最常见的名称是本迪克斯（Bendix）生产的液压助力系统和通用汽车生产的动力制动主缸（Powermaster）系统。该系统与其他系统稍有不同，它使用一个独立的液压助力器，直接布置在制动主缸上，它不像其他系统那样依靠动力转向泵来提供液压，而是用自带的叶片泵和电机来提供助力器工作所需的液压。

对液压助力抱怨的任何诊断都应从动力转向泵传动带、转向液液面高度、软管状况及其连接的检查开始。如果液压系统未以适当的压力连续供应清洁、无气泡的动力转向液，则液压助力系统是不能正常工作的。

> **警告** 在断开任何制动管路或软管之前，务必先释放任何液压助力系统中蓄能器内的压力。这通常是通过关闭发动机后，踏下并松开制动踏板十次以上来实现的。

2. 基本功能测试

这类系统的基本功能测试如下所示。在发动机关闭情况下，多次踏下制动踏板以释放蓄能器中存储的残余液压。然后用力踏住制动踏板，起动发动机，此时制动踏板应向下移动，随后向上推脚。

3. 蓄能器测试

为了确认蓄能器在正常工作，可在发动机运转的情况下将转向盘转动到停止位置，并将其保持在此位置不超过 5s，然后将转向盘返回中间位置，关闭发动机并踏动制动踏板几次，应感觉到有两三次的踏动行程有助力。接着重复上述步骤以给蓄能器加压。这次在发动机关闭后先等待 1h 再开始踏动制动踏板。也应感到有两三次的踏板行程有助力。如果系统不能按上述情况工作，则表明蓄能器泄漏，应予以更换。

4. 排查噪声

助力器也是车辆另一个主要子系统动力转向系统的一部分，所以转向系统中的问题或故障可能会影响制动助力系统的运行。以下是一些常见的故障排除提示。

在驻车或其他非常低速的机动动作中，经常会伴随制动踏板或转向柱的振动出现鸣咽声或低频的嗡嗡声。这可能是由于动力转向助力泵中的液面过低，或因转向助力泵持续保持在泄压状态（转向盘在一个方向上转到极限位置）的时间过长（超过 5s），空气进入动力转向液而导致的。检查液面高度，必要时添加。取下上盖，让系统静置 1h，以排除空气。如果这种情况仍然存在，可能是转向助力泵磨损过大的迹象。按照车辆制造商建议的步骤检查转向助力泵。

转向助力泵处在或接近最大流量输出时（制动踏板接近完全踏下的位置），可能会出现油液高速流动的噪声（有如水龙头产生的噪声）。这是正常现象，除非在紧急制动情况下，否则不会听到。

只要使用蓄能器的压力，都会听到轻微的嘶嘶声。这是液压油通过蓄能器的阀门逸出的声音，因此是完全正常的。

当蓄能器内的油液已经被耗尽且重新起动发动机后，在第一次应用制动或第一次转向操作期间可能会听到另一种嘶嘶声。该声音是因油液快速流过蓄能器充液量孔而引起的，这是正常现象，而且仅在蓄能器的油液被耗尽后才会听到一次。但如果该声音一直持续，而蓄能器依然没有明显的压力辅助，则可能表明蓄能器没有保持住压力，可使用前面讨论的蓄能器测试检查这种可能性。

在按照前述的放气说明刚完成放气后，在制动过程中可能会出现补液声。这种声音是正常的，并会随着正常行驶和制动而逐渐消失。

动力制动主缸（Powermaster）装置的诊断和测试需要使用特殊的适配器、测试仪或售后市场的同类设备。拆下动力制动主缸上的压力开关，并在其安装口中安装适配器和测试仪。然后可使该装置工作，同时观察开关的高压切断点和低压接通点，并对照技术规范进行检查。遵循维修信息中给出的有关连接和操作测试仪表以及执行所有系统测试步骤的说明。

13.12 电动驻车制动器

电力操作的驻车制动器正变得日益普遍并正在取代机械系统。这类系统可以作为常规液压制动用于正常制动，也可以作为电子制动器用于驻车制动。采用电动驻车制动器，不再需要驻车制动的手柄或踏板，从而腾出了车辆的内部空间。

电动驻车制动器被看作是向线控制动系统迈进的第一步。制造商目前正在使用两种不同的技术。有些系统在后轮制动钳上安装了电机，而另一些系统使用装在车底部的电机来拉动驻车制动拉索。

当制动钳上装有电机时（图13-45），不再需要驻车制动器的拉索和联动机构。电机由PCM控制。系统与车辆的控制器局域网（CAN）连接，以实现连续监控和反馈。这使系统除了应用于驻车制动外，还可以做许多事情，例如：在紧急制动期间提供某些控制；如果液压系统出现故障，帮助停车；当节气门打开时自动释放驻车制动器；点火开关关闭时自动启用驻车制动器；当驾驶员侧车门打开时自动启用驻车制动器；当车辆停在坡道上时，在驾驶员操作离合器或加速踏板之前，通过应用后制动器，防止车辆在坡道上向后溜车。

a）电机启用开关

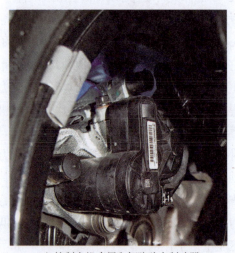

b）控制电机启用和解除驻车制动器

图13-45 控制台上的开关

13.13 总结

- 决定车辆制动力的四个因素是由液压系统提供的压力、代表制动摩擦片与制动盘或摩擦片与制动鼓之间摩擦关系的摩擦系数、意味着较大的制动器比较小的制动器停车更快的摩擦接触面，以及防止制动器热衰退所必需的散热能力。

- 目前的制动摩擦片有全金属的、半金属的、

3C：问题（Concern）、原因（Cause）、纠正（Correction）

维修工单									
年份：2007		品牌：雪佛兰		车型：Colorado		里程：128787mile		单号：19028	
问题		客户反映在度假期间牵引挂车时，制动踏板有多次踏到地板，但车辆仍没能有效制动。							
确认转动主缸中的液面高度后，技师对制动系统进行了全面检查后并未发现泄漏，但制动摩擦片和制动盘上有过热和打滑的迹象。了解到该货车此次的载荷比通常更大，技师确定此车因制动器过热导致热衰退而丧失制动效能。									
原因		牵引拖车时制动器过热导致了制动性能的热衰退。							
纠正		更换制动片和制动盘，用 DOT 3 制动液冲洗并重新加注液压系统，并告知客户，该货车不适合在山区拖带重的拖车。							

非石棉有机材料的、碳纤维或陶瓷合成的。

- 自1967年开始，要求所有汽车都要有两个独立的制动系统。双制动系统使用一个双腔串联式制动主缸，这是一种在一个缸孔中有两个独立活塞和储液罐的制动主缸。
- 制动管路将制动液压力从制动主缸传递到鼓式制动器和盘式制动器的轮缸和制动钳中。制动软管为车轮制动装置提供柔性连接，并且必须具有高的耐热性。
- 用于所有双制动系统中的压差阀在任一路液压系统中的压力出现缺失时将操作警告灯开关点亮制动警告灯以提醒驾驶员。
- 位于前轮制动器管路中的计量阀在为前后轮制动器提供更好平衡的同时还防止前轮制动器抱死。
- 比例阀用来控制后轮制动器的压力，特别是在紧急制动期间。
- 放气用来排出液压系统中的空气。
- 冲洗作业是清除系统中的旧制动液，并用新的制动液进行更换。大约每两年应进行一次。
- 制动助力器可以是真空助力或液压助力。真空助力装置使用发动机真空或外置真空泵产生的真空来帮助制动。液压助力装置使用液压压力。

13.14 复习题

1. 思考题

1）为什么从液压系统中排出空气很重要？
2）解释当前液压制动系统采用双制动系统设计的原因和重要性。
3）液压系统组合阀的功用是什么？
4）当行驶的汽车制动时，摩擦部件［制动（　　）或（　　）］被强制作用在汽车的旋转部件［制动（　　）或（　　）］上。摩擦使旋转部件减速并停止转动。正如旋转部件的能量被称为动（　　）一样，用来阻止它们的摩擦力被称为动（　　）。
5）制动主缸补液孔的作用是什么？
6）在某些车辆上为什么要使用感载比例阀？
7）三功能组合阀中有一个制动系统失效开关、一个（　　）阀和一个（　　）阀。
8）说明真空是如何用来提供助力的。

2. 判断题

1）计量阀和比例阀均衡了盘式制动器和鼓式制动器的制动特性。对还是错？　　（　　）
2）半金属制动摩擦片仍经常用石棉制成。对还是错？　　（　　）

3. 单选题

1）制动主缸的作用是（　　）。
　A. 产生操作制动机构所需的液压
　B. 在紧急停车时自动地反复操作制动器
　C. 当车轮出现打滑时施加制动力
　D. 以上都是
2）以下哪一项可能导致制动软管失效？（　　）
　A. 安装过程中造成扭曲
　B. 在安装过程中使软管受到重压
　C. 高温和污染物引起的劣化
　D. 以上都是

3）哪一种类型的制动器需要更大的作用力，并通常与助力装置一起使用？（　　）

A. 鼓式制动器

B. 盘式制动器

C. 驻车制动器

D. 以上都不是

4）以下哪一项不是决定制动系统有效性的因素？（　　）

A. 散热

B. 润滑油

C. 压力

D. 摩擦接触面积

5）以下哪一项会导致制动踏板感觉过硬？（　　）

A. 系统中有空气

B. 制动摩擦片过度磨损

C. 使用错误的制动液

D. 真空动力助力器膜片泄漏

4. ASE 类型复习题

1）一辆汽车的制动助力器卡住了，技师 A 说最有可能的原因是制动助力器；技师 B 说最有可能的原因是制动片有油污或制动鼓划伤。谁是正确的？（　　）

A. 仅技师 A 正确

B. 仅技师 B 正确

C. 技师 A 和 B 都正确

D. 技师 A 和 B 都不正确

2）在讨论什么会影响制动器施加的压力时，技师 A 说管路越短，则压力越大；技师 B 说如果增大制动主缸活塞的尺寸，将增大制动力。谁是正确的？（　　）

A. 仅技师 A 正确

B. 仅技师 B 正确

C. 技师 A 和 B 都正确

D. 技师 A 和 B 都不正确

3）组合阀中的计量阀部分失效，技师 A 说这意味着必须更换整个组合阀；技师 B 说计量阀部分可以维修。谁是正确的？（　　）

A. 仅技师 A 正确

B. 仅技师 B 正确

C. 技师 A 和 B 都正确

D. 技师 A 和 B 都不正确

4）在讨论快速充液式制动主缸时，技师 A 说这种设计可使制动力增加；技师 B 说这种设计仅用在鼓式制动系统上。谁是正确的？（　　）

A. 仅技师 A 正确

B. 仅技师 B 正确

C. 技师 A 和 B 都正确

D. 技师 A 和 B 都不正确

5）在对制动系统放气时，技师 A 在放气螺钉咬死且无法松动时会松开制动主缸上的制动管路接头来放气；技师 B 使用车间压缩空气将制动液和空气从制动轮缸推到制动主缸。谁是正确的？（　　）

A. 仅技师 A 正确

B. 仅技师 B 正确

C. 技师 A 和 B 都正确

D. 技师 A 和 B 都不正确

6）在讨论制动系统的基本摩擦部件时，技师 A 说组合在一起的摩擦部件越硬，摩擦力越大；技师 B 说组合在一起的摩擦部件越硬，产生的热量越大。谁是正确的？（　　）

A. 仅技师 A 正确

B. 仅技师 B 正确

C. 技师 A 和 B 都正确

D. 技师 A 和 B 都不正确

7）在讨论制动过程中车辆的动态特性时，技师 A 说汽车后部在制动过程中会升高；技师 B 说汽车前部在制动时会降低。谁是正确的？（　　）

A. 仅技师 A 正确

B. 仅技师 B 正确

C. 技师 A 和 B 都正确

D. 技师 A 和 B 都不正确

8）在讨论压力放气时，技师 A 说在放气过程时，必须使用特殊工具使计量阀和组合阀处在打开状态以确保良好的结果；技师 B 说压力放气时需要特殊的适配器才能将放气设备连接到制动主缸储液罐上。谁是正确的？（　　）

A. 仅技师 A 正确

B. 仅技师 B 正确

C. 技师 A 和 B 都正确

D. 技师 A 和 B 都不正确

9）技师 A 说在对任何单个车轮总成放气之前，应先进行制动主缸的放气。技师 B 说在进行手动放气过程中应在松开制动踏板前先关闭放气螺钉。谁是正确的？（　　）

A. 仅技师 A 正确

B. 仅技师 B 正确

C. 技师 A 和 B 都正确

D. 技师 A 和 B 都不正确

10）在讨论液压助力和动力制动主缸（Powermaster）的液压系统时，技师 A 说液压助力器使用动力转向泵；技师 B 说动力制动主缸使用一个电机驱动的叶片泵。谁是正确的？（　　）

A. 仅技师 A 正确

B. 仅技师 B 正确

C. 技师 A 和 B 都正确

D. 技师 A 和 B 都不正确

第 14 章
鼓式制动器

学习目标

- 能解释鼓式制动器的工作原理。
- 能识别典型的鼓式制动器的主要部件并描述它们的功用。
- 能解释双向伺服式和非伺服式鼓式制动器之间的区别。
- 能清洁并检查鼓式制动器总成。
- 能辨别影响制动鼓、制动蹄、摩擦片及相关部件性能的不利状况。
- 能维修后重新组装鼓式制动器。
- 能解释典型的鼓式驻车制动器的工作原理

3C：问题（Concern）、原因（Cause）、纠正（Correction）

维修工单					
年份：2003	品牌：福特	车型：Windstar	里程：138197mile		单号：19087
问题	客户陈述其福特小客车制动时点头。				
根据此客户提出的问题，运用在本章中学到的知识来确定此问题的可能原因、诊断问题的方法以及解决问题所需的步骤。					

多年来，鼓式制动器（图14-1）曾被用在道路上几乎每辆汽车的所有四个车轮上。如今，大多数车辆前轮上的鼓式制动器已被盘式制动器取代，而且有些车型的前后轮都采用了盘式制动器。继续使用鼓式制动器的一个原因是后轮鼓式制动器可以轻松地应对车辆总制动负荷的20%~40%；另一个理由是鼓式制动器中还能设立简单的驻车制动机构。

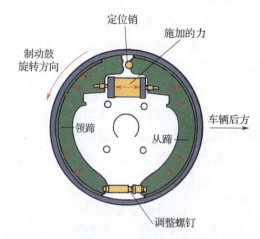

图 14-2 轮缸将领蹄和从蹄推到旋转制动鼓的内表面上

图 14-1 鼓式制动器总成

14.1 鼓式制动器的工作原理

鼓式制动器的工作原理相当简单。鼓式制动器最重要的特点是制动蹄压力或力直接作用在制动鼓上，这有助于鼓式制动器提供制动力的效能（图14-2）。当在车辆向前或向后移动的情况下进行制动时，制动蹄施加给制动鼓的力本身会不断增大（称为自增力），因为制动器的定位销充当了制动蹄的止动装置，并阻止制动蹄跟随旋转制动鼓运动的趋势，其结果是在制动蹄和制动鼓之间产生一个楔紧作用。这个作用与所施加的制动力结合在一起，建立了一个自倍增的制动力。

14.2 鼓式制动器部件

底板为制动蹄和相关附件提供安装基础（图14-3）。底板用螺栓固定在车桥法兰或主轴上。轮缸在液压力下迫使制动蹄压向制动鼓。底板上还有两个相互连接的制动蹄。制动蹄是鼓式制动器的支承部件，它们必须支承摩擦片并在制动时将摩擦片带向制动鼓，以使压力分布在摩擦片整个表面。制动蹄回位弹簧和限位零件使制动蹄保持正确的位置和间隙。有些鼓式制动器是自调节的，

图 14-3 底板为制动蹄和相关附件提供支承

而另一些则需要手动调节机构。制动鼓为摩擦片提供摩擦表面。制动鼓必须能承受高压且不会过度变形，还必须能够散发制动过程中产生的大量热量。另外，大多数车辆上的后轮鼓式制动器中还设有驻车制动器。

1. 轮缸

轮缸将来自制动主缸的液压力转换为制动器上的机械力（图14-4）。轮缸孔内充满制动液。当踏下制动踏板时，迫使额外的制动液进入轮缸。额外的制动液使皮碗和活塞向外移动，推动制动蹄向外移动以接触制动鼓，从而产生制动力。当活塞移动到其缸孔端某个位置时，由于活塞没有进一步的移动量而停止移动，并防止制动液泄漏或空气进入液压系统。

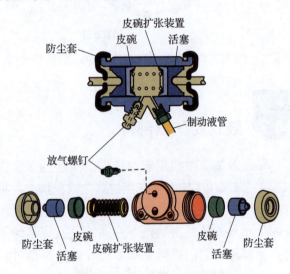

图14-4 典型轮缸的分解图

2. 制动蹄和摩擦片

在制动蹄尺寸相同的情况下，腹板厚度、腹板切口形状以及加强位置可能存在差异（图14-5）。

制动蹄板焊接在腹板上，为摩擦片提供稳固的表面。为了向特定的应用提供所需的刚度或韧性，腹板厚度可能不同。许多制动蹄在其蹄板的边沿上设有尖状或锯齿状结构。这些尖状结构靠在底板上的制动蹄支承凸起上，以防止制动蹄悬空。

鼓式制动器制动系统中的每个制动鼓都包含一组制动蹄。在自增力系统中，主制动蹄（领蹄）是面向车辆前部的制动蹄。主制动蹄和制动鼓之间的摩擦力迫使主制动蹄沿制动鼓转动的方向稍稍移动（支承销允许这个有限的移动）。主制动蹄的移动迫使其推动副制动蹄（从蹄）的底部，从而使其接触制动鼓。副制动蹄是面向车辆后部的制动蹄。由于主制动蹄和轮缸活塞的运动和压力，副制动蹄与制动鼓接触，从而增加了制动作用（图14-6）。

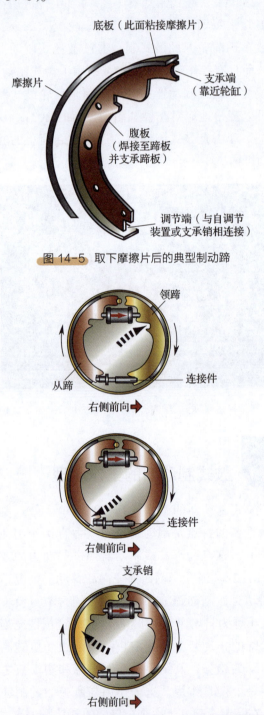

图14-5 取下摩擦片后的典型制动蹄

图14-6 在双紧蹄制动系统中，领蹄的自增力作用向从蹄施加力

为了使车辆停车，制动蹄摩擦片向制动鼓提供摩擦力。摩擦片含有耐热纤维。摩擦片是用高温合成黏合剂压制而成。

将摩擦片附着在制动蹄上的两种常用方法是铆接和黏合。无论采用哪种附着方式，制动蹄通常是通过弹簧拉力被保持在某个位置上。它们通过制动蹄回位弹簧保持在支承销上，或者通过制动蹄压紧弹簧压在底板支承凸起上。通过间隙调节装置、弹簧将两个制动蹄腹板与支承销相反的一端连接在一起，弹簧使它们保持在间隙调节装置的两端，并由调节装置使它们保持分开。

3. 机械部件

在未制动位置，制动蹄由回位弹簧压在支承销上，同时通过压紧弹簧或弹簧夹子保持在底板上。在支承销的对面，间隙调节装置与两个制动蹄腹板相连，并提供允许制动蹄扩张或收缩的调节量。制动蹄由弹簧拉紧并压在间隙调节装置上。

（1）制动蹄回位弹簧　回位弹簧可以分别挂在连杆或导轨上，或挂在制动蹄之间。在自增力式制动器上，弹簧通常安装在支承销上，如图14-7所示。在非自增力制动器总成中，回位弹簧通常将两个制动蹄连接在一起，如图14-8所示。

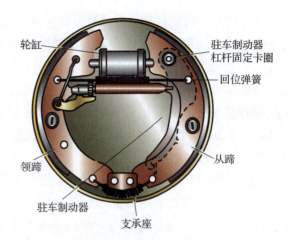

图 14-8　在非自增力系统中，回位弹簧通常将两个制动蹄连接在一起

（2）制动蹄压紧机构　图14-9展示了制动蹄的各种压紧机构。为解除或锁定直销的压紧装置，按下锁圈和螺旋弹簧或弹簧夹圈，然后将销或锁圈旋转90°。在通用汽车的拉杆调节装置上，内侧（底部）的座圈上有一个定位调节拉杆的套管。

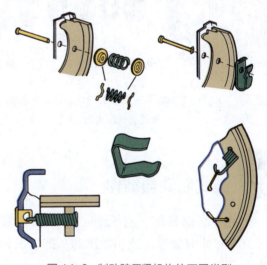

图 14-9　制动蹄压紧机构的不同类型

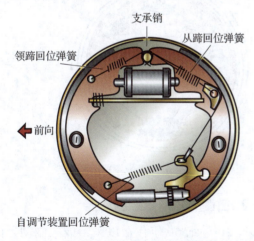

图 14-7　典型的双向自增力系统回位弹簧的安装

虽然制动蹄弹簧看起来相同，但它们通常是不可互换的。有时为了有助于区分它们，会用颜色编码，所以应密切注意它们的颜色及其勾搭的方式。

（3）制动蹄支承销　制动蹄支承销有不同的类型，如固定式不可调型、制动蹄滑动自定心型，在一些较老车型上使用的是采用偏心或带槽的调节装置的可调式固定支承销。在某些前轮制动器上，固定式支承销是通过螺纹或螺栓固定在转向节上并支承制动轮缸。

4. 制动鼓

当前的汽车制动鼓由高强度铸铁制成（有些

是用带有铁或钢制的衬套或内衬的铸铝制成），鼓的内侧有经加工的表面，该表面上在制动时与制动蹄上的摩擦片产生摩擦，这会产生大量热量。鼓式制动器没有盘式制动器那样大的散热能力，这是所有新型轿车和轻型货车的前轮以及一些运动型和豪华轿车的后轮也用盘式制动器取代鼓式制动器的主要原因之一。

FWD 轿车和较大型货车的后轮制动鼓有时与轮毂是一体的，因此在不拆卸车轮轴承的情况下无法拆卸制动鼓。由于它们用其他的一些部件保持或固定在适当位置上（图 14-10），因而称为固定式制动鼓。其他 FWD 车辆和大多数 RWD 车辆的后轮制动鼓是用车轮螺栓固定在位的，由于这类制动鼓的拆卸无须拆卸车轮轴承，所以它们称为浮动式制动鼓。

一个制动蹄转移给另一个制动蹄。前后制动蹄均由双活塞轮缸驱动。每个制动蹄的上端由一个强力螺旋回位弹簧保持在同一个支承销上，两个制动蹄的下端由一个调整螺栓总成和弹簧连接。

轮缸安装在制动器顶部的底板上。制动时，轮缸皮碗后面的液压力迫使两个活塞向外移动，从而产生制动。

当制动蹄接触到以任一旋转方向旋转的制动鼓时，制动蹄将趋向随着制动鼓一起移动，直到一个制动蹄接触到支承销，另一个制动蹄被星形轮调节装置连接杆止住（图 14-11）。当车轮向前旋转时，领蹄的摩擦片和制动鼓之间的摩擦力产生一个作用在调节装置连接杆上的推动从蹄的力。调节装置连接杆压向从蹄的力要比轮缸施加给领蹄的输入力大很多倍。调节装置连接杆压给从蹄的力再一次被从蹄摩擦片和制动鼓之间的摩擦力加倍，全部合力由支承销承担。在车辆正常向前行驶制动时，从蹄摩擦片产生的摩擦力大于领蹄摩擦片产生的摩擦力。因此，从蹄摩擦片通常比领蹄厚，且其表面积也更大。在车辆倒车制动时，领蹄和从蹄摩擦片的作用是相反的。

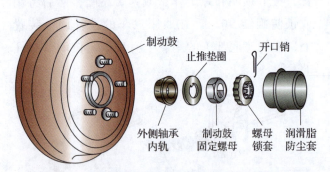

图 14-10 为了拆卸固定式制动鼓总成，拆下固定螺母并连同轴承一起滑出

14.3 鼓式制动器结构

常用的制动器结构有两种：双紧蹄（或叫自增力）和非双紧蹄（或叫领蹄和从蹄）鼓式制动器。

大多数大型的美国汽车采用双紧蹄设计的鼓式制动器，但随着汽车尺寸已变得较小，非双紧蹄设计的鼓式制动器已变得日益流行。由于较小的汽车更轻，非双紧蹄的鼓式制动器在不降低制动能力的情况下有助于减小后轮制动器抱死的趋势。

1. 双紧蹄鼓式制动器

双紧蹄鼓式制动器的名称来源于一个事实，即无论车轮向前还是向后旋转时，自增力都会从

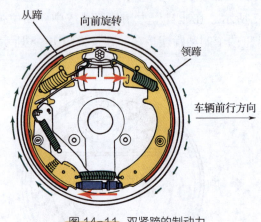

图 14-11 双紧蹄的制动力

2. 自调节式双紧蹄制动器

自 20 世纪 60 年代初以来，鼓式制动器的间隙自调节装置已在所有美国和大多数进口车辆上使用。与双紧蹄式制动器一起使用的自调节装置有几种类型。以下是最常用的几种类型。

（1）拉索式基本结构　图 14-12 展示了一种典型的自调节系统。在调节装置中，无论是拉索、曲柄还是杆杆，都只安装在一个制动蹄上，并当

该制动蹄脱离其支承销时被操作。连接杆上部或拉索孔通过拉索与支承销相连。当制动蹄移动时，拉索通过安装在制动蹄腹板上的拉索导轨拉动（曲柄或拉杆在制动蹄腹板上转动）并操作与制动蹄相连的调整杠杆（棘爪），使其与星形调节轮啮合。棘爪位于星形调节轮的外侧，在不同的样式中，调整杠杆（棘爪）位置稍微高于或低于星形轮中心线，因而起了锁定棘轮，防止调节装置回退的作用。不管怎样，只要摩擦片磨损到足以使制动蹄充分移动时，棘爪在制动时将拉动足够高，以使其啮合星形轮的下一个齿槽。在松开制动器时，调节装置的弹簧使棘爪返回，从而使星形轮向前转动一个齿槽。

挂在杠杆（棘爪）上。过行程弹簧在突然紧急制动时抑制移动，从而防止在制动鼓过度变形和制动蹄过大移动时进行多余的调节。

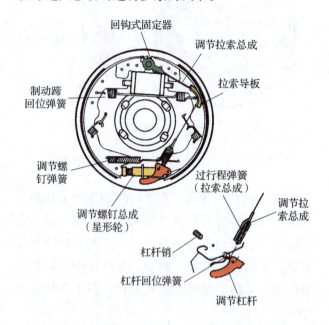

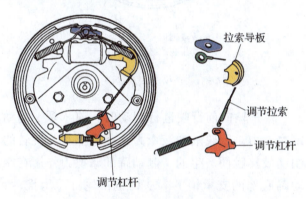

图 14-12 拉索式自调节装置

在大多数车辆上，调节系统安装在从蹄上，并在车辆倒车制动时工作。在少数车型上，它布置在领蹄上，在车辆前进制动时工作。左旋和右旋螺纹的星形轮分别用于车辆的两侧，所以在维修时应将车辆两侧的零部件分开放置。如果安装了螺纹旋向错误的星形调节轮，则系统完全不进行调整，或者每次制动时都不进行调整。

另一种系统采用拉线和棘爪，左侧制动器具有右旋螺纹，而右侧制动器具有左旋螺纹。第一个拉索导轨通常用从蹄回位弹簧连接在制动蹄腹板上，拉杆-棘爪与制动蹄腹板上的孔啮合。调节装置可在车辆运动的任一方向上工作。

（2）采用过行程弹簧的拉索机构 图14-13所示为采用棘爪在上行运动时移动的系统。左制动器为左旋螺纹，右制动器为右旋螺纹。杠杆（棘爪）用附加的鼠夹式棘爪回位弹簧连接在腹板销上。拉索通过安装在拉索挂钩上的过行程弹簧

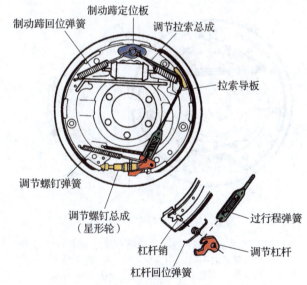

图 14-13 带过行程弹簧的拉索式自调节装置

（3）采用过行程弹簧的杠杆式结构 图14-14展示了采用棘爪在向下移动时进行自调节的系统。左制动器为右螺旋纹，右制动器为左螺旋纹。

杠杆（棘爪）安装在制动蹄压紧装置上，以杯形套筒为枢轴转动，并有一个单独的位于杠杆和制动蹄底板之间的棘爪杠杆回位弹簧。转动的杠杆和组装在主拉杆上端的过行程弹簧抑制棘爪的运动，防止在制动鼓过度变形情况下进行多余的调节。

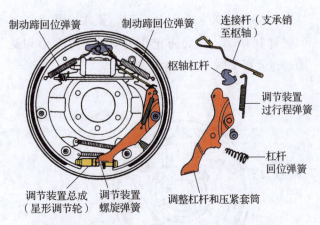

图 14-14 带有过行程弹簧的杠杆式调节装置

（4）拉杆和棘爪　图 14-15 所示为采用棘爪在向下移动时进行自调节的系统。左制动器为右旋螺纹，右制动器为左旋螺纹。安装在制动蹄压紧装置上的杠杆与棘爪啮合，并以杯形套筒为枢轴转动。单独的棘爪回位弹簧位于棘爪和制动蹄之间。

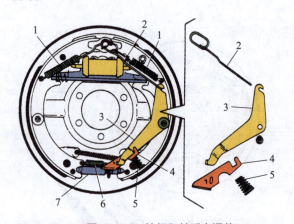

图 14-15 拉杆和棘爪自调节

1—制动蹄回位弹簧　2—支承销至调节杠杆的连接杆
3—调节杠杆（含压紧套）　4—调节棘爪
5—棘爪回位弹簧　6—调节装置螺旋弹簧
7—螺旋调节装置总成

3. 非双紧蹄鼓式制动器

车间提示

要记住，在非双紧蹄鼓式制动系统中，按车辆行进方向，前制动蹄称为领蹄，后制动蹄称为从蹄。在双紧蹄式结构中，按车辆行进方向，也是前面的制动蹄为领蹄，后面的制动蹄为从蹄。

非双紧蹄鼓式制动器（现在更普遍称为领从蹄鼓式制动器）通常用于小型汽车上。该类型制动器与双紧蹄式制动器的基本区别在于两个制动蹄是用连接弹簧保持在底板下部的固定支承销上（图 14-16）。非双紧蹄式制动器没有自随动动作。

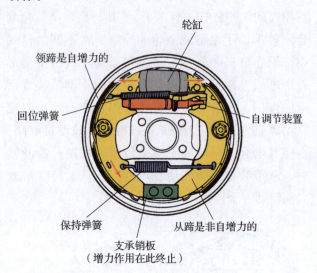

图 14-16 典型非双紧蹄鼓式制动器

在车辆向前行驶进行制动时，前（领）制动蹄摩擦力是因轮缸油液压力强制摩擦片与旋转的制动鼓接触而产生的。制动蹄的摩擦力作用在制动蹄底部的支承销上。从蹄也由轮缸压力推动，但它只能提供与轮缸活塞压力相等的摩擦力。从蹄的支承销上不承受摩擦力带来的负荷。与没有增力的从蹄相比，这类制动器中的领蹄具有自增力，并在制动过程中起主要作用。在倒车制动中，领蹄和从蹄功能互换。

4. 自调节式非双紧蹄制动器

尽管一些常规的自动调节装置类似于前面讨论的用于小型汽车上的自调节装置，但有一些自动调节机构是独特的，它们使用制动蹄之间的撑板或特殊的棘轮调节机构。这些设计中比较常见的有自动凸轮、自动棘轮和半自动调节装置。

（1）凸轮自动调节装置　这种后轮非双紧蹄的鼓式制动器具有一个向前作用的制动蹄（领蹄）和一个逆向作用的制动蹄（从蹄），并与前轮盘式制动器一起使用。两个制动蹄靠在制动器上部的轮缸活塞上，并用制动蹄之间的回位弹簧保持在支承板上。支承板和保持板铆接在制动器底板上。制动时，根据需要自动调节制动蹄。自动凸轮调节装置通过穿过制动蹄腹板上的狭长孔的销子与每个制动蹄相连。制动时,制动蹄向外移动,狭长孔中的销子移动凸轮调节装置,使其向外旋转。销子的直径小于狭长孔的宽度,使制动蹄始终能够充分回位以提供足够的间隙。

（2）棘轮自动调节装置　这类制动器采用带有棘轮自调节机构的领从制动蹄设计。制动蹄通过弹簧和销子压紧装置保持在制动底板上,并通过制动蹄之间的弹簧紧靠在支承板上。制动蹄的上部用回位弹簧保持与轮缸活塞端部相接（图14-17）。

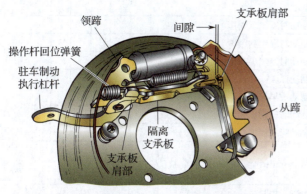

图14-17　领从蹄制动器的棘轮自动调节装置由驻车制动执行杠杆操作

该自动调节装置由一个隔离支承板和与从制动蹄相连的一对齿形棘轮组成。驻车制动器的执行杠杆可在隔离支承板上转动。

该自动调节装置自动判断摩擦片与制动鼓之间的正确间隙。随着摩擦片的磨损,自动调节装置通过增加隔离支承板的有效长度来调整间隙。该支承板的突出部分借助驻车制动杠杆使从蹄的内边缘与从蹄上大棘轮的内边缘啮合。随着摩擦片磨损的增加,制动蹄与制动鼓接触时的移动量大于设定间隙。依附在制动蹄腹板上的隔离支承板与领蹄一起移动来消除间隙。这个更长距离的移动导致从蹄后面的大棘轮相对于由弹簧顶住的小棘轮向内旋转,啮合边缘上的锯形牙齿将会保持此新的设置位置,直到制动蹄的进一步磨损而引起新的调整。当制动踏板压力释放时,回位弹簧使制动蹄移入并与隔离支承板/执行杠杆肩部接触从而恢复摩擦片和制动鼓之间的适当间隙。

5. 检查和维修

制动器维修质量的第一条规矩是要进行一套完整的作业。例如,检查整个制动系统,而不仅仅是前或后制动器。此外,如果只是安装新的摩擦片,但不考虑液压系统的状况,则轮缸泄漏的制动液会很快毁坏新的摩擦片,制动力和安全性也会受到影响。

例如制动踏板绵软、制动踏板行程过大、制动踏板脉动、制动能力差、制动拖滞、抱死或跑偏以及制动噪声等问题,可能由液压系统或制动总成的机械部件中的故障引起。为了帮助技师进行完整的检查和诊断,图14-18所示的检查清单非常有用。采用这种形式作业可以帮助技师避免错过任何制动测试和可能导致问题的部件。

6. 制动噪声

必须仔细考虑客户对制动性能有关的抱怨。客户抱怨最多的一个问题是制动器噪声。噪声通常是制动系统（尤其是机械部件）出现磨损或问题的第一个迹象。当处于未制动位置时,应仔细检查来自车轮的咯咯声、咔嗒声、嘎嘎的摩擦声和敲击声。确定噪声不是由轴承或悬架各个部件引起的。如果噪声来自制动器总成,则最有可能是因制动器的部件磨损、损坏或缺失导致的,也可能是制动部件的紧固或安装不当造成的。当砂石或其他物体夹在摩擦片材料和制动盘或制动鼓之间时,经常出现嘎嘎的摩擦声。

制动时发出的咔嗒声通常表示制动摩擦片或制动蹄的连接件存在间隙或部件本身故障。在刚使用的制动系统中,这种噪声可能是因摩擦片跟随制动盘或制动鼓上的切削加工痕迹引起的。最后对制动盘进行无定向加工可消除这一问题,此外减小用于修整制动鼓的切削刀头的尖锐度也可消除这个问题。

制动时产生的嘎嘎摩擦声可能意味着金属与金属的接触,这可能是由于制动摩擦片或制动蹄严重磨损,也可能是由于制动钳、制动盘、轮缸或底板严重错位;因内部腐蚀被卡滞的轮缸和卡钳也会导致摩擦声或尖叫声。

本章后面将介绍其他噪声问题及其解决方法。

进行制动作业前的检查清单

姓名 _____ 电话 _____ 日期 _____
地址 _____ 牌照号 _____
地址 _____ 品牌 _____ 行驶里程 _____ 序列号 _____ 年份 _____
轮毂盖/车轮防盗螺母 _____ 位置 _____ 车主是否使用了驻车制动器 是 □ 否 □
　　　　　4轮鼓式 □　4轮盘式 □　盘/鼓式 □　制动助力 □　　真空 □　液压 □　ABS □
车主备注

1.检查前路试	安全	不安全
制动灯工作状态		
制动警告灯工作状态		
制动主缸检查		
制动液液面		
制动液是否已污染		
发动机舱盖下有制动液泄漏		
仪表台下有制动液泄漏（非助力式）		
旁通		
制动踏板高度和感觉		

勾画一个		勾画一个	
低		软	
中		硬	
高			

制动助力装置检查					
真空部分	安全	不安全	液压部分	安全	不安全
真空装置			液压装置		
发动机真空			P/S油液		
真空管			P/S传动带状态		
单向阀			P/S传动带张力		
剩余踏板高度			P/S油液泄漏		

3.在车间举升器上的检查	是	否	RF	LF	RR	LR
制动拖滞						
制动间歇性拖滞						
制动踏板联动装置卡滞						
车轮轴承松动						
车轮紧固件缺失或损坏						
悬架松动						

做标记并拆下各车轮
制动钳/活塞卡滞　　RF　LF　RR　LR
做标记并拆下各制动鼓
测量制动盘厚度或制动鼓直径
测量制动盘厚度变化
测量制动盘跳动量
测量制动蹄摩擦片厚度
制动管路和软管
制动液是否泄漏
放气螺钉是否损坏
密封件是否泄漏
自调节装置工作状况
驻车制动拉索和联动装置

胎压规格		前轮	后轮
测量的胎压			
RF ___ LF ___		RR ___ LR ___	
轮胎状况			
RF ___ LF ___		RR ___ LR ___	

2.路试	是	否	RF	LF	RR	LR
制动跑偏						
制动时发出沉闷声						
制动时发出刮蹭声						
制动时发出尖叫声						
制动抓轮						
制动过早抱死						
制动时有轴承响声						
制动时车辆振动						

从2~3mile/h停车时转向盘移动右/左

	是	否
ABS作用时		
制动踏板在制动时脉动	是	否
转向盘在制动时振动	是	否
无制动助力	是	否
警告灯在制动时点亮	是	否
在转弯后制动踏板不一致	是	否
制动点头	是	否

	前轮				后轮			
	右		左		右		左	
	标准	安全	不安全	安全	不安全	标准	安全	不安全	安全	不安全

图14-18 制动作业前的检查清单

14.4 制动器的路试

道路测试可使技师在实际行驶状态下评估制动器的性能。无论什么实际情况，都应在对制动系统进行任何作业之前进行道路测试，而且每当完成任何制动方面的维修后，也应对车辆进行路试，以确保制动系统安全和正常地工作。

> **警告** 在对任何车辆进行路试前，首先应检查制动主缸中的制动液液面高度。踏下制动踏板，确保有足够的踏板余量。进行多次低速制动以确保在路试中制动器是安全的。车辆上路前，务必在车间对制动系统进行前期的检查。

对制动器的路试应在干燥、清洁、适当平整和水平的道路上进行。如果路面潮湿、有油污或覆有松散泥土，则无法对制动性能进行准确的测试。如果路面呈拱形，会使车辆的重量施加给一侧车轮；如果道路不平，车轮容易弹跳，也会对测试造成不利影响。

在不同车速下分别用小的和大的制动踏板压力测试制动器，并避免车轮在路面上出现抱死和滑移。有许多外部因素会影响制动的路试结果。轮胎与路面的接触和抓地力不一致将导致制动不平衡。轮胎的充气压力必须一致，而且左右侧轮胎的胎面花纹必须基本一致。当车辆载荷分布不均时，载荷最重的车轮比其他车轮需要更多的制动力，而且重载的车辆也需要更多的制动力。车辆前部失中可能导致制动跑偏。此外，前轮轴承松动会使制动鼓倾斜，而使制动蹄摩擦片与制动鼓的接触不一致，导致制动时的脉动。有故障的减振器不能阻止汽车在紧急制动时的弹跳，这会给人一种制动过重的错误感觉。

14.5 鼓式制动器的检查

将车辆置于空档，释放驻车制动器，并用举升装置举起车辆。拆下车轮并标记车轮与制动鼓和制动鼓与车轴的对应位置，以便正确地重新组装它们。

1. 拆卸制动鼓

固定式制动鼓和浮动式制动鼓的拆卸步骤是不同的。但在任何情况下，都可能需要手动缩进自调节装置（图 14-19），使制动蹄与制动鼓之间有足够的间隙以便拆下制动鼓。制动鼓摩擦表面的磨损会在其外边沿形成整圈的台阶。随着自调节装置向外移动制动蹄弥补间隙时，制动蹄直径将大于台阶位置的直径。如果调节装置未被缩回，制动鼓上的台阶可能会卡在制动蹄上，并阻碍制动鼓的拆卸。试图强制从制动蹄上拉出制动鼓可能会损坏制动器的零部件。要缩回制动蹄，应用细螺丝刀（或类似工具）穿过调整孔，小心地将自调节杠杆从星形调节轮上最多推离 0.0625in（约 1.6mm）。在保持调节杆后移位置的同时，将制动器调节工具插入调节孔中，并沿正确方向转动星形调节轮，直到可取下制动鼓。有些车辆上的调节孔在制动鼓上而不是在底板上，可用细金属线钩穿过调节孔，从星形调节轮上拉开调节装置的杠杆。

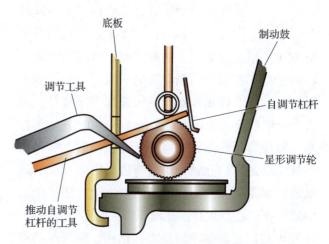

图 14-19 拆卸制动鼓前，先用硬杆从星形调节轮上推开自调节杠杆，然后用工具旋转星形轮缩回制动蹄

取下制动鼓之前，应在左侧或右侧制动鼓上标注 "L"（"左"）或 "R"（"右"），以便能在重新安装时将其安装在拆卸前的相同侧。

> **警告** 在制动鼓拆下以后，不要踏动制动踏板，否则会导致轮缸中的活塞过度伸出或弹出。

制动鼓和轮毂制成一个整体在 FWD 车辆和采用四轮鼓式制动器老型车辆的前轮制动器上是

常见的。轮毂内带有车轮轴承，并用一个大螺母固定在心轴上。该螺母还用于调整车轮轴承。要拆下这类鼓式制动器，先从轮毂中心拆下防尘帽，然后从心轴的槽顶螺母或螺母锁定装置上拆下开口销，接着拆下心轴上的螺母和垫圈，并向外拉动制动鼓，使其从心轴上滑出。

在老式的 4WD 车辆上，后轮的制动鼓是由半轴和车轮轴承保持在位的。先拆下半轴与轮毂之间的固定螺栓，然后取下半轴。在大多数情况下，需要一个专用套筒来拆卸轮毂的固定螺母和轴承，一旦拆下轴承，即可拆下制动鼓。

浮动式制动鼓没有内置的轮毂。在大多数情况下，制动鼓是通过车桥法兰上的螺柱以及车轮和车轮螺母固定在位的。在许多浮动式制动鼓上，在车辆装配过程中使用按扣螺母或快速螺母将制动鼓固定在两个或三个螺柱上。通常在维修后无须重新安装按扣螺母。但在某些车辆上，按扣螺母用于将制动鼓正直地保持在车桥或轮毂法兰上。

在拆卸浮动式制动鼓时，需要将其从轮毂或车桥法兰上拉出（图 14-20）。如果制动鼓锈在或腐蚀在车桥法兰上而无法拆卸时，可用圆头锤子轻轻敲击车桥法兰与制动鼓的安装面。为了帮助拆卸制动鼓，许多制动鼓的表面配有螺纹孔。可将两个螺栓旋入螺纹孔中（图 14-21），并均匀拧紧，螺栓将抵住车桥法兰，从而从轮毂上推出制动鼓。渗透性的除锈油也会有助于松动卡死的制动鼓。如果制动鼓黏附在其法兰上，可用一个大的划针或中心冲头在制动鼓和法兰的连接处划刻，并破坏它们之间的表面拉力。记住，如果制动鼓

图 14-21 便于拆卸制动鼓的螺纹孔

已磨损，则必须缩回制动蹄调节装置，以使制动鼓与制动蹄分离。不要强行用力撬动或扭曲制动鼓。切勿借用底板来撬动制动鼓，否则可能会使底板损坏或弯曲。一旦制动鼓松动，注意不要让制动鼓跌落。

拆下制动鼓后，检查制动器总成的轮缸和后半轴密封件（RWD 车辆）是否有泄漏的迹象。如图 14-22 所示，后半轴密封件失效会导致差速器润滑油泄漏并污染后轮制动器的部件。发生这种情况时，必须更换制动蹄，因为无法从摩擦片材料中清除这些油液。

图 14-22 半轴密封件失效导致润滑油泄漏并污染制动片

对于固定式制动鼓 在将其拆下后，应检查轮毂内和轴承上的润滑脂。如果润滑脂变脏或变得干硬，这是轴承可能损坏的一种提示。还应检查后半轴的密封垫和车轮密封件是否泄漏。根据需要更换已磨损的部件。将制动鼓和所有轴承零件放在一边，以便清洁和仔细检查。如果润滑脂似乎状况良好，则将制动鼓的开放面朝下放在工作台上，并用抹布盖住外轴承暴露端，以防灰尘进入。

图 14-20 将制动鼓从车桥法兰或轮毂上拉出，小心不要跌落

> **⚠ 警告** 在维修车轮制动器部件时，用干刷子或压缩空气清洁，注意不要产生扬尘。如果在维修中产生扬尘石棉纤维可能会变成空气漂浮物。吸入含有石棉纤维的灰尘会造成严重的身体伤害。为清除制动器表面的石棉，应使用 OSHA（美国职业安全与健康管理局）认可的清洗装置（图 14-23）。使用清洗装置时，应遵循制造商的说明。

图 14-24 仔细检查制动鼓的内表面

图 14-23 分解制动器前，先用 OSHA 认可的装置进行清洁以确保清除掉零件上的所有石棉粉尘

2. 检查制动鼓

制动系统中需要检查的最重要零件之一是制动鼓（图 14-24）。用蘸水的抹布或水基溶液彻底清洁制动鼓。如果制动鼓已经暴露在泄漏的油液或油脂中，则在清洗后用非油基溶剂彻底清洁，以清除灰尘和油污。在重新安装制动鼓之前，确认润滑油或润滑脂泄漏的源头并加以解决是非常重要的。

制动鼓起到散热器的作用。它们吸收热量并将其散发到空气中。随着制动鼓在正常使用中的磨损或被加工，其冷却表面积减小了，使工作温度升高，其结构强度也会降低，这会导致变形，从而引起图 14-25 所示的一些制动鼓状况。

还应在制动蹄仍处于安装状态时检查制动蹄。它们此时的状况通常会暴露出制动鼓的缺陷。如果一个车轮上的摩擦片比其他车轮上的摩擦片磨损更严重，则可能表明制动鼓摩擦片粗糙。制动鼓变成锥形或导致任何一组制动蹄两侧的磨损不均匀。如果某些摩擦片在头部或根部磨损严重，则可能表明制动鼓失圆。

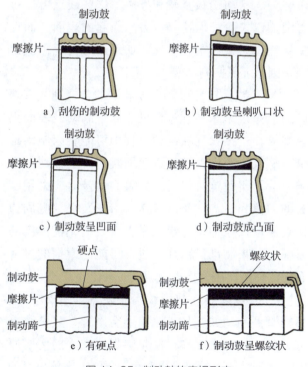

图 14-25 制动鼓的磨损形态

（1）制动鼓摩擦面刮伤 这种情况最常见的原因是制动片和制动鼓之间积聚了制动粉尘和污物。被釉化的制动摩擦片、因高温硬化的摩擦片，或非常硬的劣质制动摩擦片在某些情况下也都会在制动鼓表面形成沟槽。制动片过度磨损导致铆钉头或制动蹄的钢制底板暴露会刮伤制动鼓摩擦面。如果沟槽不太深，可以对制动鼓进行车削修复。

（2）制动鼓呈喇叭口状 这种变形是由于极

大的热量和制动压力造成的。它主要发生在宽制动鼓上，这是因制动鼓外侧的支承度不足造成的。制动鼓与摩擦片不能完全接触，制动效能下降是可预料到的。这种制动鼓必须进行车削修复。

（3）制动鼓呈凹面 这是一种在鼓式制动器摩擦面中间区域过度磨损的形态。过大的制动压力会使制动蹄底板变形，致使制动压力集中在制动鼓中间区域。

（4）制动鼓呈凸面 这种磨损形态在制动鼓的封闭侧的磨损更大。若是在开放侧，则是因过热或制动鼓加大后导致制动鼓开放侧变形的结果。

（5）制动鼓硬点 铸铁表面中的这种状况，有时称为凿子点或钢点，是由制动热量引起金相变化而形成的，制动时可能出现颤动、跑偏、快速磨损、制动踏板坚硬和噪声。这些硬点可通过磨削加以去除。但这仅可去除凸起的表面，而在受到热量时又会重新出现。如果这种情况再次出现，则必须更换制动鼓。

（6）制动鼓表面呈螺纹状 非常锋利或有缺口的刀头或车床转动过快可能导致制动鼓表面出现螺纹。这种状况在制动过程中可能会因制动蹄骑在螺纹上边沿，随后迅速回跳而产生强烈的声响。为了避免这种情况，修整制动鼓时应采用圆头的刀具和适当的车床转速。沿安装法兰侧周边检查制动鼓摩擦面边缘上是否有表明先前加工的刀痕。如果制动鼓已加工过，可能已磨损的过薄而无法使用。需要检查制动鼓的直径。

（7）热裂纹 热裂纹不像硬点（图14-26）那样直到制动鼓被加工之前不会出现，热裂纹是可看到的。极端工作温度是热裂纹产生的主要原因。制动鼓还可能呈现出蓝色/金色，这是高温的标志。通过车床制造商可获得硬质碳化物的车床刀具或特殊磨削附件以满足加工条件。由热裂纹或硬点引起的制动鼓过度损坏，需要更换制动鼓。

（8）制动鼓裂纹 铸铁制动鼓中的裂纹是由过度应力引起的。它们可出现在制动鼓的任何地方，但通常在螺栓孔附近或法兰外侧。制动鼓上的细裂纹通常很难看到，不幸的是它们通常在机加工后才会显现，但如果出现任何裂纹，无论裂纹有多小，都必须将制动鼓更换。

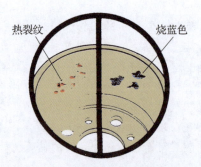

图 14-26 热裂纹和过热制动鼓的示例

（9）制动鼓失圆 偏心变形的制动鼓可能看起来很好，但可能会导致制动跑偏、抓轮、制动踏板抖动或脉动。失圆的或椭圆形的状况通常是由正常制动中的受热和冷却引起的。在拆卸制动鼓之前，可以通过将制动器调整为有轻微阻力并用手感觉制动鼓的旋转来检查制动鼓是否失圆。在拆下制动鼓后，可对其进行测量以确定偏心变形量。应对有此类缺陷的制动鼓进行加工或更换。

3. 测量制动鼓

用制动鼓千分尺测量每个制动鼓（图14-27），即使制动鼓通过了目视检查，也要确保其在安全的加大尺寸范围内。如果制动鼓在安全范围内，即使表面光滑，也应对制动鼓进行车削，以确保制动鼓表面正确和清除原摩擦面上来自制动摩擦片、道路灰尘等任何可能存在的污染。记住，如果从制动鼓中去除了过多的金属，可能会导致不安全的状况。

图 14-27 用制动鼓千分尺测量制动鼓内径

分别在制动鼓摩擦面的开放和封闭端边缘的彼此成直角的位置进行测量。锥度或失圆度超0.006in（约0.152mm）的制动鼓已不适合使用，应进行车削加工或更换。如果最大直径读数（在可能存在的任何沟槽底部测量）比新制动鼓直径大 0.060in（约 1.5mm）以上，则该制动鼓已不能重新加工。如果制动鼓的摩擦面平整且正确，但已比新制动鼓直径大 0.090in（约 2.2mm）或更大，也必须更换。

4. 重整制动鼓摩擦面

制动鼓的摩擦面可通过在制动车床上车削或磨削进行重整（图 14-28）。为获得正确、平整的摩擦面只应去除刚好合适的金属。当对一个制动鼓必须进行加工以消除缺陷时，还必须以相同方式和相同的直径尺寸加工同一车桥上安装的另一个制动鼓，且它们直径之差在 ±0.010in（约 0.254mm）范围内，以使制动力相等

图 14-28 制动鼓可在制动车床上通过磨削或车削重整摩擦面

制动鼓上带有报废尺寸（图 14-29），这是所允许的磨损尺寸，而不是允许的加工尺寸。制动鼓在加工后，还必须留有 0.030in（约 0.762mm）的厚度用于磨损。有些州拥有关于测量制动鼓极限的法律。

图 14-29 制动鼓的报废直径压印在制动鼓上

制动鼓的内径在机加工或磨削后会增加，并改变了摩擦片与制动鼓的配合。在重整制动鼓时，应遵循所用具体工具的设备说明书。

> **使用维修信息**
>
> 维修信息列出了制动鼓的标准内径以及报废尺寸。它们还规定了摩擦片的标准和最小厚度。维修手册还介绍了应准确地拆解/重新组装所有部件的步骤。应始终遵循底板螺母和其他部件的拧紧规范。

> **车间提示**
>
> 将左右车轮的调节螺钉和自动调节装置的部件保持分开放置。左右车轮的这些部件通常是不同的。例如，在某些自动调节装置上，右制动器上的调节螺钉是左旋螺纹的，而左制动器上的调节螺钉是右旋螺纹的。

5. 清洁重整后的制动鼓摩擦面

重整后的制动鼓摩擦面上含有数百万的金属微粒。这些微粒不仅会在表面上保持自由移动，而且也会滞留在新加工表面上开放的微孔中。如果允许金属微粒存留在制动鼓上，它们将嵌入制动摩擦片中。一旦制动摩擦片以这种方式受到污染，它将充当细磨石并划伤制动鼓。

这些金属微粒必须通过清洗或清洁制动鼓来去除。不要用压缩空气吹制动鼓。建议使用以下任一种方法清洁重整后的制动鼓摩擦面。

第一种方法包括用热肥皂水彻底清洗制动鼓和用无绒（不掉毛）布擦拭。然后使用压缩空气彻底干燥制动鼓。如果清洁前轮毂和制动鼓，要非常小心，以免污染车轮轴承的润滑脂。也可彻底清除所有旧润滑脂，然后在制动鼓清洁和干燥后重新润滑和重新装配车轮轴承。清洁前，必须从制动鼓上取下车轮轴承和油封。

第二种方法是用一块无绒白布蘸上一种不会留下残留物的制动器清洁溶剂来擦拭制动鼓内部（尤其是新加工的表面）。应重复此操作，直到擦拭布上不再有污迹。将制动鼓重新安装到车辆上之前，让制动鼓干燥。

这两种方法也适用于清洁盘式制动器的制动盘。

> **⚠ 警告** 汽车摩擦材料中可能含有大量石棉。研究表明，接触过量的石棉粉尘可能对健康造成潜在危害。重要的是要使处理制动摩擦片的人员必须了解这一点，并采取必要的预防措施以避免受到伤害。

车间提示

如果要重复使用已用过的制动蹄和摩擦片，则应标记它们原先的安装位置。在拆解不熟悉的制动器总成时，应一次维修一个车轮，这样可用另一个车轮作为参考。

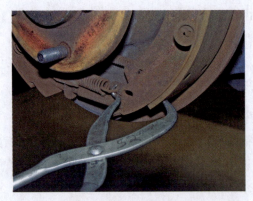

图 14-30 制动弹簧工具

维修步骤

维修双紧蹄鼓式制动器的机械部件步骤如下。

步骤 1　使用适当的清洁设备清洁制动器总成上的制动粉尘。

步骤 2　若需要，可在轮缸上安装轮缸卡箍以防止在拆下制动蹄时泄漏制动液或使空气进入系统。有些制动器有轮缸挡圈，因此不需要轮缸卡箍。无论是否需要卡箍，在拆下制动蹄回位弹簧后，都不要再踏动制动踏板。为防止出现这种情况，可垫高制动踏板，使其无法踏下。

步骤 3　拆下制动蹄回位弹簧时，可使用制动弹簧的拆卸和安装工具将弹簧从支撑销或支撑板上取下（图 14-30）。

步骤 4　拆下制动蹄固定或压紧锁圈和弹簧。可使用专用工具（图 14-31），也可以使用钳子压缩弹簧并相对固定销旋转锁圈来拆卸压紧弹簧。

步骤 5　现在可以拆卸自调节装置的零件。拆下连接杆、杠杆和转动杠杆总成、套筒（穿过杠杆）和回位弹簧。除非其中一个零件损坏，否则无须分解杠杆和转动杠杆总成。

步骤 6　稍稍张开制动蹄以松开驻车制动撑杆，然后拆下撑杆及其弹簧。从从蹄上断开驻车制动操作杆。它可能用固定夹、螺栓连接，也可能只是简单地钩在制动蹄上。

步骤 7　将支承板从销上滑出。如果支承板用螺栓固定或铆接，则无须移除支承板。张开制动蹄的支承端，并将其与轮缸连接（若有）分离。将底部用调整螺栓和弹簧连在一起的制动蹄作为一个总成拆下。

步骤 8　将制动蹄的支承部分交叉，以释放弹簧拉力。松开调整螺栓弹簧并拆下调整螺栓总成。

图 14-31 压下弹簧工具

维修步骤

拆卸非双紧蹄（领从蹄）制动器的步骤如下。

步骤 1　安装轮缸卡箍。然后从驻车制动支柱和逆向制动蹄上取下调节弹簧。

步骤 2　从制动蹄上取下制动蹄与制动蹄之间的上弹簧，并从弹簧支架上取下消声弹簧。

步骤 3　拆下驻车制动器支柱，并从扁平的压紧制动蹄的压紧夹上脱开制动蹄腹板。

步骤 4　松开制动蹄与制动蹄之间的下弹簧，然后拆下前制动蹄。断开驻车制动器拉索，并拆下后制动蹄。

步骤 5　从底板上拆下制动蹄压紧夹。

步骤 6　从销子上压出 C 形固定装置，然后拆下驻车制动杠杆、自调节装置杠杆和调整闩。

步骤 7　取出驻车制动器杆。

维修步骤

清洁和检查制动器零件的步骤如下。

步骤 1　用蘸水抹布或水基溶液清洁底板、支承件、杠杆和其他要重复使用的金属零件。市场上有可用于清洗制动零部件的设备。必须采用湿清洁方法，以防止石棉纤维在空气中飞扬。

步骤2　仔细检查底板上凸起的制动蹄支承块，确保无可能阻止制动蹄自由滑动的腐蚀或其他表面缺陷（图14-32）。如有必要，使用细砂布去除这些表面缺陷并彻底清洗。

步骤3　检查底板以确保没有开裂或弯曲。若有，则必须更换。确保底板螺栓和支承销固定螺栓已拧紧到规定的力矩。

步骤4　如需要更换轮缸，可在此时进行。为确定轮缸状况，应仔细检查防尘套。如果防尘套有切口、撕裂、热裂或泄漏迹象，则应更换轮缸。如果溢出超过一滴的制动液，则泄漏量已过大，表明应更换轮缸。

步骤5　拆解调节螺栓组件（图14-33），并在适当的溶液中清洁零件。确保调节螺栓在其整个长度上可拧入支承螺母，且无卡滞现象。确认调节螺栓的所有齿没有损坏，并用制动器润滑剂润滑调整螺纹。

步骤6　检查制动蹄固定支座、支承板和小零件是否有松动、磨损或损坏的迹象，这些迹象可能导致制动蹄定位错误。检查弹簧的弹簧圈是否有延展或塌陷、弹簧柄是否有扭曲或划伤或严重变色（图14-34）。操作星形轮自调节装置，方法是轻轻地将制动蹄撬离其保持位置，或拉动拉索，以确认调节轮每次可轻松前进一个凹槽。调节器拉索容易伸长，星形轮和棘爪在长时间使用后会变得不灵敏。对于后轮驻车制动器，拉动拉索和制动蹄连接杆，以确认释放驻车制动时不会出现制动蹄拖滞的情况。

图14-32　仔细检查底板上凸起的制动蹄支承垫

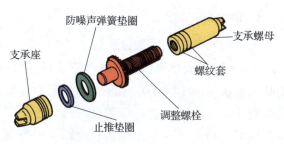

图14-33　制动调节装置分解图

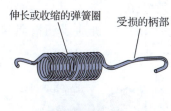

图14-34　应检查所有弹簧是否变形和损坏

14.6 制动蹄和制动摩擦片

摩擦片的材料会影响制动状态。使用摩擦系数过高的摩擦片可能会导致严重抓轮的状况，而摩擦系数过低可能会因制动踏板过硬而使停车困难。

摩擦片过热会加速磨损，并可能导致危险的摩擦片热衰退，这是一种摩擦力减小的情况，会使踏板感觉过硬并延长制动距离。持续的过热最终会使摩擦片越过恢复点而进入永久衰退状态。除热衰退外，过热还会导致尖叫声。

摩擦片烧焦或有极高硬度的釉面表明摩擦片曾过热，严重时，表面会出现随机的裂纹。

检查摩擦片有无磨损不均、嵌入异物、铆钉松动，还应查看是否有油浸。若有，则应更换它们。

如果任何车轮上的摩擦片出现斑点状磨损，或与制动鼓的接触不均匀，则表明摩擦片在制动鼓中未处于居中位置。应将摩擦片磨削成与制动鼓相配的圆形，以使其与制动鼓接触得更好。

1. 更换制动蹄

当制动蹄磨损到距铆钉头尚有 0.3125in（约 0.77mm）厚度或被制动液、润滑脂或机油污染，则必须更换（图 14-35），若不更换，将会导致制动鼓划伤。当需要更换一个制动蹄时，还必须更换车辆同车桥上另一侧车轮的制动蹄。检查制动蹄是否变形、开裂或松动。如果制动鼓存在这些状况，则必须舍弃。

不要让制动液、机油或润滑脂接触制动摩擦片。

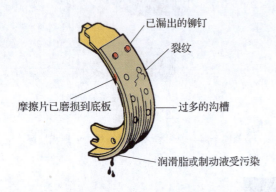

图 14-35 可能的制动蹄问题

2. 选择摩擦片

称为汽车摩擦材料临界代码的识别代码印在鼓式制动器摩擦片（图 14-36）和盘式制动器摩擦片的边沿。字母和数字表明摩擦片材料的制造商和所用材料，最后两位字母表明冷态和热态时的摩擦系数（COF）。

图 14-36 鼓式制动器摩擦片边缘印有识别代码，称为汽车摩擦材料边缘代码

这些代码不涉及摩擦片的质量或硬度。从维修角度来看，热态时和冷态时的摩擦系数最重要，其编码如下：

C：≤ 0.15；D：> 0.15，但≤ 0.25；E：> 0.25，但≤ 0.35；F：> 0.35，但≤ 0.45；G：> 0.45，但≤ 0.55；H：> 0.55。

更换制动蹄时，使用推荐的摩擦材料也很重要。若摩擦材料类型不正确，将会影响汽车的制动特性。

硬和软是指摩擦片在一般材料分类中的位置。因此，任何特定的有机摩擦片可被视为是硬或软的有机材料。总的来说，有机摩擦片被认为比半金属摩擦片软，半金属摩擦片被认为比全金属摩擦片软。硬摩擦片通常具有较低的摩擦系数，但比软摩擦片有更好的抗衰退能力，而且持续时间更长。软摩擦片具有较高的摩擦系数，但衰退和磨损都比硬摩擦片快。软摩擦片对制动鼓表面的磨损较小，并且比硬摩擦片运行更安静。后轮制动器所用摩擦片的摩擦系数通常比前轮制动器的摩擦片低，以最大限度地减少后轮制动器抱死的情况。

> **车间提示**
>
> 在双紧蹄设计中，向前移动的制动蹄是领蹄，向后移动的制动蹄是从蹄。从蹄的摩擦片较长。

3. 制动蹄整形

当前提供的制动蹄通常具有称为凸轮、偏置、与制动鼓吻合或偏心的形状，这些形状是在工厂加工好的，也就是说，摩擦片仅在制动蹄两端处具有总厚度，而在制动蹄中间处是经过略微磨平的。制动蹄形成的圆的直径略小于制动鼓的直径。这补偿了制动鼓和制动装置的微小容差变化，并促进了摩擦片的正确磨合，以匹配制动鼓。

4. 调整摩擦片间隙

与同心磨削的摩擦片相比，偏心磨削的新摩擦片允许有更小的间隙调整。对于采用手动调整装置的车辆，应将制动蹄张开到接触到制动鼓，产生阻力但又不会对制动鼓有明显阻力的位置。对于采用星形轮自动调节装置的车辆，制动鼓/制动蹄量规（图 14-37）提供了一种方便的初步调整方法。当按制动鼓实际直径设置量规时，这类量规可自动提供制动蹄的工作间隙（图14-38），但如果新摩擦片是同心磨削的，则必须将初步调整间隙后退一定的量，以提供足够的工作间隙。

图14-39 制动蹄摩擦或接触底板的区域或支承块

图14-37 使用制动蹄量规，使制动鼓直径与制动蹄相匹配以防止对制动蹄进行过多调整

图14-38 使用制动量规的另一侧对制动蹄进行设置

5. 安装制动蹄和制动器

安装制动蹄之前，打磨制动蹄内侧的边沿，磨平可能妨碍制动蹄在支承块上滑动的任何金属刻痕和毛刺。支承板（底板）必须紧固在其底座上，且不得有变形。清除制动蹄支承块上可能引起制动蹄卡住或滑动中止的任何毛刺或沟槽。

使用准许的润滑剂，轻轻涂抹在支承块（图14-39）和用于星形轮调节装置的螺纹上。润滑后桥驻车制动器上的连接杆和拉索中任何可能受阻的点。

> **车间提示**
>
> 有些维修制动系统的技师用跌落法检查制动器弹簧张力。这种方法不太科学，结果也并非总是正确的。将弹簧扔落在干净的混凝土地面上，当弹簧弹起时若声音厚实，表明弹簧是好的；若弹起时仅发出微弱的声音，则表明弹簧已疲劳，应予以更换。大多数技师都简单地将更换弹簧作为维修制动器的一部分内容。这可确保制动器的硬件处于良好状态。

在安装新制动蹄之前，有些技师用封口胶纸盖住摩擦片，以防止润滑油、污物和其他污染物落在摩擦片上。按与拆解相反的顺序重新组装制动器。确保所有零部件都处在正确位置，且两个制动蹄都正确定位在调节装置的两端。此外，两个制动蹄应正确接合在轮缸推杆和驻车制动连接杆上，并应在底板上处于居中位置。后轮制动器上的驻车制动器连接杆和杠杆应安装就位。所有零部件就位后，试着将制动鼓安装到新制动蹄上。如果不是稍微紧贴，则取下制动鼓并转动星形调节轮，直到感觉到制动鼓的滑动有轻微阻力。制动器预置量规可使这项工作更容易，并使制动器的最终调整更简单。然后安装制动鼓和车轮/轮胎总成，并按照车辆维修信息中的具体说明进行制动器的最终调整。最后将心轴和车轮螺母拧紧至规定力矩。

14.7 轮缸的检查和维修

在更换制动蹄后或轮缸有泄漏现象时，可能

需要更换轮缸。

轮缸泄漏有几种表现形式：1）当翻转防尘套时，可发现制动液（图14-40）；2）轮缸、摩擦片和底板或轮胎内侧可能已潮湿；3）制动主缸储液罐中的液面可能有下降。

图14-40 翻转轮缸防尘套检查轮缸是否泄漏

这类泄漏可能导致制动器抓轮或失效，应立即纠正。注意翻转防尘套时发现的制动液数量。少量制动液渗到防尘套内部是正常现象，但从防尘套中滴出制动液是不正常的。

> **注意** 液压系统的零件不得与油液或油脂接触，不应该用油腻的手来处理它们，即使是微量的石油类产品也足以损坏橡胶部件。

轮缸的卡滞可能是因沉积物、被油液污染而溶胀的皮碗或活塞间隙过大而挤入了皮碗所造成的。如果活塞和缸孔壁之间的间隙超过允许值，则可能出现一种称为倾斜拖滞的情况，它会导致皮碗快速磨损，并会导致活塞在释放制动器时回缩非常缓慢。

在配有轮缸活塞止动装置的车辆上安装新的或再制造的轮缸时，必须小心。在将轮缸拧紧到底板之前，必须将橡胶防尘套和活塞挤入轮缸孔中，否则活塞会卡在止动装置上，导致液力制动液泄漏和难以预测的制动性能。

维修步骤

轮缸更换步骤如下：

步骤1 由于制动软管是液压系统中的一个重要部件，建议在安装新轮缸或修复旧轮缸的同时也更换制动软管。继续作业前，先从底板上拆下制动蹄总成，因为很少的制动液也会污染制动摩擦片的表面。

步骤2 使用合适的管扳手断开进入轮缸的液压管路。拆除钢制管路时必须小心，它可能会破裂或弯曲，而且难以重新安装。

步骤3 拆下将轮缸固定在底板上的压板、垫片和螺栓。有些较新设计的轮缸是通过定位卡圈固定在底板上的，定位卡圈可以用两个小钩针将其拆下。

步骤4 从底板上拆下轮缸，并用适当的清洁溶剂清洁该区域。

步骤5 安装新的轮缸。在配备轮缸活塞止位装置的车辆上安装轮缸时，必须小心。在将橡胶防尘套和活塞拧紧到底板上之前，必须将其挤入轮缸中，否则活塞会卡在止动装置上，导致制动液泄漏和难以预测的制动性能。

步骤6 将轮缸连接到底板之前，先将制动管路旋入轮缸上的螺纹孔中。将轮缸的安装螺栓拧紧到规定力矩后，再拧紧制动管路。最后重新组装制动装置并给系统放气。

车间提示

对轮缸很少进行修复，而是将它们作为一个整体进行替换。修复轮缸所需的时间和风险都是不值得的。但若有必要，可参考维修信息。

14.8 鼓式驻车制动器

驻车制动器可防止车辆在停置时移动。务必记住，驻车制动器不是车辆液压制动系统的一部分。它以机械方式工作，并使用一个操纵杆总成通过拉索系统与后轮鼓式行车制动器相连。

1. 驻车制动系统的类型

驻车制动器可以用手也可以用脚进行操作。小型轿车和轻型货车通常使用手动自调节杠杆系统（图14-41）。全尺寸车辆通常使用脚操纵的驻车制动踏板（图14-42a）。踏板或操纵杆总成被设计成锁定在应用位置，并通过操作释放手柄或按下释放按钮来释放。

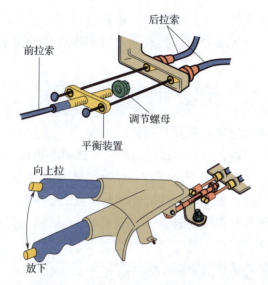

图 14-41 中央安装的手动驻车制动器的典型结构

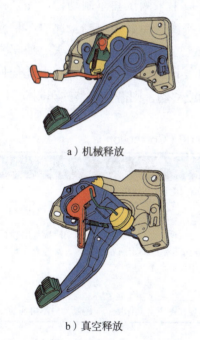

a）机械释放

b）真空释放

图 14-42 典型的踏板式驻车制动器

在某些车辆上，一个真空动力装置通过一根连接杆连接到释放杠杆的上端（图 14-42b）。只要发动机运转且变速器处于前进档时，真空马达就会启动以释放驻车制动器。释放杠杆的下端向下延伸，以便在万一真空动力失效时备用的手动释放或随时选择手动释放。发动机歧管通过软管与转向柱上的真空释放阀相连，再经过释放阀连接至真空动力装置。

典型的驻车制动拉索和杠杆系统的起点是脚踏板或手柄。该总成是一个可变比率的杠杆机构，

可将操作者和脚踏板/操纵杆行程的输入结果转换为具有较小行程的输出力。来自前拉索的拉力通过汽车的驻车制动拉索系统传递到后轮制动器。此拉力拉动连接到每个后轮制动器的柔性钢索，从而操作每个后轮制动器的内部杠杆和支承件，使制动蹄张开紧贴制动鼓。当释放驻车制动踏板并放松拉索系统中的拉力时，回位弹簧使制动蹄返回到未实施的位置。

在点火开关打开时，当踏下制动踏板时会触发一个电子开关来点亮仪表板上的制动指示灯。当释放脚踏板或控制装置或关闭点火开关时，指示灯将熄灭。

典型的驻车制动器装置中，拉索/杠杆系统利用三杠杆设置来倍增驾驶员本身的作用力。第一个是脚踏板组件或手柄。当它们移动时，倍增驾驶员的作用力并拉动前拉索，前拉索进而拉动均衡装置杠杆。

均衡装置杠杆将脚踏板组件或手柄的作用力倍增，并拉动后拉索。这个拉力通过一个均衡装置来确保两条后拉索上的拉力相等。均衡装置的功用是允许后制动拉索稍微滑动以平衡拉索长度或做调整。

图 14-43 展示了一个典型的驻车制动系统。当踏下驻车制动脚踏板时，拉索和均衡器会对两个后轮制动器的驻车制动杠杆施加均衡的拉力。该杠杆和驻车制动支承件使制动蹄向外移动到制动鼓上。制动蹄随之保持在这个位置，直到驻车制动脚踏板释放。

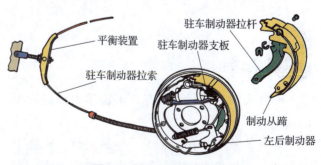

图 14-43 驻车制动系统组成

后拉索通过导管进入每个后轮制动器（图 14-44）。拉索端头连接在驻车制动杠杆的下端。该杠杆铰接至从蹄的腹板，并借助支承件与领蹄相连。当

拉索和杠杆向前拉动时,杠杆和支承件张开两个制动蹄离开支承销和轮缸,与制动鼓接触。当拉索放松时,制动蹄回位弹簧使制动蹄重新复位。

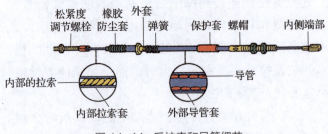

图 14-44 后拉索和导管细节

要拆卸和更换制动蹄,可能需要通过回调均衡装置上的调整螺母来释放驻车制动器拉索的张力。

2. 调整和更换驻车制动器

在调整驻车制动器之前,应先完成车轮制动器的常规维修,然后检查驻车制动器导管中的驻车制动器拉索是否移动自如。如果拉索拖滞,应更换拉索。检查均衡装置和杠杆零件是否磨损。更换任何有缺陷的零件。最后再检查拉索中的钢丝是否有断股,任何有断股或磨损迹象的拉索都应更换。

测试 驻车制动器测试和调整步骤会因车辆制造商的不同而不同。一个常用的测试方法是将车辆升离地面,并按规定的"咔嗒声"次数施加驻车制动器,然后尝试转动后轮。如果车轮可转动,释放驻车制动器,检查后轮制动蹄与制动鼓之间的间隙,必要时进行调整。重新测试驻车制动器。如果车轮仍然可转动,调整驻车制动器,直到制动器可保持车轮不动,然后松开制动器,确保车轮可转动且制动器无拖滞。

有些技师通过将车辆车头向上停放在 30° 或以下的斜坡上来测试驻车制动器。完全拉紧驻车制动器并将变速器置于空档。此时车辆应稳定保持在斜坡上。然后调转车辆车头,使车头朝下倾斜,并重复该测试。如果车辆在上述任何一种情况下蠕动或移动,则需要调整驻车制动器。

3C:问题(Concern)、原因(Cause)、纠正(Correction)

维修工单							
年份:2003		品牌:福特		车型:Windstar		里程:138197mile	单号:19087
问题		客户陈述其福特小客车制动时点头。					
路试并确认抱怨后,技师检查制动系统。制动液液面正常且制动液状况良好。拆下车轮后,发现前轮制动摩擦片磨损了一半,但后轮的制动蹄状况良好,几乎没有磨损的迹象,也没有发现制动液泄漏的迹象。由于无法确定问题的原因,又检查了每个车轮制动器,以确认制动器的应用和释放状况。随后发现踏下制动踏板时,制动蹄没有作用在制动鼓上。							
原因		发现轮缸活塞生锈并卡死在轮缸孔中。					
纠正		更换轮缸,冲洗制动系统以除去水分。后轮制动器现在可正常起作用,车辆制动时不再明显点头。					

14.9 总结

- 鼓式制动器仍然用在许多轿车和轻型货车的后轮上。
- 制动鼓安装在轮毂上。当制动时,轮缸中的液压力将两个制动蹄压紧在制动鼓内表面,在制动蹄摩擦片和制动鼓之间产生的摩擦力使制动鼓和车轮减速。
- 制动器的支承销充当制动蹄的止动装置,保持制动蹄不跟随旋转的制动鼓旋转,从而建立一个增大制动力的楔紧动作。
- 制动蹄和轮缸安装在底板上。诸如制动蹄回位弹簧、压紧装置和连接杆等零件也安装在底板上。
- 主蹄或领蹄朝汽车行进方向移动,而副蹄或从蹄朝车辆行进的相反方向移动。
- 制动摩擦片可通过铆接或特殊的黏合工艺固定在制动蹄上。
- 制动鼓充当一个散热器来散发制动摩擦产生的热量。只要制动鼓的内径未超过安全极限(报废尺寸),就可以在制动器车床上进行表面修整。

- 维修制动器需要对整个系统进行检查。仅部分更换磨损或损坏的零件不能解决制动问题，并可能损坏新安装的零件。
- 维修制动器时，必须格外小心，以免产生石棉粉尘。
- 如果轮缸制动液有任何泄漏或有零件磨损的迹象，则应更换轮缸。
- 鼓式制动器允许使用简单的驻车制动机构，这种机构可通过手柄或脚踏板操作，它是一个机械系统，并完全独立于行车制动器的液压系统。

14.10 复习题

1. 思考题

1）将制动摩擦片固定到制动蹄上有哪两种方法？
2）鼓式制动器是如何产生自倍增制动力的？
3）至少列出五种在检查制动鼓时应注意的不同磨损和变形类型。
4）轮缸上的止动装置的作用是什么？
5）简述鼓式制动器中内置的驻车制动器的工作原理。
6）说明双紧蹄式制动器总成是如何提供强大制动能力的。

2. 判断题

1）底板、支承件、杠杆和其他金属制动零件应使用水或水基溶液进行湿洗。对还是错？（　　）
2）双紧蹄鼓式制动器的名称源于一个事实，即随着车轮向前旋转，自增力从一个制动蹄传递给另一个制动蹄。对还是错？（　　）

3. 单选题

1）在典型的鼓式制动器中，哪一个部件为制动蹄和相关的附件提供了基础？（　　）
　A. 轮缸
　B. 制动鼓
　C. 底板
　D. 摩擦片
2）以下哪一项关于鼓式制动器制动蹄的陈述是不正确的？（　　）
　A. 摩擦片可以铆接或黏合在制动蹄上
　B. 制动蹄的凹槽将制动蹄保持在底板上
　C. 制动蹄的边沿支承着制动蹄摩擦片
　D. 主蹄/领蹄通常是放置在朝向车头方向的制动蹄
3）当（　　）时，应更换制动摩擦片。
　A. 摩擦片磨损到距离铆钉头1/32in（约0.79mm）以内
　B. 摩擦片被油液或油脂污染
　C. 摩擦片被制动液污染
　D. 上述所有情况
4）在制动未施加的位置时，鼓式制动器的制动蹄通过（　　）保持在支承销上。
　A. 压紧弹簧
　B. 星形轮调节装置
　C. 制动蹄压紧装置
　D. 回位弹簧
5）双紧蹄鼓式制动器还被称为哪一种类型的制动器总成？（　　）
　A. 领从蹄制动器
　B. 自增力制动器
　C. 非双紧蹄制动器
　D. 以上都不是
6）在大多数车辆上，自动调节装置的拉索或杠杆是（　　）。
　A. 安装在从蹄上
　B. 设置为在车辆向前行驶时应用制动器时工作
　C. 安装在领蹄上
　D. 设置为在未应用制动器时工作
7）积聚在制动摩擦片和制动鼓之间的制动器粉尘和污物是（　　）的最常见原因。
　A. 制动鼓呈凹面/筒形
　B. 制动鼓呈凸面/喇叭口形
　C. 制动鼓表面呈螺纹状
　D. 制动鼓表面刮伤

4. ASE类型复习题

1）技师A说失圆的制动鼓可能导致制动踏板抖动。技师B说失圆的制动鼓可能导致制动器抓

轮。谁是正确的?（　　）

A. 仅技师 A 正确

B. 仅技师 B 正确

C. 技师 A 和 B 都正确

D. 技师 A 和 B 都不正确

2）技师 A 说在未施加制动器时来自制动鼓的嘎嘎摩擦声可能是因车轮轴承不良引起的。技师 B 说在未施加制动器时来自制动鼓的嘎嘎摩擦声可能是因制动器硬件磨损导致的。谁是正确的?（　　）

A. 仅技师 A 正确

B. 仅技师 B 正确

C. 技师 A 和 B 都正确

D. 技师 A 和 B 都不正确

3）已确定颤动和制动跑偏是由制动鼓上的硬点引起的。技师 A 说可以通过磨掉硬点来解决该问题。技师 B 说必须更换制动鼓。谁是正确的?（　　）

A. 仅技师 A 正确

B. 仅技师 B 正确

C. 技师 A 和 B 都正确

D. 技师 A 和 B 都不正确

4）技师 A 说制动鼓报废的尺寸是制动鼓所允许加工的尺寸。技师 B 说该报废尺寸是制动鼓所允许的磨损尺寸，加工后还必须留有 0.030in（约 0.76mm）用于磨损的余量。谁是正确的?（　　）

A. 仅技师 A 正确

B. 仅技师 B 正确

C. 技师 A 和 B 都正确

D. 技师 A 和 B 都不正确

5）制动鼓重整表面后，技师 A 使用热肥皂水和无绒布对其进行清洁，并用压缩空气彻底干燥它；技师 B 用蘸有特殊制动器清洁溶剂的无绒布清洁制动鼓，并在重新安装之前允许制动鼓干燥。谁是正确的?（　　）

A. 仅技师 A 正确

B. 仅技师 B 正确

C. 技师 A 和 B 都正确

D. 技师 A 和 B 都不正确

6）制动鼓摩擦片的尾部和头部磨损严重，技师 A 说问题在于制动鼓失圆；技师 B 说问题在于制动鼓呈锥形。谁是正确的?（　　）

A. 仅技师 A 正确

B. 仅技师 B 正确

C. 技师 A 和 B 都正确

D. 技师 A 和 B 都不正确

7）加工制动鼓时，技师 A 力图仅去除够用的金属量来获得完全平整的摩擦面；技师 B 将同车桥另一侧的制动鼓也切削到与先切削的制动鼓相同的尺寸。谁是正确的?（　　）

A. 仅技师 A 正确

B. 仅技师 B 正确

C. 技师 A 和 B 都正确

D. 技师 A 和 B 都不正确

8）在讨论如果通过机加工从制动鼓上去除过多金属后会发生什么时，技师 A 说薄的制动鼓在制动时会振动而产生噪声；技师 B 说因为薄的制动鼓不能吸收制动时产生的热量，制动器会衰退。谁是正确的?（　　）

A. 仅技师 A 正确

B. 仅技师 B 正确

C. 技师 A 和 B 都正确

D. 技师 A 和 B 都不正确

9）技师 A 用指甲划过制动鼓摩擦面来检查其是否有刻痕。技师 B 更换任何有刻痕的制动鼓。谁是正确的?（　　）

A. 仅技师 A 正确

B. 仅技师 B 正确

C. 技师 A 和 B 都正确

D. 技师 A 和 B 都不正确

10）在讨论制动过程跑偏时，技师 A 说这可能是由于一个轮胎充气不足造成的；技师 B 说汽车一侧的轮缸卡住会导致这种情况。谁是正确的?（　　）

A. 仅技师 A 正确

B. 仅技师 B 正确

C. 技师 A 和 B 都正确

D. 技师 A 和 B 都不正确

第 15 章
盘式制动器

学习目标

- 能列出盘式制动器的部件并说明其功用。
- 能说明三种常用的盘式制动器制动钳之间的区别。
- 能简述与盘式制动器一起使用的两类驻车制动系统。
- 能简述盘式制动器常见故障的原因。
- 能说明维修盘式制动系统时应采取的预防措施。
- 能描述更换盘式制动摩擦片的一般步骤。
- 能列出并说明盘式制动器制动盘的五个典型问题。

3C：问题（Concern）、原因（Cause）、纠正（Correction）

维修工单					
年份：2010	品牌：福特	车型：Fusion	里程：61015mile		单号：19145
问题	客户陈述制动器有异味并且感觉后轮好像有拖滞。				
维修史	客户最近在后轮上安装了新的制动摩擦片。				
根据此客户提出的问题，运用在本章中学到的知识来确定此问题的可能原因、诊断问题的方法以及解决问题所需的步骤。					

盘式制动器类似于自行车上的制动器。摩擦元件采用块状的形式，它们用来挤压或夹紧转轮的周圈边缘。在汽车盘式制动器上，这个转轮是一个安装在车轮和轮胎内侧的单独装置，称为制动盘（图15-1）。制动盘通常由铸铁制成。因为制动摩擦片夹紧在制动盘的两侧，因此制动盘两侧都加工得非常平整。摩擦片粘贴在金属底板上，该底板由活塞推动。活塞安装在制动钳总成内，制动钳总成是一个位于制动盘边缘两侧的壳体，它安装在转向节上，以防止自身转动。制动钳含有活塞和相关密封件、弹簧、排气螺钉和防尘套，以及将制动摩擦片压在制动盘上所需的轮缸和油液管道。

图15-1 盘式制动器总成

盘式制动器与鼓式制动器相比具有四大优点。盘式制动器在高速制动停车或反复制动过程中更抗热衰退。盘式制动器制动盘的设计使更多的表面暴露在空气中，从而可更有效地散热。由于制动盘的旋转更易于甩掉水分，所以它们还能防止水衰退。制动摩擦片锐利边缘的挤压可清除制动盘表面的水。盘式制动器可进行更正直的停车。由于其夹紧动作，盘式制动器更不容易跑偏。最后，盘式制动器可随着制动摩擦片的磨损而自动进行调整。

15.1 盘式制动器部件及其功用

目前使用的盘式制动器通常有两种基本设计：固定式制动钳（图15-2）和浮动式制动钳（图15-3）。还有一种是滑动式制动钳，但其设计与浮动式制动钳非常相似，唯一的区别是滑动式制动钳在加工光滑的表面上滑动，而浮动式制动钳在特殊的销子或螺栓上滑动。无论什么设计，盘式制动器都由轮毂和制动盘总成、制动钳总成和制动摩擦片组成。

图15-2 固定制动钳总成

1. 制动盘

盘式制动器的制动盘有两个主要部件：轮毂

和制动面。轮毂是安装车轮的地方，其中大多数会含有车轮轴承。制动面是在制动盘两侧经精加工的平面，它们是制动摩擦片的摩擦面。整个制动盘通常由铸铁制成，可提供良好的摩擦表面。

图 15-3　浮动制动钳总成

制动盘制动面的尺寸由制动盘直径决定。需要更大制动能量的大型和高性能汽车具有较大的制动盘。较小的更轻的汽车可以使用较小的制动盘。一般来说，制造商希望在保持有效制动能力的同时，尽可能使零部件更小和更轻。

制动盘通过用螺栓固定在转向节上的防溅挡板（图 15-4）来免受因道路飞溅产生的水和灰尘的影响。制动盘的外侧由车轮防护。防溅挡板和车轮在引导空气流过制动盘以帮助冷却过程中也是很重要的。

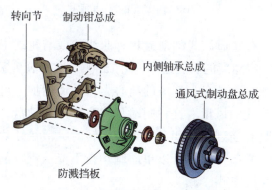

图 15-4　防溅挡板保护制动盘内侧

（1）固定式和浮动式制动盘　制动盘按其轮毂的设计进行分类。固定式制动盘将轮毂和制动盘铸造成一个部件。图 15-4 所示的制动盘是固定式制动盘的一个示例。另一种固定式制动盘的设计是将制动盘用螺栓固定在轮毂总成上。拆卸时需要将轮毂、轴承和制动盘作为一个整体拆下，然后再将制动盘从轮毂和轴承上拆下。浮动式制动盘和轮毂是作为两个独立部件制造的。轮毂是一个传统的铸件，安装在车轮轴承或车桥上。车轮螺柱安装在轮毂中，并穿过制动盘中间部分（图 15-5）。这种设计的一个优点是，制动盘成本较低，更换起来更容易和更经济。

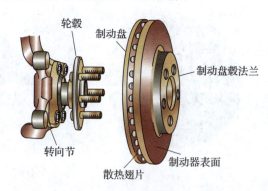

图 15-5　浮动式制动盘与轮毂是两个独立的部件

（2）复合式制动盘　轻量化推动了复合式制动盘的发展。为了减轻重量，复合式制动盘通常由铸铁和钢等不同材料制成。摩擦面和轮毂为铸铁，但制动盘的支承部分由较轻的钢材冲压件制成（图 15-6）。钢和铸铁部分在高温和高压下相互黏合，形成一个完整的总成。复合式制动盘可以是固定式的，也可以是浮动式的。因为复合式制动盘的摩擦面是铸铁，所以其磨损标准通常与其他制动盘相同。

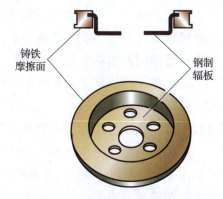

图 15-6　复合材料制动盘由不同的材料制成，通常为铸铁和钢

（3）陶瓷制动盘　20 世纪 90 年代末，保时捷首次在 911 GT2，后来在 2000 年的 911 Turbo 上提供了碳陶瓷制动器选装项。如今陶瓷制动器在

法拉利和兰博基尼的许多车型上都成了标准配置，保时捷、宾利和有些克尔维特车型上也可有此配置（图15-7）。

陶瓷制动器非常昂贵，在某些车型上的价格高达15000美元，但其重量约为传统制动器的一半。这意味着它们的簧下质量更轻，有助于提高乘坐舒适性、操控性和燃油经济性。它们的使用寿命也是钢制制动盘的4倍。制动摩擦片的使用寿命也约是其他类的3倍。用于陶瓷制动盘的制动摩擦片中设计有与金属丝或颗粒混合的陶瓷粉末，这类制动摩擦片带有隔热板，以防止热量通过系统传递。

图15-7 碳陶瓷制动器总成

陶瓷制动器具有极好的抗衰退性和制动能力。此外，由于不会释放黑色的制动粉尘，车辆的车轮可保持清洁。

这种制动盘总成是一个两件式装置：一个陶瓷的环状部件和一个钢制中心件或轮毂。环状部件用螺栓固定在轮毂上。制动盘的环状部件由陶瓷和碳纤维制成，以强化制动盘并将热量从表面引导出去。该陶瓷材料以碳化硅为基础，碳化硅是一种极硬的材料，其晶体结构类似于金刚石。加工后的制动盘表面看起来像是石头。

（4）实心式和通风式制动盘　制动盘可以是实心的，也可以是通风的。实心式制动盘只是一个两侧都带有摩擦面的实心金属盘。实心式制动盘重量轻，结构简单，价格便宜且易于制造。因为它们不具备通风式制动盘的冷却能力，所以实心式制动盘一般用在中等性能的小型和中型汽车的后轮上。以性能为导向的车辆（大型轿车、货车和许多SUV）的后轮制动器使用通风式制动盘。

通风式制动盘在两侧制动面中间铸有冷却翅片，以增加制动盘的冷却面积。当车轮旋转时，制动盘中这些散热翅片的旋转也增加了空气循环和制动器的冷却（图15-8）。尽管通风式制动盘比实心式制动盘更大、更重，但这些缺点被其更好的冷却和散热能力所抵消。

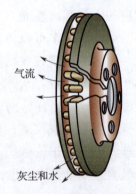

图15-8 通风式制动盘在制动表面之间铸有散热片，以增加制动盘的冷却面积

有些通风式制动盘具有曲线状或与轮毂中心成一定角度的散热翅片（图15-9）。这些散热翅片增加了制动盘上气流的离心力，从而增加了可带走热量的风量。这种制动盘称为单向制动盘，因为只有当制动盘朝一个方向旋转时，散热翅片才能正常起作用，所以单向制动盘不能从汽车的一侧互换到另一侧。

（5）钻孔式和槽式制动盘　许多高性能车辆都装有交叉钻孔式制动盘（图15-10）。在制动盘上有穿过制动盘的钻孔只是为了让热量、气体和灰尘逸出。此外，钻孔的边缘还为制动摩擦片提供一个抓住制动盘的位置，但这也因减小了制动盘总的表面积而降低了制动盘的热容量，使制动盘的使用寿命变差。最新的趋势是在表面上加工出一系列切向槽或通道，这些槽与钻孔的作用相同，但不会带来不利的后果。

图 15-9　单向制动盘上的内部散热翅片

图 15-10　钻孔式陶瓷制动盘

2. 制动盘轮毂和轴承

安装在轮毂中的圆锥滚子轴承在 RWD 车辆的前轮和 FWD 车辆的后轮上很常见。新型车辆通常不使用圆锥滚子轴承，但在道路上行驶的许多车辆仍在使用。圆锥滚子轴承有两个主要部分：内侧的轴承圆锥体和外侧的轴承外圈。轴承圆锥体是包含钢制锥形滚子的一个总成，滚子骑在内锥形滚道上，并用轴承保持架定位在一起。轴承圆锥体与压入轮毂的轴承外圈或座圈相配合。这为轴承提供了两个供滚子运动的表面：一个是滚子下面的内锥面，另一个是滚子外侧的外圈内侧。整个轴承通过止推垫圈、螺母、锁紧螺母和开口销保持在位。一个防尘帽盖在该总成上，以防止灰尘进

入和润滑脂外漏。内侧还有一个油封以防止润滑脂从内端逸出。

3. 制动钳总成

制动钳将液压力转换为机械力。制动钳的壳体通常采用铸铁或铸铝的整体结构，并在顶部设有一个检查孔，以便检查摩擦片的磨损情况。壳体包含轮缸孔。轮缸孔中有一个凹槽，用来安装矩形截面的密封圈。加工成略微带锥形的凹槽向轮缸孔底部逐渐变细，以增加密封圈最靠近液压一侧边缘的压缩力。轮缸孔的顶部也有一道凹槽作为防尘套的座圈。在轮缸孔内加工有一个进油孔，有一个排气阀布置在铸件顶部附近（图 15-11）。

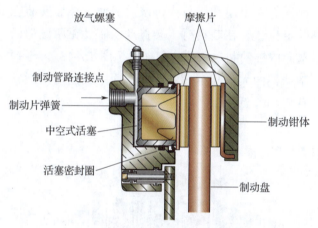

图 15-11　典型制动钳的剖面图

一个制动钳可以含有一个、两个、四个或六个轮缸和活塞，这些轮缸和活塞向制动器的各摩擦片提供一致的压力分布。活塞的直径相对较大，而行程较短，从而用最小的制动液排量为摩擦片总成提供高液压。

大体上来讲，盘式制动器的液压系统与鼓式制动器的相同，因为制动主缸活塞将制动液压入轮缸，进而推动轮缸的活塞。

盘式制动器活塞由钢、铝或玻璃纤维增强的酚醛树脂（聚合物塑料）制成。钢活塞通常镀有镍铬合金，以提高耐用性和平滑度。活塞顶部有凹槽，以安装防尘套，防尘套的一侧位于轮缸孔顶部的凹槽中，另一侧装入活塞上的凹槽中。防尘套可防止湿气和道路污染进入轮缸孔内。

活塞液压密封圈（矩形截面）用于防止制动

液从轮缸孔壁和活塞之间泄漏。当液压力释放时,该橡胶密封圈还充当活塞的回位装置,使活塞在其孔中缩回(图 15-12)。当液压压力降低时,密封圈起回位弹簧的作用,以回缩活塞。

此外,随着盘式制动器摩擦片的磨损,密封圈允许活塞逐渐向外移动进行自动调整,且不会使制动液泄漏。由于制动摩擦片在其与制动盘实际应用后只需稍微缩回,因此活塞只需在其孔中稍微向后移动。制动钳孔中的额外制动液使活塞保持在外的位置,并为夹紧制动盘摩擦面做好准备。

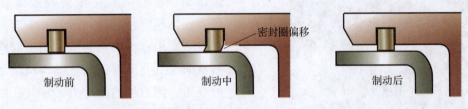

图 15-12 制动时和制动释放时矩形切口密封圈的变形

(1)固定钳式盘式制动器 固定钳式盘式制动器有一个制动钳总成,该总成通过螺栓安装在固定位置,在制动时不会移动。制动钳两侧的活塞向内推动制动片压住制动盘(图 15-13)。根据制动器的大小和车辆的性能,固定式制动钳通常有 2~6 个活塞。

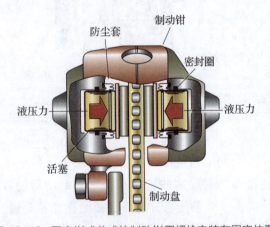

图 15-13 固定钳式总成的制动钳用螺栓安装在固定位置,在踩下制动踏板时制动钳不会移动

固定式制动钳可以是一件式或两件式设计,也称为整体式制动钳。一件式设计由一块铝材料制成,以减轻重量。两件式制动钳用螺栓固定在一起,比一件式制动钳便宜。制动液通道可加工到钳体上或外部输送管路(钢制制动管路),将制动液输送至活塞组件。

(2)浮钳式盘式制动器 典型的浮钳式盘式制动器是一个整体式铸件,含有一个液压缸和一个活塞。制动钳通过两个用螺栓固定的定位销连接至销轴支承板上(图 15-14)。聚四氟乙烯衬套将制动钳壳体与每个定位销隔离,制动时,制动钳在定位销上来回滑动。液压力在活塞和密封圈后部的轮缸中形成。由于液压力会在各个方向上施加的力相等,所以活塞将在其孔中平稳地从外移动。

图 15-14 制动钳螺栓将制动钳连接在支架的定位销上

活塞将内侧摩擦片压向制动盘,当摩擦片接触旋转制动盘时,活塞向外运动的阻力增大,迫使压力推动制动钳离开活塞,这迫使外侧摩擦片压向制动盘(图 15-15),而且施加给两个摩擦片的压力相等。

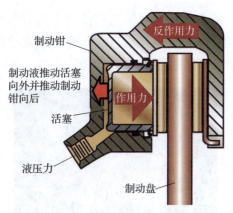

图 15-15 浮钳式制动钳的工作原理

（3）滑钳式盘式制动器　滑钳式制动钳总成在施加制动时会滑动或侧向移动。如前所述，这类制动器的工作原理与浮钳式制动器几乎相同，但与浮钳式制动钳不同的是，滑钳式制动钳不会在连接到支承板上的定位销或螺栓上浮动。它在每一端都有加工成一定角度的表面，并在与支承板上加工出的配合面上滑动，这是制动钳来回滑动的地方。

有些滑钳式制动钳使用支承板上的支承键来定位和支承制动钳（图 15-16）。该支承键插入制动钳和支承板之间。支承键的磨损可能导致制动摩擦片呈锥形，所以在更换制动摩擦片时，务必检查支承键。在重新安装制动装置时，还应确保对其进行润滑。

图 15-16 有些滑钳式制动钳使用支承键在支承板中定位和支承制动钳

4. 制动摩擦片总成

制动摩擦片铆接或黏合在金属板上。摩擦片放置在制动钳的两侧，并横跨于制动盘。摩擦片由半金属或其他非石棉材料制成。

摩擦片磨损传感器　有些制动摩擦片带有磨损指示器。声觉、视觉和触觉式传感器是三种最常见的磨损传感器设计。

声觉传感器是薄的弹簧钢片，铆或安装在摩擦片背板的边缘上，当摩擦片磨损到需要更换的程度时，会弯曲并接触制动盘，只要车轮转动，传感器就会发出刺耳的尖叫声，除非施加制动，噪声才会消失（图 15-17）。该噪声向驾驶员发出了制动器需要维修的警示，并可避免损坏制动盘。

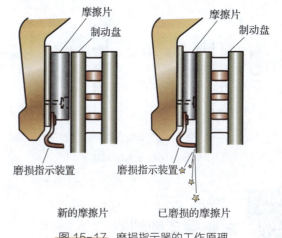

图 15-17 磨损指示器的工作原理

摩擦片上通常切有凹槽（图 15-18）。这些凹槽不仅有利于排出灰尘和冷却摩擦片，还可用来指示何时需要更换摩擦片。凹槽通常不会完全贯穿摩擦片，而是会留下 1~2mm 的未切槽摩擦片。一旦摩擦片磨损到凹槽底部时，应更换制动摩擦片。

图 15-18 在摩擦片上切割的凹槽有多种用途

有些车辆采用在盘式制动器摩擦片中装有电子磨损指示器系统。当制动摩擦片磨损到预定点时，仪表板上的警告灯被磨损传感器点亮。在某些系统中，制动摩擦片的摩擦材料中含有一个小电极触点，这些电极触点串联或并联在红色的制动警告灯电路中，可在电极触点接触制动盘时接通警告灯的接地电路（图 15-19）。

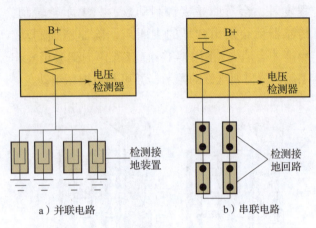

图 15-19 电子制动片磨损传感器可以与警告灯并联或串联，电极嵌入制动片中

15.2 后轮盘式制动器

后轮盘式制动钳可以是固定式、浮钳式或滑钳式的，所有这些设计的工作方式与前轮使用的制动钳相同。前轮和后轮盘式制动器制动钳之间的唯一区别是后轮盘式制动器的制动钳需要驻车制动装置。当驻车制动时，四轮盘式制动器装置必须有某种方式对后轮制动器施加制动。

1. 后轮盘式 / 辅助制动鼓式驻车制动器

在许多轿车、轻型货车和 SUV 上都可看到后轮盘式 / 辅助制动鼓式的驻车制动装置。在这些制动器上，用每个后轮轮毂内侧和制动盘总成作为驻车制动鼓（图 15-20）。一对小制动蹄安装在底板上，底板用螺栓固定在车桥壳体或轮毂支架上。这些驻车制动蹄的工作独立于行车制动器。它们通过控制踏板或拉杆上的连接装置和拉索施加制动。每个车轮上的拉索操作一个杠杆和支柱，它们以与后轮鼓式制动器施加驻车制动的相同方式操作制动蹄。

该总成（俗称礼帽内制动鼓系统）是鼓式制动器的一个较小版本，其维修方式与任何其他鼓式制动器非常相似。但它们没有自调节装置，所以这类驻车制动器必须从底板背面或制动鼓外面利用星形轮来进行手动调节（图 15-21）。

图 15-20 在某些后轮盘式制动器上，后轮毂内侧和制动盘总成作为驻车制动鼓

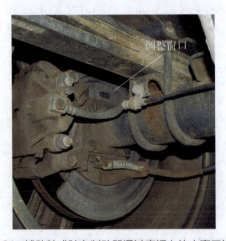

图 15-21 辅助鼓式驻车制动器通过底板上的小窗口进行调整

新型通用轻型货车在后轮制动盘内侧加工的驻车制动鼓内使用一个可张开的单条金属带，该金属带上面覆盖有摩擦材料。

> **客户关爱**
>
> 过热会使将制动摩擦片材料固化在一起的树脂黏合剂液化。一旦液化，黏合剂会浮在摩擦片的表面而釉化。由于需要更多的热量才能获得与良好状况下的摩擦片相等的摩擦力，因此釉化的摩擦片可能会导致尖叫声。导致摩擦片釉化的一个常见原因是摩擦片磨合不当。记住，应告知客户，摩擦片使用寿命的前 200mile（320km）内不必要的用力制动，会产生足够的热量使摩擦片釉化，从而破坏刚刚完成的维修效果。目前已有不需要磨合的摩擦片可供选择。

2. 制动钳式驻车制动器

有些采用浮钳或滑钳式制动钳的后轮盘式制动器用机械方式使制动钳的活塞将制动摩擦片锁紧在制动盘上来实施驻车制动。所有用制动钳操纵的驻车制动器都有一个从制动钳内侧伸出的控制杆。这些控制杆由驻车制动器的控制踏板或操纵杆的连接装置和拉索操作。

采用制动钳的驻车制动器最常见的两种类型是螺栓螺母式和滚珠斜轨式。有些进口汽车采用第三种类型，利用偏心轴和推杆来推动制动钳的活塞。偏心轴的行为像是凸轮，它的一部分为椭圆形。当偏心轴转动时，椭圆形的长轴部分将向外推动操作杆以施加制动。

通用汽车公司浮钳式制动钳的后轮盘式制动器是采用螺栓螺母式的驻车制动器最常见示例（图15-22）。制动钳操作杆连接在制动钳内的执行器螺栓上，该螺栓通过螺纹被旋入一个大螺母中。该螺母用花键连接到安装在制动钳活塞内侧的大圆锥体内。当驻车制动时，制动钳操作杆旋转执行器螺栓。由于螺母通过花键与圆锥体内侧连接，所以螺母无法旋转，只能迫使圆锥体向外抵住活塞内侧，并向外推动活塞。同样，由于活塞通过键与固定在制动钳中的摩擦片相连而无法转动，活塞随后向内侧摩擦片施加制动，并如同制动钳用作行车制动器时那样产生滑动，从而迫使外侧制动片压向制动盘。当驻车制动器被释放时，螺母和圆锥体内的调节弹簧会使螺母向外旋转以提供自调节。随着制动摩擦片的磨损，螺母的旋转会补偿磨损的间隙。

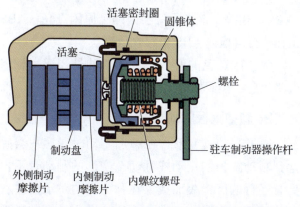

图15-22 通用盘式制动器的螺栓螺母式驻车制动机构

福特汽车后轮上采用的浮钳式盘式制动器是滚珠斜轨式驻车制动机构的最常见示例（图15-23）。制动钳上有一个操作杆连接在钳内的操作轴上，该操作轴的另一端有一块圆板，制动钳活塞内的止推螺栓上也连有一块圆板。两块圆板彼此之间用三个钢球分开。当启用驻车制动时，制动钳的操作杆转动操纵轴和其上面的圆板。此时圆板表面上的斜轨将迫使钢球向外挤压另一块圆板上类似的斜轨。随着圆板移动而进一步彼此分离，止推螺栓迫使活塞向外。因为止推螺栓用键固定在制动钳上而无法转动，所以活塞随后推动内侧制动摩擦片，并如同制动钳用作行车制动器时那样产生滑动，从而迫使外侧制动摩擦片压向制动盘。当活塞离开止推螺栓时，活塞内的调节螺母在螺栓上转动，以补偿间隙和提供自调节。螺母上的驱动环用来防止其向后旋转。

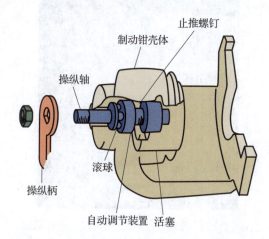

图15-23 福特盘式制动器的滚球斜轨式驻车机构

另一种在驻车制动时将制动摩擦片压紧在制动盘上的方法是使用带螺纹的加载弹簧推杆。在启用驻车制动时，机构旋转或旋松推杆，从而推动活塞向外。

3. 电动驻车制动器

许多新车使用电动驻车制动器。为了应用或释放驻车制动器，驾驶员向下踏住制动踏板，按下或拉动驻车制动器按钮（图15-24），制动控制模块指令电机来实施制动。也可以采用直接施加制动的结构，这意味着电机连接在后轮制动钳的背面（图15-25），或者电机可以拉动连接到传统驻车制动钳的驻车制动拉索。为了释放驻车制动器，可踏住制动踏板，然后操作驻车制动按钮。

图 15-24 用于施加和释放电子驻车制动器的按钮

图 15-25 带电子驻车制动电机的后轮制动钳

这类系统还具有自动释放功能。如果驾驶员在未操作驻车按钮的情况下将车辆挂入档位并开始起步，计算机将自动释放制动器以防止其损坏。在这两种设计中，电机均未设计在行车制动失效时用于停车的功能，因此该系统仅用在驻车时将车辆保持在位。

维修这类系统时，即使是仅安装后轮制动摩擦片，通常也需要使用诊断仪。

15.3 盘式制动器故障诊断

在配备盘式制动器的车辆上遇到的许多问题显然与鼓式制动器系统的问题是相同的。但某些问题仅发生在盘式制动器上。在处理典型的抱怨之前，重要的是要记住应从客户处获取尽可能多的有关抱怨的信息，然后对车辆进行路试以确认问题。每当进行制动系统的作业时，应对制动盘、制动钳和制动摩擦片进行全面检查。

以下是对常见问题及其常见原因的简要讨论。

1. 警告灯

现在的车辆通常在仪表板上会配有多个制动警告灯。无论哪种警告灯点亮，都是向驾驶员发出警示。为了解决问题，需要了解是什么原因导致不同的警告灯点亮。记住，一辆车可能有一个、两个或所有下述的这些警告灯（图 15-26）。

图 15-26 典型制动警告灯

红色的警告灯表示常规制动系统存在问题，例如制动液液面过低或驻车制动器已启用。除红色的制动警告灯外，还可能点亮制动液液面低的指示灯。只要制动液液面低，就应怀疑有泄漏或制动摩擦片已严重磨损。

黄色或琥珀色制动警告灯与防抱死制动系统（ABS）相关。该指示灯会因两个原因点亮：ABS正在执行自检或 ABS 中存在故障。

蓝色或黄色的警告灯可让驾驶员知道车轮因道路状况不佳而打滑。

2. 制动踏板脉动

如果制动盘变形，在施加制动时，客户会感觉到制动踏板的振动或脉动。变形的制动盘不再具有平行的摩擦表面或存在称为横向跳动的左右运动。如果存在此类现象，应检查制动盘的跳动量和平行度，本章稍后将对此进行讨论。变形的制动盘可能需要更换，但也可能是由于车轮固定螺母拧紧不当而造成的。事实上，车轮固定螺母力矩不均匀也会引起制动踏板的脉动。应该知道，对配备 ABS 的车辆来讲，当 ABS 作用时，制动踏板抖动是正常的。

3. 制动踏板绵软

客户在制动踏板绵软情况下会体会到要获得好的制动能力或许需要反复踏制动踏板才行。这种抱怨还可以描述为制动踏板发软。此问题通常是因液压系统中有空气而引起。虽然对系统进行放气可以排出空气，但应始终需要考虑空气是如何进入的，为此应检查制动系统是否有泄漏和制动主缸的工作是否正常。

制动摩擦片、制动钳和支架等的过度变形也可导致制动踏板绵软。如果制动钳在制动过程中变形或移动过多，则制动踏板将进一步向下移动，并令人感到不可靠。

4. 制动踏板过硬

驾驶员对踏板过硬的抱怨通常表明制动助力器有问题，但也可能是因制动管路或软管堵塞而导致的。仔细检查制动管路和软管是否损坏。摸摸制动软管，如果感觉它们好像失去了应有的硬度，则软管内部可能有塌陷，这会导致阻塞。应确保制动软管没有扭曲。制动钳安装不当也会扭曲软管而导致软管阻塞。制动钳或轮缸活塞卡住也可会导致制动踏板过硬。

5. 制动拖滞

制动拖滞会使车辆在行驶过程中感觉动力不足或正在不足。该问题还会浪费大量的燃油和产生毁坏性的大量热量，这些热量会导致制动器的严重损坏和失效。在打算查找此问题的原因时，应先检查驻车制动器，确认其未启用。然后检查后轮，确保驻车制动器以按其应该的状态被释放。如果问题不是由驻车制动器导致的，则检查制动软管是否阻塞使制动钳仍留有压力。检查制动钳和轮缸的活塞是否黏滞或卡住。

如图 15-27 所示，可以使用大螺丝刀或撬棒将制动钳的活塞推回制动钳中来使活塞松动。插入撬棒，向外拉动制动钳，迫使活塞向后退入其孔中。如果活塞没有缩回，可松开放气螺钉并重试。如果制动钳仍不移动，则活塞可能已卡住。如果活塞能缩回，则制动软管可能是故障的原因。

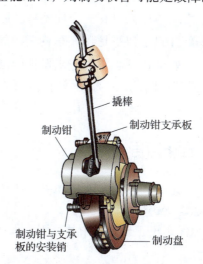

图 15-27 可以使用大螺丝刀或撬棒将活塞推回制动钳的孔中

6. 制动器抓轮

当制动器似乎对制动踏板压力过于敏感时，感觉是在抓轮。此问题通常是由污染的制动摩擦片所导致的。如果摩擦片上附有或充满油液，应找到油液的来源并修复，然后更换制动摩擦片并重新修整或更换制动盘。

7. 噪声

如果客户的抱怨是制动器噪声，应在路试期间确认问题是否出在制动器上。如果噪声是由制动器引起的，应注意噪声的类型，并由此找到问题的根源。记住，有些制动摩擦片上有磨损传感器，其设计目的是在制动摩擦片达到磨损量限值时发出刺耳的尖叫声。其他原因可能是制动盘与防溅挡板摩擦，或制动盘与车辆其他部分之间有东西卡住。更换制动钳或制动摩擦片时，如果没有安装所有配装的附件，也可能会产生噪声。

其他的一些噪声源包括制动摩擦片本身。根据摩擦片材料的不同，某些制动摩擦片更容易发出噪声。这类噪声可能像细金属丝刷子碰到金属的声音、打磨声或高音尖叫声，这取决于制动摩擦片本身。

8. 行驶跑偏

当车辆在稳速行驶或制动时出现漂移或拉向

一侧时,其原因可能是在制动、转向和悬架系统中。检查轮胎的充气情况、胎面状况,并确认安装在每个车桥上的轮胎规格是相同的。检查制动器的工作情况。如果只有一个前轮在实际执行制动,则该车看起来似乎是在该车轮上蹒跚而行或随其移动。如果在制动系统中未发现问题,应怀疑定位或悬架有问题,如控制臂衬套已磨损。

15.4 维修指导

以下维修制动钳的一般指南适用于所有盘式制动器系统,应始终遵守。

1)确保车辆正确地居中并稳固支承在支架或举升机上。

2)如果车辆配有防抱死制动系统,应根据维修信息所给出的步骤对系统进行泄压。

3)在进行任何维修之前,检查以下各项:轮胎是否过度磨损或充气不当;车轮轮辋是否弯曲或变形;车轮轴承是否松动或磨损;悬架部件是否磨损或开裂;制动液液面高度及其状态;制动主缸、制动管路或软管,以及每个车轮制动器是否有泄漏;是否启用了驻车制动器。

4)拆卸制动液压部件之前,应使用压动制动踏板的工具将制动踏板稍稍压下,其目的是关闭制动主缸的油孔并防止制动液排干,这还可在系统重新组装后使排气过程更加容易。

5)开始进行制动系统的作业前,从制动主缸储液罐中取出约 2/3 的制动液。如果不这样做,制动液会在压回活塞时从储液罐中漫出而洒落。许多技师在打开制动钳的放气螺钉时,将连接在放气螺钉上的软管另一端放入一个容器来收集排出的制动液(图 15-28)。这可防止脏的制动液被强行流入 ABS 控制单元。

6)如果排气螺钉因腐蚀而无法松动,有时可以用锤子轻敲放气螺钉处的制动钳体的方法将其松动。如果确实无法松开放气螺钉,则整个制动钳可能处于不良状态,因此最好更换整个制动钳。

7)维修期间,必须清除制动摩擦片、制动钳、制动盘表面和轮毂外表面上的润滑脂、润滑油、制动液或任何其他异物。在清理制动盘和制动钳时应避免损坏制动盘。

8)断开液压软管后,以封住其端口以防止异物进入。

9)切勿将制动钳总成悬挂在制动软管上,应将其悬挂在悬架或远离制动钳总成原本的位置(图 15-29)。

图 15-28 打开制动钳排气螺钉时,将软管插入容器中,以收集排出的制动液

图 15-29 切勿将制动钳总成悬挂在制动软管上,应将其悬挂在悬架或远离制动钳总成原本的位置

10)在用压缩空气取出制动钳活塞时,避免使用高的压力。使用的安全压力为 30psi(约 207kPa)。

11)用工业酒精或干净的制动液清洁液压制动部件。不要使用矿物基的清洁溶剂(如汽油、煤油、四氯化碳、丙酮或油漆稀释剂)清洁制动钳,否则将导致橡胶部件在极短的时间内变软和肿胀。

12)使用推荐的润滑剂润滑所有运动部件,如制动钳壳体或安装支架,以确保其可自由移动。

13）在维修制动器后和移动车辆之前，必须获得坚实的制动踏板感觉。务必对车辆进行路试。

14）在安装车轮螺母并紧固车轮之前，应检查螺栓是否有损坏或拉伸的迹象。如果发现任何缺陷，则更换螺栓。

> ▶ 参见
>
> 有关更换车轮螺栓的信息，参见第 4 章。

15）始终按规定力矩拧紧制动器的所有紧固件。将车轮安装到车辆上时，拧紧车轮螺母。切勿使用冲击性工具拧紧车轮螺母，否则可能会导致制动盘变形。

> ❗ 警告　不要使用喷枪加热锈死的放气螺塞，否则会损坏制动钳内的密封件，并可能导致制动软管破裂。

C 形夹具，将夹具实心端置于制动钳壳体上，有螺纹的一端位于外侧制动摩擦片的金属部分。拧动夹具直到活塞进入制动钳孔的底部（图 15-30），然后拆下夹具。

步骤 4　对螺纹式后轮制动钳，必须旋转活塞以将其压向活塞孔底部，这需要专用工具。这点将在本章后面讨论。

步骤 5　如果只更换制动摩擦片，不用断开制动软管。若是重装或更换制动钳，从制动钳上断开制动软管，拆下铜垫圈或垫圈，并封住制动软管的端口。拆下安装支架至转向节的两根螺栓。在拆下第二根螺栓时托住制动钳，以防制动钳掉落。

步骤 6　对滑钳式制动钳，拆下顶部固定螺栓、固定夹和消声弹簧（图 15-31）。对浮钳式制动钳，拆下将制动钳固定至支承板的两个专用固定销（图 15-32）。对固定式制动钳，拆下将其固定至转向节的螺栓。在所有三种类型的制动钳上，通过正直向上撬动并提起以使制动钳离开制动盘。

15.5　制动钳常规检查和维修

制动钳的维修通常仅涉及制动摩擦片的拆卸和安装。但由于新的制动摩擦片要比被更换的磨损片厚，因此它们会将活塞定位在轮缸孔中更深的位置，已伸出的活塞上的灰尘和腐蚀物可能导致密封件泄漏。因此，每当安装新的制动摩擦片时，仔细检查制动钳往往是一种好做法。当然，在更换制动摩擦片时，校准或更换制动盘也是一种好做法。

当在工作台上测试或维修制动钳总成时，应使用配有钳口保护装置的台虎钳。台虎钳压力过大会导致轮缸孔和活塞变形。

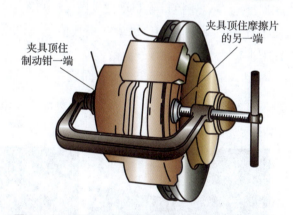

图 15-30　使用 C 形夹具将活塞压入制动钳的活塞孔中

1. 拆卸制动钳

为了能更换制动摩擦片、维修制动盘或更换制动钳，都必须拆下制动钳。执行此操作的步骤会随制动钳的设计不同而不同。始终应遵循维修信息中给出的特定步骤。下面是这些步骤的一个示例。

> 拆卸步骤
>
> 步骤 1　从制动主缸中抽出约 2/3 的制动液。
> 步骤 2　举升车辆并拆下车轮和轮胎总成。
> 步骤 3　在滑钳式或浮钳式制动钳上，安装

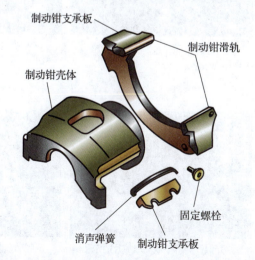

图 15-31　为拆下滑钳式制动钳，先拆下支架固定螺栓、消声弹簧等，然后拆下支架

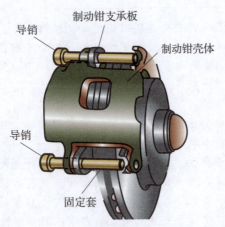

图 15-32 为拆下浮钳式制动钳，拆下将其固定到转向节或支架上的固定销

标注：导销、制动钳支承板、制动钳壳体、导销、固定套

而不必抬起整个制动钳来更换制动摩擦片。制动摩擦片可能是用固定销、导向销或支承键固定在位的。在拆解过程中，注意垫片、防振夹子、键、衬套或销子的位置。

如果仅更换制动摩擦片，可将制动钳提离制动盘，并用金属线将其挂起。拆下制动摩擦片、旧的套管和衬套，然后安装新件。更换生锈的定位销，以确保移动自如。

图 15-34 概述了更换制动摩擦片的典型步骤。

图 15-33 有些制动钳能以其上部固定销向上旋转移开，以无须拆卸制动钳就能更换制动摩擦片

2. 拆卸制动摩擦片

为更换滑钳式或浮钳式制动钳的制动摩擦片，通常需要将制动钳从制动盘上提起，有些设计允许将制动钳向一边移开而为拆卸和更换制动摩擦片让出空间，以避免拆除制动钳（图 15-33），但即便不需要拆下制动钳，也最好将其拆下，以便更仔细地检查和清洁各部件。

固定式制动钳可以通过拆下固定销或夹子，

1）更换前制动片，先从制动主缸储液罐中取出制动液

2）将车升起，确保它安全地放置在举升机上，然后拆下车轮总成

3）检查制动器总成。查看是否有制动液泄漏、管路断裂或破裂或制动盘损坏的迹象。如果发现任何问题，应先进行纠正

4）松开螺栓并拆下制动摩擦片的定位销

5）从制动盘上提起并旋转制动钳总成

6）从制动钳总成上拆下制动摩擦片

图 15-34 更换制动摩擦片

7）用金属线系住制动钳并将其挂在车架上

8）检查定位销隔离垫和衬套的状况

9）在制动钳活塞上方放置一块木头，在木头和制动钳上安装C形夹具，拧动夹具，将活塞压回活塞孔中

10）拆下夹具，并安装新的定位销、隔离垫和衬套（必要时）

11）将新制动摩擦片安入制动钳

12）将带制动摩擦片的制动钳安装在制动盘上并安装定位销到位后，根据规范力矩拧紧定位销

图 15-34　更换制动摩擦片（续）

3. 检查制动摩擦片

应定期检查盘式制动器的摩擦片。有些制动钳在其壳体上设有检查孔，若没有，可从制动钳的外侧检查制动摩擦片的厚度。

如果无法确定制动摩擦片是否已磨损到需要更换的程度，则应测量制动摩擦片最薄的部位。将所测值与维修信息（图 15-35）中列出的最小允许厚度进行比较，根据需要更换制动摩擦片。通常情况下，若底板上剩余的摩擦材料小于 0.125in（约 3.175 mm），应将其更换。

当制动盘一侧的制动摩擦片的磨损大于另一侧时，表明磨损不均匀。制动摩擦片的不均匀磨损通常意味着制动钳黏滞并且没有给两侧制动摩擦片施加相等的压力。在滑钳式制动钳上，问题可能是因制动钳和/或支承板上的加工的滑动区域润滑不良或变形造成的。制动摩擦片上导向部分形成的锈蚀是制动摩擦片滑动不正常的常见原因。

> **车间提示**
>
> 在大多数情况下，对制动钳只是进行更换而不修复。旧的制动钳作为整体送回制造商。以下对修复概述仅用于了解可以进行的作业。在修复制动钳时，务必参考相应的维修信息。

4. 拆解制动钳

如果必须对制动钳进行大修，应将其放到工作台上进行。通过放气螺钉排出制动钳中的所有制动液。若放气螺钉配有保护装置，应将其拆下。

在浮钳式制动钳上，检查固定销是否生锈，这可能限制制动钳的移动。大多数制造商建议每次拆卸制动钳时应更换这些固定销和衬套。这是一个好主意，因为固定销的价格很便宜，并可很好地防止再次返修带来的损失。在固定式制动钳上，检查活塞是否卡滞，若发现此问题，则重新组装制动钳。

要拆解制动钳，必须先拆下活塞和防尘套。

年份	车型		制动盘			制动鼓直径			制动片最小厚度	制动钳	
			原始厚度	最小厚度	最大跳动	原始内径	最大磨损极限	最大加工极限		支架螺栓 /lbf·ft	安装螺栓 /lbf·ft
2006	Accent	F	0.870	0.790	0.001				0.079	62~69	16~23
		R				8.000	①	①	0.039		
	Azera	F	1.100	1.040	0.002				0.079	58~72	16~23
		R	0.390	0.310	0.002				0.080	58~72	16~23
	Elantra	F	1.020	0.940	0.002				0.079	58~72	16~23
		R	0.390	0.330	0.002				0.079	36~43	16~23
	Elantra	F	1.020	0.940	0.002				0.079	58~72	16~23
		R				8.000	①	①	0.039		
	Sonata (2.4L)	F	1.024	0.961	0.002				0.120~0.160	59~74	18~22
		R	0.390	0.330	0.002				0.120	59~74	18~22
	Sonata (3.3L)	F	1.100	1.040	0.002				0.120~0.160	59~74	18~22
		R	0.390	0.330	0.002				0.120	59~74	18~22
	Tiburon	F	1.024	0.961	0.003				0.079	48~55	16~24
		R	0.400	0.330	0.002				0.080	48~55	16~24

①制动鼓圆度维修极限为0.00236in（0.06mm）。

图 15-35 制动器维修技术参数

将制动钳面朝下放在工作台上（图 15-36）。将用过的外侧制动摩擦片或一块木头插在制动钳中。将折起的车间用抹布放在摩擦片的表面上以垫住活塞。然后在制动钳的制动液入口端施加低的空气压力（不要超过 30psi），以使活塞离开制动钳壳体。

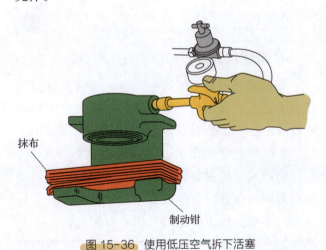

图 15-36 使用低压空气拆下活塞

⚠ **警告** 在拆卸制动钳时，应佩戴安全防护眼镜以保护眼睛避开喷射出的制动液。

⚠ **警告** 应非常小心地逐步施加气压。确保有足够厚的抹布以便在活塞从其孔中脱出时能垫住它。在施加压缩空气时，切勿以任何理由将手指放在活塞前面，否则当活塞从其孔中脱出时，有可能会造成人身伤害。

如果活塞被卡住，移开低压空气，用软面锤子或木槌将活塞敲入孔中，再重新施加空气压力。若是酚醛树脂（塑料）活塞卡住，可用凿子和锤子将其打碎。注意这样做时，不要损坏轮缸的活塞孔。内涨式拉拔器有时用来将活塞从制动钳的活塞孔中拆下。

检查酚醛树脂活塞有无裂纹、缺口或磕伤。如果存在任何明显的上述情况，则更换活塞。如果钢制活塞的电镀表面磨损、有麻点、刮伤或腐蚀，也应更换。

防尘套的设计根据活塞和密封件的类型不同而不同，但它们都会与活塞上的一个凹槽和轮缸上的另一个凹槽相配。一种防尘套是与活塞一起拆出的，然后再剥离。还有一种防尘套保留在原位，活塞穿过防尘套取出，然后从轮缸上拆下防尘套（图 15-37）。无论哪种情况，都需要从凹槽中拆下防尘套。在某些情况下，可能需要将其撬出，但在这样做时，应小心不要划伤缸孔。旧的防尘套可以废弃，因为它必须与密封圈一起更换。

图 15-37 从活塞和制动钳上拆下防尘套

用木制或塑料工具撬出并取下活塞上和轮缸内的密封圈（图 15-38）。不要使用螺丝刀或其他金属工具，任何这类工具都可能划伤制动钳孔中的金属而引起泄漏。检查缸孔有无点蚀或划痕。缸孔中显示的轻微划痕或腐蚀通常可用细砂布清理。但若有深的刮伤或刻痕通常表示应更换制动钳。在某些情况下，可以对轮缸孔进行珩磨。在进行此项加工之前，应查阅维修信息，如果其中没有提到珩磨轮缸孔，可能是制造商不推荐这样做。轮缸孔壁上的黑色污渍是由活塞密封件造成的。这些污渍没有危害。

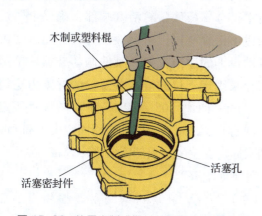

图 15-38 使用木制或塑料工具拆卸活塞密封圈

使用珩磨机时，一定要在珩磨轮缸孔之前安装珩磨挡板，挡板保护磨石免受损坏。珩磨后清洁制动钳时要格外小心。用酒精冲洗制动钳，清除所有灰尘和沙砾，再用干净的无绒布擦干制动钳，然后用同样的方法再次清洁制动钳。

5. 制动钳套件

许多维修店不大修制动钳，而是安装制动钳套件。制动钳套件是一套完整的部件，包括摩擦片和安装用的附件。除了方便和节省安装时间外，预装配好的制动钳还可减少制动钳大修期间出现错误的概率。

更换制动钳时经常犯的错误包括：忘记弯曲制动片定位凸缘以防止制动片振动和噪声、漏装防振垫片和制动摩擦片的隔离垫，以及重复使用已被腐蚀的制动钳安装附件。这些可能都导致浮钳式制动钳的卡滞而造成制动摩擦片磨损不均匀。

6. 组装制动钳

在组装制动钳之前，用干净的工业酒精或制动液中清洁酚醛活塞（如果配备）和所有重复使用的金属部件。然后，用压缩空气清理并干燥凹槽和油道。确保制动钳缸孔和零部件彻底清洁。

为了更换典型的活塞密封圈、防尘罩和活塞，先用干净的制动液或装配润滑剂（通常制动钳套件中附带）润滑新的活塞密封圈。要确保密封圈不变形。将其插入轮缸孔的凹槽中，以确保其不会扭曲或翻转。将防尘套放入在制动钳孔外侧的凹槽中，然后在活塞上涂上制动液或装配润滑剂并将其安装在活塞孔中。在将活塞装入活塞孔时，务必使用木块或其他平形物体。切勿将 C 型夹具直接作用于酚醛树脂活塞，并确保活塞没有歪斜。安装时将防尘套张开套在活塞上，并将其落座在活塞上的凹槽中。

> **车间提示**
> 为避免左右两侧的摩擦材料不一致，当一个制动钳出现问题时，两个制动钳应更换相同的摩擦材料。

对于某些结构类型的防尘套/活塞的安装步骤与前述略有不同：新防尘套是被拉到活塞端部的（图 15-39）。在将活塞装入制动钳之前，用制动液润滑活塞，然后小心地用手将活塞滑入轮缸孔中，将其正直推入，以确保活塞密封圈在安装过程中不会受到损坏。使用安装工具或木块使新的防尘套落座（图15-40）。

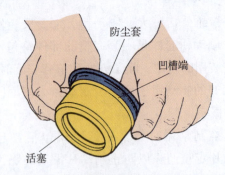

图15-39 某些安装步骤要求将防尘套拉到活塞端部

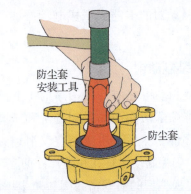

图15-40 使用安装工具使防尘套落座

> **警告** 在固定式制动钳上，桥接螺栓用于将两个两半的制动钳紧固在一起。这些螺栓是仅按特定零件号订购的高强度螺栓，它们需要用精确的力矩拧紧以防止泄漏。不要试图用普通螺栓代替桥接螺栓。

另一点要记住的是，某些制动钳的设计在活塞表面有一个必须与消声垫片对正的切槽。要确保活塞和该垫片对正，这可能需要转动活塞以实现正确对正。安装放气螺钉，完成制动钳的组装。

7. 安装制动摩擦片

更换盘式制动器的摩擦片时，最好同时更换盘式制动器的附件（图15-41）。这些附件通常包括用于保持和固定制动摩擦片和制动钳的导轨、夹子和橡胶件。更换附件可确保制动钳正常移动和制动摩擦片的保持，并有助于防止制动噪声和制动摩擦片不均匀磨损。

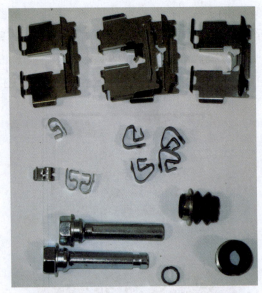

图15-41 更换制动钳附件、定位销和衬套

制动摩擦片过早磨损的主要原因之一是生锈。生锈会导致滑动体和活塞工作不当，从而导致制动摩擦片磨损不均匀。测试表明，如果制动钳或滑轨已被腐蚀，若仅更换制动摩擦片，则新摩擦片的使用里程只有它们应具有的一半。因此，当制动钳已有腐蚀时，应将其更换。在更换摩擦片时，始终应同时更换摩擦片的导向装置。如果摩擦片是在不能更换导向装置的支架上滑动的，则应彻底清理其接触区域并按照维修信息的建议进行润滑。

（1）固定式制动钳的摩擦片 采用固定式制动钳的盘式制动器设计略有不同。一般来讲，为更换制动摩擦片，将新的摩擦片和金属板放入制动钳中，金属板面紧靠活塞端部，确保金属板在制动钳中正确落位。将摩擦片分开并随制动钳滑入制动盘上的适当位置。某些制动摩擦片是用固定螺栓来固定到位的。这些螺栓的拧紧力矩约为80~90 lbf·ft（约108~122 N·m）。在某些固定式盘式制动器上，制动摩擦片是用固定夹子和/或固定销来固定在位的。重新安装消声弹簧/夹子和其他附件（如配有）。

（2）滑钳式制动钳的制动摩擦片 小心将活塞推回到活塞孔中，直至回到底部。稍稍润滑制动钳并支承制动钳的滑动面。将新的外侧制动摩擦片滑入制动钳的凹处。摩擦片的边缘和制动钳指状体之间不应有自由间隙。如果有自由间隙，从制动钳上取下摩擦片，修整其边缘以消除垂直方向的所有自由间隙后安装制动片。

将内侧摩擦片放置在制动钳支承上，摩擦片边缘置于加工的滑动区域。将制动钳悬在制动盘上方，与安装位置对正后将其滑入到位。当内侧摩擦片在活塞和防尘套上滑过时，注意不要将防尘套从凹槽中带出。将消声弹簧（如有配备）安装在摩擦片底板顶部，并按规定力矩拧紧固定螺钉。

在某些制动钳上，尤其是还用作驻车制动器的制动钳，其活塞顶部带有切口或凹槽，内侧制动摩擦片的背面带有凸缘。安装此类制动摩擦片时，该凸缘必须装在活塞顶部的凹槽中（图15-42）。

图15-42 在某些带有旋转活塞式驻车制动器的后轮制动器总成上，制动摩擦片背面有一个凸缘，它必须与活塞顶部的凹槽对正

（3）浮钳式制动钳的制动摩擦片　对于采用浮钳式或滑钳式制动钳的盘式制动器，将外侧衬套的凸缘按入制动钳指状体的安装孔中，然后将它们从制动钳的外侧压入孔内的安装位置。压入导向销的内侧衬套并将其安装到位。

将新制动摩擦片及附件滑入适配装置和制动钳中的适当位置，确保制动摩擦片的金属部分完全嵌入在制动钳和适配装置中，且处在制动钳外面一侧的制动摩擦片是正确的。

握住外侧制动摩擦片，小心地将制动钳越过制动盘滑入支承体的适当位置。将内外侧制动摩擦片的导向销安装孔与支承体上的相应孔对正，稍稍润滑导向销，然后将导向销穿过衬套、制动钳、支承体以及内外摩擦片装入制动钳和消声弹簧的外侧衬套中。

安装任何类型的制动钳时，应遵循以下指南：

1）确保将正确的制动钳安装在正确的支承体上。此外，还应确保按规定力矩拧紧固定螺栓。

2）用硅酮绝缘化合物或按照制造商的规定润滑橡胶隔离件（若配有）。

3）将制动钳总成装入固定支架后，将制动软管连接到制动钳上。若使用铜垫圈或其他垫圈，务必使用新的垫圈，因旧垫圈可能已经压实或变形，如果再重复使用，可能无法形成可靠密封。按规定力矩拧紧制动钳软管螺栓。

4）用合适的制动液加满制动主缸的储液罐后对液压系统放气。

5）在制动踏板的最大压力下检查是否有制动液泄漏。

6）降下车辆并进行路试。

15.6 后轮盘式制动钳

带有某种驻车制动机构的后轮盘式制动钳与前轮制动钳的检查和大修步骤不同。

配备电子驻车制动系统或坡道辅助制动系统的车辆需要特殊的维修步骤。试图在配备上述任一种功能的车辆上维修制动器之前，应先查看维修信息，以了解其制动系统是如何工作的以及如何正确维修这类制动器。不遵守维修步骤可能导致制动钳的严重损坏。

如果后轮制动钳具有传统的驻车制动拉索和用来拉动拉索来施加驻车制动的电机，应使用工具旋转活塞使其退回到活塞孔中（图15-43）。

为了缩回后轮制动钳上的带有电驱动的活塞，可能需要使用诊断仪将电子驻车制动器置于维修模式。这可将驻车制动器的电机缩进以使活塞缩回到制动钳的活塞孔中。有些车辆可以不使用诊断仪而进入特殊的维修模式来安全地操作后轮制动器。如何在福特Fusion车型上执行此操作的示例如下：

1）将点火开关设定在ON（接通）位置。

2）踏下加速踏板，将电子驻车制动（EPB）开关置于释放位置，持续保持住加速踏板和EPB开关此时的状态。

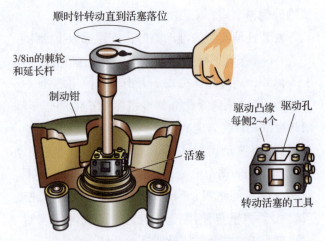

图 15-43 使用工具将制动钳活塞缩回其孔中

3）在 5s 内关闭点火开关，然后再打开，持续保持住加速踏板和 EPB 开关此时的状态。

4）关闭点火开关，然后松开加速踏板和 EPB 开关。

完成制动器的维修后，为使车辆退出维修模式，完成以下步骤：

1）将点火开关设定在 ON（接通）位置。

2）踏下加速踏板并将 EPB 开关置于启用位置，并持续保持住加速踏板和 EPB 开关此时的状态。

3）在 5s 内关闭点火开关，然后再打开，并持续保持住加速踏板和 EPB 开关此时的状态。

4）释放加速踏板和 EPB 开关。

这将完全应用驻车制动器，并设定制动摩擦片与制动盘之间的气隙。操作任何电子驻车制动器或坡道辅助系统时，务必参考制造商维修信息中的具体步骤，以防止损坏相关部件。

15.7 制动盘检查

无论是更换制动摩擦片，还是为进行其他维修而拆卸车轮，都应仔细检查制动盘，以确定它们是可以继续使用还是需要加工或更换。检查制动盘时，如装有轮速传感器，应予以检查（图 15-44）。

如果由于污垢而无法仔细观察轮速传感器盘表面，应使用蘸有制动器清洗溶剂或酒精的抹布清洁盘面。如果盘面生锈，可用中号砂纸或金刚砂布进行清除，然后用制动器清洗剂或酒精清洁。

图 15-44 维修制动盘时，应查看带有轮速传感器的制动盘

大多数制动盘上都铸有应报废时的厚度尺寸。如果在制动盘上找不到该尺寸或难以读取，应检查维修信息中的厚度规定。制动盘报废的厚度尺寸以两位或三位的十进制小数（1/100 或 1/1000in 或 1/100mm）表示，例如 1.25in、1.375in、0.750in 或 24.75mm。如果对制动盘表明重新处理，则其加工后的厚度必须比应报废的尺寸厚 0.015~0.030in（约 0.38~0.76mm），以允许其可进一步磨损。如果制动盘厚度已低于规定的最小厚度要求，则应更换。明智的方式是同时更换同一轴两侧的制动盘。

新制动盘的摩擦表面上有一层保护涂层。为去除此涂层，可使用制动器清洁剂或制造商推荐的溶剂。

> **车间提示**
>
> 带有交叉钻孔或开槽的制动盘可能无法加工。因此，如果制动盘有划伤或其他损伤时，应更换。

> **制动钳维修步骤**
>
> 步骤 1　松开制动钳。
> 步骤 2　脱开制动钳拉杆上的驻车制动器拉索。
> 步骤 3　从制动钳上断开制动软管，拆下制动钳固定螺栓，然后从支架上提起制动钳。
> 步骤 4　拆下制动摩擦片、所有垫片和固定装置。
> 步骤 5　从活塞孔中取出活塞。此步骤将根

据所维修的制动钳的类型而有所不同。当取出活塞后，拆下活塞防尘套。

步骤 6　仔细检查活塞是否磨损。无论活塞有任何形式的磨损或损坏，都应更换活塞。

步骤 7　使用螺丝刀的尖端或木制或塑料刮刀从制动钳上拆下活塞密封圈，小心不要刮伤缸孔。

步骤 8　内部其他部件的维修将根据制动钳的不同而不同。可参阅制造商的维修信息。

步骤 9　用硅润滑脂涂抹新的活塞密封圈和活塞防尘套，并将其安装到制动钳中。

步骤 10　在活塞外侧涂上制动液，并将其安装在活塞调整螺栓上，同时用锁紧螺母扳手顺时针旋转活塞。

步骤 11　将新制动摩擦片、各个垫片、固定装置和弹簧安装到制动钳支架上。

步骤 12　重新安装制动钳和防溅挡板，并按规定力矩拧紧制动钳固定螺栓。

步骤 13　用新的密封垫圈将制动软管重新连接在制动钳上，并按规定力矩拧紧空心螺栓。

步骤 14　然后将驻车制动器拉索重新连接到制动钳拉杆上，并重新安装制动钳护罩。

步骤 15　用制动液加满制动主缸储液罐，并对制动系统放气。根据需要调整驻车制动器，调整前，应确保制动钳上的驻车制动臂已接触到销子。

1. 厚度与平面度

将制动盘千分尺放在距离制动盘外缘约 1in 的位置来测量制动盘的厚度（图 15-45），将测量值与标准值进行比较。在制动盘摩擦面周圈上的 8 个等距点附近（间隔 45°）重复上述测量，并将每个测量值与标准值进行比较。为避免制动盘的锥度不会影响测量结果，应在与边缘相同的距离处进行所有测量。如果制动盘在任一点的厚度小于规定的最小厚度，或厚度变化超过限值，则必须更换。注意，查阅维修信息中所允许的厚度变化。许多制造商规定厚度变化的公差约为 0.0005in（约 0.013mm）。

制动盘平面度是指从制动盘摩擦面上一个测量点的厚度与其他测量点厚度的变化。如果制动盘不平，必须对其摩擦面进行重新加工或更换制动盘，否则可能导致制动踏板行程过大、制动振动、踏板脉动或产生吱吱声，有时还会出现制动器抓轮的情况。

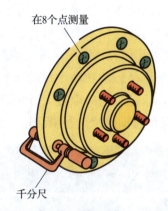

图 15-45　在 8 个不同点测量制动盘以检查其厚度和平面度

2. 横向跳动

横向跳动过大是指制动盘旋转时从一侧到另一侧摆动过大（图 15-46）。这种摆动会撞击摩擦片使其比正常情况下向后缩回的更远，从而导致制动踏板在制动过程中产生脉动和振动。随着时间的推移，跳动会导致更大的平面度问题。这是因为，制动盘在旋转时与制动摩擦片摩擦而磨损制动盘，导致制动盘的某些部分变薄，还会导致颤动。横向跳动使活塞距离制动盘的行程更大，从而导致制动踏板行程过大。如果跳动量超出技术要求，则必须修整或更换制动盘。

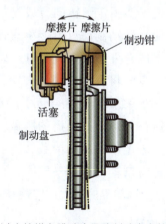

图 15-46　过大的横向跳动会导致制动盘在旋转时左右摆动

为了获得最佳制动性能，对大多数车辆来讲，横向跳动量应小于 0.003in（约 0.08 mm），但有些制造商规定的跳动量限值小至 0.002in（约 0.05mm），而有些制造商规定可大到 0.008in（约 0.20mm）。

横向跳动仅需使用百分表和合适的底座（图15-47）测量制动盘的外工作面。如果制动盘是安装在可调整间隙的车轮轴承上，应重新调整轴承以消除其轴向间隙，但不要将轴承拧得过紧。对于FWD车辆上用螺栓固定在车桥上的制动盘，轴承的轴向间隙不是影响制动盘跳动量测量的一个因素。如果轴承的轴向间隙过大，则必须更换轴承总成。轴承的轴向间隙最好用百分表检查。

图15-47 使用百分表和合适的固定底座测量制动盘摩擦面的横向跳动

将百分表支架固定到转向节或悬架的其他零部件上，以便在转动制动盘时能牢靠地将百分表保持在位。定位百分表，使其测量头以90°方向垂直接触制动盘。将百分表测量头置于制动盘摩擦面上距其外边缘约1in（25.4mm）的位置，并避开脏污、生锈、有沟槽或刻痕的区域。旋转制动盘，直到百分表上出现最小读数，然后将百分表设置为零，再将制动盘转动一整圈，此过程中读到的最大读数为制动盘的最大横向跳动量。

3. 其他检查

以下是制动盘需要更换或加工的一些典型状况。

（1）沟槽和划痕 检查制动盘两侧的摩擦面是否有刻痕和沟槽。为了获得适当的制动性能，可以接受的刻痕或小沟槽的最大深度通常为0.010in（0.25mm）。划痕可能是因摩擦片磨损而露出的铆钉或底板导致的，也可能是摩擦材料对与其配合的表面过硬或不合适引起的。锈迹、道路污垢和其他污染物也可能导致制动盘划伤。任何划痕超过0.15 in（约3.8mm）的制动盘都应重新修整或更换（图15-48）。

图15-48 若制动盘上有任何大于0.15in深的划痕应进行表面修整或更换

如果制动盘上有很深的沟槽，其厚度必须足够厚，以允许既能完全去除沟槽，又不会将制动盘加工到小于其最小厚度限值的程度。测量最深沟槽底部的制动盘厚度。如果最深沟槽底部的制动盘厚度等于或接近报废尺寸，应更换制动盘。

（2）裂纹 彻底检查制动盘有无裂纹或边缘损坏。应更换任何有裂纹或缺口的制动盘，但不要将制动盘小的表面裂纹误认为是结构性裂纹。表面裂纹通常在重整制动盘摩擦面后会消失，而结构性裂纹在新加工的摩擦面上会更明显。

> **车间提示**
>
> 有些旧式的制动盘，特别是通用汽车的制动盘，在每侧表面都有一个单独的深沟槽。此沟槽有助于防止制动摩擦片向外移动并降低制动时的噪声。

（3）发蓝或热裂纹 检查制动盘摩擦面是否有热裂纹和硬点（图15-49）。热裂纹在制动盘摩擦面上呈现为许多交错的小的裂纹。热裂纹会降低制动盘表面的散热能力和摩擦系数。热裂纹不会随着表面重整而消失，因此带有热裂纹的制动盘应更换。

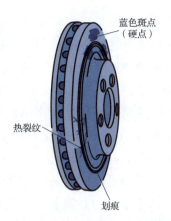

图 15-49 在制动盘上可看到的一些典型状况

硬点在摩擦面上呈现为光滑发亮的蓝色圆形区域。制动盘摩擦面上的硬点通常是由制动热量引起金相变化而造成的。通常会出现跑偏、快速磨损、制动踏板过硬和噪声。这些硬点虽可通过加工去除，但只是去除了表面上的凸起，当再次受热时，可能会重新出现，所以应更换制动盘。

（4）生锈　如果车辆有一段时间未行驶，制动盘上未被制动摩擦片覆盖的区域会生锈，并导致噪声和颤动，还会导致制动盘和摩擦片过度磨损和划伤。如果在安装新摩擦片之前未去除制动盘上隆起的纹路，则会导致摩擦片在短期内接触不好。此外，在进行任何测量前，应清洁已生锈的制动盘。

检查通风式制动盘的散热翅片有无裂纹和锈蚀。散热翅片附近的生锈会导致制动盘膨胀，并导致制动盘厚度变化和横向跳动过大的问题。加工制动盘可能会消除跳动和厚度变化，但因生锈导致的制动盘膨胀可能会使这些问题很快重新出现，所以应更换生锈的制动盘（图 15-50）。

15.8 制动盘维修

如果制动盘的厚度低于或接近最小允许厚度或严重变形，则必须更换。如果有轻微瑕疵或制动盘不平度大于最小限值，可用制动车床对其进行修整而使其平整。

1. 拆卸制动盘

要拆下制动盘，先举升车辆并拆下车轮，然后从制动盘上拆下制动钳，并用金属线将其悬挂在车辆悬架上。拆卸制动盘之前，应在制动盘上标记"L"（左）或"R"（右），以便在重新安装时将其安装在拆卸时的同一侧。如果制动盘之前未曾拆卸过，应在制动盘和车轮螺栓或轮毂上做好对应标记，以便将制动盘重新安装到轮毂上的原装位置。

如果制动盘是浮钳式制动盘，可通过将其拉离轮毂螺栓来取下。如果无法用手拉动制动盘，可在前后制动盘与轮毂配合表面处涂些渗透油，并用圆头锤子敲击螺栓之间的制动盘。如果仍不能松动制动盘，则需要在制动盘上连接三爪拉拔器来将其拉离。

只要将浮钳式制动盘从轮毂法兰上分离下来，就应清除轮毂和制动盘配合面上的任何锈迹或污垢。安装制动盘之前忽略清理制动盘和轮毂安装件上的锈迹和污垢将使制动盘的横向跳动量增加，从而导致过早出现制动抖动和其他问题。

如果制动盘和轮毂为一体式总成，则拆下车轮外侧轴承，然后将制动盘和轮毂抬离主轴。图 15-51 所示的一些制动盘是用螺栓固定在轮毂

图 15-50 制动盘严重生锈，显然应该更换

图 15-51 有些制动盘用螺栓固定在轮毂和轴承总成上，只能通过拆下轮毂来拆卸制动盘

和轴承总成上的，这只能通过拆卸轮毂总成来拆卸。拆下轮毂总成后，再拆下螺栓将制动盘与轮毂分开（图15-52）。

图15-52 拆下轮毂总成后，再从轮毂上拆下制动盘

2. 制动车床

> **车间提示**
> 新制动盘具有合适的表面光洁度，在车床上转动制动盘可能会破坏其表面光洁度。在将新制动盘安装到车辆上之前，用制动器清洗剂或酒精清除新制动盘上的任何油膜，并让制动盘空气干燥。

> **⚠ 注意** 未经适当培训，切勿尝试使用制动盘车床。如果车床安装或操作不当，可能会受到严重的人身伤害。

制动盘车床通过切削金属以使制动盘达到所需的表面光洁度。行业中使用的制动盘车床基本上有两种类型。第一种是台式制动盘车床，它能够对已从车上拆下的制动鼓和制动盘摩擦面进行重整，在车床旋转制动盘的同时使切削刀具切削制动盘的摩擦面。第二种是就车式制动盘车床。这种类型的制动盘车床可以节省时间，因为不需要从车辆上拆下制动盘。这种车床使用特殊夹具横跨在制动盘上，因此刀具可以精确同时切削制动盘的两侧。在切削过程中，电机用于旋转制动盘和轮毂总成。由于这类车床能够补偿前轮轮毂总成的任何跳动，所以它已成为前轮制动盘表面修整的标准设备。

每当对制动盘进行表面修整时，都应在达到合适结果的前提下尽可能少地切除金属，这有助于确保制动盘的使用寿命最长。在车辆另一侧制动盘为转动的情况下，切勿转动这一侧的制动盘。车辆左右两侧的制动盘厚度应相同，厚度差一般为0.002~0.003in（约0.051~0.076mm）。一个制动盘两侧的切削量也应相同。

（1）台式制动盘车床 在非就车的台式车床上，电机安装在车床的心轴上，并以受控速度转动，同时切削刀头切削制动盘表面以去除千分之几英寸的金属（图15-53）。车床使制动盘垂直于切削刀头转动，对整个制动盘表面进行重整。大多数制动盘切削装置都有两个切削刀头，制动盘安装并被夹紧在这两个刀头之间。在切削时，应从制动盘两侧切削等量的表面材料。

图15-53 典型的台式车床

使用台式车床时，在将制动盘安装到车床上之前，清洁制动盘轮毂和安装表面。这有助于减少因定位不准确所引起的跳动。选择正确的定位适配器并将制动盘可靠地固定在车床上。启动车床并检查制动盘的跳动，必要时重新定位制动盘。安装振动阻尼器，将切削刀头轻轻抵在制动盘上并进行划痕式切削，以检查制动盘的定位。在制动盘两侧进行小段切削，然后在距前一个切削点180°的地方再进行一次小段切削。若这两次切削在两侧是同时发生的，表明制动盘定位准确。如果相隔180°的切削在两侧不是同时发生的，则表明安装定位存在跳动，需要在加工前进行校正。

正确定位后，先执行快速切削以清洁和修整

表面。切削完成后检查制动盘。如果加工表面干净且平整，进行慢速切削以将制动盘加工到合适的表面粗糙度。完成切削后，进行非定向表面处理（图 15-54）以打乱由加工形成的径向纹路。最后用温肥皂水清洗制动盘，待完全干燥后测量最终厚度。

图 15-54 非定向表面处理纹路

（2）就车式制动盘车床 就车式制动盘车床（图 15-55）的优点是加工时无须拆下制动盘，同时它也非常适合加工有跳动量过大问题的制动盘。

图 15-55 就车式制动盘车床

为了安装车床，先拆下车轮，然后拆下制动钳。如果在可调整式圆锥滚子轴承中存在任何轴向间隙，应在安装车床之前，用手小心地将调整螺母拧紧到刚好可以消除轴向间隙的程度，然后转动制动盘后，重新检查轴承间隙。

选择正确的适合车轮螺母样式的安装适配器，并将其安装在轮毂上。不要过度拧紧安装螺母。

将车床定位在适配器上并将其固定到位。确保车床和适配器正确对齐，以防止损坏它们。随后移动切削刀头，使其能覆盖整个制动盘摩擦面，并调整到位。

开始加工前，对车床跳动进行补偿。某些型号的车床是采用手动调整的。大多数常见车床具有自动补偿功能。按照制造商的操作说明进行跳动补偿。设置和补偿不当会增加制动盘的跳动量，造成时间和经济上的损失。

对车床完成设置和补偿后，开始加工制动盘。仅去除为重整制动盘表面所需的金属材料。有些就车式制动盘车床只需要一次性切削，因此不需要单独的快速和慢速切削。加工完成后，对照技术规范重新测量制动盘厚度。拆下车床并在轮毂上标记制动盘的安装位置。拆下制动盘后，用温肥皂水清洁，待完全干燥后，重新安装制动盘，并按规定力矩拧紧所有紧固件。

3. 安装制动盘

如果是浮钳式制动盘，应确保所有安装表面是清洁的。将制动盘安装到轮毂上之前，在盘式制动器制动盘的导向孔直径上涂抹少量防咬粘的化合物。重新安装制动钳。如果制动盘是固定式制动盘，它与含有车轮轴承的轮毂是一个总成，清洁并重新安装轴承，然后安装制动盘。

将车轮安装到制动盘上，并按照建议的拧紧模式将车轮螺母拧紧至规定力矩。如果未按正确方式拧紧车轮螺母，可能导致车轮横向跳动、制动粗糙度和振动增加，甚至损坏车轮。

4. 最终检查和摩擦片的磨合

将车辆降至地面后，在移动车辆之前踏动制动踏板数次以使制动摩擦片到位，并确保制动踏板的高度在连续几次踏动后升高，且在压力下可保持足够的硬度。通常情况下，配备四轮盘式制动器车辆的制动踏板在使用制动器之前具有较硬和较高的位置，且自由行程很小。配备前盘后鼓式制动系统的车辆的制动踏板行程可能稍大一些，具体情况取决于后轮制动蹄的调整。

确认制动主缸储液罐中的制动液液面高度合适，然后对车辆进行路试。在路试过程中，注意制动踏板的感觉，并在制动时倾听是否有噪声。

在将车辆交还客户前，应遵循制动摩擦片制造商的建议多进行摩擦片的磨合。磨合过程非常重要，因此摩擦片会在制动盘上沉积一层摩擦材料。以下是制动摩擦片磨合步骤的示例：以 30mile/h（约 48km/h）的初速度进行大约 20 次的正常停车；进行大约 20 次的从 50—20mile/h（80—32km/h）的减速；在不使制动器冷却下来的情况下，以中等制动程度进行五次从 40—10mile/h（64—16km/h）的停车。

> **注意** 在装有碳陶瓷制动盘的车辆上作业时，在安装过程中使用导向销以便正确定位车轮（图 15-56）。碳陶瓷制动盘很脆，在重新安装车轮时可能会破裂。由于每个这类制动盘的价格可高达 4000 美元，所以在作业时要格外小心。

图 15-56 车轮定位销有助于防止损坏碳陶瓷制动盘

磨合步骤因制动摩擦片制造商和摩擦片的类型而异。务必遵循摩擦片制造商的说明。正确的磨合将降低噪声和振动，并延长摩擦片的使用寿命。

3C：问题（Concern）、原因（Cause）、纠正（Correction）

维修工单							
年份：2010		品牌：福特		车型：Fusion	里程：61015mile		单号：19145
问题		客户陈述制动器有异味并且感觉后轮好像有拖滞。					
维修史		客户近期在后轮安装了新的制动摩擦片。					
对车辆进行路试并确认该客户提出的问题后，技师对制动系统进行了全面检查，并在检查后轮制动器时发现左后轮制动器总成变色且有拖滞。技师认为驻车制动器没有松开，在检查驻车制动器的工作情况后，发现其工作正常。由于制动摩擦片是近期更换的，为了检查摩擦片，拆下了制动钳。							
原因		发现制动钳活塞未正确回缩。活塞上的定位槽未与摩擦片上的定位凸舌对正。					
纠正		缩回活塞，正确对准摩擦片和活塞之间的位置。制动时不再有拖滞。					

15.9 总结

- 与鼓式制动器相比，盘式制动器有四个主要优点：耐热衰退、耐水衰退、增强的正直停车能力和自动调节能力。
- 制动盘通常是安装在轮毂总成上并随轮毂总成一起旋转。较大的车辆通常使用通风式制动盘。防溅挡板使制动盘和摩擦片免受道路上水分和灰尘的影响。
- 制动钳总成包括轮缸孔和活塞、防尘套和活塞液压密封圈。
- 制动摩擦片布置在制动钳的两侧并共同跨在制动盘上。有些摩擦片上装有磨损传感器。
- 固定式盘式制动器的制动钳在制动器施用时不移动。浮钳式盘式制动器的制动钳可在制动时在定位销或螺栓上来回滑动。滑钳式制动钳在光滑的表面上滑动。
- 在后轮盘式制动系统中，每个后轮轮毂和制动盘总成的内部被用作驻车制动鼓。
- 后轮盘式驻车制动器有一个用机械方式迫使摩擦片压紧制动盘的机械装置。
- 制动钳的整体大修涉及的一般步骤包括的任务有拆卸制动钳和制动摩擦片、分解制动钳、组装制动钳、安装制动摩擦片和制动钳。

• 正确维修制动钳的第一步是从车辆上拆卸制动钳总成。

• 应定期或在拆卸车轮时检查盘式制动器的制动摩擦片。如果其厚度小于维修信息中给出的最小厚度，则应更换。

• 要分解制动钳必须先拆下活塞和防尘套，然后用压缩空气将活塞从其缸孔中推出。

• 在组装制动钳之前，用工业酒精或制动液清洁所有金属零件和酚醛树脂活塞。用压缩空气清洁和干燥制动钳的凹槽和油道。

• 更换盘式制动器的摩擦片时，最好同时更换盘式制动器的所有附件。

• 盘式制动器制动盘必须进行修整的前提包括横向跳动、平面度不足、刻痕、变蓝或热裂纹以及制动盘生锈。

15.10 复习题

1. 思考题

1）组成盘式制动器的三个主要总成是什么？
2）盘式制动器使用的三种制动钳是什么？
3）浮钳式和固定式制动盘的区别是什么？
4）浮钳式制动钳和滑钳式制动钳的区别是什么？
5）什么是制动盘平面度以及如何检查？
6）为什么在盘式制动器上进行作业之前要先排出制动主缸储液罐中的制动液？
7）使用压缩空气从制动钳中取出活塞的步骤是什么？
8）需要对制动盘进行表面修整的三种情况是什么？
9）就车式制动盘车床相比台式制动盘车床的两个主要优点是什么？
10）应采取什么方法去除活塞孔上的锈蚀、腐蚀、麻点和划痕？
11）什么类型的制动器使用每个后轮轮毂和制动盘总成的内部作为驻车制动鼓？

2. 判断题

1）盘式制动器不像鼓式制动器那样在频繁制动过程容易产生热衰退。对还是错？　　　（　　）
2）所有制动钳至少有一个活塞将制动摩擦片推向制动盘。对还是错？　　　（　　）

3. 单选题

1）下列哪一个术语指的是制动盘厚度的变化？（　　）
A. 转矩
B. 横向跳动
C. 平面度
D. 制动踏板脉动

2）以下哪一项不太可能导致制动踏板脉动？（　　）
A. 车轮轴承松动
B. 制动摩擦片磨损
C. 横向跳动过大
D. 制动盘不平

4. ASE 类型复习题

1）技师 A 说配备盘式制动器车辆上的制动踏板过硬是由液压系统中的空气导致的。技师 B 说配备盘式制动器车辆上的制动踏板脉动是由制动管路阻塞导致的。谁是正确的？（　　）
A. 仅技师 A 正确
B. 仅技师 B 正确
C. 技师 A 和 B 都正确
B. 技师 A 和 B 都不正确

2）在更换车辆上的制动摩擦片时，技师 A 先在一个车轮上进行作业，然后再开始对另一个车轮作业；技师 B 使用最小为 52psi 的空气压力将活塞从制动钳壳体中推出。谁是正确的？（　　）
A. 技师 A 正确
B. 仅技师 B 正确
C. 技师 A 和 B 都正确
D. 技师 A 和 B 都不正确

3）检查盘式制动器时，技师 A 目视检查制动盘，并表示如果制动盘没有损坏或划伤，可以重复使用；技师 B 说内侧制动摩擦片的磨损量比外侧制动摩擦片的稍大是正常的。谁是正确的？（　　）

A. 仅技师 A 正确
B. 仅技师 B 正确
C. 技师 A 和 B 都正确
D. 技师 A 和 B 都不正确

4）重新组装经过大修的制动钳时，技师 A 用工业酒精清洁制动器部件；技师 B 用清洁的制动液清洁制动器部件。谁是正确的？（　　）
A. 仅技师 A 正确
B. 仅技师 B 正确
C. 技师 A 和 B 都正确
D. 技师 A 和 B 都不正确

5）在讨论如何从制动钳上取出活塞时，技师 A 说应该先拆下防尘套，然后将一把大的钝螺丝刀插入活塞槽中将活塞撬出；技师 B 说应将空气压力注入放气螺钉的孔中，以迫使活塞离开制动钳。谁是正确的？（　　）
A. 仅技师 A 正确
B. 仅技师 B 正确
C. 技师 A 和 B 都正确
D. 技师 A 和 B 都不正确

6）在讨论防溅挡板的功能时，技师 A 说盘式制动器在没有防溅挡板的情况下将会正常工作；技师 B 说防溅挡板有助于引导冷却空气流过制动盘。谁是正确的？（　　）
A. 仅技师 A 正确
B. 仅技师 B 正确
C. 技师 A 和 B 都正确
D. 技师 A 和 B 都不正确

7）技师 A 说液压被释放时，活塞密封圈使活塞回缩；技师 B 说回位弹簧用来回缩制动钳的活塞。谁是正确的？（　　）
A. 仅技师 A 正确
B. 仅技师 B 正确
C. 技师 A 和 B 都正确
D. 技师 A 和 B 都不正确

8）技师 A 说固定式制动钳使用制动盘两侧的活塞来施加制动。技师 B 说滑钳式制动钳通常只使用制动盘一侧的一个或多个活塞。谁是正确的？（　　）
A. 仅技师 A 正确
B. 仅技师 B 正确
C. 技师 A 和 B 都正确
D. 技师 A 和 B 都不正确

9）在安装新的制动摩擦片时，技师 A 在安装浮钳式制动钳的安装螺栓和衬套之前，用硅润滑脂涂抹制动钳的衬套；技师 B 使用推荐的润滑剂润滑制动钳支承体上的滑轨和滑钳式制动钳壳体的相配部分。谁是正确的？（　　）
A. 仅技师 A 正确
B. 仅技师 B 正确
C. 技师 A 和 B 都正确
D. 技师 A 和 B 都不正确

10）在讨论制动钳套件时，技师 A 说制动钳套件是已经安装了制动摩擦片和附件的用于替换的制动钳；技师 B 说制动钳套件应是始终安装在车桥组件中的。谁是正确的？（　　）
A. 仅技师 A 正确
B. 仅技师 B 正确
C. 技师 A 和 B 都正确
D. 技师 A 和 B 都不正确

第 16 章
ABS、ESC 系统

学习目标

- 能解释防抱死制动系统 (ABS) 在车辆制动中是如何进行控制的。
- 能简述整体式和非整体式 ABS 之间的区别。
- 能简述 ABS 主要部件的工作原理。
- 能简述自动牵引力和稳定性控制 (ESC) 系统主要部件的工作原理。
- 能说明查找 ABS 故障的最佳流程。
- 能列出在 ABS 上进行作业时应遵循的预防措施。

3C：问题（Concern）、原因（Cause）、纠正（Correction）

维修工单					
年份：2000	品牌：凯迪拉克	车型：SLS		里程：92585mile	单号：19189
问题	客户陈述 ABS 灯一直点亮，但感觉制动是正常的。				
维修史	该车辆近期在别处安装了前支柱，并被告知此维修与当前问题无关。				
根据此客户提出的问题，运用在本章中学到的知识来确定此问题的可能原因、诊断问题的方法以及解决问题所需的步骤。					

防抱死制动系统（ABS）、牵引力和电子稳定性控制（ESC）系统曾经是一个昂贵的选项，而现在已是所有乘用车和轻型车的标准配置。这些系统还为日益复杂的现代车辆增加了其他一组电子控制系统。例如，在 ABS 和 ESC 系统的基础上，通常还有其他系统，如电子制动力分配、牵引力控制、坡道起步辅助、辅助制动、自适应巡航控制和碰撞规避。

16.1 ABS 概述

当前的防抱死制动系统（图 16-1）可以认为是在紧急情况下使车辆正直停车的电子/液压制动泵。好的驾驶员在紧急制动时总是点动制动踏板，以避免车轮抱死而使转向失控。防抱死制动系统可比最快的人脚动作更快、更精确地完成点动的工作。记住，与车轮抱死和打滑相比，处于打滑边缘的车轮在道路上产生的摩擦力更大。一旦车轮失去抓地力，摩擦力就会降低，控制就会受到影响，车辆需要更长的时间才能停下来。

1. 压力调节

当驾驶员快速且牢固地踏下制动踏板时，未配备 ABS 的车辆几乎会立即使车轮抱死，即车辆滑动停止而不是滚动停止。在此期间，驾驶员也很难使车辆保持正直，车辆可能会打滑失控。打滑和失控是由于车轮抱死导致的。如果驾驶员能够在车轮抱死前松开制动踏板，然后再重新施加制动，则可以避免打滑。

制动踏板的释放和踏下正是防抱死系统的功能。当点动或说脉动地调节制动踏板时，在车轮上的制动压力将会迅速施加和释放，这称为压力调节。压力调节用于防止车轮抱死。防抱死制动系统对制动压力的调节可达每秒 15 次。通过调节制动压力，轮胎和路面之间保持一定的摩擦力，从而使车辆能够可控地停车。

由于 ABS 已经控制了系统压力，当前的大多数系统可以控制至车轮制动器的液压，因此不再配备在非 ABS 系统上使用的计量阀和比例阀。电子制动力分配（EBD）用于在制动过程中通过监测后轮轮速来保持前后制动器之间的平衡。如果后轮轮速的降低比前轮更快，ABS 会在限制至后轮的压力同时允许前轮制动器的压力根据需要来建立。

只有当车轮处在松软的雪地上时，摩擦力减少的情况才有助于制动。因为抱死的车轮会在其前方推起小的雪楔，所以抱死的车轮相比滚动的车轮可在更短的距离内停止。

转向是另一个重要考虑因素。只要车轮不打滑，它就只能沿着转动的方向行驶。但打滑后，它只有很小的或几乎没有方向的稳定性，所以 ABS 的最大优势之一就是能够在所有条件下保持对车辆的控制。

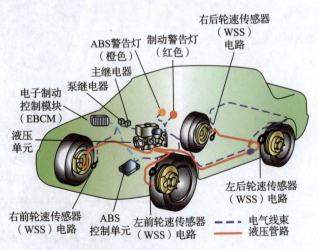

图 16-1 常见的四轮防抱死制动系统

2. 滑移率

如果前轮抱死，车辆的可操控性将降低；如果后轮抱死，车辆的稳定性会降低。抱死的车轮在路面上打滑，使牵引力变差。这种情况有可能使车轮100%打滑，而自由滚动的车轮打滑率接近0%。打滑是车辆的实际速度与车轮在路面上旋转时的胎面速度之差。防抱死制动系统控制车轮的滑移率（图16-2），以确保车轮当时的最大抓地力或牵引力。实际使车辆停止的是车轮的牵引力，因此，ABS可以通过控制每个车轮上的制动液压力以获得该车轮上的目标滑移率来改善车辆的制动和操控性能。

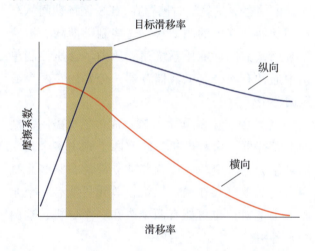

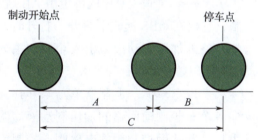

$$滑移率 = \frac{B}{C} = \frac{车速-轮速}{车速}$$

图16-2 滑移率定义

虽然ABS可以防止车轮完全抱死，但它允许车轮有一定的滑移，以尽可能实现最好的制动效果。在ABS运行过程中，目标滑移率可以在10%~30%之间。25%的滑移率意味着在相同车速下，车轮的速度比同一车速下自由滚动车轮的速度小25%。在确定特定车辆的目标滑移率时，需要考虑很多因素。对有些车辆来说，这个范围很低，约为5%~10%，而对另一些车辆来说，这个范围很高，为20%~30%。

> **客户关爱**
> 提醒客户，在停车时点动制动踏板会妨碍ABS系统启动，所以制动时应始终在制动踏板上保持有力的稳定踏板力。

3. 踏板感觉

配备ABS的车辆的制动踏板感觉与传统制动系统不同。在ABS启用时，脚部会随着制动踏板的快速脉动而感到小的冲击，直到车辆停止或ABS关闭。这些脉动是对制动器进行压力调节的结果，某些系统会比其他系统更不容易感受到这种脉动，这是由于在这类系统的调制单元中使用了阻尼阀。如果在诊断制动问题时，客户抱怨的是踏板感觉，可与ABS正常工作的类似车辆进行比较。带有ABS的车辆在正常制动过程中的制动踏板力和踏板感觉类似于传统的制动助力系统。

4. ABS部件

在当前的车辆上会发现许多不同的防抱死制动系统设计。这些设计的基本布局、运行和部件各不相同，而且所用的动力辅助装置类型也有不同。将ABS和助力功能组合在一起的系统称为整体式系统。车辆上的ABS部件可分为两类：液压部件和电气/电子部件。记住，没有一个系统会使用到这里讨论的所有部件。常规或传统的制动部件是整个制动系统的一部分，但不在下面讨论中。

5. 液压部件

（1）蓄能器　蓄能器用于存储液压油，以保持制动系统中的高压，并为制动助力辅助装置提供剩余的压力。通常情况下，蓄能器内充有氮气（图16-3），并是压力调节单元的一个组成部分。该装置通常用在配备液压辅助制动系统的车辆上。

（2）防抱死液压控制阀总成　该总成控制车轮制动器总成上制动系统压力的释放和施加。它可能是整体式的，这意味着该装置将助力器、主缸和ABS组合成一个总成（图16-4）。在非整体式系统中，控制阀总成安装在主缸、助力装置的外部，位于主缸和车轮制动器总成之间。这两种类型通常都包含控制制动系统压力的释放、保持和施加的电磁阀。

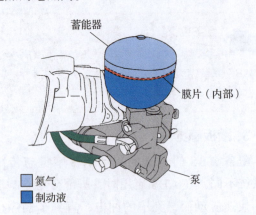

图 16-3 蓄能器内的压力

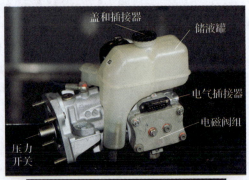

图 16-4 整体式 ABS 将制动主缸、助力器和 ABS 部件组合在一个单元中

（3）助力泵 助力泵是由电机和液压泵组成的一个总成。助力泵为 ABS 提供加压的液压油。助力泵的电机由系统的控制单元控制。助力泵也称为电动泵和电机总成。

（4）助力器/主缸总成 助力器/主缸总成（图 16-5）有时也称为液压装置，它包含 ABS 工作期间调节车轮回路液压所需的阀和柱塞。制动助力由液压泵提供的加压制动液提供。

图 16-5 这个典型的整体式系统的主缸使用电动泵进行助力

（5）制动液储存器 与前面提到的蓄能器不同，该储存器只是临时储存在 ABS 循环期间从车轮制动器中移出的制动液，这些制动液随后被液压泵用来为制动液压系统建立压力。液压控制单元中通常有两个制动液储存器，分别用在两个液压回路中。

（6）液压控制单元 该总成包括电磁阀、制动液蓄能器、泵和电机。它实际上是由多个独立部件组合的一个单元，这些独立部件在某些系统中可能是单独存在的。该组合单元可能有一个泵和一个电机；也可能有两个泵和一个电机，这两个泵各用在一半液压系统中。

（7）主阀 主阀（双位阀）也由 ABS 控制模块控制，且仅在 ABS 模式下打开。打开时，来自助力器回路的加压制动液被引入至制动主缸的前制动回路，以防止踏板行程过大。

（8）调制器单元 调制器单元（图 16-6）控制流向各个车轮制动回路的加压制动液。调制器通常由打开和关闭控制阀的电磁阀、控制流向车轮制动装置制动液流量的几个控制阀，以及根据控制模块指令启用或停用电磁阀的电气继电器组成。该装置也称为液压执行器、液压动力装置或电液控制阀。

（9）电磁阀 电磁阀位于调制器单元中，并根据来自控制模块的信号进行电气动作，控制模块驱动电磁阀打开或关闭，以增加、减少或保持某个车轮制动装置的液压。

（10）阀体总成 该阀体总成连接在助力器/制动主缸的侧面，它包含控制车轮液压回路的电磁阀（图16-7）。控制模块控制这些电磁阀的位置。该阀体总成可与助力器/主缸分开维修，但不应拆解。电气插接器将阀体与ABS控制模块相连接。

图16-6 ABS调制器单元

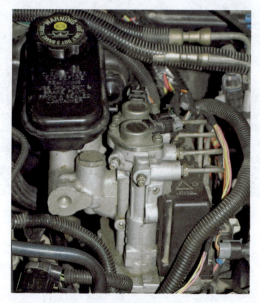

图16-7 阀体总成连接到助力器/主缸的侧面，含有控制各车轮液压回路的电磁阀

（11）车轮制动回路控制阀 每个油路或通道由两个电磁阀控制，一个控制液压回路的进油阀，另一个控制出油阀。当回路的进油阀和出油阀组合使用时，回路中的压力可以增加、降低或保持稳定。每个阀的位置由控制模块确定。出油阀为常闭式，进油阀为常开式。当ABS控制模块将12V电压施加给某个回路的电磁阀时，该电磁阀被启用。在正常行驶过程中，该电路是未接通的。

6. 电气/电子部件

（1）ABS控制模块 这种小型控制处理器通常安装在制动主缸上（图16-8），或者是作为液压控制单元的一部分。它监控系统的运行，并在需要时控制防抱死功能。该模块依靠来自轮速传感器的输入和来自液压单元的反馈来确定防抱死制动系统是否正常工作，并确定何时需要防抱死模式。该模块具有自诊断功能，包括许多故障码。该模块还称为ECU（电子控制单元）、EBCM(电子制动控制模块)、防抱死制动控制器或ECM（电子控制模块），使用的具体名称取决于制造商和车辆的年份。无论使用什么名称，该控制模块都可以控制ABS、ESC和许多其他相关系统。

图16-8 ABS控制模块通常安装在制动主缸上

数据链路连接器（DLC）：该DLC提供对车辆信息、运行状态和诊断信息的访问和/或控制。

诊断故障码（DTC）：这些故障码是由ABS内部诊断系统识别的故障状态的数字标识。

（2）制动踏板位置传感器 ABS模块使用防抱死系统的制动踏板位置（BPP）传感器来确定踏下制动踏板的时刻、踏板踏下的行程或力度。BPP传感器的输入用于ABS、ESC、发动机控制模块、变速器控制模块、巡航控制和其他一些系统。

（3）指示灯 大多数配备ABS的车辆都配备了两个不同的制动警告灯。其中一个警告灯与ABS直接绑定，而另一个警告灯是基本制动系统的一部分。所有车辆都有红色警告灯。当制动液液面低、制动系统有故障或驻车制动器作用时，该警告灯点亮。当ABS出现故障时，琥珀色警告灯点亮。如果基础系统出现重大问题，两个灯都将点亮，导致 ABS 被停用（图 16-9）。

图 16-9 制动警告灯

（4）横向加速度/纵向/横摆率传感器 这些传感器用于配备稳定性控制系统的车辆，用于监控车辆的侧向、前向/后向和围绕车辆中心轴线的运动。这些传感器可能是约束系统的一部分，数据可以与 ABS 和 ESC 共享。来自这些传感器的数据可用于确保转弯时的适当制动，保持车辆在转弯时的稳定性，以及用于扭矩矢量控制，以提高稳定性和其他性能。

（5）压力开关 该开关控制泵电机的运转和压力低的警告灯电路。压力开关控制泵电机继电器线圈的接地，当蓄能器内的压力降至 2030psi（约 14000 kPa）以下时启动泵。当压力达到 2610psi（约 18000kPa）时，开关关闭电机。压力开关还会包含一个在蓄能器压力降至 1500psi（约 10343kPa）以下时激活仪表板上警告灯的开关。该装置通常用在配备液压辅助制动系统的车辆上。

（6）压差开关 压差开关位于调制器单元中。每当制动系统内的液压压差不符合要求时，此开关就会向控制模块发送信号。

（7）继电器 继电器是用小电流开关电路控制大电流电路的电磁装置。在 ABS 中，继电器用于打开/关闭电机和电磁阀。来自控制模块的小电流信号使继电器通电，从而完成电机或电磁阀的电路。

（8）齿圈 齿圈也称为信号齿圈或磁阻轮，它可以安装在半轴、差速器齿轮或车轮轮毂上。这个齿圈与轮速传感器一起使用。齿圈圆周上有许多齿，齿数随制造商和车型不同而异。当齿圈旋转且每个轮齿经过轮速传感器时，传感器将产生一个信号，这些信号发送给控制模块，控制模块再将该信号转换为轮速。齿圈也称为磁阻轮、信号齿圈或齿轮脉冲器。

7. 轮速传感器

轮速传感器（WSS 如图 16-10 所示）安装在各齿圈附近。目前使用的传感器有两种：产生交流电压信号的被动式（无源）传感器和产生数字直流信号的主动式（有源）传感器。被动式传感器在齿圈的轮齿旋转经过传感器时，会产生交流电压。当一个轮齿离开传感器时，信号中断，直到下一个轮齿靠近传感器。最终结果是向控制模块发送脉冲信号（图 16-11）。控制模块将信号转换为车轮转速。传感器通常是一个小线圈，中心有一个永磁体（PM）。

图 16-10 轮速传感器安装在与驱动轴或齿轮相连的齿圈附近

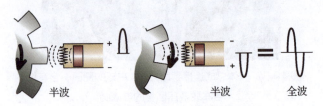

图 16-11 来自轮速传感器的输出

主动式传感器可能有两条或三条导线，它们是产生方波数字信号的霍尔效应传感器或磁阻传感器（图 16-12）。与 PM 传感器不同，数字传感器可用在速度降到 0 mile/h 的状况，并且可以确定车轮的旋转方向，因此现在通常都使用主动式传感器。这对于电子稳定性系统的运行和配备坡道起步辅助的车辆是必要的。

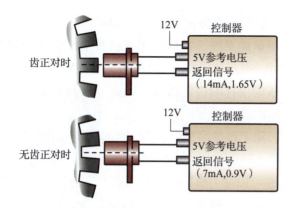

图 16-12 有源式传感器有两条或三条导线,且是产生方波数字信号的霍尔效应或磁阻传感器

8. 多路传输

ABS 的电子电路和线路连入车辆的 CAN 网络（图 16-13）。这可使 ABS 控制单元与其他控制模块进行通信,并与它们共享输入设备。当 ABS 进行附加功能（如牵引力和稳定性控制）的改装时,CAN 通信尤其重要。

9. 基本工作原理

控制单元处理输入信号并控制液压调节单元中隔离/泄压阀的操作。隔离/泄压阀封堵或隔离制动主缸与某些制动器之间的液压管路。只要施用了制动器且车辆正在移动,制动主缸将会保持隔离状态,因此额外的制动液不能引入到这些制动器。同时,泄压阀打开,允许极少量的制动液从制动管路进入制动液储存器（图 16-14）,从而降低输送至制动器的制动液压力,并稍微释放,以允许车轮转动。如果车轮转速上升过多,泄压阀会反转,储液器会迫使少量制动液流回制动器。这种持续的泄压/建压是在紧急或 ABS 停车时导致制动踏板脉动的原因。大多数系统对每个车轮都有专用的隔离/泄压阀。

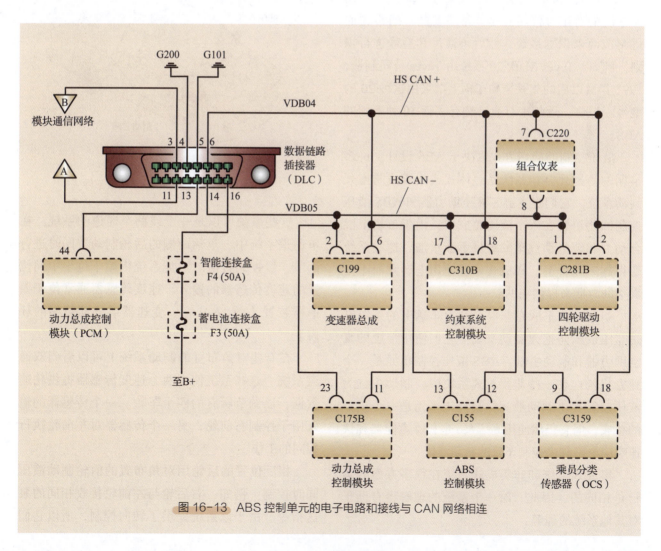

图 16-13 ABS 控制单元的电子电路和接线与 CAN 网络相连

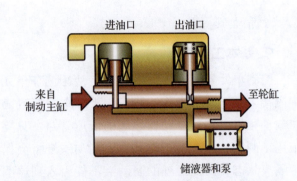

图 16-14 控制单元处理输入信号并控制隔离/泄压阀的操作，以封堵或隔离主缸与制动器之间的管路

16.2 ABS 类型

当今车辆上使用的 ABS 是由许多不同的公司制造。每个制造商都有独特的方法来完成相同的事情，即在制动期间对车辆进行控制。在维修 ABS 时，准确识别正在使用的系统，并遵循该系统的特定维修步骤是非常重要的。通常先通过制造商来识别系统，然后再通过其型号进行识别。例如，Teves Mark 20 系统由 Teves 公司制造，1997 年及以后的克莱斯勒车辆上都采用这种 20 的型号。记住，近年来行业已经有了近 50 种不同的 ABS。

液压控制的确切方式取决于 ABS 设计。许多早期的防抱死制动系统是整体式或集成式防抱死制动系统。它们将主缸、液压助力器和 ABS 液压控制回路组合在一个液压总成中。由于市场上混合动力和纯电动汽车的数量不断增加，这些系统变得越来越普遍。集成式系统使用电动泵而不是真空助力器来提供辅助。

如今，几乎所有非混合动力车辆上的系统都是非集成式防抱死制动系统。它们使用传统的真空助力器和制动主缸。ABS 液压控制单元是一个独立机构。在一些非集成式系统中，制动主缸为液压装置提供制动液。尽管液压单元是一个单独的总成，但它仍然使用高压泵/电机、蓄能器和快速响应电磁阀来控制车轮的制动液压。

集成式系统和非集成式系统在很多方面的运行是相同的，因此，对一个系统的理解将有助于对其他系统的理解。

通用汽车公司的电磁式 ABS 是一种不同类型的非集成系统，它使用传统的真空助力器和制动主缸，但不使用高压泵/电机、蓄能器和用于控制液压的快速响应电磁阀，而是在液压调制装置中使用电机。

除了可按照整体式和非整体式对 ABS 进行分类外，还可按照它们所提供的控制数量进行分类。ABS 可以分为单通道、双通道、三通道、四通道，或两轮、四轮系统。一个通道是指连接制动器的一个液压回路。

1. 两轮系统

这些基本系统仅为后轮提供防抱死制动性能。它们不向转向轮提供防抱死性能。两轮系统最常见于老式的轻型货车和一些运动型多用途车上（图 16-15）。

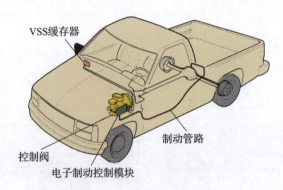

图 16-15 后轮 ABS 的主要部件

这些系统可以是一个或两个通道的系统。在单通道系统中，车辆两侧的后轮制动器同时进行调节，以控制打滑。这类系统依赖于位于中间位置的速度传感器的输入。速度传感器通常位于差速器装置（图 16-16）、变速器或分动箱中的环齿上。

在有些对角布置的制动系统上可以看到双通道系统。这些系统使用两个速度传感器提供轮速数据，以调节所有的四个车轮。一个传感器的输入用于控制右前轮，另一个传感器对左前轮执行相同的工作。

相反位置的后轮用对角布置的前轮制动液压同时控制。例如，右后轮与左前轮接收相同的泵送指令。由于该系统提供了转向控制，所以它们是两轮系统的升级版，但在某些运行条件下，它会有不足之处。

图 16-16　两个后轮的转速传感器都位于差速器单元中

2. 全轮（四轮）系统

有些前后分开的液压系统使用三通道系统，并称为四轮防抱死制动系统。这类系统的两个前轮各有一个液压回路，两个后轮共用一个液压回路。

最有效和最常见的 ABS 是四通道系统。在这类系统中，传感器监测四个车轮中的每一个车轮。有了这些全面的信息，ABS 控制模块可确保每个车轮都能获得同时维持防抱死和转向控制所需的准确制动力。

16.3　ABS 的运行

防抱死制动系统的准确运行过程取决于其设计和制造商。要想解释每种系统的运行过程会占用许多篇幅，而且刚读完这些解释，就又会有两或三个新的系统需要解释。如果了解了几个系统的基本运行过程，就可以很容易地理解其他任何系统的准确工作过程。它们在运行上的主要区别在于系统所使用的部件，因此，我们选取以下几个系统作为示例来说明它们如何用其具有的部件进行工作。

1. 非整体式两轮系统

这类安装在老式皮卡和 SUV 上的系统用于防止后轮抱死，特别是在载荷较轻的状态下。它们由标准的制动助力系统、电子控制单元（控制模块）和隔离/泄压阀总成组成。隔离/泄压阀总成连接在后制动管路的主缸上。在 ABS 工作时，两个后轮制动器总成都由控制阀总成控制。

在正常制动情况下，制动压力直接通过阀总成传递。如果控制模块从轮速传感器检测到的减速率表明后轮可能抱死，则启用隔离阀，从而阻止后轮制动压力的增加。如果出现表明车轮仍会抱死的进一步减速，控制模块将迅速脉动出油阀以向储液器释放制动压力，直到后轮的减速度与车辆的减速度或所需的滑移率相匹配。当轮速回升时，控制模块将关闭隔离阀，使储液器中的制动液返回制动主缸，并恢复正常的制动控制。

控制模块通过后轮轮速传感器的信号持续监测差速器上信号齿圈的转速，同时还接收来自制动灯开关、制动警告灯开关、复位开关和四轮驱动开关等信号。

四轮驱动车辆上的该系统在四轮驱动模式下由于分动器工作而被停用，在将分动器切换到两轮驱动模式将重新启用 ABS。

2. 非整体式四轮系统

这类系统的液压回路是独立的四通道类型（图 16-17）。液压控制单元是一个独立的单元。在液压控制单元中，每个车轮都有两个控制阀，因此总共使用了八个控制阀。非整体式四轮系统中有些系统只有三个通道，每个前轮各有一个通道，后轮使用一个通道。显然这类系统只有三对电磁阀（图 16-18）。

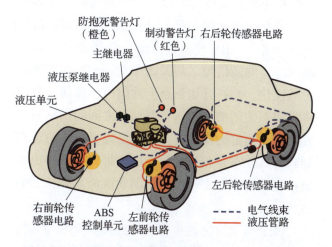

图 16-17　四轮防抱死制动系统电气和液压部件基本组成

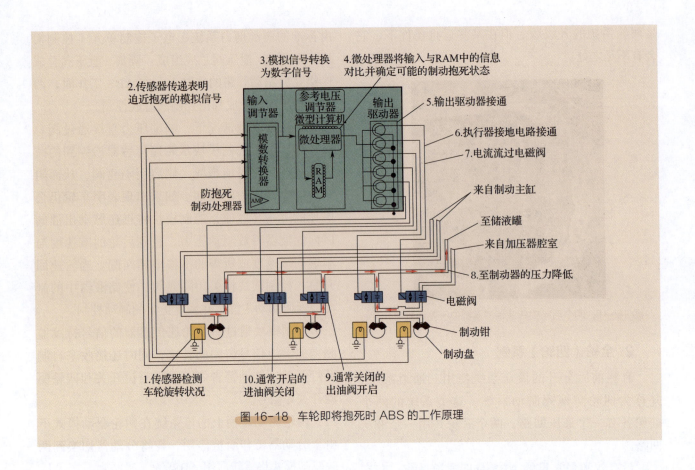

图 16-18 车轮即将抱死时 ABS 的工作原理

该系统通过调制制动压力来防止车轮在紧急制动中抱死。它可使驾驶员在大多数情况下保持转向控制并在尽可能短的距离内停车。在 ABS 工作期间，驾驶员会感觉到制动踏板的脉动和嗒嗒声。

（1）运行过程　ABS 控制模块计算车轮的滑移率并通过控制某些车轮制动器的制动液压力实现目标滑移率。如果控制模块根据输入传感器数据感知到车轮即将抱死，则发出脉冲使该回路上常开的进油阀关闭，以防止更多的制动液进入该回路。ABS 控制模块随后观察来自受控车轮传感器的新信号。如果该车轮仍比其他三个车轮减速快，则打开该回路上常闭的出油阀，从而将封闭在关闭的进油阀和制动器之间的制动液释放回制动主缸的储液罐。一旦受控车轮的轮速恢复到与其他车轮相同，控制模块将进油阀和出油阀恢复到常规状态，从而使制动液流入受控的制动器。

每个车轮的轮速由轮速传感器（WSS）测量。当齿轮脉冲器或信号轮上的齿旋转经过传感器时，会产生一个信号，信号的频率随轮速变化而变化。

（2）调制器总成　ABS 调节器总成由进油阀、出油阀、储液罐、泵、泵电机和阻尼室组成。液压控制有三种模式：减压（降低）、保压（保持）、增压（增加）。

在减压模式下（图 16-19），进油阀关闭，出油阀打开。在该模式下，车轮制动器的制动液压力被阻断，制动钳中已有的制动液通过出油阀流回制动主缸储液罐。在增压模式下（图 16-20），进油阀打开，出油阀关闭。加压的制动液被泵送到制动钳。为了在保压模式下保持制动钳处的压力，进油阀和出油阀都处在关闭状态。

在 ABS 制动期间，泵/电机提供工作所需的额外制动液。当 ABS 制动期间，出油阀打开过，泵送的制动液会释放到储液器中。储液器提供制动液的临时存储，以供 ABS 制动时使用。该泵在 ABS 制动结束后还会排空储液器回路。泵用一个电机驱动，电机由 ABS 模块控制的继电器控制。泵在 ABS 制动期间始终处在开启状态，并在制动结束后仍保持开启状态约 5s。

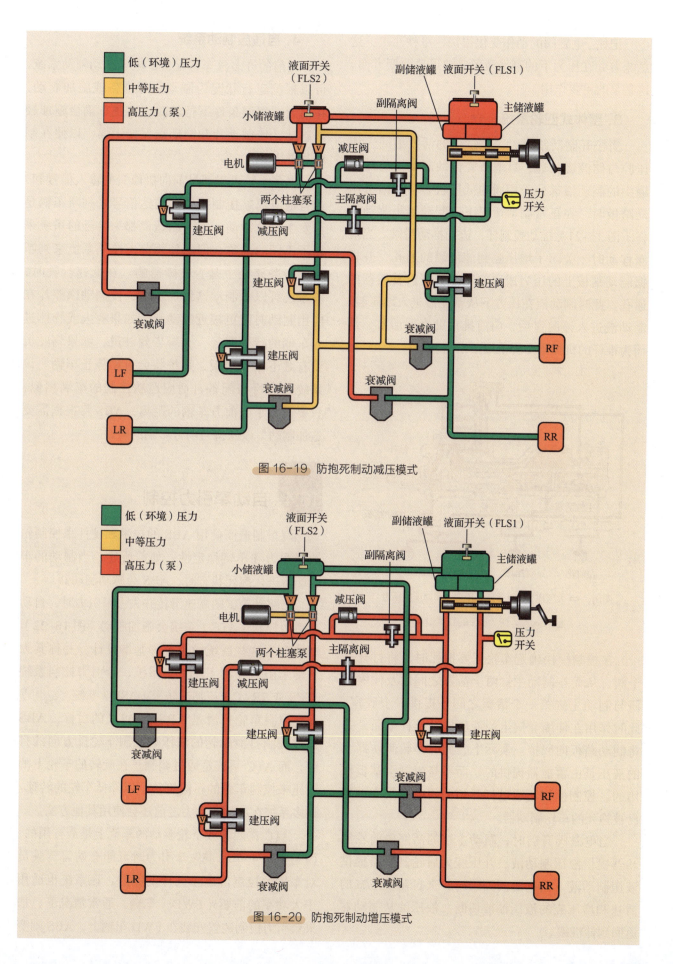

图 16-19 防抱死制动减压模式

图 16-20 防抱死制动增压模式

记住,电磁阀的动作变化很快,每秒几次。这意味着处在压力下的制动液务必要迅速改变方向,这是泵的主要作用。

3. 整体式四轮系统

当松开制动踏板时,主缸中的活塞缩回。增压腔与储液罐相通,且增压腔内的制动液与储液罐中的制动液都处于相同的低压状态。当踏下制动踏板时,在正常制动情况下,制动踏板驱动推杆(图16-21)推动控制杆,进而推动滑阀。当滑阀移动时,关闭了增压腔到储液罐的通孔,并根据制动踏板上的压力成比例地部分开启蓄能器的通孔,此时制动液在压力下从蓄能器进入增压腔。制动液进入该腔室后,向前推动助力器活塞,从而为推杆的机械推力提供液压助力。

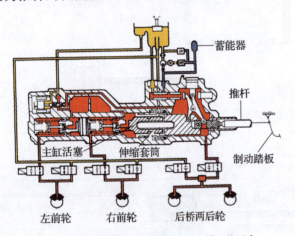

图16-21 带ABS的正常制动

在控制模块确定车轮正要抱死时,将打开一个阀,从而在制动主缸两个活塞之间以及伸缩套筒与制动主缸第一个活塞之间各提供一个腔室。此时作用在伸缩套筒上的液压推动推杆缩回,并将制动踏板向回推。实际上,此时车轮制动器上的液压是由蓄能器提供的,而不是由制动踏板作用的。控制模块还通过打开和关闭电磁阀来循环已被抱死的车轮制动器。

当电磁阀开启时,制动主缸的活塞向前轮制动器提供液压制动液,升压腔为后轮制动器提供液压制动液。当电磁阀关闭时,来自制动主缸的活塞和增压腔的液压油被切断,液压油从制动器返回到储液罐。

4. 自适应制动系统

当前的许多汽车都配备了电子制动辅助系统,可以根据运行状况为制动做好准备或施加制动。在雨天或潮湿条件下行驶时,有些车辆会施加轻微制动,使制动片和制动盘保持干燥,以便在制动时更快响应。

许多系统可以通过前向摄像头的输入信号和/或自适应巡航控制系统的雷达信号来判断车辆是否发生紧急制动。每个制造商都为自己的系统采用了不同的名称,但都使用前向监测系统来判断车辆行驶路径中是否有障碍物。在低速行驶时,该系统可以对制动器预加压力,使制动摩擦片在应用制动时能更接近制动盘。如果有人或物体进入车辆的行驶路径,会警告驾驶员,如果驾驶员没有踏下制动踏板,系统将会自动停止车辆。该系统的运行与配备自适应巡航控制的车辆相似,只要设置了与前方车辆的距离,ABS将根据需要施加制动,以保持与前方车辆的间距。

16.4 自动牵引力控制

汽车制造商使用ABS的技术和硬件来控制轮胎牵引力和车辆稳定性。如前所述,当制动的车轮即将进入抱死状态时,ABS会脉动制动器。

当驱动轮试图高速滑转并失去牵引力时,自动牵引力控制(ATC)系统会施加制动(图16-22)。制造商为这些系统做了各种基本设计,并称其为自动牵引力控制(ATC)系统、牵引力控制系统(TCS或TRAC)或加速防滑(ASR)系统。

控制车轮打滑是ABS和ATC的目标。ABS通过调制打滑车轮的液压来控制车轮反方向的打滑,而ATC系统是通过调制正在旋转的车轮上的液压来控制车轮的正向旋转,以降低车轮的转速。许多系统在施加制动力之前还会使用其他方法。

ATC在四轮或全轮驱动的车辆上是最有用的,因为当一个车轮丧失牵引力时可能会妨碍驾驶员对车辆的控制。出于同样的原因,该系统也适用于大功率的前驱(FWD)车辆。通常情况下,如果牵引力控制装置安装在FWD车辆上,ABS则变更为一个三通道系统，因为后轮不需要 ATC，而在 RWD 和 4WD 车辆上，该系统是以一个四通道 ABS 为基础的。

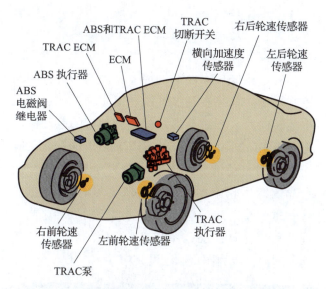

图 16-22 典型的 ATC 系统

为了利用制动器来控制车轮的打滑空转，ATC 系统必须有产生液压的泵和储存备用压力的蓄能器。在制动过程中，驾驶员的脚对制动踏板施加压力，在加速过程中，驾驶员的脚必定不会接触制动踏板，所以，如果要使用制动压力来阻止车轮打滑空转，制动系统必须具有自己的液压源。

在运行期间，ATC 系统监测轮速传感器。如果车轮进入失去牵引力的状态，控制模块会向该车轮施加制动力。通过将车速与轮速进行比较来识别牵引力损失，如果存在牵引力损失，则轮速将高于预期的特定车速。车轮打滑的滑移率通常限制在 10%。有些 TCS 的 ABS 和 ATC 分别使用单独的液压阀单元和控制模块，也有一些系统将 ABS 和 ATC 集成到一个液压控制单元和一个控制模块中。从 ABS 到 ATC，齿圈和轮速传感器都保持不变。

有些 ATC 的功能仅在 5～25mile/h（约 8～40km/h）低速行驶时才起作用。这些系统旨在车辆行驶于湿滑或积雪路面时减少车轮的滑移和保持驱动轮的牵引力。如果在加速过程中控制单元检测到驱动轮打滑且没有施加制动，控制模块即进入牵引力控制模式，脉动进油阀和出油阀，以使制动快速施加和释放。泵/电机总成工作并向打滑车轮的制动器提供加压的制动液。

1. 发动机控制

更先进的系统以更高的速度运行，并将发动机的一些控制功能集成到控制策略中。大多数 ATC 系统依靠 CAN 总线上的可用输入信息，通过比较前后轮速来确定驱动轮是否失去牵引力。

当检测到驱动轮打滑且未施加制动时，电子制动控制模块（EBCM）将进入牵引力控制模式。此时，PCM 将启动发动机转矩降低程序以降低驱动轮的转速。下面列出了 PCM 是如何降低驱动轮转矩的：推迟点火正时；减小节气门开度；减少或切断一个或多个气缸的燃油喷射脉冲；增加废气再循环（EGR）流量；暂时将变速器升档到更高档位。

如果发动机转矩的降低不能阻止驱动轮打滑，EBCM 将逐渐对驱动轮施加制动（图 16-23）。此时关闭制动主缸的隔离阀以使轮缸与液压系统的其余部分隔离，然后打开注油阀使泵积聚制动液并建立液压，同时通过驱动轮制动管路进油和出油电磁阀的开启和关闭而经历压力保持、压力增减和压力降低三个阶段。

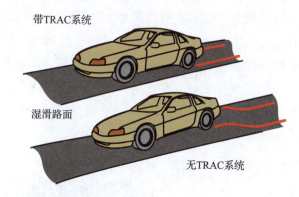

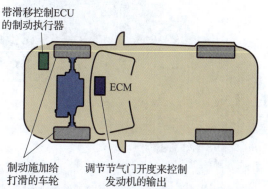

图 16-23 在这款 FWD 车辆上，TRAC 系统施加适当的制动并调节发动机的输出，以防止车辆在湿滑路面上加速时车轮打滑

2. 驾驶员控制装置和指示灯

大多数 TCS 有两个警告灯。但有些车辆会在仪表板上用信息显示系统状态。一般情况下，当系统设置了任何 ABS 停用的故障码时，将点亮琥珀色指示灯或显示维修信息。当出现这类情况时，控制单元会自动停用 TCS。当系统主动控制车轮打滑时，会点亮一个绿色的指示灯或显示一条信息以表示系统处在工作状态。

可能还会有一个手动切断开关，以便驾驶员可以关闭 TCS，这将导致琥珀色警告灯点亮或显示一条信息来表明系统已经关闭。

16.5 自动稳定性控制

各种稳定性控制（ESP 或 ESC）系统应用在当前的汽车上。与 TCS 一样，稳定性控制也是以 ABS 为基础并连接至 ABS 的（图 16-24）。在有些车辆上，稳定性控制系统还与电子悬架系统相连。尽管该系统使用许多其他名称，但最常见的是将稳定性控制系统称为电子稳定性控制 (ESC) 系统。博世（BOSCH）公司生产的电子稳定性控制系统称为电子稳定性程序（ESP）系统。ESC 有助于防止车轮打滑、突然偏离行驶方向和侧翻事故。从本质上讲，该系统是通过对一个或多个车轮上施加制动以帮助纠正转向。在某些情况下，还会降低驱动轮的动力。

> 博世（BOSCH）公司生产的电子稳定性控制系统称为电子稳定性程序（ESP）系统

图 16-24 博世 ESP 系统的典型组成

1—ESP，集成 ECU 的液压单元 2—轮速传感器
3—转向角传感器 4—集成加速度传感器的横摆率传感器
5—用于通信的发动机管理 ECU

重要的是要记住，车辆的侧翻倾向受车辆高度、轮距和悬架刚度的影响。ESC 不能超越汽车的物理极限，也不能增加牵引力。如果车辆受到的推力超过其牵引力，ESC 可能无法纠正车辆的运动。它只是用可用的牵引力来帮助驾驶员保持对车辆的控制。

ESC 系统可以在车辆加速、制动和滑行期间控制车辆。如果在施加了制动但车辆出现过度或不足转向时，系统会增加相应制动器的制动液压力（图 16-25）。不足转向是车辆对转向变化的响应缓慢的一种情况。当系统检测到不足转向时，会对内侧后轮施加制动，以恢复车辆的稳定性。转向过度会造成后轮试图摆动或车辆甩尾，当出现这种情况时，ESC 系统将对外侧的后轮或前轮施加制动，以力图抵制过度转向。

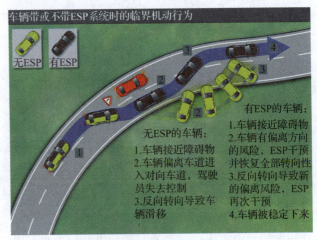

图 16-25 ESP 系统作用效果

控制单元（通常是 EBCM）接收来自轮速传感器、转向角传感器（通常是转向盘后面组合开关体的一部分）、横向加速度传感器、横摆率传感器、侧倾传感器和制动压力传感器的信号，并通过 CAN 总线与其他控制单元通信（图 16-26）。传感器为控制单元提供车辆当前基本状态的信息。

ESC 控制单元将驾驶员的预期行驶方向（通过监测转向角）与车辆的实际方向（通过测量横向加速度、横摆角和单个车轮轮速）进行比较。如果两者之间存在差异，则控制单元通过调制单个前轮或后轮和/或降低发动机功率输出来进行干预。

ESC 持续监测横摆率和轮速等关键输入，车

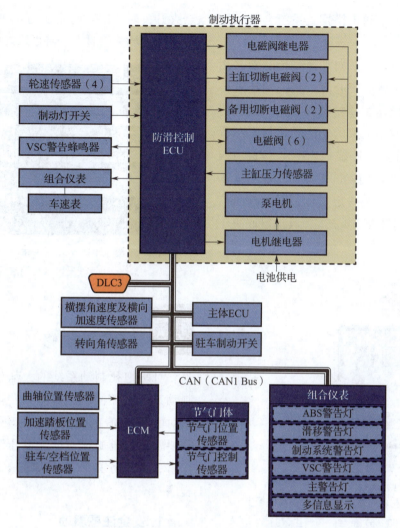

图 16-26 典型 ESC 系统框图

辆绕其中心垂直（Z）轴旋转或在转弯时转动的趋势被定义为横摆，车辆也可能绕其纵向（X）或横向（Y）的水平轴转动，这种运动被定义为侧倾和俯仰。

横摆率传感器是一种陀螺仪传感器，用于测量车辆向左或右的转动。目前有两种类型的横摆率传感器在使用：微机械式和压电式。微机械式的横摆率传感器依赖于一个振荡元件，该元件的运动响应随横摆和速度的改变而改变。在转弯期间，车辆有横摆的倾向，传感器的输出就会发生变化，控制单元根据输出信号来判定横摆的程度。

压电式的横摆率传感器有一个形状像音叉的振动陀螺仪（图 16-27）。该装置分为上下两部分，这两部分都贴有压电元件。当电流流过压电材料时，这两个部分都从一侧向另一侧振荡。当车辆转弯时，车辆的运动会使上部元件远离下部元件，进而产生一个反映车辆速度和横摆率的交流电压信号。向一侧转弯中，信号电压会升高，而向另一侧转弯时，电压会降低。输出信号范围为 0.25~4.75V。当车辆没有横摆时，输出信号为 2.5V。

图 16-27 横摆率传感器

控制单元查看实际横摆率并将其与计算的期望横摆率进行比较，然后对两者之间的差异做出响应。该差异反映了车辆当前出现的不足转向或过度转向的程度。为了纠正横摆，系统会给相应的车轮施加制动。

横摆率传感器通常与横向加速度传感器共用一个外壳并安装在车辆的中心点。横向加速度传感器监测加速度、减速度和拐弯离心力。这类传感器通常是霍尔式或压电式的。半导体材料布置在一块板上，并与车辆中心线成45°。该板由四根梁支承（图16-28）。横梁的设计使其能随着车辆的运动而变形。弯曲量决定了传感器的输出信号。该信号的范围为0.25～4.75V，具体值取决于车辆感受到的重力加速度（G）。

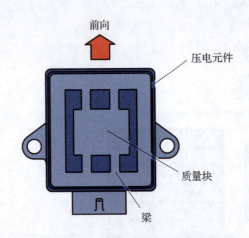

图16-28 半导体材料布置在由四根梁支承的板上，任何方向施加的推力都会使梁产生弯曲

G是车辆加速度的度量值，该参数基于标准重力加速度（9.80665m/s²）。1个G的力意味着车辆的加速度与重力加速度相同。小于1的值表示车辆的加速度低于重力加速度。大于1的值表示车辆的加速度大于重力加速度。大多数横向加速度传感器的工作范围在（-1.5～1.5）g。当横向加速度为零时，输出信号为2.5V。该电压随着横向加速度的增加而增加。

稳定性控制系统指示灯　当系统处于启用或关闭状态，即系统监测到或未监测到横摆率并进行纠正时，ESC系统使用指示灯或仪表板上的信息来告知驾驶员。如果控制单元检测到ESC系统出现问题，则会关闭系统并提醒驾驶员需要维修。此外，许多ESC系统都有一个"OFF"（关闭）开关（图16-29），以便驾驶员可以随时停用ESC，例如当车辆卡在泥泞或雪地中时。但在重新打开点火开关时，ESC将默认为"ON"（打开）。当系统被驾驶员关闭时，会有指示灯或信息显示。

图16-29 许多ESC系统都有一个OFF开关，驾驶员可以禁用该系统

16.6 ABS的维修

对防抱死制动系统的大部分维修作业与传统制动系统是相同的，但有一些重要的不同点。试图对配备ABS的车辆进行制动器维修之前，可能需要对蓄能器减压以防止高压制动液对人身造成伤害，所以务必参考相应维修信息中推荐的维修程序。

1. 安全注意事项

1）更换制动管路及软管时，应始终使用专为配备ABS的车辆设计并贴有明确标签的制动管和软管。

2）切勿在配备ABS的车辆中使用硅类制动液。仅使用制造商推荐的制动液类型（通常是DOT3或DOT4）。

3）在查阅维修信息并了解正确的维修步骤之前，切勿开始对配备ABS车辆的液压制动系统进行排气。

4）ABS加压时，切勿打开排气螺钉或松开液压制动管路或软管。

5）在对车辆进行任何焊接之前，断开车辆上的所有计算机（车载电脑），包括ABS控制单元。

6）点火开关打开时，切勿插拔电气插接件。

7）切勿在ABS控制单元或任何其他控制模块或计算机模块附近安装电话或车用天线。

8）更换轮速信号电路的任何部件后，应检查轮速传感器与齿圈之间的气隙。

9）保持轮速传感器清洁，切勿用油脂遮盖传感器，除非制造商指定，且仅应使用制造商推荐的油脂类型。

10）更换轮速传感器齿圈时，切勿用锤子敲打。应将齿圈压入法兰，锤击可能导致失去极性或磁性。

2. 解除蓄能器压力

有些维修作业需要断开制动管或软管。许多ABS使用的制动液压力可高达2800psi（约19300kPa），并用一个蓄能器来储存加压的制动液，因此在许多系统中，断开任何管路或接头之前，必须解除蓄能器内的全部压力。降低ABS系统压力的常用方法如下：1）将点火开关转到关闭位置；2）踏下和松开制动踏板25~50次；3）制动踏板在蓄能器释放压力时应明显变硬。

由于不同系统设计的泄压步骤各不相同，所以应始终参考维修信息。

16.7 诊断和测试

诊断ABS时，应始终遵循车辆制造商给出的步骤。一般来说，ABS诊断需要3~5种不同类型的测试，这些测试必须按照维修信息中列出的指定顺序进行。测试类型可能包括以下内容：1）诊断前的检查和路试；2）警告灯故障的排查；3）车载ABS控制模块测试（故障码读取）；4）每个故障码或部件故障排除。

> ⚠ **注意** 采用错误的顺序或跳步可能导致更换不必要的零部件或对故障现象的错误判断。本章中给出的是市场上不同防抱死制动系统的典型信息和步骤，其特殊说明，应查询具体车辆的维修信息。

1. 诊断前的检查

在进行任何实际检查之前，先花几分钟与客户沟通以了解他们对ABS的抱怨。客户是一个非常好的信息来源，特别是在诊断间歇性问题时。一定要弄清楚出现了什么故障现象，以及发生在什么情况下。

所有的ABS系统都有某种自诊断功能，每次打开点火开关时都会调用此功能，所以应该从这个简单的功能开始所有诊断。

警告灯 将点火开关置于ON（打开）位置，同时观察红色的制动系统指示灯和琥珀色的ABS指示灯（图16-30）。两个灯都应点亮。然后起动车辆，红色的制动系统指示灯应迅速熄灭。如果制动液液面低、驻车制动开关闭合、点火开关的灯泡测试开关关闭，或者设置了某些ABS故障码，此灯将保持点亮。

图16-30 车辆典型ABS、ATC和ESC警告灯

当点火开关处于RUN（运行）位置时，ABS控制模块将进行ABS电气系统的初步自检。自检需要3~6s，在此期间，琥珀色的ABS灯会保持点亮。一旦自检完成，ABS指示灯应熄灭。如果在该测试期间检测到任何故障，琥珀色灯将闪烁或持续点亮，以提醒驾驶员发现了故障。在某些系统中，ABS指示灯闪烁表示控制单元检测到问题，但尚未停用ABS。但是，ABS指示灯闪烁表示必须尽快对系统进行维修。

ABS指示灯始终点亮表示检测到影响ABS运行的问题，此时不会再提供防抱死制动功能，但仍会保持正常的无ABS的制动功能。为了恢复ABS的制动功能，必须维修ABS。

如果两个制动指示灯都保持点亮，且已完全释放驻车制动，则前后轮制动力分配系统可能会因压力缺失而关闭。

如果点火开关打开时指示灯未点亮，ABS可能不会进入自检模式。该问题可能只是像灯泡烧坏一样简单，但也可能是ECU本身有问题。要确定指示灯不亮的原因，应先检查灯泡，如果灯泡没问题,则需要在诊断插接器上进行一些电压测试。遵循制造商给出的测试步骤,几乎所有的诊断插接器上都有一个用于一种或多种测试模式的接地端子。使用电压表或欧姆表检查诊断接地端子和蓄电池负极端子之间的连接,高的接地电阻或开路会使 ECU 无法进入自检模式,这可能是其他系统有问题的一个迹象。

诊断插接器上的其他各个端子可能在不同时间施加了其他的电压值。在某些条件下,有些可能是蓄电池(系统)电压,而另一些可能是 5V、7V 或是一个可变的电压。

> **车间提示**
>
> 变脏或损坏的轮速传感器和损坏的传感器线束是点亮 ABS 警告灯的主要触发原因。在检查速度传感器和信号轮之前,不要急于将故障的原因归咎于 ABS ECU 或液压模块。

2. 目视检查

诊断前的检查包括对系统部件的快速目视检查。在这个检查过程中经常可以发现一些问题,这样就不需要进行其他更耗时的检查步骤。目视检查应包括以下内容。

1)检查制动主缸储液罐中的液面高度。

2)检查所有制动软管、管路和接头是否有损坏、劣化和泄漏的迹象。检查液压调整单元有无泄漏或线路损坏。

3)检查四个车轮的制动部件,确保不存在制动拖滞,且所有制动器在施用时都能做出正常反应。

4)检查车轮轴承是否有导致车轮晃动的磨损或损坏。

5)检查外侧等速万向节的对正和运转状况。

6)确保轮胎胎面花纹深度符合规范要求,且轮胎尺寸正确。

7)检查所有电气连接是否存在腐蚀、损坏、磨损和断开的迹象。

8)检查轮速传感器及其接线。检查传感器和齿圈之间的气隙,确保气隙在规定的范围内。还应检查传感器的安装、齿圈以及传感器的接线状况。

3. 路试

目视检查完成后,对车辆进行路试以评估整个制动系统的性能。先从车辆静止时对制动踏板的感受开始,然后加速至约 20mile/h(约 32km/h),用正常制动方式使车辆停止,注意是否有制动跑偏或工作不当的迹象。接下来将车辆加速至约 25mile/h(约 40km/h)后,用力踏下制动踏板。如果防抱死制动系统工作正常,此时应感觉到制动踏板的脉动。

> **车间提示**
>
> 许多车辆的车轮轴承总成中内置了 WSS(轮速传感器),因此磨损的车轮轴承会影响 ABS 的运行。

> **车间提示**
>
> 记住,制动系统基础部件的故障可能导致 ABS 关闭,所以不要过早地判定 ABS 有故障。

在进行几次低速停车操作的同时,通过转向盘转动车轮,这会使前轮轴承承受更大的载荷。许多前轮的轮速传感器内置在前轮轴承和轮毂中,磨损的轴承会导致 ABS 在低速时发生不需要的启动。如果在停车时 ABS 启动,应检查车轮轴承是否松动和磨损。

在路试期间,两个制动警告灯应保持熄灭。如果任何一个警告灯点亮,应注意可能导致该灯点亮的状况。停车后,将变速器档位设置在 P 位(驻车档)或 N 位(空档),并观察警告灯,它们都应该熄灭。

在路试过程中,往往可以辨别间歇性的故障。如果诊断仪设有"截屏"功能,可用它在正常加速、停车和转弯操作期间捕获系统的表现。如果常规路试不能使故障再现,可在低附着系数路面(如砾石路面)在大约 30~50mile/h(约 48~80km/h)的速度时进行防抱死制动,同时触发诊断仪的"截屏"模式。

4. 自诊断

控制模块监测系统的机电部件,系统中的故障将导致控制模块关闭或中断系统,但仍会保持正常的动力辅助制动。ABS 通常都具有自我监测功能，并通过组合仪表中的警告灯提示出现了故障。当点火开关置于 RUN（运行）位置时，ABS 控制模块将对其电气系统进行初步自检，并通过组合仪表中琥珀色 ABS 警告灯的第二次点亮来表示。在车辆运行期间，控制模块监测 ABS 的所有电气功能以及正常和防抱死制动期间的一些液压功能。与 ABS 有关的大多数故障都会点亮琥珀色的 ABS 警告灯，并有故障码记录。

大多数 ABS 电子控制系统都包含复杂的车载诊断系统，当用适当的诊断仪进行访问时，可以识别系统中的问题来源。每个故障码都代表系统中一个特定的可能问题（表 16-1）。维修信息对每个故障码都有详细的逐步排查故障的图表。

表 16-1 ABS、ATC、ESC 系统故障码示例

故障诊断码	定义
C1211	ABS 指示灯信号电路电压过高
C1214	系统继电器触点或线圈电路开路
C1217	BPMV 泵电机控制电路短路
C1218	泵电机电压
C1221–C1224	车轮转速传感器输入信号为零
C1225–C1228	车轮转速传感器变化过大
C1232–C1235	车轮转速传感器电路开路或短路
C1236	低系统电压
C1237	高系统电压
C1238	驱动轮制动盘温度过高
C1242	BPMV 泵电机对地短路
C1243	BPMV 泵电机失速
C1245	胎压监测器
C1246	制动摩擦片磨损电路开路
C1248	动态后部比例调整控制系统
C1253	RSS 显示故障
C1252	左前法向力故障
C1253	右前法向力故障
C1254	校验和错误
C1255	EBTCM 内部故障（已禁用 ABS/TCS）
C1256	EBTCM 内部故障
C1261	左前进口电磁阀故障
C1262	左前出口电磁阀故障
C1263	右前进口电磁阀故障

（续）

故障诊断码	定义
C1264	右前出口电磁阀故障
C1265	左后进口电磁阀故障
C1266	左后出口电磁阀故障
C1266	右后进口电磁阀故障
C1267	右后出口电磁阀故障
C1271	左前 TCS 总泵隔离阀故障
C1272	左前 TCS 主阀故障
C1273	右前 TCS 总泵隔离阀故障
C1274	右前 TCS 主阀故障
C1276	输出转矩信号电路故障
C1277	请求转矩信号电路故障
C1278	TCS 被 PCM 暂时禁用
C1281	转向传感器不相关故障
C1282	横摆率传感器偏置电路故障
C1283	转到中心转向的时间过长
C1284	横向加速度传感器自检故障
C1285	横向加速度传感器电路故障
C1286	转向传感器偏置故障
C1287	转向传感器速率故障
C1288	转向传感器电路故障
C1291	在减速过程中打开制动开关触点
C1293	在上一个点火循环中设置了 DTC C1291
C1294	制动灯开关电路始终处于激活状态
C1295	制动灯开关电路断路
C1298	2 级串行数据链路故障
C1571	请求转矩信号电路故障
C1644	输出转矩信号电压无效
C1689	输出转矩信号电压无效

每个系统都有自己的自诊断能力，可用于故障排查的数据包括轮速传感器读数、车速、蓄电池电压、对各个电机和电磁阀的指令状态、警告灯和制动开关状态等。控制模块的程序中编有大量的故障码，以帮助精确确定问题所在。还有一些诊断模式储存以往的故障码。这些数据可以帮助技师确定先前存下的故障码（如间歇性的轮速传感器问题）是否与当前的问题有关，例如一个完全失效的轮速传感器。另一种模式允许测试系统中的单个部件。

5. 测试仪和诊断仪

不同的车辆制造商提供不同性能的 ABS 诊断仪（图 16-31）。有些诊断仪只用来访问数字的故障码，还有一些诊断仪可提供用于检查轮速传感器电路、泵运行、电磁阀测试等功能测试模式。当前的 ABS 与 CAN 总线相连，不需要特殊的诊断仪。

图 16-31 手持式 ABS 诊断仪

在某些车辆上，琥珀色的 ABS 灯和红色制动灯可用来闪烁数字式故障码。正如大家所看到的，了解车辆制造商提供的诊断设备的功能和正确使用是非常重要的。诊断设备的滥用可能很危险，例如，在路试过程中连接不适于路试的诊断设备可能会导致制动能力丧失。

在系统的所有故障得到纠正后，要清除 ABS 故障码。在已检索了所有故障码、纠正了所有故障并且车辆已行驶至设定车速之后，才能清除故障码，该设定的车速通常为 18~25mile/h（约 30~40km/h）。在某些系统上，可能需要断开 ABS 熔丝几秒钟来清除存储的故障码。在对 ABS 维修后，重复之前的测试步骤以确认所有的故障码都已被清除。

6. 用 ABS 诊断仪测试部件

ABS 诊断仪通常可用来监控和/或触发 ABS 中的输入和输出信号。这可使技师确认系统中的输入传感器、开关或输出电磁阀是否存在可疑问题，还可以在驾驶车辆之前检查维修是否成功。在使用许多诊断测试仪时，还可以手动控制部件和进行自动的功能测试。

7. 用示波器测试部件

像大多数电气/电子系统一样，ABS、牵引力控制和稳定性控制系统的部件可以用示波器进行测试。与许多其他测试工具相比，示波器具有一个明显的优势，即可以观察部件随时间的工作状态。例如，所有基于 ABS 的系统都依赖于电磁阀的循环，当在示波器上查看电磁阀时，一旦 ABS 开始动作，即可看到波形的变化。当车轮趋向打滑时，ABS 控制模块应开始向该车轮电磁阀发送脉动指令的波形。

防抱死制动、牵引力控制和稳定性控制系统的关键输入来自轮速传感器，这些输入也可以用示波器进行监测（图 16-32）。当车轮开始旋转时，PM 传感器输出的波形应该开始在 0V 上下振荡；随着速度的增加，振荡幅值应该变得越来越高。如果车轮的转速保持不变，波形也应该保持不变。图 16-33 展示了使用示波器检测轮速传感器的常规方式。

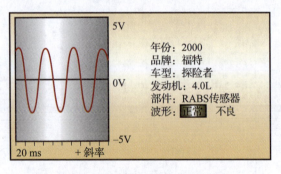

图 16-32 来自轮速传感器的波形

8. 更换部件

典型的防抱死制动系统由传统的液压制动系统（基本系统）和若干防抱死部件组成。基本制动系统由真空助力器、制动主缸、前盘式制动器、后鼓式制动器或盘式制动器、相互连接的液压管路和软管、低液面传感器和红色制动系统警告灯组成。

为了提供防抱死制动能力，在基本系统的基础上添加了防抱死部件。大多数 ABS 的工作原理相同，但可能配置的主要部件和/或其名称有所不同。

ABS 的电气部件通常非常稳定。常见的电气系统故障通常是由连接不良或断开所引起的，其他常见故障可能是由轮速传感器、泵和电机总成

1) 首先检查轮速传感器的信号齿圈是否有缺口或裂纹。齿圈损坏将影响传感器输出

2) 找到轮速传感器与线束的连接点

3) 使用两个背向探针端子从插接器背面插入,以使示波器与传感器电路相连

4) 将示波器设置为显示几秒周期内的交流电压。因输出电压低,若可能,应将电压读数设置为小于5V

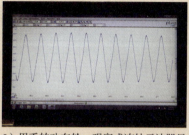
5) 用手转动车轮,观察或冻结示波器显示的波形。当车轮旋转时,图形应显示均匀的正负电压

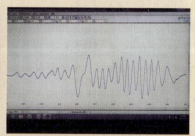
6) 此传感器波形展示了损坏的信号齿圈是如何影响传感器信号输出的。因信号齿圈中的裂纹导致传感器和信号齿圈之间的磁场中断因而引起信号变化

图 16-33 用示波器检查和测试轮速传感器

或液压模块总成的故障引起的。

ABS 许多部件的维修内容只是简单的拆卸和更换,例如制动摩擦片、制动钳、制动油液管和软管、制动主缸或助力器等的更换,制动盘的加工或更换,以及驻车制动器的维修等作业都可像往常一样进行。也就是说,配备 ABS 车辆制动系统的维修与传统制动系统的维修相似,只有少数例外。在某些系统上,还必须调整轮速传感器与齿圈的间隙。在开始任何维修之前,应查阅维修信息。

> ⚠ **警告** ABS 的某些组件不能够单独维修,切勿尝试拆下或断开这些组件。只有那些在制造商的维修信息中规定了拆卸和安装步骤的组件才能进行维修。

有关 ABS 中任何和所有制动器零件的正确调整和更换程序,请务必参考维修信息。

9. 维修轮速传感器

目视检查每个轮速传感器脉冲发生器的齿是否缺失或损坏。在用手转动驱动轴、车轮或后轮毂单元的同时用测隙规测量传感器与齿圈之间的气隙(图 16-34)。如果对该间隙有规定,应确保间隙值在规定范围内,该范围通常为 0.02~0.04in(约 0.5~1.0mm)。如果间隙值超出规定范围,则问题可能是转向节变形,应予以更换。

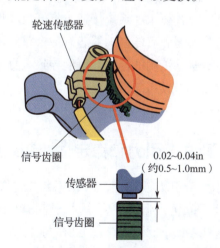

图 16-34 车轮转速传感器间隙测量

还应检查传感器上是否有金属和铁锈堆积。有些传感器有很强的磁性,可以吸附周围的金属,

这些堆积物会导致传感器读数不准。如果无法清除堆积物，则更换传感器。

更换传感器时，只需断开传感器上的接线并松开紧固件。安装传感器时，小心不要扭转接线电缆或线束。许多车辆在每个轮速传感器和主线束之间都有一段用高柔性双绞线制成的跨接线束。许多轮速传感器都是永磁式交流电压输出发生器，无线电信号也是交流调制信号，因此该发生器产生的信号会受到射频干扰（RFI）的影响，与传感器之间的导线必须与车辆上可发射电磁干扰（EMI）的其他电线进行屏蔽。由于悬架必须能随着车辆行驶而移动，因此无法将轮速传感器的导线屏蔽在导管中，因而要求在每1.75in（约44.45mm）长度范围内至少使两根导线相互绞合一次。这些部件是不可维修的，如果损坏或腐蚀，必须更换。切勿尝试焊接、捻接或压合这些线束，因为最终可能会导致故障。

10. 制动系统排气

这是一个最有可能会随着ABS设计不同而变化的维修项目，所以在配备ABS的车辆上进行制动系统的排气作业之前，务必要参考维修信息。

有些系统要求对蓄能器进行泄压并断开ABS控制模块的电源。为泄放蓄能器中的压力通常需要反复踏动制动踏板40次以上。完成这些操作后，就可以像传统制动系统那样对系统进行排气。在某些其他系统上，要求在系统接通时打开放气螺钉，并对前轮制动器和后轮制动器各有一个排气流程。

如果不遵循正确的流程，可能导致人身伤害、ABS部件损坏或使系统滞留更多空气。

16.8 测试牵引力和稳定性控制系统

在排查牵引力或稳定性控制系统的故障时，重要的是要记住，当发生故障时，控制单元将自动停用这些系统，因为TCS、ESC与ABS结合，因而共享许多输入信号和输出功能，如果ABS发生故障，也会停用TCS和ESC。

牵引力和稳定性控制系统对车辆添加的额外部件很少。这些系统的运行主要基于制动和发动机控制系统的控制程序，所以对TCS和ESC的测试也是在检索到故障码后，测试单个部件。诊断仪可以读取故障码和系统的运行数据，它还能够识别可能存在的任何通信错误。对于牵引力和稳定性控制系统而言，正确的通信是非常重要的。与测试其他电子控制系统一样，应参考制造商针对该在修车辆的故障排查流程。

16.9 新趋势

ABS的广泛使用使工程师们得以追求汽车的许多不同特性，不仅使ABS、牵引力控制和稳定性控制系统更加先进，而且使整个制动系统也处于不断发展的状态。

1. 线控制动

在线控制动系统中，制动踏板的制动指令是以电子方式处理的。控制模块接收到来自制动踏板的传感器输入后启动制动主缸（图16-35），但出于安全目的，从制动踏板到制动主缸的常规连接可能依然存在。线控制动的优点在于，制动踏板上的压力可以立即直接传递到制动主缸和车轮制动器上。线控制动目前主要用在BEV和HEV中，以便制动能量可以回收。

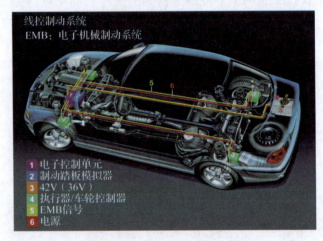

图16-35 线控制动系统的布局

在真正的线控制动系统中，完全取消了液压系统，目前正在对这些系统进行研究分析。

2. 电子楔形制动器（EWB）

电子楔形制动器正在进行大量开发（图16-36），

该系统完全是电动操作和电子控制的，没有液压系统。制动钳①跨在制动盘②的两侧，电机④通过几个滚柱⑤推动摩擦片沿楔形面移动以夹紧制动盘。这一发展为线控制动系统打开了大门。线控制动系统的一个障碍是在制动盘上提供足够的夹紧力，以使车辆安全停车。电子楔形制动器在制动钳和制动盘之间使用了一个带有一系列互锁的三角齿的金属楔块。

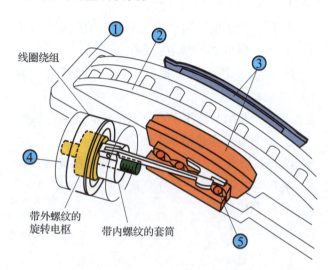

图 16-36 电子楔形制动器的布局

楔块的设计是为了对轮速做出响应，即随着轮速的增加，制动器的夹紧力也随之增加。当制动摩擦片被推到制动盘上时，制动盘的旋转动量将摩擦片进一步带向楔块上的系列互锁齿的上方，从而施加更大的制动压力，以提高制动效率。这允许在开始时可使用一个低功率的 12V 电机来将制动片推向制动盘。电机转动滚子螺杆，将楔块和制动摩擦片压紧在制动盘上。

该系统依靠车辆的蓄电池供电，但还有一个内置的备用电池，这一点很重要，因为线控制动系统的一个担心是失去电源。由于该系统使用低功率的电机，当需要的时候，一个小的备用电池就可以为制动器提供电力。此外，考虑到安全性，系统中的每个车轮制动器都是独立的。这意味着，如果一个制动器失效，其他三个制动器还可用于停车。当松开制动踏板时，该系统还可快速使摩擦片回缩，因而减少了制动阻力，并使 ABS 的工作速度提高了 6 倍。

据称，EWB 系统大大缩短了制动距离，而且相比于液压制动器需要更少的能量，可使 ATC 和 ESC 系统实现更好的控制，重量也更轻，比液压制动系统更可靠和耐用。

有些供应商，如西门子、大陆、博世、德尔福和 TRW，也在研究机电子机械制动器。

3C：问题（Concern）、原因（Cause）、纠正（Correction）

维修工单					
年份：2000	品牌：凯迪拉克	车型：SLS		里程：92585mile	单号：19189
问题	客户陈述 ABS 灯一直点亮，但感觉制动是正常的。				
维修史	该车辆近期在别处安装了前支柱，并被告知此维修与当前问题无关。				
技师在确认此客户提出的问题后，使用诊断仪并检索到右前轮轮速传感器的 ABS 故障码。在连接诊断仪的情况下进行路试并关注所有轮速传感器的信号，确认右前轮传感器未显示轮速。回到车间，他检查了该轮速传感器接线，并在插接器处发现了损伤。随后对传感器进行了测试，传感器发出了应有的信号，但在插接器处没有测试到传感器信号。					
原因	WSS（轮速传感器）线束插接器损坏，导致传感器电路断路。				
纠正	更换了从 ABS 模块到 WSS 的传感器线束。				

16.10 总结

- 制动液是任何液压制动系统的命脉。大多数防抱死制动系统和一些助力制动系统推荐使用 DOT3 制动液。
- 当前的防抱死制动系统提供电子/液压式制动器，以便在紧急情况下能正直停车。
- 防抱死制动系统除了可分为整体式和非整体式之外，还可以按照所提供的控制数量分类，它们可以分为单通道、双通道、三通道或四通道，以及两轮或四轮系统。

- 压力调制的作用是为了防止车轮抱死。防抱死制动系统可以以每秒 15 次的频率调节制动器的压力。
- 整体式防抱死制动系统将制动主缸、液压助力器和液压回路组合成一个总成。在非整体式防抱死制动系统车辆中，制动主缸和液压阀单元是独立的总成，并使用真空助力器。在有些非整体式防抱死制动系统车辆中，制动主缸为液压装置提供制动液。
- 自动牵引力控制（ATC）系统是在驱动轮趋向空转并失去牵引力时施加制动的系统。
- 自动稳定性系统通过对单个车轮施加制动来纠正过度转向和不足转向。
- 防抱死制动系统故障会导致电子控制模块关闭或停用系统，但仍保持正常的动力辅助制动。故障通过车内的一个或两个警告灯来指示。
- 液压油或动力助力器的压力缺失会停用防抱死制动系统。

16.11 复习题

1. 思考题

1）自动牵引力控制系统和稳定性控制系统之间的主要区别是什么？
2）准确诊断防抱死制动系统所需的正确步骤和测试是什么？
3）ABS 调制制动压力是什么含义？
4）过度转向和不足转向不足之间的区别是什么？
5）牵引力控制系统用于消除车轮打滑的不同方法有哪些？
6）仪表板上的红色制动警告灯除了用于指明某些系统的 ABS 有故障外，还可以显示（　　）制动系统的故障、（　　）制动的应用，或（　　）中的液面低。
7）隔离/卸压阀的功用是什么？
8）制动踏板在紧急制动中启用 ABS 时的正常感觉是什么？
9）整体式和非整体式防抱死制动系统之间的区别是什么？
10）为什么一些轮速传感器的连接引线是双绞线？
11）被动式和主动式轮速传感器之间的区别是什么？

2. 单选题

1）下列哪一项描述是正确的？（　　）
　A. 在一些防抱死制动系统中，制动助力由蓄能器提供的加压制动液提供
　B. 蓄能器是一个安装在泵/电机总成上的密封室
　C. 蓄能器内装有用于产生充油压力的高压氮气
　D. 以上所有描述都是正确的

2）带有充填气体的压力容器是防抱死制动系统的泵和电机总成的一部分，其名称是（　　）。
　A. 控制模块
　B. 蓄电池
　C. 传感器
　D. 蓄能器

3）在检查轮速传感器时，检查下述所有项目，但除了（　　）。
　A. 传感器上堆积金属或铁锈
　B. 磁极与信号齿圈之间的适当接触
　C. 传感器安装可靠
　D. 信号齿圈上齿的状况

4）哪种类型的 ABS 不常用在当前的汽车上？（　　）
　A. 四轮非整体式
　B. 两轮非整体式
　C. 四轮整体式
　D. 以上都不是

3. ASE 类型复习题

1）技师 A 说 ABS 故障导致控制模块关闭或停用系统。技师 B 说液压油或助力器的压力缺失会停用防抱死制动系统。谁是正确的？（　　）
　A. 仅技师 A 正确
　B. 仅技师 B 正确
　C. 技师 A 和技师 B 都正确

D. 技师 A 和技师 B 都不正确

2）在对配备 ABS 的汽车进行路试时，技师 A 说在紧急制动期间，可能会通过制动踏板感觉到几次脉动；技师 B 说正常制动时制动踏板松软是正常现象。谁是正确的？（　　）

A. 仅技师 A 正确

B. 仅技师 B 正确

C. 技师 A 和技师 B 都正确

D. 技师 A 和技师 B 都不正确

3）技师 A 说 ABS 中的蓄能器用于储存液压油，为动力辅助制动提供所需的其余压力。技师 B 说防抱死系统中的助力泵为 ABS 提供加压的液压油。谁是正确的？（　　）

A. 仅技师 A 正确

B. 仅技师 B 正确

C. 技师 A 和技师 B 都正确

D. 技师 A 和技师 B 都不正确

4）技师 A 说当 ABS 在制动过程中启用时，仪表板上琥珀色制动灯点亮是正常的。技师 B 说每当点火开关打开且发动机关闭时，仪表板上的红色制动灯点亮是正常的。谁是正确的？（　　）

A. 仅技师 A 正确

B. 仅技师 B 正确

C. 技师 A 和技师 B 都正确

D. 技师 A 和技师 B 都不正确

5）技师 A 说有些防抱死制动系统除了使用轮速传感器外，还使用横向加速度传感器。技师 B 说牵引力控制系统对单个车轮施加制动，以使车辆朝着所转向的方向行驶。谁是正确的？（　　）

A. 仅技师 A 正确

B. 仅技师 B 正确

C. 技师 A 和技师 B 都正确

D. 技师 A 和技师 B 都不正确

6）技师 A 说轮速传感器向控制模块发送交流电压信号。技师 B 说轮速信号通过改变从控制模块接收到的参考电压来产生交流电压信号。谁是正确的？（　　）

A. 仅技师 A 正确

B. 仅技师 B 正确

C. 技师 A 和技师 B 都正确

D. 技师 A 和技师 B 都不正确

7）在干燥路面上低速转弯时，车辆的 ABS 会被启用。技师 A 说车轮轴承松动可能会导致这种情况。技师 B 说这是正常的，因为在非常低的速度下，轮速传感器不准确。谁是正确的？（　　）

A. 仅技师 A 正确

B. 仅技师 B 正确

C. 技师 A 和技师 B 都正确

D. 技师 A 和技师 B 都不正确

8）技师 A 说每个 ABS 都有自己的诊断流程，包括使用制动和防抱死警告灯、专用诊断仪、故障排除表和接线图。技师 B 说当点火开关关闭时，ABS 的故障码会从存储器中丢失。谁是正确的？（　　）

A. 仅技师 A 正确

B. 仅技师 B 正确

C. 技师 A 和技师 B 都正确

D. 技师 A 和技师 B 都不正确

9）技师 A 说如果 ABS/ATC 系统检测到车轮正向打滑，可能会降低发动机的输出功率。技师 B 说车轮正向的高速空转表明车轮被抱死。谁是正确的？（　　）

A. 仅技师 A 正确

B. 仅技师 B 正确

C. 技师 A 和技师 B 都正确

D. 技师 A 和技师 B 都不正确

10）技师 A 说有些牵引力控制系统通过在驱动轮上施加制动力来消除车轮的高速空转。技师 B 说有些牵引力控制系统通过推迟点火正时和切断燃油喷射来消除车轮高速空转。谁是正确的？（　　）

A. 仅技师 A 正确

B. 仅技师 B 正确

C. 技师 A 和技师 B 都正确

D. 技师 A 和技师 B 都不正确

附 录

附录 A 缩略语表

英文缩略语	中文名称	英文缩略语	中文名称	英文缩略语	中文名称
ABS	防抱死制动系统	ECU	电子控制单元	OLED	有机发光二极管
AC	交流（电流）	EDR	事件数据记录仪	PAEB	行人保护自动紧急制动
ADAS	先进驾驶辅助系统	EEPROM	可擦除编程只读存储器	PAG	聚亚烷基二醇
AGM	吸收式玻璃纤维	EFB	浸没式蓄电池	PCM	动力系统控制模块
AHS	自适应前照灯系统	EPA	美国国家环境保护局	PDC	驻车距离控制
ASDM	气囊感知诊断监测器	ETA	预计到达时间	PHEV	插电式混合动力电动汽车
ASE	美国汽车维修优秀技师学会	EV	电动汽车	PID	参数识别
ATC	自动温度控制	GPS	全球定位系统	PM	永磁式
BCI	国际电池协会	GWP	全球变暖可能性	PTC	正温度系数
BEM	蓄电池能量管理	HD	数字高清	PWM	脉宽调制
BCM	车身控制模块	HEV	混合动力汽车	RBRC	可充电电池回收公司
BLIS	盲区信息系统	HFC	氢氟碳化合物	RC	存储容量
BPP	制动踏板位置	HID	高强度放电	RRR	回收/再利用/充注
CA	起动电流	HUD	抬头显示	SAE	美国汽车工程师学会
CCA	冷起动电流	HV	高电压	SDAR	卫星数字音频接收器
CCFL	冷阴极荧光灯	HVAC	供暖、通风和空调	SIR	辅助充气约束
CCOT	采用节流管的循环离合器式系统	IHX	内部热交换器	SNAP	重要新替代品政策
CEMF	反电动势	IT	电信和信息技术	SOC	荷电状态
CFC	氟氯化碳	IVR	仪表电压调节器	SRS	辅助约束系统
CFL	紧凑型荧光灯	LCD	液晶二极管	TCM	变速器控制模块
CHMSL	中央高位制动灯	LED	发光二极管	TEV、TXV	恒温膨胀阀
CUE	凯迪拉克用户体验信息娱乐套装	MAC	移动空调	TFT	薄膜晶体管
DC	直流（电流）	MGR	电动机/发电机-后桥	TPM	轮胎压力监测器
DIC	驾驶员信息中心	MID	多信息显示器	UL	美国安全检定实验室公司
DLC	数据链路插接器	MTC/SATC	手动/半自动式温度控制装置	VAT	电压/电流测试仪
DMM	数字万用表	NASA	美国宇航局	VIN	车辆识别码
DRL	日间行车灯	NHTSA	美国国家公路交通安全管理局	VRLA 蓄电池	阀控式铅酸蓄电池
DTC	故障码	NTC	负温度系数	VSS	车速传感器
ECCS	电子循环离合器开关	OAD	单向分离式	ZPP	锆粉高氯酸钾
ECM	发动机控制模块	OAP	单向的发电机带轮		
ECT	冷却液温度	OEM	原始设备制造商		

附录B 常用英制单位换算

1in（英寸）= 25.4 mm（毫米）
1ft（英尺）= 0.3048 m（米）
1mile（英里）= 1.609 km（千米）
1yd（码）= 0.9144m
1mile/h（英里/时）= 1.609 km/h（千米/时）
1lb（磅）= 0.453592kg（千克）
1oz（盎司）= 28.3495g（克）
1lbf（磅力）= 4.44822N（牛/牛顿）
1kgf（千克力）= 9.80665N
1lbf·ft（磅力英尺）= 1.35582 N·m（牛米）
1lbf/in^2（磅力每平方英寸，即psi）= 6.895 kPa（千帕）
1inHg（英寸汞柱）= 3386.39Pa（帕/帕斯卡）
1mmHg（毫米汞柱）= 133.322Pa
1USgal（美加仑）= 3.785 × 10^{-3} m^3（立方米）
1hp（英马力）= 745.700W（瓦）
1Btu（英热单位）= 1.055 kJ（千焦）
华氏温度和摄氏温度的换算关系：℃=（℉−32）× 5/9

Supplements Request Form（教辅材料申请表）

鉴于部分资源仅适用于老师教辅使用，烦请索取的老师填写如下情况说明表。

Lecturer Details（教师信息）			
Name： （姓名）		Title： （职务）	
Department： （系科）		School/University： （学院 / 大学）	
Official E-mail： （学校邮箱）		Lecturer's Address / Post Code： （教师通讯地址 / 邮编）	
Tel： （座机）			
Mobile： （手机）			

Textbook Details（教材信息）			
Adoption Types（教材类型）	原版□	翻译版□	影印版□
Title：（英文书名） ISBN：（13 位书号） Edition：（版次） Author：（作者）			
Local Publisher： （国内出版社名称）			

Other Details（其他信息）			
是否已购买教材？（Have you bought This Textbook？）		是□	否□
Enrolment： （学生人数）		Semester： （学期起止日期时间）	

Methods for Obtaining Supplements（获取教辅资源方式）

First method:
Please photo the complete form to（请将此表格拍照发送至）: asia.infochina@cengage.com.

Second method:
You can also scan the QR code and apply teaching materials online through our WeChat account.
（您也可以扫描二维码，通过我们的公众号线上申请教辅资料）

CENGAGE GROUP
ATTN：Higher Education Division
TEL：（86）10-83435112
EMAIL：asia.infochina@cengage.com
ADD：北京市海淀区魏公村路 6 号院丽金智地中心西塔 8 层 807 室
POST CODE：100081